敦煌經部文獻合集

張涌泉 主編 審訂

第八册 小學類字書之屬 張涌泉 撰

中華書局

敦煌文獻合集

小學類字書之屬

玉篇抄

顧野王

俄敦一三九九背、俄敦二八四四B背（底一）　斯六三一一背（底二）

【題解】

底一編號爲俄敦一三九九背、二八四四B背。正面爲《論語集解（鄉黨）》，背爲本篇。其中俄敦二八四四B背存十一行，但僅存上半；俄敦一三九九背存六行，僅存下部，可與俄敦二八四四B背後六行綴合。《孟目》未載俄敦二八四四B背，但在俄敦一三九九背下云：『字書的殘片。須部所屬字的解説。載有古代的字形，同時有（用朱筆寫的）大概用於表示讀音的字。所解説的字與《玉篇》相合，其注解完全是另外的内容。』（據高田時雄《敦煌本〈玉篇〉》一文的譯文）陳祚龍編《敦煌古抄文獻會最》較早把二號綴合爲一，《寶藏》（欣賞篇）、《俄藏》同，題稱《玉篇》。

底二編號爲斯六三一一背。係貼在《佛説善惡因果經》紙背的殘片。存二行半。《索引》題『字書斷片』，《索引新編》同；《寶藏》題『字書音義』；《英藏》題『字書』。

高田時雄認爲底一、底二屬同一個寫本的兩個殘片，均應定名爲《玉篇》，係據顧野王原本《玉篇》略加改編的本子。綜合高田及李偉國的研究，此本與今見所謂原本《玉篇》殘卷及今天流行的經過唐宋人改編的《玉篇》（據清張氏澤存堂仿宋刊本，以下簡稱今本《玉篇》；《四部叢刊》影印元刊本《玉篇》的收字、字頭順序及釋文均與澤存堂本略有不同，敦煌本與後者更爲接近）的異同，主要表現在：原本《玉篇》及今本《玉篇》注音一般用反切，底卷則用直音，用朱筆書寫；原本《玉篇》和底卷注文都大量援引古書尤其是經書的經文與注，但前者標注具體出處，後者不標明具體出處，今本《玉篇》則多徑直釋義，而較少援引經注；今本《玉篇》相關部首的排列依次爲須部第六十一、彡部第六十二、彣部第六十三、文部第六十四、髟部第六十五，底卷未見彣、文二部，部序作彡、須、髟，前者的順序與《説文》合，後者以『彡』居前，而以含有『彡』的『須』『髟』二部居後，似屬有意識的調整，而未必爲錯亂所致；底卷各部部内字頭的順序與今本《玉篇》及日釋空海據原本《玉篇》改編的《篆隸萬象名義》全同，『頿、顊、髟』三條的釋文與今本《玉篇》及《篆隸萬象名義》基本相同，其餘各條的釋文較今本《玉篇》及《篆隸萬象名義》豐富；底卷注文之末或標注異部重文，爲今本《玉篇》所無，但與原本《玉篇》的體例相合。根據其共同點，可以確定底卷源出於顧野王原本《玉篇》應無疑問；根據其不同點，又可説明底卷并非照抄原本《玉篇》，而是一個經過後人改編刪訂的本子。李偉國認爲底一可定名爲《玉篇抄》，今從之以題全篇。

關於底卷的抄寫年代，高田時雄開始認爲大概是唐末五代的九或十世紀前後的寫本；後來又援引目驗過底一的石塚晴通的説法，説是八世紀之物；李偉國謂底一抄於唐末；但各家均未給出具體證據。《孟目》稱底一正面的《論語集解》係九至十世紀寫本（參看羣經類論語之屬《論語集解》之五題解），如果其説可信，則其卷背的《玉篇》抄寫時間顯然要更晚一些。

高田時雄較早對本件作過校録和研究（《敦煌本〈玉篇〉》，載京都大學教養部《人文》第三十三集，一九八七年三月出版；又《敦煌本〈玉篇〉·補遺》，載《人文》第三十五集，一九八九年三月出版；二文均收入《敦煌·民族·語言》，中華書局二〇〇五）；後來李偉國亦對底一有校録和研究（《俄藏敦煌〈玉篇〉殘卷考釋》，載《中華文史論叢》第五十二輯，上海古籍出版社一九九三），李氏似未見高田文，但二家主要結論略同。茲據《俄藏》《英藏》影印本并參酌高田、李偉國二家重新校録如下。底卷字頭大字單行，注文小字雙行，茲改注文亦爲單行，但較字頭小一號字排録。另附原卷圖版於下，以便讀者對寫卷原貌有進一步的了解。

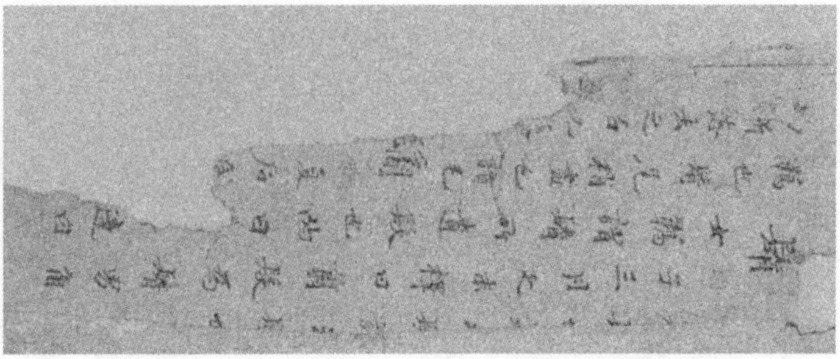

斯六三一一背（底二）圖版

俄敦一三九九背、俄敦二八四四B背（底一）圖版

（前缺）

漫謂無條科之皃也。▨彰，文章之皃也。或爲▨。〔一〕□（彫）▭鏤也，玉琖仍彫是也。琢不成文也。〔二〕□（彨）▭也。猛毅伾彨，亦雄壯之皃也。或爲𩬆。〔三〕□（弱）▭年少也。遇王子弱▭輪人爲輪故蓏▭橈也，上象曲橈，□□□（彡象毛）氂（氂）也。棟橈本末弱，□□（劣也）。〔四〕□（彧）□。□□□（彧彧乎）文哉，謂文章▨（備）也；容也。或爲郁。〔五〕▨（影）英。惠迪吉，從逆凶，▨（惟）影▨（響），謂若影之随形也。〔六〕

須需。幂氏掌得獸獻其皮革齒須，謂頤下須也；面毛，須眉▨▨（又白）是也；東海魚須魚目，今以爲簪叉者也；▨（大）夫笏以魚須文竹是也。[illegible]，古文。〔七〕頿▨。美頿長大，謂頰須。亦爲髯。〔八〕頾貲。靈王生而有頾，頾，口上之須也。〔九〕頳▨。髮半白也。又頿皃也。〔一〇〕頟▨。短須皃也。▨（又）白髮須皃▨（也）。〔一一〕

□（髟）□□二音，長髟□□也。從長彡。〔一二〕（中缺）▭▨▨▨▨▨▨▨▨（也）。〔一三〕鬌埵。子三月之末擇日剪髮爲鬌，男角女羈，謂鬌所遺髮也，［夾］囟曰▨（角），▨（午）達曰羈也；鬌、尾、稍，盡也，謂毛▨▨（物漸）落去之名也。▨▨□。〔一四〕髗韶。夏后氏▭、〔一五〕

（後缺）

【校記】

〔一〕第一條底一存雙行注文每行上部的八字，第九字均僅存上部殘畫，以下殘缺，次行『或爲』下應僅缺一字，則第一行『也』下亦應僅缺一字，故據以擬補兩個殘字符。高田定本條字頭爲『彰』字，不確；李偉國認爲是『彨』字，是也。今本《玉篇》、日釋空海據《玉篇》改編的《篆隸萬象名義》『彨』字均在『彫』字條前，字序正合。李氏謂注文『或爲』下缺字應爲『爛』字，可備一説。『彨』與『爛』音同義通。《廣雅·釋詁》『粲、彨……，文也』王念孫疏證：『彨，通作爛。』又同篇『彨，明也』王念孫疏證：『《鄭風·女曰鷄鳴》篇云「明星有爛」，爛與⿰剌彡通。』又《篆隸萬象名義・彡部》：『⿰剌彡，力旦反，文也。爛字然也。』皆可證。然《集韻・翰韻》云：『⿰剌彡，《博雅》粲⿰剌彡，文也。或作孄，亦省（作闌）。』據此，則『或爲』下的缺字亦有可能爲『孄』字。又李氏謂雙行注文第一行『漫』前當有『⿰剌彡』字，第二行『⿰剌彡』前應有『燦』字，前者近是。《莊子・在宥》『大德不同，而性命爛漫矣』唐成玄英疏：『爛漫，散亂也。』底一注文『無條科之皃』即『散亂』之意。又《廣韻・翰韻》：『⿰剌彡，粲⿰剌彡，文章皃。』則底一『⿰剌彡』前缺字亦可能爲『粲』字。今本《玉篇・彡部》：『⿰剌彡，力旦切，鮮明也。』當已非顧氏原貌。

〔二〕本條與上條間按注文小字計，底一約缺十四字（底一每行可抄十六或十七字），但條與條之間底一多留有約一至五字（雙行則約二至十字）的空格，本條『鏤也』前應缺字頭及注文若干字，字頭高田、李偉國皆定作『彫』字，是，茲從擬補，其下所缺注文實際字數則難以確指。《篆隸萬象名義・彡部》：『彫，東堯反，書（畫）也，鏤也。』《論語・公冶長》『朽木不可彫也』南朝梁皇侃義疏：『彫，彫鏤刻畫也。』可參。又引文『玉琖仍彫』出《禮記・明堂位》，今本《禮記》『彫』作『雕』，爲借用字。又『琢不成文也』高田、李偉國皆據慧琳《音義》引《説文》校作『琢以成文也』，可從。今本《玉篇・彡部》：『彫，東堯切，《説文》云琢文也，《書》曰峻宇彫牆。』李偉國引胡吉宣《玉篇校釋》謂『琢文也』云云係後人依二徐本《説文》所删改，甚是。

〔三〕本條與上條間按注文小字計，底一殘缺處約可抄十六字，其中包括條與條之間應留的空格；字頭高田、李偉國皆定作『彨』字，是，茲從擬補；字頭下所缺注文實際字數則難以確指。『猛毅伾彨』李偉國指明出張衡《西京賦》，其中的『伾彨』《六臣注文選》作『髬髵』，薛綜注：『髬髵，作毛鬣也；……皆謂猛獸作怒可畏者。』今本《玉篇・彡部》：『彨，如時切，頰須也，又獸多毛。』可參。

〔四〕本條與上條間按注文小字計，底一殘缺處約可抄十六字，其中包括條與條之間應留的空格；字頭高田、李偉國皆定作『弱』字，是，茲從擬補；字頭下所缺注文實際字數則難以確指。注文『年少也』云云高田以爲是《左傳・文公十二年》『有寵而弱』杜注，近是；李偉國謂『年少也』前當有『弱冠』一辭，則恐不確。又

『王子弱』下底一約缺九至十字，『竑』下約缺十至十一字，高田、李偉國皆以爲前者出《左傳·襄公二十六年》『頡遇王子弱焉』，下應有杜注『弱，敗也』；後者出《周禮·考工記·輪人》『輪人爲輪……故竑幅廣以爲之弱』，下應有鄭注『弱，菑也』。又底一『曲橈』下、『本末弱』下至行末分别殘泐約九字、八字，『橈也』云云高田、李偉國皆以爲出《説文》『弱，橈也，上象橈曲，彡象毛氂橈弱也』，『棟橈』云云出《易·大過》『棟橈本末弱也』，據此，底一『曲橈』下疑缺『彡象毛』三字，『本末弱』下疑缺『劣也』二字，故據擬補如上。今本《玉篇·彡部》：『弱，如藥切，尪劣也。』《篆隸萬象名義·彡部》：『弱，如藥反，年少也，敗也，輜（菑）也，橈也，劣也。』後者據底卷節略之迹依稀可見。

〔五〕本條與上條間按注文小字計，底一殘缺處約可抄十七字，但包括本條與下條之間應留的空格，上條末已擬補缺字五，比照左行，二條之間應留的空格以四字計，尚餘八字，其中字頭占四小字的空間，則其下注文應缺四小字；字頭高田、李偉國皆定作『彧』字，是；注文所缺第一字應爲注音字，其下則可能爲『彧彧乎』三字，故據擬補如上。注文『備』字底一左部略有殘泐，兹據殘形及文義擬補。『彧彧乎文哉』出《論語·八佾》，今本作『子曰：周監於二代，郁郁乎文哉！吾從周』，孔安國注：『監，視也，言周文章備於二代，當從周也。』『彧』『郁』古通用。今本《玉篇·彡部》：『彧，於六切，文章皃；《詩》曰黍稷彧彧，彧彧，茂盛皃。』《篆隸萬象名義·彡部》：『彧，於陸反，盛也，備也，容也。』可參。

〔六〕字頭『影』字底一僅存殘畫，兹據注文擬補。直音字底一右部略有殘泐，兹據高田、李偉國定作『英』字，『英』字《廣韻》在平聲庚韻，於驚切，『影』字在梗韻，於丙切，二字異調。『惟』字底一存左側殘畫，『響』字中部略殘，按高田、李偉國皆引《書·大禹謨》：『惠迪吉，從逆凶，惟影響。』孔注：『吉凶之報，如影之隨形，響之應聲，言不虚。』即注文所出，故據擬補。今本《玉篇·彡部》：『影，於景切，形影；《書》曰：從逆凶，惟影響。』《篆隸萬象名義·彡部》：『影，於景反，隨形也。』可參。

〔七〕『須』以下五字今本《玉篇》在須部第六十一，在彡部第六十二之前，《篆隸萬象名義》亦須部在彡部前。注文『幂氏』云云高田、李偉國皆引《周禮・秋官・冥氏》『若得其獸，則獻其皮革齒須備』，鄭衆注『須直謂頤下須』。『面毛』一訓高田指出本《説文》，『須眉▨▨（又白）』的『又』字底一可見『又』形筆畫，『白』字存下部，兹據高田録文擬定作『又白』二字，李偉國擬補作『丈夫』二字，『夫』字與殘形不合，不可從。又『叉』字底一作『叉』形，俗書『叉』『又』多不別，兹徑録作『叉』，李偉國照録『又』字，而謂『又者也』疑當作『又音班』，非是；『簪叉』同『簪釵』，『東海』云云出《尚書大傳》『東海魚須魚目』，注：『所貢物魚須今以爲簪叉魚目今以雜珠。』（據《四部叢刊》影印清陳壽祺輯校本）其中的『又』當亦爲『叉』字傳刻之訛，即底一所出。又『大』字右部底一略殘，兹從高田、李偉國校録擬補，『大夫』云云出《禮記・玉藻》『笏，天子以球玉，諸侯以象，大夫以魚須文竹』句。又所載古文底一下部略有磨泐，宋夏竦《古文四聲韻》卷一引王存乂《切韻》『須』字作『[illegible]』，與底一所存部分相近，當即一字。今本《玉篇・彡部》：『影，於景切，形影；《書》曰：從逆凶，惟影響。』《篆隸萬象名義・彡部》：『影，於景反，隨形也。』可參。

〔八〕注文直音字底一模糊不清，待考。《莊子・列禦寇》有『美髯長大』句，『䫇』即『髯』字異體。今本《玉篇・彡部》：『⿰須冄，如廉切，頰須也。』『䫇』『⿰須冄』爲一字異寫。

〔九〕注文『靈王』云云高田、李偉國皆以爲出《左傳・昭公二十六年》『至于靈王，生而有頿』句。今本《玉篇・彡部》：『頿，子移切，口上須也；《左氏傳》曰周靈王生而有頿。或作髭。』釋義略同。

〔一〇〕注文直音字底一模糊不清，待考。今本《玉篇・彡部》：『顊，方支切，須髮半白。《聲類》云⿰須冄皃。』『須髮半白』釋義同《説文》。《篆隸萬象名義・須部》：『顊，方支反，髮半白也。』則『髮』上無『須』字，與底一同。

〔一一〕字頭『⿰咅頁』字高田録作『⿰否頁』，與原形不合，兹從李偉國録文。但『⿰咅頁』應即『⿰須否』的隸變俗字（『⿰須否』字《説文》從須、否聲，而『咅』字《説文》從丶、從否，否亦聲，與『否』旁形音皆近。《説文・髟部》有『⿱髟咅』字，『髮皃。从髟，咅聲』，而《玉篇》載或體作『⿱髟否』，可以比勘）。注文直音字底一模糊不清，高田引孟列夫等編的俄藏

《目録》作『跋』，高田已疑其誤，不可從，當再考。又『又』字底一下部略殘，『也』字左部略殘，兹參殘形及文義擬補。《説文·須部》：『𩔣，短須髮皃。』《集韻·脂韻》『𩔣』字下引《説文》則作『短須皃』，與底一『𩔣』字前一義項正合。今本《玉篇·彡部》無『𩔣』字，但相應位置有『䫠』字，云『方乎、步侯二切，短須髮皃。亦作𩔣』，『䫠』即『𩔣』的改換聲旁俗字，可以比勘。

〔一二〕本條與上條間按注文小字計，底一殘缺處約可抄八字，其中字頭占四小字的空間，則其下注文每行之首應各缺二字，故據擬補五空格。字頭高田、李偉國皆定作『髟』字，可從，兹據擬補。注文前二缺字底卷係用朱笔抄，其爲二直音字無疑。又注文『髟』疑爲『髮』字之訛，而其下的二缺字則應皆爲『髟』字。今本《玉篇·髟部》：『髟，比聊、所銜二切，長髮髟髟也。』《篆隸萬象名義》『髟』字釋義同，皆可證。《説文·髟部》『髟』字釋義作『長髮猋猋也』，可參。又底一至此條止。

〔一三〕底二首行存雙行注文左行部分殘字，比照左行，行首約缺三字（如果首字爲字頭，則僅缺二字），其下十字存左側殘筆，末字可辨爲『也』字，『也』上四字分別存左部『镸』、『言』、似『之』字左半、『镸』，原文疑爲『髮謂之鬊』四字（《廣雅·釋器》：『髮謂之鬊。』），其所注字頭或即『鬊』字，今本《玉篇》及《篆隸萬象名義》『鬌』上皆爲『鬊』字，序次正合。今本《玉篇·髟部》云：『鬊，舒閏切，鬌髮也。』可參。又『也』下至行末底二有可抄三字的空間，但未見殘畫，似原卷本係空白，故不再標注缺字符。

〔一四〕注文『夾』字底二脱，『角』字存上部及右側殘畫，『午』字存下部殘畫，按《禮記·内則》『三月之末擇日翦髮爲鬌，男角女羈，否則男左女右』，鄭注『鬌，所遺髮也，夾囟曰角，午達曰羈也』，高田據以校補如上，兹從之；又『謂鬌』二字疑當互乙。又『物』字底二僅存右側殘筆，『漸』字存右半，按《四部叢刊》影宋刊本《方言》卷一二『鬠（鬌），尾、稍，盡也』，郭璞注『鬠（鬌），毛物漸落去之名。除爲反』（『鬠』字據清錢繹《方言箋疏》校正），當即底卷所出，故據擬補如上。又注文之末缺字底二前一字存右側數筆，近似『髮』字殘畫，第二字存右部一捺形筆畫，其下所缺空間，比照右行，另可寫一至二字，兹姑擬補一缺字符，存疑。

今本《玉篇・髟部》云：『髾，都果、徒果二切，小兒翦髮爲髾。又直垂切。』《篆隸萬象名義・髟部》：『髾，都果反，落也。』可參。

〔一五〕注文『刧』字既可定作『劼』字俗寫（『力』旁俗書多可作『刀』形），又可定作『刮』字異寫，『鬜』與『劼』『刮』《廣韻・黠韻》皆有恪八切一讀，讀音俱合。『夏后氏』云云高田以爲係引用《禮記・明堂位》『夏后氏以楬豆，殷玉豆，周獻豆』，謂『楬』即『鬜』字，極是，鄭玄注云：『楬，無異物之飾也。……齊人謂無髮爲禿楬。』陸德明釋文：『楬，徐苦瞎反，注同，又苦八反。』此『楬』與『鬜』字音義皆合（參看《廣雅・釋詁》『鬜，禿也』王念孫疏證）。今本《玉篇・髟部》云：『鬜，苦閑、口瞎二切，鬢禿也。』《篆隸萬象名義・髟部》注文作『楷瞎反，禿也』，皆可參。

羣書新定字樣

斯三八八

杜延業

【題解】

本篇底卷編號爲斯三八八。該卷抄有字樣書兩種，二者間有『右依顔監《字樣》，甄録要用者，考定折衷，刊削紕繆』云云一段説明文字，另行又有『正名要録　霍王友兼徐州司馬郎知本撰』字樣，説明文字應屬前一字樣書，『正名要録』云云則應爲後一字樣書的書名及作者名。前一種首缺尾全，無書名和作者名，存八十三行，和其後的《正名要録》字迹相同，當爲同一人所抄。但兩書體例不同，且頗有同一字形二書皆見却被判别爲『訛』、『俗』等不同類别者，故可斷定應非一書。《寶藏》、《索引》、《英藏》把這兩種字樣書一併定作『正名要録』，不妥。《索引新編》以前一種爲《正名要録》，而云後一種『名稱不詳』，非是。卷中避唐太宗及高宗諱，又稱唐高祖李淵之父『昺』的同音字『秉』字爲『廟諱』，而不避中宗、睿宗及玄宗諱，其抄寫年代當在唐高宗或武則天之世。本篇卷末自序性的説明稱本篇係依顔師古的《字樣》增删修訂而成；其辨别文字之『正』、『同』、『通用』、『相承共用』一以《説文》、《石經》、《字林》爲定；所收單字的排列無一定之規，顯得比較雜亂。凡此種種，均與顔元孫在《干禄字書序》中對杜延業《羣書新定字樣》的評介相吻合。本卷的抄寫年代亦與杜延業《羣書新定字樣》的撰作年代（顔師古的《字樣》撰作於唐貞觀年間，顔元孫的《干禄字書》撰作於公元八世紀前後，杜氏《字樣》編定於這兩書之間）相一致。鑒於以上理由，姑且把本篇定作杜延業《羣書新定字樣》的殘卷。但由於杜氏原書早佚，這一推斷的可靠性仍有待進一步證實。本篇的内容，主要是辨别正字和異體字，也有少數是辨别字形或偏旁相近字的不同用法（校録時把後一類字也作一組處理，以資比較）。

周祖謨《敦煌唐本字書敘録》（《敦煌語言文學研究》，北京大學出版社一九八八）、朱鳳玉《敦煌寫本字樣書研究之一》(臺北《華岡文科學報》第十七期，一九八九)、張涌泉《敦煌俗字研究》等都對本篇作過評介；張金泉還對本篇進行過校勘，見於《敦煌音義匯考》一書中，都可以參看。爲了盡可能反映唐代『字樣』的原貌，除附寫卷圖版於首外，標目字盡量按底卷迻録(但爲排版方便，必要時也作少量楷定)，同時把正字或後世通行的寫法括注其下(後世通行的寫法不一定是唐代人認爲的正體)，而不再一一出校説明。

斯三八八號《羣書新定字樣》圖版(一)

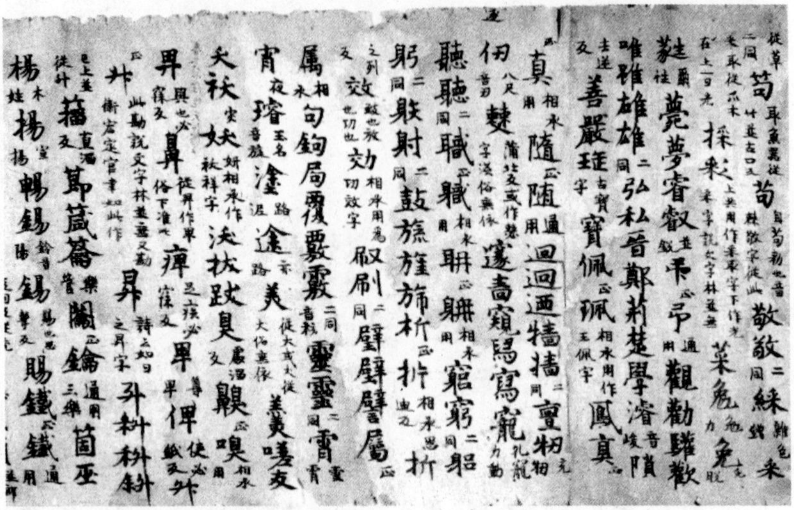

斯三八八號《羣書新定字樣》圖版（二）

斯三八八號《羣書新定字樣》圖版（三）

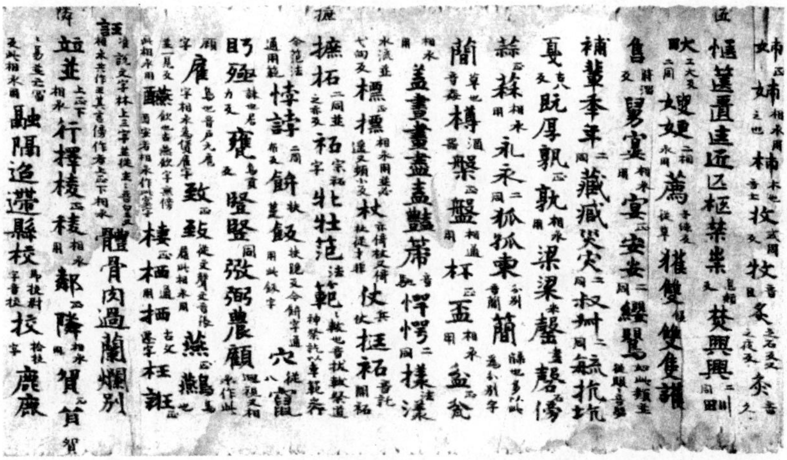

斯三八八號《羣書新定字樣》圖版（四）

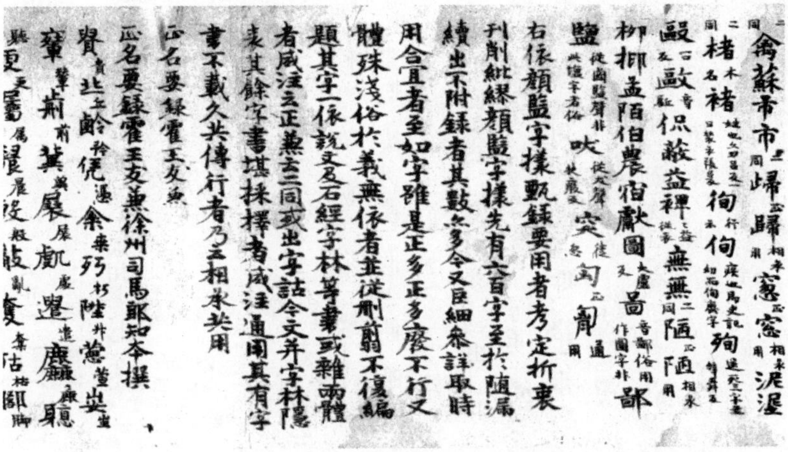

斯三八八號《羣書新定字樣》圖版（五）

（上缺）

齠相承用。音調。〔一〕齜叉刃反。瓜古華反。〔二〕苽□□草。〔三〕▨（爪）□□。〔四〕□（派）□（正）；□（泒）相承用，匹賣反。〔五〕契正；挈相承用。奭（奭）失赤反；奭（奭）音构，邪目視。〔六〕埸□□，音長；▨（埸）疆埸，音易。〔七〕妒正；妬《說文》妒從女、户，後户變作石，遂成下字，久已行用也。汎泛並浮；汜（氾）濫也：三字今並通用。汜水名。［音］似。〔八〕樓（樓）。嘉；喜樂；憙悦也，今通用作憙好字，音許忌反；憙（熹）炙也，音僖：以上並從壴（壴）。壴（壴）音拉（柱）。〔九〕昊。暭暤二同。音昊。〔一〇〕谿正；溪相承用。旱（阜）。豫象屬也，一曰逸豫；預安；悆亦豫音：並通用。翳。麟。貍；豹；豺。瘗（瘗）薶也。音於懇反。煗正；暖相承用。坐坐二同。〔一一〕衡從魚作非。琱理玉；〔一二〕彫飾；凋落也：三並都遼反。凋水名。音周。雕鵰鳥也。並都遼反。相承用上雕作彫飾字。京《石經》如此作。〔一三〕景（景）。吳正；吴［□］。〔一四〕遽（遽）正；遽通用。據（據）正；據通用。戾；淚。倏（倏）倏忽；儵青黑繒：並音叔。徽；徵（徵）。亦。舊。滿。屐音劇。漏。繁。率。戀；鸞。設；殿；殷。遐正，遐；霞正，霞；假正，假；暇正，暇：遐已下並上正下相承用，字各從叚。叚音賈。段姓也。從（徒）亂反。從叏、從古文耑字省。古耑字如此。〔一五〕執；報。厥厥二同。〔一六〕懲懲二同。暫正；蹔通用。慙。訢；欣；忻。〔一七〕處處上正，下相承用。衷。衰正；衺通用。衹適也。音支。祐于救反；祜音户。稷。稱。爯。〔一八〕秩禄；袠帙二同。泰。叅（參）。傳相承；傳正。博從十。從從二同。〔一九〕徙正；徙通用。復（復）。後。夏。敞。蔽。幣帛。獘正；弊通用；斃。〔二〇〕奔；莽（莽）。苟（苟）苟從草，二同；笱取魚器，從竹：並古口反。茍自茍勅（勑）也。音棘。敬字從此。〔二一〕敬敬二同。綵雜色繒。采采取。從爪在木上。一曰光。採彩上共用作采取字，下作光采字。《說文》、《字林》並無。菜。勉勉力；免免脱。蕤爾性。〔二二〕蕘；夢。睿叡並［音］鋭。〔二三〕弔正；弔通用。〔二四〕觀；勸。驩；歡。唯；雖。雄雄二同。〔二五〕弘；私。晉；鄭；荆；楚。學。濬音峻。隕去逆反。〔二六〕善。嚴。琁（琁）古寳字；寶。佩正；珮相承用作玉佩字。鳳。真（眞）正；真相承用。隨正；隨通用。迴；迴。迺。牆牆二同。〔二七〕亶。牣充牣；仞八尺，音刃。麰（麰）蒲北反。或作麰字，淺俗無依。邃。啬(嗇)。窺。舄；寫。寵孔寵。力動[反]。聽聽二同。〔二八〕職正；軄相承用。珊正；册相承用。窟窮二同。躳躬二同。䠶射二同。鼓。旒；旌；旆。析正；拆相承。思迪反。折之列反。效致也，放也，功也；効相承用爲功效字。㕞刷二同。璧；壁；譬。屬(屬)正；属相承。句；鉤；局。覆。覈覈二同。音核。靈靈二同。霄雲霄；宵夜。璿玉名。音旋。塗路，泥；途亦路。美從大或火。從犬俗，無依。〔二九〕羹(羹)。嗟。友；夭(夭)。祆(祆)灾；妖(妖)妍，相承作祆祥字。沃(沃)。拔；跋。臭處溜反。齅正；嗅相承用。畀與也。必寐反。鼻從畀。作畁俗。下准此。痺足疾。必寐反。〔三〇〕卑(卑)尊卑(卑)。俾(俾)使。必紙反。升(升)正；升此勘《說文》、《字林》並無，又勘衛宏定《官書》如此作。昇(昇)《詩》云『如日之昇(昇)』字。〔三一〕升(斗)；料(料)；科(科)；斜(斜)：已上並從升(斗)。籀(籀)直溜反。節。箴。籥樂管；闟正，鑰通用：三樂。〔三二〕箇。巫。楊木，姓；揚宣揚。暢(暢)。鍚(鍚)鈴。音陽。錫賜也。思擊反。賜。鐵正；鐵通用。陸。睦。馮；憑。顯。顛(顛)。頹徒回反，從禿。從秀作俗。頼正；賴頼並郎帶[反]，從剌，中字通用，下相承用，無依。卻正；却相承用。郤正；郄通用。丘逆反。邸邸二苐宅。〔三三〕抵抵抵(抵)至。二同。丁礼反。〔三四〕邦國；邽音圭。越正；越相承用。〔三五〕賾仕隔反。秉庿諱。從禾。〔三六〕肥(肥)。盾。遁。曹曺二同。淫弋針反；徭役。圖。圜(圓)正；圓(圓)通用。鼎。龍龍龍三同。廟庿(庿)二同。霾雨土；薶埋三莫皆反，並藏。曆正；歷曆正；歴相承用。〔三七〕壓(壓)；纏(纏)。原。覃。章。然燒然字亦用此。徹徹二同。轍；撤。互正；㸦相承用：音護。蕚華華三同。英暎映《說文》、《字林》等上二字皆相承用。館。綏。彝。攝。粵。蚩。喚(喚)。量。冒。勖。羅置署買罪如[上]五字准篆文並從网，《石經》隸字並如上作。衆。聚。輒字從耴，耴，耳垂也。取(耴)音竹涉[反]。走正；赱相通用。足𧾷相承用。〔三八〕覓。栽(哉)。忒。辜。憐。彌正；彌(彌)正；弥通用。含舍二同。〔三九〕貪貪二同。龜正；龜相承用。〔四〇〕灬大(火)仙反；企丘紙反。兮(分)。界(界)。丠正；丘通用。〔四一〕壐壐壐(璽)三同。昔。單。焉焉二同。安點。頑。

丹。舟。甘。罕呼旱反；牢郎刀［反］。蠡音礼。又來戈反。蠻。繭（繭）經顯反。從芇（芇）聲。芇（芇）音巳弥（殄）
反。〔四二〕蠹。囊。解正；觧通用。螽。蠅正；蝿相承用。害字合［從］丯，丯音戒。《石經》隸書已從土。按下；案几屬。
技巧也。其綺［反］。從手。雍。邕。擅。檀。横。𣝍胡曆（曆）反；徼古弔、又古邀反。怨。宛。惡。恐（恐）。
誠誠二同。試。競正；競通用。所（所）正；所相承用。赫。勤。恊叶二同。〔四三〕貧。考考二同。睹覩二同。
乏。凡。巳（已）居擬反。狄。猒正；厭（厭）通用。獸獸（獸）二同。沛音貝。肺敷廢反。姊正；姉相承用之
也。〔四四〕柹（柹）木也。音士。收（收）式周反；牧音目。炙之石反，又之夜反；灸音久。愜（愜）。篋（篋）。匱；
𠥓（匡）；匠；匹。柩。禁。祟息類反。焚。與興二同。畎畎工犬反。二同。嫂㛐二相承用。薦子練反。從草。
獲。雙惧；雙。〔四五〕隻。護。售時溜反。舅。宴相承用；宴正。安安二同。纓鸎如此類並從貝。貝音嬰。補。
輩。秊年二同。藏（藏）；臧（臧）。災灾二同。叔尗二同。毓。抗（抗）；坑（坑）。戛古八反。既（既）。
厚。孰正；孰相承用。梁（梁）；粱（粱）米。罄盡；磬石。傍。蒜正；菻相承用。永永二同。狐。孤。朿分
別，音簡；簡𥱼（牒）也，多以此爲分別字；蕑草也，音姦。樽酒器（器）。槃正；盤相通用。杯正；盃相承用。盆正；瓫相
承用。盖。晝；畫；盡。盍。豔（豔）。箎（篪）音馳。悍愕（愕）二同。㨾法；漾水流：並弋向反。標（標）
正；摽相承用：並必遥、又頻小反。〔四六〕杖亦倚杖，又倚杖從扌非；仗兵仗。挺。祏音託，開祏；摭拓二同，並之亦反；祏
宗祏字。牝牡。笵（笵）法；範（範）範軷也，軷音拔，祭道神，祭訖以車範之行。今笵法通用範。〔四七〕悖誖二同，布［□］
反。〔四八〕餅扶蔓［反］；飯扶晚反；今餅字通用此飯字。穴從八。竄。眄（眄）。殛誅也。居力反。甕烏貢反。豎竪同。
弢弼。農。顧迴視，又相承作此顧字；雇鳥也，音户，九扈字，相承爲賃雇字。致正；致從文（夊）聲，文（夊）音張履［反］，
此相承用。燕正；鷰鳥也，並一見反，此相承用；醼飲也，古燕飲字無傍酉，安者相承作此宴字。棲正；栖通用；捿古文遷
（遷）字。枉；誑正；誆准《説文》、《字林》，上三字並從主（㞷），主（㞷）音皇，又相承共作王。其言傍作者上正、下相承。體。
骨。肉。過。蘭。爛。別。竝並上正，下相承。行。擇。棱正；稜相承用。鄰正；隣相承用。賀（貿）正；貿

ㄹ易，並亡富反，此相承用。〔四九〕融（融）。隔（隔）。迨（迢）遰（遰）。縣。校即校尉字，音挍；〔五〇〕挍撿挍字。鹿麀二同。禽。蘇。市市二同。婦正；歸相承用。〔五一〕窻（窻）正；窓相承用。泥涅二同。楮木名；褚姓也，亦丑呂反，一曰裝衣，張呂反。徇行示；侚疾也，即《史記》『幼而侚齊』字〔五二〕；殉送死：三字並辝舜反。毆一口反；歐音駈。侃。蔽。益。裨裨益。從衣。無無二同。陋正；陋相承用。柳（柳）；抑（抑）。孟。陌。伯。農。宿（宿）。獻（獻）。圖大盧反；啚音鄙，俗用作圖字，非；鄙。鹽從鹵，監聲，非此，塩字者俗。吷從友聲，扶廢反。〔五三〕突（突）徒忽〔反〕。匈正；胷通用。

右依顔監《字様》，甄録要用者，考定折衷，刊削紕繆。顔監《字様》先有六百字，至於隨漏續出不附録者，其數亦多。今又巨細参詳，取時用合宜者。至如字雖是正，多〔五四〕廢不行，又體殊淺俗，於義無依者，並從删翦，不復編題。其字一依《説文》及《石經》、《字林》等書，或雜兩體者，咸注云正，兼云二同；或出《字詁》今文，并《字林》隱表，其餘字書堪採擇者，咸注通用；其有字書不載，久共傳行者，乃云相承共用。〔五五〕

【校記】

〔一〕本條『鬝』上當殘『髫正』等字。作爲『相承用』的『鬝』的正字應爲『髫』字。《干禄字書》：『鬝髫：上俗下正。』慧琳《一切經音義》卷一：『鬝，俗字也，正體從髟作髫。』

〔二〕『瓜』字底卷作『𤓰』，這種寫法爲唐代前後的通行寫法，宋元以後始多用『瓜』字，爲便排版，兹從後來的通行寫法録寫。下『瓜』旁字同。

〔三〕『苽』下雙行小注底卷左側一行爲『草』字，右側一行殘缺，兹據間距擬定二空格，所缺疑爲『俗從』二字。同卷所抄《正名要録》『各依脚注』類『瓜』下脚注：『上不須草。』《干禄字書》『苽瓜：上俗下正。』

〔四〕「芪,□□草」下底卷約殘缺四個大字的位置,其中前一缺字底卷殘存「厂」筆,應爲「爪」字。「爪」「瓜」二字俗書相亂,有加以辨别的必要。「爪」字注文約爲二至四字,兹暫擬定二缺字符。參下校。

〔五〕「爪」條後所缺應爲「派正泒」字樣。《干禄字書》:「泒派:上俗下正。」《王一》「泒(派)」字音匹卦反,與「匹賣反」同音。

〔六〕就字形而言,「枃」爲「枸」字俗寫,但文中疑爲「拘」字俗訛。《廣韻·虞韻》「䀴」字音舉朱切,與「拘」字同音。不過《集韻·遇韻》「䀴」(用同「眗」)字有俱遇切一讀,與用同「蒟」的「枸」字同音,則也許底卷「枃」字本不誤。

〔七〕字頭「場」字底卷右部殘缺,兹據注文定作「場」字。

〔八〕「音」字據字義增補。《廣韻·止韻》「汜」與「似」同音詳里切。

〔九〕「弆」爲「壴」字誤書。「憙」「熹」皆從喜聲,而「喜」「嘉」又俱從壴旁,故底卷云並從「壴」。又「拉」應是「柱」字之訛。「壴」字《集韻·遇韻》音株遇切,與「柱」字屬同一小韻。

〔一〇〕《干禄字書》以「皐」爲「臯」的「通」體,據此,「暭」應爲「暤」的通俗體。

〔一一〕「坐」爲《説文》古文,篆文作「㘸」,後者隸變作「㘴」,「坐」則爲「㘴」「坐」交互影響的産物。《干禄字書》以「坐」「㘴」爲正,以「坐」爲俗,可參。

〔一二〕《説文·玉部》「琱」訓「治玉」,此釋「理玉」,蓋避唐高宗李治諱改。

〔一三〕《干禄字書》以「亰」爲「京」的「通」體。

〔一四〕「吴」爲「吳」的通俗字,其下當脱「俗」或「通用」、「相承用」一類的注文。「吳」字作「吴」或「呉」漢代前後已然。兹暫擬定一脱字符。

〔一五〕據注文,標目字當作「叚」,爲「段」的俗字。「殳」旁俗書作「殳」,故「段」字右旁俗書從之。但由於俚俗「段」「叚」(俗作「叚」)相亂,故「段」字右旁俗書亦頗有寫作「叉」形者。裴務齊正字本《刊謬補缺切韻》

卷端字樣：『叚叚：上正，徒亂反。』又云：『叚，胡加反，又古雅反，又徒玩反。』其中徒亂、徒玩二音的『叚』『叚』便都是『段』字俗訛，可以比勘。

〔一六〕『厥』『厥』皆爲『厥』的隸變字，漢碑中已見此類寫法。

〔一七〕『訢』本爲『訴』的古體，但此處與『欣』『忻』相屬，疑爲『訢』字俗訛，『訢』與『欣』『忻』同音，義亦相當。

〔一八〕『𠕋』通常爲『再』字俗書。這種寫法的『再』漢簡中已見。斯二二〇四號《董永變文》：『娘子記（既）言𠕋三問，一一具説莫分張。』其中的『𠕋』亦即『再』字。但俗書『再』『爯』相亂，且此處該字與『稱』字相連，故亦不能排除爲『爯』字訛變的可能性。『爯』『稱』古今字。

〔一九〕『従』『従』《干禄字書》以爲皆『從』的『通』字。

〔二〇〕『獘』應爲『獘』字俗訛。『獘』字《説文》從犬、敝聲，或從死作『斃』；『獘』訛省作『獘』；俗書『大』『廾』二旁相亂，故『獘』字又變體作『弊』。《廣韻·祭韻》：『獘，困也，惡也，《説文》曰頓仆也。俗作弊。斃，死也。《説文》同上。』其中的『獘』亦應爲『獘』字俗訛。『獘』字俗省作『獘』，又變體作『弊』，其演變軌迹相同。底卷『斃』後疑有脱字。

〔二一〕『茍』字《説文》訓『自急敕也』，底卷注文中的『茍』或爲『急』字之誤。

〔二二〕『性』疑爲『惟』字之誤，其下又脱一『反』字。『蕤』字《廣韻·脂韻》音儒隹切，與爾惟切同音。

〔二三〕『音』字據字音補。《正名要録》『本音雖同字義各别例』：『睿，智；鋭，利。』可知『睿』『鋭』同音而非同義。

〔二四〕『弔』字與正字區别至微，疑爲『吊』字之訛。《干禄字書》：『吊弔：上俗下正。』可參。

〔二五〕『㒹』爲『雄』的俗字。《干禄字書》：『㒹雄：上俗下正。』

〔二六〕『隙』爲『隙』字之訛。『隙』字《廣韻·陌韻》音綺戟切，與去逆反同音。

〔二七〕『牆』、『墻』皆爲『牆』的俗字。

〔二八〕「聽」、「聽」皆爲「聽」的訛俗字。

〔二九〕從「火」的「美」本爲「羔」篆文的隸定字，但由於俗書「大」「火」不分，故「美」字俚俗亦多有寫作「美」形者。《五經文字》卷上羊部：「美，從羊從大，從犬從火者訛。」

〔三〇〕這一音義的「痺」應爲「痹」的俗字。《廣韻·至韻》必至切（與「必寐反」同音）：「痹，腳冷濕病。」「痺」「痹」音義皆合。

〔三一〕所引詩見《小雅·天保》，「昇」今本作「升」，「昇」即「升」的後起增旁字。

〔三二〕「三樂」應作「三音藥」。《廣韻·藥韻》「籥」「闟」「鑰」皆音以灼切，與「藥」字屬同一小韻。

〔三三〕「邸邸」二字當有一誤。據《干禄字書》，凡從「氐」者通俗皆可作「互」，疑底卷其中一字當作「邳」。《龍龕手鏡·邑部》以「邸」爲「邳」俗字，則是正俗顛倒了。

〔三四〕「抵」爲「抵」的增點字，其中的一「抵」字當爲「抯」字之誤。《龍龕手鏡·手部》以「抯」「抵（抵）」皆正，可參。參上校。

〔三五〕「越」「越」的關係應倒過來説。《五經文字》卷上走部：「越，從戉，作越者訛。」「越」蓋又「越」的增點俗字。

〔三六〕唐高祖李淵父名昺，「秉」與「昺」同音，唐代避其嫌諱，故底卷稱「廟諱」。

〔三七〕「歷」「曆」二字當互乙，「曆」下疑又抄脱「相承用」三字。「曆」「歷」分别爲「曆」「歷」的俗字。

〔三八〕「足」下當脱一注文「正」字。《干禄字書》：「𤴓足：上通下正。」「𤴓」「𤴓」爲手寫之變。

〔三九〕「舍」字底卷中部筆畫較粗，似有塗改，疑當改正作「含」。《干禄字書》：「含含：上通下正。」「含」又爲「含」之變。《隋宫人御女唐氏墓誌》已見「含」字。

〔四〇〕今本《説文》「龕」字上從「合」，誤。

〔四一〕「丘」字《正名要録》正體作「北」，「北」、「㐀」爲隸變之異。

〔四二〕『已殄反』當是『亡殄反』之誤。『蕬』字今本《説文》從系、從虫、芇省；段玉裁注謂從『芇』無義，當據《五經文字》作從『芇』，『芇』音綿。本卷稱『蕬』字從『芇』聲，可證《五經文字》從『芇』字是。

〔四三〕按《説文·劦部》：『協，同心之龢也。从劦、心。』又云：『協，同衆之龢也。从劦、十。叶，古文協从口十。』底卷同『叶』的『協』正字當是『協』。

〔四四〕底卷所列正字與相承字同形，必有一誤。疑下字當作『姊』。『姊』（又作『姉』）即『姊』字篆文的隸定字，而『姉』爲其變體。

〔四五〕注文『悞』上下的標目字同形，當有一誤。

〔四六〕《干禄字書》：『標摽：上標記字，必遥反；下摽梅字，頻小反。』『標』『摽』原本字别，但二字形音皆近，古多混用無别。

〔四七〕『軷音拔』底卷本作『音拔軷』，兹據文義乙正。

〔四八〕注文『布』下當脱反切下字。

〔四九〕『〻』爲標目字的省書符號。

〔五〇〕校尉的『校』《王二》去聲效韻音胡教反，與檢挍的『挍』（音古孝反）切音有别。

〔五一〕『皈』爲『歸』字俗省，『歸』『皈』爲《説文》篆文與籀文之别。

〔五二〕今本《史記·五帝本紀》：『（黄帝）幼而徇齊。』裴駰集解：『徇，疾。』其中的『徇』當據本卷所引校讀作『侚』。

〔五三〕『吠』爲『吠』的古異體字。《五經文字》卷下口部：『吠吠：扶肺反，犬聲也，上《説文》，下《字林》。』

〔五四〕底卷『正多』二字重出，蓋誤衍其一，兹據文義删去。

〔五五〕此後另行抄《正名要録》，當另爲一書。

正名要録

斯三八八

郎知本

【題解】

本書底卷編號爲斯三八八。接抄於《羣書新定字様》（擬）之後，字迹相同，當爲同一人所抄。書名原有。書名下題『霍王友兼徐州司馬郎知本撰』。郎知本史書無傳。考霍王爲唐高祖第十四子，名元軌，太宗貞觀十年（六三六）封爲霍王，稍後曾任徐州刺史（貞觀十年至二十三年間）。『友』爲古代王府官名。據《舊唐書·郎餘令傳》，郎餘令從父郎知年曾爲霍王友。又日本藤原佐世《日本國見在書目録》載《正名要録》一卷，司馬知羊撰。其中的『郎知本』、『郎知年』、『司馬知羊』當是同一人。《正名要録》世無傳本，底卷内容頗多抄脱（參校記），疑亦非完帙。卷中避唐太宗及高宗諱，而不避中宗及玄宗諱，其抄寫年代當在唐高宗或武則天之世。

本書是一部辨別字形正俗及音同義别之字的字樣書，包括『正行者雖是正體，稍驚俗，脚注隨時消息用』、『正行者正體，脚注訛俗』、『正行者楷，脚注稍訛』、『各依脚注』、『字形雖别，音義是同，古而典者居上，今而要者居下』、『本音雖同，字義各别例』六類，其中前五類係辨别正俗異體字，後一類係辨别同音字。前四類單字的排列無一定之規，後二類則按四聲分字（底卷中未標明四聲，本書按不同聲調分段録出以爲區别）。

劉燕文《敦煌唐寫本字書〈正名要録〉淺介》（《文獻》一九八五年第三期）、周祖謨《敦煌唐本字書敘録》（《敦煌語言文學研究》，北京大學出版社一九八八）、朱鳳玉《敦煌寫本字樣書研究之一》（臺北《華岡文科學報》第十七期）、日本大友信一、西原一幸《唐代字様二種の研究と索引》（櫻楓社一九八四）、張涌泉《敦煌俗字研究》、蔡忠霖《敦煌字樣書〈正名要録〉研究》（臺灣中國文化大學碩士論文，一九九四）、鄭阿財《敦煌寫卷與中國中古文字學——〈正名要録〉考探》（《中國學術研討會文集——紀念高明先生八秩晉六冥誕》，臺灣大安出版社一九九四）、韓國李景遠《對敦煌寫卷斯三八八的考察》（《中國語文論集》第八十一集，韓國釜山慶南中國語文學會一九九六）、《隋唐字樣學研究》（臺灣師範大學博士論文，一九九七）、張金泉、許建平《敦煌音義匯考》等都對本書進行過研究，後二書還出有校記，可以參看。茲據《英藏》影印本校録於下。別附寫卷部分圖版於首，以資比勘。

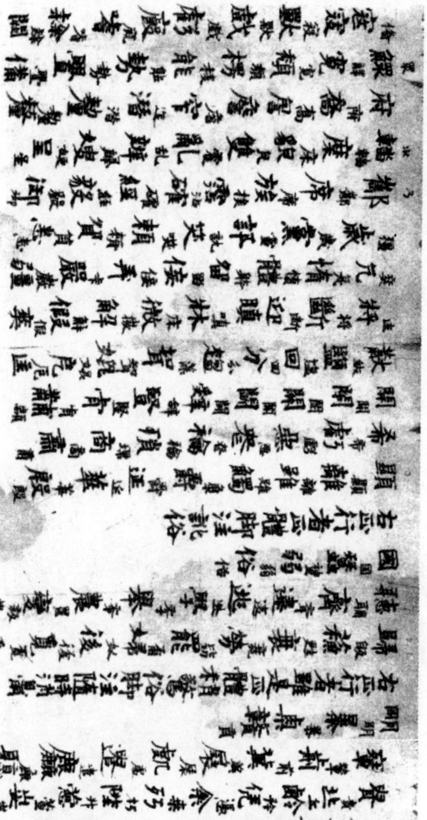

斯三八八號《正名要録》圖版（一）

斯三八八號《正名要録》圖版（二）

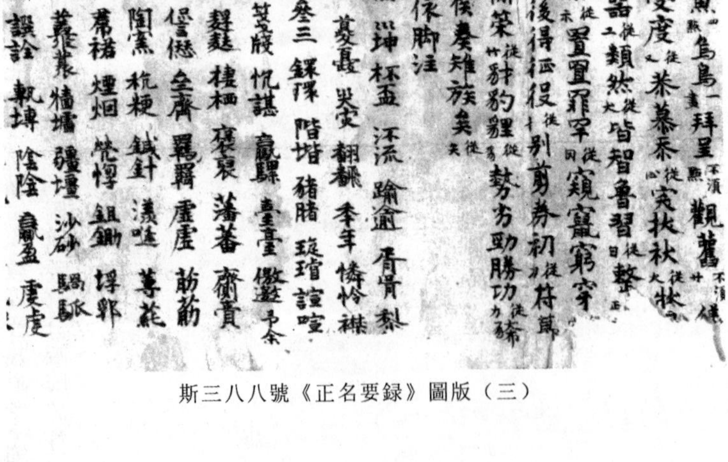

斯三八八號《正名要録》圖版（三）

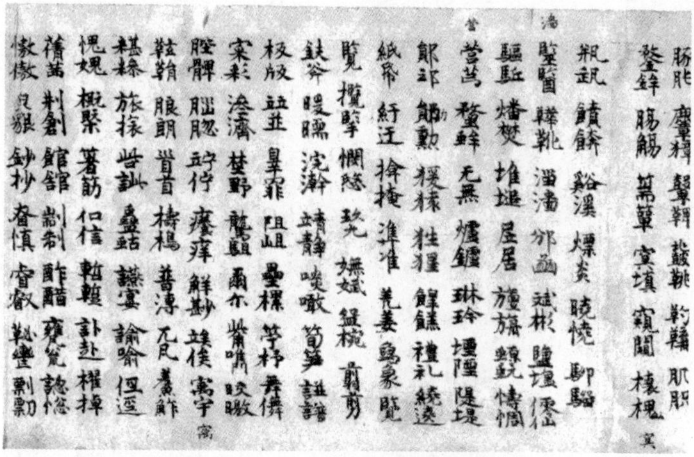

斯三八八號《正名要録》圖版（四）

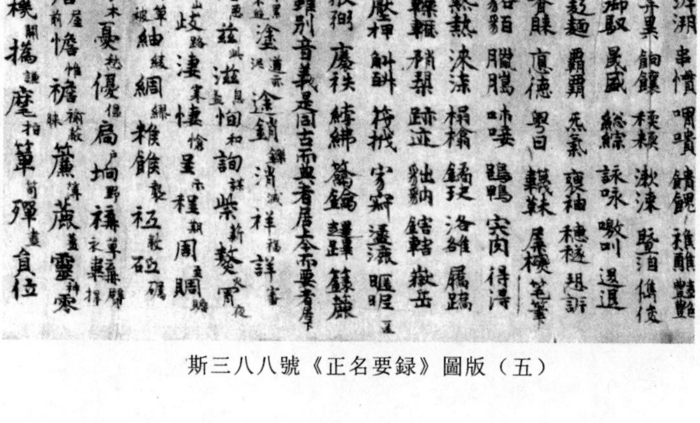

斯三八八號《正名要録》圖版（五）

斯三八八號《正名要録》圖版（六）

正名要録　霍王友兼徐州司馬郎知本撰〔一〕

賫貴。北丘。齡矜（矜）。〔二〕凭（憑）。桒桒。〔三〕歹朽。陞（陞）升（升）。藼（藼）萱。峉蚩（蚩）。〔四〕竃輂。〔五〕蒯（蒯）前。冀巽。展（展）展（展）。虤（處）處。遣遣。麤（麤）麁（麁）。聴（聽）聽。叓（叓）更。屬（屬）属。晨晨。〔六〕餕殷。〔七〕敿（敿）亂（亂）。〔八〕奱（奱）棄。殆枯。腳（腳）脚。剮明。〔九〕纍累。〔一〇〕桌。〔一一〕贑貢。〔一二〕

右正行者雖是正體，稍驚俗，脚注隨時消息用

帰（歸）皈。〔一三〕蕤甦。〔一四〕衰（衰）兗。勞劳。罷甭。婦奺。後䢔。覓覔。聴（聽）聑。齊斉。違逺。迯（逃）迯。學斈。舉斉。農冐。〔一五〕變訯。國国。蠶䖝。弱𭟳。俗佮。

右正行者正體，脚注訛俗

顯顯。離離。雖雖。觸臯。爵爵。迋迋。〔一六〕蕐（華）莘。殷昆。希（希）帝。虧（虧）虧。惡悪。罨巻。〔一七〕綸綸。〔一八〕瑣瑮。〔一九〕商商。〔二〇〕肅肃。開開。閉閇。〔二一〕關（關）開。鬪鬪。辤辞。豎竪。肯肯。〔二二〕黼顥。〔二三〕歎（歎）紱。〔二四〕鹽塩。回囬。分兮。趨（趨）藻。〔二五〕聟聟。〔二六〕媿娓。戹厄。匡𠥑。將（將）将。斷断。迎。〔二七〕瞋嗔。〔二八〕牀床。微㣲。解（解）觧。假叚。爽（爽）𡗗。亢（亢）㐼。惰堕。體躰。留（留）畱。侫（侫）佞。弄（弄）卡。嚴嚴。疆彊。歲（歲）歳。黨（黨）黨。訊訙。笑咲。賴（賴）頼。貿（貿）貿。悉（悉）悉。鄰（鄰）鄰。席席。族（族）挨。霑沾。確礭。經経。毅（毅）𣪠。御𢓜。輜（輜）輺。縻（縻）床。貌（貌）皃。雙雙。〔二九〕亂（亂）乱。辨（辨）辧。嫂㛐。呈星。府㢊。喬髙。詹（詹）詹。〔三〇〕窄迮。潛（潛）潜。鼇（鼇）鼇。〔三一〕鰥鰥。寬（寬）寛。頽頽。楞稜。能能。勢勢。疊疊。〔三二〕備（備）俻。寇寇（寇）寑。獸（獸）獸。戲戱（戲）。虧。〔三三〕殿㞕。耆（耆）耆。𢑴𢑴。〔三四〕闕闗。奭（奭）奭。獵猟。鑿鑿。牽（牽）牵。孟

孟。析拼。竊（竊）竊也。〔三五〕從彸。繼継。興興。㪚散。〔三六〕

右正行者揩（楷），脚注稍訛

章從音。皃從臼。頁從人，亦從刀。貯從宁。奮從田。舊（舊）從臼（臼）。切從七。定從正。袟從衤。因從大，亦從火。舅從力，從夫。〔三七〕玩從元。犀（犀）從牛，從辛。辤從辤。〔三八〕望（望）從壬，從立。顯從日。淫（淫）從壬。郵（郵）從垂（垂）。卸（卸）思夜。〔三九〕缺（缺）從缶（缶）。規從夫。導從寸。曷（曷）從日。看從手。爭從爪。欵從土。〔四〇〕聝從耳，從首。助從且。美從羊。秦從禾。泰從水，從心。〔四一〕坐從兩人。次從二。馮從冰。雖從虫、唯。強從虫、弘（弘）。頑從元。堯從三士（土）。營從宮。隆從生。恥（恥）從心。嗜從盲（旨）。〔四二〕槖從石。妬從石。〔四三〕燮從又、火。夷從弓。博從十。泉（泉）從水。預從予。務從矛。狄從火。獄從兩犬。飾從巾。誑從狂。訊從卂。量（置）從直（直）。冒從目。宜。〔四四〕肇（肇）從户。挂右不須卜。界左不須土。九右不須點。鼻不從甲（卑）。貫不從母。鄧不重彐。〔四五〕曹須兩畫。宅不須下。〔四六〕凡不點下。〔四七〕羞從丑。黄着由草通過。〔四八〕薦從草。矜貪並今。裕補並衣。諂陷從人。〔四九〕滔稻從爪。辠辜從辛。宛外皆夕。監靈從巫。〔五〇〕寵宦從綿。〔五一〕弘晉從尖口。決滅從水。冷凍從冰。覆覈從西。冕最從曰（月）。焦然從散火，左不須火。園（園）瓜（瓜）上不須草。稼穡從禾。耕耜從耒。幸眷從二畫。養（養）達三畫。馬魚四點。烏鳥一畫。〔五二〕拜呈不須點。觀舊不須卄。〔五三〕▨（儀）侵從人。〔五四〕受度從又。恭（恭）慕忝（忝）從心。突拔袚從犬。〔五五〕狀▨臭從犬。〔五六〕嚚從工。〔五七〕類（類）然從犬。皆智魯習從白。〔五八〕整▨（從）正。〔五九〕□禁禦（禦）從示。置（置）罝（罝）罪（罪）罕（罕）從网（网）。窺竄窮穿▨▨（從穴）。徇律後得征役從彳。別剪券初（初）從刀。符節篤簡策（策）從竹。豺豹貍從豸。勢劣勁勝功從力。豨（豨）豬（豬）從豕。侯奏雉族矣從矢。〔六〇〕

右各依脚注

崧嵩。巛坤。杯盃。泋流(流)。踰(踰)逾(逾)。胥胥。梨□。[六一]塗途。戞(夓)戞。災灾。翻飜。秊年。憐怜。襟(襟)□。[六二]綱綎。叁三。鐶(鐶)環(環)。階(階)堦(堦)。豬(豬)賭。琁璿。諠喧。轝輿。箋牋。忼(忼)諶。贏(贏)騾。臺臺。傲邀。予余。盤槃。娉(娉)鈇(鈇)。棲栖。褒裒。藩蕃。齎(齎)賷。糧粮。僭僣。㕘齊。羇羈。虗(虚)虛(虛)。茄(筋)莇。忻欣。陶窯(窯)。杭(杭)粳。鍼針。漾(漾)啞。蓴(蓴)蒓(蒓)。燀(燀)爓(爓)。帬裙(裙)。煙烟(烟)。焭(煢)悖。鉏鋤。垺郛。謿嘲。蘘(蘘)蘘。牆(牆)墻。疆壃。沙砂。騧駈(駈)。姦奸。譔詮。瓻(瓻)塼(塼)。陰陰(陰)。贏(贏)盈(盈)。[六三]虔虔(虔)。豚肫(肫)。麞獐。鞶(鞶)鞞。[六四]鬆(鬆)靴。靮鞴(鞴)。[六五]肌肊。[六六]鍪鉾(鉾)。膓腸。[六七]箹篳。[六八]寘(寘)填。窺闚。檈(櫰)槐。甁(瓶)瓨(瓬)。饋餴。谿溪。熛炎。[六九]曉憢。[七〇]騑(騑)騮(騮)。監醫。[七一]韡(韡)靴。淄灉。邠豳(豳)。斌彬。鹽(鹽)塩。僊仙。[七二]驅駈。燔樊(樊)。堆塠。屋居。膻旃。螈蚖。幬惆。[七三]營芎。蟄蚌(蚌)。[七四]无無。爐(爐)鑪(鑪)。琳玲。堙陻。隄堤。郞(郞)郄。勛(勛)勳。猨猿(猿)。狌猩。餽(餽)餻。

禮礼。繞遶。紙帋。紆迂。揜掩。凖准。[七五]羌(羌)姜。舃象。[七六]覽(覽)覧。攬擥(擥)。憫愍。[七七]玖(玖)九。嫵娬。盌椀。翦剪。鈇斧(斧)。暖嘸。浣澣。靖靜。啖噉。筍笋。謚譜。板版。竝並。辠罪(罪)。阻岨。壘櫐。[七八]竽杼。舞儛。寀彩。淺濟。埜野。鷰(鸗)騅。爾(爾)尒。[七九]觜嶲。咬噭。胜髀。腦膔。竚佇。癢痒。鮮尠。誒(誒)俟(俟)。寓宇。鞍鞘(鞘)。腹朗。眥首。擣搗(搗)。普溥(溥)。瓦(瓦)凡。羹鮓。糂糝(糝)。旅掾。呰訿。蠱蛄。

讌宴(宴)。諭(諭)喻(喻)。侄逕。愧媿。概槩。箸筯。仰信。暫(暫)蹔(蹔)。訃赴。櫂掉(棹)。蒨茜。荆(㧓)創。館舘。剬制。酢醋。甕(甕)瓮(瓮)。謥憁。〔八〇〕慠(慠)傲(傲)。皃(皃)貌(貌)。鈔抄。昚慎。睿叡。鞦韆(韆)。剽剽。詾(詾)詬。泝(泝)溯(溯)。串慣。喟嘳。饋餽。樵醮。豔(豔)艷(艷)。飼飤。异異。餉饟。稉粳。漱涑。暨洎。儁俊。嘆歎。䘏(御)馭。晟盛。総(總)綜。詠咏。嗷叫。退退。遯(遯)遁(遁)。麪(麪)麵(麵)。覇(霸)覇。炁氣。褎袖(袖)。穗(穗)穟。愬(愬)訴(訴)。輓挽。賫(賫)睞(睞)。悳(悳)德(德)。粵曰。〔八一〕韈(韈)韎。屎(屎)櫰。〔八二〕笔筆。默嘿。貉(貉)貊。臘臈。吥(吥)唼。鴡鴨。宍肉。得淂。偪(偪)逼(逼)。熱熱。洓(漆)柒。榻榆。鐍玦。洛雒。屩(屩)蹻(蹻)。箔薄。轢轣。稍槊(槊)。跡迹。貀豽。鍺(鍺)轄(轄)。嶽岳。逖(逖)遏。壓(壓)押。斛(斛)㪷(㪷)。筏栰(栰)。家宊(寂)。澄漉。暱昵(昵)。碻確。弻弼(弼)。褎(袠)袟(袟)。綍紼。籥(籥)鑰(鑰)。趯躍。籙籠。

右字形雖別，音義是同，古而典者居上，今而要者居下

連及；聯(聯)聯(聯)累不絶。塗道，亦泥；途。〔八三〕銷鑠；消滅。祥福；詳審。增益；憎惡(惡)。玆此；滋息，益。恂和；詢謀。柴薪。熬(熬)火。〔八四〕宵(宵)夜；霄(霄)雲。岐山；歧路。凄寒；悽愴。呈示；程期。周至；賙贍。稠概；裯(裯)單被；紬綾；綢繆。猴餱糧。〔八五〕祗(祗)敬；砥(砥)礪。揚稱；楊木。憂愁；優倡。扃(扃)户；坰(坰)野。褠(褠)單衣；韝(韝)臂捍。閻(閻)里門；簷(簷)屋前。幨(幨)帷；襜(襜)褕，蔽膝(膝)。簾(簾)簿；蓮菫。〔八六〕靈神；零落。幾微；機關。撝謙；麾指。箄(箄)笥；殫盡。員(員)位；圓(圓)團。〔八七〕啚(啚)心；圖(圖)畫。傜役；搖動。髦髦，又俊；旄鉞。〔八八〕亭池；停住。惟思；維綱。訓言荅。〔八九〕徂往；殂殞。中内；忠直。闐群行聲；填塞。璿璇並玉名。儇(儇)慧，佞(佞)；嬛(嬛)輕麗。緗綵；湘

水。盄（盄）血；肓（肓）鬲。鐺銀（鋃）；璫穿耳。騤（駷）馬；鷄（鵜）鳥。腔肉（内）空；羫羊腊。〔九〇〕棼亂；焚燒。蒸（蒸）火。〔九一〕矜憐；〔九二〕兢戒。煩擾；繁多。敦勉；惇。〔九三〕踈間；䟽記。〔九四〕儔侶；疇田。湄（湄）水；嵋（嵋）山。箛管；茄草。茵蓐；裀（裀）衣。巡徧；循（循）從。荓草；〔九五〕萍一音平。純（純）美；淳漬（清）。縻；糜粥。〔九六〕喬（喬）高；嶠（嶠）嵩。抽拔；瘳（瘳）疾愈。禕（禕）后服；幃（幃）香纓。荷水草；苛怒。拏牽引；拏亂。居止；貯睹。〔九七〕舒申；紓緩。包（包）裹；苞（苞）藁。歔（歔）噓（噓）並氣。沮姓；菹菜。尸陳，亦主；屍死。蘞（蘞）奩（奩）並簾。〔九八〕崖山；涯。〔九九〕童小；僮僕。淫過；媱（婬）逸。班布；頒分。含（含）銜；凾（函）容。婪愛食；惏殘。綈厚繒；締結。藜藿；蔾蘆。蛟龍；鮫魚。厘（廛）市；纏（纏）束。監（監）察；鑒（鑒）明。嬉戲；熙和。淄水；緇色。符信；扶侍。〔一〇〇〕彝（彝）器（器）；寅敬。猗辭。〔一〇一〕工巧；功勳。琮玉；悰樂。籠焚翔；〔一〇二〕櫳房。醲露。〔一〇三〕行步；衡橫。沖虚；种小。翾翔；遨（遨）遊。〔一〇四〕廬（廬）舍；閭里。鐘樂；鍾酒器（器）。敷布；孚信；鄜州。漂水；飄風；僄輕。堪任；龕受。葙夾屋；〔一〇五〕箱車轓；〔一〇六〕緗綵。元善，亦始；原田，亦發端；源水。嚶（嚶）鳥鳴；鶯鳥；鸚（鸚）鵡。熏火；薰草；曛暮。刑罰；形容；邢姓。喬（喬）木；槗（橋）梁；僑（僑）寄。毫毛；濠城。〔一〇七〕甍屋棟；氓（氓）人；甿田人。〔一〇八〕淩（淩）水名，亦欺轢；〔一〇九〕凌水；〔一一〇〕陵丘。〔一一一〕渝（渝）變；踰（踰）越；愉（愉）樂。猖狂；昌盛。成就；誠信；城郭。脩（脩）清；〔一一二〕修（修）營；羞慙。懲革；澂清；澄湛。辰時；晨早；宸屋宇。綸經；倫理；淪溺。藍（藍）草；籃（籃）筐（筐）；襤（襤）褸。樓（樓）觀；慺（慺）聚。貲財；訾量；孳生。〔一一三〕覰（覰）覘；窬（窬）穿。闚闋。〔一一四〕湏（須）需（需）並待；繻（繻）帛。沽洗；酤酒；姑且。容受；庸役。譊鳴；呶號；怓亂。賖（賖）貰（貰）緩；〔一一五〕奢憍。怡悦；貽与；頤（頤）養。陴女牆；裨益；郫姓。偕俱。〔一一六〕謡歌；搖動；傜役。睽（睽）乖；珪玉；袿（袿）衣。〔一一七〕荃香草；詮具；筌捕魚；銓衡（衡）。暉晃；輝光色；揮擊；徽美。雕刻；彫落；鵰鳥；貂獸。裁決；纔（纔）暫；才文；材木。希望；稀穊；睎視；晞乾。蘭草；欄櫪；讕言；闌酒。塘池；搪挨（挨）；

堂岠（岠）。〔一一八〕粘糊並粘（粘）；弧（弧）弓；狐（狐）獸。寰（寰）圻；闤（闤）闠；環（環）釧。洪大；紅色；粠
米臭；鴻大。無亡；蕪没；巫師；誣罔（罔）。偟遑暇（暇）；隍城；惶不安。愚闇；禺番；隅阝耳；〔一一九〕嵎㞒；〔一二〇〕
虞（虞）度。謨謀；膜拜；模摹取；嫫醜。由用；悠（悠）遠；猶尚；攸所；猷芳。寮官；僚僕之臣；〔一二一〕遼遠；
寮空；寥（寥）寂。庬尨大；〔一二二〕娏女神名；駹馬名；牻雜色；哤虫名。〔一二三〕
幸寵；倖傲。兆（兆）卦；肇始。縈（縈）垂；蘂（蘂）花。〔一二四〕隴隴坂；〔一二五〕壟丘。擁塞。〔一二六〕冢（冢）
大；塚（塚）墓。允信；尹正。躧步；屣（屣）履。苧草；紵布。騁（騁）馳。〔一二七〕謇言；蹇足。杳遠；窅深目。
覽（覽）視；擥手取。皂色；皁（皁）隸。〔一二八〕青（眚）灾；省廢。睹旦明；覩視。澡盥；藻水草。杲明；暠白。
蚌珠。〔一二九〕洗濯足；洒滌。黤青色；黴忘。擾煩；遶迴。混沌；渾大。忖度；刌切。斧（斧）斫；鈇椹。扣叩
擊。〔一三〇〕不弗；否不善。潦水；獠夷。覞暂見；閃闚（闚）頭。矧況；哂笑（笑）。蠢動；踳差，雜。
眷念。〔一三一〕聘（聘）訪；娉（娉）女。瑗玉；媛美。濬深；浚水。効力。〔一三二〕炫好衣；〔一三三〕衒自媒。靚庄
（莊）；淨潔。磬樂；罄盡。曀陰；曳引；勩勞。〔一三四〕綴連；輟止。一數；貳副。熾盛；幟（幟）幡（幡）。邃（邃）
深；粹不雜。宥寬；侑勸。灸灼；疢病。引挽；胤（胤）嗣。鎮安；填里名。〔一三五〕迅疾；駿速，又俊。僨僵；奮動。
造詣；操持。詖諂（諂）；陂傾。企望；跂登。闇幽；暗日光無。賦布。〔一三六〕遇逢；寓寄。況（況）譬；貺賜。尚
猶；上高。換（換）易；逭逃。獻（獻）奉賢；憲（憲）法。悶煩；懣憤。挂懸；詿誤。汜（汜）淹；汎浮。隘陋；
阨塞。俺愛；裺（裺）衣。練帛；鍊鑄。澱滓；淀水。洊仍，再；荐聚。讞（讞）順；唁弔。〔一三七〕扇搖；煽熾。賤
卑；餞送。數（數）敗；蠹虫。箇數；个廂。礙止；閡閉。繪畫；繢（繢）織。援助；院垣。璺（璺）器（器）破；
紊亂。睿智；鋭（鋭）利。太大；泰通。錮禁。〔一三八〕誦諷；頌賦；訟訴（訴）。震驚，亦卦；振動。贍（贍）
賦。〔一三九〕湊（湊）水；輳（輳）輻；腠膚。陋鄙；漏洩；鏤（鏤）刻。亮明；諒（諒）信；量度。濟渡；擠推；霽雨

止。亢（亢）星；抗（抗）敵（敵）。瘯（癈）病。〔一四〇〕控引。〔一四一〕溷濁；慁憂；圂廁。攄（據）依；倨傲；踞蹲。冀（冀）望；覬覦；概（槪）稠。嗖（喚）召；煥（煥）光；渙（渙）水。晦暗；悔改；誨訓。介大；屆至。戒（戒）心；誡（誡）言。遘（遘）覯（覯）；搆（搆）造；媾（媾）婚。秘密；閟閉；毖慎；泌泉。茂豐（豐）美；懋勉；晉（晉）亂；貿（貿）賣。刃兵；仞度；軔車。〔一四二〕僅纔；覲見；墐塗；殣死。忕（忕）縱；汏洗；鈦鉗；軑車。慕思；墓丘；暮晚；募求。路道；賂貨；露見。悞慮；誤失；忤逆；悟感；晤朗；寤（寤）寢。

録記；籙圖。没沉；殁死。訣別；决（决）依。諤（諤）直；愕（愕）驚。或（或）不定；惑（惑）亂。悦（悦）歡；閱（閱）簡。悖（悖）恶（惡），一背；勃力。恤心憂慼（慼）；賉与財惠。革改；隔（隔）限。惻量；測。〔一四三〕合和；閤閭。復（復）優；複（複）衣。述（述）叙；術（術）塗。畢竟；必定。揖讓；挹（挹）斟。溺没；惄飢。霹靂；劈破。瘠病；埳土。軏車；杌檮（檮）。碩大；祐（祐）宗。釋瘯（癈）；適（適）往。闢擗撫。〔一四四〕夕暮；穸窀。尺度；斥（斥）指。愽（博）大；搏（搏）擊。讋（讋）懼；懾失氣。搤捉；嗌咽。踣斃；仆頓。秩禄；帙（帙）書。遹循；〔一四五〕聿遂。歠飲；啜嘗。属（屬）記；〔一四六〕矚（矚）視。渥沾；握持。確牢；慤誠。較明；搉揚。邈（邈）遠。〔一四七〕篤厚；督（督）察。伏隱；服車。蹙促；蹴（蹴）踖。夙早；宿止。睦和；淳穆（穆）敬，美。夾（夾）持；挾（挾）撿。績緝（緝）；勣功。習脩；襲重。伐征；罰（罰）責。酷酒味；嚳極。域（域）封；閾（閾）門。挈（契）持。〔一四八〕旭旦；勖（勖）勉。沐洒；霂雨。〔一四九〕析（析）分；皙（皙）白。翕合，起；歙縮鼻；吸氣。克能；剋梋；〔一五〇〕刻鏤。落墜；絡繞；駱驛。樸木；朴大；〔一五一〕璞玉。媟（媟）狎；褻（褻）中衣；泄漏。列行；迾近；〔一五二〕烈光。殖（殖）多；植（植）種；寔是。黷垢；嬻媟（媟）；讟謗。孰誰；塾學；孰（熟）煮。蘖（蘖）妖；蘖（蘗）米；孽（孽）庶。緝績；咠和；葺補。十數；什保；拾掇。歷（歷）經；轢踐；曆（曆）律。蹐跼。〔一五三〕脉血；脈視；霡雨水。徹（徹）通；撤（撤）發；轍（轍）車。憶思；臆胷；億數。

傾；〔一五四〕仄陋；昊日昳。墨書；嘿默並静。剎（剎）和；〔一五五〕督審；察監。育養；昱明日；煜燿；毓盛。逸失；溢盈；佚樂；軼侵。敵（敵）對；迪道；滌（滌）洒；覿見。翼輔；翌明；廙敬；翊飛。叶協（協）和；勰（勰）同；俠（俠）義。識訓；式法；拭摩；飾脩。諜（諜）間；牒（牒）文；疊重；蝶（蝶）虫。急促；級階；伋；〔一五六〕給与。懌（懌）悦；繹（繹）陳；斁（斁）猒；〔一五七〕掖持；宫；液津；弈碁；驛（驛）傳；譯（譯）語；易改；亦（亦）復（復）。

右本音雖同，字義各别例

【校記】

〔一〕郎知本史書無傳。《隋書·郎茂傳》云郎茂有子知年；又《舊唐書·郎餘令傳》云郎知年曾任霍王李元軌友。郎知本、郎知年應爲一人，「本」「年」二字疑有一誤。

〔二〕「齡」應同「齡」字，「齡」字較早見於魏張揖的《廣雅》，釋云「哀也」，王念孫疏證以爲「矜與齡通」。然「矜」（古亦作「矜」，參下校）字《説文》已見，實較「齡」字爲典正。

〔三〕「桒」爲「桑」的古異體字，唐代前後碑刻及寫卷中經見；「桒」則應爲「桑」字篆文的隷變之訛，它書未見。

〔四〕「岦」字他書未見，應爲「岦」字俗訛；「岦」爲「蚩」的後起换旁俗字。參看張涌泉《敦煌俗字研究》下編「蚩」字條。

〔五〕「窐」字它書未見，疑爲「辇」字篆文的隷變之訛。蔡忠霖以爲「乘」古體「窐」字之變，如果其説可信，則其下應脱脚注字，「辇」上則應脱正行字。

〔六〕「晨」「晨」《説文》字别（前者爲早晨的「晨」的本字，後者爲二十八宿之一的房星），但古書混用無别，而多用「晨」字。

〔七〕據字形而言，「䍜」似是「䍜」字俗寫，但據脚注，似又應爲「殷」字别體。當以後一種可能性爲大。

〔八〕『敲』從攴，『亂』從乙，前者《説文》訓『煩也』，後者《説文》訓『治也』，段玉裁注以爲二字『音義皆同』，古書中多以『亂』字爲之。

〔九〕『朙』『明』皆同『明』字。『明』字《説文》篆文左旁從『囧』，『朙』左半即其隸變形。

〔一〇〕『㬥』即『暴』字，『暴』字《説文》從日從出從廾從米會意，『㬥』即其隸變體。其字《五經文字》卷下日部作『㬥』，可參。

〔一一〕『㮚』同『㮚』，其下應脱一脚注字『栗』。《五經文字》卷下西部：『㮚栗：上《説文》，下經典相承隸省。』

〔一二〕『贑』『貢』字别，但二字同音，古多假『貢』爲『贑』。

〔一三〕『皈』爲『歸』的會意俗字，『自反爲歸』，《顔氏家訓·雜藝》以爲北朝俗字。

〔一四〕『蕪』同『蕪』，後者《干禄字書》以爲『蘇』的俗字。

〔一五〕『昬』當是『𣇄』的避唐諱缺筆字，『𣇄』則應係『農』的會意俗字。

〔一六〕『𨑨』見《説文》，爲『征』字古體，文中則應爲『延』字寫訛；其下脚注的『𨒪』則爲『延』字俗體。《干禄字書》：『𨒪延：上通下正。』『𨒪』又爲『𨒪』字訛變。

〔一七〕『𡃹』爲『喪』字異體。『喪』字《説文》從哭從亡，《干禄字書》楷定作『𠸶』，『𡃹』即『𠸶』字之變。

〔一八〕『褕』爲『衲』的後起改易聲旁字，而『褕』字未見他書載録，郎知本以之爲楷正，疑或有誤。

〔一九〕『瓅』『瑣』《説文》字别，但後世亦用『瓅』爲『瑣』的異體俗字。《干禄字書》：『瓅瑣：上俗下正。』可參。

〔二〇〕『商』『啇』本非一字，但俚俗亦有混『啇』爲『商』的。《干禄字書》：『啇商：上俗下正。』是其比。

〔二一〕『閔』『閉』字别，古書中亦未見訛『閉』爲『閔』者，疑『閔』爲『閇』字寫訛，『閇』爲『閉』的常見俗字。

〔二二〕『肎』字《説文》從肉從𠔉省作『肎』，但金文有作『[illegible]』形者，疑即『肻』或『肯』字所出。

〔二三〕『䪼』文中疑爲『𪘲』字抄訛。《干禄字書》：『𪘲齲：上俗下正。』可參。

〔二四〕「黻」「紱」字別(二字古可通假),此以「紱」爲「黻」的「稍訛」字,疑或有誤。

〔二五〕「趨」「藻」形音義均所不同,斷非一字,底卷應有脱誤。

〔二六〕「聓」「聟」皆爲「壻」的訛俗字。

〔二七〕底卷「迎」字下應脱一脚注字。《干禄字書》:「迎迎:上通下正。」可參。

〔二八〕「嗔」「瞋」《説文》字別,但二字音義皆近,故郎氏混而一之。

〔二九〕「雙」字俗從「兩隻」會意作「䨇」,俗書「兩」「雨」混用無別,故「霻」又爲「䨇」的訛變形。

〔三〇〕「詹」字上底卷有一「習」字,他書未見,疑即「詹(詹)」字誤書而未塗去者,今删。

〔三一〕「鼇」字底卷本作「鼈」,而似已點去,「鼈」字下隔注文「鼈」字後「正行」行末又出一大字「鼇」,疑爲地角改字而誤入正文者,今據以以「鼇」代「鼈」。《干禄字書》:「鼈鼇:上俗下正。」「鼇」爲「鼈」的隸變字,而「鼇」蓋又「鼈」字抄訛。

〔三二〕「疉」「曡」應皆爲「疊」的訛俗字。《干禄字書》:「曡疊:上俗下正。」可參。

〔三三〕「虧」爲「虧」字俗寫,「虧」《説文》以爲「虧」字或體;但底卷同類上文已見「虧(虧)」字,此又別出異體「虧」,其下又無脚注字,疑或有誤。

〔三四〕「隸」字古有作「𨽿」、「𨽾」等形者(參《敦煌俗字研究》下編「隸」字條),「𨽸」「𨽹」蓋即其訛變形。

〔三五〕「也」字不合文例,疑爲衍文當删。

〔三六〕「㪔(散)」字《説文》從肉、𣏟聲,「㪔」所從的「冈」即「肉」旁的訛變形。

〔三七〕「從夫」疑爲「音夫」之訛,「鳥」應爲「鳧」的俗字,「鳧」「夫」同音,故底卷云「鳥」字音夫。參看張涌泉《敦煌俗字研究》下編「鳧」字條。

〔三八〕「辤」字《説文》從辛從受,脚注「從辤」應爲「從辛」或「從受」之訛。

〔三九〕「思夜」係「卸」字的切音,「卸」字《廣韻·禡韻》音司夜切,與「思夜」反同音。

〔四〇〕『欵』爲『款』字俗體，『款』字左半《説文》本作『祟』，作『𣎵』作『夫』皆爲隸書之變。

〔四一〕『泰』字《説文》從水，俗字從『心』旁變體『⺗』作『泰』。《干禄字書》：『泰泰：上俗下正。』故云。

〔四二〕『嗜』爲『嗜』字俗寫，亦即『嗜』字。『嗜』字《説文》從口、耆聲；『耆』字《説文》從老省、旨聲，亦有從老不省作『耆』的（《廣韻·脂韻》）；故『嗜』字亦可從不省老的『耆』作『嗜』。

〔四三〕同卷《羣書新定字樣》以『妒』爲正字，以『妬』爲『妒』的變體，其説可從（參看《敦煌俗字研究》下編『妒』字條）；此云『妬』字從石，蓋據訛變後的字形而言。

〔四四〕『罝』應爲『罝』字俗訛。『罝』字《説文》從网、且聲。底卷該字下無注文，與本段體例不合，而同類下文又重出此字，則此處『罝』字疑爲衍文當删。

〔四五〕『郅』爲『鄒』字俗寫。『芻』旁俗書作『⺕』，又變作『彐』，『彐』又『彐』之省變。底卷云『不重彐』，蓋指正字『鄒』而言。

〔四六〕『宅』字何以『不須下』，費解，疑有誤。

〔四七〕『不點下』疑爲『不點上』之誤。《五經文字》卷下二部：『凡，相承作凡者訛。』『凡』殆即『點上』的訛字。

〔四八〕『着（？）由草通過』文意不明，疑有誤。

〔四九〕『諂』、『陥』分别爲『諂』、『陷』的異寫；『臽』字本『從人在臼上』，故底卷云『諂』『陷』右上部『從人』。

〔五〇〕『毉』應爲『醫』字俗體，蓋『醫』字或從巫作『毉』，『毉』又『毉』字之變。『霊』則應爲『靈』的簡俗字。

〔五一〕『從綿』間應有脱誤，當校補作『從宀，宀音綿』。『寵』『宦』皆從宀，而『宀』與『綿』同音，故云。

〔五二〕『鳥』『鳥』分别爲『烏』、『鳥』的俗寫。『烏』、『鳥』下部的四點篆文作『ㄝ』，象鳥足形，隸楷多作四點；此云應作一畫，或許當時以作一畫者爲楷正。

〔五三〕『不須艹』疑爲『不從艹』之誤。『觀』的左上部、『舊』的上部本從『𦫳』，但隸書往往與草旁相混無别，故本卷辨正之。

〔五四〕『儀』字底卷下部殘泐，兹據殘存字形定爲『儀』字。『儀』字本從人，但俗書多有寫作雙人旁的，故本卷辨正之。

〔五五〕『㝟』字李景遠定作『突』字，蔡忠霖則以爲『㝟』、『拔』、『袯』分别爲『宎』、『扷』、『祅』的訛字，其下脚注『從犬』則爲『從夭』之訛。今謂李景遠以『㝟』爲『突』字可從，『突』字或作『宊』，『㝟』應即『宊』的贅畫字，『突』字俗書有作『㝿』『㝟』等形者，可參；『突』字下從『犬』，似當列入下一條。而『拔』字不誤，『袯』應爲『祓』字之誤，其下脚注『從犬』應爲『從犮』之誤。

〔五六〕缺字底卷存上部殘筆。

〔五七〕『噐』爲『器』的俗字，易『犬』爲『工』，蓋因器皿出於工匠之手。

〔五八〕『智』、『魯』即『智』、『魯』，今字『智』、『魯』下部的『曰』乃『白』的訛變形。

〔五九〕『從』字底卷略存殘畫，兹據文義擬補。

〔六〇〕『奏』即今『奏』字，『奏』字秦漢簡帛文書中有從『矢』者，與本卷所云相合；今本《説文》下部從『夲』，應係『矢』旁之訛。

〔六一〕『梨』應爲『黎』字俗寫。《干禄字書》：『梨黎：上俗下正。』可參。缺字底卷殘泐，俟考。

〔六二〕缺字疑爲『衿』字，『襟』『衿』爲古異體字。《干禄字書》：『衿襟：並正。』

〔六三〕『羸』『盈』《説文》字别，但二字音義皆近，古多通用，敦煌卷子中多以『盈』代『羸』。

〔六四〕『鞶』『鞞』《説文》字别，但古書中『鞶』字亦或以『鞞』爲之。

〔六五〕『靮』字《廣韻》音都歷切，釋馬繮繩，與『韝(韝)』字音義均所不同，疑此『靮』字乃『鞫』字之誤，『韝』『句』同音(《廣韻》皆有古侯切一讀)，『鞫』即『韝(韝)』的換旁俗字。『鞫』字字書釋兵器或馬鞍，則當别爲一字。

〔六六〕『胑』古書以爲同『肢』，此以之與『肌』爲一字，未聞。

〔六七〕『膓』古多用作『腸』的俗字，而未見用同『觴』者，疑有誤。《干禄字書》：『䬮觴：上俗下正。』又云：『膓腸：上通下正。』可參。

〔六八〕『篅』『篿』皆可指竹製盛穀之器，但二字讀音不同，似非一字。

〔六九〕『熛』『炎』義近，但二字讀音迥殊，古書中亦未見二字同用者，疑『炎』字有誤。『熛』字古有作『爂』者，可參。

〔七〇〕『曉』『憢』古書義别，用同『憢』的『曉』疑爲『嘵』字抄誤。《爾雅·釋訓》『惴惴憢憢，懼也』陸德明釋文：『憢，本又作嘵。』『嘵』見《説文》。

〔七一〕『毉』『醫』皆爲『醫』的俗字。參看上文校記〔五〇〕。

〔七二〕相對於『仙』，『古而典者』的應是『僊』字，蓋『僊』字隸變或作『僊』、『僊』，又進而訛變作『僊』。『僊』『仙』古今字。

〔七三〕『懤』『惆』古書音義均有不同，古非一字；此處當是『幬』、『𢅎』俗訛。《玉篇·巾部》：『幬，直流反，襌帳也。𢅎，同上。』

〔七四〕『蝥』字底卷似本作『蝥』，後又在原字上添改作『蝥』，『蝥』實即『蝥』的俗字。

〔七五〕『准』字今本《説文》從水作『準』，但慧琳《一切經音義》卷一六、卷三四引《説文》從冰作『凖』，《龍龕手鏡》亦有『凖』而無『準』，則本卷以『凖』字爲『古而典者』似亦非無據。

〔七六〕『象』字《干禄字書》載『正』字作『象』，『𫝑』蓋即『象』字變體。

〔七七〕『愍』同『愍』，改構件『民』爲『氏』，當與避唐太宗諱有關。

〔七八〕『壘』『樏』同用，古書中未見其例。

〔七九〕『尔』爲『尒』（隸變作『尒』）手寫的變體，宋代以後始或寫作『尔』形，然敦煌寫本中未見；『尔（爾）』旁敦煌寫本亦多作『尒』形，而不作『尔』；『尒』『爾』《説文》字别，但古書中多混而一之。

〔八〇〕『諰』『惚』分別爲『諰』『愢』的俗寫。

〔八一〕『粤』『曰』字別，但二字音同，用作助詞義亦相當，故此以爲一字。

〔八二〕『櫰』字他書未見，疑爲『欆』字誤書；『屢』字古或借『孌』爲之，『欆』大約就是在『孌』這個假借字的基礎上産生的後起形聲字。《集韻》別有『欆』字，指蕈名，則當別是一字。

〔八三〕『途』下底卷無脚注，不知有意省略抑或抄手脱誤。類似情況下文尚數見，不再一一出校説明。

〔八四〕『柴』『熬』讀音迥殊，不應列爲一組，其間應有脱誤。考《廣韻·佳韻》士佳切：『柴，薪也。』又云：『柴，祭天燔柴。』斯二〇七一號《切韻箋注·豪韻》五勞反：『獒，犬。熬，煎。』可以備參（『薪』的被注字應是『柴』而不是『柴』）。

〔八五〕《干禄字書》：『餱糇：上通下正。』『糇』『餱』爲古異體字，不應列入『字義各別』例，且『餱』或『糇』古無釋『襲』者，底卷應有脱誤。

〔八六〕『蔍』字《廣韻·屋韻》音盧谷切，與『簾』字讀音迥殊，此『蔍』當是『薕』字之誤（二字上部筆畫相同而致誤）。《廣韻·鹽韻》力鹽切（與『簾』字同一小韻）：『薕，薑。』音義皆合。

〔八七〕『位』字底卷誤入『正行』，今改正。

〔八八〕脚注字『髦』疑爲『髮』字抄訛。

〔八九〕『訓』字單出，應脱同音別義的對照字。

〔九〇〕『肉空』應爲『内空』之誤，『羊賭』疑爲『羊肋』之誤。《説文新附·肉部》：『腔，内空也。』《玉篇·羊部》：『羫，羊肋。』可證。但《廣韻》、《集韻》江韻皆以『羫』爲『腔』字或體，與本卷不同。

〔九一〕『蒸』字單出，應脱同音別義的對照字。

〔九二〕『矜』當作『矝』，同卷上文『各依脚注』類『矝』『貪』二字下脚注『並今』，可證。然『矜』疑本以從令聲作『矜』爲典正，説詳《敦煌俗字研究》下編『矜』字條。

〔九三〕『惇』下應脱脚注。斯二〇七一號《切韻箋注·魂韻》都昆切(與『敦』字同一小韻):『惇,厚。』疑所脱即『厚』字。

〔九四〕『踈』『疏』實皆爲『疏』的隸變俗字。《廣韻·魚韻》所葅切:『疏,通也……或作疏,俗作踈。』又御韻所去切:『疏,記也。亦作踈。』

〔九五〕『蓱』應爲『苹』的訛俗字。《王二》青韻薄經反:『蓱,水上浮萍。』又云:『蓱,馬帚,草名,似蓍。』其中的『蓱』亦爲『苹』字俗訛,而『蓱』則爲『萍』字異體,《王二》分『蓱(萍)』『蓱』爲二,與本卷同。

〔九六〕『縻』下底卷無脚注,應係抄脱。《廣韻·支韻》靡爲切:『縻,縻粥。』又云:『縻,繫也。』可參。

〔九七〕『居』與『貯』字不同音,而與『賭』字同音,蔡忠霖、張金泉謂『貯』與『賭』的位置應互乙,可從。斯二〇七一號《切韻箋注·魚韻》舉魚反(與『居』字同一小韻):『賭,貯。』

〔九八〕『簾』前應脱一『音』字。『蘞』『奩(匳)』《廣韻·鹽韻》並音力鹽切,與『簾』字同音,然該二字古無釋『簾』者。

〔九九〕『涯』下脱脚注字。《干禄字書》:『崖涯:上山崖,下水際。』可參。

〔一〇〇〕『侍』疑爲『持』字之誤。斯二〇七一號《切韻箋注·虞韻》附夫反:『扶,持。』可證。

〔一〇一〕『猗』字單出,疑脱同音別義的對照字。

〔一〇二〕『焚翔』二字有誤,俟再校。

〔一〇三〕『醲』下應脱脚注字,而『露』所注的『正行』字則應是『濃』字。《集韻·鍾韻》尼容切:『醲,《説文》厚酒也。』又云:『濃,《説文》露多也。』可參。

〔一〇四〕『翶』應爲『翾』字俗寫,但『翾』字古無釋『翔』者,且與下『遨』字讀音不同,蔡忠霖疑『翾』文中爲『翱』字之誤,可從。『翱』字俗作『翺』,與『翾』字形近。《王一·豪韻》五勞切:『敖,遊。俗作遨。』又云:『翱,翱翔。』『翱』字音義正合。

〔一〇五〕「葙」字《廣韻・陽韻》釋「青葙子」，此注「夾屋」，當是借用作「廂」。《文選・司馬相如〈上林賦〉》「青龍蚴蟉於東葙」李善注引孫炎《爾雅注》云：「葙，夾室前堂也。」其中的「葙」亦借作「廂」。《爾雅・釋宮》「室有東西廂曰廟」郭璞注：「廂，夾室前堂。」正用「廂」字。「葙」、「廂」與底卷同組的「箱」、「緗」《廣韻・陽韻》皆音息良切，讀音相合。

〔一〇六〕「⿰車蕃」字字書未見，疑爲「轓」的增旁俗字。《龍龕手鏡・車部》：「轓，孚袁反，車大箱也。」可參。

〔一〇七〕「⿰氵毫」字他書未見，應爲「濠」的改易聲旁俗字。斯二〇七一號《切韻箋注・豪韻》胡刀反：「毫，毛。」又云：「濠，城濠。」

〔一〇八〕《説文・民部》：「氓，民也。」又田部：「甿，田民也。」底卷「氓」字右半作「氏」，訓作「人」，皆避唐諱改。

〔一〇九〕「欺轣」同「欺轢」。《集韻・錫韻》：「轢，或作轣。」《漢書・酷吏傳序》「刻轢宗室」顏師古注：「轢謂陵踐也。」

〔一一〇〕「水」應爲「氷（冰）」字之訛。斯二〇七一號《切韻箋注・蒸韻》：「凌，氷。」

〔一一一〕「陵」字之上底卷有二「陵」字，爲「陵」字俗寫，抄手接書正字，乃有以正改俗之意，今删去上字。

〔一一二〕「清」疑爲「脯」字抄誤。《廣韻・尤韻》息流切：「脩，脯也，又長也，又姓。」

〔一一三〕「貲」「訾」二字《廣韻・支韻》音即移切，「孳」字在之韻，音子之切，讀音相近。

〔一一四〕「闚」爲「闚」的俗字，但此字與上下文「正行」字讀音不同，古又無釋「闋」義者，顯有訛誤。疑「闚」爲「⿵門俞」字之誤，而脚注字「闋」又爲「闚」字之誤。《廣韻・虞韻》「覦」「窬」「⿵門俞」同音羊朱切，「⿵門俞」字下云「窺也」，「闚」「窺」古異體字。

〔一一五〕「貟（貫）」字底卷列入「正行」，誤，兹據文義改入脚注。

〔一一六〕「偕」字單出，應脱同音别義的對照字。

〔一一七〕「睽」字《廣韻・齊韻》音苦圭切，「珪」「袿」音古攜切，讀音微别，不知是否應列爲一組。

〔一一八〕『堂』字《廣韻·庚韻》音直庚切，與『隚』、『搪』（《廣韻·唐韻》音徒郎切）讀音略有不同，但『堂』字異體『摚』《集韻》有徒郎切一讀，與『隚』、『搪』二字讀音相合。

〔一一九〕『阩』字他書未見，當是『陬』字省訛。《廣韻·虞韻》：『隅，角也，陬也。』

〔一二〇〕『𡰥』通常爲『尼』字俗寫，但文中應爲『𡰥』字俗寫，『𡰥』同『夷』，『嵎夷』亦作『堣夷』，古地名，古人或以爲日所出之處。

〔一二一〕『僕之臣』三字有誤，俟再校。

〔一二二〕『庬』同『厖』；張金泉謂『庬』字下脱一脚注字『大』，而『尨』下的脚注字『大』則當作『犬』，近是。但也可能『庬』下無脱字，而以『庬（厖）』『尨』爲同字異體，皆釋爲『大（犬）』。『厖』字古書多有用同『尨』者。

〔一二三〕『哤』下脱脚注，而『虫名』的『正行』字則應爲『蛖』字。裴務齊正字本《刊謬補缺切韻·江韻》莫江反：『哤，語雜。』又云：『蛖，案《爾雅》，蛖，蟲名，似螻蛄也。』可參。

〔一二四〕『蘔』字及脚注字底卷原在下文『冡（冢）』字之前，今據文例移置此處。

〔一二五〕『隴』爲『隴』的俗字，疑應删。參看上文校記〔一二〕。

〔一二六〕『擁』字單出，應脱同音別義的對照字。考斯二〇七一號《切韻箋注·腫韻》與『擁』同音於隴反的只有一個『壅』字，《廣韻》同，則所脱應即『壅』字。

〔一二七〕『騁』字單出，應脱同音別義的對照字。

〔一二八〕《干禄字書》：『皁皂：上通下正。』《廣韻·晧韻》昨早切：『皁，皁隸，又槽屬，亦黑繒。俗作皂。』均以『皂』爲『皁』的通俗字，與底卷不同。

〔一二九〕『蚌』字單出，應脱同音別義的對照字。

〔一三〇〕『扣』、『叩』古皆可釋作『擊』，但按文例，此處『扣』下應脱與『叩』義別的脚注字。《干禄字書》：『扣叩：上牽馬也；下叩擊也，字亦作扣。』可參。

〔三一〕「眷」字單出，應脱同音别義的對照字。

〔三二〕「効」字單出，應脱同音别義的對照字。

〔三三〕「炫」下當脱脚注字，而「好衣」的「正行」字則應是「袨」字。《王一・霰韻》黄練反：「袨，好衣。」又云：「炫，火光。」又：「衒，自媒。」可參。

〔三四〕「勫」應爲「勩」的訛俗字（左上部「世」作「云」係避唐諱改）。「勩」「曳」與「曀」音近義别。

〔三五〕「里名」應爲「星名」之訛。《廣韻・震韻》陟刃切（與「鎮」字同一小韻）：「填，定也，亦星名。」

〔三六〕「賦」字單出，應脱音同義别的對照字。

〔三七〕「讞」字《集韻・綫韻》有魚戰切一讀，與「唁」字同音；但「讞」字古釋議罪、議獄等義，而此釋「順」，未聞。

〔三八〕「錮」字單出，應脱同音别義的對照字。

〔三九〕「瞻」字單出，古又無釋作「賦」義者，顯有訛誤。疑原文當作「賑瞻」，上屬「震」「振」爲一组同音字。

〔四〇〕「癈」字單出，應脱同音别義的對照字。

〔四一〕「控」字單出，應脱同音别義的對照字。

〔四二〕「韌」下當脱脚注字，而「車」所注的「正行」字則應是「軔」字。《王二・震韻》而晉反：「韌，柔韌。軔，礙車輪。」可參。

〔四三〕脚注字「量」當移至「測」字之下，而「惻」字下則應抄脱脚注字。《廣韻・職韻》初六切：「測，度也。」又云：「惻，愴也。」可參。

〔四四〕「闢」字下應脱脚注字，「闢」「擗」音同義别。

〔四五〕「遹」字右側底卷旁注删字符「卜」，其下又有一「遹」字，然此字應以前者爲正，故删下字。

〔四六〕「屬」字未見釋「記」者，張金泉校「記」爲「託」，近是。

〔四七〕「邈」字單出，應脱同音别義的對照字。

〔一四八〕「契」字單出，應脱同音别義的對照字。蔡忠霖謂「契」下脱脚注，而「持」所注的「正行」字則疑爲「挈」字，近是。《廣韻・屑韻》苦結切：「挈，提挈，又持也。」又云：「契，契闊。」可參。

〔一四九〕「霈」應爲「霂」字之誤。《王二・屋韻》莫卜反（與「沐」字同一小韻）：「霂，霡霂，小雨。」而「霈」爲去聲泰韻字，不應列在入聲字下。

〔一五〇〕「能」字底卷誤作「正行」，玆據字義移入脚注。又「栯」應係「楯」字俗寫，但何以「剋」字釋「楯」，俟考。《干禄字書》：「克剋：上克能，下克勝。」可參。

〔一五一〕「村」字《廣韻》音此尊切，爲平聲魂韻字，不應廁列於此，蔡忠霖、張金泉謂「村」爲「朴」字之誤，甚是。「朴」與「樸」、「璞」《廣韻・覺韻》同音匹角切。但蔡、張二位以脚注「大」爲「木」之誤，則未確。《廣雅・釋詁》：「朴，大也。」可證「大」字不誤。

〔一五二〕「迾」字古釋遮、釋遏，此釋「近」，未聞。

〔一五三〕「踣」字單出，應脱同音别義的對照字。

〔一五四〕「傾」字《廣韻・清韻》音去營切，不應列在入聲字下，張金泉謂其上脱一「夨」字，而「傾」爲脚注字混入正文，近是。《廣韻・職韻》阻力切（與「仄」、「昃」同一小韻）：「夨，《説文》云傾頭也。」

〔一五五〕古書未見「刹」釋「和」者或「刹」「和」連用者，疑「和」爲「利」字之訛，「刹利」即刹帝利之略，梵語音譯，爲印度第二族姓。

〔一五六〕「伋」下脱注。《廣韻・緝韻》居立切：「伋，孔伋，字子思。」

〔一五七〕「斁」字他書無釋「猷」者，張金泉以「猷」爲「厭」字之訛，可從。《廣韻・昔韻》羊益切：「斁，猒也。」「猒」「厭」古今字。

時要字様(一)

斯六二〇八(底一)　斯五七三一(底二)　斯一一四二三(底三)

【題解】

底一編號斯六二〇八。卷背抄有『□西州迴鶻使□□五拾捌碩由▨▨□□▨(置?)▨(領?)廿八口酒壹百□』殘文書、十二月詩、《古賢集》等内容，末有題記『□酉年二月七日張學儒書』。正面首殘，前抄《雜集時用要字(擬)》(參該篇題解)；接抄本書，已破裂爲底一甲、底一乙、底一丙、底一丁四個殘片。底一甲在《雜集時用要字(擬)》之後，共八行。底一甲之後，爲四片互不粘接的殘片，其中右下部一小片存四殘字(其中有一『紫』字大體完整)，均抄作正文大字的形式，款式不同，應與本書無關。茲據内容先後把右上部的一片定作底一乙，左下部的一小片定作底一丙，底一乙、底一丙可以綴合，綴合後凡十殘行，中間無缺行，但上下部都有殘缺；左上部較大的一片定作底一丁，共十四行(第一行僅存一二殘筆)，爲下半，且底部多有殘泐。

底二編號斯五七三一。卷背有『乾符六年己亥』、『百姓盧延慶□右延慶令差迴鶻』、『乾符六年十二月十日□傒人計喫食粮麵□兩驛供羊并路良□』等殘片，其中後一片似可與底一背的殘文書綴合。正面抄本書，第十五行入聲字前題『時要字摤(樣)卷下第四』；第一行僅存上部小半，第二行至第三十二行僅存上半，其中前十四行與底一丁正好可以綴合(參看周祖謨《敦煌唐本字書敍録》)，綴合後除前三行中部仍有殘缺外，其餘十一行中部密合無間。

底三編號斯一一四二三，僅存三殘行，係底一丁九至十一行底部的碎片，可以完全綴合。底一丙與底二+底一丁+底三之間不能完全銜接，其間約缺三行左右（參看校記〔六八〕）。各卷綴合後如左圖所示：

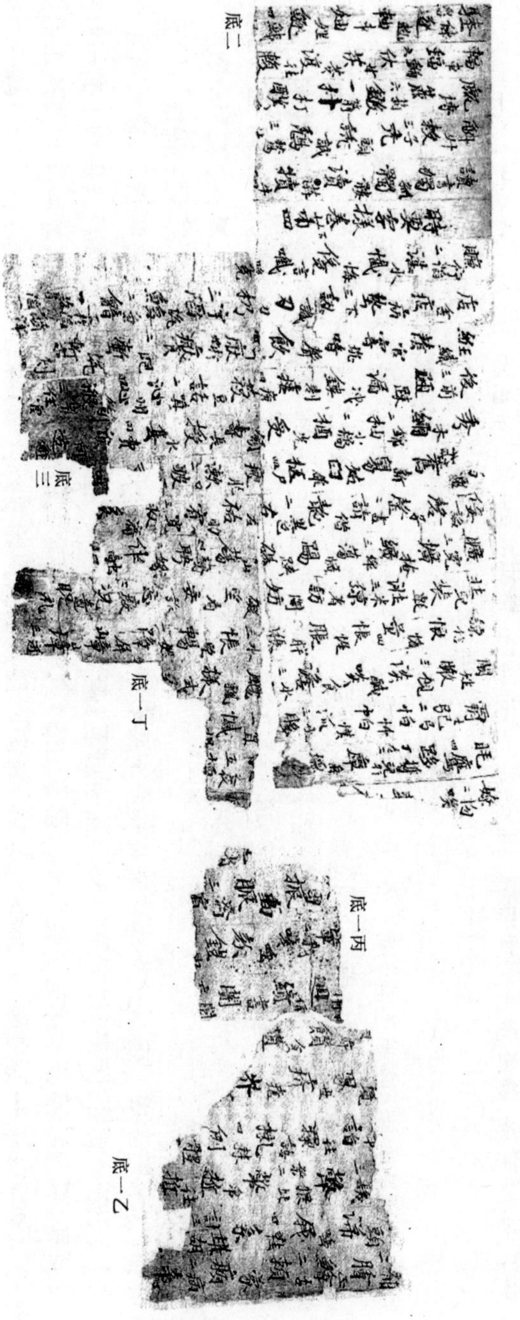

底一乙+底一丙+？+底二+底一丁+底三綴合圖局部

另外，俄敦二三九一A、斯六一一七號也有本書去聲部分的十餘行殘文，因其款式略有不同，故另篇校録，可以互勘。該二卷本書校記中簡稱《時要字樣》（二）。

據底一、底二的題名，原書蓋分上下卷，大約按四聲分爲上卷第一、上卷第二、下卷第三、下卷第四，對應平、上、去、入四聲，但所存僅『下卷第三』大部和『下卷第四』前部小半。底一乙首行題『新商略古今字揬（樣）撮其時要并引正俗釋下卷第□（三）』，其前爲《雜集時用要字（擬）》（參看該篇題解），前後兩部分字體非常接近，應出於同一人之手，但體例完全不同，應非一書。《索引》、《寶藏》均把底一前面的《雜集時用要字（擬）》與本書混而爲一，一併題作『新商略古今字樣撮其時要并引正俗釋上卷、下卷』（『撮』字、『引』字各家録文多誤作『提』、『行』，兹據原卷及《翟目》正）。《索引新編》略同，恐不可從。底一《翟目》題『新商略古今字樣撮其時要并引正俗釋下卷』（『俗』字《翟目》誤録作『經』，兹徑録正），《英藏》、《匯考》略同；《金目》、《敦煌唐本字書敘録》、《敦煌蒙書研究》（九九頁）題『新商略古今字樣』。底二《索引》、《索引新編》題『時要字樣卷下』，《寶藏》題『時要字樣卷下第三第四』，《翟目》、《金目》、《敦煌唐本字書敘録》題『時要字樣』。底三《栄目》擬題『時要字樣（？）』，是，可不必疑。《敦煌唐本字書敘録》以爲《時要字樣》與《新商略古今字樣撮其時要》『爲同一書的别名』，是，兹參酌底二卷定作《時要字樣》。

《匯考》以爲本書『分韻、韻次及同音字組序列』與王仁昫《刊謬補缺切韻》相近，極是。下卷第三順序抄録去聲送、用、寘、至、未、御、遇、暮、泰、霽、祭、卦、怪、夬、翰、隊、代、廢、震、問、嘯、笑、号、箇、禡、勘、闞、漾、宕、勁、徑、宥、候、沁、豔、㮇、證、陷、鑑各韻字，下卷第四依次抄録入聲屋、沃、燭、覺、質、物、櫛、迄、月、没、末、黠、屑各韻字，除去聲下『翰韻』的字底卷抄在夬韻、隊韻二韻之間，而《王一》、《王二》、《唐韻》及《廣韻》『翰韻』皆在問韻後、嘯韻前，序次不同外，其餘韻次皆與《王一》、《王二》相合（亦與斯二〇七一號《切韻箋注》所存入聲部分相合）；而且每韻下同音字組的先後順序也與《王一》、《王二》大抵相同。但與《裴韻》、《唐韻》和《廣韻》則無論韻次、字序皆有所不同（如去聲泰韻《廣韻》在霽韻、祭韻之後，而底卷該韻字列在霽韻之前，序次與《切韻箋注》、《王一》、《王二》合；勘韻、闞韻《廣韻》在沁韻後、豔韻前，而底卷該二韻字列在禡韻之後、漾韻之前，序次與《切韻箋注》、《王一》、《王二》合；又證韻《廣韻》在徑韻後、宥韻前，而底卷該韻字列在㮇韻之後、陷韻之前，序次與《切韻箋注》、《王一》、《王二》合；又《切韻箋注》、《王一》、《王二》入聲有末韻無曷韻，《唐韻》、《廣韻》從末韻分出曷韻，底卷『怛』至『嗽』四組十一字接在『䤉』等末韻字之後，字序與《切韻箋注》、《王一》、《王二》等韻書合，而《唐韻》、《廣韻》則列在位居末韻字之前的曷韻，則底卷所據韻書曷韻、末韻不分；再如底卷『渴』、『嗽』二條，《切韻箋注》、《王一》、《王二》在末韻，字序相合，而《廣韻》在曷韻，先『嗽』後『渴』）。由此可見，本書與《王一》、《王二》等《切韻》系韻書有着非常密切的關係。不過二者之間也頗有不同。一是少數字字序不同，如入聲下『辱、褥、鄏、蓐』和『録、逯、親』二組《切韻箋注》、《王一》、《王二》及《廣韻》的順序皆爲『辱、蓐、褥、鄏』和『親、録、逯』。二是切音用字每有不同，底卷有反切十九條，其中一條脱反切下字除外，其餘十八條與《王二》反切上下字完全相同的僅五條（系：胡計；柘：之夜；諳：於陷；賺：佇陷；權：苦角），切音用字不同而切音相同的有十二條（邃：胥醉・雖遂〔間隔號前爲底卷切語，後爲《王二》切語，下同〕；弊：比祭・毗祭；晬：祖晦・子對；跢：丁左・丁佐；厭：於焰・於豔；蘸：滓陷・責陷；吒：呼覺・許角；兀：吴忽・五忽；稄：鋪鉢・普活；嗽：訶呼・許葛；扨：揩八・苦八；卹：忽血・呼決），切音用字不同且聲紐亦有差異的有一條（斡：孤末・烏活，參校記〔一九〇〕）。三是少數字《切韻》系韻書讀音不同而底卷合爲一組，如去聲『冀州；穊稠；記書；溉灌』一組，『冀』、『穊』《王二》、《廣韻》皆在去聲至韻，『記』字在志韻，『溉』字《廣韻》又音居豖切，在未韻（《王二》『溉』字只有古礙反一讀，在代韻），蓋當時方音此三韻音近，故此合爲一組；又濁聲母的上聲字往往與去聲字同讀，透露出唐五代西北方音的特色。四是少數字《切韻箋注》、《王一》、《王二》等未見，而只見於《廣韻》（參看校記〔一九四〕）；甚至其他韻書均所未見，如去聲下的『梖』，入聲下的『𨒈』、『麪』、『稄』（參看校記〔一三〕、〔一六三〕、〔一七〇〕、〔一九三〕）。五是注釋多有不同，如『系』字注『罐』，『磬』字注『子』，『休』字注『豁』，『豁』字注『蕩』，『屑』字注『栖』，『疾』字注『瘡子』（參看校記〔四三〕〔一〇四〕〔一八三〕〔一八八〕〔二〇六〕〔二二三〕），等等。據此種種迹象判斷，本書大約是作者以《王一》、《王二》等《切韻》系韻書爲藍本（所謂『撮其時要』）而又根據當時口語的實際用法（所謂『并引正俗釋』）編撰而成的，所以在讀音、注釋方面都具有自己的特色。

王仁昫《刊謬補缺切韻》作於唐中宗神龍二年（公元七〇六年，參看周祖謨《唐五代韻書集存》八七〇—八七一頁），本書既以王韻等《切韻》系韻書爲藍本，則其撰作年代宜在唐中宗朝以後。底二卷背有唐僖宗乾符六年（八七九）的殘文書（底一卷背《古賢集》等韻文後題記「酉年二月七日張學儒書」，「酉」字前所缺疑爲「丁」字，「丁酉年」爲唐僖宗乾符四年），可以斷作本書抄寫時間的下限。《翟目》以底一卷爲十世紀寫本，失之於晚。張金泉《論〈時要字樣〉》引張參《五經文字・序》「近代字樣，多依四聲，傳寫之後，偏傍漸失」，稱字書的四聲編纂法開創於唐顔元孫的《干禄字書》（顔元孫活動於唐高宗至玄宗間，與王仁昫仕歷時間相近），而本書之作應在《五經文字》（撰於公元七七六年）略後，可備一説。底卷「世」形構件或改作「曳」（參看校記〔四〇〕、〔一一九〕、〔三〇七〕），或缺筆作「廿」、「廿」（參看校記〔一三五〕、〔一四九〕）；「旦」旁或缺筆作「口」（參看校記〔一九七〕），顯然都與避唐諱有關；但底卷「界」條下注文「世」字却不避諱（參看校記〔四八〕），説明抄手避諱并不太嚴格。

本書把讀音相同的若干字頭列爲一組（體例與斯三八八號《正名要録》「右本音雖同，字義各别例」相近），大抵按《切韻》系韻書大韻及小韻的先後依次排列；每組字注文之末標有該組同音字的條數（偶亦有把條數標注在每組同音字首字注文之末的）。注文以釋義爲主，偶亦有標注反切（標注於每組同音字的首字之下，不用直音）注明該組同音字的讀音或注明「正」、「古」、「俗」以區别字形的。本書的釋義頗具特色。《索引》在底二卷的「説明」下云：「體例特别，如舊字右下角注一新字，舅字右下角注一姑字，帳字右下角注一幄字，脹字右下角注一胖字。」（「幄」前的「一」字原書作「以」，「胖」字原書誤録作「胖」，兹據文義和原卷録正）這種「特别」的體例，張金泉認爲是被注字和注字連讀爲訓之法（《論〈時要字樣〉》）。如「舊」下注「新」，是指「舊」爲新舊之「舊」；「舅」下注「姑」，是指「舅」爲姑舅（亦稱「舅姑」）之「舅」；「帳」下注「幄」，是指「帳」爲幄帳之「帳」；「脹」下注「胖」，是指「脹」爲胖脹之「脹」。這一特點，在校讀本書時應予充分關注。如底卷「去」下注「住」，而《王二》釋「不住」，此并非底卷脱「不」字，而是指「去」爲「去住」之「去」也。又如底卷「况（況）」下注「意」，或據《廣韻》以「意」爲「善」字之訛，實則此指「况」爲「意况」之「况」也。再如底卷「屑」下注「抪（栖）」，乃謂「屑」爲「栖屑」之「屑」（「栖屑」爲奔波不安貌，古書多見），或以爲「栖」爲注音字，而定作「是入聲消變之兆」，誤矣。這種被注字和注字連讀成訓的體例，應該是由字頭在注文中重出時用省書符號的方法省略而來的。或者可以説，被注字和注字連讀成訓，實際上就是注文中省略了字頭的省書符號（參看張涌泉《〈説文〉『連篆讀』發覆》，載《文史》六十輯）。斯六一一七號《時要字樣》在每個字頭下都先標注一個省書符號，大概是要恢復被省去了的字頭的省書符號，但抄手把這個省書符號一概加在釋義字之前，便有些不合適了（參看該篇題解）。

有關本書的成果還不是太多。周祖謨撰《敦煌唐本字書叙録》（《敦煌語言文學研究》，北京大學出版社一九八八）對底一、底二的基本情况及内容作了簡要的介紹；張金泉《論〈時要字樣〉》（載《浙江社會科學》一九九三年第四期）對本書的内容體例、價值等有較爲深入的討論。後來張金泉、許建平《敦煌音義匯考》（杭州大學出版社一九九六）又對本書各寫卷分别作了初步的校勘。兹取《王一》、《王二》等《切韻》系韻書及《廣韻》以爲比勘，并參酌各家校説，據《英藏》影印本校録如下。原卷正文單行大字，注文雙行小字，兹改注文爲單行，較正文小一號字排録。

（前缺）

新商略古今字搸（樣）撮其時要并引正俗釋下卷第□（三）〔一〕

控引；枯動反；〔二〕倥傯；〔三〕鞚韁。三。動移；洞穴。二。〔四〕誦讀；頌碑；訟言。三。〔五〕貴富；愧▨；〔六〕賶賽。三。〔七〕被服；髲頭；紴筋上弓；〔八〕俻（備）擬。四。義文；議論；誼賈。三。〔九〕縋縣；槌□；墜落。三。〔一〇〕遂乃；穗禾；燧烽火。三。曨種。昌（胥）醉。〔一一〕二。邃深。〔一二〕秘密；轡馬；賁人名。三。〔一三〕櫃篋；匱貧。二。雉菟；〔一四〕稚幼；穉晚禾；〔一五〕緻密。四。〔一六〕冀州；穊稠；記書；溉灌。四。〔一七〕婢奴；枇梳；痺脚；鼻孔。四。〔一八〕臂手；疪蔭（瘞）。〔一九〕三。〔二〇〕頪（纇）顖；萃（萃）集。二。〔二一〕未有；味口；菋五未子。〔二二〕三。謂此之；渭水；蝟剌（剌）；緯經。四。慰問；尉縣官；畏懼。三。〔二三〕翼相；〔二四〕㦸[□]；〔二五〕翊衛。三。〔二六〕去住；故欠。二。〔二八〕注

水；疰鬼；鑄私。〔二九〕三。句章；絇絲。二。〔三〇〕悟度；〔三一〕晤明；寤覺。〔三二〕三。捕捉；哺兒食。三。〔三三〕

（中缺）

▭補。二。〔三四〕膾正；鱠古。二。〔三五〕頼（賴）蒙；癩（癩）病。二。〔三六〕帝▨（王）。〔三七〕▭〔三八〕

□（剃）頭。〔三九〕涕唾。屜鞋。〔四〇〕四。〔四一〕系罐。胡計。三。〔四二〕▭（□□；⿰口絜喉。醫（瞖）眼；曀陰。

二。祭祀；穄黍；䊢（纖）髮。三。〔四三〕弊（弊）猥。比祭。二。幣（幣）帛。〔四四〕逝往；▨（誓）▭（況

〔呪〕；噬咬；筮□。四。曳拖；裔邊。二。藝）才；〔四五〕詣往；寱（寱）語；梀棘（棘）。〔四六〕四。〔四七〕例體；▭

▭（勵勉；厲瘴。三。解除；廨公；懈憧。三。戒）境；〔四八〕界世；疥瘡；岕▨（孤）；〔四九〕▭（魪

魚。五。敗事；唄讚。二。妹姉；瑁玳；昧暗。三。）〔五〇〕▨（讚）府；〔五一〕饡食；〔五二〕▨（趲）〔五三〕▭

（迸；濆水。四。悔懺；誨教；晦月。三。脺周。祖晦反。一。會宴；憒心乱；潰）▨（閙）；〔五四〕迴行；繢畫；闠閙

（闤）。〔五五〕六。▭（碎破；繀絲；啐《三臺》。三。耒耜；類節；儽倒。三。背脊；）〔五七〕輩我。〔五八〕

二。〔五九〕咳唾；欬〔嗽〕；〔六〇〕鎧▨（冑）。〔六一〕▭（癈疾；廢休；廢化；䕲蘆。四。穢惡；薉荒。二。）〔六二〕

▨（震）雷；〔六三〕振動；賑（賑）濟。〔六四〕三。〔六五〕▨（殯）〔六六〕▭（埋；擯弃；鬢髮；儐相。四。進貢；

晉州。二。近遠；瑾王〔玉〕；）▨（覲）省；〔六七〕

（中缺）

嫽物。〔六八〕二。唉□；〔六九〕▨（鞘）□。▨（二）。〔七〇〕▨▭〔七一〕眊鷹。〔七二〕四。跢携兒行。丁左。〔七三〕二。壖

垂。〔七四〕壖沙▨（石）。□。〔七五〕▨（柘）之夜。〔七六〕五。▨▭〔七七〕罞士；〔七八〕弝弓。〔七九〕二。怕怖；帕幞

（幞）；〔八〇〕派水。〔八一〕三。眵笡。〔八二〕一。憾▨（恨）。〔八三〕▭〔八四〕闞姓；瞰視。三。淡鹹；啖食；〔八五〕澹水。

三。颭飄；㨾式；〔八六〕▨▭〔八七〕諒信；悢愴；量四。〔八八〕悵（帳）幄（幄）；〔八九〕脹肨；漲水。三。悵望；暢姓。

二。障屏；嶂山；墇迸。〔九〇〕三。壯皃；裝氈；泔米。三。〔九一〕弶（弶）着。〔一〕。〔九二〕訪問；妨礙。〔二〕。望看；妄
詐；忘廢。三。況意；〔九三〕貺礼。〔二〕。〔九五〕曠寬（寬）。〔九五〕三。〔九六〕壙掩。纊綿。三。蕩曠；〔九七〕踼跌；〔九八〕碭
山；碭藺。四。〔九九〕聘婚。二。〔一〇〇〕伴融。〔一〇一〕▨□〔一〇二〕倭諂。〔一〇三〕磬子；〔一〇四〕罄盡。二。請借；黯黑色。
二。〔一〇五〕右左；祐助；宥寬（寬）。三。救濟；灸（炙）□〔一〇六〕榴▨。〔一〇七〕舊新；舅姑；臼碓；柩尸。
四。〔一〇八〕瘦肥；漱口。二。皺（皺）▨（面）。〔一〇九〕▨□。□。〔一一〇〕▨（溜）□。□□。□（二）。〔一一一〕秀木；繡錦。
二。柚小橘。〔一一二〕二。栖光。〔一一三〕受領；壽長；授水；〔一一四〕售（售）賣。〔一一五〕四。〔一一六〕候（候）伺；〔一一七〕逅
（逅）邂；後前。三。〔一一八〕陋陝；漏洩（洩）；〔一一九〕鏤刻；瘻瘡。四。蔲（蔻）豆；詬（詬）嗔。二。〔一二〇〕沁州；吣
猗；梫竿。三。〔一二一〕任官；紝織。〔二〕。蔭（蔭）官；窨坑；喑聲；飲牛。四。〔一二三〕厭（厭）於焰；〔一二四〕饜（饜）
飽。二。塹坑；槧刻。〔二〕。〔一二五〕店舍；痁病；〔一二六〕墊下。三。認識；刃刀；杒[illegible]。〔一二七〕三。〔一二八〕陷（陷）坑；
鰡（鮨）魚。二。韽下。於陷。〔一二九〕一。蘸饋。滓陷（陷）。〔一三〇〕一。賺佇陷（陷）。二。湛水。〔一三一〕懺（懺）悔；儳
（儳）言；嚵（嚵）饞（饞）。〔一三二〕〔三〕〔一三三〕。

時要字様（樣）下卷第四〔一三四〕

讀書；獨孤；髑髏；瀆溝（溝）；〔一三五〕犢牛；▨〔一三六〕□斛斗；縠子。三。〔一三七〕秃頭；誘詆（詆）；鵚鶖。
三。〔一三八〕▨□甎塼；篚箱。六。鏃箭。〔一三九〕一。朴（扑）朾；〔一四〇〕醭▨。〔一四一〕□輻車；蝠蝙。六。伏
甘；茯苓；復往；〔一四二〕輹□騃[illegible]兒。〔一四三〕四。逐趁（趁）；軸車；妯娌；鱁鮧。四。▨□〔一四四〕清水；昱
光。四。蹴蹋。一。祝姓；粥羹。二。▨〔一四五〕□睦和；苜蓿；牧放。三。〔一四六〕哭（哭）啼；酷虐；〔一四七〕
▨〔一四八〕□贖贖。〔一四九〕三。辱恥；褥氈；鄏剡（郟）；〔一五〇〕蓐□▨（綠）緋；〔一五一〕逯姓；親曲。五。

續連；俗人；蕢〔一五二〕□欶嚁；槊槍；〔一五三〕蒴藋。四。卓姓；斲雕；□剥脱；駮馬；詨聲。三。權頭；苦角。〔一五四〕毃▨。〔一五五〕□吒嗔；呼覺；〔一五六〕豞豕聲；觳急。三。〔一五七〕質典；桎梏；□逸放；佚樂；溢滿。三。栗子；慄戰。〔一〕。窒〔一五八〕□倔強。衢〔□〕。〔一五九〕𨂲脚；㭾（掘）地；崛山；䘿衣短。〔一六〇〕□虱蟣；〔一六一〕湛竇。〔一六二〕四。訖了。吃啞。二。〔一六三〕伐正；〔一六四〕罸（罰）□丹古；〔一六五〕蕨菜；劈吉；〔一六六〕趣揩。〔一六七〕曆倒；▨〔一六八〕□勃逆（逆）；〔一六九〕渤澥；馞香；䴬（䴬）麵；〔一七〇〕埻（埻）土。六。▨〔一七一〕□忽然；笏牙；窨睡。〔一七二〕三。兀高，昊忽；〔一七三〕杌叫。〔一七四〕三。〔一七五〕▨□。▨（一）。〔一七六〕▨□。▨（一）。〔一七七〕□〔一七八〕䘹収（收）頭。〔一七九〕二。卒兵。一。〔一八〇〕末本；沫〔□〕；〔抹〕撚；〔一八一〕休豁；〔一八二〕濊塗；〔一八三〕秣馬。六。楞〔□〕。〔一〕。〔一八四〕栝（括）搜；〔一八五〕聒▨（耳）；〔一八六〕髺蔑。三。〔一八七〕豁蕩；〔一八八〕奯開眼。〔一八九〕二。斡孤末；〔一九〇〕斛（㪷）俗。〔一九一〕二。𥢌鋪鉢；〔一九二〕蹳行；〔一九三〕潑水。〔一九四〕三。跋▨；〔一九五〕魃旱；馛香。三。〔一九六〕怛悲；妲己。〔一九七〕二。撻打；躂倒；澾滑；㺚（獺）水。四。剌阿；〔一九八〕辢辛；橃（撥）。〔一九九〕三。渴飢。嗽訶呼。〔二〇〇〕利（判）巧；揩八；〔二〇一〕硈往工。〔二〇二〕㧞（拔）挽。一。滑膩；猾奸。二。圿括；〔二〇三〕扴指。〔二〇四〕二。〔二〇五〕屑栖（栖）；〔二〇六〕揳（楔）木；洩漏；〔二〇七〕糏玉。〔二〇八〕四。〔二〇九〕切要；竊（竊）盜；嚓私。〔二一〇〕三。莭（節）度；癤（癤）痤；瀐（瀐）筒。〔二一一〕三。血宍（肉）；竅孔；疢瘡子；〔二一二〕䀺眠。忽血。〔二一三〕四。決扙（杖）；駃騠；斐明。〔二一四〕三。〔二一五〕

（後缺）

【校記】

〔一〕『㨾』爲『様』的俗字，説詳下文校記〔八六〕；『三』字底一甲殘缺，茲據《匯考》校擬補。

〔二〕『控』字《王二》去聲送韻音『苦貢反』，底卷音『枯動反』，紐同；『動』字《王二》、《廣韻》皆在上聲董韻，音徒揔切，定紐濁音，濁上變去，故『動』亦讀去聲，下文『動』字與去聲的『洞』列爲一組，即其讀作去聲之證也。

〔三〕注文『偬』字《王二·送韻》作『倥偬』二字，《廣韻》作『倥傯』，字書又或作『倥傯』，『偬』、『傯』、『傯』爲一字隸變之異。

〔四〕『控』以下至『洞』二組五字除『動』字外《王二》、《廣韻》皆在去聲送韻。

〔五〕『誦』組三字《王二》、《廣韻》皆在去聲用韻，《王二》音似用反。

〔六〕注文殘字底一甲僅存上部殘畫。

〔七〕《王二》、《廣韻》『貴』字在未韻，『愧』字在至韻，『賜』字在寘韻，三字俱屬見紐止攝，此列爲一組，蓋口語三韻相通。

〔八〕『絾，《匯考》以爲『弢』字之訛；按《説文·糸部》：『絾，絛也。』《王二·寘韻》皮義反：『弢，絲弢弓。』《集韻·寘韻》：『弢，絲皮飾弓也。』『絾』『弢』義稍近，『弢』疑即『絾』的後起換旁字。注文『筋』乃『筋』的俗字，『筋上弓』不知何解。

〔九〕『被』以下至『誼』二組七字《王二》、《廣韻》皆在去聲寘韻。

〔一〇〕『縋』、『槌』二字《王二》、《廣韻》皆在寘韻，『墜』字在至韻，《廣韻》寘、至二韻同用。

〔一一〕『讎』字其他字書不載，《匯考》校作『讎』，以爲乃用韻字闌入，似不可從；據注音『胥醉』反，此字疑爲『賥』字之誤。《廣韻·至韻》雖遂切（與『胥醉』反同音）：『賥，貨也。』《王二》同一小韻：『粹，純。亦作賥。』『睟』疑爲『賥』字之誤。《玉篇·貝部》：『賥，思醉切，亦作粹。』可證。『賥』蓋『粹』的後起換旁字。『粹』亦可指種子純粹，故底卷注以『種』字。

〔一二〕注文『深』下《匯考》以爲應有標注字數的『一』字，似未確；『邃』字《王二》、《廣韻》皆在去聲至韻，音雖遂反，與上條注音『胥醉』反同音，故『邃』字當與上條『贚』字合爲一組，『贚』字注文末的『二』即指本組同音字爲二。底卷表示每組同音字條數的數目字通常標注在該組注文之末，但偶亦有標注於該組第一條注文之末的，如下文『弊』組、『跢』組、『柚』組、『賺』組。參看下文校記〔四三〕。

〔一三〕『秘』、『䌍』二字《王二》、《廣韻》皆在至韻，『賁』字在寘韻，《廣韻》寘、至二韻同用；《廣韻·寘韻》彼義切：『賁，卦名，賁飾也；亦姓，漢有賁赫。』

〔一四〕注文『菟』爲『兔』的增旁俗字。『雉』字《王二》釋『野雞』，義與『兔』無涉，但古多以『雉兔』連文，此言『雉』乃『雉兔』之『雉』也。

〔一五〕『䆈』字《王二》作『䆈』，《廣韻》作『稺』，『稺』爲《説文》正字，後繁化作『䆈』，而『䆈』又爲『䆈』字俗寫。

〔一六〕『稚』、『䆈（稺）』、『緻』三字《王二》、《廣韻》在去聲至韻；『雉』字在上聲旨韻，《王二》音直几反，澄紐濁音，濁上變去，故與『稚』等字同音。

〔一七〕『冀』、『穊』二字《王二》、《廣韻》皆在去聲至韻；『記』字在志韻，《廣韻》志、至同用；『漑』字《廣韻》在未韻，志、至、未三韻同屬止攝，敦煌寫本中多見通用。

〔一八〕『枇』、『𤻶』、『鼻』三字《王二》、《廣韻》皆在去聲至韻；『婢』字在上聲紙韻，《王二》音便俾反，並紐濁音，濁上變去，故與『枇』等字同音。

〔一九〕『疪』字《匯考》以爲『庇』字之訛，是，『广』旁『疒』旁俗書相亂不分。

〔二〇〕注文末『三』字《匯考》以爲『二』字之訛，近是；但也有可能本組脱一字。《王二》、《廣韻》『庇』字在至韻，『臂』字在寘韻，《廣韻》寘、至二韻同用。

〔二一〕『遂』以下至『萃』九組二十餘字《王二》、《廣韻》大抵在去聲至韻。

〔二二〕注文『五未子』《匯考》校作『五菋子』；按『菋』字《王二》釋『五菋子』，《廣韻》釋『五味子』，此藥以具五味而得名，作『五味子』是。

〔二三〕「未」、「謂」、「慰」三組十字《王二》、《廣韻》皆在去聲未韻。

〔二四〕「翼」字《王二》釋「翅」，《廣韻》釋「羽翼」，《匯考》謂底一甲「相」是「羽」之誤；按古有以「相翼」連文者，此蓋謂「翼」爲「相翼」之「翼」也，「相」字或不誤。

〔二五〕「尉」下底一甲無注文，與全書體例不合，蓋有脱字，因據擬補一脱字格。

〔二六〕「翼」組三字《王二》、《廣韻》皆在入聲職韻，此厠列於去聲未韻之後，《匯考》謂「此讀同去聲未韻。口語中入聲在消變」。

〔二七〕「去」字《王二》釋「不住」，此釋「住」，乃指「去」爲「去住」之「去」也。

〔二八〕「去」組二字《王二》、《廣韻》皆在去聲御韻。

〔二九〕「鑄」字《王二》、《廣韻》皆釋「鎔鑄」，此釋「私」，乃指「鑄」爲「私鑄」之「鑄」也；「私鑄錢」、「私鑄鐵器」之屬古書中經見。

〔三〇〕「注」、「句」二組五字《王二》、《廣韻》皆在去聲遇韻。

〔三一〕「悟」字《王二》釋「覺悟」，《廣韻》釋「心了」，底卷釋「度」，《匯考》謂「悟度」不辭，疑有誤。

〔三二〕窹，《匯考》以爲同「寤」；按《廣韻·暮韻》五故切：「寤，覺寤。」又云：「窹，《廣雅》云竈名。」是覺寤字本當作「寤」，但俗書宀旁穴旁不分，故覺寤的「寤」俗書亦多有從穴旁寫作「窹」的，而「窹」又爲這一意義的「寤」的俗字，猶「寤」字俗書或寫作「㝥」之比。斯六五七三號《大般涅槃經》卷七：「若夢行淫，窹應生悔。」其中的「窹」字亦爲「窹（寤）」的俗字，《中華大藏經》影印《高麗藏》本正作「寤」。

〔三三〕注文末「三」字《匯考》以爲「二」字之訛，近是；但也有可能本組脱一字。「悟」、「捕」二組所見五字《王二》、《廣韻》皆在去聲暮韻。又底一甲至「三」字止。

〔三四〕底一乙始「補」字。底一甲末組爲去聲暮韻字，底一乙始於去聲泰韻字，《王二》去聲暮韻、泰韻先後相接，據此判斷，底一甲與底一乙之間所缺不會太多，也許僅是底一乙第一行上部所缺的若干條而已。「補」上

〔三五〕的標目字底一乙殘缺，《匯考》引《王二・泰韻》杜會反「靴，補」，以爲所缺標目字當是「靴」字，近是。《王二》同一小韻另有「兑」、「鋭」、「綐」三字，「靴」上殘缺的另一同音字有可能爲其中之一。《匯考》以爲「膾」注文「正」指字體，「鱠」注文「古」下則脱反切下字「兑」（《王二》「膾」字音古兑反）。按「正」「古」二字疑皆指字體而言。《唐韻》去聲泰韻古外切：「膾，魚膾。亦作鱠。」《廣韻》同一小韻：「鱠，同「膾」。」「膾」見《説文》，是爲「正」字；「鱠」大約是六朝前後産生的「膾」的後起分化字，相對於本卷作者所在的時代而言，自亦可以稱爲「古」字了。但底卷同一組的多爲同音異義的字，而本組辨别同字異體，其例罕見。下文「舟」字下注「古」，與此同例。

〔三六〕「賴」組二字《王二》、《廣韻》皆在去聲泰韻。

〔三七〕「帝」下注字存上部，據殘形并推以字義，應爲「王」字。

〔三八〕「帝」字條之下、「剃」字條之上底一乙約殘缺五至六條，其中至少有一條與「帝」爲同音字，另有一條與「剃」等三字爲同音字。

〔三九〕「頭」上所殘缺的標目字《匯考》定作「剃」字，當是，兹據擬補。

〔四〇〕屜，「屜」或「屉」的避唐諱改寫字。此字《説文》本作「屟」，或體作「屜」，又省作「屉」，再避唐諱改寫作「屜」、「屉」、「屜」。《王二・霽韻》他計反：「屜，屧裏薦。」《龍龕・尸部》：「屜，或作；屜，正：他計反，鞍－，又履中－也。」《廣韻・霽韻》他計切：「屜，履中薦也。亦作屟、屜。」

〔四一〕「剃」組所存三字《王二》、《廣韻》皆在去聲霽韻。

〔四二〕「系」字《王二・霽韻》音胡計反，釋「緒系」，《匯考》據以謂本卷注文「罐」當據王韻作「緒」；按，古代陶罐多有耳，耳上系索帶以便提攜，根據耳的多少有二系罐、三系罐等稱呼（「系」亦作「繫」），故此「系」下注「罐」，乃指此「系」爲「系罐」之「系」也，「罐」字不誤，《時要字樣》（二）「系」字釋「系罐」，可證。慧琳《音義》卷一百《護命放生法》音義：「擡系，上音臺，以手舉物也；下奚計反，可以提攜也。」可參。又「胡計」

爲『系』字的切音，其下省『反』字，底卷注音切語後大多省『反』字。注文之末的『三』當指該組同音字的字數，其下二條標目字應與『系』爲同音字。參看上文校記〔三〕。

〔四三〕『系』字條之下、『髮』字之上底一乙殘缺，茲參酌《時要字樣》（二）擬補如上。其中『㗻』字《王二》、《廣韻》作『𦢊』，與上文『系』爲一組，《王二》同音胡計反；『醫（瞖）』組二字《王二》、《廣韻》皆在去聲霽韻；『祭』組三字《王二》、《廣韻》皆在去聲祭韻。參看《時要字樣》（二）題解及校記。

〔四四〕『弊』『幣』爲一組，二字《王二》、《廣韻》皆在去聲祭韻，《王二》音毗祭反，與『比祭』反同音。

〔四五〕『晢』字下部小半底一乙殘泐，茲據《時要字樣》（二）擬補。『晢』字之下、『才』字之上底一乙殘缺，茲參酌《時要字樣》（二）擬補如上。參看該篇校記。其中『逝』、『曳』二組六字《王二》、《廣韻》皆在去聲祭韻。

〔四六〕槸，《時要字樣》（二）作『槷』，應皆爲『槸』的訛俗字；《王二·祭韻》魚祭反：『槸，木相摩。』底一乙釋『棘』（草木刺人），與『木相摩』含義有相通之處。

〔四七〕『藝』組『藝』、『寱（寱）』、『槸』三字《王二》、《廣韻》皆在去聲祭韻，『詣』字在去聲霽韻，《廣韻》霽、祭二韻同用。

〔四八〕『例』字條之下、『境』字之上底一乙殘缺，茲參酌《時要字樣》（二）擬補如上。參看該篇校記。其中『例』組三字《王二》、《廣韻》皆在去聲祭韻；『解』組三字《王二》、《廣韻》皆在去聲卦韻。又『戒』字條注文『境』應是『慎』字之誤；下條『界』字注文本當作『境』，乃因上條注文既已誤作『境』，故此改釋『世』以避複；《時要字樣》（二）該二條作：『戒，戒慎；界，境。』又《王二·怪韻》：『戒，慎。界，境。』皆可證。不過也有可能『界』字下本注『世』，《時要字樣》（二）抄寫者避諱改釋作『境』，《王二》釋『境』同此。

〔四九〕岕，《匯考》校作『𥤧』，是，《時要字樣》（二）作『𥤧』，亦爲『𥤧』的訛俗字。注文《時要字樣》（二）作『𥤧孤』，底一乙所存似正是『孤』右上部的撇筆，故據擬補『孤』字。

〔五〇〕『岕（𥤧）』字條之下、『讚』字條之上底一乙殘缺，茲參酌《時要字樣》（二）擬補如上。參看該篇録文。又

〔五一〕「戒」組五字《王二》、《廣韻》皆在去聲怪韻，「敗」、「妹」二組五字《王二》、《廣韻》皆在去聲夬韻。

「讃」字底一乙僅存右部小半，茲據《時要字樣》（二）擬補。「讃」字右部爲「贊」旁的俗寫；上下文從此旁者同。注文「府」《時要字樣》（二）作「＝府」，古書未見「讃」字釋「府」或「讃府」、「府讃」連用者，疑有誤。又本組四字《王二》、《廣韻》皆在去聲翰韻。翰韻《王一》、《王二》、《唐韻》及《廣韻》皆列在問韻後、嘯韻前，而底卷列在夬韻、隊韻二韻字組之間，《時要字樣》（二）同，序次不同，《周韻》下編考釋八於《時要字樣》（二）下以爲「可能是抄寫之誤」，可備一説。

〔五二〕注文「食」前《時要字樣》（二）多一「荷」字，疑衍。

〔五三〕「趙」字底一乙左部小半殘泐，茲據《時要字樣》（二）擬補。底一乙至此字止。

〔五四〕「趙」字之下、「鬧」字之上底一殘缺，茲參酌《時要字樣》（二）擬補如上。參看該篇校記。底一丙從「鬧」字起，其字上部略有殘泐。又「悔」、「晬」二組四字《王二》、《廣韻》皆在去聲隊韻。

〔五五〕「鬧」字《時要字樣》（二）作「闠」，義長，茲據校；古多「闤闠」連文，故此「闠」下注「闤」。

〔五六〕「會」組「會」字《王二》去聲泰韻黃帶反，後五字《王二》皆在去聲隊韻，其中「憒」字音古對反，「潰」、「迴」、「繢」、「闠」四字音胡對反，紐異，泰、隊二韻則皆屬蟹攝，敦煌寫本中可以通用。

〔五七〕「闠」字條之下、「輩」字條之上底一丙殘缺，茲參酌《時要字樣》（二）擬補如上。參看該篇録文及校記。

〔五八〕「輩」字上部底一丙作「比」，俗訛，茲據《時要字樣》（二）録正；「輩」又爲「輩」的俗字。《廣韻·隊韻》：「輩，等輩，又比也，類也。俗作輩。」

〔五九〕「砕（碎）」、「末」、「背」三組八字《王二》、《廣韻》皆在去聲隊韻。

〔六〇〕「嗽」字底一丙脱，茲據《時要字樣》（二）擬補。

〔六一〕「胄」字底一丙存「由」旁上部，茲據《時要字樣》（二）擬補。「胄」下底一丙脱，依例應有一「三」字。本組「欬」、「鎧」二字《王二》、《廣韻》皆在去聲代韻，音苦愛反；「咳」字《王二》、《廣韻》皆在平聲咍韻，《王二》音胡來反，釋『小兒笑』，乃別一字，《玉篇・口部》有苦代切一讀，與『欬』、『鎧』二字同音，底卷所據即此音。

〔六二〕『鎧』字條之下、『震』字條之上底一丙殘缺，茲參酌《時要字樣》(二)擬補如上。參看該篇録文及校記。又『癈』、『穢』二組六字除『廢』字字書不載俟考外，其餘五字《王二》、《廣韻》皆在去聲廢韻。

〔六三〕『震』字底一丙僅存下部殘畫，茲據《時要字樣》(二)擬補。

〔六四〕『賑』字據《時要字樣》(二)校正。

〔六五〕『震』組三字《王二》、《廣韻》皆在去聲震韻。

〔六六〕『殯』字底一丙僅存『賓』旁上半，茲據《時要字樣》(二)擬補；該字及下文『擯』等字所從『賓』旁底卷皆作『賔』形，隸變體，茲徑録正，下同。

〔六七〕『覲』字底一丙僅存右下部殘畫，茲據《時要字樣》(二)擬補。又底一丙至『省』字止，下缺。《時要字樣》(二)本組另有『饉＝飢』條。『殯』、『進』、『近』三組十字除『近』字《王二》、《廣韻》皆在去聲焮韻外，餘皆在去聲震韻。

〔六八〕底二從『嫽』字起。此字以下十四行底卷中部横裂爲二，上部在底二，下部在底一丁，茲綴合爲一。又上文『覲』字條之下至『嫽』字間《時要字樣》(二)有『饉＝飢。襯＝施。峻高＝；▨(浚)＝▨(水)；□□□。□(運)＝轉；暈＝日；鄆＝州；韻＝姓。奮＝舉』等條，《王二》分別在去聲震韻、問韻，『嫽』字《王二》在去聲嘯韻，其間有願、慁、恨、諫、襉、霰、線等韻的字未見，據此推斷，底一丙與底二＋底一丁之間殘缺的行數約在三行左右。

〔六九〕咲，《廣韻・笑韻》以爲『笑』的俗字，《王二》則云『笑』俗作『咲』。

〔七〇〕『韒』字底二存『韋』旁左側大半，注文『二』字存左側殘筆，茲據讀音和文意擬補；『韒』字《王二》、《廣韻》皆在去聲笑韻，與『笑』字同音私妙反。

〔七一〕殘字底二存左側殘畫，其下約殘缺六至七條，其中下半行起始處二字底一丁存有一二殘筆。

〔七二〕「眊」字《王二》、《廣韻》去聲号韻莫報反皆釋「目少精」，義不合，《唐韻》、《廣韻》同一小韻有「毛」字，《廣韻》云「毛，毛鷹，鷂鸇」，《匯考》據以謂底卷「眊」當作「毛」，或是「眊」下脱注，而「鷹」上脱正文。

〔七三〕跢，《王二》去聲箇韻丁佐反（與「丁左」反同音）：「跢，小兒行。」《廣韻》略同。《集韻·戈韻》當何切：「跢，携幼行也。」

〔七四〕㢆，《匯考》校作「癉」，是；《王二》去聲箇韻丁佐反：「癉，勞。」《廣韻》略同。底卷注「垂」，未詳所出，《匯考》謂作「勞」是。

〔七五〕壖，應爲「堧」的俗字；注文「石」字下部略有殘泐；「石」字之下底二與底一丁之間，約有一字左右殘泐，因擬補一缺字格，所缺或爲表本組同音字條數的數目字。《王二》去聲箇韻乃臥反：「堧，少（沙）土。」

〔七六〕「柘」字在底一丁，僅存下部殘畫，茲據讀音及殘筆擬補。《王二》去聲禡韻之夜反：「柘，木名。」

（「少」字從《廣韻》校）

〔七七〕殘字存上部，左側似爲「忄」旁，右上部作「而」，原字疑爲「懦」字，即「愞」的俗字，其下或缺注文「弱」字（《王二》、《廣韻》「愞」字皆注「弱」）；此條或應改列在上文「壖（堧）」條之下，「堧」與「愞」爲一組，《王二》去聲箇韻同音乃臥反。「懦」字條之下底一丁另約缺四條，應與上「柘」爲同音字，合於「柘」下所標「五」字之數。

〔七八〕覇，《干禄字書》及《廣韻》去聲禡韻以爲「霸」的俗字；《王一·禡韻》：「霸，王。亦作覇。」蓋「霸」俗亦作「𩂣」，而「霸」、「覇」實又係據「𩂣」、「覇」錯誤回改而形成的俗字。又注文「士」字《匯考》據《王二》校作「王」，當是。

〔七九〕弝，「弝」字異寫，《王一》去聲禡韻博駕反：「弝，弓弝。」

〔八〇〕注文「幞」乃「幞」的訛俗字。《廣韻》去聲禡韻普駕切：「帊，帊幞。」《集韻》同一小韻：「帊，或作帕。」

〔八一〕 派，《匯考》校録作「派」，是；俗書「𠂢」、「瓜」、「爪」三旁不分；「派」字《王二》在去聲卦韻，音匹卦反，滂紐蟹攝，此與「怕」、「帕」同組，蓋讀同假攝禡韻，蟹攝、假攝通用爲敦煌文獻中的常例。

〔八二〕 眵，疑爲「⿰月多」字俗訛，「⿰月多」字《王二》、《廣韻》音乃亞反，與上文「柘」、「⿱覀男」、「怕」三組同在去聲禡韻，音序相合；但「⿰月多」字《王二》、《廣韻》並釋「膩」，而注文「笡」字《王二·禡韻》淺謝反釋「斜逆」，二者意義上的聯繫有問題，存疑俟考。

〔八三〕 「憾」下殘字底一丁存上部，據殘形可辨爲「恨」字；《王二》去聲勘韻下紺反：「憾，恨。」

〔八四〕 「憾」條之下底一丁殘缺約四條，其中末條當與下文「闞」、「瞰」二條爲一組，後二字《王二》、《廣韻》在去聲闞韻，音苦濫切。

〔八五〕 啖，《廣韻·闞韻》徒濫切：「腅，相飯也。或作啖。」《王二》、《廣韻》「腅」與「淡」、「澹」在同一小韻。

〔八六〕 㨾，《王二》去聲漾韻餘亮反：「㨾，式。」《王一》同一小韻作「樣，式」，《鉅宋廣韻》同一小韻作「㨾，式樣」，「㨾」實即「樣」的俗字。《龍龕·手部》：「⿰扌羡，俗；㨾，正：余亮反，楷模拭（式）—也。」「㨾」實又爲「㨾」字俗訛，《干禄字書》：「㨾樣：上通下正。」是也。俗書從木從扌相混無別，「樣」俚俗既多寫作「㨾」，習非成是，《龍龕》遂以從手作者爲「正」字，本書號稱字樣，而書名「樣」字二處皆從手作，其因亦由是也。

〔八七〕 殘字僅存上部小半，其字上部可辨爲「𦍌」，此字當與上「颺」、「㨾」二條爲一組，《王二》去聲漾韻音餘亮反，該小韻下與殘形相合的有「恙」、「羕」、「養」三字，殘字應爲其中之一。此字之下底一丁殘缺，除此字的注文外，另約殘缺二至三條。其中末條當與下文「諒」、「悢」、「量」三條爲一組，後三字《廣韻》皆在去聲漾韻，音力讓反。

〔八八〕 量，《説文》「量」字古文「𨤲」的隸定形。注文「四」爲本組同音字的字數，而此字本身無釋文，與文例不合，或有脱字；《王二·漾韻》無此字，《廣韻·漾韻》力讓反小韻下有「量」字，釋「合斗斛」，可參。

〔八九〕 「悵」和注文「⿰忄屋」分別是「帳」、「幄」的俗寫；《玉篇·巾部》：「幄，帳也。」「帳」、「脹」、「漲」《廣韻》皆在去聲漾韻知亮切小韻（《王二》「漲」作「涱」，注云「亦作漲」）。

〔九〇〕 瘴，《王二》去聲漾韻之亮切：「瘴，塞。亦作漳。」古多以「障」爲之；底卷釋「迸」，義無所出，「迸」或當讀作「屏」，「迸」「屏」二字古通用。

〔九一〕 本組「壯」及「裝」、「洲」所從的「壯」旁底卷皆作「壮」，俗寫，兹徑録正。

〔九二〕 「弶」字《王二》在去聲漾韻，其亮反，「取獸具」，底卷釋「着」，有放置之義，蓋指此字爲「着弶」之「弶」也。又此字單獨爲一組，《匯考》謂注文末依例應有「一」字，當是。下文「妨」條注文「礙」下應亦脱表該組字數的數目字「二」，兹皆據擬補，不一一標出。

〔九三〕 注文「意」《匯考》引《廣韻》以爲「善」字之訛，不確；古人指内容、情態爲「意況」，此指「況」爲「意況」之「況」也。

〔九四〕 上文「颺」至「貺」凡十組二十餘字《王二》、《廣韻》大抵在去聲漾韻。

〔九五〕 曠，當作「曠」，《王二》去聲宕韻苦浪反小韻下既有「曠」字，又有「曠」字，但前者釋「遠」，後者釋「目無寬」，卷中據義當是「曠」字；《六臣注文選》卷三〇盧諶《時興詩》「下泉激冽清，曠野增遼索」吕向注：「曠，寬；增，益也。」

〔九六〕 本組表示字數的數目字「三」下文「纊」字下又重出，當删其一。

〔九七〕 蕩，《王二》在上聲蕩韻，堂朗反，定紐濁音，濁上變去，故與去聲宕韻杜浪反的「踼」、「碭」、「蕩」同音。

〔九八〕 注文「跌」字右部底二訛作「夹」形，兹從《匯考》校録正；《王二》去聲宕韻杜浪反：「踼，跌踼，行不正。」

〔九九〕 「曠（曠）」、「蕩」二組七字除「蕩」字外《王二》、《廣韻》皆在去聲宕韻。

〔一〇〇〕 「聘」字《王二》、《廣韻》皆在去聲勁韻，《王二》音匹政反，同一小韻《王二》另有「娉」字，《廣韻》另有「娉」、「俜」二字，底卷注「二」，而所見同音字僅「聘」一條，或「二」字有誤；《匯考》引《王二》：「聘，朝問。亦作娉。二。娉，婚娉。」而推測此處原文本作「聘，朝；娉，嫁」，亦可備一説。

〔一〇一〕伴，《匯考》以爲『併』字之訛，引《王二》去聲勁韻卑政反：『併，兼併。』按：『併』訓兼併，而此釋『融』，義未盡合，《匯考》説或可再酌。

〔一〇二〕殘字底一丁存上部殘畫，其下約缺一條半。

〔一〇三〕倿，『佞』的俗字。

〔一〇四〕『磬』下注『子』乃指『磬』爲『磬子』之『磬』；『磬子』即磬的雙音化，『子』爲詞綴。唐釋道宣《中天竺舍衛國祇洹寺圖經》卷下：『阿難所止常護佛衣，有一銅磬，可受五升，磬子四邊悉黄金鏤作過去佛弟子，又鼻上以紫磨金爲九龍形，背上立天人像。執玉槌用擊磬，聞三千世界。』唐善導《轉經行道願往生淨土法事讚》卷二：『行道散華七周竟，次向佛前立唱讚云……次打磬子，唱敬禮常住三寶。』

〔一〇五〕『請』字《廣韻》去聲勁韻音疾政切，『艶』字在徑韻，音千定切，聲紐並近，此讀『請』同『艶』。除『請』字外，『倿（佞）』下三組《王二》、《廣韻》皆在去聲徑韻。

〔一〇六〕炙，就字形而言，此字應爲『炙』字俗省，但文中與『救』相連作一組同音字，則必爲『灸』字之訛，『灸』與『救』《王二》、《廣韻》皆在去聲宥韻，同音久祐反。又此字下底一丁約缺一條半。

〔一〇七〕橊，底二此字左側大半所在的一小塊紙斷裂後粘貼横置，與右部小半割裂異處，重新復位後作此形，但字書并無此字，據上下文各字皆在去聲宥韻推之，原字疑是『籀』字，『籀』字《王二》去聲宥韻音直祐反，字序相合；注文殘字右部作『盧』，左部被『橊（籀）』字斷裂後粘貼回去的紙塊所覆蓋，原字待考。《匯考》以此二字爲衍文，非是。

〔一〇八〕『舊』、『柩』二字《王二》、《廣韻》在去聲宥韻，音巨救反；『舅』、『臼』二字《王二》、《廣韻》在上聲有韻，音強久反，羣紐濁音，濁上變去，故此讀同去聲。

〔一〇九〕皱，《王二》去聲宥韻側救反：『皺，面＝。』《廣韻》同一小韻：『皺，面皺。俗作皱。』『皱』亦即『皺』的俗字。注文『面』字存上部殘畫，兹據殘筆擬補。

〔二〇〕殘字底一丁存左下部殘畫，略似「犭」的殘筆。殘字下約正文一字大小殘破，疑缺注文二字（後字爲表示該組字數的數目字），茲暫擬二缺字符。

〔二一〕「溜」字在底三，右下部殘缺，茲從《匯考》擬補。「溜」下底三殘缺約一條半，《王二》去聲宥韻力救反小韻凡十二字，「溜」爲領頭字，其下一小韻的領頭字爲「秀」，據此推斷，「溜」下一條標目字應與「溜」爲一組同音字，故暫擬補如上。

〔二二〕注文「小橘」的「小」字《匯考》以爲有誤；按「小」或爲「大」字抄誤。《齊民要術》卷一〇五穀果蓏菜茹非中國物産者「柚」下引《風土記》曰：「柚，大橘也，色黄而味酢。」《廣韻·宥韻》余救切：「柚，似橘而大。」

〔二三〕梄，當作「槱」；《王二·宥韻》余救切：「槱，積薪燒之。」其中的「槱」《裴韻》同一小韻訛省作「梄」，字形與本卷同。

〔二四〕注文「水」字《匯考》據《王二》校作「付」，近是。

〔二五〕售，《王二》同，乃「售」字俗寫，《廣韻》正作「售」。

〔二六〕「壽」、「授」、「售」三字《王二》、《廣韻》在去聲宥韻，《王二》音承秀反；「受」字在上聲有韻，《王二》音植酉反，禪紐濁音，濁上變去，故此讀同去聲。又「秀」、「柚」、「受」三組八字除「受」字外《王二》、《廣韻》皆爲去聲宥韻字。

〔二七〕「候（候）」字上部小半在底一丁，下部大半在底三。

〔二八〕「候」、「逅」《王一》、《王二》同在去聲候韻，音胡遘反；「後」在上聲厚韻，音胡口反，《匯考》以爲文中屬濁上讀同去聲之例；但《唐韻》、《廣韻》去聲候韻與「候」、「逅」同一小韻下已另有「後」字，則不煩改讀矣。

〔二九〕「洩」爲「泄」避唐諱的改寫字。

〔三〇〕「候」、「陋」、「蔻」三組九字《王二》、《廣韻》皆爲去聲候韻字。

〔三一〕注文「猗」上部在底一丁，下部在底三；「猗」爲「狗」的繁化俗字；《王二》去聲沁韻七鴆反「吣」字釋「犬吐』，此釋『狗』，指『吣』乃狗吣之『吣』也。

〔一二二〕 梫，此字其他字書未見，《廣韻》去聲沁韻七鴆切下出『篸』字（與『沁』、『吣』同一小韻），云『篸墨，工人具』，蓋以前木工用以浸墨綫的墨斗之屬，而『梫』應即『篸』的换旁字。注文『竿』蓋亦木工用以畫綫的標杆之類，與『篸』有關，故得以相訓；《匯考》録作『竽』，乃屬簧管樂器，與『篸』風馬牛不相及矣。

〔一二三〕 『蔭』、『窨』、『暗』三字《王一》、《王二》同在去聲沁韻，音於禁反；『飲』在上聲寝韻，音於錦反，《匯考》以爲文中讀同去聲；但《唐韻》、《廣韻》去聲沁韻與『蔭』、『窨』、『暗』同一小韻下已另有『飲』字，則不煩改讀矣。又『任』、『蔭』二組六字《廣韻》皆在去聲沁韻。

〔一二四〕 『猒』字《王二》、《廣韻》去聲豔韻皆音於豔反，與『於焰』反同音。

〔一二五〕 『猒』、『塹』二組四字《王二》、《廣韻》皆在去聲豔韻。

〔一二六〕 痁，《王一》、《廣韻》去聲㮇韻音都念反，與『店』、『墊』在同一小韻；《王二》同一小韻無此字。

〔一二七〕 杤，底一丁此字從木旁，《匯考》録作『扔』，係校者臆改；注文『扌』字中部底卷不太明晰，《匯考》定作『牽』字，近是；考《廣韻》去聲證韻而證切：『扔，强牽引。』又云：『杤，上車。又木名。』底卷的標目字與後者合，注文似與前者合（如果《匯考》定作『牽』字不誤的話），考慮到敦煌寫卷扌旁木旁不分的因素，則標目字或當以校定作『扔』字爲是。

〔一二八〕 『認』、『杤（扔）』二字《王二》、《廣韻》皆在去聲證韻，音而證反；『刃』字在震韻，《王二》音而晉反，此讀同證韻，係舌尖鼻音韻尾與舌根鼻音韻尾相混。

〔一二九〕 韽，《王一》去聲陷韻於陷反：『韽，下入聲。』標目字伯三六九四號《切韻箋注》、《王二》、《唐韻》同，《裴韻》作『韽』。澤存堂本《廣韻》同一小韻作：『韽、韽，下聲也。或从龠。』按『韽』字見於《説文》，從音，酓聲，『韽』字左上部應即『今』之形訛，《集韻》或體作『韽』，疑編者以『韽』字左半不成字而臆改，自我作古，恐不可從。

〔一三〇〕注文『饋』《匯考》以爲衍文，不確，按《王一》去聲陷韻滓陷反（《王二》作『責陷反』）：『蘸，以物内水。』《説文·食部》：『饋，滫飯也。』朱駿聲《説文通訓定聲·屯部》：『如今北方蒸飯，先以米下水一湆漉出，再蒸匀熟之。下水湆之曰饋，再蒸之曰餾。』『下水湆之』的『饋』與『以物内水』的『蘸』意義相似，故『蘸』得以釋作『饋』。

〔一三一〕『賺』字《王二》去聲陷韻音佇陷反，切語同；『湛』字《王二》在上聲豏韻，音徒減反（《集韻》改作丈減切），濁上變去，故此『湛』字讀同『賺』。又『陷』以下四組六字《王二》、《廣韻》大抵爲去聲陷韻字。

〔一三二〕𡅅，應爲『𡅅』字俗寫，『𡅅』字《王二》釋『不廉』，底卷釋『𡅅』，或用同『饞』（《字彙·口部》：『𡅅，同饞。』《廣韻·咸韻》：『饞，不廉。』）。

〔一三三〕『三』字底卷無，兹據文例補。『懺』、『儳』二字《王二》在去聲鑑韻，音楚鑑反，初紐咸攝；『𡅅』字在去聲黤韻，音子黤反，精紐咸攝，讀音有所不同。而『𡅅』字注文『𡅅』《廣韻》却有楚鑑反一讀，與『懺』、『儳』在同一小韻，也許『𡅅』與注文『𡅅』的關係應倒過來説，『𡅅』爲標目字，這樣本組三字的讀音就完全相同了。

〔一三四〕『下』字底二原脱，小字添補於『卷』『苐』二字右側，兹比照上文『下卷苐□（三）』之例添補於『卷』字之前。自『時要字揉（様）卷下苐四』一行始僅見於底二，其中前十七行下半殘缺，每行下部約缺四至五條。

〔一三五〕注文『溝』爲『溝』字俗寫，『溝』字右上部俗寫作『世』，此作『廿』者蓋又避唐諱省改。

〔一三六〕殘字底二存上部殘畫，左側似爲撇筆，右側似爲『罒』，《王二》、《廣韻》『犢』下爲『韣』字，上部與所存殘畫合，或即此字。此上六字《王二》、《廣韻》皆在入聲屋韻，音徒谷反。

〔一三七〕『斛』、『穀』二字《王二》皆在去聲屋韻，前字音胡谷反，後字音古鹿反，紐異，此列爲一組，疑有脱誤。

〔一三八〕殘字底二存上部殘畫，作『上』形。

〔一三九〕『鏃』字右部底二訛作『㚇』形，兹徑録正。

〔一四〇〕朾，《王二》、《廣韻》皆作『打』，『朾』『打』古今字。

〔一四一〕『醭』字注文底二存上部殘畫，似爲『白』字殘筆，《王二・屋韻》『醭』字注『白醭』，可參。

〔一四二〕澓，『復』的俗字，《王二・屋韻》房六反：『復，反。』字正作『復』。

〔一四三〕注文『皃』上一字底二右部不太明晰，疑爲『健』字手寫之變；《王二・屋韻》力竹反：『騄，良健馬。』

〔一四四〕殘字底二存上部殘畫。

〔一四五〕殘字底二存上部，作竹頭或即竹字上部，《王二・屋韻》在『粥』、『睦』之間陟六反小韻下有『竹』、『築』、『筑』、『竺』等字，殘字當即其中之一。

〔一四六〕卷下第四開頭至此一段標目字《王二》均在入聲屋韻。

〔一四七〕『酷』字《王二》入聲沃韻音苦沃反；『哭』字在屋韻，音空谷切，居上文『斛』組之後、『禿』組之前，此蓋讀『哭』同『酷』，爲屋、沃二韻音近相混也。

〔一四八〕殘字底二存上部殘畫。

〔一四九〕『賗贖』二字底二皆作正文大字，《匯考》以爲前者應爲『贖』字注文，當是；『賗』爲『購』俗寫避唐諱的缺筆字（參看上文校記〔一三五〕）；慧琳《音義》卷六五《五百問事經》音義：『購贖，上鉤候反，《廣雅》：購，償也。《說文》以財贖物也，形聲字也。下常燭反，《尚書》金作贖刑，王肅注云以金贖罪也。』《廣韻・候韻》：『購，購贖。』皆可參。

〔一五〇〕注文『剌』通常爲『刺』字俗寫，文中則應爲『郲』的訛俗字，《王二》入聲燭韻而蜀反：『鄏，郲鄏，地名。』

〔一五一〕『緑』字底二上部殘泐，《匯考》依注及下同音字定作『緑』字，是；『緑』、『逯』、『䚄』三字《王二》俱在入聲燭韻，音力玉反；『緑』『緋』俱爲布帛色，古書常『緋緑』連用，故底卷『緑』字注『緋』。

〔一五二〕『贖』至『藚』十餘字《王二》、《廣韻》皆在入聲燭韻。

〔一五三〕『槊』及下條『蒴』所從的『朔』旁底二作『玥』，俗寫，此徑録正。

〔一五四〕權，《正字通・木部》以爲『榷』的俗字，文中則應爲『搉』的訛俗字；《王二・覺韻》苦角反：『搉，擊。』底卷注『頭』，蓋爲摧擊之部位恒與頭相關也。

〔一五五〕殘字底二存上部小半，似爲『鳥』字之殘；《王二・覺韻》苦角反：『鷇，鳥卵。』

〔一五六〕『吒』字《切韻》系韻書皆音許角反，《廣韻》同，與『呼覺』反同音。

〔一五七〕『欶』至『瞉』十餘字《王二》、《廣韻》皆在入聲覺韻。

〔一五八〕『窒』字其他字書不載，疑爲『窒』字之訛；『窒』字《王二》、《廣韻》皆在去聲質韻，音陟栗反，在『栗』、『慄』所在的力質反小韻之後。又『質』字至『窒(窒)』八字《王二》、《廣韻》皆在入聲質韻。

〔一五九〕注文『衢』下《匯考》以爲脱一『物』字；按斯二〇七一號《切韻箋注》入聲物韻：『倔，倔強。衢物反。』《王二》、《廣韻》切語同，但《裴韻・物韻》『倔』字注文作『衢勿反，強』，《唐韻》作『倔，倔強。衢勿反』，則『衢』下所脱爲何字仍未可遽下定論。

〔一六〇〕『䘿』應爲『⿰衤屈』的訛俗字；《王二》入聲物韻衢物反：『⿰衤屈，衣短。』又『倔』字至此條《王二》、《廣韻》皆在入聲物韻。

〔一六一〕虱，『蝨』的簡俗字；《王二》入聲櫛韻所櫛反：『蝨，蟣蝨，飲人血虫。』字正作『蝨』。

〔一六二〕⿰氵瑟，《水經注・濟水一》有『⿰氵瑟⿰氵瑟水』，而其他字書、韻書未載此字，《匯考》校作『璱』，近是；《王二》入聲櫛韻所櫛反：『璱，玉鮮絜皃。』底卷注『寶』，蓋以其與『玉』相關也。

〔一六三〕『訖』、『吃』二字《王二》、《廣韻》皆在入聲迄韻，音居乙反。

〔一六四〕注文『正』當作『征』，斯二〇七一號《切韻箋注》入聲月韻房越反：『伐，征。』

〔一六五〕氒，《王二・月韻》居月反：『厥，其。』又云：『氒，其。』《王一》後字標目字略同，注文作『其。又木本』。《蔣韻》同一小韻：『厥，其也。古作氒。亦短也。又姓。』《玉篇・氏部》：『身，居月切，木本也。今作厥。』又同書厂部：『厥，居月切，其也，短也，發石也。或作勺。』《龍龕・雜部》：『氒，古文，音厥。』凡此『氒』、『氒』、『氒』、『身』、『勺』『氒』皆爲《説文》『氒』字的隸變之異，隸定通常作『氒』。《説文・氏部》：『氒，木本。从氏，大於木。讀若厥。』段玉裁注：『古多用橜弋字爲之。』又《説文·厂部》：『厥，發石也。从厂，欮聲。』『氒』與『厥』本是完全不同的兩個字，但由於二字同音，古書多借用『氒』字作『厥』，借用既久，遂或徑視『氒』及其變體爲『厥』字之古文。《廣韻·月韻》居月切：『厥，其也，亦短也，《説文》曰發石也。……氒，古文也。』即其例。底卷『氒』前所缺正文標目字疑爲『厥』字，而『氒』下注『古』，亦即指此字爲『厥』之古字也。

〔一六六〕『劂』字斯二〇七一號《切韻箋注》入聲月韻居月反訓『強力』，《王二》同一小韻訓『劂強』，底卷注『吉』，未詳其義。

〔一六七〕注文『撍』字其他字書不載，其字疑有誤；『𧾁』字《王二·月韻》訓『跳𧾁』，可參。

〔一六八〕殘字底二存上部『厥』的上半，此字應爲上下結構的字，《廣韻·月韻》與『蕨』、『劂』等同音居月切上下結構的字另有『蟨』和『橜』，殘字應即其中之一。又『伐』字以下至此條《王二》、《廣韻》皆在入聲月韻。

〔一六九〕勃，《匯考》校：『案《王韻》訓「逆」是「悖」，「勃」則訓「辞」，此注誤。』按：『悖』、『勃』音同義通，原注不誤。《龍龕·力部》：『勃，蒲没反，卒也，惡逆也。』斯三三二八號《伍子胥變文》：『楚帝聞此語，怕(拍)陛(髀)大嗔：「勃逆(逆)小人，何由可耐！一寸之草，豈合量天！一笙毫毛，擬拒爐灰！子胥狂語，何足可觀！風裏野言，不須採拾！」』失譯《別譯雜阿含經》卷五：『父母衰老至，子應致敬養，不宜生勃逆。』唐釋慧立本《大唐大慈恩寺三藏法師傳》卷四：『王曰：「嗟乎！非畜種者，誰辦此心？雖然我先許賞，終不違言，但汝殺父勃逆之人，不得更居我國。」』『勃逆』皆同義連文。

〔一七〇〕𩞀，《切韻》系韻書及《廣韻》皆有『餑』而無『𩞀』，《王一》入聲没韻蒲没反：『餑，麪餑。』《匯考》以『𩞀』爲俗字，當是；《集韻·没韻》薄没反：『𩞀，屑麥也。』則爲別一義。

〔一七一〕殘字底二存上部，《裴韻》入聲紇韻『埣』後相應位置有『窣』字，『陀骨反，觸窣』，即『突』字俗寫，與殘字上部形似。

〔一七二〕 寣，『寣』的俗字，《王二》入聲没韻呼骨反：『寣，睡一覺。』即此字。

〔一七三〕 『兀』字《王二》入聲没韻音五忽反，《廣韻》同，此音『吴忽』反，紐同。

〔一七四〕 『杌』字《王二·没韻》五忽反釋『樹無枝』，義不合；同一小韻又有『扤』字，釋『動摇』，又《龍龕·手部》：『扤，月、兀二音，搔（騷）動也。』後一字與『叫』字義稍近，故此『杌』字或當校録作『扤』。

〔一七五〕 『三』或爲『二』字之誤，或其上抄脱一條。

〔一七六〕 前一殘字底二存左側殘畫，後一殘字似爲『一』字的左半。

〔一七七〕 前一殘字底二存左側『氵』旁，後一殘字似爲『一』字的左半。

〔一七八〕 此處殘缺部分底二約可抄正文大字四至五個。

〔一七九〕 䘹，《匯考》校作『捽』，近是；斯二〇七一號《切韻箋注》入聲没韻昨没反：『捽，手捽。』《説文·手部》：『捽，持頭髮也。』底卷釋『收頭』，義稍隔。

〔一八〇〕 『勃』字至此條《王二》、《廣韻》大抵在入聲没韻。

〔一八一〕 『沫』、『抹』二條底二誤作『沫⿰扌煞』一條，應脱『沫』字注文和『⿰扌煞』的標目字『抹』，《王二》入聲末韻莫割反：『抹，抹撥，手摩。』又云：『沫，水沫。』『⿰扌煞』即『撥』的俗字（猶『煞』爲『殺』的俗字），故據擬補如上；增補『抹』條之後纔與下文標注的本組條數『六』相合。

〔一八二〕 『佅』字《王二·末韻》莫割反釋『佅健，肥大』，此釋『豁』，指『佅』爲『佅豁』之『佅』也；伯二七一七號《字寶》：『肥䫌⿰曷頁，音末曷。』《王二》與『佅』字同一小韻：『䫌，䫌⿰曷頁，健。』『⿰曷頁』、『豁』二字《王二》同在末韻，前者音許葛反，後者音呼括反，二字僅清濁之異，濁音清化，則『⿰曷頁』讀同『豁』，故『佅豁』即『䫌⿰曷頁』也。

〔一八三〕 注文『塗』字底二誤作正文大字，茲改作注文小字；《王二·末韻》莫割反：『瀎，塗拭。』

〔一八四〕 桚，此字其他字書不載，《匯考》定作『拶』字，近是；『拶』字《王二》在『末』組字後，『栝（括）』組字前，字序相合。此字下底二無注文，不合文例，應屬抄脱，茲擬補二脱字符，後一脱字應爲標示該組條數的數目字

「一」。《王二·末韻》姊末反：「拶，逼。」可參。

〔一八五〕栝，應爲「括」字俗訛；《王二·末韻》古活反：「括，檢。」其中的「括」字《鉅宋廣韻》作「栝」，誤與底卷同。

〔一八六〕注文「搜」字底二誤作正文大字，兹改作注文小字。古書每多「搜括」連文，故底卷「括」下注「搜」。

〔一八七〕注文「耳」字底二下部殘缺，兹據殘形及字義定作「耳」字。

〔一八八〕䒮，此字其他字書不載，應爲「苦」的訛俗字；《王二·末韻》古活反：「苦，苦蔞。」參看下文校記〔三一四〕。

〔一八九〕「豁」字《廣韻·末韻》呼括反釋「豁達」，此注「蕩」，謂「豁蕩」也；「豁蕩」猶「豁達」。《世説新語·賞譽》「劉琨」條梁劉孝標注引虞預《晉書》曰：「（祖）逖字士稚，范陽遒人，豁蕩不修儀檢，輕財好施。」唐釋道宣《廣弘明集》卷一二：「至理出情，豈言談語論可得。大矣哉，豁蕩乎大道之外；妙矣哉，超絶乎真一之表。」

〔一九〇〕注文「開」通常用作「闊」的俗字，文中則應爲「開」字之訛；《王二·末韻》呼括反：「𩈷，大開目。」

〔一九一〕斡，《匯考》以爲同「斡」，是。「斡」字《王二·末韻》音烏活反，影紐，此注「孤末」反，屬見紐，敦煌文獻中見系、影系聲母偶有通用的情況。

〔一九二〕𣁽，斯二〇七一號《切韻箋注》入聲末韻烏活反（與「斡」字同一小韻）：「𣁽，𣁽取物。或作擀。」又呼括反：「𣁽，抒。」考「斡」、「捾」皆見於《説文》，「斡」字釋「蠡柄」，徐鍇《説文繫傳》以爲「所以抗也」，即舀水之具；「捾」字釋「搯捾也」，即掏取物；由「所以抗也」的本義引申，「斡」當亦可指舀水的動作，其後起專字爲「擀」，而「𣁽」字義與「斡」字更爲接近，本卷以爲「斡」的俗字，是也。

〔一九三〕𥟉，此字其他字書不載，《匯考》據《王二·末韻》普活反（與「鏺」反同音）「鏺，刈草木」，以「𥟉」爲「鏺」的俗字，可備一説；另一種可能是此字爲「撥」的换旁俗字，《王二》同一小韻：「撥，芟撥。」亦爲芟除草木之意。

〔一九三〕⿰足癹，《王一·末韻》普括反：「⿰足癹，蹋草聲。」「⿰足癹」字《王二》、《廣韻》同，斯二〇七一號《切韻箋注》、《裴韻》同一小韻作「蹳」，「蹳」蓋後起繁化字。《玉篇·足部》：「蹳，普末切，行也。」

〔一九四〕溌，《切韻》系韻書及《唐韻》皆未見，《廣韻·末韻》普活切下載此字，云「水溌」，《集韻》以「溌」爲「潑」字「或省」，實則「潑」當是「溌」的後起繁化俗字。

〔一九五〕「跋」字注文底卷存殘畫，略似草頭形，《王一·末韻》蒲撥反「跋」字釋「跋蹩，行皃」，可參。

〔一九六〕「末」字至「䤻」字七組二十字《王二》、《廣韻》等大抵在入聲末韻。

〔一九七〕「怛」、「妲」分别爲「怛」、「妲」的避諱缺筆字。清周廣業《經史避名彙考》卷一六帝王類唐睿宗下云：「唐經典碑帖於旦及但、坦、景、影、曁、亶、宣等字皆日字缺中一畫。」

〔一九八〕「剌」下底卷注「阿」，《匯考》云「未詳」；按古有「阿剌剌」，亦或作「阿剌」，象聲詞，驚駭、呵斥等意，如《大正藏》本《宏智禪師廣録》卷八宋明州天童山覺和尚偈頌箴銘《與初禪人》：「洞下家風虚一著，白牛耕斷青山脚。而今何處不逢渠，鼻孔纍垂相撞磕。阿剌剌，始信從來無縛脱。」文中殆即指「剌」爲「阿剌剌」之「剌」也。

〔一九九〕賛，此字乃「攋」（「攋」從剌聲，右上部本從刀）偏旁移位後的訛變俗字；《廣韻·曷韻》盧達切：「攋，撥攋，手披也。」《王一》、《王二》末韻盧達反小韻此字作「揦」，乃「攋」的省聲字。

〔二〇〇〕「渴」、「嘞」二字斯二〇七一號《切韻箋注》、《王一》、《王二》入聲末韻分别音苦割反（《廣韻·曷韻》「渴」字音苦曷反）、許葛反，讀音有别，《匯考》謂此二字注文末各宜有「一」字，當是。又「怛（怛）」字至「嘞」字四組十一字斯二〇七一號《切韻箋注》、《王一》、《王二》大抵在入聲末韻，《唐韻》、《廣韻》則在入聲增列的曷韻。

〔二〇一〕利，《匯考》校作「㓞」，甚是；《廣韻》入聲黠韻恪八切（與「揩八」反同音）：「㓞，巧㓞。」此字《王一》作「韧」，爲一字異寫。

〔二〇二〕注文「往工」二字不知何意，《匯考》疑「工」爲「二」字之誤，近是；「硈」字《廣韻》與「刲」字同在恪八切小韻，故此二字可列爲一組。

〔二〇三〕注文「坧」字《龍龕·土部》音「垢」，實即「垢」的訛俗字；斯二〇七一號《切韻箋注》入聲黠韻古黠反：「圿，垢圿。」

〔二〇四〕「扴」字斯二〇七一號《切韻箋注》及《王一》、《王二》、《唐韻》入聲黠韻古黠反俱釋「指扴物」，《龍龕·手部》釋作「手指搔扴物也」，故底卷注「指」，乃指「扴」爲以指搔扴物之「扴」也；《廣韻》「扴」字釋作「揩扴物也」，義亦可通。

〔二〇五〕「刲」字以下至「扴」四組七字《王二》、《廣韻》大抵在入聲黠韻。

〔二〇六〕注文「栖」字《説文》以爲「遷」字古文，文中則應爲「栖」字俗寫，底卷「屑」字注「栖」，乃謂「屑」爲「栖屑」之「屑」也；《匯考》以「栖」爲注音字，稱「是入聲消變之兆」，非是；「栖屑」爲奔波不安貌。《魏書·李順傳》附載李騫《釋情賦》：「自牽役於宰朝，實有懷於胥恥。在下僚而栖屑，顧奮迅於泥滓。」

〔二〇七〕洩，「泄」字避唐諱的改寫字；斯二〇七一號《切韻箋注》入聲薛韻私列反：「泄，漏。」《王二》作「洩，漏」，亦用避唐諱改寫字。

〔二〇八〕「糏」字《王二·屑韻》釋「米麥破」，底卷釋「玉」，或古有引申指玉屑者，故此以指「玉糏」之「糏」也；《匯考》謂「玉」字非，亦可備一説。

〔二〇九〕「屑」、「楔」、「糏」三字《王二》在入聲屑韻，音先結反；「洩」字在薛韻，音私結反，此讀同屑韻，《廣韻》屑、薛二韻同用。

〔二一〇〕嚓，《王二·屑韻》千結反釋「小語」，此釋「私」，《匯考》謂「嚓」「私」意同；按：其他辭書未見「嚓」徑訓「私」者，疑「嚓」字古有釋作「私語」者（「私語」與「小語」義近），此注「私」，蓋謂「嚓」乃私語之「嚓」也。「嚓」與「切」、「竊」同音，古有「竊竊私語」或「切切私語」之語，可以比勘。

〔三一〕 灒，「灒」的簡俗字；《王一·屑韻》子結反「灒」字釋「山(小)灑」(「山」字據斯二〇七一號《切韻箋注》校正)，《廣韻》同一小韻作「灒，小灑」，底卷注「筒」，有誤。

〔三二〕 疾，《王二·屑韻》呼決反釋「瘖裹空」，《廣韻》同，此釋「瘖子」，「子」蓋詞綴。參看上文校記〔一〇四〕。

〔三三〕 注文「眠」疑爲「眂」字之訛(《匯考》徑録作「眂」，非原形)；《王二·屑韻》呼決反(與「忽血」反同音)「䀏」字釋「瞠䀏，惡視」，《集韻》同一小韻釋「瞠䀏，視惡皃」，「眂」古用同「視」；《匯考》以「眂」字同「瞠」，無據。

〔三四〕 茣，《王二·屑韻》古穴反：「茣，茣明藥。」《匯考》據以校「茣」作「茣」，是。參看上文校記〔一八七〕。

〔三五〕 「屑」字以下至「茣」字五組十七字《王二》、《廣韻》大抵在入聲屑韻。

時要字樣(二)

俄敦二三九一A(底一)　斯六一一七(底二)

【題解】

底一編號俄敦二三九一A。存五殘行,每行僅存中部二至三條(比勘底二相關部分可以推知原本每行約抄八條左右)。無題。《孟目》擬題『韻律字典』,并云:『根據韻律編排資料的字典。用作韻律的漢字有:遇、泰、霽。有字義解釋,間或有反切注音。……楷書大字。有雙行小字注釋。無題字。有朱筆標記:屬同一韻的漢字列舉完之後用點。』按此爲《時要字樣》去聲部分的殘片,所存爲暮(《孟目》作『遇』,誤)、泰、霽、祭四韻字,其中後二韻條目與底二部分重合,可以互勘,二卷係同一書的不同抄本。

底二編號斯六一一七。首尾皆缺,存十一行(前二行上部、末行中部有殘缺)。無題。《索引》題『韻書』,《寶藏》、《索引新編》同;《周韻》題『韻字殘葉』,《英藏》題『韻字』,皆不確。張金泉《論〈時要字樣〉》定作《時要字樣》殘卷,極是。所存爲該書去聲部分霽、祭、卦、怪、夬、翰、隊、代、廢、震、問等十一韻字。

斯六二〇八號《時要字樣》殘卷——以下簡稱《時要字樣》(一)——亦有上揭二卷的若干殘字,但殘損嚴重,此二卷正可補其殘缺。不過此二卷在格式上有一些獨特之處,一是每組同音字不標出字數,而用『一』形符號隔開(個別異音字之間缺間隔號,當係抄手疏漏;《索引》把此間隔符録作一二的『二』,大誤);二是幾乎每個字頭下都標有一個『乚』形符號(以下一律用『=』代替),其中『峻高=』條省書符在後,是唯一的例外,參看校記(三七),這些都與《時要字樣》(一)不同,故兹另篇校録。關於『=』符的作用,張金泉斷作字頭省書,大體是正確的。古代的字書、韻書,字頭在注文中重出時,往往用省書符號來代替。後來傳抄的人爲了圖省事,進而略去省書符號,從而形成了被注字和注字連讀成訓的體例(參看《時要字樣》之一題解)。本卷在每個字頭下都先標注一個省書符號，大概是要恢復原本被略去了的字頭的省書符號，但抄手把這個省書符號一概加在釋義字之前，便有些不合適了。試比較以下幾組字的注釋（每組『—』號前見底一或底二，『—』號後見《王二》）：穄＝黍—穄黍＝；幣＝帛—幣帛＝；廨＝公—廨公＝；闤＝闠—闤＝闠；耒＝耜—耒＝耜；葳＝荒—葳荒＝；鬢＝髮—鬢＝髮；瑾＝玉—瑾玉＝；饉＝飢—饉饑＝。其中有幾組字底卷的注釋是有問題的，比如『廨』可以説『公廨』，却不能説『廨公』；『饉』通常説『饑饉』，却很少説『饉饑』。又如底二有『輩＝我』，通常説『我輩』，却不能説『輩我』；有『例＝體』，通常説『體例』，却不能説『例體』。諸如此類，如果把省書的字頭加以還原，有時意思上會講不通。所以本篇校録時一仍其舊，不加還原。另外有少數條目省書符下似當讀斷，如『憒＝心乱』，似當讀作『憒憒，心乱』；『啐＝《三臺》』似當讀作『啐啐，《三臺》』，這是字頭在注文中重出，而不與釋義字連讀，與前例似又不同。

從格式上來看，此二卷的抄寫時間似較《時要字樣》（一）要晚一些，《孟目》把底一定作九至十一世紀寫本，可備一説。另外底二有『戒＝慎，界＝境』二條，《時要字樣》（一）作『□（戒）境，界世』，後者『戒』字下注文『境』應是『慎』字之誤；而『界』字注文有作『境』與『世』之别，是《時要字樣》（一）的抄手因上條注文既已誤作『境』，故此改注『世』以避複呢？還是本卷的抄手爲了避諱把原本的『世』改注作了『境』呢？按《王一》、《王二》去聲怪韻皆云：『戒，慎。界，境。』《唐韻》、《廣韻》略同，據此，或當以前一種可能性爲大。如果這一推斷不誤，那麽，本卷可能并非直接根據《時要字樣》（一）轉抄，而是别有所本。

《時要字樣》大約是作者以《王一》、《王二》等《切韻》系韻書爲藍本而又根據當時口語的實際用法編撰而成的，文中有些字的讀音、注釋與上述韻書不同，這正是作者從俗通變的結果。説詳《時要字樣》（一）題解。《周韻》下編考釋八於斯六一一七號下以爲『這個寫本所根據的韻書可能不是「切韻」一系的韻書』，這一結論未必可靠。

周祖謨較早注意到底二的價值，影印收入《唐五代韻書集存》（本書簡稱《周韻》），并作過一個簡要的考釋（《周韻》下編考釋八之一）。可惜周先生没有注意到底二與《時要字樣》（一）各寫卷實爲一書的不同抄本，故他對該卷的定名及結論都還有可斟酌的餘地。張金泉《論〈時要字樣〉》（載《浙江社會科學》一九九三年第四期）率先把底二確定爲《時要字樣》殘卷；後來《敦煌音義匯考》（杭州大學出版社一九九六）又對它作了初步的校勘。底一則尚未見前人校録。兹據《俄藏》、《英藏》影印本并參酌有關校説，匯總校録如下。原卷正文單行大字，注文單行偶或雙行小字，兹一併改爲單行，注文較正文小一號字排録。另附圖版於首，以供參酌。

俄敦二三九一A（底一）《時要字樣》圖版

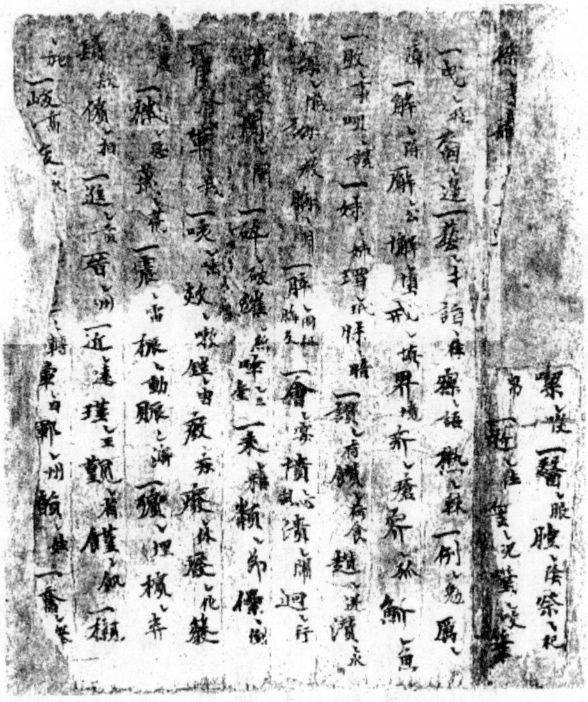

斯六一一七號（底二）《時要字樣》圖版

（前缺）

□▨（捕）□（三）捉；〔一〕哺＝兒食。一▨（貝）□〔二〕▨。〔三〕一▨（賴〔賴〕）＝蒙；〔四〕癩（癩）＝病。一□〔五〕▨（屐）＝鞋。〔六〕一系＝罐。□□反。□〔七〕[口絜]＝喉。〔八〕一醫＝眼；〔九〕[月壹]（噎）＝陰。〔一〇〕祭＝祀；穄＝黍；鬣＝▨（髮）。〔一一〕一▨（弊）＝猥。比祭。〔一二〕幣（幣）＝帛。〔一三〕逝＝往；〔一四〕誓＝況；〔一五〕噬＝咬；筮□□。〔一六〕一曳＝拖；裔＝邊。一藝＝才；詣＝往；〔一七〕寱＝語；[木棘]＝棘（棘）。〔一八〕一例〔＝體；勵〕＝勉；〔一九〕厲＝瘴。〔二〇〕一解＝除；廨（廨）＝公；懈＝憧。〔二一〕戒＝慎；界＝境；〔二二〕疥＝瘡；[穴介]＝孤；〔二三〕魪＝魚。一敗＝事；唄＝讚。一妹＝姊；瑁（瑁）＝玳；昧＝暗。一讃＝府；〔二四〕饡＝荷食；〔二五〕趲＝迸；潰＝水。一悔＝懺；誨＝教；脢（晦）＝月。一脺＝周。祖脢反。〔二六〕一會＝宴；憒＝心乱；潰＝閙；〔二七〕儽＝迴＝行；繢＝畫；闠＝闠。〔二八〕一碎（碎）＝破；繀＝絲；啐＝《三臺》。〔二九〕一耒＝耜（耜）；纇＝節；儽＝倒。〔三〇〕一背＝脊；輩（輩）＝我。一咳＝唾；欬＝嗽；鎧＝胄。〔三一〕瘀（癈）＝疾；癈（廢）＝休；廢＝化；〔三二〕[竹發]＝蘆。一穢＝悪（惡）；薉＝荒。一震＝雷；振＝動；賑＝濟。一殯＝埋；擯＝弃；鬢＝髮；儐＝相。〔三三〕一進＝貢；晉＝州。一近＝遠；瑾＝王（玉）；〔三四〕覲＝省；饉＝飢（饑）。〔三五〕一櫬＝施。〔三六〕一峻高＝；〔三七〕▨（浚）＝▨（水）；〔三八〕□□□。〔三九〕一□（運）＝轉；〔四〇〕暈＝日；鄆＝州；韻＝姓。〔四一〕一奮＝舉。

（後缺）

【校記】

〔一〕本條字頭底一僅存左部殘畫，注文首字殘缺，茲據《時要字樣》（一）擬補。

〔二〕『貝』字底一存上部，下部殘缺，《時要字樣》（一）『捕、哺』組後亦有殘缺，後接泰韻的『鞔』『膾、鱠』等字，其間與殘形相近的《王二》只有『貝』字，因據擬定。

〔三〕殘字底一爲注文，存左下部，《時要字樣》（一）相應位置爲『膾，正；鱠，古』組，殘形與『古』字左下部相近，或即其字。

〔四〕本條字頭底一存左部及上部殘畫，茲據《時要字樣》（一）擬定作『賴（賴）』。

〔五〕『癩』與『屟』之間底一約缺六條，《時要字樣》（一）相應位置作『帝，王。□□□剃，頭。涕，唾』，可參。

〔六〕『屟』字底一上部略殘，茲據《時要字樣》（一）擬定。『屟』爲『屜』或『屉』的避唐諱改寫字。說詳《時要字樣》（一）校記〔四〇〕。『屟』字《時要字樣》（一）與『剃、涕』等四字爲一組。

〔七〕注文『鏟』字底一在雙行注文右行，『反』字居左行之首，其下殘泐，『鏟』下或缺切音上下字，故據擬補二空格，《時要字樣》（一）『系』字切『胡計』，可參。本條『反』下是否另有注文，存疑。又『系』字下《時要字樣》（一）标注同音字爲『三』，則『系』字與下『嘜』字間當另缺一條，《王二·霽韻》胡計反小韻另有『奚、妎、褉、盻、閉、瘈』六字，缺字當爲其中之一。

〔八〕『嘜』以下至『鼭』七條底一殘泐，茲據底二校録。『嘜』字《匯考》以爲『膘』的俗字，是；《王二》去聲霽韻胡計反：『膘，喉脉。』『膘』與『口』有關，注文『喉』字又從『口』旁作，故俗寫遂換旁作『嘜』；《龍龕·口部》以『嘜』爲『喫』的俗字，則別爲一字。

〔九〕醫，《匯考》校作『瞖』，極是，『瞖』與下條『噎』《王二》去聲霽韻同在於計反小韻，而『醫』字《王二》音於其反，爲平聲之韻字。注文『眼』字底卷從月旁，俗訛，茲録正。《玉篇·目部》：『瞖，於計切，眼疾也。』慧琳《音義》卷一三《大寶積經》第五十一卷音義：『瞖膜，上伊計反，眼瞖也。』

〔一〇〕膧，『噎』字俗訛；底卷『日』旁、『目』旁與『月』旁相亂，以下酌情括出，不一一出校説明。『噎』與上條『瞖』爲一組同音字，下條『祭』以下三字則另爲一組同音字，此處應脱表示組別的間隔符。

〔一一〕 䰕，「鬛」的簡俗字，「髟」本從「镸」得義（「髟」旁的字東漢之前的出土文獻資料中都無構件「彡」），故從「髟」從「镸」義本無別，加之東漢以後的隸楷文字中「髟」旁的「彡」通常寫在整個字的右上部，容易脱落，故「髟」旁字多有寫從「镸」的；《王二》去聲祭韻子例反（與「祭」、「穄」同一小韻）：「鬛，露髮。」又注文「髮」字底二存左上部殘畫，兹據《時要字樣》（一）擬補。

〔一二〕 「弊」「幣」二條據底一校録，「弊」字底一右上部殘缺，底二存左部小半，兹據《時要字樣》（一）擬補。

〔一三〕 「帛」字底一下部殘泐，兹據底二録文。

〔一四〕 「逝」字條以下據底二校録。底一「逝」至「裔」六條殘缺。

〔一五〕 注文「况（況）」字義不合，《匯考》引《王一》、《王二》「誓」字釋「約」，謂「况」當作「約」，義合，然二字形音皆大殊，恐不可從；竊謂「况」文中應爲「呪」字形訛，「呪（咒）」「誓」義近，二字古多連用。

〔一六〕 「筮」字下注文底二殘缺，依例應缺二字，前一字爲字頭的省書符「＝」。

〔一七〕 注文「往」字底一右下部殘泐。此條之下底一殘缺。

〔一八〕 槸，《時要字樣》（一）作「棅」，應皆爲「槸」的訛俗字。參看《時要字樣》（一）校記〔四六〕。又本組「藝」、「寱」、「槸」三字《王二》、《廣韻》皆在去聲祭韻，「詣」字在去聲霽韻，《廣韻》霽、祭二韻同用。

〔一九〕 「例」字下注文和「＝勉」的標目字底卷脱，《時要字樣》（一）「例」字下注「體」，下缺，兹據以擬補如上。

〔二〇〕 「厲」下注「瘴」，《周韻》以爲有錯誤，蓋以爲釋作「瘴」的應爲「癘」字；按《王一》去聲祭韻力制反：「厲，惡。」又云：「癘，疫。」《王二》、《唐韻》、《廣韻》略同，「厲」、「癘」二字音同義通，故「瘴癘」古亦作「瘴厲」，原卷不誤。《唐丞相曲江張先生文集》卷二《酬周判官巡至始興會改秘書少監見貽之作兼呈耿廣州》詩：「忽捧天書委，將革海隅弊；朝聞循誠節，夕飲蒙瘴厲。」是其證。

〔二一〕 「解」至「懈」三字爲一組同音字，《王二》、《廣韻》皆在去聲卦韻，音古隘反；下文「戒」至「魪」五字爲另一組同音字，《王二》、《廣韻》皆在去聲怪韻，音古拜反，「懈」條與下「戒」條之間應脱表示組別的間隔符。

〔三二〕注文《時要字樣》(一)作『世』，亦通。參看《時要字樣》(一)校記〔四八〕。

〔三三〕夼，《時要字樣》(一)作『夰』，《匯考》校作『夼』，是；《唐韻》去聲怪韻古拜反：『夼，獨居。』

〔三四〕『讃』字右部爲『贊』旁的俗寫，上下文從此旁者同。注文『=府』《時要字樣》(一)作『府』一字，古書未見『讃』字釋『府』或『讃府』、『府讃』連用者，疑有誤；《匯考》引王韻『讃，稱則』，《廣韻》『讃，稱人之美』，以爲注文宜作『=稱』，根據不足。又本組四字《王二》、《廣韻》皆在去聲翰韻。翰韻《王一》、《王二》、《唐韻》及《廣韻》皆列在問韻後、嘯韻前，而底卷列在夬韻、隊韻二韻字組之間，《時要字樣》(一)同，序次不同，《周韻》下編考釋八於斯六一一七號下以爲『可能是抄寫之誤』，可備一説。

〔三五〕注文『食』前的『荷』字《時要字樣》(一)無，疑衍；《匯考》引王韻『饡，羹和飯』，謂『荷』當作『和』，亦可備一説。

〔三六〕脺，《王二》去聲隊韻子對反(底卷反切下字『脢』字《王一·隊韻》有莫佩反一讀，『脢』亦可看作『晦』的訛俗字，『晦』字《王二·隊韻》音荒佩反，『祖脢反』、『祖晦反』並與『子對反』同音，文中以後一種可能性爲大)：『脺，周年。』『脺』當皆爲『晬』的訛俗字(其實從意義上來説，從日從月義皆可通)，《王一》、《廣韻》同一小韻正作『晬』。

〔三七〕『潰』字《唐韻·隊韻》胡對反釋『逃散，又亂也』，底二釋『閙』，與『亂也』一義相近，蓋借用作『憒』；古書多見『憒閙』連用者，如唐釋道宣《廣弘明集》卷二七下《出家懷道門十二》：『已去憒閙，得空閒；已離俗愛，無攀緣。』又釋道世《法苑珠林》卷一三千佛篇：『云何欲還國，捨靜求憒閙？』皆其例。

〔三八〕『會』組六字之末《時要字樣》(一)有二『六』字，指此六字爲一組同音字；『會』字《王二》去聲泰韻音黃帶反，後五字《王二》皆在去聲隊韻，其中『憒』字音古對反，『潰』、『迴』、『繢』、『闠』四字音胡對反，紐異，泰、隊二韻則皆屬蟹攝，敦煌寫本中可以通用。

〔三九〕啐，《王一·隊韻》蘇對反釋『驅酒□(聲)』，《唐韻》、《廣韻》釋『送酒聲』，指送酒的樂曲，即《三臺》。郭茂倩《樂府詩集》卷七五《雜曲歌辭・三臺》序：「劉禹錫《嘉話録》曰：三臺送酒，蓋因北齊高洋毁銅雀臺，築三箇臺，宫人拍手呼上臺送酒，因名其曲爲《三臺》。李氏《資暇》曰：《三臺》，三十拍促曲名。昔鄴中有三臺，石季龍常爲宴遊之所，樂工造此曲以促飲。未知孰是。」

〔三〇〕「儽」字《王韻》去聲隊韻盧對反釋「極皃」，《廣韻》釋「極困也」，《匯考》據《王韻》補録注文爲「極」；按注文底卷作「倒」字清楚可辨，「倒」字不誤；《王韻》「極」爲形容詞，指倦怠，《廣韻》「極」則爲程度副詞，指非常，故《王韻》「極皃」即《廣韻》「極困也」，「倦怠」與「倒」意義上有關聯，故底卷徑釋作「倒」。

〔三一〕本組「欬」、「鎧」二字《王二》、《廣韻》皆在去聲代韻，音苦愛反；「咳」字《王二》、《廣韻》皆在平聲咍韻，《王二》音胡來反，釋「小兒笑」，乃别一字，《玉篇・口部》有苦代切一讀，與「欬」、「鎧」二字同音，底卷所據即此音。又「咳」至「鎧」三字爲一組同音字，下條「癈」以下四字則另爲一組同音字，此處應脱表示組别的間隔符。

〔三二〕本組標目字第一字「疲」應爲「癈」的簡俗字，第二字「癈」則應爲「廢」字俗訛（俗書「广」「疒」相亂不分），第三字「廢」其他古書不載，疑亦爲「廢」字俗省。《王二》去聲廢韻方肺反：「廢，舍。癈，疾。」「舍」與「休」義近（《淮南子・原道》「輪轉而無休」高誘注：「廢，休也。」）。又《正字通・广部》：「廢，變也。」「變」與「化」義近。但本書上下文俱未見一字異形復又異訓者，存疑。

〔三三〕本組四字的「賓」旁底卷皆作「賔」形，隸變體，兹徑録正。

〔三四〕注文「王」應爲「玉」字省訛，「瑾」字《王二》去聲震韻渠遴反釋「玉瑾」，《廣韻》同一小韻釋「美玉名」，皆可證。

〔三五〕本組「瑾」、「覲」、「饉」三字《王二》、《廣韻》皆在去聲震韻，音渠遴反；「近」字《王二》音巨靳反，又音其謹反，分别在去聲焮韻、上聲隱韻，韻近。

〔三六〕本條《周韻》以爲有錯誤，應是，一種可能是「櫬」下脱注文，而注文「=施」上脱標目字「嚫」（《王二》去聲震韻初遴反：『櫬，空棺。嚫，嚫施。』可證）。另一種可能是『櫬』當作『襯』，嚫施的『嚫』古亦作『襯』（《正字通・衣部》：『襯，音櫬，近身衣也；凡施與亦曰襯施。』北魏楊衒之《洛陽伽藍記》卷三大統寺：『東有秦太師公二寺……至於六齋，常有中黄門一人監護僧舍，襯施供具，諸寺莫及焉。』）。此處似當以前一種可能性爲大。

〔三七〕注文『高＝』底二作雙行小字，『高』字在右行，字頭省代符在左行，通常應讀作『高＝』；但除此例外，底卷字頭下首字必爲省書符號，且注文爲二字時皆作小字單行，此爲特例，不知是否亦應讀作『＝高』。

〔三八〕『浚』和注文『水』底二左部小半殘泐，茲從《匯考》録文擬補。

〔三九〕此處底卷殘缺，茲據所缺空間擬補三字缺文，所缺標目字應與上二條『峻』、『浚』爲同音字；本條下的間隔符底二殘存右部一小點。

〔四〇〕『運』字底二僅存右部殘畫，茲從《匯考》録文擬補。

〔四一〕『運』、『暈』、『鄆』三字《王一》、《王二》皆在去聲問韻，音云問反，『韻』字則在震韻，音爲捃反，釋『音和』。《廣韻・問韻》王問切與『運』、『暈』、『鄆』同一小韻有『韻』字，釋『韻和也』，又有『員』字，釋『姓也』，《匯考》以爲用作姓氏作『員』字是。今按：古亦有韻姓，『韻』字似不必改。

時要字樣（三）

俄敦八九一四、八九二八（底一）　俄敦一一三四六背（底二）

【題解】

底一編號俄敦八九一四、八九二八，二卷綴合後《俄藏》列於前一號下。存七殘行，每行僅存中間部分殘條。底二編號俄敦一一三四六背，僅存一小片。《俄藏》均未定名。按底二可與底一後二行下部綴合。圖示如左：

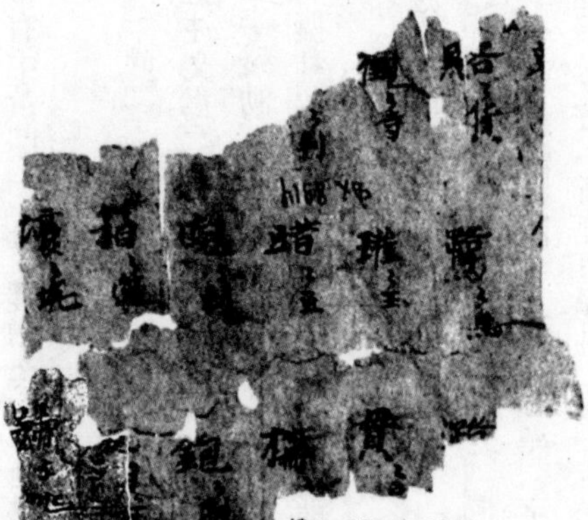

俄Дx8914、8928

俄Дx11346背

俄敦八九一四、八九二八（底一）、
俄敦一一三四六背（底二）綴合圖

考底卷體例與《時要字樣》（二）近似，也是把若干個同音字抄在一起。底卷字頭大字，注文小字，注文第一字均爲『[illegible]』形字頭的省書符號（以下一律用『＝』代替），與《時要字樣》（二）體例相同。如同《時要字樣》（二），有些條目如果把省書符用字頭來替换，意思上會講不通。如『觀』下注『＝寺』，但通常説『寺觀』，而不説『觀寺』，是其例。底卷每組同音字不標出字數，也不用『一』形間隔符，這是底卷與《時要字樣》（一）、《時要字樣》（二）的區别所在。另外底卷所見字頭依次爲去聲暮韻、去聲翰韻、入聲陌韻、去聲候韻、去聲效韻、平聲陽韻、平聲豪韻等七韻字（韻母據《王二》），其韻次及字序先後似無一定之規，與《時要字樣》（一）、《時要字樣》（二）分韻、韻次及同音字組序列皆與《王一》、《王二》基本相合的體例也大不相同。可見底卷雖與《時要字樣》性質相近，但又與《時要字樣》（一）、《時要字樣》（二）有所區别，大約是一種較《時要字樣》（二）更爲晚出的本子，因暫擬題作《時要字樣》（三），以備進一步研究。

本篇未見前人校録，兹據《俄藏》影印本校録如下。

（前缺）

[ ]▨□□。▨[ ]〔一〕賂＝貨。〔二〕鷺＝鳥。▨（潞）[ ]〔三〕▨（觀）＝寺。〔四〕瓘＝玉。貫＝▨。〔五〕[ ]▨＝判。〔六〕踖＝豆。構（構）＝□。〔七〕[ ]皰＝剌。〔八〕鉋＝刷。〔九〕

[ ]箱＝篋。〔一〇〕▨＝▨。〔一一〕[ ]壕＝坑。〔一二〕號＝咷。〔一三〕[ ]

（後缺）

【校記】

〔一〕第一行底一前一殘字存左側殘畫，似爲『革』旁的左半；後一殘字存左側略似『亻』旁（竪筆不太明晰）。

〔二〕『賂』與下『鷺』『潞』二字《王二》去聲暮韻同在洛故反小韻，字序爲『潞、賂、鷺』，《廣韻》同一小韻爲

「潞、鷺、賂」。

〔三〕「潞」字右下部底卷略有殘泐，兹據殘形擬補。

〔四〕「觀」字左上部底一略有殘泐，兹據殘形擬補。「觀」與下「瓘」「貫」二字《王二》去聲翰韻同在古段反小韻，字序爲「貫、瓘、觀」，《廣韻》在换韻，字序同。注文「＝寺」宜作「寺＝」，謂此爲寺觀之「觀」，《王一》《蔣韻》《廣韻》「觀」字皆有「樓觀」一釋，《王二》作「樓＝」，而《裴韻》誤作「＝樓」，可與底卷互勘。

〔五〕注文底卷存上部作「曰」字形，「貫」字《廣韻・换韻》釋「事也，穿也，累也，行也」，底卷所存殘形與「累」字上部近似，不知是否即其字。

〔六〕字頭底一僅存右下角一殘點，按文例，此處應爲「踖」的同音字，《王二》《唐韻》《廣韻》入聲陌韻與「踖」字同屬測戟切小韻皆有「簎」字，《唐韻》釋「刾（刺）也」，如果本條字頭爲「簎」字，則注文「判」當爲「刾」字形訛。

〔七〕「構」字《廣韻》去聲候韻古候切釋「架也，合也，成也，蓋也，亂也」，可參。

〔八〕「皰」與下「鉋」字《王二》去聲效韻同在防孝反小韻，字序爲「鉋、皰」，《廣韻》在防教切小韻，「皰」在「鉋」前，後者字序與底卷同。「皰」釋「皰刺」蓋當時方俗語詞，「皰」字後亦作「疱」，面部所生小瘡，今俚俗稱粉刺。

〔九〕「鉋」字《王二》釋「鉋刷」，與底卷釋義合。

〔一〇〕「箱」字《王二》平聲陽韻音息良反，釋「竹器」，此注「箱篋」，爲同義連文；慧琳《音義》卷七《大般若經》第五百四十一卷音義：「箱篋，上息將反，《字林》云：箱，竹器也。《韻英》云盛書盛衣器物名也。《考聲》云篋屬也。案淺曰箱，深曰篋。下謙頰反，《考聲》云：篋，椷也。《字書》云箱屬也。」可參。

〔一一〕本條字頭和注文下字底一存右部殘畫，底二存左部殘畫，二卷可以綴合，但字形仍模糊難辨，字頭略似「廂」或「葙」字之形，「廂」或「葙」與上條「箱」爲同音字，正好爲一組。

〔二二〕『壕』字《王一》《王二》等未見（只見『濠』字，爲『壕』的古字），伯二〇一四號《大唐刊謬補闕切韻》平聲豪韻有此字，釋『城壕』，與下條『號』字同屬乎高反小韻。底一至此條止。

〔二三〕『號』字條見於底二。

千字文

周興嗣

斯五四五四（底卷）　伯三四一六（甲卷）　斯三八三五（乙卷）
伯三一〇八（丙卷）　伯三〇六二（丁卷）　伯三六二六（戊卷）
伯四〇六六+伯二七五九+伯二七七一（己卷）　伯三六一四（庚卷）
斯三二八七（辛卷）　伯三一七〇（壬卷）　斯五五九二（癸卷）

【題解】

《千字文》簡稱『千文』，與《三字經》、《百家姓》齊名，合稱『三百千』，是唐宋以來最爲風行的蒙學讀本之一。敦煌文獻中抄本極多。《索引》、《黄目》各著録三十五件；《索引新編》著録四十二件；鄭阿財、朱鳳玉《敦煌蒙書研究》著録四十七件。而據我們的普查，包括習字雜抄在内，敦煌文獻涉及《千字文》的寫卷達一百三十六件之多（綴合後一百一十五件），除李盛鐸原藏散二四〇、五四九號及 Françoise Wang-Toutain 編《巴黎國家圖書館藏敦煌藏文寫本注記目録》著録的 P.tib.1166、P.tib.2204PIV、P.tib.4017V 三件習字未見外，實見者一百三十一件（綴合後一百一十件），包括英國國家圖書館藏三十五件、英國原印度事務部圖書館藏一件、法國國家圖書館藏五十一件、俄羅斯科學院東方研究所聖彼得堡分所藏三十四件、中國國家圖書館藏七件、上海圖書館藏二件、北京大學圖書館藏一件。其中《篆書千字文》兩件、《真草千字文》四件、《漢藏對音千字文》兩件、《千字文注》兩件將另篇別出，其餘各寫卷則簡要介紹如下。因寫卷衆多，其異同難以一一羅列，故本書校録時選取斯五四五四號爲底卷，伯三四一六號等内容相對完整的十個卷子爲對校本，以甲乙丙丁次之，其他本子則擇要出校。敍録時十個對校本按其完整度及優劣排序，其餘正式的抄本按其所存文句先後爲序（起句相同的則依其完整度排序），屬習字或雜抄者殿後，按英、法、俄、國圖、上圖、北大各家館藏爲序。

底卷編號爲斯五四五四。册子本，計九頁，封面頁有『971』及『千字文』字樣，筆迹與正文不一，蓋出於斯坦因助手蔣孝琬之手。由第二個頁面起抄《千字文》，每半頁六至九行，計九十七行，行九至十四字不等，首尾完整，首題『千字文勑貟外散騎侍郎周興嗣次韻』，尾題『千字文一卷』。《翟目》定爲十世紀寫本。該卷書法稚拙，然整齊有序，故取以爲底卷。

甲卷編號爲伯三四一六。卷子本，有界欄，正背兩面書，正面前爲星占書四殘行，僅存上部；後爲《孝經》抄本；《千字文》抄於星占書、《孝經》之間，首尾俱全，計五十二行（前二十餘行及三十二至三十四行略有殘泐），行十九字左右。首題『千字文一卷』（其下另有『千字文』『▨（程）□□寫▨▨』等字樣）。卷背抄願文，修補殘片中有『乙未年二月十八日程虞候家榮葬名目』，其中的『乙未年』《敦煌社邑文書輯校》比定爲清泰二年（九三五），則正面《千字文》等所抄時間或應早於該年。

乙卷編號爲斯三八三五。卷子本，有界欄。首尾俱全，計四十九行，行二十一字左右；前三行中部有約二字的殘缺。首題『千字文　勑貟外散騎侍郎周□▨（興嗣）次韻』，尾題『千字文一卷』。本篇前爲《太公家教》殘本，後爲《百鳥名》抄本，從筆迹上看均出自一人之手。《百鳥名》之後有題記一行，題『庚寅年十二月日押牙索不子自手記耳』（《翟目》誤識『押牙』二字爲『犂』），《翟目》擬定其大約在公元九三〇至九三一年之間。卷背有太平興國九年（九八四）四月二日莫高鄉百姓馬保定賣宅舍契，雜寫中有『千字文勑貟外散』等字、『辛卯年十月廿八日』具年題記，尾部有離合詩圖四首。

丙卷編號爲伯三一〇八。卷子本，有界欄。首尾俱全，計四十六行，行二十二字左右。首題『千字文勑貟外散騎侍郎周興嗣次韻』，尾題『千字文一卷』。卷背有未抄完的『千字文』五行，自首題『千字文勑貟外散騎侍郎周興嗣次韻』始，至『始制▨□（文字）』止，與正面的《千字文》書體一致，當出自同一人之手。卷背後部有『趙勝佳寫千文一卷，押衙申昌潤書機（記）』題記（『申昌潤』又見於題記後一行有類記事的文字中），此『趙勝佳』蓋即上揭兩本《千字文》的抄寫者。卷背另有乙未年二月十日取黄麻曆、庚辰年十二月廿日金光明寺僧惠貟、惠進等題寫一行、信札一通、學童詩一首及其他文字若干。

丁卷編號爲伯三〇六二。册子本，有界欄，首尾俱缺，存九頁，第一頁首缺三至四行，完整者每半頁六至七行，計一〇七行，行八至十一字，前十餘行下部略有殘泐；起『▨▨▨▨▨（列張，寒來暑）往』，訖『謂語助▨』。《索引》定作『千字文殘本』，是。

戊卷編號爲伯三六二六。册子本，有界欄。首全尾缺，存九頁，每半頁五行或六行，計一〇六行，行六至十字。首題『千字文勅貟外散騎待（侍）郎周興嗣次韻』。正文起『天地玄黄』，訖『侍巾□□（帷房）』。

己卷編號爲伯四〇六六＋？＋伯二七五九＋伯二七七一。（一）伯四〇六六號，卷子本，正背雙面書，正面爲《太上一乘海空智藏經》卷三《法相品》。卷背抄《千字文》二十三行，分二本，本文以A、B次之：A本，十九行（前八行有殘缺），首缺尾全，起『近▨（耻）』，訖『焉哉乎也』；B本，緊接A本，存起首四殘行，起『勅貟外散騎侍郎周興嗣次韻』，訖『菜重芥▨（薑）』。《蒙書》疑《法藏》A、B二本綴合時誤倒，今據正面《太上一乘海空智藏經》内容斷之，《法藏》不誤。（二）伯二七五九＋伯二七七一號，該二號《索引》分開著録（《索引新編》承襲之），《黄目》、周丕顯指明二號同卷，至《法藏》則將二號合併，兹從之。卷子本，正背兩面書，正面爲《太上一乘海空智藏經》卷三《法相品》。卷背抄有《千字文》四本，本文以A、B、C、D次之，分别敘録如下：A本，首缺尾完，存結尾部分七行，起『捕獲判亡』，訖『焉哉乎也』，尾題『千文一卷』；B本，存起首部分八行，接書於A本尾題之下（與A本尾題間空二字），首題『千文勅貟外散騎侍郎周興嗣次韻』，正文起『天地玄黄』，訖『吊民伐罪』，未抄完；C本，計三十五行，接書於B本末句『吊民伐罪』下（二者間空兩字），首題『千字文勅貟外散騎侍郎周興嗣次韻』，正文起『天地玄黄』，訖『悦感武丁』，未抄完；D本，抄起首部分六行，首題『千字文壹卷勅貟外散騎待（侍）郎周興嗣此（次）韻』，正文起『天地玄黄』，訖『吊人伐罪』（原卷『吊人伐罪』句抄於『玉出崐崗』句『崐』字下，

『崗』字至『有虞陶唐』句的『唐』字漏抄），未抄完。其後雜寫中另抄有《千字文》三處，皆抄題名、結銜（『侍』『次』二字均作『待』『此』，第三處『周』訛作『用』）及起首若干字（第一處僅書正文『天地』二字，第二處書『天地玄』三字，第三處抄至『寒』字止）。上揭《千字文》文字，皆爲同一人所抄，然前三本抄寫認真，字迹較工整，第四本及其後的文字則較爲潦草，而且訛奪較嚴重，蓋學童耐性已盡，遂胡亂塗鴉。文末存『沙奴子穌咸』五字（倒書，末字内部筆畫有粘連，不甚清晰），卷子後端雜寫書信類文字中又有『沙穌即日蒙恩』云云之語，字體皆與《千字文》同，『沙奴子穌咸』『沙穌』當即一人，或即上揭《千字文》的抄手。又伯四〇六六號背面所書《千字文》與伯二七五九+伯二七七一號背面所書《千字文》筆迹、行款均一致，二者實爲同一寫卷上之不同抄本，可以綴合（王卡《敦煌道教文獻研究》〔中國社會科學出版社二〇〇四〕在敘及正面的道經時已指明二者爲同一卷之裂，可以參看），伯四〇六六號在前，伯二七五九+伯二七七一號在後，二者間約有五十六行左右的殘缺（據該號正面道經末字與伯二七五九+伯二七七一號正面道經首字之間的缺字并結合該號道經行款推算而來）。兹將伯二七五九+伯二七七一號C本（存前半）與伯四〇六六號A本（存後端結尾部分的）合併，定作己卷入校。

庚卷編號爲伯三六一四。卷子本，首完尾缺，計存四十六行，行十七字左右。首題『千字文勑貟外散騎侍郎周興嗣次韻』，正文起『天地玄黄』，訖『陳根委翳』。卷背有白畫馬三匹。

辛卷編號爲斯三八七。卷子本，首缺尾完，計存四十一行，行十七字左右。起『▨（仁）慈隱惻』，訖『焉哉乎也』，尾題『千字文一卷』。尾題之下有小字打油詩一首。其後尚有有王羲之顙書論、十五願禮佛懺、曲子三首、李涉法師勸善文等内容。卷背抄子年擘三部落百姓氾履倩等户手實，靠近尾部抄『千字文一卷勑』、『送遠還通達』等從走之偏旁的字及王羲之顙書論等倒書的習書兩行。

壬卷編號爲伯三一七〇。卷子本，有界欄。首缺尾完，計三十五行，行十七字左右。始『□（性）静情▨（逸）』，訖『焉哉乎也』，尾題『千字文一卷』。文末題記云『□歲三月十九日顯德寺學士郎張成子書記也』。卷背題『金光明寺』四字。

癸卷編號爲斯五五九二。册子本，首尾俱缺，存五頁，每半頁五至七行，計六十一行，行十字左右。起『切磨箴規』，訖『矩步引領，俯仰廊』。《索引》定作『千字文』，是；《翟目》著録作『散文』，不確。

伯四九三七背。卷子本，正背雙面書，正面爲《百行章》。《千字文》書於卷背，首完尾缺，存三十一行，行二十三字左右，每行上端略有殘缺。第一行起始爲《開蒙要訓》習書十二字，接抄『千字文』，其下有『濟齊』三字；題銜『□員外散騎侍郎周興嗣次韻』抄於次行，正文起『天地玄黄』，訖『稅熟貢新』。

斯五七一一號。卷子本，正背雙面書，《千字文》書於正面，首全尾缺，計十九行，行十九字左右。首題『千字文一卷』（其下另有『雜卷』二字），次行仍由首題抄起，書『千字文勑員外散奇（騎）待（侍）郎周興嗣自』等字，其下空一字接抄正文，起『天地玄黄』，訖『藮（藉）甚無竟』，下似未抄完。卷背爲雜寫，抄有『今朝寫盡天者名』詩、龍勒鄉百姓王再慶狀、『郎君須立身』詩等内容。《翟目》定爲十世紀寫本。又《翟目》云該號由斯七二三三號《金光明最勝王經》卷第十卷背裱紙剥離而來。

俄敦六〇二八背。卷子本，正背雙面書，正面爲《百行章》。《千字文》抄於背面，首完尾缺，計十一行，行二十七字左右。首題『千字文勑員外散騎侍郎周興嗣次韻』，正文起『天地玄黄』，訖『淵澄取□（映）』。該號正背兩面字體甚近，當出自同一人之手。

斯四五〇四背。卷子本，正背雙面書，正面爲《四分律比丘含注戒本》卷上、卷中。《千字文》抄於卷背，首完尾缺，計十五行，行十九字左右，首題『千文一養（卷）』，空一格後接抄『千字文勑員外散騎侍郎周興嗣次韻』；正文起『天地玄黄』，訖『夙興温清』，未抄完，另行接抄釋家類文字三行。其前有十願歌、讚大聖真容七言詩、寺名鄉名菩薩名習書及乙未年三月七日押衙就弘子貸絹契、乙未年正月一日靈圖寺僧善友貸生絹契等内容；其後抄發願文、六波羅蜜問答等。其中的『乙未年』，《唐録》定作『公元八七五或九三五年』，可參。

伯二六六七背。卷子本，正背兩面書。正面爲算書，存類目『營造部第七』、『▨▨▨（部）第九』。《千字文》抄於背面，首完尾缺，存十行，行二十字左右，末五行有殘缺，首題『▨（千）字文勑員外散騎侍郎周興嗣次韻』，正文起『天地玄黄』，訖『靡恃己長』。其前有『今月七日』、『今月十六日』殘狀兩道，字體與《千字文》一致，當出於同一人之手；卷背前部有轉帖一道，影印圖版已漫漶不清，有題年，然僅『年十二月』可辨，寧可、郝春文《敦煌社邑文書輯校》録作『大順三年十二月杜』（大順三年即景福元年，相當於公元八九二年，十二月已進入八九三年）。該號《索引》、《黄目》、《索引新編》、《蒙書》均題作『雜録《千字文》數行』，今據所抄文本來看，抄寫較認真，文中除個别的錯訛字外，所抄文句前後連貫，不存在脱文、倒文等情況，因此應是較爲正規的《千字文》抄件，《法藏》題作《千字文》甚是，兹從之。

斯五八一四號。卷子本，首完尾缺，計十二行，行十二字左右，首題『千字文一卷』，次行仍由首題抄起，抄『千字文勑負外散騎侍郎周興嗣次韻』等字，正文起『天地玄黄』，訖『誰（垂）共（拱）平章愛』，下未抄完。

伯四八九九+伯五五四六背。簡稱綴一。二號係同一卷之撕裂，《寶藏》所據縮微膠卷既已將伯四八九九號綴合於伯五五四六號下，《寶藏》又於伯四八九九號下云『缺號』，失察。《法藏》依其編纂體例，將伯五五四六號歸於伯四八九九號下。卷子本，正背兩面書，正面爲《太公家教》。《千字文》書於背面，文字漫漶較嚴重，存十一殘行，行十四字左右，首題『□（千）字文勑負外散騎侍郎周興嗣次□（韻）』，正文起『天地玄黄』，訖『垂共平章▨（愛）』（其後尚有殘文半行，似不是《千字文》）。《千字文》前有乾寧二年（八九五）題記三條，然僅倒書的第三條略爲完整，題『乾寧貳年歲次己卯肆月五日』等字，與《千字文》書體相近，疑出自一人之手；又有社司轉帖一道（伯五五四六號卷背另有『神沙鄉人名録』、《武王家教》題籤及其他雜寫若干）。

俄敦一〇四二二號。殘片，存八行，每行下部殘（個别行上端亦殘），首行存『▨字文▨』四字，第二行存『韻天地玄黄▨』，末行存『衣裳推位讓國有虞陶▨』等字。《俄藏》未定名。按此爲《千字文》殘片。首行原文當爲『千字文勑負外散騎侍郎周興嗣次韻』，末行『陶』下殘字當是『唐』字。

伯二〇五九背。卷子本，正背兩面書，正面爲《三階佛法》卷第三。《千字文》抄於背面，首完尾缺，計七行，行九至十四字；首題『千字文勑負外散騎侍郎周興嗣次韻』，正文起『天地玄苗（黄）』，抄至『海鹹河淡，鱗』止。筆法幼稚，文字多誤。卷背有『天福伍年（九四〇）庚子歲正月一日』紀年題記一條，筆迹與《千字文》一致，當出自同一人之手。

伯二四五七背。卷子本，正背兩面書，《千字文》抄於背面。首完尾缺，計六行，行十至十一字。首題『千字文勑員外散騎侍郎周興嗣次韻』。正文起『天地玄黄』，抄至『玉出崐崗』止。正面爲《閱紫録儀三年一説》，卷末有『開元廿三年（七三五）太歲乙亥九月丙辰朔十七日丁巳』題記，《千字文》是後來的習字者利用卷背的空白抄寫的，抄寫時間必在開元二十三年以後。

斯五八二九號。卷子本，首尾俱缺，存五行，行十六字，首行文字下半行右側略殘，起『寒來暑往』，訖『乃服衣裳，推』，未抄完。《索引》定作『千字文』，是。

俄敦一九〇八五＋俄敦一一〇九二號。（一）俄敦一九〇八五號，殘片，背面有國、光、師、龍等習字十餘行及一濃筆倒書的『顯』字。正面存殘文十六行，上半殘缺，起『▨（李）柰菜重』，訖『如松之盛』。《俄藏》未定名。今按此乃《千字文》殘片。（二）俄敦一一〇九二號，《千字文》殘片，存三十行，下半殘缺，起『▨▨▨□（恭惟鞠養）』，訖『□□（踐土）會盟。何□▨』。卷背有『千字文』題名兩處及雜寫若干，另外其修補殘片上有『阿張故夫索通子庚戊（午）年借綾殘賬』。施萍婷《俄藏敦煌文獻經眼録（二）》（《敦煌吐魯番研究》第二卷，一九九六）有敍録。

按：上揭二殘片字體相同，可以綴合，俄敦一九〇八五號正面的第八至十六行所存恰好爲俄敦一一〇九二號正面前八行所缺之下部，二者綴合後密合無間。二片綴合後凡三十七行，滿行每行抄十四字。又俄敦一一〇九二號另有碎片一，正面爲有關定州綾子的文書四殘行；其背面亦存四殘行，然字迹略草，内容俟考，其中上端有一倒書的楷書『容』字，筆迹與此面其他略草的文字不同，竊謂這個『容』字當即俄敦一一〇九二號《千字文》第十行『淵澄取▨（映）』句下所殘的『容止若思』句的『容』字，此碎片當是上揭《千字文》背面脱落下來的修補碎片，應予還原。又該二號綴合後卷背包括『千字文』（次行重抄一次）題名，『國、光、龍、師、芥、吕、官、黄、藏、鳥』等出自《千字文》的習字十一殘行，中間雜有『此是千文本』（重抄一次）、『本本』『痛（？）』『瘦』等字句。該二號及其修補碎片正背面綴合圖（正面綴合部分以下簡稱綴二）如下二頁所示：

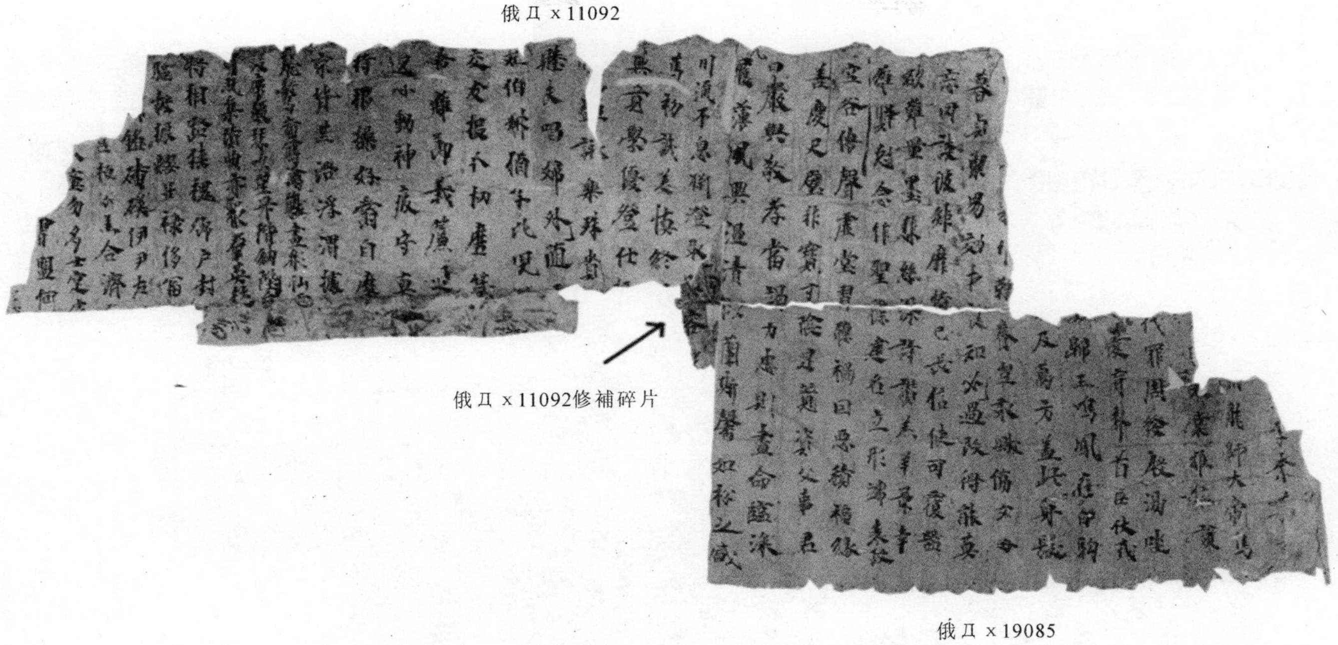

俄敦一九〇八五+俄敦一一〇九二+俄敦一一〇九二號（修補碎片）正面《千字文》綴合圖

俄Дx11092

俄Дx11092修補碎片

俄Дx19085

俄敦一九〇八五＋俄敦一一〇九二＋俄敦一一〇九二號（修補碎片）背面《千字文》習字綴合圖

俄敦一二六六一＋俄敦一八九五〇號。簡稱綴三。（一）俄敦一二六六一號，殘片，存三行，第二行存『位▨』二字（『位』字上端略殘），第一行與第二行『位』平行之位置存一字左側殘畫，第三行僅存三字右側殘畫。其背面存殘文字三行，其中僅第一行『▨拾叁碩▨』等字可識。（二）俄敦一八九五〇號，殘片，存兩行，第一行僅存一『官』字，第二行存『▨國▨（有）』三字。按：上揭二殘片《俄藏》均未定名，今謂俄敦一二六六一正面與俄敦一八九五〇號皆《千字文》殘片，二者可以綴合，綴合後内容大抵相連，連接處亦大體吻合。原文相關文句作『龍師火帝，鳥官人皇。始制文字，乃服衣裳。推位讓國，有虞陶唐。吊民伐罪，周發殷湯。坐朝問道，垂拱平章』。俄敦一二六六一號第一行所存殘字當是『帝』字，其下當缺一『鳥』字；第二行『位』下殘字，俄敦一二六六一存上端殘畫，俄敦一八九五〇號存下端殘畫，當爲『讓』字。唯俄敦一二六六一號第三行所存殘字，據殘畫及行款（行十四字左右）判斷當是『坐朝問』三字，然從《俄藏》圖版看其筆畫明顯比前兩行文字細，不知因何而致，暫且存疑。二號綴合如下右圖所示。

俄敦二六九＋俄敦九三六五號。簡稱綴四。（一）俄敦二六九號，殘片，計存兩殘行，第一行存『▨惟鞠養豈』，第二行存『▨男效才』。《孟目》著録該號云『内容不詳』，施萍婷《俄藏敦煌文獻經眼録之一》（《敦煌研究》一九九六第二期）定作《千字文》殘片，甚是，今從之。（二）俄敦九三六五號，殘片，存三殘行，第一行存『▨彼短▨▨』五字；第二行存『欲難量墨悲』；第三行僅存某字右端殘畫。《俄藏》未定名。今按此爲《千字文》殘片，原文相關文句作『罔談彼短，靡恃己長。信使可覆，器欲難量。墨悲絲染，詩贊羔羊。景行維賢，剋念作聖』，可參。又此殘片與俄敦二六九號書風甚近，一些構件的寫法及某些相近筆畫的運筆方式均較一致，且從殘片判斷二者均爲行十三字，行款亦相合，二者當爲同一寫卷之裂。今將二者綴合，如下圖所示。

俄Дx12661

俄Дx18950

俄敦一二六六一＋俄敦一八九五〇號

《千字文》綴合圖

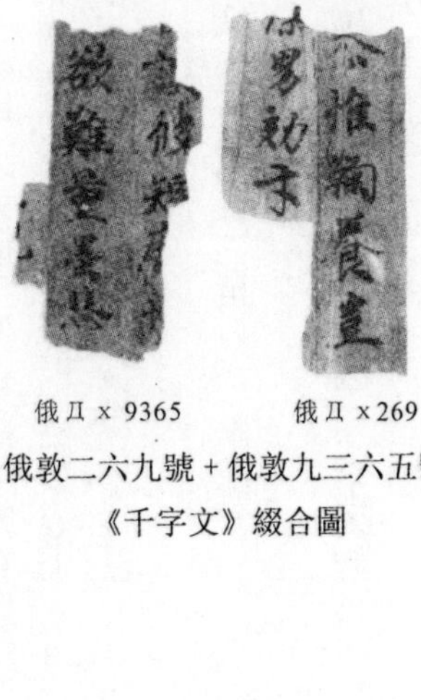

俄Дx9365　　俄Дx269

俄敦二六九號＋俄敦九三六五號

《千字文》綴合圖

俄敦一二三九三背。殘片，正面爲《大般涅槃經》卷三八《迦葉菩薩品》殘片。背面存殘文七行，前五行正書，所存分别爲『墨悲絲▨（染）』、『景行維▨（賢）』、『德建名▨』、『空谷▨』、『禍因』；末兩行倒書，第七行存『己長』、第六行存『▨（難）量』。《俄藏》未定名。今按此爲《千字文》，原文相關文句作『墨悲絲染，詩贊羔羊。景行維賢，剋念作聖。德建名立，形端表正。空谷傳聲，虚堂習聽。禍因惡積，福緣善慶』、『罔談彼短，靡恃己長。信使可覆，器欲難量』，可參。

伯四八〇九號。册子本，存四頁（《蒙書》作『五頁』，不確），計四十九行，紙幅甚窄，行三至五字，起『惡積，福緣善慶』，訖『浮渭據涇，宫殿盤』。《索引》定作『千字文殘本』，甚是。

伯二八八八號。卷子本，首尾俱缺，存三十八行，行十八字左右，起『安定薦初誠美』，訖『俗並▨』。字多俗别。卷背有『千字文勅負外散騎』、『千文一本張富通』題寫兩處。《索引》定作『千字文』，是。

伯三二一一背。卷子本，正背兩面書，正面爲《王梵志詩》。《千字文》書於背面，首缺尾完，計四十七行，行十三字左右。起『□□（樓觀）飛驚』，訖『焉哉乎也』，尾題『千字文一卷』（重抄一次）。末有題記『乾寧三年（八九六）歲［次］丙辰二月十九日孝士郎氾賢信書記之也』，又有『乾寧三年丙辰▨▨二月十九日靈圖寺孝士郎氾賢信書記』（甚爲模糊）題記一處。又卷子天頭有抄寫時計數所書的『一百』等字樣五處（因書於卷子天頭，故『一』字多有殘損）。此外卷背尚有『孝郎大歌（哥）張富進書卷』及其它雜寫若干。

斯四九四八背。卷子本，正背雙面書，正面爲佛教論釋類抄本，《寶藏》題作『佛經』。背面存殘文三十八行，首尾俱缺，起『驚圖寫禽獸』，訖『徘徊瞻眺孤陋』。《翟目》著録作『由不同的碎片組成的習字』；《索引》定作『千字文』，是。又《黄目》著録正面的佛經云『上接斯四五二一號』，斯四五二一號《寶藏》、《黄目》亦皆題作『佛經』，於括號中補充云『疑似毘曇部阿毘達磨大毘婆沙論』。今查斯四九四八號正面經文止於『不全止，故是則爲空。云何厭法隨知足空起』（部分文字左側略殘），斯四五二一號起於同一句（文字完整，無殘損），二者在内容上雖可相接，然實非同一寫卷之裂，《黄目》的著録不準確。

伯三七四三號。卷子本，首缺尾完，存二十五行，行十六字左右。起『□（嶽）宗恒岱』，訖『焉哉乎也』，尾題『千文一卷』。

俄敦七九〇二+俄敦七八六一號。簡稱綴五。《俄藏》將俄敦七八六一、七八六四、七八七〇、七九〇二號四殘片作一組，列在俄敦七八六一號下，蓋以爲同一寫本的殘片，但均未定名。其中俄敦七八六四與俄敦七八七〇號正面僅右側邊緣似略存殘墨，背面存已漫漶的回鶻文若干。俄敦七九〇二號正面存殘文兩行，第一行存『▨穡』，第二行存『▨熟貢▨』；背面修補殘片上有回鶻文殘字若干。俄敦七八六一號正面存殘文三行，第一行存『敦素史魚秉』，第二行存『▨（謹）勑鈴（聆）音察▨』，第三行存『▨▨抵▨』（『抵』當校作『祗』）；背面較模糊，似無字。今謂俄敦七九〇二號、七八六一號正面所存皆爲《千字文》殘字，且二片字體款式一致，可以綴合。《千字文》原文相關文句作：『治本於農，務兹稼穡。俶載南畝，我藝黍稷。稅熟貢新，勸賞黜陟。孟軻敦素，史魚秉直。庶幾中庸，勞謙謹勑。聆音察理，鑒貌辨色。貽厥嘉猷，勉其祗植。』此二片綴合後中間仍有『勸賞黜陟孟軻』六字殘缺。綴合圖如下（右圖）所示：

俄Дx7861　俄Дx7902

俄敦七九〇二號+俄敦七八六一號《千字文》綴合圖

俄敦一六七八一號圖版

俄敦一六七八一號。殘片，存兩行，第一行存『踈見』二字，第二行存『寂寥』二字。《俄藏》未定名。今按此爲《千字文》殘片，原文相關文句作『兩疏見機，解組誰逼。索居閑處，沈默寂寥』，可比勘。又此殘片與上文俄敦七九〇二號＋俄敦七八六一號殘片書風相近，行款上亦大體吻合（該殘片行十四字，後者行十三字），疑爲同一寫卷之裂，二者之間約殘一行。然因俄敦一六七八一號所存内容過少，不宜遽斷。今附原卷圖版如前頁（左圖），以資比勘。

伯三二四三號碎片之十二。僅存『千字文勅負外散騎侍』等九字，且多已漫漶。《索引》、《寶藏》未揭示，《索引新編》提及該片有『千字文三字』；《法藏》擬題『千字文卷首』，是。又同號碎片之十三，存殘習字兩行，第一行文字漫漶不可識，第二行抄『史』字；同號碎片之十四，存殘習字兩行，抄『史』字；同號碎片之十六，存殘習字兩行，抄『魚』字；同號碎片之十七，存殘習字兩行（第二行存右側部分筆畫），抄『史魚』二字。上揭四殘片，《法目》定作『千字文習字』，是，《千字文》有『孟軻敦素，史魚秉直』之句，應即其所出。

伯二八二五號碎片之一。正背雙面書，有界欄；正面存『▨▨（千字）文□▨（負）外散騎』八字，『千』字存右下部，『字』字左下部略殘，『負』字存下『貝』；背面存二殘字。各家目録皆未定名。今謂該殘片正面所存爲《千字文》首題及結銜殘字，可擬定作『《千字文》殘片』。伯二八二五號正面爲《太公家教》，文後有『大中四年（八五〇）庚午正月十五日學生宋文顯讀，安文德寫』題記，可參。

伯二六七七號碎片。正背兩面書，正面存殘字五行，僅存中部二至四字，起『▨散騎▨』，訖『出崐崗劍』（其後一行僅存某字右側殘迹）。該碎片《索引》、《黄目》、《蒙書》未著録；《索引新編》始認定爲『千字文』，《法藏》同，茲從之；其背面存已嚴重漫漶的文字七殘行。伯二六七七號正面爲『唐詩叢抄』、《論語集解》，卷背有『咸通十一年（八七〇）十日廿日』、『咸通十年三十日』等具年雜寫，可參。

伯三二一一號碎片之十。存殘文三行，已嚴重漫漶。《索引新編》題『殘片』，《法藏》擬定作『文書』。今考可辨者有『▨（次）』、『莭義』、『匪虧性』、『意移堅持雅』、『背芒』等字，實爲《千字文》殘片，原文相關文句作『仁慈隱惻，造次弗離。節義廉退，顛沛匪虧。性静情逸，心動神疲。守真志滿，逐物意移。堅持雅操，好爵自縻。都邑華夏，東西二京。背邙面洛，浮渭據涇』，可參。

伯三〇五四號碎片之三。存殘文兩行，文字爲墨迹所污，第一行存『▨▨據涇宫▨（殿）』（前二字漫漶，不可辨；末字下端殘），第二行存『▨▨▨丙舍傍』（前三字僅存右側漫漶的殘畫）。《索引新編》題『殘片』；《法目》定作『千字文』（《法藏》同），可從。原文相關文句作『背芒面洛，浮渭據涇。宫殿盤鬱，樓觀飛驚。圖寫禽獸，畫綵仙靈。丙舍傍啓，甲帳對楹』，可參。伯三〇五四號正面所抄爲《開蒙要訓》，末有題記『維大唐天福叁年歲次己亥九月五日張富郎書』（據干支紀年，己亥年乃天福四年，題記『叁年』恐誤），卷背署『維大唐天福叁年歲次己亥五月六日張富郎自首（手）之耳』（『首』『之』之間當脱『書』『記』類文字），參看本書小學類字書之屬《開蒙要訓》題解戊卷下敍録。

上圖一一〇（八一二五六〇）背。卷子本，正背雙面書，正面所書爲《阿毘曇心論》卷第二。卷背抄有習字多種（參看本書《開蒙要訓》題解上圖一一〇背敍録），其中有《千字文》習字二本。第一本抄於前部，計四十九行，首完尾缺，首題『千字文勅貟外散侍郎周興寺次韻』（其中重抄及音近誤抄之文字未録，下文同此處理），正文起『天地玄黄』，訖『禪主雲亭』；其中第三十四行『好爵自縻』句下插入雜字十六行半（參看上圖一一〇背《雜字抄》）；《千字文》習字之後抄『咸通六年（八六五）二月廿一日燉煌鄉百姓氾仏奴狀』、《開蒙要訓》習字。該篇《千字文》習字每個字抄寫次數不定，或僅抄一次，或連抄兩次、三次甚或更多；個别行中還夾雜有與《千字文》的某些文字音近、形近的文字，抄寫的隨意性很强。但除去重複抄寫的習字及夾雜的其他文字後仍可形成一個前後相連的《千字文》前部的片斷。第二本接抄於《開蒙要訓》習字末行之後半，計一〇六行，首完尾缺，首題『千字文勅貟外散騎侍郎周興嗣次韻』，正文起『天地玄黄』，訖『愛▨（育）□□（黎首）』（『育』字行僅存上部），卷中亦有殘缺。該篇習字除開端三十來字抄寫次數相對少些外，其餘的字大抵連抄一至兩行。卷中亦雜有非《千字文》文字。同第一本習字一樣，該篇習字沙汰重複與非相關文字，亦可形成一個前後相連的《千字文》前部文本。又上揭兩本習字，均應定作『《千字文》習字」；《上圖》第一本題作「千字文」、第二本題作「習字」，未盡確切。

以上五十二件大抵屬《千字文》正式的抄本。以下七十二件屬《千字文》習字或雜抄：

斯三三五號。正面爲佛經抄本，卷背末端雜抄《千字文》十餘處，字數多寡不一，少者僅抄一「千」字或「千字文」三字，多者抄至首題中的「周」字止。

斯四六一號。正面爲《大智度論》卷九十，背面雜抄「千字文勑貟外散騎」兩處（第一處「騎」字未書完）。

斯一五八六號。正面爲《論語集解》卷第二，卷背雜寫中有「千字文勑貟外散」等字。

斯二七〇三號。卷子正面前部有《乾元元年（七五八）七月史張元貞牒》、《天寶八載（七四九）三月史令狐良嗣牒》等，後部抄有兒童日課習字八十三行（據《寶藏》計，《英藏》圖版漏拍「霜金」兩行習字），行十三至二十七字。存二殘片，依《寶藏》和《英藏》的順序，第一片抄「光。菓珍李柰，菜重芥薑。海鹹」習字；第二片抄「騰致雨，露結爲霜。金生麗水，玉出崐崗」習字。其實二片的順序應倒過來，中間缺「劍號巨闕，珠稱夜」七字的習字。二片易置後，正與卷中簽注日期先後吻合（參下）。每字重抄三行或四行。每天所抄習字前先寫明日期（卷中所存日期有「十八日、十九日、廿日、廿一日、廿五日、廿六日」六天），每天練三至四字，先由老師於行端及行中抄示範性的標準字，學童於標準字下習寫若干遍。每日抄畢，學童把當天抄的字連書一次，然後由老師寫「休」字，表示當日的功課到此結束。廿日「休」前并有老師「漸有少能，亦合甄賞」的批語，對學童加以鼓勵。《索引》該號下説明稱「唯令文之中，夾有兒童習字近百行」；《翟目》定作《千字文》習字，可從。該篇日課習字爲我們探討古代學童習字的教學提供了十分難得的標本，李正宇《一件唐代學童的習字作業》（《文物天地》一九八六年第六期）有介紹，可參。

斯二八九四號。正面爲佛經戒律。卷背抄《千字文》習字三行，首題「千字勑貟外散騎侍郎周興嗣次韻」，正文起「天地玄潢（黄）」，抄至「菓珎李柰」止。

斯三〇一一號。正面爲《論語集解》卷六、卷七，卷七開端前有題記云「戊寅年十一月六日僧馬永隆手寫論語一卷之耳」。卷背雜寫中有「千字文勑貟外」六字；另一修補殘片上存「矩矩矩」三字，疑亦《千字文》「罔談彼短』句『短』字俗訛。

斯三八七七號。卷子後部雜寫中有『千字文勅貟［外］散騎侍郎周興嗣次韻天地玄［黄］宇宙洪』等《千字文》雜寫一行，卷前有葬經、社司轉帖、甲寅年（《唐録》定作公元八九四年）五月廿八日龍勒鄉百姓張納鷄雇工契及其他雜寫。

斯三九〇四號。正面爲《韓朋賦》。卷背雜寫中有『千字文▨（勅）』『千字文勅貟外散騎』等字。

斯四六九六號。正面爲《論語集解》。卷背修補殘片上端由左至右抄『宙洪荒，日月盈昃，辰宿列張，寒來』等《千字文》文字一行，殘片前部縱向抄『千字文来（當是未抄完之『勑字）』四字。

斯四七四七號。正面爲《新菩薩經一卷》。《千字文》抄於卷背末部，計兩行，由左向右直行書寫，首題『千字文勅貟外散騎待（侍）郎周興嗣次韻』，正文起『天地玄黄』，訖『寒來暑往』，未抄完。

斯四八五二號。正面存習字二十二行（首行、末行有殘泐），抄『殷、湯、坐、朝、問、道、垂、拱』八字，每字抄三行。《翟目》指出爲《千字文》習字，是；《英藏》題作『習字』，《索引新編》著録作『兒童習字』，不確切。背面爲『某寺付僧尼麵藕歷』及王羲之《顴書論》習字。

斯四九〇一號。正面爲《韓朋賦》。卷背爲押衙張萬千貸織物契抄、《新集嚴父孝（教）》等内容，《新集嚴父孝（教）》的前後分别有『千字文勅貟外散騎侍郎興同』、『千字文勅貟外散騎侍郎周▨』雜抄各一行。《蒙書》敘録時未指出本件《千字文》的雜抄性質，欠妥。

斯五一三九號。正面爲《大乘無量壽經》。卷背雜抄《千字文》四行，首題『千字文勅貟外散騎侍郎周興嗣次韻』，正文起『天地玄黄』，抄至『海醎河淡鱗』止。卷末有『報恩寺沙彌善住記』等文字，筆迹與《千字文》雜抄及其他雜寫一致，疑皆出自該沙彌之手。

斯五五九四號。册子本，所抄《開元釋教大藏經目録》行間雜有朱筆抄《千字文》，起『天地蓄（玄）黄』，訖『鱗潛羽翔龍』（首句至『果珎李柰』句占前後相連的五行，其餘的文字則無規則地分散於大藏經目録的行間或天頭位置）。

斯五六五七號。正面爲四威儀、臥輪禪師偈。卷背存習字十四行，前三行上部殘，抄『霜、金、生、麗、水、玉、出、崑』八字，每字抄兩行（『霜』『崑』二字因殘缺，今存不足兩行），行十七至二十六字不等。《翟目》定作《千字文》習字，是（《英藏》題作『習字（千字文）』）。中間雜有『法身共法性虛隔』及倒書的『丑年三月十九於龍興寺鐘樓倉附正（？）額（？）僧糧具名如後』（『丑』上底卷有殘泐，疑缺一字）等雜寫。

斯五七二三號。卷子正面抄習字十二行（首行、末行有殘泐），行十九至二十五字，抄『德、建、名、立、形、端、表、政、空、谷、傳』十一字，每行首字濃墨大字抄寫，下約空一格，再用小字抄寫首字一整行（『建』字抄兩行）；卷背另有雜抄多種，其中右上側行端有濃筆抄的『空』『谷』二大字（從左往右），與正面筆迹同，當屬同一內容。《索引》、《寶藏》、《索引新編》題『兒童習字』，《英藏》題『習字』。按所抄爲《千字文》，當改題『千字文習字』。

斯五七八七號。雙面計抄習字三十四行，有殘缺，抄『姿、工、嚬、布、射、遼、丸、嵇、琴、阮、嘯、恬、筆、倫、紙、鈞、巧、任』等字，每字抄兩行（『任』字僅存一行）。《翟目》指出爲千字文習字（《金目》從之），甚是。《索引》、《寶藏》、《索引新編》題『兒童習字』，《英藏》題『習字』，不確切。又『姿、工、嚬』的六行習字《寶藏》、《英藏》皆列在正面前部，其實此六行與下『布』等習字間底卷有接縫，乃是獨立的一殘片，後人整理時誤粘於卷子正面，據《千字文》文本判斷，當移至卷背『任』字之後（中間缺『鈞釋紛利俗並皆佳妙毛施淑』十二字）。《翟目》定爲十世紀寫本，可參。

斯六一七三號。正面爲《太公家教》殘本。卷背抄習字五十二行，行十五至三十四字不等，抄『▨（食）、長、化、彼、草、木』等五十一字，除『化』抄兩行外，餘皆抄一行。周丕顯定作《千字文》習字，是。《索引》、《寶藏》、《索引新編》稱『兒童習字』，《英藏》題『習字』，不確切。底卷次行『長』當讀作『場』（《千字文》相關文句作『白駒食場』），倒數第二行之『塲（場）』則當讀作『長』（《千字文》相關文句作『靡恃己長』）。

斯八一九七號。正面爲佛教論疏。卷背前部抄習字十三行，行十七字左右，首行僅存『周興』二殘字，第二至第四存下部小半，所見爲『玄、黄、荒、日、月』等三十八字，抄至『出』字止，每字抄三至八次。卷子下端由左至右倒書『千字文勑負外散』等字（除『散』字外皆抄兩遍）。《榮目》定作『千字文（習字）』（《英藏》題作『習字（千字文）』），是。卷子後部有靈修寺尼菩提意爲役事上僧政狀及其他文字一段。

斯九九八八號。正面爲文樣（亡僧文），卷背抄『師火地鳥官人皇始』一行，《榮目》定作『千字文雜寫』，是。其後另有『攝大道』云云雜抄一行。

斯一〇二七五號。正面爲書儀殘片。卷背雜寫中有『千字文勑負外散騎待（侍）郎周興』、『地玄黄宇宙洪荒日月』等字；另有書儀、社司轉帖等。

斯一一四二一號。殘片，正面存『黎』習字一殘行二個半字，背面存三字右半，從殘迹判斷亦是『黎』字。《榮目》未著録，《英藏》題『習字』。按此疑爲《千字文》『愛育黎首』之『黎』的習字。參下條。

斯一二一七三號。殘片，正面存習字兩行，抄『育』『黎』二字，各一行五次；背面抄『首』字一行七次，每行上部皆有殘缺。《英藏》皆題作『習字』（《榮目》僅著録正面『育黎』二字）。今謂此殘片當爲《千字文》『愛育黎首』句習字。又此片『黎』字與斯一一四二一號所抄『黎』字筆迹非常接近，疑出自同一人之手。今附二號圖版如左，以資比勘。

斯一一四二一號正（右）背（左）面

斯一二一七三號正（右）背（左）面

斯一二一四四A。殘片，存『律』字一行三字，『吕』字二行六字，每行上下部皆殘泐，《榮目》定作『千字文習字』，可從。

斯一二四九二號。一殘紙，僅抄『千字文勑貟外散』七字（『散』字僅書左半，下部又訛作『貝』形，《英藏》識作『黄』，不確）。

伯二五五五號。所抄《詩文集》後部行間夾雜有『千字文勑貟外難鐺鍋煮鏉』等雜寫一行，前六字屬《千字文》雜寫。

伯二六四七號。正面爲《大乘無量壽宗要經》。卷背抄有《晏子賦》首段、《五更轉》前部；并有《千字文》五處：第一處，《晏子賦》之後卷子上端由右至左横向抄『千字文勑貟外散綺（騎）侍（侍）郎周興嗣次韻（騎）』八字（每字抄兩遍）；第二處，《晏子賦》之後縱向抄《千字文》九行，首題『千字文勑貟外散綺（騎）侍（侍）郎周興嗣次韻』，正文自『天地玄黄』順序抄至『四大五常』，末行『堅持雅操好爵白（自）縻都邑殿盤欝欝樓』則脱漏失序；第三處，第二處《千字文》之後另行抄『千字文勑貟外散綺（騎）侍（侍）郎周興嗣次韻』及正文至『辰宿列章（張）』止，兩行；第四處，《五更轉》後於卷子下端倒書『千字文勑貟』等字（除『貟』字外皆抄兩遍）；第五處，卷子後部縱向抄『千字文勑貟外散綺（騎）侍（侍）郎周興嗣韻』一行文字，然後又於卷子上端横向抄『千字文勑貟外散綺（騎）侍（侍）郎周興嗣次韻天地玄黄宇宙』諸字，除『外』、『玄』二字外每字皆抄兩遍，前七字又各縱向抄一整行，其餘各字下則多爲空白，蓋留空待書。其中後一處《寶藏》、《法藏》標注『千字文習字』，《索引新編》題『千字文』。按卷背各部分字體相同（與正面不同），蓋出於同一人之手，屬學童利用卷背空白習字性質。

伯二七三八號。正面爲《太公家教》。卷背前部雜寫中有『千字文勑貟外散騎待（侍）郎』等文字；中部亦有『千』、『千字文勑貟』（重抄一次）等雜寫一行。

伯二七六九號。正面雜抄文字多種。卷背雜寫中有《千字文》文句兩行，自首題『千字文勑貟外散騎侍郎周興嗣』（重抄一次），至『辰宿列張寒』止；又卷末倒書『孔懷兄弟』四字。

伯三一一四號。背面爲齋文（《索引》以爲正面，而抄有《千字文》習字者則定爲背面，茲姑從《法目》、《索引新編》及《法藏》）。正面爲『千字文勅貟外散騎侍郎』習字二十行，每字抄兩行；『郎』習字第二行僅存右部『阝』，其後殘泐。《索引》《索引新編》定作『兒童習字所書之千字文』，《寶藏》題『千字文習字』，皆可；《法藏》題『練字雜寫』，不準確。

伯三一六八號。正面爲《女人百歲篇》。卷背起首位置雜抄《千字文》三行，自首題及結銜起，至『果珎李柰』止；另行又抄『律呂調陽雲騰』等《千字文》文句。

伯三三〇五號。正面爲《論語》卷第五。卷背抄有『咸通九年（八六八）閏十一月十八日書記』、『咸通十年正月廿一日社司轉帖』等雜抄多種，其中『社司轉帖』前有『多仕寔寧。晉楚更霸，趙魏困橫。假途滅』字句一行，《法目》題作『千字文習字』，是；《索引新編》列入『雜寫』。

伯三三三二號。前爲《般若波羅蜜多心經》節本等，卷末抄『千字文勅貟外』六字兩行。

伯三三六九號碎片之十三。正面存『莫』『忘』習字各二行，『冈』習字一行，每行存下部；背面存『夙』『興』習字各二行。《法藏》題作『習字』。按此爲《千字文》習字殘片，原文相關文句作『得能莫忘，冈（罔）談彼短』、『夙興温凊』。

伯三三九一號。正面爲《雜集時用要字》（《法藏》題作『字書』）。卷背開端位置雜抄《千字文》五行，前四行下部殘；首行存『千字文千字文』六字；次行首二字爲題銜之『次韻』二字，其下爲正文首句『天地玄黄』，抄至『玉出崑崗』止。

伯三六一六號。正面爲《春秋後語·趙語上》。卷背雜寫中有『騎侍郎周興嗣次韻天地玄黄宇宙荒日月』『爲霜金生麗水玉出霜霜』『調陽雲騰』（『調』重抄兩次）等出自《千字文》的字句。

伯三六五八號。前爲《篆書千字文》，後部抄楷書《千字文》兩行。參看伯四七〇二+伯三六五八號《篆書千字文》題解。

伯三六六六號。正面爲《鷰子賦》。卷背中部雜抄『千字文』三字；末端左下位置由左至右倒書『千千字字文文勑勑』等雜抄文字。

伯三六九二號。正面爲《李陵與蘇武書一首》、《蘇子卿遣書右效王》，文末題記云『壬午年二月廿五日金光明寺學郎索富通書記之耳』。卷背中部上端由左至右抄『千千文勑貟外散侍郎周興嗣次韻天地玄黄宇宙洪荒日月盈（？）』等字一行（第二個『千』字縱向抄半行）。《法目》定作『千字文習字』，是；《法藏》題作『雜寫』，不確切。

伯三七〇五號。正面爲《論語》卷第四。卷背雜寫中有『千字文勑貟外』等略漫漶的文字一行。

伯三八四九號碎片。正面爲《佛説諸經雜緣喻因由記》三行。卷背存朱筆、墨筆習字各三行（首行、末行皆有殘泐；縮微膠卷及影印本難以判斷原卷是否爲朱筆，但朱筆的三行影印本墨迹較淡，由此推定），分别抄『宙』（朱筆）、『宙』（墨筆）、『宙』（朱筆）、『洪』（墨筆）、『洪』（朱筆）、『洪』（墨筆）各一行。《法目》定作《千字文》習字，《法藏》題『千字文雜寫』（《法目》以抄《千字文》習字的一面爲正面，《法藏》則定作爲背面），前者較準確。

伯三八七五A碎片之八。正面存習字四殘行，抄『惟』『鞠』二字各二行；背面存習字七殘行，前後二行僅存殘畫，似分别爲『建』和『端』字，二至五行抄『名』『立』二字各二行，第六行抄『形』字一行。《法目》題作『習字』（《法藏》從之），《索引新編》提及『習字一件』。按此爲《千字文》習字，原文相關文句作『恭維鞠養，豈敢毁傷』、『德建名立，形端表正』。

伯三八九四號碎片之五。正面存雜寫文字兩行。背面存漫漶的殘文兩行，一正一倒，正書一行抄『貟外散騎侍郎周興嗣』，倒書一行可識者有三『騎』字、一『詞』字和一近似『嗣』的字。《法目》定作『千字文習字』，甚是；《索引新編》定作『千字文殘片』，《法藏》題作『殘片』，皆不夠準確。

伯四〇一九號碎片。該號下計收録碎片三十九，大多爲墨漬所污，不易辨識。《黄目》稱『殘書狀數十塊』，《索引新編》稱『殘片若干』，均未析論；唯《法目》詳加著録，指出其中有《千字文》碎片七，包括：碎片二十（『菓』字二殘行二字）、碎片二三（『柰』字『菜』字各二殘行二字）、碎片二六（『珎』字一殘行二字）、碎片二八

(『珎』字一殘行三字，『李』字一殘行二字，『柰』字一殘行二字)、碎片三一(『劒』字一殘行三字，『号』字二殘行八字，『巨』字二殘行十四字)、碎片三三(『柰』字二殘行十四字，『菜』字二殘行十八字，『重』字一殘行八字)、碎片三九(『珎』字一殘行七字，『李』字二殘行約十字)。今謂碎片二一、三六所抄亦爲《千字文》，碎片三六所抄『巨』字二殘行約五殘字，與碎片三一可以綴合；碎片二一存三殘行各一字上端殘畫，第一字殘畫近『木』字上端，第二字殘畫不可識，第三字殘畫存『艹』，似是《千字文》習字『柰柰菜』三字之殘，與抄『柰柰菜菜』習字的碎片二三、碎片三三當可綴合。又上揭諸多習字殘片，書風一致，均出自《千字文》『劒號巨闕，珠稱夜光，菓珎李柰，菜重芥薑』，應是同一寫卷之裂，當可綴合。

伯四五七八號。册子本，主體爲《金剛般若波羅蜜經》。封二(總第二頁)有『舊老少異』習字六行(『舊』『異』各一行，『老』『少』各兩行)，行十至十八字(上下似皆有殘泐)；《法藏》題『習字』。按此爲《千字文》，原文相關文句作『親戚故舊，老少異粮』。

伯四六八三號。正面爲《大般涅槃經》卷三二《師子吼菩薩品》第十一之六。卷背前部抄『散騎侍郎周興嗣次韻。天地玄黄，宇▨▨▨。日月盈昃，辰宿列張。寒來暑往，秋收』等《千字文》文字兩行(首行上部殘，次行上半抄藏文，楊富學博士考定其内容係禮儀問答，與《千字文》無關)。

俄弗一〇三號。正面爲《佛説觀音經》，卷末倒抄『千字文勅貟外散』等字；卷背抄『周興嗣』三字。

俄敦五二八B。原卷破損嚴重。正面存習字十行，抄『至少』『之』『和』等字。卷背一片上抄『命臨深履薄▨▨』七字。《俄藏》皆題『雜寫』。今按：正面所抄疑乃王羲之《蘭亭序》『永和九年，歲在癸丑，暮春之初，會于會稽山陰之蘭亭，修禊事也。群賢畢至，少長咸集』句殘字；背面所抄爲《千字文》殘字，原文相關文句作『孝當竭力，忠則盡命。臨深履薄，夙興温清』。

俄敦八九五號+俄敦一四四二+俄敦四四一〇(三片之綴合參看本書《開蒙要訓》題解綴六敘録)。簡稱綴六。正面爲《開蒙要訓》。卷背雜抄六行，下部殘，首行存『勅貟外散騎侍郎周興』等字，殘存正文部分起『辰宿列張』，訖『□□（坐朝）問▨（道）』，《俄藏》於俄敦八九五＋俄敦一四四二＋俄敦二六五五號下題作『千字文』，是。今將三號卷背《千字文》雜抄部分綴合圖附列如左：

俄Дx4410

俄Дx859+1442

俄敦八九五＋俄敦一四四二＋俄敦四四一〇號背面《千字文》雜抄綴合圖

俄敦一三一九號。正面爲《太玄真一本際經》卷第五。卷背雜寫中有「千字文勑勑勑」「勑」「勑」等字。《孟目》定其年代爲七至九世紀。

俄敦一四九五號。正面存習字十三行，首尾及下部缺，上端亦有殘泐，卷中有漫漶之處，抄「陵、磨、摩、絳、霄」五字。卷背存「第十四帙」帙號及已漫漶不可識的文字一行。《孟目》列入「書法練習」類；《俄藏》題「習字」。按此爲《千字文》習字，原文相關文句作「游鵾獨運，陵摩絳霄」。

俄敦五一八五＋俄敦一八九六號。簡稱綴七。（一）俄敦五一八五號，習字殘片。正面存三行，抄「彼短」二字；背面存四行（首末二行僅存殘迹），餘二行抄「剋念」二字。《俄藏》未定名。（二）俄敦一八九六號，習字殘片。正面存三行，抄「彼短」二字；背面存三行（首行之字僅存左側殘迹），餘二行抄「剋念」二字。《孟目》列入「書法練習」類；《俄藏》題「習字」。《孟目》定其年代爲九至十一世紀。今按此二號皆爲《千字文》習字殘片（《千字文》相關文句作「罔談彼短」「剋念作聖」），二者可以綴合。如左圖所示：

俄Дx1896　俄Дx1896

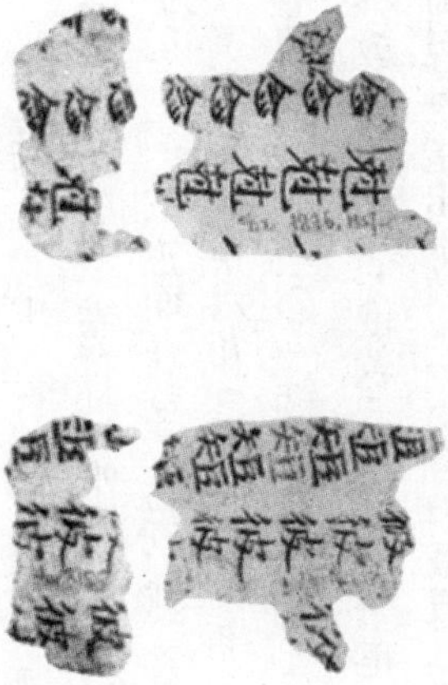

俄Дx5185　俄Дx5185

俄敦五一八五＋俄敦一八九六號《千字文》習字綴合圖（左背面，右正面）

俄敦五一六九＋俄敦五一七一＋俄敦二二〇一＋俄敦二二〇四＋俄敦二五〇七＋俄敦三〇九五＋俄敦二四八二號。簡稱綴八。(一)俄敦五一六九＋俄敦五一七一號，《俄藏》公布時已將此二號中的四個殘片綴合，綴合後此二號計有六殘片，現依《俄藏》圖版之編號順序，敘録如下：俄敦五一七一Ⅰ(見於卷背，下同)＋俄敦五一六九Ⅲ＋俄敦五一六九Ⅰ＋俄敦五一七一Ⅲ，正面存習字二十一行，抄『躭、讀、翫、市、寓、目、囊、箱、易、輶、攸』十一字；俄敦五一七一號Ⅱ，正面存習字五行，抄『獨運淩』三字，卷背抄『水不能流之君』及其他文字兩行；俄敦五一六九Ⅱ，正面存習字三行，抄『渠河』二字；俄敦五一七一Ⅳ，正面存習字三行，抄『霄躭』二字，背面存兩行文字，皆不識；俄敦五一六九Ⅳ，正面存習字兩行，抄『翫』字；俄敦五一六九Ⅴ，正面存習字三行，抄『翳落』二字。(二)俄敦二二〇一＋？＋俄敦二二〇四＋俄敦二五〇七號：俄敦二二〇一號，正面存習字二十四行，抄『的、歷、園、莽、抽、條、枇、杷、晚、翠、梧、桐』十二字，每字抄兩行；俄敦二二〇四＋俄敦二五〇七號，正面存習字二十二行，抄『凋、陳、根、委、翳、落、𦯀、飄、颻、游、鵾、獨』十二字。《孟目》已指出俄敦二二〇一與俄敦二二〇四＋俄敦二五〇七號爲『同一寫卷的兩件殘件，但不直接銜接』，并定其年代爲九至十一世紀寫本，然未能確切定名；《俄藏》把三片綴合後題作『習字』。(三)俄敦三〇九五號，包括兩個殘片：俄敦三〇九五A正面存習字三行，抄『渠河』二字；俄敦三〇九五B，正面存習字六行，首行存左半，第四行割裂爲兩半，抄『運淩摩絳』四字；背面抄『千字字』習字三行。《俄藏》題作『習字』。(四)俄敦二四八二號，包括殘片兩片：俄敦二四八二Ⅰ，正面存習字六行，首尾及上部缺，抄『絳、霄、躭』三字；俄敦二四八二Ⅱ，正面存習字四行，抄『易、輶、攸』三字；背面存『▨論弟』三字。《孟目》云二件『爲同一寫卷的兩件殘卷』，定其年代爲七至八世紀；《俄藏》題作『習字』。

按：上揭諸多殘片皆《千字文》習字殘片，原文相關文句作『渠荷的歷，園莽抽條。枇杷晚翠，梧桐蚤凋。陳根委翳，落𦯀(葉)飄颻。游鵾獨運，淩摩絳霄。躭讀翫市，寓目囊箱。易輶攸畏，屬耳垣牆』，可參。又這些殘片書風相近，内容上前後相連，乃同一寫卷之裂，可以綴合，如下頁右圖所示(個別碎片有扭曲變形或不同碎片之間有粘連，綴合時作了適當調整)。

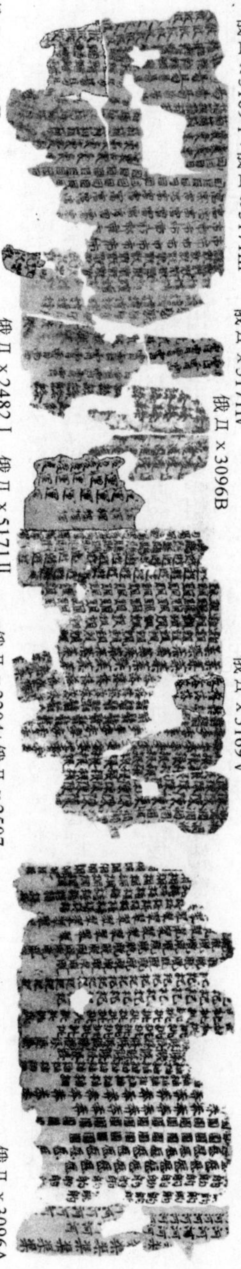

俄敦五一六九+俄敦五一七一+俄敦二二〇一+俄敦二二〇四+俄敦二五〇七+俄敦三〇九五+俄敦二四八二號《千字文》習字綴合圖

俄敦五六一四+伯五〇三一號。簡稱綴九。（一）俄敦五六一四號，正面存習字八行，抄『鱗、潛、羽』三字；背面存習字八行，抄『翔、龍、師』三字。《俄藏》未定名。（二）伯五〇三一號殘片之四四，存習字三行，抄『翔、龍』二字。《法目》著録作『習字』，《法藏》題作『殘片』。按此二片皆《千字文》習字殘片，爲同一寫卷之裂，可以綴合。《千字文》相關文句作『海鹹河淡，鱗潛羽翔。龍師火帝，鳥官人皇』。又比照俄敦五六一四號，上揭伯五〇三一號殘片正面應亦有《千字文》習字（應爲『潛』習字三殘行），而《寶藏》、《法藏》皆未給出圖版。上揭二號背面綴合圖如下所示：

俄敦五六一四號+伯五〇三一號碎片之44《千字文》習字背面綴合圖

俄敦七五四四號。存習字二殘行，第一行僅存上部三字之左半，據殘形，可以確定原字係『字』字，第二行存

『文』習字八字。《俄藏》未定名。按此蓋《千字文》習字之殘片。

俄敦七五八三號。存習字二殘行，第一行存六殘字，其中五字僅存左部之『亻』旁，第二字右部略殘，據殘形可定其爲『往』字；第二行抄『秋』習字八個。《俄藏》未定名。按此疑《千字文》習字殘片，《千字文》有『寒來暑往，秋收冬藏』句，即其所出。

北二五一九號（柰七二）。正面爲《大般若波羅蜜多經》卷二〇六《初分難信解品》第三十四之二十五。卷背有『千字文勅負外散騎侍郎周興嗣次韻天地玄▨』等《千字文》雜抄一行半。

北四七七三號（宇七）。正面爲《妙法蓮華經》卷二。卷背雜抄中有『千字文敕敕負』等字；後部又有『千字文敕負』五字習字五行。卷背另有『乙酉年十二月十八日安永興自首（手）書己（記）』雜寫，字體與《千字文》習字一致，後者或亦出自安永興之手。

北五五六五號（收四二）。正面爲《妙法蓮華經》卷五。卷背有《千字文》雜寫十處，分別抄『周興周周』、『周興嗣次韻天地玄黄宇宙洪荒』、『千字文勅』（後面還出現兩次）、『千字文勅負外』、『千字』、『千字文勅負外散騎侍』、『千字文勅負外散騎侍郎』及『服衣裳推位』等字。《索引新編》已著録。

北七二五八號（麗八三）。正面爲《因緣心釋論開决記》。卷背雜抄《千字文》若干處，可分兩大部分：第一部分無規律的雜寫，抄『□字文』『負外』『千字文一勅』『千』『千字文』『勅負外散騎』等字；第二部分，抄《千字文》五行，首行抄『千字文勅負外散騎時（侍）郎周興嗣次韻』，次行起抄正文，起『天地玄黄』，抄至『劍號巨闕』止。

北敦三八號（地三八）。正面爲《受八關齋戒文》。卷背抄『烹宰嫡後嗣續』六字一行，《國圖》（江蘇古籍版）題作『雜寫』。按此六字出自《千字文》，相關文句作『飽飫烹宰，飢厭糟糠』、『嫡後嗣續，祭祀蒸嘗』，可參。《國圖》（江蘇古籍版）敘録定正面《受八關齋戒文》爲八至九世紀寫本。

北敦九〇八七號（陶八）。正面爲《大乘无量壽經》。背面倒書《千字文》雜寫兩行，第一行抄『金生麗金生麗水玉』第二行抄『金生麗水，玉出崑崗。化被草木，賴及▨(萬)』(『萬』下部殘)。《國圖》(江蘇古籍版)擬題『千字文雜寫』。

北敦九〇八九號(陶十)。正面爲《佛説无無量壽宗要經》，文末題『沙弥僧張信達書經一本』、『僧張信達』等字句。卷背抄有《千字文》三處：第一處倒書，抄『千字文敕貟外散騎侍郎周』、『□▨(千字)文一卷』；第二處抄首題及題銜(有改字現象)；第三處第一行抄首題及題銜，其下接抄正文二十字，起『天地玄黄』，訖『寒來暑▨(往)』。其後另有雜寫若干。《國圖》(江蘇古籍版)擬題『雜寫、千字文雜寫』。

上圖五七(八一二四六四)號。正面爲《大般若波羅蜜多經》卷一七三《初分讚般若品》第卅二之二。卷背修補殘片上有『千字文』三字(『文』字下半及其下爲另一修補殘片覆蓋)。《上圖》題作『千字文雜寫』，可從。

北大一二六號。正面爲《諸星母陀羅尼經》。卷背抄《千字文》九行半，行二十二字左右。首題『千字文一卷』，空一格後接書『千字文勅貟外散騎侍郎周興嗣次韻』，正文起『天地玄黄』，抄至『罔談被(彼)短』止。其後有一正一倒的雜寫兩行。《北大》題『千字文一卷』。

關於《千字文》的作者，上揭寫卷凡卷端存有題銜者皆題『勅貟外散騎侍郎周興嗣次韻』。但伯二七二一號《雜抄》一卷『經史何人修撰』下則云：『《千字文》，鍾繇撰，李暹注，周興嗣次韻。』則以撰者爲鍾繇，次韻者周興嗣。考《梁書·文學傳》，周興嗣字思纂，陳郡項(今河南淮陽)人，梁武帝時爲員外散騎侍郎，奉武帝命，『次韻王羲之書千字』。又唐李綽《尚書故實》云：『《千字文》，梁周興嗣編次，而有王右軍書者，人皆不曉。其始乃梁武教諸王書，令殷鐵石於大王書中，搨一千字不重者，每字片紙，雜碎無序。武帝召興嗣謂曰：「卿有才思，爲我韻之。」興嗣一夕編綴進上，鬢髮皆白，而賞錫甚厚。右軍孫智永禪師自臨八百本，散與人間，江南諸寺各留一本。』又《宋史·李至傳》：『上(宋太宗)嘗臨幸秘閣，出草書《千字文》爲賜，至勒石，上曰：「《千文》乃梁武得破碑鍾繇書，命周興嗣次韻而成，理無足取。」』『王羲之書』或『鍾繇書』蓋傳聞異辭，其爲周興嗣『次韻』則無可疑。《雜抄》所謂『鍾繇撰』者，蓋謂其出於鍾繇書也。至《梁書·蕭子範傳》稱蕭子範『除大司馬南平王户曹屬，從事中郎。王愛文學士，子範偏被恩遇，嘗曰：「此宗室奇才也。」使製《千字文》，其辭甚美，王命記室蔡薳注釋之』，蓋又別爲一本（《舊唐書·經籍志》：千字文一卷，蕭子範撰；又一卷，周興嗣撰），然蕭書世無傳本。敦煌文獻中所見者皆周興嗣『次韻』之本，蓋周書行而蕭本已不傳矣。

《千字文》的編輯頗具特色。上野本《注千字文》跋語稱『其文足千字而不重，故曰千字也』。這一千個字大多是常用字（據黄家全研究，《千字文》中有六百十八個字與《廣韻》的『紐首字』相同，《廣韻》的『紐首字』通常是常用字），應該是編者精心挑選的結果。單字的排列先後，同樣體現了編者的匠心。全文按天地、歷史、典章、人物、修身、務農、讀書、飲食、起居、園林、景物、祭祀等等有機地組合在一起，條理井然，知識文采兼具。開頭、末尾二句每句押韻，其餘部分則隔句爲韻，押韻自然，便於兒童誦讀。正因爲這些特點，《千字文》問世以後，歷代流傳不絶，其中王羲之七世孫智永禪師『寫真草千文八百本散於世』（宋大觀三年（一一〇九）薛嗣昌刻石本《真草千字文》跋），最負盛名。大量敦煌寫本《千字文》的存在，也可想見其流行之一斑。

敦煌文獻發現以後，人們對其中的《千字文》研究投入了極大的熱情，有關的研究論著數量頗多。舉其要者，有伯希和《千字文考》（《圖書館學季刊》第六卷第一期，一九三二年）、小川環樹《千字文について》（《中國語學研究》，東京創文社一九七七）、黄家全《敦煌寫本〈千字文〉試論》（《1983年全國敦煌學術討論會文集》文史遺書編下，甘肅人民出版社一九八七）、周祖謨《敦煌唐本字書敘録》（《敦煌語言文學研究》，北京大學出版社一九八八）、天秀《千字文綜述》（紫禁城出版社一九九〇年）、宋新民《敦煌寫本識字類蒙書研究》（中國文化大學中文研究所博士學位論文，一九九〇，以下簡稱『宋新民』；宋文涉及四十二個《千字文》寫卷）、日本東野治之《訓蒙書》（《講座敦煌5》，大東出版社一九九二）、周丕顯《敦煌本〈千字文〉考》（《敦煌文獻研究》，甘肅文化出版社一九九五）、鄭阿財、朱鳳玉《敦煌蒙書研究》（甘肅教育出版社二〇〇二，以下簡稱『《蒙書》』）等。其中宋新民書有録文。但宋氏録文未交代底本，所見寫卷數量亦不夠全面。兹據上揭底卷及各參校本影印本及智永《真草字千文》（據湖南美術出版社二〇〇六年影印日本小川簡齋舊藏本，校記中簡稱智永本）重新校録如下。

另取斯五四七一號《千字文注》、日本大阪上野淳一氏藏弘安十年（一二八七）寫本《注千字文》（簡稱上野本《千字文》）參校。鑒於《千字文》寫卷多係學童習字之作，別字誤字繁多，難以一一標舉，故校本中的訛誤一般不出校；底卷中明顯的訛俗字亦直接括注正字，不一一出校；校記中列舉校本的異文時一般以三個寫卷爲限，以免繁瑣。

千字文　勅員外散騎侍郎周興嗣次韻

天地玄黃，宇宙洪荒。日月盈昃，辰宿列張。寒來暑往，秋收冬藏。潤（閏）餘誠（成）歲[一]，律呂調陽[二]。雲騰致雨，露結爲霜。金生麗水，玉出崑崗[三]。劒號巨闕，珠稱夜光。菓珎李柰，菜重界（芥）薑。海醎河淡[四]，鱗潛羽翔。龍師火帝，鳥官人皇。始制文字[五]，迺服衣裳[六]。推位讓國，有虞陶唐。弔民伐罪[七]，周發殷湯。坐朝問道，垂拱平章。愛育黎首，臣伏戎羌。遐迩壹體，率賓歸王。鳴鳳在樹，白駒食塲（場）。花（化）被草木，頼（賴）及萬方。盖此身髪，四大五常。恭惟鞠養，豈敢毁傷。女慕貞潔[八]，男効（效）才良。知過必改，德（得）能莫忘[九]。冈（罔）談彼短，靡恃己長。信使可覆，器欲難量。墨悲絲染，詩讚羔羊。景行惟賢[一〇]，剋念作聖[一一]。德建名立[一二]，形端表正。空谷傳聲，虚堂習聽。禍因悪（惡）積，福緣善慶。尺壁（璧）非寶[一三]，寸隂（陰）是競。資父事君，曰嚴與敬[一四]。孝當竭力，忠則盡命。臨深履薄，夙興温清[一五]。似蘭斯馨，如松之盛。川流不息，淵澄取暎。容止若思，言辞安定[一六]。蔦（篤）初成（誠）美[一七]，慎終宜令。榮業所基，藉甚無竟。學優登仕，攝軄（職）從政。存以甘甞（棠）[一八]，去而益詠。樂殊貴賤，禮別尊卑。上和下睦，夫唱婦隨。外受傳訓，入奉母儀。諸姑佰（伯）叔，猶子比兒。孔懷兄弟，同氣連枝。交友投分，切磨箴窺（規）[一九]。仁慈隱惻，造次弗離。莭（節）儀（義）廉退，顚（顛）沛匪虧(虧)。性静情逸，心動神疲。守真志滿，逐物意移。堅持雅操，好爵自縻。都邑華夏，東西二京。背邙面洛[二〇]，浮渭據涇。宫殿盤欝，樓觀飛驚。啚(圖)寫禽獸[二一]，畫綵仙霊(靈)[二二]。丙舍傍啓，甲帳對楹。肆莚(筵)設席，鼓瑟吹笙。昇階納陛[二三]，弁轉疑星。右通廣内，左達承明。既集墳典，亦聚群英。杜稾鍾隸[二四]，漆書壁經。府羅將相，路俠槐卿。户封八懸(縣)，家給千丘(兵)。高冠陪輦，駈(驅)轂(轂)辰(振)纓[二五]。廿(世)禄侈富[二六]，車駕肥輕。策功茂實，勒碑刻銘。磻溪伊尹，佐時阿衡。奄宅曲阜，微旦孰(孰)營。桓公匡合，濟弱扶傾。綺迴漢惠，悦感武丁[二七]。俊乂密物(勿)[二八]，多士寔寧。晉楚更霸[二九]，趙魏困横[三〇]。假途滅虢，踐土會盟。何遵約法，韓弊煩刑。起翦頗牧，用軍㝡精[三一]。宣威沙漠，馳譽(譽)丹青。九州禹跡，百郡秦并[三二]。嶽宗恒岱[三三]，禪主云亭。鴈門紫塞，鷄田赤城[三四]。昆池碣石，鉅野洞庭。曠遠綿邈[三五]，巖岫杳冥。治本於農，務兹稼穡[三六]。俶載南畝，我藝黍稷。税熟貢新，勸賞黜陟。孟軻敦素，史魚秉直。庶幾中庸，勞謙謹勅。聆音察理[三七]，鑑貌辯色[三八]。貽厥嘉猷，勉其祗植[三九]。省躬譏誡，寵增抗極。殆辱近恥，林皐幸即。兩疏見機，解組誰逼。索居閑處，沈默寂寥。求古尋論，散慮逍遥。欣奏累遣，慼謝歡招[四〇]。渠河(荷)的歷[四一]，園莽(莽)抽條。枇笆(杷)晚翠[四二]，梧桐早彫[四三]。陳根萎翳[四四]，落茉(葉)飄颻[四五]。遊鵾獨運，陵摩降(絳)霄[四六]。躭(耽)讀翫市，寓目囊箱。易輶攸畏，囑(屬)耳垣墻[四七]。具膳湌(飡)飯[四八]，適口充膓(腸)。飽飫烹宰[四九]，飢厭糟糠。親戚故蕉(舊)，老少異粮[五〇]。椄(妾)御績紡，侍巾帷房。紈扇員潔[五一]，銀燭煒煌。晝眠夕寐，藍笋象床[五二]。弦歌酒讌[五三]，接杯轝(舉)觴。矯手頓足，悦預且康[五四]。嫡後嗣續[五五]，祭祀蒸甞(嘗)[五六]。稽顙再拜，悚懼恐惶[五七]。牋牒(牒)蕳(簡)要[五八]，顧荅（答）審詳。骸垢想浴，執熱願涼〔五九〕。驢騾特犢〔六〇〕，駭躍超驤〔六一〕。誅斬賊盜，捕獲叛亡〔六二〕。布射遼丸〔六三〕，嵇吟（琴）阮肅（嘯）〔六四〕。恬筆倫紙〔六五〕，鈞巧任釣〔六六〕。釋紛利俗，並皆佳妙。毛施淑姿，工頻研咲〔六七〕。年矢每催〔六八〕，義（羲）暉朗曜〔六九〕。旋機懸斡〔七〇〕，晦魄環照。指薪脩祐〔七一〕，永綏吉劭。矩步引領，俯仰廊廟。束帶矜莊〔七二〕，俳佪瞻眺。孤陋寡文（聞），遇（愚）蒙等（等）消（誚）。爲（謂）語助者，焉哉乎也。〔七三〕

千字文一卷

【校記】

〔一〕『潤』字乙、丙、戊等卷同，甲、丁、己等卷及智永本作『閏』，兹據校。又『誠』字乙、丙、丁等卷及智永本作『成』，兹據正。

〔二〕『吕』字丙、丁、戊等敦煌寫本多同，乙、庚卷作『侣』，乃『吕』字音誤；斯五四六七、五九六一號《新合六字千文》有『十二月律吕調陽』句，亦用『吕』字，可參；日本小川爲次郎舊藏本、宋大觀三年薛嗣昌刻石本智永《真草千字文》真書皆作『召』，明許光祚跋故宫博物院藏薛嗣昌刻本《真草千字文》遂云：『余前後見永師千文無慮數十善本，未有最初墨榻絲髮皆全如此号也者。……況前「律召調陽」乃永師原本乎！』李日華跋亦云：『「律吕」作「律召」，意謂律陽吕陰，律所召之氣足以調陽耳。』啓功《説〈千字文〉》（《啓功草書千字文》末附，中國和平出版社一九九一）亦以作『召』者爲是，而疑作『吕』者爲避宋諱所改（宋太祖趙匡胤四世祖名朓，啓功先生謂『朓』字從『兆』得聲，與『召』音近又同部）。今案敦煌諸本皆作『吕』或音誤作『侣』，而無一作『召』，可定避宋諱説之不確。又考智永此字草書日本小川爲次郎舊藏本作『』，宋大觀三年薛嗣昌刻石本作『』，似皆即『吕』字草書（《草字編》載懷素、王升等人草書有作近似形狀者，蓋由『吕』字所從的『口』草體作倒書的『厶』形，進一步草化即成『』形；而『召』字各家草書類皆點畫起筆，

字形有明顯的區別），因疑小川、薛刻本真書「召」實「吕」字誤書。許、李二跋據謬字立説，殆不可從。日本上野淳一氏藏弘安十年（一二八七）寫本李暹《注千字文》「律吕調陽」句下注云：「律，六律也；吕，六吕也。律陽也，吕陰也，言人君有道則陰陽調順，各應其節，不相奪倫，故冬无伏陽，夏无憯陰也。」清汪嘯尹纂輯、孫謙益參注《千字文釋義》云：「律吕者，所以調和陰陽，言陽而不言陰者，省文以就韻也。」皆可參。

〔三〕「崑」字乙、丙、丁等卷同，甲、己、伯二四五七號等卷及智永本作「崐」，古異體字；斯五八二九號、俄敦一〇四二二號作「昆」，乃「崑崙」之「崑」的初文，但下文另有「昆池碣石」，故此不應用「昆」字。又「崗」字底卷作「崮」，乃「崗」字俗訛，兹據乙、丙、己等卷及智永本録正；甲卷作「㟵」，爲「崗」的偏旁移位俗字。

〔四〕「醎」字甲、丙、己等卷及智永本同，乙、戊、庚等卷作「鹹」，「醎」爲「鹹」的後起换旁俗字。

〔五〕「制」字丁、丙、己等卷及智永本同，甲、乙、戊等卷作「製」，「制」「製」皆見於《説文》，「製」實即「制」的後起分別字。

〔六〕「迺」字甲、乙、丙等卷及智永本作「乃」，二字古混用。

〔七〕民，甲卷、伯四九三七號、俄敦六〇二八號、伯二六六七背作「人」，乃避唐諱改字。

〔八〕「潔」字乙、戊、己、庚等卷同，甲、丙、丁等卷作「潔」，後者爲「潔」的俗字；智永本作「絜」，「潔」即「絜」的後起分化字；按下文有「紈扇員潔」句，亦有「潔」字，而《千字文》字不重出，疑此處當以智永本作「絜」字爲是。參下校記〔五二〕。

〔九〕「德」字乙、丙、庚等卷同，當校讀作「得」，丁、戊、己等卷及智永本正作「得」，兹據校。斯五四七一號《千字文注》「得能莫忘」注：「夫人立身之道，必須尅己行仁，博學六藝，所得所能，終始勿忘之心府；日益知新，月無怠故，切切而問之，近近而思之，在於（問之）在於外，思之在於心也。」可參。參看下文校記〔三〕。

〔一〇〕「惟」字甲、丁、己等卷及智永本作「維」，乙、庚卷作「唯」，三字古混用，然「惟」字上文已見，此不應重出，疑當從衆作『維』爲長。

〔一一〕『尅』字甲、乙、丁等卷同，丙卷作『克』，智永本作『剋』；按《尚書．多方》：『惟聖罔念作狂，惟狂克念作聖。』殆即本句所出，則字或當以作『克』爲典正；『尅』爲『剋』的俗字，而『剋』『克』音同義通。

〔一二〕『德』字甲、丁、戊等卷及智永本同，乙、庚卷作『得』，丙卷作『德得』，『德』字右側用『卜』號删去；按此處當以作『德』字爲是，『得』爲其音借字。上野本《注千字文》『德建名立，形端表正』注：『建，立也。人君立德以治民，人之名立於後世，而如人形端影必自正者。』參看上文校記〔九〕。

〔一三〕『璧』字乙、丙、丁等卷同，伯四八〇九號及智永本作『壁』，當據正；《淮南子．原道訓》：『聖人不貴尺之璧而重寸之陰，時難得而易失也。』即此句及下句所本。

〔一四〕『⿰亻與』文中乃『與』俗寫的訛變字，丁、己、斯五七一一號等卷及智永本楷書正作『與』；甲卷及智永本草書作『与』，『与』『與』古混用無别；乙、丙、戊、庚等卷作『以』，古通用字。

〔一五〕温清，甲、乙、丙等卷及智永本同，當作『温清』；《禮記．曲禮上》：『凡爲人子之禮，冬温而夏清。』鄭玄注：『温以禦其寒，清以致其涼。』即此詞所本。

〔一六〕辝，丙、丁卷同，甲卷作『辞』，乙、戊、己等卷作『辤』，智永本作『辭』；按『辝』『辤』《説文》異體字，『辞』爲『辭』的訛變俗字；『辭』『辤(辝)』《説文》字異，但古混用不别。

〔一七〕『成』字甲、乙、丙等卷同，丁、己、綴一等卷及智永本作『誠』；按此處當以作『誠』字爲是，而底卷上文『潤(閏)餘誠歲』則當作『成』。參看上文校記〔二〕。

〔一八〕『甞』字乙、庚卷作『當』，丁卷作『堂』，皆誤，甲、丙、戊、己等卷及智永本作『棠』，是，兹據正。《史記．燕召公世家》：『周武王之滅紂，封召公於北燕……召公巡行鄉邑，有棠樹，決獄政事其下，自侯伯至庶人各得其所，無失職者。召公卒，而民人思召公之政，懷棠樹不敢伐，哥詠之，作《甘棠》之詩。』即此句及下句所本。

〔一九〕『窺』字左下部底卷本作『失』，乃『矢』之俗訛，此姑從後起通行寫法録作『夫』；乙、丙、丁等卷及智永本此字作『規』，乃『規』的古正字。

〔二〇〕『邙』字丙、庚、癸等卷同，戊、壬、伯四九三七號等卷及智永本作『芒』，亦通（『邙山』古亦作『芒山』）；甲卷作『茫』，辛卷作『忙』，音誤字。

〔二一〕『啚』字丙、癸、伯四九三七號等卷及智永本楷書同，甲、乙、丁等卷及智永本草書作『圖』；『啚』本爲『鄙』字初文，唐代前後亦用同『圖』。

〔二二〕『綵』字甲、丁、己等卷及智永本同，丙、癸、伯四九三七號等卷作『彩』，古異體字。

〔二三〕『昇』字智永本作『升』，『昇』爲後起增旁字。

〔二四〕稾，通『稾』，伯四七〇二號《篆書千字文》篆字正從禾，『杜稾』指漢杜度的草書。

〔二五〕『穀』字乙、丙、戊等卷同，誤，甲、丁、己等卷及智永本作『轂』，兹據校正。

〔二六〕『廿』字乙、丙、丁、庚、壬、辛、癸、伯四九三七號、綴二、伯二八八八號等卷同，係『世』的避唐諱缺筆字，甲、己、伯三三二一背、斯四九四八背等卷及智永本正作『世』。

〔二七〕『悦』字甲、乙、己、庚、壬等卷同，辛、癸、伯二八八八號等卷、伯三六五八號《篆書千字文》及智永本作『説』，『説』字是，『説』指傅説，商王武丁的大臣；而『悦』字見於下文『悦預（豫）且康』句，此自不當重出。

〔二八〕『物』字戊、癸等卷同，兹據甲、乙、丁等卷及智永本校；『密勿』謂勤勉努力。

〔二九〕『霸』字下部底卷誤作『相』形（左側『木』寫作『才』形），兹據其餘所見各寫卷及智永本録正。

〔三〇〕『魏』字甲、乙、丙等卷及智永本同；戊卷作『虞』，當誤。『趙魏困横』指趙、魏、韓、齊、楚、燕六國爲合縱連横所困之事。

〔三一〕『寂』字甲、乙、丙等卷及智永本同，『最』的俗字，丁卷、伯四九三七號、斯四九四八背等卷正作『最』。

〔三二〕『并』字丙、辛、壬等卷及智永本同，乙、丁、戊等卷作『併』，二字音同義通。

〔三三〕『嶽』字丙、丁卷作『岳』，古異體字。

〔三四〕『鷄』字左部底卷作『孚』形，蓋草書楷定之訛（智永本此字作異體『雞』，其草書左部即作近似『孚』形），兹據甲、丙、丁等卷録正；伯二八八八號作異體『雞』，可參；乙、戊、庚等卷此字作『荆』，誤。

〔三五〕『曠』字左部底卷誤作『月』形，兹據甲、丁、戊等卷及智永本録正。又『綿』字智永本作『緜』，『綿』爲『緜』的後起偏旁移位字。

〔三六〕『兹』字丙、壬、癸等卷及智永本同，甲、丁、戊等卷作『滋』，音誤字。

〔三七〕『察』字底卷左側誤贅氵旁，兹據其餘各寫卷及智永本删去。

〔三八〕『辯』字甲、乙、丙等卷及智永本楷書同，智永本草書作『辨』，『辯』當讀作『辨』，二字古通用。

〔三九〕『植』字甲、丙卷作『殖』，『植』『殖』皆可指種植、樹立，二字音同義通。

〔四〇〕『慼』字甲、壬、伯二八八八號等卷及智永本同，乙、丁、戊等卷作『戚』，『慼』本爲『戚』的後起分化字，但下文另有『親戚故舊』句，則此處自以作『慼』爲是。

〔四一〕『河』字甲、乙、丙等卷同，伯三七四三號作『何』，壬、斯四九四八背等卷及智永本作『荷』，『荷』字是，兹據校。

〔四二〕枇笆，甲、丙、戊等卷及智永本作『枇杷』，乙、丁、庚等卷作『笓笆』，伯二八八八號作『琵琶』；『枇杷』爲連綿詞，連綿詞重在其音而不究其形，故俚俗可换旁作『笓笆』、『琵琶』，而『枇笆』則是『枇杷』『笓笆』交互影響的結果。

〔四三〕『彫』字甲、乙、丙等卷及智永本同，伯三二一一背作『凋』，『凋』本字，『彫』古通用字。

〔四四〕『萎』字癸卷同，乙、丙、戊等卷及智永本作『委』，『委』『萎』古通用。

〔四五〕『菜』字甲、乙、丙、丁、戊、己、辛、壬、癸、伯二八八八號、斯四九四八背、綴八等卷同，智永本作『葉』，『菜』即『葉』的避唐諱改寫字。

〔四六〕『陵』字乙、丁、己等卷同，丙、戊、壬等卷及智永本作『淩』，甲、伯三三一一背等卷作『淩』，『陵』『淩』『凌』三字皆有陵越、升登之義，音同義通，其初文則爲『夌』。又『降』字甲、乙、丙等卷同，壬卷、綴八等卷及智永本作『絳』；伯三三一一背本作『絳』，又在右下側行間旁注一『降』字，按『絳』字是，『絳霄』指高空，茲據校讀。

〔四七〕『囑』字乙、丙、丁等卷同，甲、己、伯二八八八號等卷及智永本作『屬』，『屬』指附近、連接，『屬』字是，茲據校讀。

〔四八〕『湌』字甲、乙、戊等卷同，丙、丁、辛等卷作『喰』，智永本作『飡』；按『飡』字《說文》以爲『餐』字或體，而『湌』『喰』則皆爲『飡』的俗字。

〔四九〕『飫』字底卷及甲、乙、丁、戊、己、癸等卷誤作『餧』，茲據辛、壬卷及智永本録正；『飽飫』與下句『飢厭』對文，『飫』猶『厭』也。又『烹』字底卷及乙、戊、辛、癸等卷作『亯』，茲從甲、丙卷録正，壬卷及智永本作『享』；按烹煮字古本作『亯』，隸變作『享』，繁化增旁作『烹』，『烹』又爲『亨』『享』交互影響的結果。

〔五〇〕『粮』字丁卷作『糧』，古正字。

〔五一〕『員』字己、伯三三一一背、斯四九四八背等卷、伯三五六一號《真草千字文》及智永本同，乙、丙、丁等卷作『圓』，『員』即『圓』字初文。『潔』字底卷及甲、乙、丙、丁、辛、伯二八八八號、伯三七四三號等卷作『潔』，即『潔』的俗字，壬、癸卷、伯三五六一號《真草千字文》及智永本作『潔』，茲據録正；己卷作『絜』，乃『潔』的古字；按《文選》（清胡克家刻李善注本）卷二七班婕妤《怨歌行》：『新裂齊紈素，皎潔如霜雪。裁爲合歡扇，團團似明月。』殆即此句所本。班詩『潔（潔）』字《六臣註文選》作『絜』，則作『絜』者自亦有據。然《千字文》字不重出，此處仍當以作『潔』字爲是。參看上文校記〔八〕。

〔五二〕『床』字丁、壬卷作『牀』，古正字。

〔五三〕『弦』字乙、丁卷同，甲、己、辛等卷及智永本作『絃』，『絃』即『弦』的後起異體字。又『譕』字甲、己、壬等卷及智永本同，乙、丁、伯三七四三號等卷作『燕』，辛卷作『宴』；按『宴』爲古本字，亦或借用『燕』字，『燕』又增旁作『醼』，而『讌』則是在『燕』或『醼』的基礎上產生的後起形聲俗字。

〔五四〕『預』字甲、丙、壬、癸等卷同，乙、丁、己、辛、伯三七四三號等卷、伯三五六一號《真草千字文》及智永本作『豫』；按『預』字後起，其音義與『豫』字全同，疑即『豫』字之變（唐代宗名李豫，不知是否即避代宗諱的改形字）。

〔五五〕『嫡』字右部底卷及壬卷訛作『啇（啻）』形，茲據丁、己、癸等卷及智永本録正；甲卷此字誤作『滴』。

〔五六〕『蒸』字底卷及丙、己、斯四九四八背等卷艹下作『承』，癸卷『承』下又有『灬』，甲、丁、伯三二一一背等卷作『烝』，皆俗訛字，茲據伯三五六一號《真草千字文》及智永本録正。

〔五七〕『懼』字底卷及乙卷右部作『翟』形，俗訛，茲據甲、丁、辛等卷及智永本録正。

〔五八〕『牒』字乙、丙、丁、己、壬、癸、斯四九四八背、伯三七四三號等卷及伯三四一九號《漢藏對音千字文》同（甲、辛、伯二八八八號等卷右部進而訛作『亲』形），乃『牒』避唐諱的改形字，伯三五六一號《真草千字文》及智永本正作『牒』。

〔五九〕『涼』字底卷作『𠅤』，甲、乙、辛等卷作『凉』，丁、己、壬等卷及智永本作『涼』，『凉』即『涼』的俗字，而『𠅤』似又『凉』字訛變。

〔六〇〕『驢』字左部底卷訛作『鳥』，茲據甲、乙、丙等卷及智永本録正。

〔六一〕『騃』字左部底卷訛作『鳥』，茲據甲、丙、丁等卷及智永本録正。

〔六二〕『叛』字底卷及乙、丙、癸等卷左部訛作『米』，底卷右部又訛作『及』，茲據甲、丁、己等卷及智永本録正。

〔六三〕『布射』底卷誤作『啚謝』，茲據甲、乙、丙等卷及智永本改正；『布射』指吕布的射技，典出《三國志·吕布張邈臧洪傳》：劉備屯小沛，袁術遣將紀靈攻備，備求救於布：『布謂靈等曰：「玄德，布弟也，弟爲諸君所困，故來救之。布性不喜合鬭，但喜解鬭耳。」布令門候于營門中舉一隻戟，布言：「諸君觀布射戟小支，一發中者，諸軍當解去；不中，可留決鬬。」布舉弓射戟，正中小支。諸將皆驚，言「將軍天威也」！明日復歡會，然後各罷。」又「遼」字甲、乙、己等卷及智永本同，丙卷作「尞」，丁卷作「寮」，音誤字；按「遼」指熊宜僚，春秋楚國人，《莊子·雜篇·徐無鬼》有「市南宜僚弄丸而兩家之難解」句，其中的「宜僚」《淮南子·主術》作「宜遼」，即其人。

〔六四〕「吟」字癸、伯三七四三號等卷同，兹據甲、乙、丙等卷及智永本校正。又「肅」字己、辛卷同，兹據甲、乙、丁等卷及智永本校正。嵇康善琴，阮籍擅嘯，故稱。

〔六五〕「筆」字乙、丁、癸等卷作「笔」，後起會意俗字。又「絺」字乙、丁、壬等卷同，甲、己、辛等卷及智永本楷書作「紙」，智永本草書作「帋」；按「帋」爲「紙」的後起換旁字，「絺」則是受「帋」「紙」的交互影響産生的繁化俗字。

〔六六〕「鈞」字底卷及丙、己卷誤作「鈎」，甲、乙、癸等卷誤作「鉤」，兹據丁、斯四九四八背、斯五七八七背等卷、伯三五六一號《真草千字文》及智永本校正。上野本《注千字文》「鈞巧任鈞」注：「晉人馬鈞大巧，綾文機本五十六躡，鈞改十二躡，文章不異……任公子善鈞，蹲於會稽，投餌東海，得大魚焉。」可參。

〔六七〕「頻」字甲、乙、丙等卷同，斯五七八七背《千字文》習字、伯三五六一號《真草千字文》及智永本作「嚬」；按「嚬」《説文》作「顰」，古亦或用「頻」字（「頻」疑即「顰」字初文），二字古通用。「研」字甲、乙、丙等卷及智永本同，壬、癸卷及上野本《注千字文》作「妍」，「研」「妍」音同義通。又「咲」字乙卷作「唉」，甲、己、壬、癸等卷作「笑」；按「笑」字或體作「笑」，「唉」「咲」則分别爲「笑」「笑」的增旁俗字；伯三五六一號《真草千字文》及智永本作「咲」，則又爲「唉」的訛變俗字。

〔六八〕「年」字壬卷作「秊」，「年」《説文》篆文的隸定字。

〔六九〕「義」字乙、丙卷同，誤；己、辛、癸等卷作「曦」，甲、丁、伯三七四三號等卷、伯三五六一號《真草千字文》及智永本作「羲」，按「羲」「曦」音同義通，皆可指羲和（太陽神）或太陽、日光，底卷「義」則應爲「羲」字形誤，兹據校。又『暉朗曜』底卷誤作『曜眼暉』（後二字的『日』旁底卷訛作『月』形），兹據甲、丁、己等卷及智永本乙正。

〔七〇〕旋機，乙、己、斯四九四八背等卷同，癸卷及伯三四一九號《漢藏對音千字文》作『璇璣』，甲、丙、丁等卷、伯三五六一號《真草千字文》及智永本作『旋璣』，辛卷及上野本《注千字文》作『琁璣』，伯三七四三號作『璿璣』，義同（『旋』『璿』、『機』『璣』音同，『琁』『璇』爲『璿』的後起異體字），指北斗七星中的第二、第三星。亦泛指北斗。《史記·天官書》：『北斗七星，所謂旋璣玉衡，以齊七政。』司馬貞索隱引《春秋運斗樞》：『斗，第一天樞，第二旋，第三璣，第四權，第五衡，第六開陽，第七摇光。』

〔七一〕『脩』字甲、丙、丁等卷、伯三五六一號《真草千字文》及智永本同，乙、伯三七四三號等卷作『修』；按『脩』或『修』文中爲修治義，應以『修』爲本字。又『祐』字甲、乙、己等卷同，壬卷、伯三五六一號《真草千字文》及智永本作『祜』，丙、丁卷字形在『祐』『祜』二字之間，『祐』『祜』義皆可通，而以作『祜』者較長。

〔七二〕『矜』字甲、丙、己等卷、伯三五六一號《真草千字文》及智永本同，乙、壬卷作『矝』，『矜』『矝』古今字。

〔七三〕上野本《注千字文》『謂語助者，焉哉乎也』八字下注云：『晉元帝處遷江東，在路《千字文》壞爛，遂失八字，故寓王羲之以此八字續之，以滿千字，故曰「謂語助者」以下八字王羲之所續也。』

（本篇由張涌泉、張新朋合撰）

篆書千字文

伯四七〇二（底一）　伯三六五八（底二）

【題解】

本篇底卷編號爲伯四七〇二+？+伯三六五八號。（一）伯四七〇二號（底一）。首尾俱缺，存五行，行十字，篆書，右側旁注楷字；起「承明既集墳典」，訖「車駕肥輕」。卷中所注楷字有誤注或錯位的現象。卷背有雜寫三行。（二）伯三六五八號（底二）。首尾俱缺，存七行，行十字，篆書，右側旁注楷字；起「□▨（桓公）匡合」，訖「馳譽丹青九州」；卷中亦存在誤注楷字現象。卷子尾部存真書抄《千字文》開端部分文字兩行，首題「千字文勑員外散騎侍郎周興嗣次韻」，正文起「天地玄黄」，訖「雲騰致雨，▨□□□（露結爲霜）」；其後抄有其他文字兩行。卷背修補殘片上有殘賬六行（《法藏》題作「繒粱曆」）。此二號正面所抄篆楷對照部分，《索引》定作「篆書千字文」，并於伯四七〇二號下指出二者同卷，甚是，兹從之；《索引新編》既已指出二者爲同卷，但伯三六五八號題「篆書千字文」，伯四七〇二號却又改題「行書篆書對照千字文」（其下説明又稱篆書「旁注以楷字」），擬題不一；《黄目》、《法藏》皆未能指明二者同卷之關係（《法藏》伯三六五八號題「篆書千字文」，伯四七〇二號題「篆楷對照千字文」，擬題亦不一致）。二卷綴合後中間篆書部分仍有兩行半殘缺，如下頁附圖所示。

本篇篆字書寫者不詳。《隋書·經籍志》有《篆書千字文》一卷，亦未標撰者，不知與本篇有無關聯。所書篆字與《説文》篆文頗有不同。饒宗頤編《敦煌書法叢刊》（日本二玄社一九八三至一九八六）第十八卷《碎金》（一）（又見《法藏敦煌書苑精華》第一册，廣東人民出版社一九九三）有該二號的影本，敘録稱：「以上二紙，似原爲同卷，出於一人之筆，中間斷缺。唐人篆書多作懸針體，存世不多……此雖寥寥數十字，用筆奇崛，可覩唐人真貌，亦自可貴。」又云：「字形多古詭……唐人所見篆形異構，爲宋後人所罕見。」周祖謨《敦煌唐本字書敘

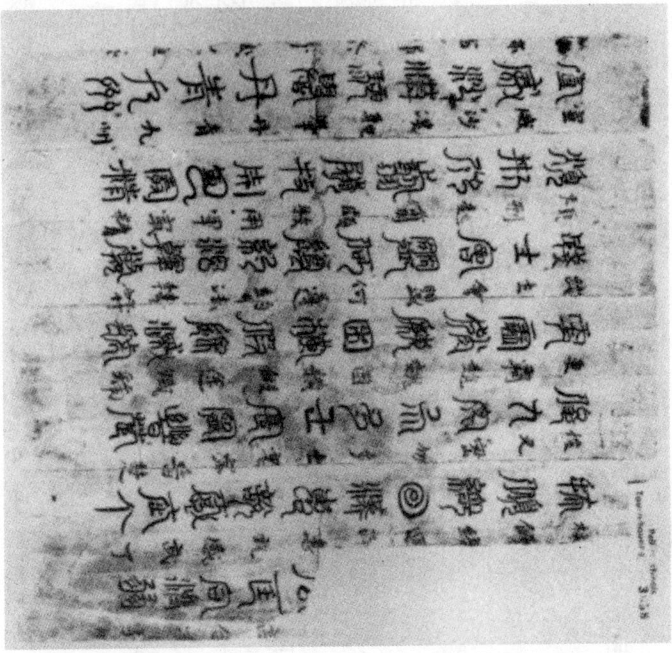

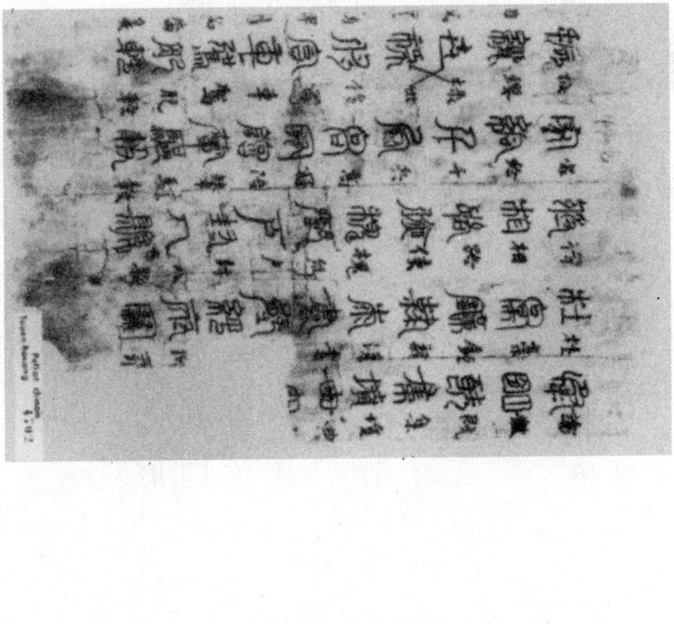

伯四七〇二（右）+伯三六五八號（左）《篆書千字文》綴合圖

録》（北京大學出版社一九八八）則稱『此書篆法極劣，筆畫糾繞不清，全不知字體結構』，可參。

本篇未見前人校録。兹據《法藏》影印本并參日本小川簡齋舊藏智永《真草千字文》（據湖南美術出版社二〇〇六年影印本，校記中簡稱智永本）校録楷書部分於下。至於篆書部分，因排版不便，請徑參看上文所附圖版，而不再録文。

（前缺）

承明[一]。既集墳典[二]，▨□□□（亦聚羣英）[三]。杜稾鍾隸[四]，漆書□□（壁經）[五]。▨▨（府羅）將相[六]，路俠槐卿。户封八縣，家給千兵。高冠陪輦，驅轂振纓。世禄侈富[七]，車駕肥輕。□▨▨▨▨▨▨▨▨▨□□□□□□□□□□□□□□（策功茂實，勒碑刻銘。磻溪伊尹，佐時阿衡。奄宅曲阜，微旦孰營。桓公）[八]匡合，▨▨（濟弱）扶傾[九]。綺迴▨（漢）惠[一〇]，説感武丁。俊乂密勿，多士寔寧。晉楚更霸，趙魏困横。假途滅虢，踐土會盟[一一]。何遵約法，韓弊煩刑。起翦頗牧，用軍冣精[一二]。宣威沙漠，馳譽（譽）丹青[一三]。九州▨▨▨▨▨▨▨▨（禹跡，百郡秦并。嶽宗恒岱）[一四]

（後缺）

【校記】

〔一〕『承明』二字底一所注楷字作『論散』（《千字文》下文有『求古尋論，散慮逍遥』句），饒宗頤稱已『點去』，兹據篆字録正。『明』字底一篆字作[illegible]，即《説文》『明』字篆文『[illegible]』之變（從日作『明』者《説文》以爲『古文』），兹從智永本真書楷定作『明』。

〔二〕『典』字底一篆字作[illegible]，乃『典』字訛省；『典』字《説文》从冊在丌上，底一篆字乃省下『丌』旁耳。

〔三〕『亦』字底一篆字存上部，楷字存上端殘畫；『聚羣英』三字底卷殘缺，兹並據智永本擬補。

〔四〕『稾』字底一篆字作，下從禾，乃『稾』字，『杜稾』指漢杜度的草書，『稾』字是；底一旁注楷字作『稾』，智永本同，古通用字。參看《千字文》校記〔三四〕。

〔五〕『漆』字底一篆字作，乃『桼』字，『桼』『漆』古今字。又旁注楷字『壁經』二字底卷殘缺，兹據篆字擬補。

〔六〕旁注楷字『府羅』二字右部底一殘泐，兹據篆字擬補。

〔七〕旁注楷字『世禄』二字底一誤倒，而又以『×』形符號在篆字與楷字間加以對應，兹徑據乙正。

〔八〕底卷『策』字殘缺；『功』以下至『溪』九字篆字殘缺，旁注楷字底一存右部；『伊』以下至『桓』十五字殘缺；『公』字篆字底二上部略殘，旁注楷字殘缺：兹一併據智永本擬補。

〔九〕旁注楷字『濟弱』二字底二右部殘泐，兹據篆字擬補。

〔一〇〕『迴』字底二篆字作，乃『回』字，『迴』爲『回』的後起增旁字。又旁注楷字『漢』字右部底卷略有殘泐，兹據篆字擬補。

〔一一〕『盟』字底二篆字作，按《説文》篆文『盟』字上部作，底二上部似作二『囧』而稍變，蓋同字類化混同偏旁耳。

〔一二〕『㝡』字底二篆字作，乃『最』字，上部從冃，底二旁注楷字作『㝡』，乃隸變之訛。

〔一三〕『轝』字底二篆字作，乃『譽』字，智永本亦正作『譽』；底二旁注楷字作『轝』，誤。

〔一四〕『禹跡』以下十字底二篆字殘缺，旁注楷字存右部殘畫，兹據智永本擬補。

（本篇由張涌泉、張新朋合撰）

真草千字文

俄敦八七八三（底一）　俄敦五八四七（底二）　俄敦八九〇三（底三）

伯三五六一（底四）

【題解】

底卷編號爲俄敦八七八三＋俄敦五八四七＋？＋俄敦八九〇三＋伯三五六一號。（一）俄敦八七八三號（底一），殘片，存兩行，每行均僅存『充▨』二字，但第一行爲真書，第二行爲草書，『充』下殘字楷字僅存左側及上端殘畫，草字左下部殘。（二）俄敦八九〇三號（底三），殘片，存一殘行，作草書『▨紡侍巾』四字。《俄藏》該號歸併於俄敦八七八三下（見下面所附《俄藏》原圖），蓋以此二片直接加以綴合，不確。（三）俄敦五八四七號（底二），殘片，存兩行，第一行存楷字二，第一字爲『飽』字，右側略殘，第二字存『飠』旁左側殘畫；第二行爲草書，存『▨飽飫』三字，其中第一字僅存下端殘畫。（四）伯三五六一號（底四）。首缺尾完，存三十四行，行十字，真書草書行行對照（前真後草），起真書『□□（侍巾）帷房』，訖草書『焉哉乎也』；末有題記『貞觀十五年（六四一）七月臨出此本，蔣善進記』。題記與正文末行之間有『上元二年（六七五）十二月十三日寫』、『上元元二年十二月十五汜英乾』文字兩行，又有『七月出此本』等後人塗鴉文字；題記後有『委翳落葉飄颻遊』草書一行，墨迹較淡，且爲後人塗鴉文字所覆蓋。《索引》擬題『千字文』，《法目》同；《黄目》擬題『貞觀十五年蔣善進

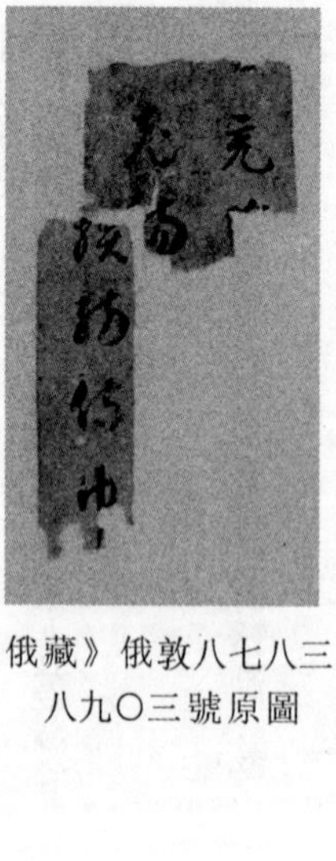

《俄藏》俄敦八七八三、八九〇三號原圖

臨寫千字文」;《法藏》擬題「真草千字文」。後者較爲切當，兹從之。饒宗頤編《敦煌書法叢刊》(日本二玄社一九八三至一九八六;後又改編爲《法藏敦煌書苑精華》，廣東人民出版社一九九三)、《索引新編》徑題「智永真草千字文」，似不甚妥。

按：上揭前三個殘片《俄藏》皆未定名。今謂此三片亦皆《真草千字文》殘片，且與伯三五六一號蔣善進摹本《真草千字文》字體款式全同，可以綴合。其中俄敦八七八三號與俄敦五八四七號可以直接綴合，綴合成「□□(適口)充腸。飽飫□□(享宰)」二句，其中的「腸」字草書俄敦八七八三號左下部殘，而俄敦五八四七號「飽」字之上所存些許殘畫，正是俄敦八七八三號草書「腸」字左側所撕裂(日本小川簡齋舊藏智永《真草千字文》草書「腸」字作「」，可參)，如下綴合圖右側所示。俄敦八九〇三號與伯三五六一號亦可直接綴合，二者綴合後俄敦八九〇三號的「侍巾」二字可與伯三五六一號「帷房」相連爲一句。俄敦八七八三號與俄敦五八四七號、俄敦八九〇三號與伯三五六一號分別綴合後，中間仍缺「享宰，飢厭糟糠。親戚故舊」十字真書、草書各一行、「老少異粮。妾御績紡，侍巾」十字真書一行、「老少異粮。妾御」六字草書大半行。如左綴合圖所示：

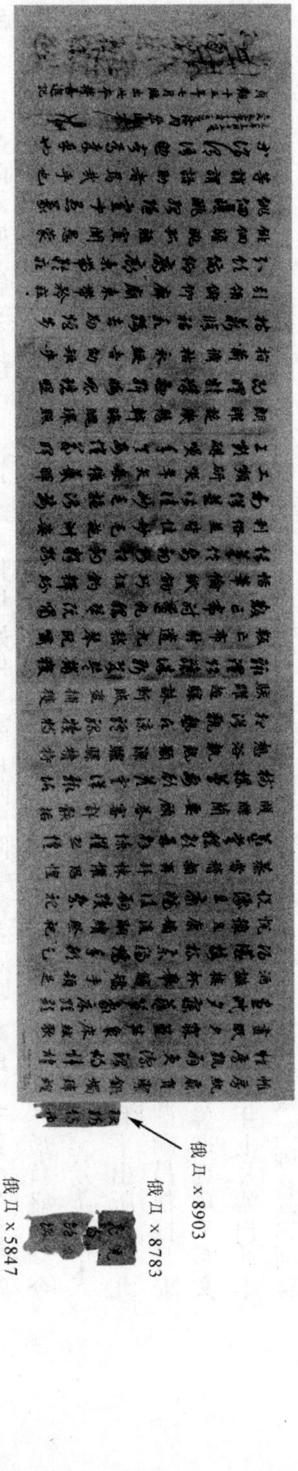

俄敦八七八三＋俄敦五八四七＋？＋俄敦八九〇三＋伯三五六一號《真草千字文》綴合圖

又按：梁員外散騎侍郎周興嗣『次韻』的《千字文》問世以後，由於其較強的實用性和優美的文采，歷代流傳不絶，其中南朝陳永欣寺智永禪師，『王逸少之七代孫，妙傳家法，爲隋唐間學書者宗匠，寫真草千文八百本散於世，江東諸寺各施一本』（宋大觀三年薛嗣昌刻石本《真草千字文》跋，另參唐李綽《尚書故實》），最負盛名。今傳世者，有墨蹟、刻本兩種。墨蹟本爲日本小川簡齋（小川爲次郎）舊藏（據湖南美術出版社二〇〇六年影印本，以下簡稱小川本），論者多以爲智永真蹟（參啓功《説〈千字文〉》，《啓功草書千字文》末附，中國和平出版社一九九一）；然亦有斷爲唐人臨本者（如清末楊守敬）。刻本影響較大的有宋大觀三年（一一〇九）薛嗣昌根據長安崔氏所藏真蹟刊石本（原石今存西安碑林，以下簡稱薛刻本）。臺静農據伯三五六一號撰有《蔣善進真草千字文殘卷跋》一文（《敦煌學》第一輯，一九七四），稱此本『行式悉同智永禪師本。末行題「貞觀十五年七月臨出此本蔣善進記」，此云臨者，當是臨永師本，乍觀之，其運筆結體，幾與永師無殊。校以小川簡齋舊藏永師真蹟，則蔣之真書，已無永師之凝鍊，純是初唐風範，略似虞永興。其草書雖具永師形象，不若永師之能精神内斂，如米襄陽所云「秀潤圓勁，八面具備」者。雖然，蔣善進可稱善學永師者』。又周祖謨《敦煌唐本字書敘録》（載《敦煌語言文學研究》，北京大學出版社一九八八）稱伯三五六一卷『書法極秀麗』，『此本既爲臨本，其底本似即一般所稱南朝陳永欣寺僧智永所書《真草千字文》』。今以1918年羅振玉於日本用小川簡齋藏本影印的《智永真草千字文真蹟》對比，筆畫酷肖，形制幾乎絲毫不爽，有如即據小川藏本影拓，只是筆畫稍纖細，筆力小弱而已。然草書筆法嫺熟，自是高手』。饒宗頤《敦煌書法叢刊》（又見《法藏敦煌書苑精華》）則列舉小川本與蔣善進臨本字形略有差異的六個例子，以爲二者『不是同源』。今考底卷真書、草書字形俱與小川本大同小異，甚至俗訛字也往往一致，如『晝眠夕寐』句的『寐』字底卷、小川本草書皆從宀旁，而其真書則皆從俗作穴旁；又底卷、小川本草書『銀燭煒煌』句，其中的『煒』字從火旁，而二本真書則皆誤從玉旁作『瑋』。由此觀之，底卷、小川本必同出一源。也許這種俗訛寫法本是智永所書原貌，或者説小川本也許確是智永《真草千字文》真蹟，底卷俗訛字形與之相同，乃是蔣善進臨摹時忠於原本的結果。薛刻本真書『銀燭瑋煌』作『銀燭煒煌』不誤，倒是無意中透露了後人改字的信息。當然，也不能排除薛刻本所據崔氏真蹟乃是智永所書『八百本』中的别一本，故文字上與小川本自可有所不同。校按：本文排出清樣後，承柴劍虹先生教示，啓功先生有《説〈千字文〉》一文，啓功先生推斷當時曾用王羲之寫過的字集摹一卷，他説：『「煒煌」的「煒」，應是「火」旁，不應是「玉」旁，而（小川本）文中真書部分用了個借字，可見當時王書千字中，實缺少火旁的「煒」；也可看出所集的王字，是以真書爲主，而草書各字是相對配上去的，所以真書借字，草書不借。……（蔣善進臨摹本）真書「瑋」字草書「煒」字與日本藏本完全一樣，使我真要喊出「一字千金」了！……（薛刻本）「煒」字真書不作玉旁，或是薛氏所據底本上所改，或是薛氏自作聰明，在刻石時當作「明顯錯字」所改。』可以參看。

本篇未見前人校録。兹據《法藏》、《俄藏》影印本把真書部分校録於下。至於草書部分，因排版不便，請徑參看上文所附圖版，而不再録文。

（前缺）

□充▨（腸）[一]。▨▨（飽飫）[二]□□□□□□□□□□□□□（享宰，飢厭糟糠。親戚故舊，老少異粮。妾御績紡，侍巾）[三]帷房。紈扇員潔，銀燭瑋煌[四]。晝眠夕寐[五]，藍笋象床。絃歌酒讌，接杯舉觴。矯手頓足，悦豫且康。嫡後嗣續，祭祀蒸嘗[六]。稽顙再拜，悚懼恐惶。牋牒蕳（簡）要，顧荅（答）審詳。骸垢想浴，執熱願涼。驢騾犢特，駭躍超驤。誅斬賊盗，捕獲叛亡。布射遼丸，嵇琴阮嘯。恬筆（筆）倫紙[七]，鈞巧任釣。釋紛利俗，並皆佳妙。毛施淑姿，工嚬研咲。年矢每催，羲暉朗曜。旋璣懸斡，晦魄環照。指薪脩祜[八]，永綏吉劭。矩步引領，俯仰廊廟。束帶矜莊，徘佪瞻眺。孤陋寡聞，愚蒙等（等）誚。謂語助者，焉哉乎也。

貞觀十五年七月臨出此本，蔣善進記

【校記】

〔一〕『腸』字真書底一存左側和上端殘畫，草書存右部及左上側殘筆，兹據小川本擬補。

〔二〕『飽』字底二真書右部略有殘泐，『飫』字底二真書僅存左側殘畫，兹據草書及小川本擬補。

〔三〕『享宰』以下至『侍巾』二十字真書底卷殘缺；草書底卷缺『享宰』以下至『妾御』十六字，『績』字上端略殘；兹據小川本擬補。『享』爲『亨』的隸變字，後起字作『烹』，伯三一〇八、伯三四一六號《千字文》即作『烹』。參看《千字文》校記〔四九〕。

〔四〕『瑋』字小川本真書同，誤，薛刻本真書作『煒』，底四及小川本、薛刻本草書亦皆作『煒』，當據正。

〔五〕『寐』字底四及小川本、薛刻本真書皆從穴旁，俗寫，兹據各本草書録正。

〔六〕『甞』字底四及小川本、薛刻本真書同，底四草書作『』，小川本作『』（薛刻本略同），當皆爲『嘗』字草書，『甞』爲『嘗』的後起形聲俗字。

〔七〕『紙』字底四及小川本、薛刻本真書同，底四草書作『』，小川本、薛刻本草書略同，當皆爲『帋』字草書，『帋』爲『紙』的後起換旁字。

〔八〕『脩』字小川本、薛刻本同，斯三八三五號、伯三七四三號《千字文》作『修』，按『脩』當讀作『修』，二字古通用。

（本篇由張涌泉、張新朋合撰）

漢藏對音千字文（一）

伯三四一九*A*

【題解】

本篇底卷編號爲伯三四一九*A*。漢藏對音。首尾俱缺，漢語起『而益詠』，訖『謂助者』，前部約缺近三分之一，尾部正文則僅缺『焉哉乎也』四字；存五十四行（鄭阿財等《敦煌蒙書研究》云四十七行，羅常培云五十三行，均不確），每行下部多有殘泐，完整者每行十二字左右。自第一行至第四十四行，每字左側都附記有藏文的對音。《索引》定作『千字文殘卷』，《黄目》題『千字文』，不準確。羽田亨《敦煌遺書》（上海東亞考究會一九二六）擬題『漢蕃對音千字文』，羅常培《唐五代西北方音》（科學出版社一九六一）擬題『漢藏對音千字文』，《索引新編》擬題『藏文華文對照千字文殘卷』，《法藏》擬題『漢藏雙語千字文』，均得之，其中以羅常培的定名最爲流行，故據以改定今題。羽田亨認爲原卷藏文注音當出於敦煌吐蕃時期（《敦煌遺書》『漢蕃對音千字文』敘論），羅常培讚成之。又伯三四一九B另有藏文文獻十一段，羅常培認爲是關於占卜的文獻，與《千字文》無關。

除《敦煌遺書》中的敘論外，羽田亨《蕃漢千字文的斷簡》（《東洋學報》第十三卷第三號，一九二三）、羅常培《唐五代西北方音》、高田時雄《基於敦煌資料的漢語史研究——九、十世紀的河西方言》（東京創文社一九八八）、周季文、謝後芳《敦煌吐蕃漢藏對音字彙》（中央民族大學出版社二〇〇六），都對本卷藏文注音作過整理和研究；馬伯樂（H. Maspero）《唐代長安方言考》（Le Dialecte de Tch'ang-ngan sous les T'ang，載Bulletin de l'Ecole française d'Extrême-Orient ,XX ,2，一九二〇）亦有引用，都可以參看。兹據《法藏》影印本重新校録如下。漢文文本參用上文以斯五四五四號爲底卷校録的《千字文》（校記中簡稱『定本』）校定。藏文文本据底卷圖版寫定，同時參考上面提及的羅常培、高田時雄、周季文等人的研究成果（校記中分别簡稱『羅本』、『高田本』、『周本』，統稱則呼爲『各本』）。底卷漢文殘缺之處，藏文大都亦缺。爲免累贅，凡是漢文行殘缺標有殘缺符號的地方，藏文行則不加標記，徑直空缺。無藏文注音的，亦同此。例外之處，則加校記説明。另附寫卷圖版於首，以資比勘。

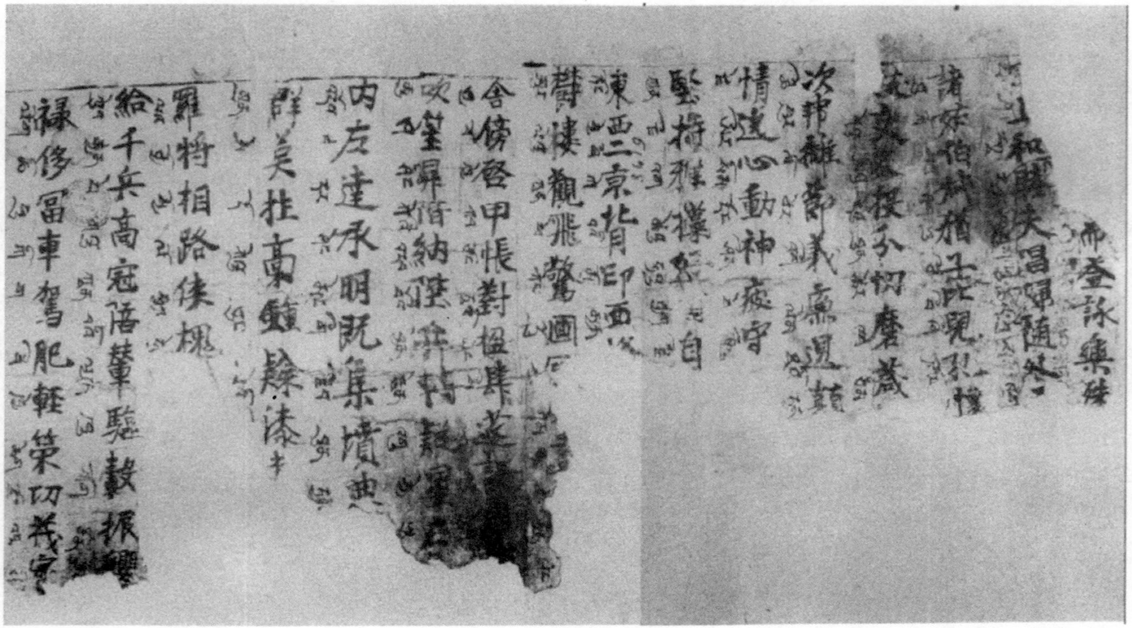

伯三四一九A《漢藏對音千字文》圖版（一）

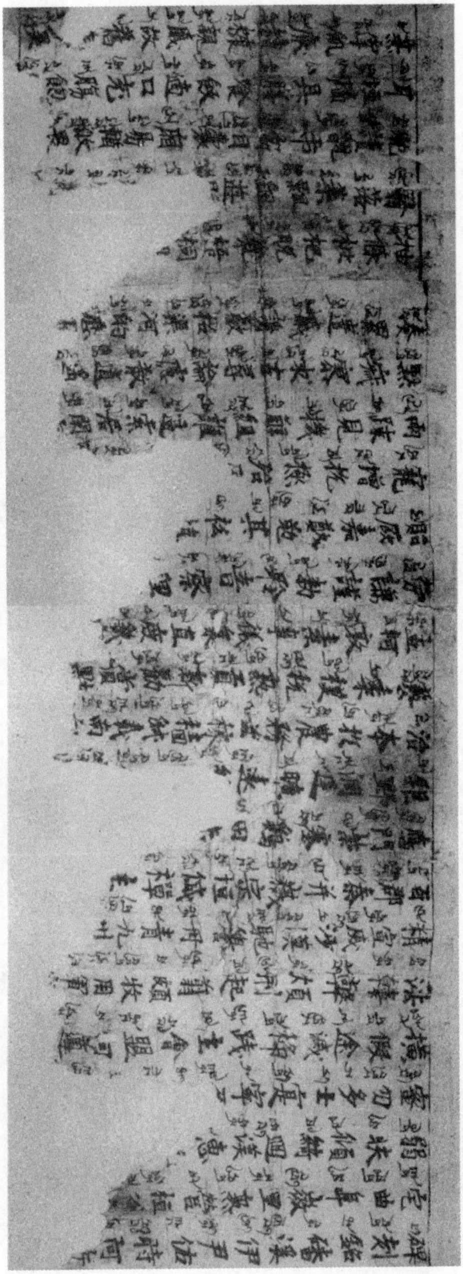

伯三四一九A《漢藏對音千字文》圖版（二）

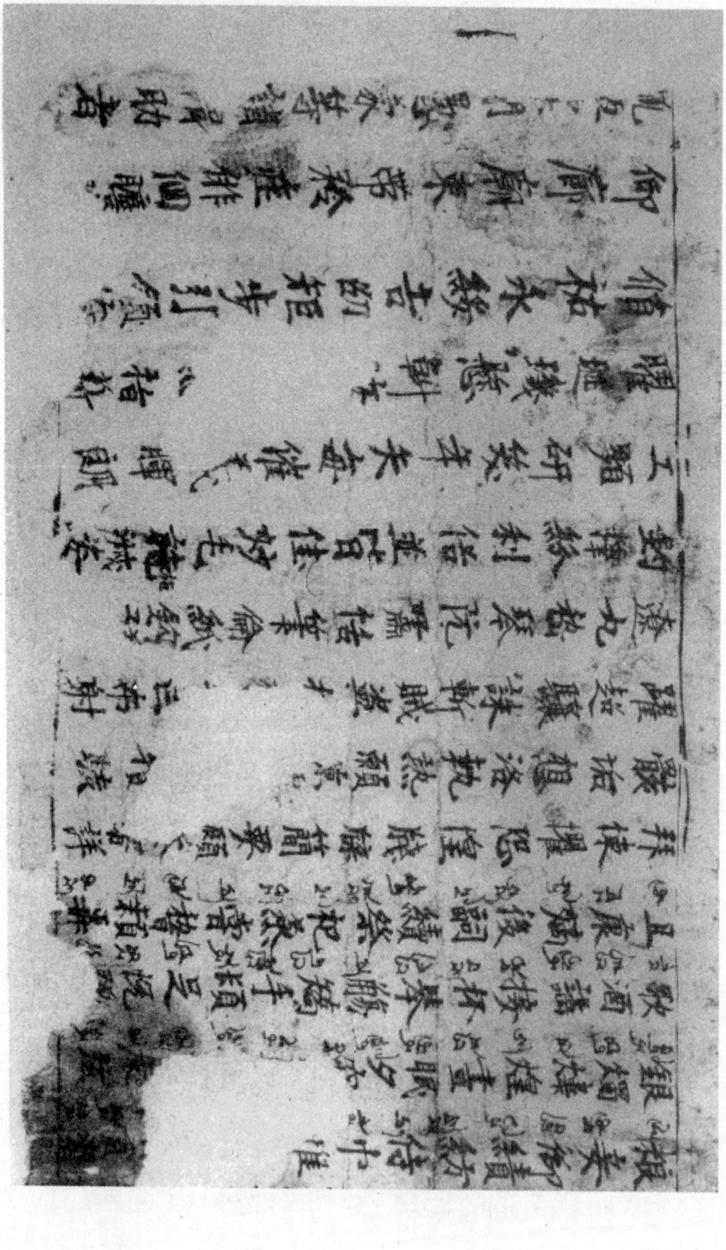

伯三四一九A《漢藏對音千字文》圖版（三）

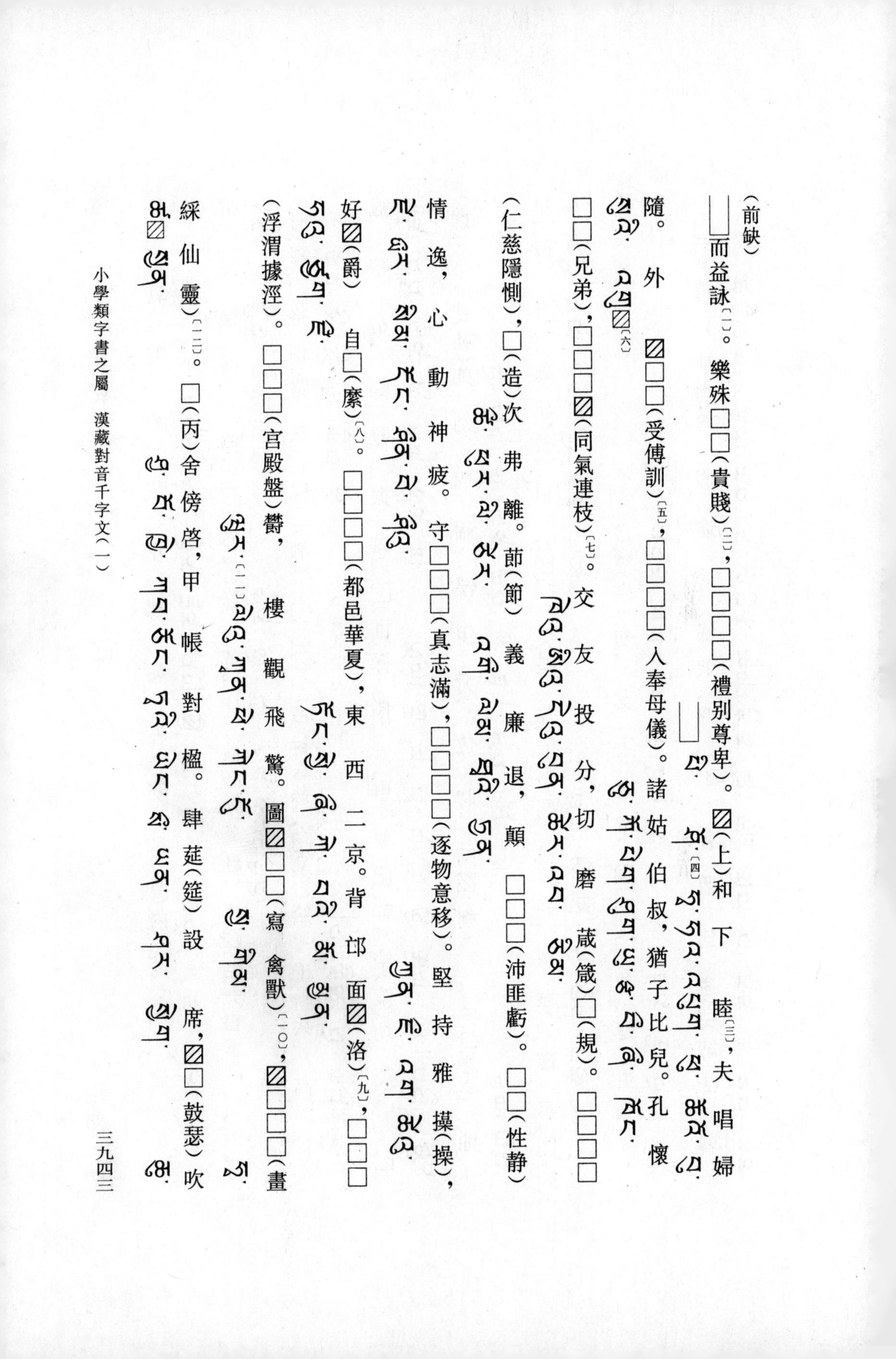

（前缺）

□而益詠〔一〕。樂殊□□（貴賤）〔二〕，□□□□（禮別尊卑）。▨（上）和下睦〔三〕，夫唱婦

〔四〕

隨。外　▨□□（受傅訓）〔五〕，□□□□（入奉母儀）。諸姑伯叔，猶子比兒。孔懷

〔六〕

□□（兄弟），□□□▨（同氣連枝）〔七〕。交友投分，切磨箴（箴）□（規）。□□□□

（仁慈隱惻），□（造）次弗離。莭（節）義廉退，顛　□□□（沛匪虧）。□□（性静）

情逸，心動神疲。守□□□（真志滿），□□□□（逐物意移）。堅持雅摸（操），

好▨（爵）自□（縻）〔八〕。□□□□（都邑華夏），東西二京。背邙面▨（洛）〔九〕，□□□

（浮渭據涇）。□□□（宮殿盤）欝，樓觀飛驚。圖▨□（寫禽獸）〔一〇〕，▨□□□（畫

〔一一〕

綵仙靈）〔一二〕。□（丙）舍傍啓，甲帳對楹。肆莛（筵）設席，▨□（鼓瑟）吹

笙〔一三〕。昇 階 納 陛，弁 轉 疑 星。右▨□（通廣）内〔一四〕，左 達 承
ཤེ་ ཤིང་ གེའི་ འདབ་ བེའི་ ཕྱན་ ཙྭན་ འགྱི་ ཤྱེ་ ཞེ་ འདེའི་ ཙ་ དར་ ཤིང་
明。既 集 墳 典，□□（亦聚）群 英。杜 稾 鍾 隸，漆▨□□（書壁經）〔一五〕。□
མིང་ ཀྱི་ ཛིབ་ བུན་ ཏེན་ གུན་ ཡེ་ དོ་ གའུ་ ཅུང་ ལེའི་
（府）羅 將 相，路 俠 槐□（卿）。□□□□（户封八縣），□（家）給 千 兵。高
ལའ་ ཅེ་ སེ་ ལོ་ ཧབ་ ཧྭ▨ ཀིབ་ ཚེན་ པེ་ ཀའུ་〔一六〕
冠 陪 輦，驅 轂 振 纓。□（世）禄 侈 富，車 駕 肥 輕。筞（策）功 茂 ▨
ཀྭན་ བའི་ ལྭན་ ཁྱེ་ ཀོག་ ཙིན་ ཨེ་ ཟོག་ ཤི་ ཕེ་ ཀྱི་ ག་ བི་ ཁྱེ་ ཚེག་ ཀོ▨ འབུ་ ཤི▨
（實）〔一七〕，□（勒）碑 刻 銘。磻 溪 伊 尹，佐 時 阿▨（衡）〔一八〕。□（奄）宅 曲
པི་ ཁིག་ མེ་ བན་ ཁེའི་ ཨི་ ཡིན་ ཙའ་ ཤིའི་ ཨ་ ཏེག་ ཁྱོག་
阜，微 旦 熟（孰）營。桓 公▨□（匡合）〔一九〕，□（濟）弱 扶 傾。綺 迴 漢 惠，▨□
ཕེ་ འབྱི་ དན་ ཤུག་ ཡེ་ ཧྭན་ ཀོ▨〔二〇〕 ཞག་ ཕེ་ ཁྱེ་ ཁི་ ཧྭའི་ ཧན་ ノ〔二一〕
□□（說感武丁）〔二二〕。□□（俊乂）蜜（密）勿，多 士 寔 寧。▨□□□（晉 楚 更 霸）〔二三〕，
འབིར་ འབུར་ ཏ་ ཤི་ ཤིག་ ནེ་ ཛིན་ ཚོ་ ཀེང་
□□□（趙 魏困）横。假 途 滅 稊（虢），踐 土 會 盟。何 遵□（約）法，韓
ཏ་〔二四〕 ཧེའི་ གའ་ དོ་ འབྱར་ ཀྱག་ ཛྱེན་ ཐོ་ ཧྭའི་ མེང་ ཧ་ ཙུན་〔二五〕 ཕབ་ ཧན་

弊煩刑。起翦頗牧，用軍▨(寂)精[二六]。宣威沙漠，馳譽

བྱི་བན་ཧྱི་ཁི་ཙན་ཕོ་བུག་ཡུང་ཀྱུ▨[二七] ཚིང་ སྭན་ཝེའི་ཤ་བག་ཆིའི་[二八] ཡུ

丹青。九州□□(禹跡)，百郡秦并。嶽宗恒岱，禪主□□(云

ཏན་ཚིང་ཀྱེའུ་ བྱག་ཀྱུན་ཚིན་པྱི་བགག་ཙུང་ཧིང་[二九] ཏའི་ཤན་

亭)。鴈門紫塞，鷄田▨□(赤城)[三一]。□□□□(昆池碣石)，鉅野洞庭。曠

བགན་བམན་ཚི་སའི་ཀྱི་ཐེ▨[三〇] ཀྱུ་ཇེ་ཏུང་ཐེང་ཁོ་

遠▨□(綿邈)[三二]，□□□□(巖岫杳冥)。治本於農，務兹

ཞན་ཡན་བགྱག་ བགམ་ཤིའུ་▨[三三] ལེ་བཅན་ཞེ་[三四] བསྐང་[三五] བཙ་ཚེ་

稼穡。俶載南▨(畝)[三六]，□(我)藝黍稷。税熟貢新，勸賞黜□

ཀ་ཤིག་ཤུག་ཙའི་ནམ་ བགྱིའི་ཤུ་ཚིག་ཤུའི་ཤུག་ཀུང་སིན་ཁྱན་ཤ་

(陟)。孟軻敦素，事儀(史魚)秉直。庶幾▨□(中庸)[三七]，勞謙謹勅。

མིང་ཁོ་ཏུན་སུ་ཤུ་བགི་བྱི་ཆིག་ཤུ་▨[三八] བགའུ་ཁྱམ་ཀྱིན་ཆིག་

聆音察理，□□□□(鑑貌辨色)。貽厥嘉猷，勉其祇植。□□□□(省躬譏

ལིང་ཡིམ་ཆར་ ཡི་ཀྱར་ཀྱའ་ཡིའུ་བྱན་ཀྱི་ཙེ་

誡)，寵增抗極。殆▨□(辱近恥)[三九]，□□□□(林皋幸即)。兩疏見

ཐུང་ཙང་ཁང་ཀྱིག་ཏའི་ཞུ▨[四〇] ལམ་ཀ[四一] ལེང་ཤུ་ཀྱན་

機，解組誰逼。索居閑▨(處)〔四二〕，□(沈)默寂寥。求古尋論，

ཀི་ གེ་ ཙོའ་ ཤུ་ ཕྱིག་ སག་ ཀི་ དན་ འབྱིག་ ཞིག་ ལེའུ་ གིའུ་ ཀོ་ སིམ་ ལུན་

散慮逍遙〔四三〕。□(欣)奏累遣，戚(慼)謝歡招。渠河(荷)的歷，園□(莽)

ལན་ ལྱོ་ སེའུ་ ཡེའུ་ ཟེའུ་ ལེ་ ཁྱེན་ ཚེག་ ཤ་ ཧྭན་ ཅེའུ་ ཁྱི་ ཧ་ ཏེག་

抽條。枇杷晚翠，梧桐▨□(早彫)〔四四〕。□□□(陳根萎)翳，落葉(葉)飄

ཚིའུ་ ཏེའུ་ ཡ་ བ་ བན་ ཚྭི་ བུ་ ཤི་ ལག་ ཡབ་ ཕྱེའུ་

颻。遊▨□(鶤)獨運〔四五〕，□□□(淩摩絳霄)。躭讀翫

ཡེའུ་ ཡེའུ་ ཀོན་〔四六〕 དོག་ ཝུན་〔四七〕 ཏམ་ དོག་ ▨〔四八〕 ཏམ་ དོག་ འགན་

市，寓目囊廂(箱)。易輶攸畏，□(屬)耳垣墻。具膳飡(飧)飯，適

ཤི་ བྱི་ བྱུག་ ནང་ ཤང་ ཡིག་ ཡེའུ་ ཡེའུ་ ཝི་〔四九〕 ཞི་ ཝན་ ཚང་ ཀྱུ་ ཤན་ ཚོན་ བོན་ ཤིག་

口充腸(腸)。飽□(飫)烹宰，飢厭糟糠。親戚故舊，▨▨(老少)

ཁེའུ་ ཚྱོང་ ཆང་ བ་ ཡ་ ཕ་ ཙེ་ ཀི་ ཡམ་ ཙ་ཨ་ ཁང་ ཚིན་ ཚིག་ ཀོ་ གིའུ་▨〔五一〕 ཤེའུ་

異粮〔五〇〕。妾御績紡，侍巾帷□(房)。□□(紈扇)負潔，銀燭煒

ཡི་ ལྱང་ ཚེབ་ བྱོ་ ཞེག་ ཕང་ ཤི་ ཀིན་ ཝན་ ཤེན་ བུ་ ཀྱེད་ ངེན་ ཅོག་ ཝི་

煌。晝眠夕▨(寐)〔五二〕，□□□(藍筍象)〔五三〕床。弦歌酒讌，接

ཧོང་ ཏྲེའུ་ མེན་ ཟེག་ བི་ ལམ་ ཤུན་ ཟང་ ཟང་ ཧེན་ ཀ་〔五四〕 ཙིའུ་ ཤེན་ ཙེབ་

杯舉觴。矯手頓足，悅▨(豫)且康[五五]。嫡後嗣續，祭祀

པའི་ ཀྱུའི་ ཤང་ ཀྱེའུ་ ཤིའུ་ ཏོན་ ཚག་ ཡར་ ཡུ་ ཚེ་ ཁང་ ཏེག་ ཧེའུ་ སི་ ཞོག་ ཙེའི་ སི་

蒸(烝)嘗。稽顙再拜，悚懼恐惶。牋牒(牒)簡要，顧▨▨(荅審)詳[五七]。骸垢想洛(浴)，

ཤང་ ཤང་ ཁྱེ་ སེ་ ཕའི་ □[五六]

執熱願▨(涼)[五八]。▨□□▨(驢騾特犢)[五九]，駭躍超驤。誅斬賊盜，▨▨▨(捕獲叛)亡[六〇]。

布射遼丸，嵇琴阮嘯。恬筆倫紙，鈞(鈞)▨(巧)□(任)釣[六一]。釋紛利俗，並皆佳妙。毛施淑

姿，工嚬研笑。年矢每催，▨(羲)暉朗曜[六二]。璇璣懸斡(斡)[六三]，▨□□▨(晦魄環照)[六四]。指

薪脩祐(祜)，永綏吉劭。矩步引領，▨(俯)仰廊廟[六五]。束帶矜莊，徘徊瞻▨(眺)[六六]。▨▨▨

▨(孤陋寡聞)[六七]，愚蒙等誚。▨(謂)[語]助者[六八](後缺)[六九]。

【校記】

[一] 底卷漢文始『而』字，本行『而』字之上底卷約缺四至五字。

[二] 『貴賤』二字底卷殘缺，兹據本書上文以斯五四五四號爲底卷校定的《千字文》擬補。以下凡據該本校補者一般直接在括弧中校出，不再一一出校説明。

[三] 『上』字底卷缺右上部的短横。

[四] 『卑』以前的漢字藏文注音皆缺。『卑ཕྱི་、上ཤང་』各本皆不録藏文注音，據底卷補，唯ཕྱི上部ྭ殘泐。

[五] 『受』字底卷僅存上端殘畫。

[六] 藏文右半殘缺，以▨表示。下凡藏文有殘缺者同此，不再出校説明。

[七] 『枝』字木旁左側底卷殘泐。

〔八〕「爵」字底卷左上部殘泐。

〔九〕「洛」字底卷下部殘泐。

〔一〇〕「寫」字底卷僅存左上部。「寫禽」二字藏文注音存。

〔一一〕[illegible]，羅本、周本作[illegible]，高田本作[illegible]，後者是。

〔一二〕「畫」字底卷存左半。「畫綵仙」三字藏文注音存，唯「綵」字藏文注音右半殘缺。

〔一三〕「鼓」字底卷存上部。

〔一四〕「通」字底卷存上端。

〔一五〕「書」字底卷存上部殘畫。

〔一六〕[illegible]，底卷[illegible]漫漶不清，高田本作[illegible]，今從羅本、周本。

〔一七〕「實」字下部底卷略有殘泐。「實」字藏文注音存左半，右側殘泐。

〔一八〕「衡」字底卷存右部小半。

〔一九〕「匡」字底卷存上端殘畫。

〔二〇〕[illegible]▨，底卷右半殘缺。羅本、周本徑作[illegible]；高田本作[illegible]▨，是。

〔二一〕「惠」字藏文注音殘泐，唯存上部的[illegible]。

〔二二〕「説」字底卷存右部殘畫。

〔二三〕「晉」字底卷存上部殘畫。「晉楚更」三字藏文注音存。

〔二四〕[illegible]，底卷右半上部殘泐，僅存下部[illegible]。羅本、周本作[illegible]；高田本作[illegible]，是。

〔二五〕[illegible]，底卷右下殘泐。

〔二六〕「㝡」字底卷存上部「宀」形，兹從斯五四五四號及刊本擬補；「㝡」爲「最」的俗字。

〔二七〕[illegible]▨，底卷右半缺，高田本同；羅本、周本作[illegible]。

〔二八〕ཛེའ，羅本、周本誤作ཛེའི，高田本不誤。

〔二九〕ཤང，高田本作ཤ▨，但底卷ང依稀可見，羅本、周本作ཤན。

〔三〇〕ཤ▨，底卷右半缺，高田本同；羅本、周本作ཤན。

〔三一〕『赤』字底卷存右部。

〔三二〕『綿』字底卷存左上部『幺』形。『綿邈』二字藏文注音存。

〔三三〕『杳』字藏文注音左半以及右半上部缺，唯存下部ོ，各本藏文缺。另，『巖岫』二字藏文注音亦存。

〔三四〕ཚེ，羅本、周本誤作ཙེ，高田本不誤。

〔三五〕འཕང，羅本、周本誤作ཕང，高田本不誤。

〔三六〕『畝』字底卷存上部『亠』形殘畫。

〔三七〕『中』字底卷存上部殘畫。

〔三八〕『幾』字藏文注音存輔音ཀ的上部。

〔三九〕『辱』字底卷存上部殘畫。藏文注音存。

〔四〇〕ཞི▨，底卷右部缺，高田本同；羅本、周本作ཞིག。

〔四一〕『林臯』藏文注音存，作ལིམ་ཀོ，高田本同，轉寫作l[]mg[]'[]。羅本、周本作ལིམ་ཀོ。底卷ལ上部殘泐。ཀོ右半底卷僅見下部的ོ，上部殘泐。

〔四二〕『處』字底卷存上部殘畫。

〔四三〕『散慮』，底卷本作『慮散』，二字右側有一鈎形乙正符號，故徑據乙正；但藏文注音仍以『慮散』爲序。

〔四四〕『早』字底卷存右上角殘畫。

〔四五〕『鵾』字底卷存上部殘畫。『鵾』及以下『獨運淩摩絳霄』六字藏文注音存。

〔四六〕ཟེན，高田本同；羅本、周本作ཞེན。

〔四七〕[illegible]，高田本同；羅本、周本作[illegible]，誤。

〔四八〕▨[illegible]，『霄』字藏文注音殘泐，唯存左半下部[illegible]，各本皆缺藏文注音。

〔四九〕[illegible]，底卷右側殘泐。羅本、周本作[illegible]，高田本作[illegible]。細察底卷，以高田本爲長。

〔五〇〕『老』字底卷存上部殘畫，『少』字底卷存下部殘筆。『少』字藏文注音存。

〔五一〕[illegible]▨，底卷存左上部；羅本、周本作[illegible]，高田本作[illegible]▨。

〔五二〕『寐』字底卷存上部『穴』及『爿』的上部殘畫，俗書『宀』旁『穴』旁相混，原字應爲『寐』的俗字，兹徑據定本補正。此字藏文注音存。

〔五三〕此三字藏文注音存。

〔五四〕[illegible]，各本皆誤作[illegible]。

〔五五〕『豫』字底卷存上部。此字藏文注音存。

〔五六〕以下底卷藏文注音皆缺。

〔五七〕『荅』字底卷存右部殘畫，兹據殘形定作『荅』字（斯五四五四號亦作『荅』字），『荅』文中爲『答』的俗字；『審』字底卷左上部略有殘泐。

〔五八〕『涼』字底卷存右部。

〔五九〕『驢』字底卷存右上角殘畫，『犢』字右上角底卷殘泐。

〔六〇〕『捕』字底卷存扌旁，『獲叛』二字底卷存左側殘畫。

〔六一〕『巧』字右下部底卷殘泐。

〔六二〕『義』字左下部底卷殘泐。

〔六三〕『璇璣』刊本作『旋璣』，義同，指北斗七星中的第二星、第三星，亦泛指北斗。

〔六四〕『晦』字底卷存右上角，『照』字底卷存下部殘畫。

〔六五〕「俯」字底卷存右上角。

〔六六〕「眺」字底卷存上端殘畫。

〔六七〕「孤陋寡聞」四字底卷存右部。

〔六八〕「謂」字底卷存右部。

〔六九〕底卷所存止於上句「者」字(「者」字底卷在行末),其後殘缺,斯五四五四號此後正文爲末句「焉哉乎也」,另有「千字文一卷」字樣。

(本篇漢文文本張涌泉校録,藏文文本儲泰松校録)

漢藏對音千字文(二)

英印一三二

【題解】

本篇底卷編號爲英印一三二(《英國原印度事務部圖書館藏敦煌文獻漢文部分》,載《英藏》十四册)。一殘葉。漢文藏文各存兩段。漢文第一段計四行,第一行題『千字文敕員外散騎侍郎周興嗣次韻』,次行起抄正文『天地玄黃』,至『雲騰致雨,露結爲霜。金生爲麗水露』止;第二段存三行,前二行與第一段略同,第三行僅存下半行右側殘字,據殘畫判斷,末句爲『律吕調陽』,其後殘缺。也就是説,第二段實際上是把第一段的内容重抄了一遍。抄手之所以重抄者,大概是因爲第一段『露結爲霜』後本當抄『金生麗水,玉出崑崗』,而誤成了『金生爲麗水露』,故棄去重抄。《英藏》擬題《漢藏對譯千字文》,近是。兹比照伯三四一九A漢藏對音本《千字文》羅常培的定名改題『漢藏對音千字文』(參看伯三四一九A《漢藏對音千字文》題解)。

本篇未見前人校録。兹據《英藏》影印本校録如下。校録體例參照上一篇題解。另附寫卷圖版於文後,以資比勘。

千字文　敕員外散騎侍郎周興嗣次韻

天地玄黃,宇宙洪荒。日月盈昃,辰宿列張。寒來暑往,秋收冬蔵(藏)。閏餘成歲,律吕調陽。雲騰致雨,露結爲霜。金生麗水[一]

1. ཞི་ཚེན་ཛེ་བན་མི[二]

2. ཞི་ཚེན་ཛེ་བན་མིག་ཞིན་འགྱེ་ཟན་ཀ་ཤི་བང་མཚེའུ་ཧིང་ཟི་།་ཚེ་ཞིན་ཡེན་ད་ཐན་དང་[三]

（千字文 敕 負 外 散 騎 侍 郎 周 興 嗣 次 韻 天 地 玄 黄）

3 ༄༅།།འཕགས་པའི་（པིའ་）[四]ཡམ་ཡན་ལག་བརྒྱད་པ་།འབགས་（འབུགས་）པའི་བདེ
ན་ཅ་（བ་）རྣམས་།ཁམས་གཏན་རྣམས་།ཚང་

4 སྒྱིད་པ་རྣམས་།གཏུགས་སྒྱིད་པའི་སྙོམས་པར་འཇུག་（འདུག་）པ་རྣམས་།རྣམ་པར་
ཐར་པ་བརྒྱད་（ཅརྒྱད་）།མཐར་གྱིས་གནས་པའི་སྙོམས་པར་འཇུག་（འདུག་）[五]

5 པར་（པད་）ཀུ་རྣམ་པར་ཐ[illegible]པ་ཇི་སྙིར་（སྙིང་）པ་ཉིད་དང་མཚན་མ་སྒྱིར་（སྒྱིད་）
པ་དང་སྨོན་པ་སྒྱིད་པ་།མངོན་པར་（ཅར་）ཤེས་པ་རྣམས་།ཏིང་ངེ་ཤིན་（ཡིན་）རྣམས་

6 གཟུརས་（གཟུངས་）ཀྱི་སྒོ་རྣམས་[illegible][illegible]རེ་（?）[六]བཞིན་གཤེགས་པའི་སྟོབ་ལྷ་བཅུ་།
སྨྲ་འཇིགས་པ་ཐའི་།སོ་སོ་ཡང་དག་བ་ར་ཉིག་（?）པ་བཞི་

7 བྱམས་པ་ཆེན་པོ་འཆིར་（འཆིང་）ཆེ་ཆེན་པོ་།སངས་རྒྱས་（རྒྱས་）ཀྱི་ཆོས་མ་འདྲེ
ས་པ་བཅོ་（འཆོ་）བརྒྱད་（བཆད་）།

8 ཐམས་ཅད་ཤེས་པ་ཉིད་།ལམ་ཀྱི་རྣམ་པ་བ་ཤེས་པ་ཉིད་།རྣམ་པ་ཐམས་ཅད་མ་ཀྱི
ན་（ཁྱིན་）པ་ཉིད་།

9 ༄༅།།དེནས་ཚོད་ར་སུན་（?）བ་ཤ་འདུ་ཧི་འཞུས་།བཅོམ་ལྡན་འདད་འས་ལ་འདི་སྐ
ད་（?）ཅེས་གསོལ་ཏོ་།བཅོམ་ལྡན་（?）འདས་（བདས་）ཤེས་རབ་ཀྱི་ཕ་（?）རོལ་ཏུ་

10 ཕྱིན་པ་ནི་（པི་ན་）ཨ་པོ་།ཕ་ཆོས་ལྡན་འདད་འས་ཀྱིས་ཐ་གའ་བཅལ་པ་།ཞུར་རྣ་
（དུ་）ཏའི་བུ་གཟུགས་ཟབ་བ་འགྱིར་（ཀྱིར་）།ཤེས་འར་（?）ཀྱི་བ་རོལ་ཏུ་（དུ་）ཕྱིར་པ་

ཐབ་ཐོ་།

ཀྱི་དེ་བཞིན་ཉིད་〔七〕

11·གར་དུ་ཏོའི་བུ་ཚོར་བ་འཛེ་བདེ་བཞིན་ཉིད་འདུ་ཤེས་ཀྱི་འདུ་བྱེད་ཀྱི་རྣམ་པར་ཤེས་པའི་།ཁྱིག་གི་།རྣ་བའི་ཞའི་(?)ལྷེ་།(?)ཕུས་ཀྱི་(?)ཡིད་ཀྱི་།གདུགས་(གཟུགས་)ཀྱི་སྒྲ་འི་ནུའོ་

12·རོའ་རག་གི་ཚོས་ཀྱི་

千字文 勅員外散騎侍郎周興嗣次韻
天地玄黃宇宙洪荒日月盈昃辰宿列張

英印《漢藏對音千字文》

【校記】

〔一〕漢文第一段計四行，第一行題『千字文　勅負外散騎侍郎周興嗣次韻』，次行起抄正文『天地玄黄』，至『雲騰致雨，露結爲霜。金生爲麗水露』止；第二段存三行，前二行與第一段略同，第三行僅存下半行右側殘字，據殘畫判斷，末句爲『律吕調陽』，其後殘缺。也就是説，第二段實際上是把第一段的内容重抄了一遍。抄手之所以重抄者，大概是因爲第一段『露結爲霜』後本當抄『金生麗水，玉出崑崗』，而誤成了『金生爲麗水露』，故棄去重抄。

〔二〕底卷所抄藏文共有兩段，前段七行，後段五行，共計十二行。爲了便於辨認，我們在每行前加上了阿拉伯數字序號。第八行（即後段第一行）與第十二行（即後段第五行）均殘泐，第十行與第十一行之間插入了一小節，可能是因爲抄脱再補入的。第一行藏文所對漢字是『千字文』，但不知何故，抄者又將其劃去了。

〔三〕此行藏文是爲『千字文　勅負外散騎侍郎周興嗣次韻　天地玄黄』等十九個漢字注音。此下藏文所對漢語皆不明。

〔四〕底卷漫漶不清，藏文不易辨認。某一藏文音節若類似於其他音節，則另行標出，外加括號表示。下同。

〔五〕此行似未完，末字ག只殘存左側。

〔六〕（？）表示括號前的音節因辨認困難，可能有不同的識讀，此處只是其中一種。下同。

〔七〕這幾個音節插在第十行ཡ་བ་བའི་之下、第十一行ཤ་བའི་ཞའི་之上，但已看不出應該插入哪一行。

（本篇漢文文本張涌泉校録，藏文文本儲泰松校録）

千字文注

李邏

斯五四七一（底卷）　　伯三九七三背（甲卷）

【題解】

底卷編號爲斯五四七一。小册子。首尾均缺，起「珠稱夜光」注文「爲夜光之寶也」，至「詩讚羔羊」注文「人若違此」的「違」止，所存部分約占全書之八分之一。正文單行大字，注文雙行小字。《索引》擬題「千字文注」，各家略同，兹從之。

甲卷編號爲伯三九七三背。正面爲「兄弟無語分書」等分書殘文二篇，背爲「五臺山巡禮記」（似爲另紙粘貼於本篇之首）和本篇。首尾亦缺，起「推位讓國」，至「尺璧非寶」止。正文單行大字，注文雙行小字。《索引》擬題「千字文殘卷（有注）」；《寶藏》、《法藏》定作「千字文注」，兹從之。甲卷所存部分約占全書十四分之一，其中近半篇幅與底卷重合，注文大體相同，甚至錯誤也多相同，二本當同出一源，故兹合併校録。

底卷、甲卷皆有用唐代避諱字的情況，如「民」或作「人」（參看校記〔一三〕、〔二四〕、〔三七〕），「愍」或作「慜」（參看校記〔三二〕），「世」或作「廿」（參看校記〔一二〕，另參「女慕貞潔」下注），皆爲唐代常見的避諱用字。但亦有徑作「世」「民」而不改避者，則改避者或係承用底本避諱用字。二卷或皆爲五代前後抄本。比較而言，甲卷的疏誤更多，似較底卷更爲晚出（參看校記〔二〇〕、〔一三〕）。

考《隋書·經籍志》載有梁國子祭酒蕭子雲注《千字文》一卷，又載胡肅注《千字文》一卷，但世無傳本。敦煌寫本伯二七二一號《雜抄》一卷「經史何人修撰」下云：「千字文，鍾繇撰，李暹注，周興嗣次韻。」日本藤原佐世《日本國見在書目録》亦載有李暹注《千字文》一卷。今日本大阪上野淳一氏藏有弘安十年（一二八七）寫本《注千字文》一種（以下簡稱上野本），卷端題「趙人邏李序注」；宮內廳書陵部又藏有《纂圖附音增廣古注千字文》古刻本一種（以下簡稱纂圖附音本），卷端序題『梁大夫司馬李邏』。這兩種本子與敦煌本注文的内容頗有相同或相近之處，應係出於一源，比較而言，上野本注文較爲簡潔，大約較多地保存了古注的本來面貌，敦煌本已有所增益，纂圖附音本則是宋代以後增廣的本子（參看日本小川環樹《千字文について》，載《中國語學研究》，東京創文社一九七七；山崎誠《本邦舊傳注千字文考》，載《平安文學研究》第六十九辑，一九八三年；黑田彰等《上野本千字文注解》，和泉書院一九八九）。這些本子注文的原作者應爲李暹，『邏李』、『李邏』應皆爲『李暹』之訛。關於李暹其人，《郡齋讀書志》卷三李暹注《文子》十二篇下云『師事僧般若流支，蓋元魏人也』。上野本《注千字文》李暹自序云：『邏（暹）奇其文理，志傳其訓。昔東朝武定年内任秘書郎中，王事靡盬，不暇寧居。奉使楚城，慰撫邊蠻，路次潁川，遇大司徒侯景稱兵作亂，遂爲之維攣（當作『縶』或『繫』），奔梁不可得，還業（鄴）無路。歲次大火，被逼入關，遂在西京，經三十餘年。由直言悮旨……由此感懷，故捃摭典模，注贊云尔也。』據此，可知李暹歷事東魏、西魏，曾任秘書郎中等職。纂圖附音本序署『梁大夫司馬』，未得其詳。

上揭小川環樹、山崎誠、黑田彰的論著以及法國伯希和《千字文考》（《圖書館學季刊》一九三二年第六卷第一期）都曾涉及到敦煌本《千字文》注本的情況。東野治之《李暹注『千字文』について》（五味智英、小島憲之編《万葉集研究》第一三集，塙書房一九八五）、《訓蒙書》（《講座敦煌》之五《敦煌漢文文獻》，大東出版社一九九二，以下簡稱『東野』）和鄭阿財、朱鳳玉《敦煌蒙書研究》（甘肅人民出版社二〇〇二，以下簡稱《蒙書》）則對此有更詳細的介紹，并先後作過録文。兹據《英藏》、《寶藏》等影印本及縮微膠卷重新校録如下。

（上缺）

爲夜光之寶也。[一] **菓珎（珍）李柰**，《詩》云：『丘中有李，彼留子起。』[二]《世説》曰：『燕國高道縣王豊家好李，大如鵝。恐人得種，鑽其核破而賣之。』[三] 涼州出柰，堪爲脯。菓中美好者李柰也。 **菜重芥薑**。趙國出芥，食之香美，子可爲醬。《論語》曰：魚膾芥醬之屬。[四] 不（又）云：不徹薑食。[五] 曰此二物皆好也。 **海鹹河淡**，《吴都賦》曰：『煮海成塩（鹽）。』[六] 故曰海鹹。不論煮河，故宜河淡也。**鱗潛（潛）羽翔。**鱗者黿、龜、鼉之屬。有翼翔於林野。故《詩》『匪鶉匪鳶，翕（翰）飛戾天。匪鮪匪鱣，潛（潛）兆（逃）于泉』也。〔七〕**龍師火帝，**《春秋傳》曰：伏義（羲）氏之王天〔下〕，以龍治事，龍瑞，以龍記；火帝氏以火記事。〔八〕**鳥官人皇。**《春秋》曰：人皇之時，以鳥記官，祀（祝）鳩氏爲司徒，鴡鳩氏爲司馬，尸（鳲）鳩氏爲司空，爽鳩氏爲司寇，以鳳皇知天時，故鳥名曆正之官也。〔九〕**始制文字，**《易》曰〔一〇〕：上古之時，刻木結繩，三丈二寸，而後世聖人易之以書契。〔一一〕皇帝吏（史）官蒼頡見鳥跡而造文字。〔一二〕自斯之後，文字漸興，故記之也。**乃服衣裳。**自伏義（羲）氏以前，人代淳朴，無其文字，唯尅（刻）木結繩以紀其日。至伏義（羲）氏王天下，人氏姦爲（僞），故計教而用治之。十言謂八卦与消自（息）。〔一三〕《易》曰：古孝（者）伏義（羲）氏之〔王〕天下，始畫八卦。〔一四〕由此言又藉之字始制〔一五〕。《易》曰：古者結繩而治，後世由此文藉制易聖王易曰之以書契〔一六〕。以服衣裳，始皇帝、舜七〔一七〕。《易》曰：黄皇帝、堯、舜垂衣裳以始（治）天下，盖取諸乾坤。《繫辤》詳之矣。〔一八〕**推位讓國**〔一九〕，**有虞陶唐。**《史記》曰：帝堯名放勛，皇帝〔二〇〕之玄孫。舜名重華。堯年十六封爲唐侯，故号陶唐。虞，芮之地，号曰有虞。堯聞舜有聖德，妻其二女，推位与之，舜復推禹，故言推位讓國。有虞、陶唐，二君。**弔民伐罪，**弔者怜恤之義。紂王無道，百姓困苦。周武王愍〔二一〕百姓之酷暴，興盟津之上，八百諸侯不期而主自咸討可伐也〔二二〕。伊尹相湯伐桀，之〔二三〕走鳴條之野，亦爲弔人〔二四〕伐其有罪之君。八百諸侯於甲子日，同志討討率其旅若林〔二五〕，會於牧野。紂之兵人，于（干）戈自繫，血流漂杵。一着戎衣，天下定，万姓得君武王，若旱苗之蓬（逢）滋雨，悉皆蘇自〔二六〕。故《書》曰：『待我后，后來其蘇息。』〔二七〕此其事也。**周發殷湯。**周發者，武王之名。殷湯者，成王之号。桀無道，湯〔二八〕伐之。紂無道，周武王伐之。此二君，皆爲怜恤養生，伐無道之君。**坐朝問道，**昔堯舜帝有天下，舉十六族任以爲政〔二九〕，並得其人，故端坐朝堂，垂拱無爲，問主治道之事〔三〇〕。一解云：漢孝文帝時，合国朝臣皆誦《老子道德經》五千文，不解數字之義，天下莫能知者。〔三一〕問（聞）〔三二〕河上公曉於《老子》之義，文帝造使往諮請不解者〔三三〕。河上公曰：『《道德》貴重，安遥問？』〔三四〕帝駕從而往問之〔三五〕。帝曰：『「普天之下，莫非王土；率土之人，莫非王臣。」〔三六〕子雖有道，終是朕人〔三七〕。不能自屈，何乃高乎？朕足使公富貴貧賤，只可須臾〔三八〕。何得寬漫，要朕自至也〔三九〕？』何（河）上公忽然從坐躍身，苒苒在虛，昇雲而去。去地十丈〔四〇〕，答於帝曰：『上不至於天，下不履地，中不累人，逍遥而自安，何人之有哉！能令余富貴貧賤？』〔四一〕帝見於此〔四二〕，恐懼下車，稽首拜謝，摧肝膽而請問《道德》之義。故曰坐朝問道。坐朝於国，問道於河濱也。垂拱平章。《書》曰：『九族已睦，平章百姓，[百姓]昭明。』〔四三〕邕邕而化天〔四四〕，無爲，端拱無事，故平章百姓。堯舜如此也。愛育梨（黎）首，《礼記》曰：愛育万物。〔四五〕《詩》云：公能遵百禽之法，捨以足用，寬愛人黎，務香國至於垧（坰）野〔四六〕。黎者，衆人也。首者，渠師（帥）者，大也，令之合長〔四七〕。明王治道，堯、舜、禹、湯并周武，悉皆愛育蒼生故。臣伏羌戎〔四八〕。明王治道，遐荒慕化，梯山[航]海〔四九〕，貢賨輸琛而祀，戎羌敢不從命。又武王伐紂之時，有庸、蜀、羌、微、盧、彭（彭）、濮人等八国，皆羌之国〔五〇〕，不伐不討，皆來臣伏之也。遐迩壹體，遐之言遠，迩之言近。明王治道，万国來賓，伯來朝，歲星入土，呪於之類，能不一榦歸仁也〔五一〕。率賓歸王。王者往也，聖人受命，何不歸往也。文王在岐州之日，德化慈愍，名流四表。紂之無道，百姓兆（逃）亡，皆來奔周，赴其仁聖。負〔五二〕其子而至者有八十万户，皆來歸往。王有埋藏枯骨之功，湯王有開恩之惠，以此慈流，九夷歸往，故彥（諺）云『湯塹解〔五三〕，四海歸仁，周骨見埋，九夷内附』也。鳴鳳在樹，《詩》云：『鳳皇鳴矣，于彼高崗。梧桐生矣，于彼朝陽。』〔五四〕鳳皇非梧桐不栖，非竹實不食。周文王在岐州之日，有鸑鷟鳴岐；〔五五〕武之時，集於豊户。〔五六〕明王聖主，鳳皇而來也，見於道有王〔五七〕。白駒食場。白駒者，即騏驎也。明王之時，有聖人乘白駒來朝。《詩》云：『晈晈白駒，食我場苗。縶之維[之]，以永今朝。』〔五八〕縶猶絆也。化被草木，周家惠厚，仁及草木，故能内九族以成福禄。《漢書》曰：沈豊字聖通，吴人也，作冷陵太守，甘露降五縣，芝草七十株。景帝暢（賜）黄金百溢，曾（繒）百匹。〔五九〕張衡《京都賦》曰『澤侵昆虫，振威八寓』〔六〇〕故也。賴（賴）及萬方。賴（賴）者被也，及者至也，萬方，万国也。文王之時，及万国万方，百姓無不被恩及者。又雲（云）：禹察塗山，執玉帛者万国〔六一〕，孝也。盖此身髮，四大五常。盖者，詰之端。〔六二〕八尺之身惣名四大。五常者，仁、義、礼、智、信。《孝經》曰：人懷五常之性。〔六三〕常者，恒也。在天爲五星，在地爲五常。〔六四〕四大者，即肉爲地大，血爲水大，暖氣爲〔六五〕火大，冷氣爲風大。此置〔六六〕四大。五星者，東方歲星，南方熒或（惑），西方太白，北方辰星，中央鎮星也。五岳者，東有太山，南有霍山，一石（名）衡山，西有華山，北有恒山，中有嵩山。此皆恒常之故也。恭惟鞠養，夫王〔六七〕身之道，惟恭与孝。色養二親，雖遭凶年，父母不之〔六八〕。昔孝巳一夜視衣厚薄，枕之高下。〔六九〕此恭於二見〔七〇〕。敬上愛下，此施於他人。欲敬其親，先敬他人。此名恭惟鞠養。□□〔七一〕離在家竭力以養老母。時有羌賊在田捉之〔七二〕。礼叩頭曰：『戎（我）有老母在家，我爲取菜供養。君若煞我，老母交闕朝飡，願君放我作羹与母食訖，我即自來就死，終不失信。』〔七三〕賊遂放還家。礼入門，歡悦怡睒（咲）。作羹与母食訖，母問礼曰：『於今飢饉，使子辛苦，何有歡樂，忽然怡睒（咲）？』礼曰：『兒向者在田取菜，逢賊欲煞兒，兒爲阿孃未朝飡，乞命少時。若欲愁憂，恐孃不樂，是以歡悦。見（兒）今就死，好住〔七四〕。』母曰：『既免賊手，何乃自去？』礼曰：『兒若不去，賊就家取兒。賊若來，驚恐阿孃，即非孝子。』其弟滈（隔）墻〔七五〕聞兄此言，密自走出，而至賊所，胃曰〔七六〕：『向來仁者，是我之兄。君既須肉，我肥肉多，我兄孝養，羸弱肉少。今代我兄取死，願君煞我，莫煞我兄。』須臾之間，張礼走到：『本許煞我，何爲煞苐（弟）？』賊見張礼兄苐（弟）如此，悉皆流淚，遂赦二人之命，使送還，而乃遺米一斗〔七七〕，令与老母。鞠養之道，其由如此也。豈敢毁傷。《孝經》曰：父母已生，亦當自全而歸之。〔七八〕又曰：父母之躰（體），不敢毁傷，孝之始也。〔七九〕孝子之法，外不爲非，内能行孝，不犯三千之罪〔八〇〕，豈有鞭杖加之。子遭鞭杖，父母憂之；父母既憂，即非孝子。孝子之法，莫使父母憂。唯疾痛何（可）使父母憂之。《論語》曰：『唯其疾之憂。』〔八一〕此其義。女慕貞潔，《礼記》曰：『女子出門，心（必）擁遮其而（面）。夜［行］以燭，無燭則不行。』〔八二〕恭姜嫁於衛廿（世）子恭伯，早亡，姜遂守志，一心不二。父母欲奪其志嫁之，然姜誓不許。〔八三〕喻貞夫之事韓朋。宋王聞其姜（美），騁（聘）以爲妃，捨賤〔八四〕，曰：『卿本庶人之妻，今爲一国之母，衣即綾羅，食則咨口，何有不樂〔八五〕，而不歡喜？』貞夫曰：『妾本辤家别親，出適韓朋，生死有匹〔八六〕，貴殘有殊；雙孤〔八七〕有黨，不樂神龍；魚鼈水居〔八八〕，不樂高堂；鵲雀有群〔八九〕，不樂鳳皇；庶人之妻，不樂大王。韓朋須（雖）賤，結髮夫婦；宋王雖貴，非妾獨有。』又辤曰：『蓋聞一馬不被二鞍，一車不串四輪，妾既一身，不事二君。』乃投朋廣（壙）而死。此貞潔之志全也。斯之者，世代之所希奇，當今之時未見也。男効才良。《世説》曰：魏武帝曹操与楊修——字德祖——二人常（嘗）共遊〔九〇〕，見《曹娥碑》，皆（背）有八字，題云：『黄絹幼婦，外孫礩（齏）臼。』然帝莫曉其意，德祖可然解之〔九一〕。帝胃祖曰〔九二〕：『可解不也〔九三〕？』祖曰：『解也。』帝曰：『勿□，▨（待）□思之〔九四〕。』遂行卅里。帝問祖前□□□□曰〔九五〕：『黄絹，色絲；色絲者，絶字也。□□□□□□（幼婦，少女；少女）者〔九六〕，妙字。外孫者，女子；女子□□□□（者，好字。齏臼）▨（者）〔九七〕，受辛；受辛者，辤字。▨（辤）〔九八〕。』帝曰：『朕向思之▯無智〔九九〕，隔行卅里。▯曹操〔一〇〇〕爲帝，陳思▯疾〔一〇一〕而欲煞之。令遣▯不却煞〔一〇二〕。陳思王七▯箕（其）〔一〇三〕釜下然〔一〇四〕，豆子釜□□□（中泣，本自）〔一〇五〕同根生，相煎何太急！』□□□□煞。〔一〇六〕彦（諺）云：『才斲七步，學▨（愧）〔一〇七〕三冬。』由此言之。七步者，即陳思王曹捐（植）也；三冬者，即東方朔也。學問三冬，文章足用，授号三冬、七步之才。此三人者，人倫之中軌範，邦家之内羽儀，男子之中量〔一〇八〕，若此故也。知過必改〔一〇九〕，《論語》云：『過則勿憚改。』又云：有過能改，与無道（過）者同；道（過）而不改，斯道（過）矣。〔一一〇〕。《春秋》曰：昔秦穆公亡駿馬，有道（盜）偷煞之〔一一一〕。公見，更賜酒，恐駿馬之肉發病。然五人悔過，自念以報恩〔一一二〕。後秦被音（晉）敗，此五人併以報穆公〔一一三〕，公得免難也。一解云：秦穆公遣三師伐鄭，路由音（晉）界。其臣蹇、百里等陳（諫）〔一一四〕曰：『不可也。必亡於三（二）崤之間。』〔一一五〕公不聽。遂引君（軍）東襲〔一一六〕。晉臣先軨（軫）及姜之奇〔一一七〕等致伏兵三（二）崤之中，滅秦三軍，隻輪不返，匹馬不歸。穆公聞之，深自悔責，恨不用賢之言〔一一八〕。《尚書》有秦穆公悔過之篇，故之（云）『知過必改』。得能莫忘。夫人立身之道，必須尅己行仁，博學六藝，所得所能，終始勿忘之心府，日益知新，月無怠故，切切而問之，近近而思之，在於（問之）在於外〔一一九〕，思之在於心也。冈（罔）談彼短，冈（罔）者，無也。立身之道，謙讓爲先，推直与人，抱曲向己，莫論他人之短，自胃（謂）己之有長〔一二〇〕。故記云〔一二一〕：君子不以所能於衆，不以所長於義，皆不自代（伐）其功〔一二二〕，遏惡而揚善，君子之道，不以視之也。靡恃己長。君子之人，不論己是，聞人之善，傾喜之；聞人之惡，慘戚之；聞人有失，爲忧之；卑〔一二三〕人之長，自取其短。小人不能然也。信使可覆，《論語》曰：『信近於義，言可覆。』〔一二四〕君子之言，無不近信義者。故云：君子一諾，千金不移。昔魏文侯与楚王〔一二五〕期獵。至期日，雨甚，文侯置（冒）雨□（赴）〔一二六〕，▨▨（左右）〔一二七〕諫曰：『雨甚，不可進。』文侯曰：『□□□□（与人期，何）得不赴而失信。』〔一二八〕一解云：昔尾生与女子期於梁下，須臾水至，尾生恐失期所，不避溺，抱梁□□□（取死，表）〔一二九〕我之信也橋梁，若非橋▨（梁），▨（何）〔一三〇〕得水至而溺死也。一解云：漢時郭細侯任并州刺史，年滿下官，乃有群小兒皆乘竹弓〔一三一〕來至其門，曰：『府君何日還，某等欲送府君。』然細侯与期於路。自至其日，細侯行至期所，停車息馬而待之。左右曰：『何故也？』細侯曰：『吾与童兒期此。』左右曰：『童兒之言，何可信也。』細侯曰：『与人期〔一三二〕，豈可失也。』須臾之間，有數十小兒皆乘竹馬而至。歡曰〔一三三〕：竹馬□□□□（之信，尚不）可欺〔一三四〕，況乃士人君子乎？一□□□□▨（解云：昔張元）伯、范巨卿千里赴期〔一三五〕，□□□□□（時猶不失；邢）〔一三六〕高与吕安爲友，亦千□□□（里命駕）〔一三七〕。□□（元伯）、▨（巨）卿〔一三八〕千里命駕，即邢□□□□□（高、吕安是也。詩）〔一三九〕云：誓将抱死〔一四〇〕，還同□□□□□□□（竹馬期。縱使風不雲）避雨沾衣。〔一四一〕此□□□□▨也〔一四二〕。噐（器）欲難量。□□□□□（《雜説》云：郭林）〔一四三〕宗遊於汝南，過□□□□（袁奉高，不）〔一四四〕宿而退還。或人▨（問）〔一四五〕曰：『奉高如何也？』宗曰：『奉高之才噐（器），辟（譬）千千之深溪〔一四六〕，［万］傾（頃）之池沼〔一四七〕，澄之不清，撓之不濁，其器深廣，難惻（測）難［量］也〔一四八〕。我之於彼，何能比擬也。』〔一四九〕**墨悲絲染**，墨子者，梁惠王時人也，盖有胃道之土〔一五〇〕，与莊周□□□□□（同遊，著書廿篇）〔一五一〕，号曰道家。素書煞同聖躰〔一五二〕，爲居惡俗，染之成墨，悲其失所，見枉沉倫（淪）。堯舜染▨□〔一五三〕，紂染崇侯而成闇主。近愚［者］闇〔一五四〕，近聖者明，近穢者臭，近蘭者香，人之善□云〔一五五〕『楊珠（朱）泣岐路〔一五六〕，墨子悲染絲。如何失本性，識道更何時』也。□□□□羔羊〔一五七〕，邵南之國〔一五八〕，被文王之化，在位節儉，如羔羊食乳，跪而飲之，人若違〔一五九〕此，不□之如此〔一六〇〕，僕〔一六一〕感傷懷，因而詩曰：羔羊……〔一六二〕。□解〔一六三〕，有心悲可歎，人翻無若此，申辭命筆，作斯詩也。〔一六四〕**景行維賢**，景之言大，有大德□▨君也〔一六五〕。昔周［公］相成王，攝政七年，制礼作樂，天下大定，四海歸仁。公避流言之謗，東征□侯〔一六六〕，故作鵄鴞之詩以遺王〔一六七〕，成王不敢請公，此由景行高遠，惟賢惟聖也。**□□（克念）**〔一六八〕**作聖**。《尚書》曰：克勤於国，克儉於家。不自盈大。〔一六九〕功高由志念，業廣由積勤；有志則功高，能勤則業廣。〔一七〇〕又云：『惟聖冈（罔）念作狂，惟狂克念作聖。』〔一七一〕實狂愚由不▨▨善，故▨亡国破家。〔一七二〕文王本非聖人，由勤念於善，得枝連八百，号曰聖人也。**德建名立**，《礼記》曰：『德潤身，富潤屋。』〔一七三〕《論語》曰：『君子之德風。』〔一七四〕故言高遠之君子，能〔一七五〕德立言，立美名於後世，揚高德於将來。以夫子爲立言，以文王爲立德，万代而傳之，明同日月者故也。**形端表正**。雜語〔一七六〕曰：夫形正者影必端，表斜者影必曲。君子之人，不受斜僻之言，抱志守貞，不虧（虧）二行〔一七七〕；縱逢衰乱，不爲强暴之男〔一七八〕；俗有傾移，不奪恭姜〔一七九〕之操。柳下惠、顔叔子是也。叔子在室〔一八〇〕，夜逢滯雨，隣家有一女，其舍爲雨漬損，女奔叔子，叔［子］怨（恐）人疑之〔一八一〕，遂令女秉明，明盡，徹草，屋草續明至曉〔一八二〕，不虧（虧）其志。柳下惠朝参，不逮門，遂宿於門側〔一八三〕。時有一女亦不及門，同宿於門内。其時極寒，惠恐女凍死，以抱覆之〔一八四〕，不虧（虧）其行。此二人形性正直表正如斯故也〔一八五〕。**空谷傳聲**，《説苑》〔一八六〕曰：『昔陳思王登於魚山，臨於東阿，忽聞巖岫之中有誦經聲，青麗華婉，流響肅然有雲氣〔一八七〕，不覺□衿祇敬〔一八八〕，而習此聲。傳之後人，即今梵音是也。一解云：昔晉文公於釜山求介子推不得，於山中使人乎（呼），惟響應甚審，終自不見其身。文公以火焚之〔一八九〕，推抱樹燒死。谷之響自此有之，故空谷傳聲之也〔一九〇〕。**虚堂習聽**。《書》曰：昔魯恭王壊孔子宅，以爲恭王聽之〔一九一〕，使人□□〔一九二〕，得先王之典籍，遂不壞宅。此置〔一九三〕虛堂習聽□□〔一九四〕爲虛堂静聽者□〔一九五〕。禍因惡積，積惡之家，必有餘殃□〔一九六〕福緣善慶。積福善之家〔一九七〕，必有餘慶，故福及子孫也。尺璧非寶（下缺）

【校記】

〔一〕起首至『墨悲絲染』注文『号曰道家』據底卷校録。此句所注正文爲『珠稱夜光』句。

〔二〕『子起』二字今本《詩·王風·丘中有麻》作『之子』。

〔三〕『世説』以下至此纂圖附音本作：『《世説》曰：燕國高道縣王豐家出好李，大如鵝子，香美。每熟，鑽破核而賣之，恐人傳種，種之不生也。』上野本作：『燕國縣道有好李，大如鵝卵，八月乃熟也。王農家有好李，恐人得其種，鑽其破核（核破）而賣之也。』查今本《世説新語》儉嗇第二十九云：『王戎有好李，賣之，恐人得其種，恒鑽其核。』按古無『高道縣』，疑當據上野本作『縣道』，而其下又有脱文。『王豐』、『王豐』、『王農』則疑皆爲『王戎』之誤。蓋『戎』字音誤作『農』，『農』又形誤作『豊』和『豐』。又底卷『鵝』下疑脱一『卵』字或『子』字。

〔四〕《論語·鄉黨》：『食不厭精，膾不厭細，食饐而餲。魚餒而肉敗不食……不得其醬不食。』何晏集解：『馬曰：魚膾非芥醬不食。』而《論語》正文未見『魚膾芥醬』連文之句（《論語》全書無『芥』字）。《禮記·内則》列舉食物名有『魚膾』、『芥醬』連屬之句。

〔五〕今本《論語·鄉黨》『徹』作『撤』，阮元校勘記云：『案《石經》、《考文提要》引宋本九經「撤」作「徹」。《説文》無撤字，撤乃徹之俗字。』

〔六〕《文選》卷五左太沖《吴都賦》作『煮海爲鹽』。

〔七〕所引《詩》見《小雅·谷風·四月》，『戴』爲『鳶』字異體；『翕』字『兆』字據原詩校改；『匪鮪匪鱣』原詩作『匪鱣匪鮪』。

〔八〕《左傳・昭公十七年》：『炎帝氏以火紀，故爲火師而火名；……大皞氏以龍紀，故爲龍師而龍名。』杜注：『炎帝，神農氏，姜姓之祖也，亦有火瑞，以火紀事，名百官。』又云：『大皞，伏犧氏，風姓之祖也，有龍瑞，故以龍命官。』上野本注：『言伏義氏王天下，有龍瑞，因龍名官也。……炎帝神農氏王天下，有火瑞，因火紀官哉。』

〔九〕《左傳・昭公十七年》：『我高祖少皞摯之立也，鳳鳥適至，故紀於鳥，爲鳥師而鳥名。鳳鳥氏歷正也，玄鳥氏司分者也，伯趙氏司至者也，青鳥氏司啓者也，丹鳥氏司閉者也，祝鳩氏司徒也，鴡鳩氏司馬也，鳲鳩氏司空也，爽鳩氏司寇也，鶻鳩氏司事也。』杜注：『鳳鳥知天時，故以名歷正之官。』

〔一〇〕甲卷注文始此二字，但誤抄在『推拉讓國，有虞陶唐』注文『堯年十六封』之後，而『堯年十六封』後原來的注文『爲唐侯，故号陶唐。虞，芮之地，号曰有虞。堯問（聞）舜有德，妻』則被抄在『弔民伐罪』句注文『興盟津之上』之後，『興盟津之上』之後原有的注文則被脱略，陰差陽錯，以致一誤再誤矣。

〔一一〕《易・繫辭下》：『上古結繩而治，後世聖人易之以書契。』『世』字甲卷作『卋』，係避諱缺筆字。

〔一二〕『皇帝』甲卷同，當作『黃帝』；『吏』當作『史』，甲卷正作『史』。許慎《説文解字敘》：『黃帝之史倉頡，見鳥獸蹏迒之迹，知分理之可相別異也，初造書契。』

〔一三〕『人代』『人氏』並當作『人民』，蓋避唐諱而改（唐代避太宗諱，『民』旁多改避作『氏』，此蓋徑以『氏』字代『民』，而『代』又爲『氏』字形訛）。『計教』當作『設十言之教』，『消自』當作『消息』（東野校同）。上野本注：『自伏義（羲）氏以前，人民淳［朴］，［無］其文字也，唯剋木結繩以記其事也。伏義（羲）氏王天下，人民姦僞，故設十言之教而用治之。十言者謂八卦与消、息也。』漢鄭玄《六藝論》：『虙義作十言之教，曰乾、坤、震、巽、坎、離、艮、兑、消、息。』

〔一四〕《易・繫辭下》：『古者包犧氏之王天下也，仰則觀象於天，俯則觀法於地……於是始作八卦。』《尚書序》：『古者伏犧氏之王天下也，始畫八卦，由是文籍生焉。』

〔一五〕『又藉』疑當作『文籍』。上野本注作『由此文字始制也』，可參。參上校。
〔一六〕『由此文藉制易』及『之』字前的『曰』字應爲衍文當删。參上校記〔一二〕。
〔一七〕『七』字底卷又近似『亡』，東野校作『也』字，可從；『皇帝』當作『黄帝』。上野本注：『乃衣服（服衣）裳也，始黄帝、堯、舜也。』可參。
〔一八〕『黄皇帝』的『皇』『黄』二字應有一字係衍文應删（底卷『黄』字右下側有一點，或指此字當删；底卷『黄帝』皆寫作『皇帝』），『始』爲『治』字之訛。《易·繫辭下》：『黄帝、堯、舜垂衣裳而天下治，蓋取諸乾坤。』
〔一九〕甲卷正文始此句。但此句下有上文『始制文字』句注文闌入，參上校記〔一〇〕。
〔二〇〕『皇帝』當作『黄帝』，甲卷正作『黄帝』。
〔二一〕『周武王』下甲卷多一『發』字。『慜』字甲卷同，同『愍』；唐代避太宗諱，『愍』字或改避作『慜』。下同。
〔二二〕此句有誤，似當校讀作『八百諸侯不期而至，咸曰紂可伐也』。《史記·殷本紀》：『西伯既卒，周武王之東伐，至盟津，諸侯叛殷會周者八百。諸侯皆曰：「紂可伐矣。」』又《周本紀》：『是時，諸侯不期而會盟津者八百諸侯。諸侯皆曰：「紂可伐矣。」』可爲校字之證。又此句以下至『男効才良』注文甲卷全無，似屬有意節略未抄。
〔二三〕『桀』乃『傑』的俗字。《龍龕手鏡·人部》：『桀，俗，其列反。』『桀』亦爲『傑』的俗字，可以比勘。『傑』文中用同『桀』，『桀』『傑』古今字。下同。又此字後的『之』字應爲『桀』字的重文符號之誤。《史記·夏本紀》：『湯遂率兵以伐夏桀。桀走鳴條，遂放而死。』又《尚書·湯誓》：『伊尹相湯伐桀，升自陑，遂與桀戰于鳴條之野。』皆可參。
〔二四〕『人』應爲『民』的避諱改字。
〔二五〕下『討』字底卷作重文符號，此句疑當校讀作『同志討紂。紂率其旅若林』。《尚書·武成》：『甲子昧爽，受（紂）率其旅若林，會于牧野。罔有敵于我師。前徒倒戈，攻于後以北。血流漂杵。一戎衣，天下大定。」可參。

〔二六〕「自」應爲「息」字之訛，猶上文「消息」誤作「消自」之比（參上校記〔一三〕）；《蒙書》徑録作「息」，非原形；東野録作「耳」，非是。

〔二七〕二「后」字前一字底卷作「舌」，後一字作重文符號，「舌」乃「后」的常見俗寫。《尚書·湯誓》：「徯予后，后來其蘇。」即引文所本。東野及《蒙書》皆録作「舌之」二字，非是。

〔二八〕底卷重一「湯」字，一在行末，一在次行首，遂致衍誤，今删其一。

〔二九〕「任以爲政」上野本作「任之以政」，義長。

〔三〇〕此句上野本作「問至治之道」，義長。「昔堯舜帝」以下至此一段亦見於上野本注，而爲纂圖附音本所未見；而「一解」以下則爲上野本所未見。

〔三一〕「一解」以下内容亦見於纂圖附音本注及《太平廣記》卷一〇河上公條（原注出《神仙傳》），以上數句《太平廣記》作：「帝讀《老子經》，頗好之，敕諸王及大臣皆誦之。有所不解數事，時人莫能道之。」

〔三二〕「問」字據纂圖附音本及《太平廣記》校讀作「聞」。

〔三三〕此句纂圖附音本作「帝使人往召之」，《太平廣記》作「乃使齎所不決之事以問」，底卷「造」字疑誤。

〔三四〕河上公語纂圖附音本作「道德高貴，安可遥問乎」，《太平廣記》作「道尊德貴，非可遥問也」，底卷「安」下疑脱一「可」字。

〔三五〕此句纂圖附音本作「帝親自往問之」，《太平廣記》作「帝即幸其庵，躬問之」。

〔三六〕「普天之下」四句本《詩·小雅·北山》，又見《左傳·昭公七年》、《孟子·萬章》引，其中的「人」各本皆作「濱」，纂圖附音本及《太平廣記》亦作「濱」。

〔三七〕終是朕人，「人」同「民」，蓋避唐諱改（下文「何人之有哉」之「人」同）；此句《太平廣記》作「猶朕民也」。

〔三八〕「足」字底卷作「𤴓」，應爲「足」字草書之變，東野及《蒙書》皆録作「呈」，似不確。以上兩句纂圖附音本作

〔三九〕「朕能貴卿、能賤卿、能殺卿、能活卿，富貴貧賤，只在須臾」，可參。

「寬漫」纂圖附音本作「寬緩」，其下無「要朕自至也」五字（上文「何乃高乎」句下纂圖附音本有「要朕自至，見朕不起」八字）。

〔四〇〕「何（河）上公」以下至此纂圖附音本作「何上公見帝此言，從地舉身，去地十丈，冉冉而立」，《太平廣記》作「公即撫掌坐躍，冉冉在虛空中，去地數丈」，底卷「虛」下疑脱一「空」字。

〔四一〕河上公答語纂圖附音本作「吾上不至天，下不履地，中不累人，道遥自在安神，豈羡富貴乎」，《太平廣記》作「余上不至天，中不累人，下不居地，何民臣之有」；底卷「何人」蓋同「何民」。

〔四二〕「於此」纂圖附音本作「如此」。

〔四三〕《尚書·堯典》：「九族既睦，平章百姓，百姓昭明。」底卷「百姓」下蓋脱重文符號，兹據經本補。

〔四四〕「天」字疑衍。

〔四五〕「愛育万物」句今本《禮記》未見，其出處俟考。

〔四六〕「百禽」當作「伯禽」，「捨」當作「儉」，「寬愛」以下有訛脱；引文見《詩·魯頌·駉》序，經本云：「駉，頌僖公也。僖公能遵伯禽之法，儉以足用，寬以愛民，務農重穀，牧于坰野。」伯禽爲魯國開國賢君。

〔四七〕「令之合長」疑爲「令之令長」之誤。

〔四八〕「羌戎」當作「戎羌」，「羌」爲韻脚字；上野本、纂圖附音本及其他傳本皆作「戎羌」，可證。

〔四九〕「航」字據文義增。

〔五〇〕據《尚書·牧誓》及《史記·周本紀》，「羌」「微」之間還有「髳」國，孔安國傳：「八國皆蠻夷戎狄屬。」此以爲「皆羌之國」，恐誤。

〔五一〕「伯來」前疑脱一「巢」字，《尚書·旅獒》有「巢伯來朝」句，孔傳：「殷之諸侯伯爵也，南方遠國，武王克商，慕義來朝。」殆即此句所出。東野及《蒙書》録「伯」作「泊」，殆誤。又「土」字底卷作「圡」，係增點俗字，東野及《蒙書》録作『出』，誤；然『歲星入土呪於之類』亦費解，疑有訛脱。又『一榦』疑爲『一體』之誤。

〔五二〕『負』上底卷原空一格位置，疑缺一字。

〔五三〕『塹』字上部底卷作『㪅』形，疑爲『斬』旁俗訛，但『塹解』二字文義不明，疑有訛脱。《孟子·公孫丑上》：『當今之時，萬乘之國行仁政，民之悦之，猶解倒懸也。』或即文中『解』字之義。

〔五四〕引文見《詩·大雅·卷阿》。

〔五五〕《國語·周語上》：『周之興也，鸑鷟鳴於岐山。』

〔五六〕『武』蓋指武王，『豊』文中應爲『豐』的俗字，豐爲周文王及武王前期都城所在地。《史記·周本紀》有『有火自上復于下，至于王屋，流爲烏，其色赤，其聲魄』的記載，但所指爲『烏』。

〔五七〕『見於道有王』一句文義不明，疑當作『見於有道之王』。

〔五八〕《詩·小雅·白駒》：『皎皎白駒，食我場苗，縶之維之，以永今朝。』『皎』爲『皎』字異體，『維』下『之』字底卷脱，茲據經本補。

〔五九〕『沈豊』事迹今本《漢書》未見。考《太平御覽》卷二六〇職官部五十八良太守上引《漢書》：『沈豊字聖達，爲零陵太守，爲政慎刑重殺……僚友有過，初不暴揚，有奇謀異略，輒爲談述，曰太守所不及也。到官一年，甘露降，芝草生。』同書卷一二天部露下引謝承《後漢書》：『吴郡沈豊爲零陵太守，至官一年，甘露降，膏潤草木。』又卷九八五藥部芝上引作『續漢書』。則所謂《漢書》蓋即指謝承《後漢書》。《論衡·驗符篇》云：『建初三年，零陵泉陵女子傅寧宅土中忽生芝草五本，長者尺四五寸，短者七八寸，莖葉紫色，蓋紫芝也。太守沈酆遣門下掾衍盛奉獻。皇帝悦懌，賜錢衣食。……以芝告示天下，天下並聞，吏民歡喜，咸知漢德豐雍，瑞應出也。』《南史》卷五七《沈約傳》述及沈約祖輩時有沈酆，字聖通，位零陵太守，致黄龍芝草之瑞。『沈豊』『沈酆』當是同一人。底卷『冷陵太守』當是『零陵太守』之誤。

〔六〇〕『侵』東野校讀作『浸』，可從；『虫』爲『蟲』的簡俗字；『振威』宜當作『威振』；『寓』字東野及《蒙書》皆作

〔六一〕『寓』，誤，引語出張衡《東京賦》，六臣註本《文選》原文作：『澤浸昆蟲，威振八寓。』薛綜注：『八寓，八方區宇也。』李善注：『《蒼頡篇》曰：宇，邊也。《説文》曰：寓，籀文宇字。』

〔六二〕《左傳・哀公七年》：『禹合諸侯於塗山，執玉帛者萬國。』底卷『察』疑爲『祭』字之誤。

〔六三〕『盖』爲『蓋』的俗字，『誥』當爲『語』字之訛（東野及《蒙書》徑録作『語』）。上野本注：『蓋，語之端也。』又纂圖附音本注：『蓋者，語辭。』皆可爲校字之證。

〔六四〕上野本注亦云：『《孝經》説云：「人懷五常之姓（性）也。」』但此語今本《孝經》未見。《孝經述義》云：『人有五常，仁、義、禮、智、信，法地之五行也。』據下文，此句下似脱『在山爲五岳』一句。

〔六五〕『氣』『爲』二字底卷誤倒，此據文義乙正。

〔六六〕『置』字底卷旁記於『此』『四』二字右側，東野校讀作『胃』，可從，『胃』通『謂』。參下校記〔七六〕。

〔六七〕『王』當爲『立』字之訛。

〔六八〕『之』疑爲『乏』字之訛。

〔六九〕孝巳，當作『孝己』，古孝子，東野校『巳』作『子』（《蒙書》徑録作『子』），非是。《文選》卷一八馬融《長笛賦》『於是放臣逐子，棄妻離友，彭胥伯奇，哀姜孝己』句下李善注：『《帝王世紀》曰：高宗有賢子孝己，其母早死，高宗惑後妻之言，放之而死，天下哀之。《尸子》曰：孝己事親，一夜而五起，視衣厚薄、枕之高下也。』

〔七〇〕『見』疑爲『親』字省訛。

〔七一〕此處底卷原空約二格位置，應有脱文，今暫擬二缺字符。纂圖附音本相關文句作：『昔有張礼，遇飢饉之年，孤養老母在堂，年八十餘。』可參。

〔七二〕『捉』『之』二字之間底卷有近二字空格，但按文意，似已完足，故徑以『捉之』連讀。纂圖附音本相關文句作：『礼拾果歸，於路遇賊，欲殺礼食之。』

〔七三〕張礼語纂圖附音本作：『家中侍養老母，朝來未得食，乞命少時，歸家與母作羹，却來就死。礼若不來，任就家斬爲百段。』

〔七四〕『好住』前底卷原空一格位置，疑應補『阿孃』二字。纂圖附音本相關文句作『阿娘好住，兒今去就死』，可參。

〔七五〕『滈』字東野校作『隔』，可從；『墻』字底卷作『墙』，乃『墻（牆）』字俗寫，東野及《蒙書》録作『墻』，非是；纂圖附音本此二字作『隔門』，可參。

〔七六〕『胃』字底卷作『肙』形，應爲『胃』字俗訛，『胃』通『謂』。纂圖附音本『胃曰』作『謂賊曰』，可參。參上校記〔六六〕。

〔七七〕此句纂圖附音本作『更與礼米二石、鹽一斤』。

〔七八〕《孝經》經本未見『父母已生』二句，但注中有近似文句（參下條校記引）；又《禮記·祭義》：『父母全而生之，子全而歸之，可謂孝矣。』可參。

〔七九〕《孝經·開宗明義章》：『身體髮膚，受之父母，不敢毁傷，孝之始也。』唐玄宗注：『父母全而生之，己當全而歸之。』

〔八〇〕『犯』字左旁底卷作『才』形，俗寫；此句纂圖附音本作『不犯三千之刑』。

〔八一〕《論語·爲政》：『孟武伯問孝。子曰：父母唯其疾之憂。』

〔八二〕《禮記·内則》：『女子出門，必擁蔽其面。夜行以燭，無燭則止。』今據校補文字如上。

〔八三〕『恭姜』事載《詩·鄘風·柏舟》毛傳：『《柏舟》，共姜自誓也。衛世子共伯蚤死，其妻守義，父母欲奪而嫁之，誓而弗許，故作是詩以絶之。』陸德明釋文：『共，音恭，下同；姜，居羊反；共姜，共伯之妻也，婦人從夫謚，姜，姓也。』底卷『恭伯』後疑當重『恭伯』二字。

〔八四〕『捨賤』二字前後當有脱文。

〔八五〕「何有不樂」伯二六五三號《韓朋賦》作「有何不樂」。
〔八六〕「生死有匹」伯二六五三號《韓朋賦》作「生死有處」。
〔八七〕「狐」疑當作「狐」。
〔八八〕「魚鼊水居」伯二六五三號《韓朋賦》作「魚鱉百（陌—驀）水」，斯二九二二號《韓朋賦》作「魚鱉在水」。
〔八九〕「有群」伯二六五三號《韓朋賦》作「群飛」。
〔九〇〕引文見《世説新語·捷悟》，原文作：「魏武嘗過曹娥碑下，楊脩從。」「常」「嘗」古字通用。
〔九一〕「德祖可然解之」一句欠安，前後疑有脱誤。
〔九二〕「胃」字底卷作「胃」，應爲「胃」字俗訛，「胃」通「謂」（參上校記〔七六〕）。此句《世説新語》作「魏武謂脩曰」，可參。
〔九三〕「可解不」底卷本作「可不解不」，「不解」二字右側有一乙轉符號，指當與「解」字互乙，二「不」字衍其一，兹刪去。
〔九四〕底卷「勿」字以下十二行上部殘泐。「待」字底卷存右部殘畫，其上下所缺疑爲「言」「我」二字。以上二句《世説新語》作「卿未可言，待我思之」，可參。
〔九五〕「曰」字前底卷約殘四字，「曰」前的一個缺字應爲「祖」字。《世説新語》相關文句作：「行三十里，魏武乃曰：『吾已得。』令脩别記所知。脩曰……」
〔九六〕「者」字前底卷殘泐，比照上下文，缺字應爲「幼婦，少女；少女」六字。《世説新語》相關文句作：「幼婦，少女也，於字爲妙。」
〔九七〕後一「者」字底卷上半殘泐，據殘存字形及文義定爲「者」字；其前的缺字則應爲「者，好字。齏臼」五字。《世説新語》相關文句作：「外孫，女子也，於字爲好。齏臼，受辛也，於字爲辭：所謂絶妙好辭也。」
〔九八〕「辤」字底卷上半殘泐，據殘存字形及文義定爲「辤」字；其前底卷約殘五、六字，據《世説新語》，疑爲「所謂絶妙好」五字。

〔九九〕「無智」前底卷約殘泐六、七字。《世説新語》相關文句作：「魏武亦記之，與脩同，乃歎曰：我才不及卿，乃覺三十里。」

〔一〇〇〕「曹操」前底卷約殘泐六、七字。

〔一〇一〕「疾」字前底卷約殘泐六、七字。

〔一〇二〕「不」字前底卷約殘泐六、七字。上野本注相關部分作：「昔魏文帝曹否（丕），始同母弟陳思王植，欲煞之，命於七步内成詩，不成，即煞之。」《世説新語・文學》則云：「文帝嘗令東阿王七步中作詩，不成者行大法。」

〔一〇三〕「箕（萁）」字前底卷約殘泐六、七字，「箕（萁）」前的一個缺字疑爲「豆」字；上野本相關部分作「陳思王受詔，爲詩曰：煮豆燃豆箕（萁）……」。

〔一〇四〕此句上野本注作「煮豆燃豆箕（萁）」；《世説新語》作「萁在釜下燃」，其前又有「煮豆持作羹，漉菽以爲汁」二句；李善注本《文選》作「萁在竈下然」。

〔一〇五〕缺字據《世説新語》擬補。上野本注「本自」作「本是」。

〔一〇六〕「煞」前底卷殘泐，據其長度，擬定四空格。

〔一〇七〕「愧」字底卷殘存左半，此據文義擬定作「愧」字。

〔一〇八〕「量」疑當讀作「良」，而其下脱一「材」字。

〔一〇九〕「知過必改」以下又見於甲卷，兹取以參校。

〔一一〇〕所引《論語》前一條見《學而》及《子罕》篇；後一條三「道」字甲卷同，東野校作「過」，甚是；《衛靈公》篇云：「子曰：過而不改，是謂過矣。」又纂圖附音本注：「有過能改，與無過者同；過而不改，斯成大患。」可參。

〔一一一〕「道」字甲卷同，當是「盜」的音誤字。秦穆公亡駿馬事見《呂氏春秋・仲秋紀・愛士》，亦見於《藝文類聚》等多種類書所引，文字互有詳略。敦煌寫本伯二六二一號《事森》：「秦穆公有駿馬，被賊盜將。」纂圖附音本注：「昔秦穆公失駿馬，有五人盜殺而食之。」皆可參。

〔一一二〕「念」字下疑脱一「無」或「欲」字。纂圖附音本注相關文句作：「五人既免死，改過，自祈念欲報恩。」可參。

〔一一三〕「音」字甲卷同，東野校作「晉」（下文「路由音界」的「音」字同），甚是；「併」下疑脱一「命」字，「併命」同「拼命」。纂圖附音本注相關文句作：「復秦與晉戰，此五人不惜命爲先鋒將，大敗晉軍。」又云：「見秦軍欲敗，臣等五人併命，故敗晉軍。」可參。

〔一一四〕「陳」爲「諫」字之訛，甲卷正作「諫」。

〔一一五〕「三」字甲卷同，當是「二」字之誤，下「三崤」之「三」同。「二崤」即崤山，因崤山分東崤、西崤，故稱。《左傳・僖公三十二年》載蹇叔之語云：「晉人禦師必於殽，殽有二陵焉……必死是間。」「二陵」即二殽（崤）。

〔一一六〕「君」字甲卷同，應爲「軍」字音誤。《左傳・僖公三十二年》載秦穆公召孟明等「使出師於東門之外」以伐鄭。

〔一一七〕「之」字底卷作「く」形，通常爲重文符號，但此處疑爲「之」字寫訛，甲卷正作「之」，兹據録正；其下的「奇」字甲卷同，則疑爲「戎」字之訛。《左傳・僖公三十三年》經：「晉人及姜戎敗秦師于殽。」杜預注：「姜戎，姜姓之戎。」

〔一一八〕「賢」下疑脱一「臣」字。

〔一一九〕底卷及甲卷「在於」重文，費解，前一「在於」應爲「問之」抄訛。

〔一二〇〕此句底卷、甲卷重出（前一句「胃」字底卷作「胄」形，乃「胃」字俗訛，該卷「胃」字多訛作此形，甲卷則訛作「置」；後句「己之」二字甲卷誤作一「足」字），當衍其一，此徑删。句首「自」字前疑脱一「不」字。纂圖附音本注云：「君子不説人之短，不自道己之長。」可參。

〔二一〕「記」字甲卷作「礼記」，但引文今本《禮記》未見，俟再考。

〔二二〕「代」字甲卷同，當爲「伐」字之誤。以上三句文義不順，疑有脱誤。

〔二三〕「卑」當是「畀」字俗訛。

〔二四〕《論語·學而》：「有子曰：信近於義，言可復也。」何晏集解：「復猶覆也。」

〔二五〕「楚王」甲卷及纂圖附音本注同，《戰國策·魏策》作「虞人」。

〔二六〕「置」字甲卷同，當是「冒」字之訛；「赴」字底卷缺，兹據甲卷補。纂圖附音本注作「文侯冒雨而去」。

〔二七〕「左右」二字底卷留存右側殘筆，兹據甲卷補。

〔二八〕「与人期，何」四字底卷殘缺，兹據甲卷補。纂圖附音本注文侯語作「與人爲期，豈可失信」。

〔二九〕「取死表」三字底卷殘缺，兹據甲卷補。「尾生」故事本《莊子·盜跖》：「尾生與女子期於梁下，女子不來，水至不去，抱梁柱而死。」

〔三〇〕「梁」字底卷留存左側殘筆，「何」字底卷殘存單人旁，兹據甲卷補。

〔三一〕「竹弓」甲卷同，當作「竹馬」。纂圖附音本注：「漢時郭細侯任并州刺史，年滿解官，有騎竹馬小兒來問。」可參。郭細侯名伋，與童兒期別事見《後漢書》本傳，但較本卷簡略。

〔三二〕「与人期」前甲卷有「不也」二字。

〔三三〕「歡曰」當作「歎曰」，纂圖附音本注正作「嘆曰」；甲卷作「因而歡悦」，疑爲抄者臆改。

〔三四〕「之信，尚不」四字底卷殘缺，兹據甲卷補。纂圖附音本注相關文句作「竹馬小兒，尚不失其信，何況君子乎」。

〔三五〕「解云昔張」四字底卷殘缺，「元」字存末畫，兹皆據甲卷擬補；又「巨」字底卷形訛作「臣」，下同，兹據甲卷録正。張元伯、范巨卿千里赴期事載《後漢書·獨行傳》。

〔三六〕「時猶不失，邢」五字底卷殘缺，兹據甲卷補。

〔一三七〕「里命駕」及下「元伯」二字底卷殘缺，兹據甲卷補。伯二五二四號《語對・朋友》引《魏子》曰：「邢高、呂安相逢於市，仰天而泣，曰：恨相知之晚。」（「高」字原卷空格缺字，兹據《太平御覽》卷四〇六人事部交友引補）但未見千里命駕事。而《世説新語・簡傲》則云：「嵇康與呂安善，每一相思，千里命駕。」

〔一三八〕「元伯、巨卿」四字文義不順，疑爲衍文當删。

〔一三九〕「高、呂安是也。詩」六字底卷殘缺，兹據甲卷補。

〔一四〇〕「抱」下應脱一字。

〔一四一〕「竹馬期。縱使風不雲」八字底卷殘缺，兹據甲卷補。「縱使」以下應有脱誤。

〔一四二〕「也」字前底卷約殘缺六字，末字存下部，似爲「驅」字；甲卷此句作「此信使可覆驅」。「驅」字疑爲上文「縱使」句中抄脱而補於此者。

〔一四三〕「《雜説》云：郭林」五字底卷殘缺，兹據甲卷補。

〔一四四〕「袁奉高，不」四字底卷殘缺，兹據甲卷補。纂圖附音本注「袁奉高」作「袁高鳳」。

〔一四五〕「問」字底卷、甲卷皆存殘筆，兹據殘存筆畫定作「問」字。

〔一四六〕「千千」疑爲「千仞」之誤。纂圖附音本注相關文句作「譬千仞之高峻，萬頃之沼池」，可參。

〔一四七〕「万」字底卷脱，兹據甲卷補；「傾」字甲卷同，乃「頃」的音誤字。參下校記〔一四九〕。

〔一四八〕「量」字底卷脱，兹據文義補（甲卷「深廣」以下至「量」字殘缺）。纂圖附音本注相關文句作「其器深廣難量」。參下校。

〔一四九〕郭林宗評袁奉高語纂圖附音本注略同，但《世説新語・德行》云：「郭林宗至汝南，造袁奉高，車不停軌，鸞不輟軛；詣黄叔度，乃彌日信宿。人問其故，林宗曰：叔度汪汪如萬頃之陂，澄之不清，擾之不濁，其器深廣，難測量也。」劉孝標注：「泰别傳曰：薛恭祖問之，泰曰：奉高之器，譬諸汎（氿）濫，雖清易挹也。」《後漢書・郭泰傳》李賢注引謝承書與《世説新語》略同。伯二五二四號《語對・朋友》下亦云：「郭林宗造袁奉［高］門，車不停軌；過黄叔度，累日方還，以黄叔度器良（量）深也。』據此，郭林宗以爲『其器深廣』的應爲黄叔度，而非袁奉高，底卷云云，或有訛誤。然斯五九六一號《新合六字千文》云『郭汲信使可覆，袁奉器欲難量』，『袁奉』即指袁奉高，則又與底卷所云相合，或同出一源。

〔一五〇〕『有冐』二字底卷殘存右半，兹據甲卷定作『有冐』二字。但『冐道之士』費解，『冐』字疑爲衍文當刪（《蒙書》録『冐』作『衛』，臆改無據）；上野本注此句作『蓋有道之士也』，正無『冐』字。

〔一五一〕『同遊，著書廿篇』六字底卷殘缺，兹據甲卷補。

〔一五二〕『素書』以下底卷殘缺過甚，改據甲卷録文。『素書』云云義不可通，當有訛脱。纂圖附音本注云：『出行，見素絲染從餘色，悲之曰：人湛然同於聖體……』可參。

〔一五三〕『染』下一字甲卷模糊，次行上部約殘缺五、六字，據纂圖附音本注，所缺疑爲『許由而成聖君』六字。

〔一五四〕『者』字比照下文相似句式增補。纂圖附音本注有『近愚者不明』句，可參。

〔一五五〕『云』字甲卷略有殘損，其上約七、八字，據纂圖附音本注，所缺疑爲『惡，皆由染之成性。故』八字。

〔一五六〕此句上野本注作『楊朱哭歧路』，『岐』同『歧』。

〔一五七〕『羔羊』前底卷、甲卷皆殘缺約七、八字（正文大字則五、六字），前四個缺字應爲正文『詩讚羔羊』。

〔一五八〕『邵南』同『召南』。《詩·召南·羔羊》序：『召南之國，化文王之政，在位皆節儉正直，德如羔羊也。』

〔一五九〕底卷至此止，下缺。以下僅見於甲卷。

〔一六〇〕『之如此』上甲卷約缺六、七字。

〔一六一〕『僕』字東野校作『嘆』，可從；《蒙書》徑録作『嘆』。

〔一六二〕甲卷『羔羊』下約空五格未書，蓋示省略所引詩句，故兹改用省略符號表示之。

〔一六三〕『解』字之上甲卷約缺六、七字。

〔一六四〕纂圖附音本注：『羔羊飲乳，跪飲不違於人，飲乳猶懷於愧，可嘆今人翻不若此禽獸，故申辭作羔羊之詩

〔一六五〕『君也』之上甲卷約殘缺五至七字，其中『君』上一字僅存下部殘畫。上野本注：『景，大也。君有大德行者，維是賢君也。』可參。

〔一六六〕『侯』字之上甲卷約殘缺四至六字，其中『侯』上一字存下部殘畫。

〔一六七〕『鵄』爲『鴟』字異體。《詩・豳風・鴟鴞》序：『鴟鴞，周公救亂也。成王未知周公之志，公乃爲詩以遺王，名之曰鴟鴞焉。』

〔一六八〕『克念』二字據伯三一〇八號《千字文》擬補，『克』字斯五四五四、斯三八三五、伯三四一六號等卷《千字文》及上野本作『尅』，智永《真草字千文》（據湖南美術出版社二〇〇六年影印日本小川簡齋舊藏本）作『剋』，『克』本字，『尅』爲『剋』的俗字，而『剋』『克』音同義通。參看《千字文》校記〔二〕。

〔一六九〕《尚書・大禹謨》：『克勤于邦，克儉于家，不自滿假。』孔安國傳：『滿謂盈實；假，大也……不自盈大。』

〔一七〇〕《尚書・周官》：『功崇惟志，業廣惟勤。』孔安國傳：『功高由志，業廣由勤。』

〔一七一〕引文見《尚書・多方》。

〔一七二〕『實』字前疑抄脱『桀紂非』三字；『不』下的缺字甲卷模糊，疑爲『念於』二字；『故』下甲卷模糊，當缺一字。上揭《尚書》引文下孔安國傳：『言桀紂非實狂愚，以不念善，故滅亡。』應即上述二句所本。

〔一七三〕《禮記・大學》：『富潤屋，德潤身。』

〔一七四〕語見《論語・顔淵》。

〔一七五〕『能』字疑爲『建』或『揚』字之誤，也可能其下脱一字。

〔一七六〕『雜語』纂圖附音本注作『雜記』，其下引文與本卷略同，未詳所出。

〔一七七〕『二行』纂圖附音本注同，不知何謂，疑當作『一行』，指一以貫之的德行。《淮南子・人間訓》：『今卷卷然守一節，推一行，雖以毁碎滅沈猶且弗易者，此察於小好而塞於大道也。』

〔一七八〕「男」字纂圖附音本注作「勇」，恐不可從。此句與下文「不奪恭姜之操」相對，前者就志士而言，後者就節婦而言，文義甚明。

〔一七九〕「恭姜」纂圖附音本注作「恭謙」，不可從。恭姜指春秋衛世子恭伯之妻，以節烈著稱。參上校記〔八三〕。

〔一八〇〕顔叔子事本《詩·小雅·巷伯》毛傳，纂圖附音本注亦載其事。

〔一八一〕甲卷「子」字下失着重文符號，兹據東野校擬補一「子」字。又「怨」字據纂圖附音本注校改。

〔一八二〕「遂令女秉明」至此《詩》毛傳作「而使執燭放乎旦，而蒸盡縮屋而繼之」，纂圖附音本注作「至明著火，薪盡撤屋草燒之」。

〔一八三〕柳下惠事亦見於伯二五二四號《語對·貞男》，纂圖附音本注略同，「不逮門」以下二句《語對》作「夜歸不及舍，郭門宿」，纂圖附音本注作「不及歸家，宿於城門側」。

〔一八四〕「以抱覆之」纂圖附音本注作「以袍覆之」，《語對》作「坐女懷中，以衣覆之」。

〔一八五〕「形性正直表正」纂圖附音本注作「堅志形正表端」。

〔一八六〕「《説苑》」似當作「《異苑》」，下引陳思王事見於南朝宋劉敬叔《異苑》卷五，纂圖附音本注亦載其事，但未標出處。

〔一八七〕「青麗」似當作「清麗」。又「華」字甲卷略欠明晰，但仍可認定，東野及《蒙書》皆作缺文；按《晉書·李重傳》云「雖文慚華婉，而理歸切要」，「華婉」指優美，文義順適；纂圖附音本相關句子作「清麗華響肅然」，雖有脱字，但前三字正作「清麗華」。又「雲氣」當作「靈氣」。今本《異苑》卷五云：「曹植，字子建，嘗登魚山，臨東阿，忽聞巖岫裏有誦經聲，清通深亮，遠谷流響，肅然有靈氣，不覺斂衿祗敬，便有終焉之志，即效而則之。今之梵唱，皆植依擬所造。」可參。

〔一八八〕「衿」字上甲卷原空一格，今本《異苑》及纂圖附音本注作「斂」字，可據補。又「祗」字甲卷本作「[illegible]」，右部不太明晰，似爲「祗」俗字「[illegible]」之變，今本《異苑》正作「祗」字；東野及《蒙書》皆録作「袍」，殆誤。

〔一八九〕『⿱炏土』文中應係『焚』的俗字。

〔一九〇〕『之也』的『之』字疑爲衍文當删（抄手爲注文雙行對齊而贅加）。

〔一九一〕此句有誤。引文見《尚書序》，今本作：『至魯共王好治宫室，壞孔子舊宅，以廣其居。於壁中得先人所藏古文虞夏商周之書，及傳《論語》、《孝經》，皆科斗文字。王又升孔子堂，聞金石絲竹之音，乃不壞宅。』可參。

〔一九二〕『人』下甲卷約殘泐二字，疑當補『聞之』二字。纂圖附音本注相關文句作：『魯恭王欲壞孔子宅爲宫，乃聞講堂之中金石絲竹之音，使人聞之，得先王典籍，遂不敢壞之也。』可證。

〔一九三〕『置』應爲『胃（謂）』字之訛。參上校記〔九二〕。

〔一九四〕『習聽』下甲卷約殘泐二字。

〔一九五〕『者』字後甲卷約殘泐五、六字，皆存右下半，末二字似爲『之者』。

〔一九六〕『殃』字後甲卷約殘泐七、八字，後四字似爲『禍則至也』。

〔一九七〕『福』字疑爲衍文當删。

新合六字千文

斯五九六一（底卷）　斯五四六七（甲卷）　伯三八七五A碎七＋伯五〇三一碎二一（乙卷）

【題解】

底卷編號斯五九六一。卷子本，首完尾缺，計七十一行，行三句十八字，句與句間約空一格，第四十五行起上部有殘缺。首題『新合六字千文一卷』，次行分兩欄抄『鍾鈇撰集千字文，唯擬教訓童男』兩句，第三行『石勒稱兵失次』起則每行抄三句，訖『適□□□（口充腸）』。卷背面有『癸酉年十一月▨日龍▨（興）』、『赤心鄉百姓』兩處雜寫，地畝籍兩行，另有僅存三殘字的殘片一片。

甲卷編號斯五四六七。冊子本，計二十頁，第一個頁面題『妙法蓮华華經』，字體與正文不一，蓋出自蔣孝琬之手；其後主要抄録《妙法蓮華經》卷七《觀世音普門品第廿五》及《六字千文》兩種文書。《六字千文》倒書，由冊子後面抄起，書於第二十頁至第十九頁第一個頁面之上，首存尾缺，計十二行，首題『六字千文』（其下另有二至三字，模糊不可辨），抄於第一個頁面，其下一行抄『天地日月』四字，除此以外，該面似無字；下一頁面由『梁遺乃付周興』抄起，訖『衆水海醎河炎（淡）』。其前後頁雜寫中有吴願長、願成、氾住興、願盈等人名。該號之《六字千文》，《索引》已著録，其後《黄目》、《索引新編》、《蒙書》從之；《翟目》未識别出，題作『六字的打油詩』（《金目》題作『六字千字文』，是），未當。《翟目》以其爲十世紀抄本。

乙卷編號伯三八七五A碎片七＋伯五〇三一號碎片二一。伯三八七五A碎片七存二殘行，第一行存『蒙（芬）芳▨薗▨』五字，第二行存『宜郡淵澄』四字，《法藏》題『殘片』。伯五〇三一號碎片二一存已漫漶的文字六行，第一行存『百川東▨』，第二行存『言辭和雅』，第三行存『▨▨▨業所基』，第四行存『▨▨▨蘇秦攝職從』，第五行存『▨▨八佾樂殊貴賤』，末行僅存右端些微已漫漶的殘畫；《索引》、《黄目》、《索引新編》均只籠統地著録伯五〇三一號所包括的四十六件殘片；《法目》雖對此殘片的行數殘損略有介紹，然未能準確定名，《法藏》亦未定名。今按此二片皆爲《新合六字千文》殘片，且字體相同，可以綴合，如下圖所示。上片第一行『百川東▨』接下片第二行『宜郡淵澄』，二片綴合後該行中間尚缺『不息』二字；據推算，原本每行約抄十八字左右。底卷相關文句作『百川東流不息，宜郡淵澄取暎。人君容正（止）若思，言辭和雅安定。若能篤初誠美，慎終如始宜令。懃懇榮業所基，萬古藉甚無竟。張儀學優澄（登）□，蘇秦攝職從政。邵伯存以甘甞（棠），帰思去而益詠。八佾樂殊貴賤，五禮分別尊卑。居上寬和下睦，伯鸞夫唱婦隨』，可參。

P.5031(21)

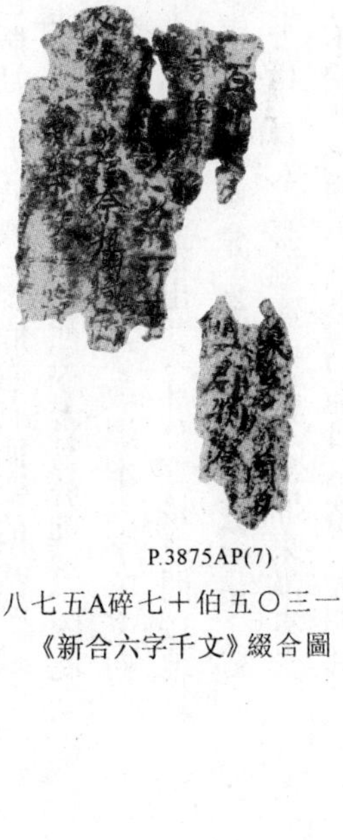

P.3875AP(7)

伯三八七五A碎七＋伯五〇三一碎二一

《新合六字千文》綴合圖

傳世的《千字文》是梁員外散騎侍郎周興嗣所編撰（參看《千字文》題解），由於其豐富的内容和優美的文采，很快便風靡一時，并在實際生活中得到廣泛應用。隋侯白《啓顔録》有『千字文語乞社』，文云：『敬白社官三老等：切聞政本於農，當須務兹稼穡。若不雲騰致雨，何以税熟貢新？聖上臣伏戎羌，愛育黎首；用能閏餘成歲，律吕調陽。某人等，並景行維賢，德建名立；遂乃肆筵設席，祭祀蒸甞。鼓瑟吹笙，絃歌酒讌。上和下睦，悦豫且康。禮别尊卑，樂殊貴賤。酒則川流不息，肉則似蘭斯馨。非直菜重芥薑，兼亦果珍李柰。莫不矯首頓足，俱共接盃舉觴。豈徒戚謝歡招，信乃福緣善慶。但某乙某（後『某』字疑衍）索居閑處，孤陋寡聞。雖復屬耳垣牆，未曾攝職從政。不能堅持雅操，專欲逐物意移。憶内則執熱願凉，思酒如骸垢想浴。老人則飽飫烹宰，某乙則饑厭糟糠。欽風則空谷傳聲，仰惠則虚堂習聽。脱蒙仁慈隱惻，庶有濟弱扶傾。希垂顧答審詳，望咸渠荷滴（的）歷。某乙即稽顙再拜，終冀勒碑刻銘。但知悚懼恐惶，實若臨深履薄。』（《太平廣記》卷二五二引）所謂『乞社』文便是用四十六個《千字文》中的句子連綴而成的。唐劉肅《大唐新語》卷一一《懲戒》載時人有『左相宣威沙漠，右相馳譽丹青』之語，也源於《千字文》的成句。另敦煌寫本中有唐天寶年間作《新合千文皇帝感辞》，辭云：『言諮四海貴諸賓，黄金滿屋未爲珍。雖然某某無才學，且聽歌裏説千文。天寶聖主明三教，追尋隱士訪才人。金聲玉管恒常妙，近來歌舞轉加新。御注孝經先已唱，又談千字獻明君。一一總於書上談，不是歌裏滿虚傳。天地玄黄辨清濁，籠羅万截（載）合乾坤。日月本來有盈昃，二十八宿共參辰。宇宙洪荒不可側（測），節氣相催秋後春。四時迴轉如流電，鵞去鴻來愁煞人。三年一閏是尋常，雲騰致雨又風涼。暑往律移秋氣至，寒來露結變成霜。形端表正自將身，四海知識總相親。禍因惡積行千里，福緣善慶滿鄉間（隣）。海水猶（由）來有咸味，河水分流入建章。龍魚帶鱗譖（潛）戲水，鴛鴦刷羽遠遨翔。劍號巨闕七星文，珠稱夜光蛇報恩。菜重芥薑續所貴，李柰堪中獻聖君。』（據伯三九一〇號録文，參斯二八九、五七八〇號校）則是隱括《千字文》詞句於七言歌辭之中，可以比觀。《新合六字千文》應該就是這種背景下的産物。至於其具體撰作時代，郜惠莉定爲敦煌歸義軍初期，可備一説。底卷『民』字不避唐諱，但『愍』字所從的『民』底卷缺末二筆（參看校記校記〔三四〕），又『葉』字寫作『茉』，應該都是避唐諱的孑遺。《翟目》謂甲卷爲十世紀抄本，鄭阿財、朱鳳玉《敦煌蒙書研究》定作晚唐五代抄本，皆約略近之。

周祖謨《敦煌唐本字書敘録》（《敦煌語言文學研究》，北京大學出版社一九八八）對底卷有簡要的介紹，稱『此所稱「新合六字千文」是就周興嗣本原句在四字之外增加兩個字，使原句意思稍稍顯豁，學者易於理解，因此題爲「新合六字」。這可能是鄉里塾師所爲，詞句不免拙劣』。這所增加的兩個字，張娜麗《〈敦煌本六字千文初探〉析疑》（《敦煌研究》二〇〇一年第三期、二〇〇二年第一期，校記中簡稱張娜麗）指出『大部分直接或間接地出現在』敦煌本及日本上野本、纂圖附音本等《千字文》古注本的注文之中，因而斷定『絶大部分是據《千字文》注本而增補的』。這裏我們可以補充一條佐證：底卷有『袁奉器欲難量』句，袁奉，張娜麗已經指出即東漢袁奉高，但《世説新語·德行》云：『郭林宗至汝南，造袁奉高，車不停軌，鸞不輟軛；詣黄叔度，乃彌日信宿。人問其故，林宗曰：叔度汪汪如萬頃之陂，澄之不清，擾之不濁，其器深廣，難測量也。』劉孝標注：『泰別傳曰：薛恭祖問之，泰曰：奉高之器，譬諸汎（氿）濫，雖清易挹也。』《後漢書・郭泰傳》李賢注引謝承書與《世説新語》略同。又《後漢書・黄憲傳》：『郭林宗少游汝南，先過袁閎，不宿而退；進往從憲，累日方還。或以問林宗。林宗曰：奉高之器，譬諸氿濫，雖清而易挹；叔度汪汪若千頃陂，澄之不清，淆之不濁，不可量也。』（袁閎字奉高）伯二五二四號《語對・朋友》下亦云：『郭林宗造袁奉［高］門，車不停軌；過黄叔度，累日方還，以黄叔度器良（量）深也。』據此，郭林宗以爲『其器深廣』的應爲黄叔度，而非袁奉高，底卷却把『器欲難量』的高帽子戴到袁奉高頭上，顯然不是郭林宗的本意。然而查斯五四七一號《千字文注》『器欲難量』句下注云：『□□□□□《雜説》云：郭林）宗遊於汝南，過□□□□（袁奉高，不）宿而退還。或人▨（問）曰：「奉高如何也？」宗曰：「奉高之才器，辟（譬）千千之深溪，［万］傾（頃）之池沼，澄之不清，撓之不濁，其器深廣，難惻（測）難［量］也。我之於彼，何能比擬也。」』（缺字參伯三九七三背或文義擬補）日本纂圖附音本《注千字文》略同。這裏袁奉高摇身一變，成了『其器深廣』的對象，大約正是底卷『袁奉器欲難量』的直接來源，其間承沿的脈絡歷歷可見。

除周祖謨、張娜麗文外，鄭阿財《敦煌蒙書析論》（《第二届敦煌學國際研討會論文集》，臺北漢學研究中心一九九〇）、宋新民《敦煌寫本識字類蒙書研究》（中國文化大學中文研究所博士學位論文，一九九〇）、日本東野治之《訓蒙書》（《講座敦煌5》大東出版社一九九二）亦述及底卷和甲卷。郃惠莉《敦煌本〈六字千文〉初探》（《敦煌研究》一九九七年第一期，校記中簡稱郃惠莉）首次爲《六字千文》作了録文（張娜麗文對郃文有所匡正）。鄭阿財、朱鳳玉《敦煌蒙書研究》（甘肅教育出版社二〇〇二，校記中簡稱《蒙書》）亦有録文和介紹。但各家皆未及於乙卷。兹據《寶藏》、《英藏》、《法藏》影印本重新校録如下（底卷《英藏》影印本有較《寶藏》殘缺更甚之處）。底卷所引《千字文》一般據日本小川簡齋舊藏智永《真草千字文》校補（據湖南美術出版社二〇〇六年影印本，校記中簡稱智永本），文中不一一出校説明。另取斯五四七一號、伯三九七三背《千字文注》、日本大阪上野淳一氏藏弘安十年（一二八七）寫本《注千字文》（簡稱上野本）、宫内廳書陵部藏古刻本《纂圖附音增廣古注千字文》（簡稱纂圖附音本）參校。

新合六字千文一卷

鍾銇撰集千字文，唯擬教訓童男。〔一〕石勒稱兵失次，梁帝乃付周興〔二〕。員外依文次韻，連珠貫玉相承〔三〕。散騎傳名不朽〔四〕，侍郎万代歌稱。天地二宜（儀）玄黄〔五〕，宇宙六合洪荒。日月滿虧（虧）盈昃，隂（陰）陽辰宿列張。四時寒來暑往，五穀秋收冬藏。三年閏餘成歲，十二月律吕調陽。神龍雲騰致雨，露結九月爲霜〔六〕。黄金生於麗水，白玉本出崑崗。劒號一名巨闕，隨侯珠稱夜光。燕國菓珎李柰〔七〕，蜀郡菜重芥薑。［衆水海鹹河炎（淡），□□□□□□］。〔八〕太昊龍師火帝，少昊鳥官人皇。伏羲始制文字，黄帝乃服衣裳。若論推［位］讓國，有虞堯舜陶唐。開羅弔民代（伐）罪，唯有周發殷湯〔九〕。三郎坐朝問道，無爲誰（垂）拱平章〔一〇〕。愛育兆人黎首，臣伏四夷戎羌。萬國遐迩壹體，八萬率賓帰王。鳴鳳梧桐在樹，賢人白駒食塲（場）。仁慈化被草木，恩德頼（賴）及萬方。盖此八尺身髮，四大四支五常〔一一〕。閔騫恭惟鞠養，曾参豈敢毁傷。恭美（姜）女墓（慕）貞潔〔一二〕，曹植男効（效）才良。顔迴（回）知過必改，子夏得能莫忘。冈（罔）談彼人之短，靡侍（恃）己德之長。郭汲信使可覆〔一三〕，袁奉器欲難量〔一四〕。墨子感悲絲染〔一五〕，詩讚跪乳羔羊。人君景行維賢，雖狂尅念作聖〔一六〕。文王德建名立，刑（形）端無移表正。子椎（推）空谷傳聲〔一七〕，陳王虚堂習聽。受禍因其悪（惡）積，享福寔緣善慶。子罕尺壁（璧）非寶，大禹寸隂（陰）是競。若論資父事君，無過曰嚴與敬。董永孝當竭力，紀信忠則盡命。忠臣臨深履薄，孝子夙興温清〔一八〕。芬芳似蘭斯馨〔一九〕，如松百（柏）之茂盛。百川東流不息，宜郡淵澄取暎。人君容正（止）若思，言辞和雅安定。若能萬（篤）初誠美，慎終如始宜令。懃懇榮業所基，萬古藉甚無覺（竟）〔二〇〕。張儀學優澄（登）□（仕），蕪秦攝皦（職）從政。邵伯存以甘甞（棠）〔二一〕，帰思去而益詠。八佾樂殊貴賤〔二二〕，五礼分别尊卑。居上寬和下睦，伯鸞夫唱婦隨。男八外受傳訓，女十入奉母儀。親時諸姑伯叔〔二三〕，姪悌猶子比兒。孔懷朋友兄苐（弟），昆李（季）同氣連支（枝）。交友礼義投分，切磋琢磨箴規。都督仁慈隱惻，哀愍造次弗離〔二四〕。懷忠莭（節）義廉退，抱信顚（顛）沛匪虧（虧）。志性安静情逸，心員豊（豐）動神疲〔二五〕。守真志意盈滿，必無逐物意移〔二六〕。堅持四知雅操，尊官好爵自縻〔二七〕。君王都邑華夏，絶高東西二京（京）。東西（京）背芒面落（洛）〔二八〕，西京（京）浮謂（渭）據經（涇）。宫殿［峥］嶸盤欝〔二九〕，樓觀飛峻側驚。圖寫奇禽異獸，畫彩前聖仙霊（靈）。丙舍苐三傍啓，武帝甲帳對楹。鴻臚肆筵設席，太常皷（鼓）瑟吹笙。公卿昇階納陛，弁轉畨畨疑星〔三〇〕。右通達於廣内，左達通於承明。宣帝既集墳典，亦聚碩學郡（群）英〔三一〕。杜高鍾隸草嘉〔三二〕，漢帝漆舒（書）壁經。□▨▨▨（府羅將）相〔三三〕，衢路使狹（俠）槐卿。韓起户封八懸（縣）〔三四〕，□□□□□□〔三五〕。□▨（高冠）孰戰（戟）陪輦〔三六〕，三公驅轂振纓。□□□□□〔三七〕，□□（車駕）肥馬衣輕。班超策功茂實，□□□□□□〔三八〕。□□（磻溪）文列伊尹〔三九〕，二賢佐時阿衡。□□□□□□〔四〇〕，□□（微旦）周公熟（孰）營。恒（桓）公匡合天下，□□□□□□〔四一〕。□□（綺里）能迴漢惠〔四二〕，悦感傳説武丁〔四三〕。□□□□□□〔四四〕，□□□士寔寧〔四五〕。晉楚二君更（霸），□□□□□□〔四六〕。□▨（晉侯）假途滅虢〔四七〕，迴至踐土會盟。□□□□□□〔四八〕，□□酷弊煩形（刑）〔四九〕。張良起翦頗牧，□□□□□□〔五〇〕。□□□（宣威沙）漠之地，馳譽表於丹青。□□□□□□〔五一〕，□□（百郡）秦皇吞并。五岳最宗恒岱，□□□□□□〔五二〕。□□（鴈門）焦盧紫塞〔五三〕，鷄田河岸赤成（城）。□□□□□□〔五四〕，□□（鉅野）帝戰洞庭〔五五〕。其問（間）曠遠綿▨（邈）〔五六〕，□□□□□□〔五七〕。□□▨（治國之）本於農〔五八〕，當須務兹稼穡。□□□□□〔五九〕，□□▨（我）藝黍稷〔六〇〕。税熟貢新於君，□□□□□〔六一〕。□（孟）軻性敦朴索（素），吏（史）魚如矢秉直。□□□□□〔六二〕，□▨（勞謙）謹勅自約〔六三〕。聆音察其理惡，□□□□□〔六四〕。□□胎（貽）厥嘉猷〔六五〕，試勸勉其祗植〔六六〕。□□□□□〔六七〕，□□寵憎（增）抗極。人行殆辱近恥，□□□□□〔六八〕。□□□姪見機〔六九〕，解組是誰造逼。□□□□□〔七〇〕，□（沈）默性愛寂寥。陳鑛求古尋論，□□□□□〔七一〕。□□（欣奏）塵累自遣，憂戚謝去歡招〔七二〕。□□□□□〔七三〕，□□莾（莽）卉抽條〔七四〕。▨（枇）杷仲秋晚翠〔七五〕，□□□□□〔七六〕。□□□多委翳〔七七〕，落茉（葉）飄逐風飆。□□□□□〔七八〕，□□（淩摩）負天降（絳）霄。▨▨▨▨▨□〔七九〕，□□□□□〔八〇〕。□□□輶攸畏〔八一〕，□□□□□〔八二〕。□□□□□〔八三〕，□□適□□□（口充腸）〔八四〕。（後缺）

【校記】

〔一〕首二句底卷單獨作一行，分上下兩欄抄，與下文每行抄三句的格式不同，然推敲文意，似亦應爲正文的一部分，故據以與下文接排。首句『千字文』或當作『千文』，庶幾合於全書每句『六字』的體例（下文『十二月律吕調陽』句七字爲僅有的例外）。又『鈦』字右部底卷筆畫不太明晰，《翟目》録作『銖』，東野治之、郜惠莉、張娜麗從之；周祖謨録作『鉥』，謂其字『不見字書，疑爲訛字』；《蒙書》從周録，又云『有人以爲當作「鍾銖」，然「鍾銖」亦不見史傳載籍，不知何時何人？是否爲《新合六字千文》的作者，頗有疑慮。根據行文上下文義，疑「鍾銖」當作「鍾繇」』；按原字亦有可能爲『録』字，『鍾録』或爲『鍾繇』之誤。原文前八句係交代《千字文》的編撰者，而與《新合六字千文》的作者無關。日本上野本《注千字文》序云：『《千字文》者，魏大尉鍾繇之所作也。梁邵陵王蕭論（綸）評書曰：鍾繇之書，如雲鵠遊天，群鴻戲海，人間難遇；

王義（羲）之書，字勢雄強，如龍跳淵門，虎臥鳳閣，歷代寶之，[永]以爲訓，藏於秘府。逮永嘉失據，遷移丹陽，然川途重阻，江山遐險，兼爲石氏（右旁原注『勒』字）通遂（逼逐），驅馳不安，復經暑雨，所載典籍，因茲靡（糜）爛，《千字文》幾將湮没。晉中宗元皇帝恐其絶滅，遂敕右軍瑯琊人王羲之繕寫其文，用爲教本。但文勢不次，音韻不屬，及其將（奬）導，頗以爲難。至梁武帝，爰命員外散騎侍郎周興嗣，令推其理致，爲之次韻也。」底卷云云，或即據此序檃括而成，可以互勘。

〔二〕『帝』字甲卷作『遈』，似爲『遺』字，『遺』字非義。又『周興』即『周興嗣』的省稱，此爲牽合『六字』的體例而不得不省去『嗣』字。

〔三〕『承』字甲卷作『𢿘』，下句首字『散』字甲卷作『㪚』，二字實皆『散』字誤書，而此句『相』下當脱一『承』字。

〔四〕『不朽』字甲卷作『不休』，義亦可通。

〔五〕『宜』字郜惠莉校作『儀』，按甲卷正作『儀』，茲據校：『二儀』指天地。魏植《惟漢行》：『太極定二儀，清濁始以形。』

〔六〕露結九月，甲卷作『九月露結』。

〔七〕『李』字甲卷作『𥝢』，似爲『梨』字俗訛，『梨』文中爲『李』的音誤字。

〔八〕『菜重芥薑』與『龍師火帝』間《千字文》原文有『海鹹河淡，鱗潛羽翔』二句，底卷缺；甲卷有『衆水海鹹河炎（淡）』一句，後殘缺，茲據擬補原文如上。

〔九〕『周發殷湯』爲《千字文》原文，斯五四七一號《千字文注》云：『周發者，武王之名。殷湯者，成王之号。桀無道，湯伐之。紂無道，周武王伐之。此二君，皆爲怜恤養生，伐無道之君。』成湯伐桀，武王伐紂，均爲『弔民伐罪』之舉，故云『唯有周發殷湯』；郜惠莉校『發』爲『伐』，張娜麗等從之，大謬。

〔一〇〕『誰』字張娜麗校作『垂』，是，『垂拱平章』爲《千字文》原文，斯三八三五號、伯三一〇八、三六一四號等卷《千字文》『垂』字亦音誤作『誰』，可以比勘。張娜麗引斯五四七一號《千字文注》云：『昔堯舜帝有天下，舉十六族任以爲政，並得其人，故端坐朝堂，垂拱無爲，問主治道之事（泉按：上野本作「問至治之道」，義長）。」可參。

〔一一〕四支，上野本「盖此身髮，四大五常」下注云：「盖，語之端也。八尺之軀揔名爲身。四大，四枝也。五常謂仁義礼智信。」「四支」「四枝」義同，猶「四肢」。

〔一二〕「美」字張娜麗疑當作「姜」，甚是。斯五四七一號《千字文注》「女慕貞潔」句下注云：「恭姜嫁於衛世子恭伯，［恭伯］早亡，姜遂守志，一心不二。父母欲奪其志嫁之，然姜誓不許。」可參。

〔一三〕郭汲，「汲」字底卷從冫旁，或爲氵旁俗省，兹姑録正，然「汲」或又爲「伋」字之誤，斯五四七一號《千字文注》「信使可覆」句下注云：「漢時郭細侯任并州刺史，年滿下官，乃有群小兒皆乘竹弓（馬）來至其門，曰：「府君何日還，某等欲送府君。」然細侯与期於路。自至其日，細侯行至期所，停車息馬而待之。左右曰：「何故也？」細侯曰：「吾与童兒期此。」左右曰：「童兒之言，何可信也。」細侯曰：「与人期，豈可失也。」須臾之間，有數十小兒皆乘竹馬而至。歡（歎）曰：竹馬□□□□（之信，尚不）可欺（「之信尚不」四字據伯三九七三背補），况乃士人君子乎？」郭細侯名伋，與童兒期別事見《後漢書》本傳，然較此注簡略。

〔一四〕袁奉，張娜麗謂指東漢袁奉高，甚是，此猶上文周興嗣省稱周興之比。參看題解相關説明。

〔一五〕「染」字底卷作「淬」，爲「染」字俗訛，智永本真書有「墨悲絲淬」句，亦用俗字「淬」。

〔一六〕「尅念作聖」爲《千字文》原文，「尅」字古有作「尅」、「剋」、「克」之異，字或當以作「克」爲典正；「尅」爲「剋」的俗字，而「剋」「克」音同義通。説詳《千字文》校記〔一二〕。《尚書·多方》：「惟聖罔念作狂，惟狂克念作聖。」殆即本句所出。

〔一七〕「子椎」張娜麗校作「子推」，甚是；伯三九七三背《千字文注》「空谷傳聲」句下注云：「昔晉文公於釜山求介子推不得，於山中使人乎（呼），惟響應甚審，終自不見其身。文公以火焚之，推抱樹燒死。谷之響自此有之，故空谷傳聲之也。」可證。

〔一八〕温清，當作『温清』；《禮記·曲禮上》：『凡爲人子之禮，冬温而夏清。』鄭玄注：『温以禦其寒，清以致其涼。』即此詞所出。參看《千字文》校記〔一五〕。

〔一九〕『芬』字底卷作『[illegible]』，下部字形不太明晰，郃惠莉、《蒙書》皆録作『芬』字，『芬』字義安，兹從之；丙卷此字作『蒙』，或又因『[illegible]』而誤。上野本『似蘭斯馨』句下注云：『馨，香氣氛氲也。蘭，香草也。臣有忠貞之行者，如香草氛氲之氣遠聞也。』可參。

〔二〇〕『竟』通常爲『競』的俗字（上文『大禹寸陰是競』的『競』底卷即作『竟』），但此句中則當校讀作『竟』，『藉甚無竟』爲《千字文》原文，上野本注云：『無竟者，无窮也。』

〔二一〕『甞』字斯五四五四號《千字文》同，乃『棠』字之誤，伯三一〇八、三四一六、三六二六等卷及智永本正作『棠』。上野本『存以甘棠，去而益詠』句注云：『邵公名奭，爲周之西伯。巡於卦（鄉）邑，聽男女之訟。恐勞百姓，舍於甘棠樹下，而斷訟焉。邵公既去之，周人思其德之政，不突（伐）其樹，作《甘棠》之詩以詠其德也。』可參。

〔二二〕『佾』字底卷作『[illegible]』，兹據乙卷録正。上野本『樂殊貴賤』句注云：『公穀梁説曰（《穀梁傳·隱公五年》作『穀梁子曰』）：天子八佾之，諸侯六佾之，丈夫四佾之，士二佾之。』可參。

〔二三〕親時，郃惠莉、《蒙書》校作『親侍』，張娜麗謂『時』字不誤；按『親時』『親侍』義皆未安，『時』字仍待校。

〔二四〕『愍』字所從的『民』底卷缺末二筆，蓋承用避唐諱缺筆俗字；上文『開羅弔民代（伐）罪』之『民』底卷則徑作原形而未省避，可比勘。

〔二五〕心員，内心圓通；『員』同『圓』。《孔叢子·執節》：『其爲人也，長目而豕視者，必體方而心員。』上野本『心動神疲』句注云：『心動百慮，則神明勞疲也。』可參。

〔二六〕張娜麗校：『「必」疑爲「心」。』引上野本注：『心守真理，則得志滿也。逐物飄傷（揚），則移万起也。』今按『必』字義安，不宜擅改。上野本『心守真理』云云係就『守真志滿』句而言，不得據以校改下句『必』字也。

〔二七〕尊官，《蒙書》録作『尊宮』，似不確；張娜麗録作『尊官』，兹從之。『尊官』猶『好爵』也。上野本『堅持雅操，好爵自縻』句注云：『縻，繼也。操，節也。人臣能堅正節，臨難不動，立其忠義之功者，尊官好爵，朱（來）繼其身耳也。』可參。

〔二八〕東西，張娜麗校作『東京』，謂『東京』即洛陽，甚是。又『芒』字伯三一七〇、三六二六、四九三七號及智永本《千字文》同，伯三一〇八、三六一四號、斯五五九二號《千字文》作『邙』，『邙山』古亦作『芒山』，『芒』『邙』義可通。上野本出『背芒面洛』句，注云：『言東京後背芒山也，南臨洛水也。』

〔二九〕此句底卷脱一字，《蒙書》於『嶸』前補一『峥』字，近是，兹從之。

〔三〇〕後一『奤』字底卷作『〻』，兹定作上一字的重文省書符號。『奤』字字書不載，張娜麗録作『奣』字，近是。《廣韻·梗韻》烏猛切：『奣，六合清朗。』《集韻·梗韻》：『奣，明也。』上野本『弁轉疑星』句注云：『言天子皮弁以玉鎊之，洛洛明如星。諸侯皮弁亦鎊之以玉，唯其數遁（？）依命秩有别。言諸侯朝天子之所時，礼容俯仰，折旋進退，弁隨身轉，望之如星，故曰疑星也。《詩》云「繪（會）弁而（如）星」也。』可參。

〔三一〕『亦』字底卷作『灬』，當爲『亦』的訛俗字，兹據智永本録正。

〔三二〕此句《千字文》原文爲『杜稾鍾隸』（據伯四七〇二號《篆書千字文》），『稾』字傳本亦或借用『槀』（如斯五四五四號）、『藁』（如伯三四一六號），古通用，底卷『高』則爲其音誤字；『杜稾』指漢杜度的草書。

〔三三〕從本句開始，底卷每行上部殘缺二至九字不等，兹據文例（每句六字）擬補相應的空格，有時亦據智永本補出具體缺字，而不一一出校説明。本句『府羅將』三字底卷存右部殘畫，兹據智永本録正；『府』前一字底卷存右下側殘筆。上野本『府羅將相』句注云：『漢高祖既平天下，定十二諸侯及卿相之位次，列於朝肆，又藏在秘府也。』

〔三四〕韓起，張娜麗疑當作『韓越』，指韓信、彭越，可備一説。張娜麗引纂圖附音本注：『漢高祖既定天下，有功者封八縣之邑，有德者家給千兵。……韓信、彭越、英布皆封諸侯王也。』可參。

智永本相應位置爲『家給千兵』句，疑底卷所缺後四字爲此四字。

〔三六〕此處智永本相應位置爲『高冠陪輦』句，兹據擬補『高冠』二字。又『戰』字底卷作『㦾』，應爲『戰』的俗寫，『戰』文中當爲『戟』字之誤；《蒙書》録作『戢』，當誤。上野本出『高冠倍（陪）輦』句，注云：『言天子行於宫内，則乘輦也，衛士皆着高冠，執戟而倍（陪）輦也。』可參。

〔三七〕此處智永本相應位置爲『世禄侈富』句，底卷所缺六字應含括此四字。

〔三八〕此處智永本相應位置爲『勒碑刻銘』句，底卷所缺六字應含括此四字。

〔三九〕『文』字郃惠莉、張娜麗、《蒙書》皆録作『丈』，誤。『文』字實承上句『勒碑刻銘』而言，指碑文銘刻磻溪（太公吕尚垂釣之處，此代指吕尚）、伊尹等賢人之功績也。

〔四〇〕此處智永本相應位置爲『奄宅曲阜』句，底卷所缺六字應含括此四字。

〔四一〕此處智永本相應位置爲『濟弱扶傾』句，底卷所缺六字應含括此四字。

〔四二〕此處智永本相應位置爲『綺迴漢惠』句，底卷所缺二字應含括『綺』字；按上野本注云：昔之吕后生惠帝，漢高祖欲廢太子，立戚夫人子趙王如意爲太子，群臣立計，迎商山四皓綺里先生等侍太子，『高祖見綺里先生衣冠偉麗，肅然動心，問四皓曰：「公等何乃從我兒遊矣？」綺里先生曰：「臣等聞太子仁惠慈孝，故來從之。」高祖迴心，遂不廢太子。』據此，底卷所缺當即『綺里』二字，故從補。張娜麗謂底卷『能』爲『綺』之誤，非是。

〔四三〕此處《千字文》相應位置有作『説感武丁』『悦感武丁』之異，而以前者爲長（參看《千字文》校記〔二七〕），底卷『感』在『悦』後『説』前，蓋所據底本爲作『悦感武丁』之誤本耳。

〔四四〕此處智永本相應位置爲『俊乂密勿』句，底卷所缺六字應含括此四字。

〔四五〕此處智永本相應位置爲『多士寔寧』句，底卷所缺三字應含括『多』字。

〔四六〕此處智永本相應位置爲『趙魏困横』句，底卷所缺六字應含括此四字。

〔四七〕『侯』字底卷上部略有殘泐，『晉』字據文意擬補。上野本『假途滅虢』注云：『言晉侯聽荀息之言，以屈産之乘馬、棘之壁（璧）［假］道於虞以伐虢，虞公許辭，而名所滅矣。』可參。

〔四八〕此處智永本相應位置爲『何遵約法』句，底卷所缺六字應含括此四字。上野本『何遵約法』句注云：『蕭何，漢高祖丞相，導（遵）周三章約法，除秦苛政，天下便之。』疑底卷所缺爲『蕭何遵周約法』或『何遵三章約法』。

〔四九〕此處智永本相應位置爲『韓弊煩刑』句，底卷所缺二字應含括『韓』字。按上野本注云：『弊，踣也。踣猶死也。……非，韓人也。秦始皇十三年使秦。秦始皇用李斯計，留韓非。□苦酷也，秦人苦之。後卒爲秦人所煞也。』底卷『酷』當即指韓非施政『苦酷』而言，『酷』字不誤，而底卷所缺則或即『韓非』二字。張娜麗謂底卷『酷』爲『韓』之誤，非是。

〔五〇〕此處智永本相應位置爲『用軍最精』句，底卷所缺六字應含括此四字。

〔五一〕此處智永本相應位置爲『九州禹跡』句，底卷所缺六字應含括此四字。上野本注云：『九州之地有夏禹治水迹。』可參。

〔五二〕此處智永本相應位置爲『禪主云亭』句，底卷所缺六字應含括此四字。上野本注云：『云亭者，東岳神祠所在處，自古帝王至此並皆封神而還也。』

〔五三〕『焦盧』應爲『紫塞』的修飾詞，謂『紫塞』土地的焦黑之色。上野本注：『紫塞者，今之驢龍是也。彼塞口石土及草木並皆作金色也。』可參。

〔五四〕此處智永本相應位置爲『昆池碣石』句，底卷所缺六字應含括此四字。

〔五五〕上野本『鉅野洞庭』句注：『鉅野澤在遂（涿）縣，南北三四百里，東与海接，西与山連也。昔黄帝與蚩尤戰於此野矣。』可參。

〔五六〕『問』字張娜麗疑當作『間』，甚是；又『邈』字底卷下部略有殘泐，兹從智永本擬補。上野本『曠遠綿邈』句

〔五七〕注：『重理説云：五岳至於洞庭，其間曠闊，形勢遼遠哉。』可參。

〔五八〕此處智永本相應位置爲『巖岫杳冥』句，底卷所缺六字應含括此四字。

『之』字底卷殘泐上部的一點，張娜麗、《蒙書》皆定作『之』字，可從；鄔惠莉定作『治』字，非是。又此句智永本作『治本於農』，底卷所缺二字應含括『治』字，張娜麗以前一缺字爲『治』字，甚是；第二缺字則應爲『國』字。上野本注云：『治國家之本，作農爲先也。』可證。

〔五九〕此處智永本相應位置爲『俶載南畝』句，底卷所缺六字應含括此四字，原文疑爲『春分俶載南畝』。上野本注云：『俶，始也。春分日，籩人以鐸，備於器，号令農夫，始載耒耜南畝，種藝黍稷。』可參。

〔六〇〕『我』字底卷上部殘泐，兹據殘形擬補。

〔六一〕此處智永本相應位置爲『勸賞黜陟』句，底卷所缺六字應含括此四字，原文疑爲『依格勸賞黜陟』。上野本注云：『黜，退也；陟，進也。……勸田得功者，依格酬賞以勸其善；若墮其農失功者，依格黜退，罰其无功，而明農典刑之法也。』可參。

〔六二〕此處智永本相應位置爲『庶幾中庸』句，底卷所缺六字應含括此四字。上野本注云：『言中庸善人也，唯庶幾於善。』可參。

〔六三〕『謙』字底卷存下部殘畫，兹據智永本擬補。

〔六四〕此處智永本草書相應位置爲『鑑貌辨色』句，底卷所缺六字應含括此四字。

〔六五〕『貽厥嘉猷』上野本釋作『君子以善道遺於人』，可參。

〔六六〕試歡，『試』字鄔惠莉、《蒙書》録作『誠』字，張娜麗稱『「誠歡」不確，疑爲「誠勸」』；按此字底卷作『試』，實爲『試』的贅撇字，『試歡』猶言若歡，其義似本可通。

〔六七〕此處智永本相應位置爲『省躬譏誡』句，底卷所缺六字應含括此四字，原文疑爲『君子省躬譏誡』，而下句句首所缺二字則疑爲『小人』二字。上野本『省躬譏誡，寵增抗極』下注云：『言君子之人日有三省，謙譏自誡，不可爲非法之行；莫如小人恃寵抗極，陵物必敗矣。」

〔六八〕此處智永本相應位置爲「林臯幸即」句，底卷所缺六字應含括此四字。

〔六九〕此處智永本相應位置爲「兩疏見機」句，底卷所缺三字應含括「兩疏」二字，張娜麗擬補前二缺字爲「兩疏」，極是，所缺第三字則當是「叔」字，原文當爲「兩疏叔姪見機」；郜惠莉、《蒙書》漏録「姪」字，而於「見機」前擬補「兩疏」二字（郜惠莉又誤「疏」爲「束」），非是。上野本注云：「兩疏者，謂疏廣、疏受，東海人也，受是廣之兄子也。漢宣帝時，廣爲太子大傅，之（「之」字疑衍）受爲太子少傅。廣之謂受曰：「吾与汝俱爲帝之師，富貴重疊……老子曰：知足不辱，知止不殆。可以拳（全）身而退，不亦可乎？」受曰：「敬從大人之命。」父子二人遂辭病而去。帝共太子不奪其志，聽其蟄。宣帝贈金百兩矣，太子贈金亦如是。於是二子解其組綬，出長安城，掛冠於東都門上而去。時人見之，歎曰：賢哉，二丈夫也！」可參。

〔七〇〕此處智永本相應位置爲「索居閑處」句，底卷所缺六字應含括此四字。上野本「索居閑處，沈默寂寥」下注云：「漢人索清（晉人索靖？）也，晉人沈默，並志樂閑曠，不染塵俗，所謂隱居以求志心也。」比照下句「沈默性愛寂寥」，疑此句原文或爲「索清居樂閑處」之類。但《千字文》原文「沈默」指内向寡語，「索」指孤獨，俱與人名無涉，注者牽合作人名，當非原意。

〔七一〕此處智永本相應位置爲「散慮逍遥」句，底卷所缺六字應含括此四字。

〔七二〕此句底卷本作「憂憂戚謝去歡招」，前一「憂」字右側旁注一「卜」形删字符號，因據删；郜惠莉、張娜麗、《蒙書》皆誤此「卜」爲「人」字，而定作改字之例，郜惠莉、《蒙書》又漏録「招」字，因録此句作「人憂戚謝去歡」；張娜麗「招」字不漏，但因原文多一字，遂又謂「去」字爲「原卷誤加」，定作「人優戚謝歡招」，皆非是。原文「戚」當據智永本校讀作「慼」（參看《千字文》校記〔四〇〕），「慼謝歡招」爲《千字文》原文，「憂慼謝去」即「感謝」的雙音化。上野本注云：「慼既去，歡樂招而至也。」可參。

〔七三〕此處智永本相應位置爲「渠荷的歷」句，底卷所缺六字應含括此四字。

〔七四〕此處智永本相應位置爲『園莽抽條』句，底卷所缺二字應含括『園』字。

〔七五〕『枇』字上部底卷略有殘泐，但據殘形可以斷定原卷本作『枇』字，郃惠莉、《蒙書》録原字爲『楷』（《蒙書》又校作『枇』），不確（張娜麗已指出郃録之誤）。

〔七六〕此處智永本相應位置爲『梧桐早彫』句（伯三二一一背《千字文》『彫』作『凋』，爲其本字），底卷所缺六字應含括此四字。上野本注云：『梧桐出冀州龍門山，至八月葉落已盡，故早彫。』疑底卷原文或爲『梧桐八月早彫』。

〔七七〕此處智永本相應位置爲『陳根委翳』句，底卷所缺三字應含括『陳根』二字，上野本注云：『陳樹之根多有委翳之草。』所缺或爲『陳樹根』或『陳草根』之類；郃惠莉定前二缺字爲『陳根』，未必是。

〔七八〕此處智永本相應位置爲『遊鵾獨運』句，底卷所缺六字應含括此四字。上野本『遊鵾獨運，陵摩絳霄』下注云：『《莊子》曰：北溟有魚，其名爲鯤，不知幾千里也；化而爲鳥，其名鵬，不知幾千里也；是鳥之值海運，將從（徙）於南溟，搏扶摇羊角而上者九万里，負青天而絶雲氣，逼於南溟，去六月乃息然矣。』疑底卷原文或爲『北溟遊鵾獨運』之類。

〔七九〕此句底卷前二字存右側殘筆，中二字存左右側部分筆畫，第五字似存中間殘畫，末字殘缺；智永本相應位置爲『躭（耽）讀翫市』句，底卷所缺六字應含括此四字。上野本『躭讀翫市，寓目囊箱』下注云：『後漢時王充，字仲任之（『之』字衍文），會稽上虞人也，愛學，家貧无書可讀之，借錢詣市，以錢爲假其書讀之。又於他人囊箱中寄目看其書字也。』疑底卷原文或爲『王充躭讀翫市』。

〔八〇〕此處智永本相應位置爲『寓目囊箱』句，底卷所缺六字應含括此四字，疑原文或爲『寓目他人囊箱』之類。參上校。

〔八一〕此處智永本相應位置爲『易輶攸畏』句，底卷所缺三字應含括『易』字。

〔八二〕此處智永本相應位置爲『屬耳垣墻』句，底卷所缺六字應含括此四字。

〔八三〕此處智永本相應位置爲『具膳湌飯』句，底卷所缺六字應含括此四字。

〔八四〕『適』字《寶藏》影印本在末行，《英藏》影印本無此字，蓋後來已殘失。

（本篇由張涌泉、張新朋合撰）

百家姓

俄敦六〇六六（底一）　伯四五八五（底二）　伯四六三〇（底三）

【題解】

底一編號爲俄敦六〇六六。凡六行，每行抄六字。又同頁倒書一遍。另外多數字右側（個別字左右兩側）又用小字重抄一至六次不等。《俄藏》未定名。按此爲《百家姓》習字，所抄爲《百家姓》前三十六姓，與傳本（據清王相《百家姓考略》本，中國書店一九九一年影印，以下簡稱刊本）文字全同，故據以擬定今名。

底二編號爲伯四五八五。册子本，存二頁四面，每面六行，行六字，一、三、四面一般每字連抄兩遍（第四面前二行『德德盛盛永永義』諸字又在右側小字重抄一二次），第二面每字連抄六遍（一整行）；一、二面順序相連，二、三面間缺四十二姓，當有缺頁；第四面與第三面内容不相連續，似屬雜抄性質，此不録（詳校記〔八〕）。前三面起『趙錢孫李』，止『伍余元〔卜〕』，計三十九姓。

底三編號爲伯四六三〇。册子本，存二頁四面，每面六行，行六字，先後順序爲一、二、四、三，起『郟浦尚農』，訖『鍾離宇〔文〕』，計一一八姓。其中『禄東歐殳沃利蔚越夔師鞏簡沙乜』諸字右側或左側又以小字重抄一次。

底二、底三原本皆無題。《索引》底二下擬題『百家姓』；底三下云『百家姓一葉（與4585同）』（《索引新編》括弧内的文字改作『與P. 4585號爲同卷』）。陳祚龍《中古敦煌的書學》（《藝壇》第五十四期，一九七二；又收入《敦煌資料考屑》，臺灣商務印書館一九七九）稱『這兩份寫卷，如加結合，實際就是「百家姓」的殘本』。《寶藏》二本皆題『百家姓』。《法藏》底二題『百家姓習字』，底三題『百家姓』。《敦煌蒙書研究》稱『二本均係小册子本，紙張高寬相同，字迹與行款一致，當是同一寫本。依其字體與抄寫情形觀之，似爲兒童習字』。今按：此二本出於同一《百家姓》習字寫卷可以無疑，唯底二一般每姓重抄一次，底三則不重抄，蓋抄手前後抄寫有變化。

另按刊本，底二、底三間缺二百二十五姓，當有缺頁。

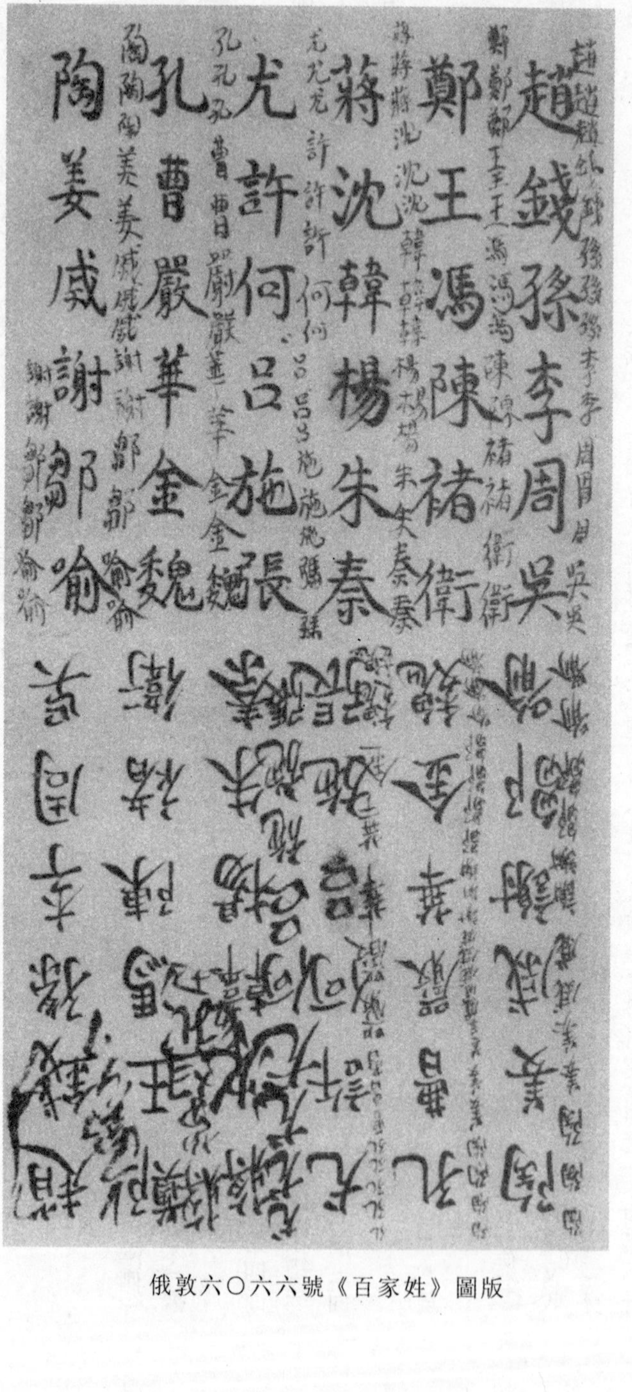
趙錢孫李周吳
鄭王馮陳褚衛
蔣沈韓楊朱秦
尤許何呂施張
孔曹嚴華金魏
陶姜戚謝鄒喻

俄敦六〇六六號《百家姓》圖版

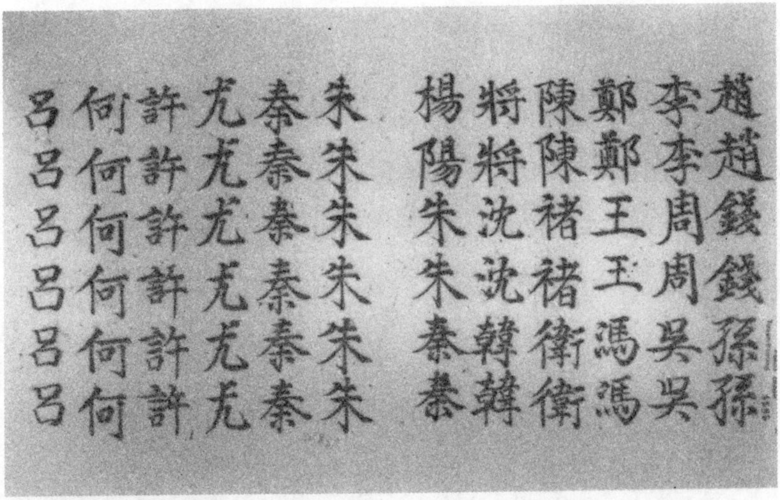
趙趙錢錢孫孫
李李周周吳吳
鄭鄭王王馮馮
陳陳褚褚衛衛
蔣蔣沈沈韓韓
楊陽朱朱秦秦
朱朱朱朱朱朱
秦秦秦秦秦秦
尤尤尤尤尤尤
許許許許許許
何何何何何何
呂呂呂呂呂呂

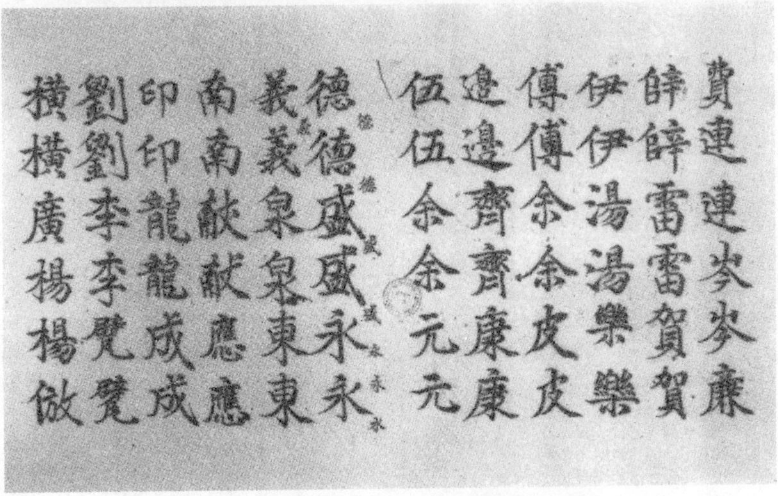
費連連岑岑廉
薛薛雷雷賀賀
伊伊湯湯樂樂
傅傅余余皮皮
邊邊齊齊康康
伍伍余余元元
德德盛盛永永
義義泉泉東東
南南献献應應
印印龍龍成成
劉劉李李覺覺
橫橫廣楊楊做

伯四五八五號《百家姓》圖版

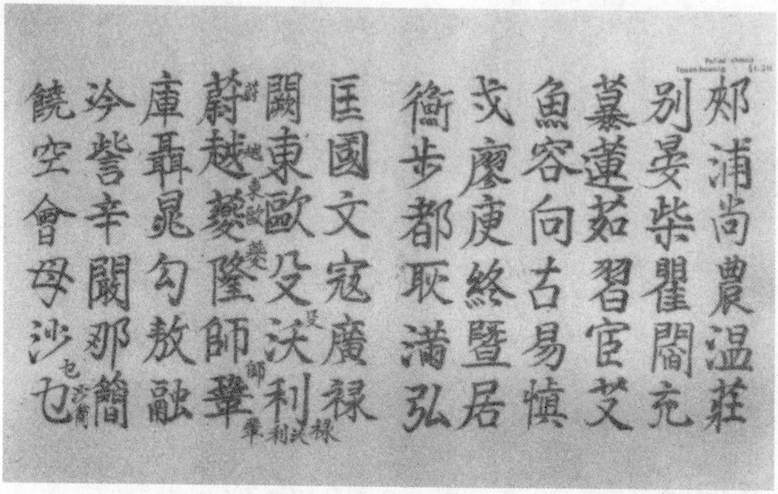
郟浦尚農温莊
别晏柴瞿閻充
慕蓮茹習宦艾
魚容向古易慎
戈廖庚終暨居
衡步都耿滿弘
匡國文寇廣禄
闕東歐殳沃利
蔚越夔隆師鞏
厙聶晁勾敖融
冷訾辛闞那簡
饒空曾毋沙乜

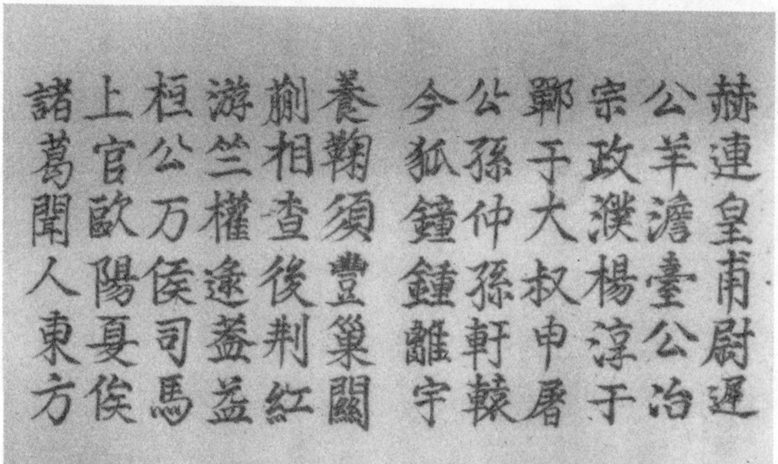
赫連皇甫尉遲
公羊澹臺公冶
宗政濮陽淳于
鄲于大叔申屠
公孫仲孫軒轅
令狐鍾鍾離宇
養鞠須豐巢關
蒯相查後荆紅
游竺權逯蓋益
桓公万俟司馬
上官歐陽夏侯
諸葛聞人東方

伯四六三〇號《百家姓》圖版

除上揭三卷外，另有俄敦一一五一〇號，如後附上圖所示，《俄藏》未定名，經請教楊富學博士，漢字上面的爲八思巴文，則該卷當係『漢—八思巴文對照百家姓』，《俄藏》二圖版的左右順序有問題，應把它們的位置互换一下，如左附下圖所示：

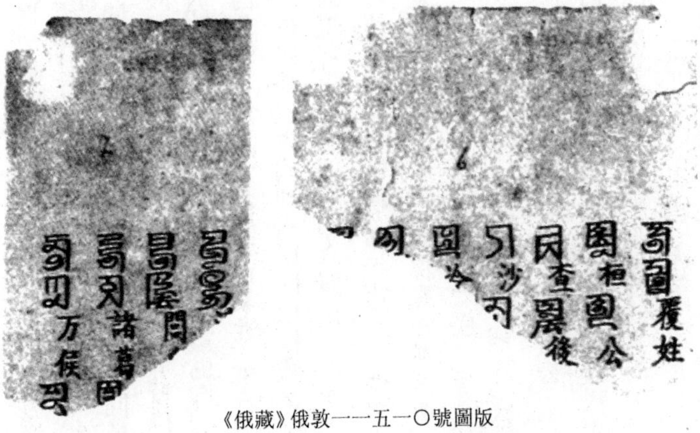

《俄藏》俄敦一一五一〇號圖版

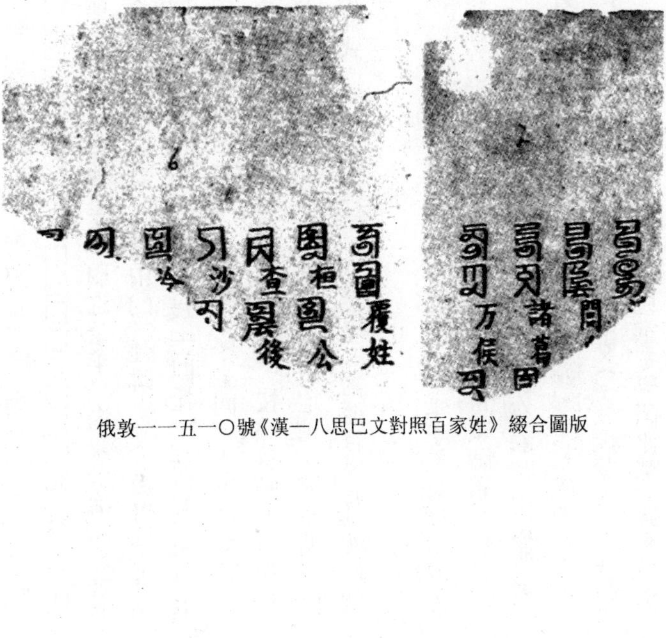

俄敦一一五一〇號《漢—八思巴文對照百家姓》綴合圖版

原卷是從左向右抄寫的，所存漢字爲『冷□□□□□□□□□□（訾辛闞。那簡饒空，曾毋）沙□□□□□□□□（乜。養鞠須豐，巢關蒯相）。查後□□□□□□□□（荊紅，游竺權逯。蓋益）桓公。覆姓：万俟（俟）□□□□□□□（司馬，上官歐陽。夏侯）諸葛，□□□□□□□□閭▨（丘）□□□□□□□▨（濮）』，除『閭丘』前後字序與底三及刊本不同外（『諸葛』後刊本接『聞人東方。赫連皇甫，尉遲公羊。澹臺公冶，宗政濮陽。淳于單于，大叔申屠。公孫仲孫，軒轅令狐。鍾離宇文，長孫慕容』云云，其中的『鍾離宇文』後世增補本《百家姓》有作『鍾離閭丘』的，也有『鍾離宇文』句不變，而於『長孫慕容』句後增補『鮮于閭丘』一句的，而由上揭《漢—八思巴文對照百家姓》來看，這種有『閭丘』的本子至遲元代即已有之），其餘字序全同。八思巴文是元世祖忽必烈命國師八思巴根據藏文字母創制的一種拼音文字，并被元朝確立爲官方文字。按照忽必烈最初的構想，是要用八思巴文『譯寫一切文字』，即除拼寫蒙古語外，還用以記録其他語言。但由於這種文字不適合蒙古語的書寫習慣，故僅行用了一個多世紀便隨著元朝的滅亡而式微。這個《漢—八思巴文對照百家姓》顯然就是蒙元時代的產物，應係黑水城文獻，故不列入。

其實上揭底一和底二、底三是否係敦煌文獻也存在疑問。《百家姓》是與《三字經》、《千字文》並行的古代童蒙讀物之一。全書四百七十二字，其中單姓四百零八個，複姓三十個，編爲四言韻語，以便童蒙誦讀。作者不詳。宋王明清《玉照新志》卷五云：『如市井間所印《百家姓》，明清嘗詳考之，似是兩浙錢氏有國時小民所著。何則？其首云「趙錢孫李」，蓋錢氏奉正朔，趙氏乃本朝國姓，所以錢次之；孫乃忠懿之正妃；又其次則江南李氏，次句云「周吴鄭王」，皆武肅而下后妃，無可疑者。』據此，《百家姓》乃出於五代北宋之交（《敦煌蒙書研究》定作公元九六〇年〔趙宋建國〕至九七八年〔吴越亡國〕之間）。南宋陸游《秋日郊居》『兒童冬學鬧比鄰，據案愚儒却自珍。授罷村書閉門睡，終年不著面看人』詩下自注：『農家十月乃遣子入學，謂之冬學。所讀《雜字》、《百家姓》之類，謂之村書。』則南宋初年此書已風行民間。然敦煌藏經洞封閉時間在十一世紀初（有明確紀年的敦煌文獻抄寫時間最晚的爲北宋咸平五年，即公元一〇〇二年），離《百家姓》的成書年代極近。很難想像吴越小民編撰的這樣一本小書短短三五十年便傳到了遥遠的敦煌，并在莫高窟藏經洞留下了踪迹。其實在敦煌當地流行的是一種『張王李趙』起首的類似《百家姓》的童蒙讀物（參看《百家姓》之二題解），而上述『趙錢孫李』起首的《百家姓》未必是藏經洞之物。

上揭底二、底三的來源，前人原本有不同看法。《索引》底二下説明稱『兒童習字所書，觀紙色非北宋物』，《索引新編》承用此説。但《敦煌蒙書研究》則把此二本明定作敦煌藏經洞文獻，并以此『證明《百家姓》確實在北宋初期即已存在，且遠傳至西北邊陲的敦煌地區，同時還作爲孩童識字習字之用』。今觀此二卷字體，與可靠的敦煌文獻頗有不同，如『辛』字或『辛』旁，敦煌文獻下部多作三横，但底三『辛』字、底二『辥（薛）』字的『辛』旁，下部皆作二横。又底二有『猷』字，先後二見，爲『獻』的俗字，雖然這種簡體俗字漢簡中已見其端倪，但魏晉以後的楷書文本中未見其踪迹，其他敦煌文獻中亦未見用例，而只有到了宋代（尤其是南宋）以後的刻本古書中纔逐漸行用開來。現在底二出現了這樣一個後起的簡俗字，不免啓人疑竇。又底三有複姓『万侯』，刊本作『万俟』，『侯』當爲『俟』字之誤；令人好奇的是，上揭《漢—八思巴文對照百家姓》竟也把『万俟』錯成了『万侯』，是巧合還是别有原因？這種種疑問，解釋也許只有一個，即該卷很可能也是黑水城宋元以後文獻。

剩下的還有底一，直覺告訴我們，這也不像敦煌寫卷，但因缺少具體證據，只能存疑。這樣看來，這三個寫本是否敦煌文獻實在還是疑問，但因難以完全論定，兹姑據《俄藏》、《法藏》影印本校録於後。另附寫卷圖版於首，以資比勘。

趙錢孫李〔一〕，周吴鄭王。馮陳褚衛，蔣沈韓楊〔二〕。朱秦尤許，何吕施張〔三〕。孔曹嚴華，金魏陶姜。戚謝鄒喻（底一至此句止，下缺）

（中缺）

費廉岑辥（薛）〔四〕，雷賀伊湯〔五〕。樂〔于時〕傅〔六〕，皮邊齊康〔七〕。伍余元〔八〕

（中缺）

郟浦尚農[九]。温莊別晏[一〇]，柴瞿閻充。慕（慕）蓮（連）茹習，宦艾魚容。向古易慎，戈廖庚終。暨居衡（衡）步，都耿滿弘。匡國文寇，廣禄闞東。歐殳沃利，蔚越夔隆。師鞏庫聶[一一]，晁勾敖融。冷訾辛闞，那簡饒空。會（曾）母（毋）沙乜，養鞠須豐。巢關蒯相，查後荆紅。游竺權逯，蓋益桓公。万俟（俟）司馬，上官歐陽。夏侯（侯）諸葛，聞人東方。赫連皇甫，尉遲公羊。澹臺公冶，宗政濮楊（陽）[一二]。淳于鄲（單）于，大叔申屠。公孫仲孫，軒轅令（令）狐。鐘鍾離宇[一三]

（後缺）

【校記】

〔一〕此句以下三十六字據底一校録，底二有前二十二字，兹取以參校。

〔二〕『蔣』字底二省誤作『將』。又『楊』字底二重出時音誤作『陽』（底二前十八字每字重出一次）。

〔三〕底二第一頁第二面止於『吕』字，其下至『費連』間約殘缺二至四頁，凡四十二姓。

〔四〕『費廉岑辟』句以下至『伍余元』據底二校録。此句底二本作『費連連岑岑廉辟辟』，『連』當係『廉』的音誤字，『廉』字底卷在行末，蓋即抄手發現前文誤書而補書於行末者，刊本正作『費廉岑薛』，兹據改正。又『辟』當係『薛』字省誤，兹據刊本校。下凡據刊本括注校正者，不一一出校説明。

〔五〕『伊』字刊本作『倪』，而『伊』字在下文『秋仲伊宫』句；按『湯』爲商朝的開國之君，而『伊尹』爲湯的大臣（《書·湯誓》：『伊尹相湯伐桀。』），故『伊湯』連用意思上有關聯，便於記憶，疑以底卷爲長。

〔六〕此句底二本作『樂樂傅傅余余』，而下文『伍』後又有二『余』字，疑此處屬抄手誤書者，故不録，而據刊本於『樂』後擬補『于時』二字。

〔七〕『邊』字刊本作『下』，而『邊』姓在下文『邊扈燕冀』句，未知孰爲其原貌。

〔八〕『伍余元』後底二爲第二頁第四面，抄『德盛永義泉東南獻應印龍成劉李甓横廣楊傚』十九字，按刊本『伍余元』後接『卜』姓，底二『德』字以下十九字序次與刊本大異，且其中『李』『楊』二姓上文已見，而『德永義泉』四姓刊本未見，古未見姓『永』者，『德』『義』『泉』亦罕見用作姓氏者，疑此十九字屬抄手雜抄難字，而非《百家姓》的一部分，故不録。

〔九〕此句以下據底三校録。

〔一〇〕温莊别晏，刊本作『温别莊晏』。

〔一一〕庫，刊本作『厙』，王相注：『括蒼郡。系出厙（庫）狄氏。宇文周有厙（庫）狄部长，其後單姓厙氏。厙，音舍。』《廣韻・暮韻》始夜切：『厙，姓也。《姓苑》：今台、括有之。』又禡韻苦故切：『庫，貯物舍也。又姓。《風俗通》云：古守庫大夫之後，以官爲氏。後漢輔義侯庫鈞。亦虜複姓二氏，周有少師庫狄峙，又有庫門氏。』『厙』蓋『庫』的後起分化字。

〔一二〕濮楊，刊本作『濮陽』，王相注：『博陵郡。系出姬姓。郑公族大夫居濮水之陽，以濮陽为氏。吴有濮陽興。』

〔一三〕鐘鍾離宇，刊本無『鐘』字，此句作『鍾離宇文』，『鐘』蓋『鍾』字誤書而未塗去者。據刊本，此句後尚有『長孫慕容，司徒司空，百家姓終』十二字。

（本篇由張涌泉、張新朋合撰）

敦煌百家姓

伯二九九五（底一）　伯二三三一背（底二）　斯四五〇四背（底三）
北八〇四一（李七三）背（底四）　伯三〇七〇背（底五）　伯三一九七背（底六）

【題解】

與傳世的以『趙錢孫李』起首的《百家姓》不同，敦煌文獻中另有一種以『張王李趙』開頭的别本『百家姓』，計有伯二三三一背、二九九五、三〇七〇背、三三六九背、斯四五〇四背等近二十個卷號。這一系統的本子大多有『張王李趙。陰薛唐鄧，令狐正等。安康石平，羅白米史』這樣的成句，并且所抄姓氏相同者達百分之七十五左右，可見它們應有一個共同的來源。完整者約百餘姓，可謂名副其實的『百家』（傳本《百家姓》單姓四百零八，複姓三十，計四百三十八姓，題稱『百家』，乃是虚數）。不少姓氏帶有西北地方特色，很可能出自敦煌當地人之手。但除『張王李趙』幾句外，其餘姓氏序次各本差異很大，句讀不明，或係傳抄竄亂。其中抄寫時間可考的，最早爲唐乾符三年（八七六）十月二十一日（參看下文伯三三六九背敘録），其撰作時間自當早於這一日期。其以『張王李趙』起首，或許與張氏歸義軍政權有關。張氏歸義軍自張議潮於大中二年（八四八）率衆起義，至後梁乾化四年（九一四）張承奉被曹仁貴取代，統治敦煌達六十餘年，乾符三年正屬張氏歸義軍時期。如果這一推斷可信，則上揭别本《百家姓》很可能成立於歸義軍初期，或許就是迎合新生的張氏歸義軍政權的統治需要産生的，其撰作時間比傳本《百家姓》早了約一個世紀。

這一系統的《百家姓》由於多夾雜於各類習字雜寫或社司轉帖中間，没有引起人們特别的關注。僅有少數幾個卷子被定名作『姓氏書』，個别卷子有過録文。今比照傳本《百家姓》，遵從柴劍虹先生的意見擬題作『敦煌百家姓』，逐卷敘録如下。由於各本間的差異頗大，無法校録成爲一個定本，故本書選取其中所存姓氏較多、一致性略強的六個卷號，分底一至底六，分别録出（異本間空一行録文），餘則只在敘録裏交代，不另行録文。

底一編號爲伯二九九五。正文部分計十二行，行九至十一字。末有七言詩五句，爲同一人所抄，内容與前文相關。原卷無題。《索引》題『殘姓氏書（與百家姓頗相近）』，《寶藏》題『殘姓氏書』；《法藏》前題『姓氏書』，後題『七言偈』。王仲犖《敦煌石室出殘姓氏書五種考釋》（《敦煌吐魯番文獻研究論集》第三輯，北京大學出版社一九八六）定作『雜姓氏書』，以爲『係寫經生隨手所寫』。按原卷僅前二行行端各缺一字，其餘各行首一字略有殘泐，全文基本完整。可定作姓氏者約一百零五姓。其中前二十四字可以四字爲句連讀，有韻。其後部分則不再有韻，句讀不明。兹比照傳本《百家姓》改定今名。王仲犖《敦煌石室出殘姓氏書五種考釋》（以下簡稱『王仲犖』）、陳祚龍《中古敦煌的書學》（見《敦煌資料考屑》，臺灣商務印書館股份有限公司一九八七，以下簡稱『陳祚龍』）。陳氏誤寫卷編號爲『伯二八八五』）皆有録文。汪泛舟《敦煌的童蒙讀物》（《文史知識》一九八八年第八期）對本卷有簡要的介紹，可以參看。兹據《法藏》影印本重新校録於後。王、陳二文録字多誤，尤以王文爲甚，本書不一一羅列，以免繁瑣。

底二編號爲伯二三三一背。正面爲《比丘含注戒本》。卷背有社文、願文、捨施文，後有雜寫多種，其中抄有姓氏七行，行十五字左右，第一行僅抄『張王李趙陰薛（薛）』六字，其下空白；次行仍由『張王李趙』抄起。可定作姓氏者約六十七個。《索引》、《寶藏》、《索引新編》均未標出本篇内容，《法藏》總題『雜寫』。兹比照底一擬定今名。本篇未見各家録文，兹據《英藏》影印本校録於後。

底三編號爲斯四五〇四背。正面爲《四分律比丘含注戒本》卷上、卷中。卷背依次有十願歌、讚大聖真容詩、寺名鄉名菩薩名、行人轉帖二件、乙未年三月七日押衙就弘子貸絹契、乙未年正月一日靈圖寺僧善友貸生絹契及《千字文》等，字體大抵相同，或係出於同一人之手。其中行人轉帖二件之間夾抄姓氏五行，行十三至十九字，可定作姓氏者約六十九個，各家均未標出。兹比照底一擬定今名。貸絹契二件的『乙未年』，沙知《敦煌契約文書輯校》（江蘇古籍出版社一九九八）疑爲公元九三五年。又第一件行人轉帖之前有燉煌、莫高、神砂、龍勒、慈慧（惠）、赤心、拱潤（洪閏）、平康、拱（洪）池、効穀十鄉名，據馮培紅的考證，上述十鄉的建制是公元九四四年曹元忠出任歸義軍節度使後形成的，因此他推斷斯四五〇四背各件的抄寫年代應在公元九三五年後曹元忠執政初期（《歸義軍時期敦煌縣諸鄉廢置申論》，載《敦煌歸義軍史專題研究續編》，蘭州大學出版社二〇〇三），其説近是。本篇未見各家録文，兹據《英藏》影印本校録於後。

底四編號爲北八〇四一（李七三）背。正面爲《佛説無量壽宗要經》。卷背依次抄雜字一行、九九乘法歌訣三行、丙辰年潤二月八日《社司轉帖》及《行人轉帖》各一道（《行人轉帖》僅抄了末行，其前留有約三行的空白），其字體與底五乾寧三年（八九六）丙辰閏二月《社司轉帖》等文本極近，一些具體字形的寫法也非常相似，如『齊』皆寫作『斉』形，『氵』旁皆常寫作近似『彡』形，等等，很可能爲同一人所抄，則其丙辰年當亦係乾寧三年（八九六）。《行人轉帖》後爲本篇，除『張』字抄一整行十四次、『王』字縱向抄三次，餘下自右向左於每行行首各抄姓氏一個，計六十多個，下部均空白，蓋留待習書重抄者。各家皆未標示本篇内容，兹比照底一擬定今名。本篇未見前人校録，兹據《寶藏》影印本校録於後。

底五編號爲伯三〇七〇背。正面爲《諸經要抄》。卷背爲《諸星母陁羅尼經》，另有倒寫的社司轉帖、行人轉帖、社司轉帖，字體拙劣，似皆出於同一人之手。本篇夾雜在『行人轉帖』和後一『社司轉帖』之間，凡三行，可考定者約三十四姓。《寶藏》、《索引》、《法藏》等皆未標出，汪泛舟《敦煌的童蒙讀物》題『姓氏雜寫』，此參照底一擬定今名。其前後社司轉帖有乾寧三年（八九六）丙辰潤（閏）二月的題記（此帖非原件，同一内容抄寫三遍，乃習書者所抄，其抄寫年份當在乾寧三年閏二月之後）。本篇未見前人校録，兹據《法藏》影印本校録於後。

底六編號爲伯三一九七背。正面爲《捉季布傳文》。卷背抄書儀、天福伍年（九四〇）庚子歲麥粟等物賬、五言詩、七言詩及其他雜寫多行，書體不一，非出自一人之手。其中雜寫中抄姓氏兩行，可考定者約三十四姓。各家皆未標示，兹比照底一擬定今名。本篇前有『維大宋乾［德］四年（九六六）歲次丙寅六月十七日大王夫人出南門巡邊』、『丙寅年六月十七日大王夫人巡邊』字樣，字體與本篇相同，據此，可以推定本篇當亦抄於此年或晚於此年。又本卷卷背前部有『新撰時務纂集珠玉要略杪(抄)一卷，聖教伎術院孝士燉煌禮生翟奉達』雜寫一條，筆迹與本篇酷似，則本篇或亦出自翟奉達之手。本篇未見前人校録，兹據《寶藏》影印本校録於後。

除了底一至底六各本外，還有若干卷子零星抄有此一系統『百家姓』的部分文句，兹以各家館藏爲序，一併介紹於下。

斯八六五背。正面爲《父母恩重經》、《般若波羅蜜多心經》。卷背《社司轉帖》習字前抄有『張王李趙。陰薩(薛)唐金』字樣，其中的『金』字原卷較模糊且與其上『唐』字間留有約一字的空格，似抄者本不以此字與『陰薛唐』連讀。

斯四四四三背。正面抄《阿彌陀經讚》等。背面抄『乾元寺宋苟兒諸難雜字一本』(原題)，凡八行，其中『唐。康。趙。陳。鄧。安。桑。梁。馬。王。竇。詾(麴?)。郭。米。石。曹。韓。賀。何。温。孔。孟。劉。柳。閻。祝。燒。高』一段皆爲姓氏，似出自别本《百家姓》。該篇另抄有官名、人名等，所載人名多見於十世紀後期的敦煌社會經濟文書，則本篇大約亦應爲同一時期的寫本。參看斯四四四三背《諸難雜字一本》題解。

斯五一〇四號。前爲『觀世音經』，尾部有學童塗鴉文字七行，其中抄有姓氏三處，包括『張王李趙』(『趙』字下尚有『日昌、田留住、賀住三、杜安安』等人名，『趙』字或當與『日昌』連讀)、『張王李▨▨▨』、『陰薛唐鄧』字樣。

伯三三六九背。雜寫，其中抄有姓氏兩行，右行抄『梁。宋。氾。侯。康。索。宗。就。程。翟。左。右。劉。吳。武』，左行抄『陰薩(薛)唐鄧，令狐正等。張王李趙。陳。馬』，計二十八姓。正面爲《孝經》，末有題記『咸通十五年(八七四)五目(月)八日沙州學郎索什德』、『乾符三年(八七六)十目(月)二十一日學生索什德書記之也』字樣，題記字體與《孝經》不同，而與背面所抄姓氏一致，當出自一人之手，則姓氏兩行當亦可能爲乾符三年前後所書。

伯三五五八背。正面爲《王梵志詩一卷》，文末題記有『亥年正月十七日三界寺』字樣。卷背爲雜寫，其中有姓氏習字多處，前後不相連，文字多有漫漶，可辨者有『彭。▨（薛—薛）。▨（穆）』、『張王李趙』、『崔。彭。陰。薛（薛）。龍。趙。▨。康。▨。樊。姚。閻。闞。曹。彭。穆』、『張王李趙』、『張王李趙。陰。陽。安。氾。宋。范。田。就。吴。祝。郭』、『田。馬。▨。竇。張王李趙。陰。陽。安。程。祝。吴。氾。范』、『竇。鄧。庵。龍。郭。就。唐。閻。闞。薛（薛）。賈。崔。彭（彭）。穆』。

伯三六九二背。正面爲《李陵與蘇武書一首》、《蘇子卿遺書右效王》，文末題記云『壬午年二月廿五日金光明寺學郎索富通書記之耳』。卷背有壬午年（寧可、郝春文《敦煌社邑文書輯校》定作公元九二二年）十一月二日王康三社司轉帖一道、《千字文》習字等雜寫，尾部抄有姓氏三行，似由左向右直行抄寫，存『張王李趙。陰薛（薛）唐登（鄧）。安康▨（石）□▨（曹）何。竇。菜。柴。水。黑。孔。長。田。□郭。馮。龍。▨』。

伯四五二五（十六）背。正面爲《大智度論釋實際品第八十》。卷背爲習字雜寫，中有『張王李趙』、『張王李趙。陰薛堂（唐）』等姓氏習字。另有『太平興國八年九月』字樣，字體與姓氏習字同，當出自同一人手筆，『太平興國八年（九八三）』蓋即此習字的抄寫時間。

北七八〇五（生五五）背。正面爲《佛説無量壽宗要經》。卷背有『上大夫，丘［□］己，化三千，▨（生）（下缺）』、『張王李趙』等雜寫。

另伯三一四五背《訓蒙書抄》也抄有屬於這一系統的『百家姓』，詳見本書小學類字書之屬該篇，此不贅述。

各寫卷姓氏之間多連抄不加區别，校録時除明確可連讀者外，每姓下皆用句號句斷。

□（張）王李趙〔一〕，天下▨（不）少〔二〕。陰薩（薛）唐鄧〔三〕，□（令）狐正等（等）〔四〕。安康石平〔五〕，羅白米▨（使）〔六〕。曹。〔七〕何。闞。院。周。索。牛。楊。宋。高。賀。董。留。尹。麴。〔八〕程。斉（齊）。左。▨（竇）。〔九〕孔。達。暮容。〔一〇〕落。閻。鄯。霍。袁。馬。遊。姚。

常。氾(氾)。范(范)。[illegible]。[一一] 郭。橋(橋)。徐。翟。量。裴。陳。龍。羽。[一二] 栁(柳)。郝。
價。[一三] 温。▨。[一四] 杜。沇(沈)。岳。談。彭(彭)。嚴。孫。畫(畫)。田。吴。屈。鄭。樊。
燒。[一五] 吉。叚(段)。侯。朱。武。▨。[一六] 崔。成。任。多。泊。渾。蕪(蘇)。鉗。苻。傳。
星。解。圓。[一七] 穆。胡。辛(辛)。申。凴(馮)。▨(吕)。[一八] 劉。[一九]
沙弥天生道理多，人名不得那人何。從頭至尾没閑姓。[二〇] 忽若學字不得者，扞你沙弥頭惱(惱—腦)破。[二一]

張王李趙[二二]。陰薛(薛)唐鄧，令狐正(正)等(等)[二三]。安康石必[二四]，羅白米吏(史)。曹。何。霍。[illegible]。[二五] 卯(柳)。[二六] 宋。戒因。願成。幻福。[二七] 鄭。卮。[二八] 崔。姚。馬。程。索(索)。彭(彭)。單。牛。盧。劉。穆。社。[二九] 郭。就。常。偶。[三〇] 裴。賀。高。樊。[illegible]。[三一] 梁。氾(氾)。范(范)。孔。陳。[illegible]。[三二] 閻。董。畫。尹。渾。[三三] 蕪(蘇)。段。[三四] 燒。魚。冥。吴。郎。辛。[三五] 華。[三六] (底二抄寫至此止)

張王李趙[三七]。陰薛(薛)唐鄧。令狐鄭宋。安康石吉，羅白米史。曹。何。董。閻。索(索)。韋。陽。隋。[三八] 蕪(蘇)。就。韓。温。高。絛。[三九] 雷。消。[四〇] 燒。京。荆。暮(慕)容。周。武。翟。除。麴。郝。黑。祝。孫。孔。梁。盧。採。[四一] 桑。郭。馬。景。憑。[四二] 譚。竇。龍。尹。吴。氾(氾)。魚。范(范)。裴。社。[四三] 渾。白。陳。東南西北。[四四] (底三抄寫至此止)

張王李趙〔四五〕。陰。[illegible]（薛）。〔四六〕崔。盧。栁（柳）。鄭。唐。劉。杜。范（范）。董。茶〔四七〕。右。蔣。梁。黄康石必〔四八〕，羅白米史。曹。河。〔四九〕落。陣。〔五〇〕斉。〔五一〕白。平。〔五二〕竹。岳。價。〔五三〕談。尹。麥。郭。汜（氾）。羅。何。陽。昌。〔五四〕穆。牛。吴。成。胡。秦。告。〔五五〕同。[illegible]。〔五六〕高。衛。遊。朱。馬。鄧。令。索。女。壬。〔五七〕（底四抄寫至此止）

張王［李］趍（趙）〔五八〕。陰薛（薛）唐鄧，令狐正荨（等）。安康石必，羅白米史。曹。何。[illegible]（柳）〔五九〕。▨。〔六〇〕斉（齊）。〔六一〕程。社。〔六二〕槗（橋）。屈。韓。吴。畫。談。汜（氾）。范（范）。禁。〔六三〕龍。高通。〔六四〕（底五抄寫至此止）

張王李趍（趙）〔六五〕。陰薛室（唐）鄧〔六六〕。令狐［鄭］宋〔六七〕。安康石告（吉）〔六八〕，羅白米史。曺（曹）。何。柴。閻。孔。陳。郭。淜（馮）。除。馬。田。楊。賈。汜（氾）。吴。杜。（底六抄寫至此止）

【校記】

〔一〕此下一段至『扞你沙弥頭惱（惱—腦）破』止據底一校録。底卷前二行行首約缺一字，底二、底三及伯三一四五背《訓蒙書抄》等卷皆有『張王李趙』句，兹據擬補一『張』字。

〔二〕『不』字右側底卷殘泐，此據殘形擬補。又此句其他各本未見，疑係本卷抄手爲押韻臨時添加。

〔三〕薛，伯三三六九背亦有『陰薛（薛）唐鄧』句，『薛』爲『薛』隸變字『薛』的變體，底三有『陰薛唐鄧』句，伯三一四五背《訓蒙書抄》則有『陰薛唐』連屬之句，『薛』『薛』皆爲『薛』字異寫，可參。又『鄧』字底一作

『隥阝』，右側的『阝』旁字形較小，偏於右下側，似屬後加，蓋抄手『鄧』誤書作『隥』，旋即覺知其誤，故於右側加一『阝』旁以示改正；底二、底三、伯三三六九背亦有『陰薜唐鄧』句（底六有『陰薜堂鄧』句），正作『鄧』字，茲據録正。

〔四〕『令』字原卷殘，底二、底五、伯三三六九背皆有『令狐正等（等）』句，底三有『令狐鄭宋』句，茲據擬補『令』字。『等』和上句『鄧』押韻，但『等』字非姓，或係編者爲押韻添字。

〔五〕『平』字底三及伯三一四五背《訓蒙書抄》作『吉』；底六作『告』，底四亦有『告』姓，但『告』姓罕見，文中應爲『吉』字之訛，伯三三七二號背《壬申年（九七三）十二月廿二日常年建福轉帖》有『吉山定』，斯二八九四背《壬申年（九七三）十二月卅日常年建福轉帖》有『吉崑崗』，可參；底二、底五、底四作『必』。按《廣韻》『吉』字音居質切，『必』字音卑吉切，俱質韻臻攝，『平』字音符兵切，庚韻梗攝，下句末字『使（史）』音疏士切，止攝，唐五代西北方音鼻音韻尾有消變的趨勢，故臻攝、梗攝與止攝都有通押的現象。

〔六〕『使』字原卷僅存左側『亻』形及右下側殘畫，此據殘形擬補，『使』當是『史』的音誤字；底二作『吏』，亦『史』字之訛；底三、底五、底六及伯三一四五背《訓蒙書抄》等正作『史』（底四亦『羅白米史』連文）。『史』與其上米、安、康、石皆爲月氏之後，屬昭武九姓，爲西域著姓。

〔七〕『曹』字以下似不再押韻，各相關寫本亦未見類似連讀的字句，難以強行斷作四字句，故只得逐一點斷。

〔八〕麴，底卷作『趜』，此字右側旁注有一小字『麦』，文中應係『麥』旁俗訛，似用於改正正文『麴』字不太明晰的左旁；陳祚龍録『麦』作『趍』，移寫於『麴』字右上側，蓋以爲補字，恐不確。底三及伯三一四五背《訓蒙書抄》有『麴』姓，底四又有『麥』姓，皆可參。

〔九〕『竇』字上部的『穴』旁底卷殘泐，陳祚龍徑録作『竇』，當是，茲據擬補。

〔一〇〕『暮』字非姓，文中當讀作『慕』，『慕容』爲複姓，伯三一四五背《訓蒙書抄》正有『慕容』一姓。

〔一一〕[illegible]，此字右部爲『彡』旁草書，原字有可能從草從形，或爲『荆』字之誤，底三及伯三一四五背《訓蒙書抄》正有『荆』姓。

〔一二〕羽，此字底卷作『𦐂』，應爲『羽』字俗寫，上文『翟』字上部底卷亦作此形，可證。

〔一三〕價，底四及伯三一四五背《訓蒙書抄》亦有『價』姓，但古書未見實際應用，疑爲『賈』字寫訛。底六及伯三五五八背姓氏抄皆有『賈』姓，可證。參看下文校記〔五三〕。

〔一四〕缺字底卷僅存下部殘畫，據殘形，與『沙』字下部相似，伯三一四五背《訓蒙書抄》有『沙』姓，可參。

〔一五〕燒，底二、底三及斯四四四三背姓氏抄皆有『燒』姓，斯五二一七號《顯德六年（九五九）正月三日女人社再立條件》有『燒阿朵』。

〔一六〕缺字底卷存下部『木』旁，原字疑爲『柴』字，底六、伯三六九二背姓氏抄及伯三一四五背《訓蒙書抄》皆有『柴』姓。

〔一七〕『圓』字右部的竪筆底卷有一墨點，不知何意。

〔一八〕『呂』字右上角底卷略有殘泐，兹據殘形擬補。

〔一九〕底卷姓氏抄寫至『劉』字止。下爲七言詩五句。

〔二〇〕此處疑脱一七字句，末字爲韻脚字。

〔二一〕此五句王仲犖録作『沙弥天生道理多，人名不得解人何！從頭至尾没用姓，急若索字不得者，沙弥沙弥頭拙疎』，并解釋説：『從這首詩的詩句内容來看，寫經生認爲沙弥不用姓，所以就不會注意姓氏之學，一行人來進香，由于沙弥不懂姓字之學，急切索字不得，因此他寫了這一張姓氏書。既有不少中原腹地的姓氏，也介紹了隴西的李、牛、彭、辛、聞諸姓，西平的麴姓，武威的賈、陰諸姓，敦煌的氾、索、曹諸姓，焉耆的龍姓，龜兹的白姓，鄯善的鄯姓，吐火羅的羅姓，昭武諸國的康、米、安、石等姓。這些姓氏的人，經常到敦煌莫高窟來進香，因此寫經生認爲有必要把他們的姓氏寫出。』因録字有誤，故其説解亦不盡可據。

〔二二〕此下一段據底二校録。此四字及下『陰薛』二字底卷重出。『趙』字左部底卷誤作『麦』，兹徑據底一及伯三一四五背《訓蒙書抄》等卷録正。

〔二三〕主，蓋《説文》『正』字古文『𤴓』的隸變形，底一、底五、伯三三六九背等卷正作『正』。

〔二四〕安康石必，底五同，底四作『黄康石必』。參看上文校記〔五〕。

〔二五〕[illegible]，此字與『盧』字略近，但下文另有『盧』字（底卷作『[illegible]』），此不應重出，原字亦可能爲『雷』字，底三及伯三一四五背《訓蒙書抄》皆有『雷』姓。

〔二六〕𢨋，底五有『𢨋』字，後者爲『柳』俗字『𣐊』的變體（涉右部『户』類化），而『𢨋』即『𢨋』字訛省。底一、底三、底四皆有『𣐊』姓。

〔二七〕『戒因』以下六字似非姓氏，而爲僧人的法號。

〔二八〕『[illegible]』字筆畫不清，疑爲『庬』字俗訛，伯三五五八背姓氏抄即有『庬（厖）』姓。

〔二九〕社，底三、底五亦有『社』姓，底四、底六及伯三一四五背《訓蒙書抄》有『杜』姓而無『社』姓，『社』姓古書罕見，『社』疑即『杜』字之訛。

〔三〇〕偶，當是『溤』字之訛，而『溤』即『馮』的俗字，底一亦有『溤（馮）』姓。

〔三一〕衛，當是『衛』字俗變，底四亦有『衛』姓。

〔三二〕[illegible]，此字右部筆畫不清，略近『像』字，存疑。

〔三三〕渾，底卷作『浑』，右部模糊不清，底三亦有近似字形，底一有『渾』姓，兹據以録定。

〔三四〕段，底卷作『[illegible]』，當是『段』字俗訛，底一『段』字作『叚』，可以比勘。

〔三五〕辛，底卷作『[illegible]』，筆畫不太明晰，兹暫定作『辛』字。

〔三六〕華，底卷作『[illegible]』，筆畫不太明晰，兹暫定作『華』字。又底二抄寫至此止，似未抄完。

〔三七〕此句以下一段據底三校録。

〔三八〕隔，此字右部通常爲『喬』的俗寫，但字書無其字，文中或當爲『槗（橋）』字之訛（涉上『陽』字類化換旁），底一、底五及伯三一四五號《訓蒙書抄》皆有「槗（橋）」姓。

〔三九〕「⿰犭偞」字左部兼於扌旁犭旁之間，右部爲「偞」避唐諱的改形字，然字書無其字，存疑俟考。

〔四〇〕「消」字非姓，字或有誤。

〔四一〕「採」字非姓，字或有誤。

〔四二〕「憑」爲「憑」的俗字，「憑」姓罕見，「憑」或爲「馮」字之誤，底一正有「凴（馮）」姓。

〔四三〕「社」字疑爲「杜」字之訛，説詳上文校記〔三九〕。

〔四四〕「東南西北」四字底卷重出，兹删其一；又此四字皆爲僻姓，不知是否仍爲「姓氏抄」的一部分。又重出的「東南西北」下底卷另有一「陳」字，以其上文已見，故不録。

〔四五〕此句以下一段據底四校録。底卷「張」字抄一整行十四次，「王」字縱向抄三次，其餘各字均只抄一次於每行行首，其下空白，蓋留空以待習書重抄。

〔四六〕「陰」「薛」二字底一、底二、底三、底五、底六等本皆與「唐鄧」連文，此本下接「崔」「盧」二字，而「唐」「鄧」二字散列在後文，疑屬傳抄竄亂，故只得逐字點斷。

〔四七〕茶，底卷作「荼」，疑爲「茶」的俗寫，但底一、底二、底三等各本皆未見「茶」姓，存疑。

〔四八〕黄康石必，底二、底五作「安康石必」，與下句「羅白米史」接抄在「陰薛唐鄧，令狐正等」之後，底卷似有錯亂；或當於「黄」下讀斷，「康」前脱漏「安」字。

〔四九〕「河」姓罕見，疑爲「何」字之訛，底一、底二、底三等卷及伯三一四五背《訓蒙書抄》「曹」後皆接「何」姓，可證；然底卷下文另有「何」字，是可疑者。

〔五〇〕「陣」姓古書未見，底一、底二、底三等各本皆有「陳」姓而無「陣」姓，疑「陣」即「陳」字，「陣」「陳」本一字之分化。

〔五一〕斖，底五亦有此字，但字書未載，應爲「斖（齊）」的訛俗字，底四同卷《社司轉帖》有「限今月廿日卯時於龍興寺門、二時後殿取斊』句，其中的『斊』亦爲『齊』的訛俗字，可證；底一及伯三一四五《訓蒙書抄》皆有『斊』姓。參看下文校記〔六二〕。

〔五二〕平，此字通常爲『卒』字的俗寫，但古無『卒』姓，其他各本亦未見『卒』字，文中疑爲『平』的贅點訛字，底一有『安康石平』句，可參。

〔五三〕價，疑爲『賈』字寫訛。參看上文校記〔一三〕。

〔五四〕『昌』與下文『同』、『令』、『女』皆爲僻姓，它本亦未見，存疑。

〔五五〕『告』姓罕見，『告』疑爲『吉』字之訛。參看上下文校記〔五〕、〔六八〕。

〔五六〕『辨』底卷占近二字的空間，不知爲一字還是爲二字，存疑俟考。

〔五七〕『壬』字非姓，此字或有誤。

〔五八〕此下一段據底五校録。『李』字底卷脱，兹據底一、底二等卷及伯三一四五《訓蒙書抄》擬補。

〔五九〕戼，『柳』俗字『栁』的同字類化俗體。參看上文校記〔二六〕。

〔六〇〕缺字底卷左部似作『亻』，右部模糊不清，原字疑爲『侯』；底一及伯三三六九背姓氏抄皆有『侯』姓。

〔六一〕斊，應爲『斊（齊）』的訛俗字，底五同卷《社司轉帖》有『限今月九日辰二時蘭舍門前取斊』句，又《行人轉帖》有『限今月十三日南門取斊』句，其中的『斊』亦皆爲『齊』的訛俗字，可證。參看上文校記〔五二〕。

〔六二〕社，疑爲『杜』字之訛，説詳上文校記〔三九〕。

〔六三〕『禁』姓罕見，其他相類文本中亦未見『禁』姓，疑爲『樊』字之訛，底一、底二及伯三一四五號《訓蒙書抄》皆有『樊』姓。

〔六四〕『高通』二字不知是否爲二姓，底一、底二、底三皆有『高』姓，伯三一四五號《訓蒙書抄》又有『通』姓；然『通』姓頗罕見，同卷《社司轉帖》、《行人轉帖》皆有人名『高通子』，不知與此『高通』有無關聯，存疑。

〔六五〕此下一段據底六校録。

〔六六〕「薛」字底六作「薛」，右下部訛作近似「果」形，茲據底一、底二等卷録正。又「室」字字書不載，當是「堂」字之訛，而「堂」又爲「唐」字音訛。底一、底二、底三、伯三三六九背等卷皆有「陰薛唐鄧」句，可證。

〔六七〕「鄭」字據底三擬補。

〔六八〕告，北八〇四一號亦有「告」姓，然「告」姓罕見，底三及伯三一四五號《訓蒙書抄》相應位置作「吉」，「告」應爲「吉」字之訛，參看上文校記〔五〕。

（本篇由張涌泉、張新朋合撰）

開蒙要訓

馬仁壽

伯二五七八（底卷）　俄敦一九〇八三+伯三二四三（甲卷）　伯三六一〇（乙卷）
伯二四八七（丙卷）　斯五四三一（丁卷）　伯三〇五四（戊卷）
伯三八七五A（己卷）　斯五四六四（庚卷）　伯二五八八（辛卷）
斯七〇五（壬卷）　斯一三〇八（癸卷）

【題解】

《開蒙要訓》是與《千字文》並行的古代童蒙讀物之一。該書上承《倉頡篇》、《急就篇》等童蒙字書，匯集當時的一些常用漢字，以四言韻語的形式加以編排。全書凡一千四百字，分爲三百五十句，一百七十五韻，涉及天地歲時、君臣人倫、飲食起居、身體癈疾、珍寶貨物等諸多内容。

該書後世不傳，史志亦未見著録，敦煌文獻則爲我們保存了不少《開蒙要訓》抄本。據我們調查，現已公布的敦煌文獻中計有《開蒙要訓》寫卷達六十七件之多（習字雜寫中有《開蒙要訓》者除斯五五一三號和上圖一一〇背兩件外，尚未計算在内），其中英國國家圖書館藏十四件，法國國家圖書館藏十七件，俄羅斯科學院東方研究所聖彼得堡分所藏三十一件，中國國家圖書館藏一件，上海圖書館藏二件，羅振玉舊藏一件，日本天理大學圖書館藏一件，經整理綴合得四十三件。首尾俱全者五件，即伯二五七八、伯三六一〇、伯二四八七、伯三〇五四、伯三八七五A號。因寫卷衆多，異文複雜，其異同難以一一羅列，故本書校録時選取伯二五七八號爲底本，俄敦一九〇八三+伯三二四三號等内容相對完整的十個卷子爲對校本，以甲乙丙丁次之，其他本子則擇要出校。茲敘録各卷情況如下。十個對校本按其完整度及優劣排序，其餘參校本則按其所存文句先後爲序（起句相同的則依其完整度排序）。

底卷編號爲伯二五七八。首尾完整，計一一二行，首尾均題『開蒙要訓一卷』。末題後有題記：『天成四年九［月］十八日燉煌郡學仕郎張▨▨書』（末三字爲濃墨所塗，所缺二字不可辨識，李正宇《敦煌學郎題記輯注》録作『顯順』，不知何據）。卷背有殘文書一道及『䟿躡』、『開蒙要訓』、『乾坤覆載』、『晦暮暮雲陰晴貧貧賤』等習字雜寫若干。原文有斷句（墨迹較淡，似爲朱筆），然多有不合韻律誤點之處。部分文字右側或右下方有小字直音，呈現出唐五代西北方音的特色。

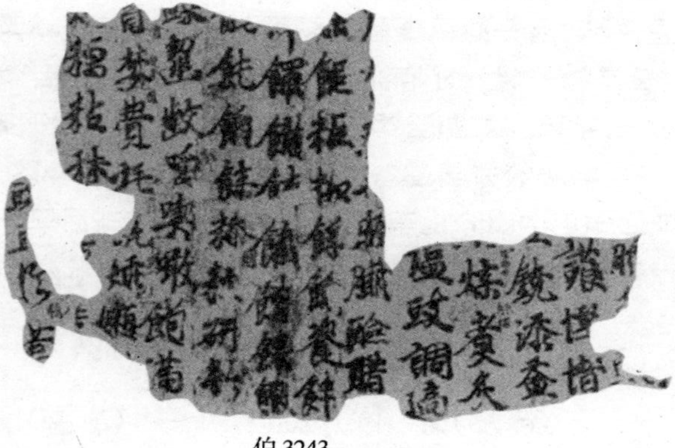

伯 3243

俄敦 19083

俄敦一九〇八三號+伯三二四三號《開蒙要訓》綴合圖（局部）

甲卷編號爲俄敦一九〇八三（甲一）+伯三二四三（甲二）。甲一爲一殘片，背書藏文六行，上下端殘。正面存五行，《俄藏》未定名。今考正面所書實爲《開蒙要訓》，起『□□▨（駈馳馱）乘』，訖『□□▨▨（籧篨篷篳）』。甲二首缺尾完，尾題『開蒙要訓一□（卷）』。存六十七行，起『□▨▨▨（鮮鱠魚鮍）』，訖『易解難妄（忘）』。其中第一至五行存下端文字，第六行上端文字存左側少許筆畫，第十一至十八行上下兩端均殘，卷中及部分位於卷子上下端的文字亦略有殘損。文末『妄』字下與尾題之間有『李老〻』三字。背面有『李善奴』（李善奴又見斯五七八八號『某年十一月一日社司轉帖』）、『開蒙要始始』、人名雜寫（索良義）及藏文文獻多行；又背面的碎片中有『▨戊年二月十六日孝士』及『大中六年▨』具年題記各一條。從筆迹、行款及背面所書藏文等方面判斷，甲一、甲二爲同一寫卷之割裂，但二者綴合後中間仍有大段文字殘缺（如上頁局部綴合圖所示）。行間有小字旁注，字體與正文不同，似出於後來的使用者之手。旁注字包括注音、釋義、校異以及對原卷殘泐文字的抄補等不同情況（參看校記〔六八〕、〔二一七〕、〔三三〇〕、〔三四九〕、〔三五九〕、〔三八〇〕等）。

乙卷編號爲伯三六一〇。首尾俱全，計八十五行，第二至七行行首文字略爲墨漬所污，其餘部分保存完好。首題『開蒙要訓一卷』，尾題『开朦（蒙）要訓一卷』。

丙卷編號爲伯二四八七。有二本，第一本僅二行，第一行題『開蒙要訓一卷』（兩遍），第二行抄『乹坤覆載』至『春花開艷夏』。第二本爲首尾完整的《開蒙要訓》，計七十四行。首尾均題『開蒙要訓一卷』。卷背有『乾坤覆載，日月光明』、『八節』、『乾坤覆［載］』至『春花開』（其後有類似詩文雜寫三行）、『開蒙要訓一卷』（重出一次）等抄自《開蒙要訓》的文字及『龍興寺孝（？）▨』（『孝』字不太明晰，末字漫漶不識）、『陰福▨便麥』等雜寫文字多處。李正宇《敦煌地區古代祠廟寺觀簡志》云：『敦煌之龍興寺晚至唐寶應二載（七六三）初見其名（斯二四三六），至北宋天禧三年（一〇一九）猶存（《天禧塔記》）』，『後梁時設有寺學（伯二七一二），兼授僧俗生徒』。

丁卷編號爲斯五四三一。册子本，凡十四頁。首頁左上角有毛筆所書阿拉伯數字編號『070』、『雜字一本』及其他模糊的文字若干，字體與本文不一，《索引新編》、《敦煌蒙書研究》均疑其出自斯坦因助手蔣孝琬之手，當是。次頁起爲《開蒙要訓》，首完尾缺，首題『開蒙要訓一卷』（右半殘泐），止『追蹤逐跡』之『追』。每半頁五行，計一三五行，每頁邊緣文字略有殘缺。《翟目》定爲十世紀寫本。

戊卷編號爲伯三〇五四。首尾完整，計九十六行。前後書寫行款略有變化，前面五十餘行字字體較小，抄寫較密，其後部分字體較大。首尾並題『開蒙要訓一卷』。起首若干行行末略有殘損，中間『蝦蟵蜯蛤，鼅鼈魦鱨』、『鶉鴂鴛鴦，鷹鸇鷂鶻』等文字漏抄。末有題記『維大唐天福叁年歲次己亥（據干支紀年，己亥年乃天福四年，題記之『叁年』恐誤）九月五日張冨郎書』（『冨』爲『富』的俗字，宋新民《敦煌寫本開蒙要訓敘録》、《敦煌蒙書研究》作『留』，《敦煌古代兒童課本》進一步校作『學』，均誤）。背署『維大唐天福叁年歲次己亥五月六日張冨郎自首（手）之耳』（『首』『之』之間當脱『書』『記』類文字），其下爲張所書打油詩一首。另有『▨再盈開蒙要□（訓）一養（卷）』及『癸亥年十月廿九（？）日』、『維大晉天福伍年歲次庚子七月』、『維大晉天福伍年辛丑歲』字樣。『張富郎』之名亦見於伯三三一一號背面碎片七所載『人名目一本』、斯一一三五三號某年八月十六日社司轉帖及斯五九七七號《和戒文》背面題記『▨子年六月九日靈啚寺孛郎張冨郎記』（『郎』字李正宇《敦煌學郎題記輯注》録作『榮』，似誤），與抄寫《開蒙要訓》的張富郎或爲同一人。

己卷編號爲伯三八七五A。首尾完整，計九十七行。首尾並題『開蒙要訓一卷』。前面三十餘行破裂且有部分殘缺。前有癸未年社司轉帖一道（書於另一斷片上，與抄有《開蒙要訓》的斷片間有殘缺），從書體上看與本篇爲同一人所書，寧可、郝春文《敦煌社邑文書輯校》據干支紀年判定其爲歸義軍時期寫本。卷背有社司轉帖一道，雜寫多處及修補碎片若干。

庚卷編號爲斯五四六四。册子本，計十三頁，《開蒙要訓》占九頁半，有二本。第一本計五行，首題『開蒙要訓一卷』一行，起『乹坤覆載』至『松竹冬青霧』等字四行。第二本由第二頁起至第十頁止，每半頁七或八行，首題『開蒙要訓一卷』，起『乹坤覆載』，訖『鴻鸖□□（鳳凰）』。首頁另有『金剛經讚』、『庚辰年十月十六日立契赤心鄉百姓』、『庚年月』及『之大天子』等習字若干，末頁題『己卯年十月十三日』（《翟目》推測爲『九一九年十一月八日』）等字樣。《敦煌蒙書研究》稱此本署有『六朝馬仁壽撰』字樣，今遍查未獲，《敦煌蒙書研究》所記或有誤。

辛卷編號爲伯二五八八。首完尾缺，計五十七行。首題『開蒙要訓一卷』。起『乹坤覆載』，訖『餢䬔餈料』，以下未抄完。其後爲亡文、燃燈文、社齋文等釋門文書。背有『佛堂』、『嘆像』、『慶經文』、『慶幡文』等佛家讚頌文本及『造彌勒大像發願文』一篇。

壬卷編號爲斯七〇五。首缺尾完，存八十三行，完整者行十五至二十字不等。前端若干行上部殘缺，卷中亦或有殘缺。起『▨（沉）溺▨▨（渦泓）』，訖『▨（易）解難忘』。尾題『開蒙要訓一卷』。末有題記：『大中五年辛未三月廿三日學生宋文獻誦，安文德寫』。尾部另有雜寫兩處，并貼有修補殘片十一片，殘片有轉帖、《開蒙要訓》及雜寫若干。卷背有轉帖殘片一及雜寫，雜寫中有『天復』、『天復八年（九〇八）』、『張□宗書卷』、『張定德』、『李進子』等文字，可見該寫卷於五代初尚在使用。又伯二八二五號《太公家教》文末題記云『大中四年庚午正月十五日學生宋文顯讀，安文德寫』，『宋文顯』與『宋文獻』或即一人；安文德還見於斯四四九號《大般若波羅蜜多經》卷三〇一文末題名（該題名與《開蒙要訓》題名一致，但所抄經文部分筆法則老成許多）、伯三八九四號《太公家教》背面碎片二的人名録中。

癸卷編號爲斯一三〇八。首缺尾完，存七十九行，卷子上下端及卷内個别地方略有殘損。起『▨▨▨（炬照輝）盈』，訖『易解▨□（難忘）』。尾題『開蒙要訓一▨（卷）』。《翟目》定爲十世紀寫本。

伯三四〇八＋俄敦四九〇七，以下簡稱綴一。（一）伯三四〇八號，首完尾缺，存三十八行，末尾九行上端殘缺。首題『開蒙要訓一卷』，其下有『▨金今剛▨』五字。起『坤乹覆載』，訖『鼎□□□（鑊釜鏊）』。卷背有雜寫若干。（二）俄敦四九〇七號，存十四行，首尾及下端殘。起『腿胜跟踝』，訖『踈概□▨（椆）』。《俄藏》未定名。今謂此爲《開蒙要訓》殘片，與伯三四〇八號可以綴合。伯三四〇八號倒數第九行與俄敦四九〇七號第一行相接，銜接後該行略有殘泐（『脚』字下端、『手』字上端殘缺）。其後八行依次相接後中間仍有二至四字殘缺。該二卷綴合圖如下頁所示：

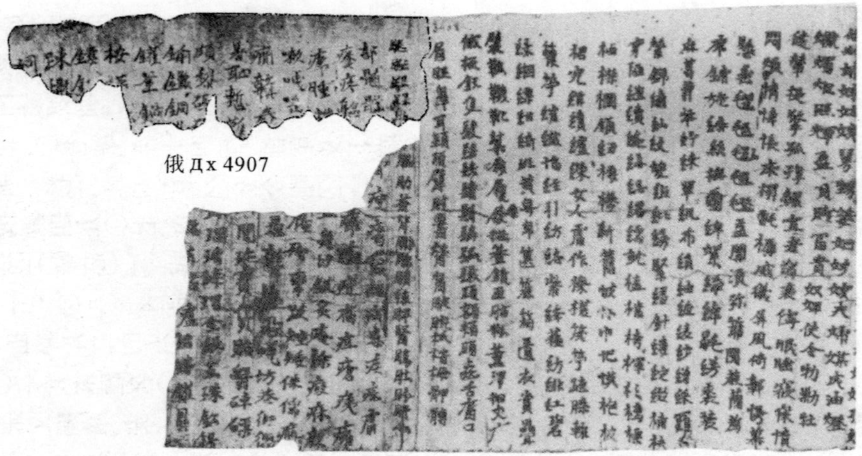

俄Дx 4907

P.3408

伯三四〇八號+俄敦四九〇七號《開蒙要訓》綴合圖(局部)

伯二七一七B+俄敦五二六〇+俄敦五九九〇+俄敦一〇二五九，以下簡稱綴二。伯二七一七號正面爲《字寶》殘卷(參看本書『小學類訓詁之屬』《字寶》題解)，背面前一部分爲《開蒙要訓》習字，其後有兩本未抄完的《開蒙要訓》，其中第二本即伯二七一七B(第一本本文稱之爲伯二七一七A，詳下敘録)，自左向右直行書寫，字迹較爲模糊，計二十四行。首題『開蒙要訓一卷』。起『乾坤(坤)覆載』，訖『癲□□□(瘨懇惷)』。其中第十七行右部略有殘泐，十八行僅存右部少量殘畫，該二行間有殘缺。俄敦五二六〇號，殘片，計存九行(第九行右半殘)；俄敦五九九〇號，殘片，存四行；俄敦一〇二五九號，殘片，存六行。後三則殘片《俄藏》均未定名。按此三殘片亦皆由左至右直行書寫，字體行款與伯二七一七B全同（正面皆爲《字寶》），實即伯二七一七B第十七至十八行間撕裂的碎片，應予綴合。此四卷綴合後該本中部若干行上端大體完整，下部則仍略有殘缺。如下圖所示：

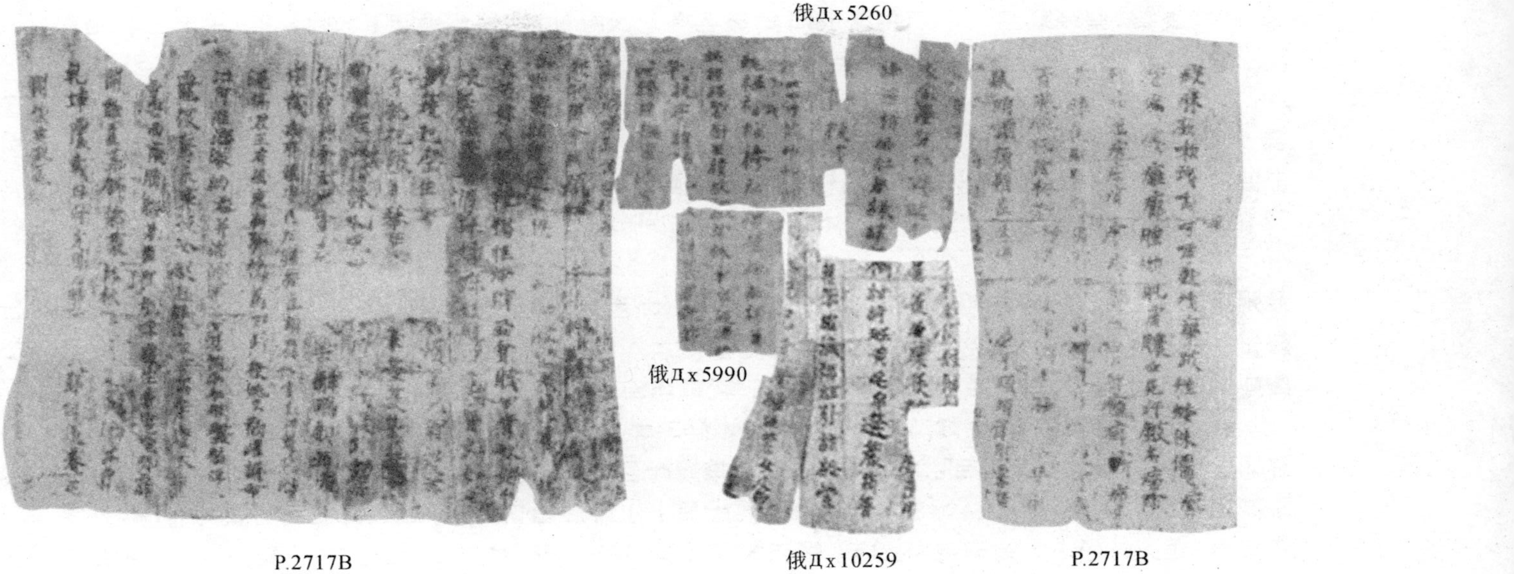

伯二七一七B＋俄敦五二六〇＋俄敦五九九〇＋俄敦一〇二五九號《開蒙要訓》綴合圖

伯二七一七A。抄於伯二七一七B前，計三十四行，若干行有殘缺，首題『開蒙要訓一卷』，起『乾坤（坤）覆載』，訖『腫㷊肌膚』，未抄完。其後有『丁卯年五月廿八日酉時，北方三處頻頻現電光，至廿九日天明則息不現也。已後不知何事記知後定數日月爲准則也』等紀事文字兩行。

伯三一四七號。卷背貼有碎片一，存四行文字。正面爲本篇，首存尾缺，存三十行，個別行有部分殘缺。首題『開蒙要訓一卷』。起『乾坤覆載』，訖『▨▨▨□(腕抓指拇)』。本卷與存有《開蒙要訓》後一部分(内容與本卷不重複)的俄敦一一〇六六號殘片字體近似，疑爲同一人所書，如伯三一四七號『篋簾箱遺(匱)』句『簾』字作『[簾]』，俄敦一一〇六六號『雀梠簾□(廊)』句『簾』字作『[簾]』，二者形體一致；又如俄敦一一〇六六號『菴蘆屋□(舍)』句『菴』字、『料理薗塲』句『薗』字的草頭與伯三一四七號『紫絳(絳)蕪芳』句『芳』字所從的草頭寫法一致(均近似『业』形)。但二者行款略有差別，伯三一四七號每行抄十六字左右，而俄敦一一〇六六號每行約十二字左右，故二者是否爲同一寫卷之割裂，難以遽斷，有待進一步研究。參下俄敦一一〇六六號敘録。

斯五五八四號。册子本，凡九頁，《開蒙要訓》書於前五頁，首完尾缺，每半頁五或六行，計四十九行。首題『开朦(蒙)要訓一卷』。起『乾坤覆載』，訖『衣裳疊襞』。其後接抄患文一篇。首題前有『後唐清泰貳年乙未歲二月十五日，蓮臺寺比丘願丞略述寫記』(題記與首題間有『禪師姓曹』等十四字被濃墨塗去)，書體與《開蒙要訓》一致，當出於同一人之手。

北敦一四六六七號(北新八六七)。首完尾缺，計五十三行，末五行及卷中個別行上下部有殘泐。首題『開蒙要訓一卷』。起『乹坤覆載』，迄『樽壺槵鉢』(末二字《敦煌劫餘録續編》誤作『槐本』；《蒙書》云止於『栽插端行，槐』，亦不確)。首題下有『乹寧(乾寧)五年』字樣。卷背抄正倒書文獻多種，包括：社司轉帖雜抄兩道、鄭從嗣狀兩通及『弘明集』、『新集吉』、『李安子』、『李奴子』、『張住子』等雜寫若干。

伯三〇二九號。首存尾缺，計二十四行，末三行上端殘缺。首題『開蒙要訓一卷』。起『乾坤覆載』，訖『□□(針縷)綻□(綴)』。卷背有『開蒙要訓一卷』題名、『乾坤覆載』至『春花開艷』《開蒙要訓》雜寫、書儀殘片、佛經雜寫及『庚子年三月七日修鐘樓經樓抄經謹具名目▨▨』(末二字不識)破曆等内容。

斯六一三一+斯六二二四+俄敦四七九九，以下簡稱綴三。此三號均爲殘片，斯六一三一號存一頁面之右上角，計三行，下部及後部殘缺，首題『開蒙要訓一卷』，起『乾坤覆載』，訖『夏桒（葉）舒▨（榮）』；斯六二二四號存一頁，計八行，下部殘，第一行僅存半字，起『□□□▨（夏葉舒榮）』，訖『賞賫▨□（功勳）』，《翟目》定爲十世紀寫本；俄敦四七九九號存二殘行，第一行存『▨（惠）弘廓。萬國歸捉（投）』，第二行存『▨（憩）惡臣▨▨（乍輔）』，《俄藏》未定名。宋新民《敦煌寫本開蒙要訓敘録》謂斯六一三一號與斯六二二四號爲一卷之撕裂，後片起首字『榮』存下半，前片末字『榮』存上半，恰好可以綴合。今謂俄敦四七九九號亦爲《開蒙要訓》殘片，且與斯六二二四可以綴合，後片第六行第七行下部所缺的就是俄敦四七九九號所存的二行，後片第六行末字『恩』僅存上部横畫左端，前片第一行始於『惠』字下半，即『恩惠弘廓』句的『恩惠』二字；後片第七行止於『諂佞潛藏』的『藏』，前片第二行始於『姧邪憩惡』的『憩』，二片綴合後中間雖略有殘缺，但在内容上則恰好先後銜接，其爲同一卷之撕裂可以無疑。三片綴合後如右下圖所示：

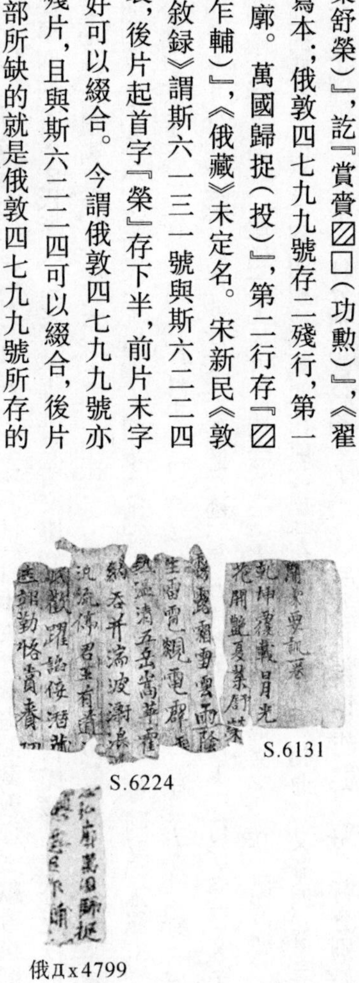

S.6131

S.6224

俄Дx4799

斯六一三一＋斯六二二四＋俄敦四七九九號

《開蒙要訓》綴合圖

伯三三一一號。正背雙面書，《開蒙要訓》書於背面，首完尾缺，存九行。首題『開蒙要訓一卷』。起『乾坤覆載』，訖『舩艘艦艇，▨▨▨▨（浮泛流停）』。首題下有『沙彌寶宣』『靈圖大寺面南開，千羅寶蓋滿來』等文字三行。該號正面爲永徽四年（六五三）二月二十四日抄經題記（該題記前所抄内容爲何，至今尚無定論，參看許建平《敦煌經籍敍録》（中華書局二〇〇六）『存目』部分關於該號的敍録）。

俄敦五四二七+俄敦五四五一B，以下簡稱綴四。《俄藏》已把二號綴合爲一，但未定名。正面存十八行，下部殘，起『覆』字殘畫，訖『運達提』，應爲《開蒙要訓》殘片。卷背有正倒書雜寫多行，其中有類書手題名者如『石慶通書手寫』、『▨（百）姓石慶通書手寫』；有類人名者如『善信』、『善住』、『善和（？）』、『平水厶乙』，皆可參。

天理大學圖書館藏本+羅氏舊藏，以下簡稱綴五。（一）日本天理大學圖書館藏《開蒙要訓》殘片一（見《中國西北文獻叢書》第八輯《石室遺珠》影印本，蘭州古籍書店一九九〇，以下簡稱天理本），存六行，起『□□□▨（八莭相迎）』，訖『▨□□□（諂佞潛藏）』。王三慶《日本天理大學天理圖書館典藏之敦煌寫卷》（《第二屆敦煌學國際研討會論文集》，臺北漢學研究中心一九九一）、榮新江《日本天理圖書館藏敦煌文獻考察紀略》（《敦煌研究》一九九五年第四期。又榮氏所撰《海外敦煌吐魯番文獻知見録》天理圖書館藏品部分大抵與此文同）均提及此殘片。王三慶據書風斷其爲晚唐寫本。（二）羅振玉《貞松堂藏西陲秘籍叢殘》輯印有《開蒙要訓》殘片六片（以下分别簡稱羅一至羅六，宋新民《敦煌寫本開蒙要訓敍録》作五片，不確，鄭阿財、朱鳳玉《敦煌蒙書研究》亦作『五片』，蓋承宋氏之誤）。其中第一片存十一行，第一行僅存左側；第二片存十行；第三片存十三行，末行左半殘；第四片存九行，第一行僅存部分文字左側殘迹；第五片存十行，首末二行均僅存文字殘迹；第六片存十行，尾題『開蒙要訓一卷』。尾題之上另有『開蒙要』三字，尾題後有其他文字一行，已漫漶。此六片可綴合成兩個前後相連的殘片，即羅三、羅四相連（羅四在前，羅三在後），其餘四片相連。又羅四、羅三綴合後又可與天理本綴合，天理本倒數第一、第二行分别止於『諂』字、『浮』字，羅四第二行、第三行分别始於『佞』字、『汎』字殘畫，前後兩行在内容上恰好相接；另外天理本各殘行補齊殘缺後可知其行款爲十八至二十字，而羅四與之相連的前四行補齊後每行字數亦在十八至二十個之間，二者行款亦吻合；從書體上看，不少字構件的寫法一致，如天理本『江』字與羅三『紅』字所從之『工』、天理本『迎』字殘畫所存之『辶』旁與羅二『迊遮』所從之

『辶』，均具有一致性。上揭諸殘片綴合後如下圖所示：

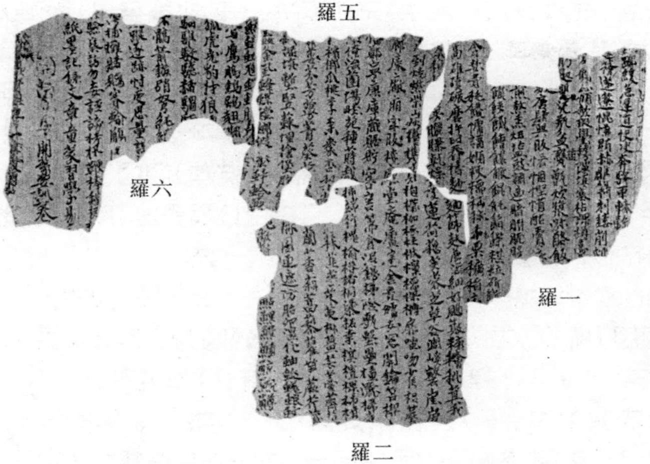

羅一+羅二+羅五+羅六《開蒙要訓》綴合圖

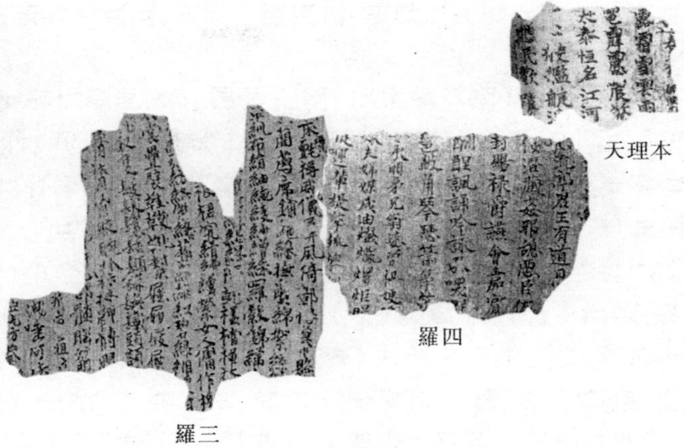

天理本+羅四+羅三《開蒙要訓》綴合圖

俄敦二六五五+俄敦一〇二五八+俄敦四四一〇+俄敦六二三六+俄敦一四四二+俄敦八九五+俄敦三九九一+俄敦一八九五九+俄敦一二七一五+俄敦一二六七三+俄敦一八九六〇+俄敦一二六〇〇+俄敦一二六〇一，以下簡稱綴六。（一）俄敦二六五五號。殘片，卷背存雜寫三行，第一行爲『▨▨▨▨▨▨▨▨（开蒙要訓一卷乢坤）』等殘字，諸字僅存左半，其後有倒書的『保保』及正書的『大歌王』等字。正面存殘文九行，下端殘，起『華霍泰恒明（名）』，訖『伯叔姉妹▨（姑）』，《孟目》稱之爲『與水、國家、宴會、音樂及親族關係有關的漢字表』；《俄藏》定作《開蒙要訓》，并把本卷歸併於俄敦八九五號下，甚是。（二）俄敦一〇二五八號，殘片，《俄藏》未定名。正面存殘文十七行，起『▨▨▨▨▨（停君王有道）』，訖『▨▨（褸襻）』。背面書有『社司轉帖右』、『曲子感皇恩』字樣，以及『▨▨▨▨▨▨（开蒙要訓一卷乹坤）覆日月光▨（春）花艷』殘文一行，其中後一殘行前八字僅存右側殘畫，與俄敦二六五五號卷背首行左側殘字正可綴合。（三）俄敦四四一〇號，殘片，《俄藏》未定名。正面存十二行，下端殘，起『▨▨▨（布絹紬）』，訖『肺肝心▨（部）』。卷背爲《千字文》、社帖、人名及其他雜寫。（四）俄敦六二三六號，殘片，《俄藏》未定名。存四行，每行存下端，起『▨（續）絳▨（繾）』，訖『▨▨▨▨（幅經引紡）』。（五）俄敦一四四二號+俄敦八九五號，《俄藏》把該二號綴合爲一，擬題《開蒙要訓》，是。該二卷綴合後正面存十行，下端殘，起『病患疾疹（疹）』，訖『蹶（穊）窰（密）▨（稠）』。俄敦一四四二號卷背有《千字文》等雜寫三行。（六）俄敦三九九一號，殘片，《俄藏》未定名。存二行，每行上下皆有殘泐，第一行存『▨（堦）桉鋘▨（鍬）』，第二行存『鑚樓▨（犁）』。（七）俄敦一八九五九號，殘片，《俄藏》未定名。存四行，每行上下皆有殘泐，起『▨（灌）柯桐欈（欓）抦（柄）』，訖『▨▨（拒格）□▨（捩）』。（八）俄敦一二七一五號，殘片，《俄藏》未定名。正面存四行，每行上下皆有殘泐，起『▨（刈）撩亂削▨（斫）』，訖『▨▨（從擒）』。卷背有一『諫』字。（九）俄敦一二六七三號，殘片，《俄藏》未定名。存九行，每行上下皆有殘泐，起『契□▨（格）示語靡從』，訖『尖喝▨（偏）戾□▨▨』。（十）俄敦一八九六〇號，殘片，《俄藏》未定名。存六行，每行上下皆有殘泐，起『▨▨（拗捩）』，訖『▨（籧）篨▨（篴）□▨▨』。（十一）俄敦一二六〇〇+俄敦一二六〇一號，《俄藏》把該二號綴合爲一，但未定名。正面存七行，每行上下皆有殘泐，起『隨宜』，訖『餶餉飡料餺』。卷背有『王保▨』題名及雜寫若干。

按：以上十三個殘片，原卷字體相近，行款類似，其中俄敦八九五、俄敦一四四二、俄敦二六五五號三個殘片《俄藏》歸併綴合爲一，并擬定作《开蒙要訓》，甚是，其實這些殘片均係同一《开蒙要訓》寫本撕裂而來，應一併加以綴合。綴合圖如下頁所示：

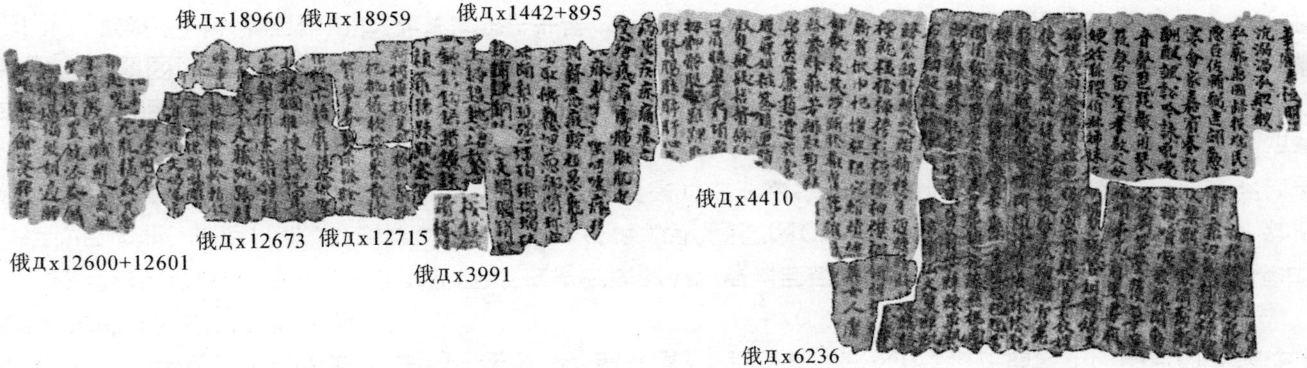

俄敦二六五五+俄敦一〇二五八+俄敦四四一〇+俄敦六二三六+俄敦一四四二+俄敦八九五+俄敦三九九一+俄敦一八九五九+俄敦一二七一五+俄敦一二六七三+俄敦一八九六〇+俄敦一二六〇〇+俄敦一二六〇一號《開蒙要訓》綴合圖

俄敦二六五四號。殘片，册子本，《孟目》稱其爲『折疊的册頁本中一张雙頁紙（四面）上面邊沿殘片』，其中存有『夜久故來▨（相）』、『女答：庭前井▨（水），金』二殘行的一面《俄藏》、《孟目》皆定作《下女夫詞》，甚是（《俄藏》影印本以有《下女夫詞》的一面在前，《孟目》則以之爲第四面）。其餘三面計九行，《俄藏》擬題『字書』，《孟目》依次定作『按字義與水有關的漢字表』、『按字義，與命運、牀上用品及心情有關的漢字』。今按：除《下女夫詞》以外的三面皆爲《開蒙要訓》殘文，第一面起『江河淮濟』，訖『□▨▨□（汎浮流停）』（原卷『浮』字位於行首，其右側有一勾乙符號，故當據乙正）；第二面起『□（貧）賤富▨（貴）』，訖『眠▨□□（睡寢寐）』；第三面起『帷帳床搨（榻）』，訖『▨（閉）闐▨▨（須彌）』。

伯三四八六號。首尾俱缺，存二十行。首二行、末二行有部分殘缺，其他行亦或有残缺。起『▨▨□□（奸邪弃惡）』，訖『頭額頰□（頤）』。原卷無題，《索引》定作《開蒙要訓》殘卷，《黄目》、《索引新編》、《法藏》同，茲從之。卷背有乾符三年（八七六）納物曆、乾符貳年（八七五）至方等道場題記、便麥曆及其他一些内容。

伯三一〇二號。首尾俱缺，存三十七行，首兩行、末兩行有殘缺。起『▨▨▨▨（寐，憒悶煩情）』，訖『▨（雕）鎸刻鏤，剡』。原卷無題，《索引》定作《開蒙要訓》殘卷，《黄目》、《索引新編》、《法藏》同，茲從之。卷背有《孔子項託相問書》、敕河西歸義軍節度使牒、某社支麵名録、算書等内容。

俄敦一〇七四〇號。該號下有十四個殘片，正背面雙面書，《俄藏》均未定名。按第一、第十三兩個殘片《俄藏》定作正面的均出於《開蒙要訓》（另一面似皆爲佛經抄本，有界欄，有可能爲正面，而書有《開蒙要訓》的一面倒可能爲背面），二片字體接近，當爲同一寫卷的不同殘片，以下分别稱作俄敦一〇七四〇A、俄敦一〇七四〇B。俄敦一〇七四〇A存五行，首尾及下端殘，起『闐須彌』，訖『緝續（績）▨（纑）』。俄敦一〇七四〇B僅存一行，所書爲『▨（杵）臼惷』三字。

斯九四四九+斯九四七〇+斯九四四八，以下簡稱綴七。斯九四四九號，殘片，首尾及上端殘，正面存五行，背面存四行半。正面（《英藏》誤爲背面，《榮目》不誤）起『▨▨▨（孤惸鰥）寡』，訖『布絹紬□（絁）』。背面（《英藏》誤爲正面，《榮目》不誤）起『□□□▨（箏縰織幅），經引紡絡』，訖『□▨▨□（篋篚箱櫃）』。斯九四七〇號，殘片，正面（《英藏》、《榮目》誤作背面）存四殘行，起『□（憒）悶煩情』，訖『□（麻）葛蒻帋，▨□□□（紵練單紃）』。背面（《英藏》、《榮目》誤作正面）存三殘行，起『箏縰織▨（幅）』（前二字《敦煌蒙書研究》誤録作『□羅』），訖『▨▨▨□（箏縰織幅）』。斯九四四八號，殘片，正背雙面抄。正面起『□▨（鮮紋）雙絚』，訖『機□□□（梭箴竽）』。背面存三行，存每行的下半部分，起『□▨（箏縰）織幅』，訖『粧□□□（奩鏡匣）』。按上揭三卷《英藏》、《榮目》皆定作《開蒙要訓》，《榮目》進而指出此三卷『爲同一卷』，甚是。其先後順序爲斯九四四九+斯九四七〇+斯九四四八，所抄内容有前後重出的情況，似屬習書性質。綴合圖如左所示：

S.9470 S.9470

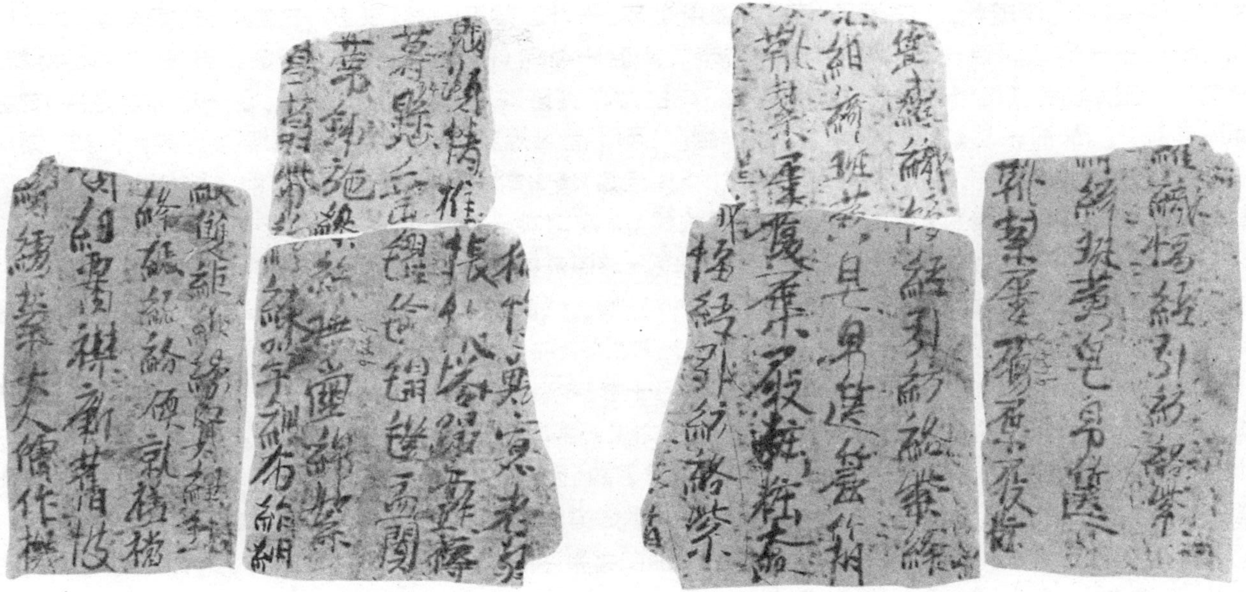

S.9448 S.9449 S.9449 S.9448

斯九四四九+斯九四七〇+斯九四四八號《開蒙要訓》綴合圖正面（左）及背面（右）綴合圖

俄敦二四八五B。殘片，正面存殘文五行，有界欄，起『音支（此二字原爲雙行音注小字）使』，訖『氣▨』，《孟目》題作『未定名記敘文』，《俄藏》擬題爲『記事文』，皆可參。背有殘字二行，《孟目》未題名，《俄藏》擬題『雜寫』。按此卷背爲《開蒙要訓》殘文，第一行所存爲『袍被裙究』句『袍被』二字殘筆（前字《孟目》誤録爲『初』），第二行存『紺織』二字及『幅』字上端殘畫。原文相關文句作：『帔巾帊幞，袍被裙究。……箏紺織幅，經引紡絡』，可參。《孟目》云『該殘卷塗有漿糊，大概是用来裱貼另一寫卷的』，近是。

俄敦六五八六+俄敦六一三六+俄敦六五八二+俄敦一一〇四八+俄敦一〇二七七，以下簡稱綴八。（一）俄敦六五八六號，殘片，正面存殘文十行，每行下部殘，起『梟汚皴灸療治』，訖『蹂挼押按』。卷背有『論卷（？）』二字。（二）俄敦六一三六號，殘片，存二十六行，前十四行和末三行下端殘（第十二行上端亦殘約兩字），起『積苦持，浸漬淹瀾』，訖『鮎鯉鱧鰤鯨』。（三）俄敦六五八二號，殘片，存十四行，上部殘（下端略殘），起『典質▨』，訖『▨（貪）婪▨（費）』。（四）俄敦一一〇四八號，存兩片，第一片存六行（末行僅存九字的右半），下部殘，起『蚖蛇蝮蝎』，訖『▨▨▨，▨▨▨▨。▨▨（賊剥脱，怕怖懼忙。偷盗）』；第二片存五行，上部殘，起『鶻鳩鴿』，訖『鞘傍鈋▨▨（髀箭）』。按此二片可以綴合，第二片居上，二片綴合後連接處密合無間，但下端仍有二至四個字缺字。（五）俄敦一〇二七七號，殘片，正面存六行，首缺尾完，其中首行僅存『賊剥脱，怕怖懼忙。偷盗』九字左側殘畫，訖『易解難忘』。尾題『開蒙要訓一卷』。背面由左至右直行書寫《韓朋賦》三行（第三行未抄完）。

按：以上五個殘片除最後一片原卷有『開蒙要訓一卷』尾題外，其餘各片《俄藏》均未定名。今謂此五片字體相似（比較各片『扌』旁、『俞』旁、『芻』旁的寫法），行款相近（每行一般抄十七字左右），應皆爲同一《開蒙要訓》寫卷的殘片，應加以綴合。其中殘片（三）所存十四殘行恰好是殘片（二）前十四行所缺下半部分；殘片（五）首行『賊剥脱，怕怖懼忙。偷盗』等字所缺的右半，恰好在殘片（四）的末行，二者密合。又殘片（二）止於『鯨鯢鱒魴』的『鯨』字，其下有約三個字的殘缺空間，殘片（四）始於『蚖蛇蝮蝎』的『蚖』字，殘片（二）、（四）綴合後，於殘片（二）『鯨』下補上『鯢鱒魴』三字，則内容上恰好相連。五片綴合後計存四十七行（中間若干行仍有殘缺），首缺尾完，起『䯬汚鈹灸療治』，訖『易解難忘』，尾題『開蒙要訓一卷』。如左綴合圖所示：

俄敦六五八六＋俄敦六一三六＋俄敦六五八二＋俄敦一一〇四八＋俄敦一〇二七七號《開蒙要訓》綴合圖

上圖一七（八一二三八八）號。首缺尾完，計二十六行。起『鏩，鎪刮剕捊（捋）』，訖『易解難忘』。原卷無題，《上圖》定作《開蒙要訓》，兹從之。《上圖》『敘録』云『末有「晚暒樓許氏收藏」白文方印』。

伯三一八九號。首缺尾存。存二十六行（《敦煌蒙書研究》云三十七行不準確）。起首五行部分有殘缺。起『□▨▨▨▨▨（調適，腩羇腩豚），贓臟臉腊』（起首六字據原卷行款、所存殘迹并參照與之相近乙、己卷補），訖『易解難忘』。尾題『開蒙要訓一卷』。文末題記：三界寺孛士郎張彦宗寫記。題記後及背面雜寫『開蒙要訓一養（卷）」、「開蒙要▨（訓）」、「開▨（蒙）」等文字及「聞道側書［難，側書］是實難，側書須立側，還須側立看」、「聞道側書難，側書實是難，側書須側立，還須側▨▨（立看）」詩。又該號與斯六一二八號爲同一人所書，詳下文該卷敘録。

俄敦五八三九號。殘片，存六行，起「糙粒研斷」，訖「▨（澗）嵠塹崖崩」。《俄藏》未定名。按此爲《開蒙要訓》殘片。

俄敦一一〇六六號。殘片，存七殘行，起「▨▨（柱楸）檁檽櫟」，訖「苽（瓜）桃李柰▨（棗）」。《俄藏》未定名。按此爲《開蒙要訓》殘卷。該號背面書有「▨甲晟記開訓要一卷」等文字，「開訓要」應即「開蒙要訓」之脱誤。又本卷與伯三一四七號字體近似，疑出於同一人之手，參見上文該卷敘録。

斯六一二八號。僅存一小殘片，計八行，起「廠商（廂）庌板」，訖「周迊（匝）遮▨（防）」。該號《翟目》著録作《開蒙要訓》，此從之；《索引》、《黄目》、《金目》、《索引新編》等題作「雜字」，不確。又該殘片與伯三一八九號似出於同一人之手，二者用字上有相同點，一些字的寫法也完全一致，如「廁廠廂庌」句「廂」字唯此二本誤作「商」形，「堡壁籬柵（柵）」句「堡」字唯此二本誤作「保」；又如上揭「商」字斯六一二八號作「商」，伯三一八九作「商」；「塼墼壘墻」四字斯六一二八號作「塼墼壘墻」，伯三一八九作「塼墼壘墻」，字體非常接近。伯三一八九號文末題記云「三界寺孝士郎張彦宗寫記」，那麼此件也應是張彦宗之習作。參看上文伯三一八九號敘録。

斯五四六三號。册子本，有界欄，首缺尾完，存三頁（末頁第二個頁面爲雜寫），每半頁六行，計三十行。起「□（竪）蕀埋槍」，訖「易解難忘」。尾題「開蒙要訓一卷」。後有題記：「顯德伍年十二月十五日大雲寺孝郎（下殘）」。

斯五四四九號。册子本，有界欄，首缺尾完，存兩頁，每半頁七行或八行，計二十五行。起「▨▨▨（蚉虻蟣虱」，訖「易解難忘」。尾題「開蒙要訓一卷」。

伯四九七二號。正面爲《古賢集》殘卷。卷背存「開蒙要訓一卷乾坤覆［載］日月光明四時來往」文字一行，右半殘損。

伯五〇三一號碎片八。殘片，計存兩行，首行存首題『要訓』二字殘畫；第二行存『▨▨（覆載）日▨（月）』等殘字。

斯五五一三號。正面二十七行，從右向左抄，前部有殘缺，末抄至『萸茱』止，未抄完。背面十三行，從左向右抄，前七行及最後一行與正面部分同類；第八行至十二行係五言訓蒙詩一首八句（皆爲走之旁的字）。原卷無題，《翟目》、《敦煌寫本開蒙要訓敘録》、《敦煌蒙書研究》等皆定作《開蒙要訓》殘卷。今考該卷除卷背八至十二行外，確多出於《開蒙要訓》，但抄寫隨意性很大，所抄文句每見前後倒竄，字句多有省略，《索引》《索引新編》題作『雜字』，不無道理；《英藏》擬題《開蒙要訓摘抄》，甚是，今從之。

上圖一一〇（八一二五六〇）背。該號正面所書爲《阿毘曇心論》卷第二。卷背抄有習字多種，包括《千字文》習字（《上圖》定名爲《千字文》）、『咸通六年（八六五）二月廿一日燉煌鄉百姓氾仏奴狀』習字（《上圖》定名爲『咸通六年二月廿一日燉煌鄉百姓氾仏奴狀』）、《開蒙要訓》習字、《千字文》習字（後二者《上圖》定名爲『習字』）及其他習字若干。《開蒙要訓》習字計九十七行（末行下半行及其後爲《千字文》習字），自『乾坤覆乾坤覆載』起，至『煩煩情情帷帳』止，每個字抄寫次數不定，少的僅抄一次，多的則抄一行或幾近兩行；抄寫形式亦較自由，有一個字連抄若干遍者，有一個詞重抄若干遍者，還有僅以相連的幾個字爲單位重複抄寫若干遍者；個別行中還夾雜有與《開蒙要訓》的某些文字形體相近的字，抄寫的隨意性很強。但除去重複抄寫的習字及夾雜的其他文字後仍可形成一個前後相連的《開蒙要訓》前部的片斷。

此外，伯二二四九、伯二五四五、伯二八〇三、伯三一六六、伯三二一一、伯三九〇八、伯四九三七、斯五四三七、斯五七五四、俄敦一四〇二、北二六八五（夜三）號等十餘件寫卷亦有字數不等的《開蒙要訓》習字或雜寫，茲從略。另李盛鐸舊藏一件早年遠售東瀛，今未見。

考伯二七二一號《雜抄》『經史何人修撰製注』下云：『《兔園策》，杜嗣先撰之。《開蒙要訓》，馬仁壽撰之。

《千字文》鍾繇撰，李暹注，周興嗣次韻。』周一良《敦煌寫本雜鈔考》（《燕京學報》第三十五期，一九四八年）一文談及《雜抄》之時代，云『此卷書法不佳，訛別亦多，當是晚唐寫本。然其中所包含之材料則頗早，知其纂集之時代遠在鈔寫之時代之前也』。日本人藤原佐世編《日本國見在書目録》，著録該國平安時代（七九四—一一九二）所存之古籍，其『小學家』下云：『《小學篇》一卷，王義之（《隋書・經籍志》作『王義』）撰。《開蒙要訓》一卷，馬氏撰。《千字文》一卷，周興嗣次韻撰。』羅常培根據《開蒙要訓》本文押韻情況，推斷該書當撰於『東晉與齊梁之間』（《唐五代西北方音》）。據此，我們可大致推知《開蒙要訓》的作者爲馬仁壽，其成書年代應在《千字文》之前，約在魏晉六朝之際。上揭敦煌寫本《開蒙要訓》具年代題記者六件，即斯七〇五號『大中五年（八五一）』、北新八六七（北敦一四六六七）號『乾寧五年（八九八）』、伯二五七八號『天成四年（九二九）』、斯五五八四號『後唐清泰貳年（九三五）』、伯三〇五四號『維大唐天福叁年（九三八）』、斯五四六三號『顯德伍年（九五八）』，前後跨越百餘年。另外吐魯番阿斯塔那六七號墓文書（66TAM67：3）亦有唐寫本《開蒙要訓》殘片兩片，斯坦因第三次中亞考察由土峪溝石窟寺獲得的文書中亦有《開蒙要訓》殘片一（斯碎片〇五七，見《寶藏》第五五册碎片部分），可見該書唐五代間十分流行。

敦煌本《開蒙要訓》發現以後，前人多有著録研究。一九二五年，劉復《敦煌掇瑣》中輯『教育類』收載伯二五七八號《開蒙要訓》録文本（以下簡稱『劉復』），是爲本書校録之始。此後的一段時期內，相關研究大多以此爲基礎進行。一九三九年，羅振玉《貞松堂藏西陲秘籍叢殘》刊布《開蒙要訓》六則殘片的影本，是爲本書輯印之始。各家館藏的著録，《翟目》著録十一個卷號，《索引》著録二十七個卷號，其中英藏九、法藏十六、李盛鐸藏一、羅振玉藏一；《索引新編》著録二十六個卷號（删去李氏、羅氏所藏二卷，新增伯四九七二號），在個別卷號的描述上對《索引》略有增补。另《黄目》著録《開蒙要訓》凡三十一個卷號（其中伯三三九一號，《黄目》亦擬題『開蒙要訓』，不確。《匯考》定作『雜集時用要字』之一，是）。

宋新民《敦煌寫本開蒙要訓敘録》（《敦煌學》第十五輯，一九八九）對伯二四八七、伯二五七八、斯七〇五等三十個卷號做了敘録。稍後，宋氏又完成以《敦煌寫本識字類蒙書研究》爲題的博士論文（中國文化大學中文研究所，一九九〇，以下簡稱『宋新民』），以《千字文》和《開蒙要訓》爲研究對象對敦煌識字類蒙書做了剖析，并有録文。張金泉、許建平《敦煌音義匯考》（杭州大學出版社一九九六）對伯二五七八號寫卷作了詳細的校勘，糾正了《敦煌掇瑣》的諸多疏失。汪泛舟《〈開蒙要訓〉初探》（《敦煌研究》一九九九年第二期）對《索引》標注的除李氏、羅氏所藏以外的二十五個卷號作了簡單的介紹，并對《開蒙要訓》的内容有所探討。又汪氏《敦煌古代兒童課本》（甘肅人民出版社二〇〇〇，以下簡稱『汪泛舟』）對《開蒙要訓》作了校録并有白話譯解。鄭阿財、朱鳳玉先後發表《敦煌蒙書析論》（《第二屆敦煌學國際研討會論文集》，臺北漢學研究中心一九九一）、《敦煌蒙書》（《敦煌與絲路文化學術講座》第一輯，北京圖書館出版社二〇〇三）、《敦煌寫本〈開蒙要訓〉與臺灣〈四言雜字〉》（《中國俗文化研究》第一輯，巴蜀書社二〇〇三）等論文，并撰著《敦煌蒙書研究》（甘肅教育出版社二〇〇二，以下簡稱『《蒙書》』），對三十七個《開蒙要訓》寫卷作了敘録，附有録文，并對《開蒙要訓》的編者與時代、形式與内容、价值與影響等作了全面的介紹。《郝録》第三卷（社會科學文獻出版社二〇〇三）以斯七〇五號爲底本，以斯五四三一、斯五四六四、斯一三〇八號等二十一個英法所藏的本子爲參校本，對《開蒙要訓》進行了校録。

羅常培《唐五代西北方音》（科學出版社一九六一，以下簡稱『羅常培』）利用伯二五七八號寫卷中的二百四十二對注音材料，對唐五代西北方音進行研究，總結出梗、蟹二攝對轉，止、遇二攝旁通，全濁聲母與全清混淆，齒頭音四等開始混入正齒音等諸多語言現象，并通過《開蒙要訓》的用韻情況與音注文字音韻體系的差異，判定《開蒙要訓》本文與音注屬於不同的方音系統，推斷《開蒙要訓》文本大約産生於『東晉與齊梁之間』，而其音注文字是唐五代時期的方音。這是最早就《開蒙要訓》的語音問題進行詳細研究的論著，對後來的研究影響很大。日本吉田雅子撰《〈開蒙要訓〉にあられる音注と〈廣韻〉たの比較》（《東洋大學大學院紀要》第二十集，一九八四）、《敦煌寫本〈開蒙要訓〉の音韻體系——押韻、異文、音注を中心として》（同上書第二三集，一九八六，以下簡稱『吉田雅子』)、《羅常培〈唐五代西北方音〉にみる敦煌寫本〈開蒙要訓〉》(同上書第二七集，一九八八)系列論文，在羅氏的基礎上，對《開蒙要訓》的音韻系統作了較爲全面的探討。

綜上所述，可見《開蒙要訓》寫卷業已經過多次整理，并形成多個校録文本。然草創維艱，前人之校録仍多有未盡如人意之處。兹在全面調查的基礎上，據上揭六十七件(綴合爲四十三件)寫卷之影印本重新校録如下。

開蒙要訓一卷〔一〕

乾坤覆載〔二〕，日月光明〔三〕。四時来往〔四〕，八▨(節)相▨(迎)〔五〕。春花開艶〔六〕，夏菓(葉)舒書榮〔六〕。蓁□▨(林秋)落〔七〕，松竹冬青〔八〕。霧武露路霜雪〔九〕，雲雨陰晴情〔一〇〕。晦悔暮昏暗〔一一〕，曉瞑明霞遐生〔一二〕。雷雹覢閃電殿〔一三〕，霹靂力震鎮驚〔一四〕。氷寒凍冷〔一五〕，暖熱温清〔一六〕。五岳嵩松華〔一七〕，霍郝泰太恒名〔一八〕。江河▨(淮)濟〔一九〕，海納吞并〔二〇〕。湍波瀏浪〔二一〕，沈溺歷(歷)渦過浤横〔二二〕。舡沿艘艦監▨(艇)▨(定)〔二三〕，▨(浮)汎流停〔二四〕。君王有道，恩惠弘廓〔二五〕。万國歸投〔二六〕，坣(兆)民歡躍〔二七〕。諂啚(色)侫(佞)潛(潛)藏〔二八〕，奸姦邪憩慶悪〔二九〕。臣佐輔弼〔三〇〕，匡翊亦勤恪〔三一〕。賞賚功勳〔三二〕，封賜禄▨(爵)雀〔三三〕。燕鸛會嘉加賓〔三四〕，奏設伎樂〔三五〕。酣甘醠飲酒〔三六〕，勸酌酬醒程〔三七〕。諷▨(風)誦吟詠永〔三八〕，吼喚蹤從(從)撗(横)〔三九〕。喧㗅歌儛武〔四〇〕，鬧動音聲〔四一〕。琵琶皷角〔四二〕，琴吟瑟虱(蝨)簫逍箏争〔四三〕。箜空篌侯篳必篥(篥)〔四四〕，筑竹磬慶笛笙生〔四五〕。孝敬父母，丞順弟兄〔四六〕。翁公婆曾祖〔四七〕，嫂姪孫嬰英〔四八〕。伯叔姉子妹〔四九〕，姑古姨餘舅舊甥生〔五〇〕。婚姻因娉聘嫁〔五一〕，夫婦媒成〔五二〕。油(油)燈登爈(蠟)燭〔五三〕，炬巨照熶盈〔五四〕。貧賤富貴〔五五〕，奴婢使令。物討勳巢壯健〔五六〕，運輂提亭擎〔五七〕。孤㝁瓊鰥開寡〔五八〕，老弱衰儚〔五九〕。睡遂眠綿寢侵寐美〔六〇〕，憒會悶煩情〔六一〕。帷帳長床蹋(榻)〔六二〕，氈褥辱威儀〔六三〕。屏平風倚意鄣長〔六四〕，幔幕莫懸垂〔六五〕。氍鬼毹師毾荅㲪等〔六六〕，盂爲闐殿須弥〔六七〕。茀邪簟蔗蒲藺（藺）練〔六八〕，薦箭蓆席鋪補施〔六九〕。
緣早絲撫武璽見〔七〇〕，綿絮縴牽綩驢〔七一〕。紡方褐裘裝壯〔七二〕，麻葛割蒻荅呰子〔七三〕。紵志練單紃川〔七四〕，
布絹紬絁施〔七五〕。綾紗沙繒曾綵深（採）〔七六〕，羅縠或錦繡守〔七七〕。鮮紋文雙絙巨〔七八〕，紕披縵緊縐〔七九〕。
針縷吕綻定綴〔八〇〕，補布袟姪穿川陋〔八一〕。接續綘逢（逄）緦隱（隠）〔八二〕，緦巨絡洛褃就〔八三〕。襤迨（匝）襠當
褌袴庫〔八四〕，衫襦儒褾摽袖〔八五〕。襟錦襴蘭領令紐丑〔八六〕，䙅要襻新舊〔八七〕。帔披巾帊把幞縛〔八八〕，袍被婢
裙群究九〔八九〕。緝（緝）績俗纑盧縈〔九〇〕，女人傭容作〔九一〕。機居梭筬成竽志〔九二〕，踕囁滕勝輭侯篗霍〔九三〕。
筟亭繀碎織幅〔九四〕，經引紡絡洛〔九五〕。紫絳（絳）藨枋方〔九六〕，緋非紅洪碧緑〔九七〕。緗相縹摽紺敢綺
去〔九八〕，班（斑）黄皂帛〔九九〕。篋劫簏禄箱櫃具〔一〇〇〕，衣裳疊壁（襞）〔一〇一〕。鞋韈靴鞛奉〔一〇二〕，屨吕履
屧擡屐巨〔一〇三〕。粧莊奩鎌鏡敬匣甲〔一〇四〕，脂之粉分薰澤〔一〇五〕。𥹐煙䊭之黶（黶）癜黛大〔一〇六〕，梳師鈚兵
釵差隻〔一〇七〕。髲婢鬠敬髮鬢〔一〇八〕，鬢須髯染髭貲鬣（鬣）戴（戟）〔一〇九〕。頭額頰頤（頤）餘〔一一〇〕，齒舌唇
口〔一一一〕。眉眼鼻耳，頸敬項巷臂比肘〔一一二〕。䙅要膂吕胷凶腋亦〔一一三〕，腕抓爪指至拇母〔一一四〕。髀髆博腿
退脞病〔一一五〕，跟根踝誇脚手〔一一六〕。脇肋脊積背，腓沸腨旋膝後〔一一七〕。脾皮腎慎腸肚〔一一八〕，肺匪肝干心
部〔一一九〕。髓（髓）須腦筋斤骨〔一二〇〕，瘦瘠逍癧（羸）驢醜〔一二一〕。病患疾疹鎮〔一二二〕，痛癢養疼同軀〔一二三〕。
癩禿胗癰邕〔一二四〕，癬鮮疥介瘑疽〔一二五〕。瘡痍餘癰邕癤（癤）節〔一二六〕，腫衆焮肌飢肥（膚）〔一二七〕。膿血晁
杇汚〔一二八〕，鈹帔炙久療遼除〔一二九〕。瘕遐痳休欬阿嗽朔〔一三〇〕，唟（涕）聽唾大呵何噓虚〔一三一〕。癃龍殘攣蓮
跛婆〔一三二〕，矬矮侏朱儒〔一三三〕。癲癇聾江惷濁〔一三四〕，癡侈騃頑還愚遇〔一三五〕。聾盲啞亞吃吉〔一三六〕，坊巷街
衢〔一三七〕。羞恥慙懯赧（赧）〔一三八〕，愧鬼恧鄉閭〔一三九〕。珎寳貨賂洛〔一四〇〕，翳暎璧硨磲〔一四一〕。頗黎瑪
瑙〔一四二〕，琥珀珊瑚〔一四三〕。瑠璃瑇大瑁每〔一四四〕，金銀玉珠。鈆負錫惜鍮喻鑞獵〔一四五〕，銅鐵（鐵）之

徒〔一四六〕。錮故鏴路銷逍鎔容〔一四七〕，爐冶也鑄主鑵管〔一四八〕。鼎帝鑊釜鐳力〔一四九〕，銼矬鑹驢鍑腹䰛〔一五〇〕。土鍋鍹喧銚〔一五一〕，鎗鏉堦皆桉〔一五二〕。鏵鍬鑼（钁）鑤〔一五三〕，斧付鑿鏍取鍛段〔一五五〕。鎌釤衫鈎鋸己〔一五五〕，錯鐪銖（錐）朱鑚（鑽）〔一五六〕。樓犁令耕更搆降〔一五七〕，鋤刨壟畔〔一五八〕。稙蕹（稚）至稀虛踈〔一五九〕，概己密調短〔一六〇〕。亢旱燋焦枯〔一六一〕，溝渠溉己灌〔一六二〕。柯可柌寺橿薑柄餅〔一六三〕，芟刈撩遼乱〔一六四〕。梢（削）斫斬剉〔一六五〕，蹂柔挼押按〔一六六〕。杈叉杷挑撥〔一六七〕，扻筞聚散〔一六八〕。捶（棰）遂積苫持〔一六九〕，浸漬至淹瀾〔一七〇〕。舉質券（券）契〔一七一〕，保證賒獲。違限不賞（償）〔一七二〕，抵捍拒格〔一七三〕。□（示）語靡從〔一七四〕，擒挐（拏）攝搦〔一七五〕。蹴畜踏拳栔〔一七六〕，拗［捩］令搭荅擱〔一七七〕。推揀拽挽〔一七八〕，罵詈嗔責〔一七九〕。逃竄隱（隱）避〔一八〇〕，徵掣切債索色〔一八一〕。訴辞辯牒〔一八二〕，曹府恐竅擊〔一八三〕。駈馳馱乘〔一八四〕，走驟跳調躑直〔一八五〕。緩急遲池鈍〔一八六〕，决（快）駛使奔驛亦〔一八七〕。車轅負轂國輞（輞）罔（网）〔一八八〕，輪輻軨令轒（轒）〔一八九〕。釭公鐗間枕軸逐〔一九〇〕，鞅鞊鞲鞨〔一九一〕。籧篨篷篴〔一九二〕，幌（幌）賺（慊）顯嚇（赫）黑〔一九三〕。雕彫鐫專刻客鏤〔一九四〕，劖削磅（鎊）鏩思〔一九五〕。鎪刮剩鈋捋〔一九六〕，杇（朽）腐父隨宜〔一九七〕。尖喎偏戾〔一九八〕，側正傾攲欺〔一九九〕。瑕遐璺于隙喫〔二〇〇〕，填田塞拈怗捭卑〔二〇一〕。鐏壼壼盔鉢〔二〇二〕，盃椀盞巵之〔二〇三〕。盤擎欙呂梀〔二〇四〕，瓢杓筯匙〔二〇五〕。甖瓨瓶橀〔二〇六〕，瓫瓫甑炊〔二〇七〕。漿㢊（糜）酪洛飯〔二〇八〕，羹臛粥糷（糜）〔二〇九〕。葅薺精鮓脯〔二一〇〕，鮮鱠魚鮍〔二一一〕。店沾肆興飯（販）〔二一二〕，悋怙慳惜昔〔二一三〕。酤古賣接侍〔二一四〕，豊饒添益〔二一五〕。餅肉菜茹二〔二一六〕，臠（臠）戀膮煮炙〔二一七〕。煎熬炰熇〔二一八〕，塩（鹽）豉調適〔二一九〕。脂膟鯆脉〔二二〇〕，膩（鹹）臘（醃）臉（醶）酢〔二二一〕。餻餢飳巨粄女〔二二二〕，餎餘資（飸）料〔二二三〕。餺饠饚農餗甲〔二二四〕，饊餹曺餫還饊〔二二五〕。餛飩餡餘〔二二六〕，散（糂）粒研断〔二二七〕。齲嚙齩齚〔二二八〕，喫噉飽滿〔二二九〕。貪婪費秏〔二三〇〕，饞勘乖嬾〔二三一〕。粳粮糯(穤)秫〔二三二〕，禾粟穬稻〔二三三〕。糜(穈)黍穀麦〔二三四〕，豌豆穞蕎〔二三五〕。碓磑碾磨〔二三六〕，杵處臼舂擣到〔二三七〕。麨麵篩差麩〔二三八〕，麁澁糸(參)細好〔二三九〕。颺羊簸糠康糩〔二四〇〕，秕麩萁蒿〔二四一〕。稍穰稭莢〔二四二〕，曬曝乾燥〔二四三〕。菱蓮荷何藕〔二四四〕，芙夫蓉容枝之草〔二四五〕。谷澗嵠壑(壑)〔二四六〕，崖崩岸倒〔二四七〕。燒燃柴薪〔二四八〕，擔携負父抱〔二四九〕。構架價椽全柱〔二五〇〕，伏(栿)檁檽梁〔二五一〕。搏扉蚩吻問〔二五二〕，雀梠簷閻廊郎〔二五三〕。廁楚廠唱廂庌衙〔二五四〕，板櫼(棧)廳堂〔二五五〕。菴廬屋舍〔二五六〕，置牖又安窓〔二五七〕。閑籥藥橝栖薛(薛)〔二五八〕，俻禦寧康〔二五九〕。庫藏居貯至〔二六〇〕，窨奄窖告圌船倉〔二六一〕。涅鏝漫梯聽蹬等〔二六二〕，塼墼壘墻〔二六三〕。掃灑庭院〔二六四〕，料理薗塲〔二六五〕。畦菀穜蒔〔二六六〕，擮栽插端行〔二六七〕。槐[榆]椿楮〔二六八〕，桐梓子柘桑桒〔二六九〕。榠名查榫柹布(市)〔二七〇〕，柑甘橘檳賓榔郎〔二七一〕。莍桃李柰〔二七二〕，棗杏梨棠〔二七三〕。葱菻韮薤〔二七四〕，茱萸椒薑〔二七五〕。芸云薹薺蓼〔二七六〕，葫胡荽須芬分芳方〔二七七〕。蔓菁精葵芥，蘿羅蔔蘭香〔二七八〕。蒴蒿黎藋〔二七九〕，笋蕨蓴(蕁)蘘(穰)讓〔二八〇〕。斸捉掘坑壍〔二八一〕，竪蕀埋槍〔二八二〕。堡壁籬柵〔二八三〕，周匝遮防〔二八四〕。胎卵濕化，蚰蜒蜣蜋良〔二八五〕。蚉文盲(虻)蟣己虱〔二八六〕，蜂風蜨(蝶)螳唐螂郎〔二八七〕。蝦遐蟆麻蜯棒蛤〔二八八〕，龜鱉魦沙鰉唐〔二八九〕。鮎沾鯉里鱧風鯽節〔二九〇〕，鯨擎鯢迎(迎)鱒遵魴方〔二九一〕。蚖虵螋蝎〔二九二〕，蟒蝮覆身腔〔二九三〕。鷦鵲鳩鴿合〔二九四〕，鴻洪鸖鳳凰〔二九五〕。鷄鴨鵝鴈眼〔二九六〕，鶉鴳鴛煙鴦佒〔二九七〕。鷹鵰彫鷂遥鶻〔二九八〕，翅鼠翮翱翔〔二九九〕。麝射香麖(麞)鹿禄〔三〇〇〕，猿貟猴狍麞張〔三〇一〕。羆熊悲狐胡兔〔三〇二〕，虎豹鮑犲柴狼郎〔三〇三〕。驢馬牛犢，駳(肫)猗猪羊〔三〇四〕。駱駞騾象〔三〇五〕，餧飼寺肥強〔三〇六〕。騟爲騮留騅朱駮〔三〇七〕，驄賭者䮫茛驥黄〔三〇八〕。鞍轡箭鞦秋韂〔三〇九〕，靷靽半鞚空韁薑〔三一〇〕。橋鞾灌鐙登靼折〔三一一〕，帶轎決鞘傍〔三一二〕。鈚比哮(髇)孝箭鏃〔三一三〕，弰巢弩努鈍唇剛〔三一四〕。刼賊剥脫〔三一五〕，怕怖普懼且(具)

忙〔三一六〕。偷盜道私竊切〔三一七〕，越驀麦非常〔三一八〕。追蹤逐跡積〔三一九〕，忖寸度思量〔三二〇〕。謀計智略〔三二一〕，掩捉搜贓藏（藏）〔三二二〕。詐僞遇誑或〔三二三〕，誸誘酉誇張〔三二四〕。摴蒲攤賭〔三二五〕，酬賽塞輸觴〔三二六〕。圍碁握槊〔三二七〕，戲挊披倡〔三二八〕。牢囚獄禁〔三二九〕，繫敬縛㥲殃〔三三〇〕。撿驗察訪〔三三一〕，勿忘（妄）誣［謗］〔三三二〕。拷捽鞭棒〔三三三〕，枷鏁杻械〔三三四〕。判無阿黨〔三三五〕，豈誑賢良〔三三六〕。筆現（硯）紙墨〔三三七〕，記録文章〔三三八〕。童［蒙］習學〔三三九〕，易解難忘〔三四〇〕。

開蒙要訓一卷〔三四一〕

天成四年九［月］十八日燉煌郡學仕郎張□□書〔三四二〕

【校記】

〔一〕首題凡見於十八個寫卷，其中乙、丙、戊、己、庚、辛卷及綴一、綴二、綴三、伯二七一七A、伯三〇二九、伯三一四七、伯三三一一、北敦一四六六七等號同底卷，丁卷及伯四九七二首題文字右半略殘，斯五五八四號『蒙』作『矇』。又本文之校録除底卷外，以甲至癸十個較爲完整的卷號爲主，其他卷號若非涉異文或較多的殘缺，則一般不出校，特此説明。

〔二〕除底卷外，起首部分另見於乙、丙、丁、戊、己、庚、辛卷及綴一、綴二、綴三、斯五五八四、伯二七一七A、伯三〇二九、伯三一四七、伯三三一一、伯四九七二、北敦一四六六七等卷。綴四僅存『覆』字左半中下端殘畫，綴四由此始。又『乹坤』二字，綴一誤倒作『坤乹』。『乹』字丙卷及伯三三一一、綴一、綴三等作『乹』。按『乹』『乹』皆『乾』字異寫。《干禄字書》：『乹乹乾：上俗中通下正。』可參。『坤』字伯二七一七A、綴二誤作『堒』。

〔三〕『明』字丁、庚卷及伯三〇二九號同，乙、丙、戊、己、辛等卷均作『明』；按『明』字商代甲骨文和兩周金文中多從『囧』，『明』『明』所從的『目』『日』即『囧』形省變之異，『明』字戰國文字中已見。

〔四〕『来』字綴二作『來』，皆『來』之俗字。

〔五〕『莭』字底卷存右半，其中構件『卩』清晰可辨，此據殘形并參照丙、戊卷及伯三〇二九號等卷擬補；乙卷作『節』，斯五五八四號作『節』，丁、庚、辛等卷作『莭』，皆『節』的訛俗字，伯三三一一號及綴一正作『節』。《干禄字書》：『莭節：上通下正。』可參。『相』字伯三一四七號作『想』，音誤字。『迎』字底卷僅存右下角，此據乙、丁卷補；戊、庚、辛卷及斯五五八四、伯三一四七號作『迎』，丙卷及伯三〇二九號作『迎』，伯二七一七A、伯三三一一、綴一、綴二及北敦一四六六七號作『迎』。按《干禄字書》：『迎迎：上通下正。』又《碑別字新編》載唐《還少林寺神王勅碑》『迎』字作『迎』形。『迎』蓋又『迎』『迎』交互影響的産物。又綴五自『迎』字始，該卷『迎』字及其下的『春花開艶』等字均僅存左半，『艶』字之下至『霧』字缺。

〔六〕『夏』字伯三三一一號音誤作『下』。『菉』字各卷同，乃避唐諱之改形字，五代以後俗書承用；宋新民云伯三一四七號此字作『業』，不確。『舒』字伯三三一一號誤作『[illegible]』，『[illegible]』乃『虧』之俗字（斯三八八號《正名要録》『正行者楷，脚注稍訛』類『虧』字脚注作『[illegible]』形，可參），此蓋因形近而誤。又底卷『舒』字右側有一音注小字『書』，《廣韻·魚韻》二字同音『傷魚切』，可以互注。下凡注音字與被注字《廣韻》（《廣韻》若無則兼採《王韻》、《裴韻》等敦煌本諸韻書或《集韻》）切語聲韻調全同者，不再出注説明。

〔七〕『林』字底卷殘，『秋』字底卷右上側殘，茲參乙、丙、丁等參校本及後字殘畫擬補；庚卷『秋』字作『秌』，蓋受『林』字類化而誤。

〔八〕『青』字伯二七一七A、伯三一四七、綴一、綴二作『清』，音誤字。

〔九〕『霧』字伯二七一七A、綴二作『敄』，音誤字；斯五五八四號左下部誤作『禾』。『雪』字伯三一四七號作『霜』，蓋涉上字而誤。又『霧』字《廣韻》去聲遇韻音亡遇切，注音字『武』《廣韻》上聲麌韻音文甫切，並微紐濁音，唐五代西北方音濁上變去，故二字同音。

〔一〇〕『陰』字綴二作『蔭』，音誤字。『晴』字庚卷形誤作『睛』，伯二七一七A、綴一音誤作『清』。

〔一一〕『晦』字丙卷不缺，吉田雅子據之録作缺文，不確。『昏』字伯三三一一號音誤作『婚』；伯二七一七A、綴二、伯三一四七作『閔』，蓋受『闇』類化而誤。『暗』字庚卷受『昏』字影響誤作『闇』，伯二七一七A、綴二等七卷作『闇』。按《説文·門部》：『闇，閉門也。』段玉裁注云『借以爲幽暗字』，則『闇』爲借音字。又『昏暗』二字丁卷誤倒作『暗昏』，後於『昏』字右上角施一鈎乙符號。下文類此者不再一一出校説明。

〔一二〕『曉』字庚卷誤從『目』旁。『瞑』字底卷作『瞋』，伯三三一一號作『暄』，庚卷、綴四作『瞋』，皆『瞑』的訛俗字，乙、丙、辛卷及北敦一四六六七號正作『瞑』，兹據録正；伯二七一七A、綴二、伯三一四七號作『命』，音誤字。又『瞑』字《廣韻》音莫經切，明紐青韻，注音字『明』《廣韻》音武兵切，明紐庚韻，唐五代西北方音庚青可以互注（羅常培有『庚青互注例』）。

〔一三〕『覸』字伯二七一七A、綴二、伯三一四七號作『閃』；按《説文·見部》：『覸，暫見也。』又門部：『閃，闚頭門中也。』『閃』爲『覸』之同音借字，後『閃』字通行。

〔一四〕『靂』字己、辛卷及伯三一四七號同（『曆』旁寫卷作『暦』，俗省），蓋『靂』的改換聲旁字；庚卷及伯二七一七A、綴二、北敦一四六六七號作『靂』，丁卷作『靂』，餘多作『靂』（綴三僅存上端『雨』字部分），則皆『靂』字俗書之變。『震』字伯二七一七A、綴二、伯三一四七號作『振』，古通用字。又『靂』字《廣韻·錫韻》音郎擊切，來紐梗攝，注音字『力』《廣韻·職韻》音林直切，來紐曾攝，唐五代西北方音曾、梗二攝可以互注。『震』字《廣韻·震韻》音章刃切，章紐，注音字『鎮』音陟刃切，知紐，唐五代西北方音知、章二紐混用。

〔一五〕『凍』字伯二七一七A誤作『涷』。

〔一六〕『清』字伯三三一一號作『淸』，丁卷及斯五五八四號作『青』。按《説文·仌部》：『凊，寒也。』《禮記·曲禮上》：『凡爲人子之禮，冬温而夏清，昏定而晨省。』『温』『清』反義連用，字本當以作『凊』字義長，然古亦多借用『清』字爲之。

〔一七〕『岳』字庚卷作『嶽』；按《説文·山部》以『岳』爲『嶽』字古文。『嵩』字伯三三一一號形誤作『黄』。『華』

字斯五五八四及北敦一四六六七號作『葉』；按『葉』乃『葉』字之異寫，文中當是形近之誤。又綴六自『華』字起。又『嵩』字《廣韻》音息弓切，心紐東韻，注音字『松』音詳容切，邪紐鍾韻（《集韻》思恭切，則亦心紐），二字紐韻俱近，羅常培有『以邪注心例』、『東[三]鍾互注例』。

〔一八〕『泰』字斯五五八四及北敦一四六六七號下部作『小』，伯三三一一號作『木』，俗訛；伯二七一七A、綴二作『太』，《説文·水部》以『太』爲『古文泰』。『名』字綴六音誤作『明』。

〔一九〕『河』字綴二音誤作『何』。『淮』字底卷存下部，兹據乙、丙、丁、戊等卷擬補。『濟』字底卷及乙、丙、丁、辛卷及斯五五八四、伯三〇二九號等卷作『洓』，乃『濟』的俗字，戊、庚卷及伯二七一七A等卷正作『濟』，兹據録正。又俄敦二六五四號自『江』字始。

〔二〇〕『并』字丁卷音誤作『兵』。

〔二一〕『漂』字辛卷及庚卷、綴三、北敦一四六六七號同，乙、丙、丁等十卷作『漂』；按『漂』即『漂』的繁化俗字，《龍龕·水部》載『漂』字俗體即有作此形者。

〔二二〕『沈』底卷本作『沆』，己、辛卷及伯三一四七號作『沇』，伯二七一七A作『氿』，餘大抵同底卷，皆爲『沈』字俗寫，北敦一四六六七號正作『沈』，兹據録正；吉田雅子據伯二四八七號録作『沆』，誤。『渦』字伯二七一七A、綴二作『渕』，『渕』爲『淵』之俗字，文中或爲『渦』字義近代换；伯三三一一號作『舩』，蓋涉下句『舡』（伯三三一一號作『舩』）而誤。『浤』字伯三〇二九號同，庚卷作『泇』，辛卷作『泟』，伯三一四七號作『弘』，後三形皆『泓』字俗訛，乙、丙、丁、己等卷正作『泓』；『浤』字見於《廣韻》、《集韻》、《大廣益會玉篇》等書，而此前的《王二》、《裴韻》、《篆隸萬象名義》等未收，蓋『泓』的後起形聲字。又『溺』字《廣韻·錫韻》音奴歷切，泥紐，注音字『歷』音郎擊切，來紐，二字韻同紐近（泥、來二紐唐五代西北方音有合併的現象）。『浤』字《廣韻·耕韻》音户萌切，注音字『横』《廣韻·庚韻》音户盲切，《廣韻》耕、庚同用，故二字同音。

〔二三〕「舡」字伯三〇二九及綴四、綴六同，壬卷脱，乙、丙、丁等十三卷作「舩」，「舡」「舩」皆「船」的後起俗字。「艦」字右下部的構件「皿」伯二七一七A、綴二在整個字的下部，位置略有變易。「艇」字右下部底卷略有殘泐，此據乙、丙、庚等卷擬補。又此字丁、戊卷及伯三〇二九、綴一、綴四作「艇」（北敦一四六六七號構件「壬」又訛作「羊」形），《龍龕・舟部》以「艇」爲「艇」字或體。又「船」字《廣韻》音食川切，仙韻船紐，注音字「沿」爲「沿」的俗字，《廣韻》音與專切，仙韻以紐，二字韻同紐異，羅常培以爲「由訛讀所致」。「艦」字《廣韻・檻韻》音胡黤切，匣紐咸攝，注音字「監」《廣韻・鑑韻》音格懺切，見紐咸攝，羅常培認爲「恐怕是當時由聲符類推的俗讀，而不足以代表正式的音變」。「艇」字《廣韻》上聲迥韻音徒鼎切，注音字「定」（底卷存上部，據殘形擬補）在去聲徑韻，音徒徑切，俱屬定紐濁聲，唐五代西北方音濁上變去，故二字可以互注。

〔二四〕「浮」字底卷右上部略有殘泐，兹據其餘所存各卷擬定。「汎」字伯二七一七A、綴二誤作「反」。「停」字戊、庚卷及綴一、綴五音誤作「亭」；《匯考》校「停」作「渟」，「停」字義自可通，似不必改字。又伯三三一一號止於「停」字。

〔二五〕「弘」字辛卷右部訛作「工」。「廓」字伯二七一七A、綴二音訛作「槨」。

〔二六〕「万」字丙、己、辛卷及綴三、伯三一四七號同，戊卷殘，乙、丁、庚、壬等十二卷作「萬」；按「萬」本爲「虫名」，後借之記録「十千」之義；「万」字甲骨文已見，不過不作「十千」解，至戰國文字始用作「千萬」之「萬」（參看裘錫圭《釋「万」》，《古文字論集》一九九二）。「歸」字伯二七一七A、伯三一四七、綴一、綴二及綴六作「帰」，《説文・止部》以後者爲「歸」字籀文；壬卷作「𡚸」，則爲「歸」字俗訛。「投」字綴三形誤作「捉」，綴二及伯三一四七號誤作「校」。

〔二七〕「垗」字《干禄字書》以爲「兆」的通俗字，劉復、吉田雅子録作「地」（後者注釋云「俗字使用」），汪泛舟注釋中有「地人」之説，均誤；綴二作「姚」，綴五作「逃」（「兆」旁皆從俗作「兆」），皆贅旁訛字。「民」字戊卷及綴五、綴六作『民』，贅點字；丁卷及伯三一四七、綴一、北敦一四六六七號作『巳』，伯三〇二九號作『𡰱』，避唐諱缺筆字；庚、辛卷及伯二七一七 A 作『人』，避唐諱代换字；餘大抵同底卷。『歡』字伯二七一七 A 誤作『勸』，下文『勸酌酬醒』句『勸』字壬卷及伯二七一七 A 則誤作『歡』，可互勘。

〔二八〕『諂』字乙、丙、戊、己、庚、辛卷及斯五五八四、伯三〇二九、綴六作『倿』，皆『佞』的俗字（《干禄字書》：『倿佞：上俗下正。』斯三八八號《正名要録》『正行者楷，脚注稍訛』類『佞』下脚注作『倿』，皆可參）；伯二七一七 A 作『命』，蓋『佞』字音訛；吉田雅子録作『佞』，失真；綴二此句作『諂命倿藏』，蓋抄手『倿（佞）』字誤作『命』，接書『倿』字以示改正，陰差陽錯，又脱『潛』字。斯五五八四號亦脱『潛』字。『藏』爲『藏』之俗字，《干禄字書》『臧』俗作『㓻』，可比勘；斯五五八四號脱此字。又『諂』字《廣韻·琰韻》音丑琰切，注音字『臽』《廣韻·陷韻》音户韽切，二字韻近紐異，然『諂』本從『臽』得音，俚俗或可視爲同音字。

〔二九〕『姧』字乙、丙、丁、己等九卷同，乃『姦』的俗字，戊、壬卷及伯二七一七 A、綴二、伯三四八六號等十一卷正作『姦』；底卷『姧』旁注『姦』，係以正字爲俗字注音之例。『邪』字庚卷、伯二七一七 A 及綴二作『耶』，俗字（《干禄字書》：『耶邪：上通下正。』）。『悪』乃『惡』字俗書，伯三〇二九號正作『惡』；綴二作『要』，形誤字。又『憩』字《廣韻》音去例切，溪紐祭韻，注音字『慶』《廣韻》音丘敬切，溪紐映韻，唐五代西北方音梗攝各韻鼻音韻尾漸趨消失，而主要元音和齊、薺、霽、祭相同，故『憩』『慶』可以互注（羅常培有『以庚注祭例』）。又伯三四八六號自『姧』字始。

〔三〇〕『佐』字庚卷誤書作『佑』，綴二省訛作『左』，綴三該字殘存右側『乍』形。『輔』字丁卷作『𨏥』，内部類化之訛。

〔三一〕『勤』字庚卷訛作『勒』；乙、丁、戊卷及斯五五八四、綴二、伯三一四七、上圖一七號作『懃』，爲『勤』的後起增旁字。又『翊』字《廣韻·職韻》音與之切，以母曾攝，注音字『亦』《廣韻·昔韻》音羊益切，以母梗攝，此亦曾、梗二攝互注例(參看上文校記〔一四〕)。

〔三二〕『賞』字下部的『貝』庚卷訛作『見』。『賫』字底卷上部作『来』,伯二七一七A、綴二及北敦一四六六七號上部作『夹』,伯三一四七號作『賫』,皆『賫』的訛俗形,茲録正;伯三〇二九號作『頼』,庚卷作『頼』,皆『賴』字俗書,『賴』又『賫』的音誤字。『勳』字乙、丙、丁等十六卷同,爲『勳』之俗字。又綴三止於『功』字殘畫。

〔三三〕『封』字壬卷作『𡋡』,蓋涉上句『勳』類化贅旁;伯二七一七A、綴二訛作『刲』。『賜』字右部底卷訛作『昜』,茲據乙、丙、丁、庚卷、伯三〇二九號及綴六録正。『爵』字右部底卷略殘,茲從殘形擬補,戊、辛卷及伯三〇二九號作『爵』,乙、丙、丁、庚等十四卷大抵作『爵』,『爵』即『爵』字俗省,斯三八八號《正名要録》『正行者楷,脚注稍訛』類『爵』字脚注『爵』,可參。

〔三四〕『嚥』字乙、丁卷及斯五五八四、伯二七一七A、綴一、綴二、伯三四八六號作『醼』,戊、庚、壬卷及伯三一四七、北敦一四六六七號、綴五作『讌』,綴六作『宴』,按『宴』乃『宴會』義本字,經典或借『燕』字爲之,『嚥』『醼』『讌』等則是在借字『燕』的基礎上從不同角度著眼增旁形成的俗字(斯三八八號《羣書新定字様》『醼:飲也,古燕飲字無傍酉,安者相承作此宴字。』可參)。『嘉』字伯二七一七A音誤作『家』。『賓』字伯二七一七A、綴二訛作『貧』。

〔三五〕『伎』字底卷、丙卷、伯三〇二九號作『伎』,爲『伎』之俗字,乙、丁、戊等十一卷正作『伎』,茲據正;己、壬卷及伯三四八六號此字殘缺。

〔三六〕『䣶』字丙、己、辛卷及綴一、伯三四八六號等七卷作『觴』,伯二七一七A、綴二作『𨢈』,此或當以作『觴』字爲是,『䣶』則即『觴』的換旁俗字(《干禄字書》:『䣶觴:上俗下正。』),『𨢈』則又『䣶』字訛省。『酒』字各卷同,吉田雅子録作『洒』,誤。又『酣』字《廣韻》音胡甘切,匣紐談韻,注音字『甘』音古三切,見紐談韻,羅常培列舉見、匣互注者四例,但均爲同聲符之字,羅氏認爲是由聲符類推的俗讀。

〔三七〕『勸』字壬卷及伯二七一七A誤作『歡』(參看上文校記〔三七〕);綴二作『犬』,音誤字。『酌』字丙、己、辛三卷作『的』,丁卷右半作『勾』,戊卷右半作『匀』,皆訛俗字。

〔三八〕『諷』字庚卷誤作『風』。『誦』字綴六誤作『訟』。又『諷』之注音字『風』底卷僅存殘畫,此據《敦煌掇瑣》補,或劉氏抄録時尚存。『詠』字《廣韻》去聲映韻音爲命切,注音字『永』《廣韻》上聲梗韻音于憬切,唐五代西北方音濁上變去,故二字同音;羅常培歸之於『由聲符直接類推的讀音』,亦可參。

〔三九〕『蹤』字乙、丁卷及伯二七一七A、伯三一四七號、綴六作『縱』,丙卷作『從』,斯五五八四號作『從』;按『縱横』本『從』之引伸義,後多假『縱』字表示之;『蹤』乃爲『䡮』之引伸義『踪迹』所造的後起異體字(《説文》:『䡮,車迹也。』大徐本按語云:『今俗用作蹤,非是。』),文中當是『縱』的音誤字;『從』或『縱』字換旁所致,或『從』字偏旁疊加所致。『撗』同『横』,俗書『木』『扌』二旁混同。下凡『木』與『扌』、『巾』與『忄』、『衤』與『礻』等手書中常見的偏旁混同一般徑予録正,不一一出校説明。又『蹤』字《廣韻・鍾韻》音即容切,精紐清音,注音字『從』《廣韻》音疾容切,從紐濁音,唐五代西北方音濁音清化,故『蹤』『從』二字同音。

〔四〇〕『喧』字乙、丁卷及伯二七一七A、伯三一四七號作『諠』,古異體字,斯五五八四號作『諠』,乃『諠』字俗訛;辛卷及綴二作『喧』,乃『喧』字之誤。『唉』字底卷作『唉』,贅筆俗寫,兹録正;『唉』又『笑』的增旁俗字,亦即『笑』字;伯二七一七A、綴二作『小』,音誤字。『歌』字乙卷及斯五五八四號作『謌』,古異體字(《王一・哥韻》『哥』下云『亦作謌,通俗作歌』,可參)。『儛』字伯二七一七A、綴二作『撫』;『儛』爲『舞』的增旁俗字(斯三八八號《正名要録》『字形雖别,音義是同,古而典者居上,今而要者居下』類『舞』下脚注『儛』,可參);『撫』字從手、無聲(『舞』字《説文》亦從無得聲),或爲『舞』的形聲俗字。

〔四一〕『鬧』字伯二七一七A、綴二誤作『閑』。

〔四二〕『琵琶』伯二七一七A、綴二作『枇杷』,一詞異寫。《釋名・釋樂器》:『枇杷,本出於胡中,馬上所鼓也。

推手前曰枇，引手却曰杷，象其鼓時，因以爲名也。』又『琶』字下部丁卷訛作『邑』。『皷』爲『鼓』的俗字，斯五五八四號正作『鼓』。《干禄字書》：『皷鼓：上俗下正。』

〔四三〕『箏』字伯二七一七A省誤作『争』。又『簫』字《廣韻》音蘇彫切，心紐蕭韻，注音字『逍』《廣韻》音相邀切，心紐宵韻，蕭、宵二韻《廣韻》同用。『琴』字《廣韻·侵韻》音巨金切，群紐，注音字『吟』《廣韻·侵韻》音魚金切，疑紐，底卷以疑注群，羅常培歸之爲由聲符類推之俗讀。

〔四四〕『箜』字伯二七一七A省誤作『空』。『篳』字伯二七一七A、綴二誤作『筆』；此字《蒙書》録作『箄』，誤。『篻』字丁卷作『篥』，皆『篥』字形訛，己、庚卷及伯二七一七A、綴一正作『篥』。

〔四五〕『筑』字伯三四八六號及綴一作『築』，音借字；庚卷作『竹』，音誤字；斯五五八四號下部作『汎』，形訛；《郝録》録作『築』，未當。『磬』字伯二七一七A、綴二、伯三一四七號及綴四作『𥁰』，蓋『罄』字俗訛，『罄』通『磬』；劉復録作『罄』，失校。『笙』字伯二七一七A、綴二、伯三一四七號音誤作『生』。又伯二七一七A、綴二此句作『筑起𥁰生』，有誤。又『磬』字《廣韻·徑韻》音苦定切，注音字『慶』《廣韻·映韻》音丘敬切，此亦『庚青互注例』（參看上文校記〔三〕）。

〔四六〕『丞』字乙卷及斯五五八四、伯二七一七A、綴二、伯三〇二九、伯三四八六號作『永』，皆用同『承』，戊、庚、辛、壬卷及伯三一四七號、綴五正作『承』；綴一作『汞』，蓋『承』字異寫。『順』字左部底卷作『忄』，俗字，餘大抵作『順』，茲據録正；劉復録作『煩』，誤。『弟』字伯二七一七A、綴一、綴二、伯三四八六號作『苐』，綴四作『第』，按《説文·弟部》云『弟，韋束之次弟也』，引伸之有『兄弟』之義；『苐』爲『弟』之俗字，『第』則是據『苐』字錯誤回改之誤（誤以『苐』上部『艹』爲『竹』旁俗寫而加以楷正）。又『弟兄』劉復録作『兄弟』，誤。

〔四七〕『曾』字丙、戊、己、辛卷及伯三〇二九、綴五同，乙、丁、庚、壬等十三卷作『尊』；按『尊』可以用爲君父之稱，較之於『曾』，更切合文意，故此處當以『尊』爲是（『尊祖』爲近義連文），『曾』或『尊』字之誤；《郝録》

校『尊』爲『曾』，恐未當。『祖』字右部綴一誤作『具』。又『翁』字《廣韻》音烏紅切，影紐東韻，注音字『公』《廣韻》音古紅切，見紐東韻，底卷以見注影，羅常培認爲是由聲符類推之俗讀；汪泛舟以『公』爲釋義，似未確。

〔四八〕『嫂』字伯三〇二九及北敦一四六六七號同，乙、丙、丁、戊等十七卷作『娌』，乃『嫂』字俗體，斯三八八號《正名要録》『正行者楷，脚注稍訛』類『嫂』下脚注作『娌』，可參；吉田雅子誤録作『娉』。『嬰』字乙、丙、丁卷及斯五五八四號作『㜸』，壬卷及綴一、伯三四八六號作『嫈』，皆後起增旁字，《龍龕·女部》載『嬰』字俗體作『嫈』，可參。又『嬰』字《廣韻·清韻》音於盈切，注音字『英』《廣韻·庚韻》音於驚切，此爲『庚清互注例』。

〔四九〕『叔』字底卷作『[illegible]』，俗寫；伯二七一七A、綴二作『[illegible]』，左側近似『子』旁形。『姉』字底卷作『姊』，俗寫，茲據戊卷及綴一、伯三四八六號録正；伯二七一七A、綴二近似『姊』形，『姊』『姉』篆文隸變之異。又『姉（姊）』字《廣韻》音將几切，精紐旨韻，注音字『子』音即里切，精紐止韻，《廣韻》旨、止二韻同用，此爲『以之注脂例』。

〔五〇〕『姨』字右部伯三〇二九號近似『幾』形，手書形近之訛。『甥』字乙卷作『生』；伯二七一七A、綴二作『㚰』，乃『甥』之俗體會意字，參看《漢語俗字研究》附録一『説「甥甥」和「外甥」』。又『姑』字《廣韻·模韻》音古胡切，注音字『古』《廣韻·姥韻》音公户切，底卷以上注平，當是由聲符類推的讀音。『姨』字《廣韻·脂韻》音以脂切，注音字『餘』《廣韻·魚韻》音以諸切，羅常培及邵榮芬《敦煌俗文學中的别字異文和唐五代西北方音》（《中國語文》一九六三年第三期，以下簡稱『邵榮芬』）均論及魚韻字在唐五代西北方音讀同止攝諸韻，可以互注。

〔五一〕『婚』字辛卷作『婚』，俗字。『姻』字右部各寫卷類皆作『囙』，俗寫；『娉』字底卷作『娉』，注文『聘』字底卷作『骋』，亦皆俗寫，茲俱徑予録正。又『娉』字壬卷及伯三〇二九號作『聘』。按『娉』爲娉娶義的本字，後通用「聘」字；「娉」又爲「聘」的換旁字。《王二·勁韻》：「聘，朝問。亦作娉。」可參。

〔五二〕「夫」字斯五五八四號誤作「大」。「媒」字庚卷訛作「謀」。

〔五三〕「油」字乙、己、壬卷及斯五五八四、伯二七一七A等十卷作「油」，「油」當爲「油」字俗寫。「爉」字伯二七一七A作「鑞」，綴二作「轞」（右半「巤」爲墨漬所污，不甚明晰），餘大抵作「爉」（右半「巤」多有變化，兹從略）；「爉」爲「爉」之俗字，在此則當是因與「蠟」字音同、構形理據相通而訛（也有可能涉下「燭」字類化換旁）；「鑞」則「蠟」的音誤字；「轞」字他書未見，致誤之由不詳。「燭」字斯五五八四號作「焗」，伯二七一七A作「煬」，蓋皆形訛字。

〔五四〕「照」字伯二七一七A、綴二、伯三一四七號作「炤」，贅旁俗字。「煇」字乙、丁、壬卷及斯五五八四、伯二七一七A等九卷作「暉」，庚卷及伯三〇二九、伯三四八六號作「輝」；按「煇」「輝」一字異寫；「輝」「暉」一字異構。《王一·微韻》「輝」下云「亦作煇、暉」，可參。又癸卷自「盈」字起。

〔五五〕「富」爲「富」的俗字，丙、戊卷及伯三四八六號作正「富」。「貴」字庚卷下部形誤作「見」，伯二七一七A音誤作「遺（匱）」。

〔五六〕「物」字戊卷作「勤」，丁、壬二卷右半從「刀」，斯五五八四號作「勒」，伯二七一七A及綴二作「物」，綴六作「助」，蓋皆形誤字；汪泛舟以「勒」字爲是，恐不可從。「勦」字伯二七一七A作「鄛」，綴二作「鄵」，當皆爲「勦」字形訛。「壯」字辛卷音誤作「裝」，綴一形誤作「牡」，北敦一四六六七號形誤作「杜」。「健」字乙、丁卷及斯五五八四、伯二七一七A等七卷從「亻」，俗作。按斯二〇七一號《切韻箋注·尤韻》居求反：「物，大力。」又肴韻鋤肴反：「勦，輕捷。」「物勦」「壯健」蓋皆近義連文。又「物」字與「討」字（《廣韻·晧韻》音他浩切）讀音迥異，注音字「討」字當誤。

〔五七〕「輦」字伯二七一七A作「練」，音誤字；綴五作「達」，受上字類化贅旁。「擎」字伯二七一七A、綴二音誤作「驚」。綴四止於「提」字。又「提」字《廣韻·齊韻》音杜奚切，注音字「亭」《廣韻·青韻》音特丁切，此屬唐五代西北方音『青齊互注例』(參看上文校記〔三九〕)。

〔五八〕『孫』當爲『惸』的换旁俗字,乙、丙、丁、戊卷及斯五五八四、綴七正作『惸』;辛卷及伯二七一七A、綴二、綴五作『㤥』,爲『惸』的構件易位俗字;綴六作『㧑』,蓋『惸』異體『𢜫』之變;此字吉田雅子録作『𤦃』,不確。『寡』字底卷作『[illegible]』,乙、癸卷及北敦一四六六七號作『寘』,丁卷作『㝠』,戊卷及斯五五八四、伯三四八六號作『亰』,壬卷及綴一作『宜』,皆『寡』的訛俗字。《干禄字書》:『㝠𡧍寡:上俗中通下正。』可參。又綴七始於此句『孤』字殘畫。又『鰥』字《廣韻·山韻》音古頑切,注音字『閞(關)』《廣韻·删韻》音古還切,删、山二韻《廣韻》同用。

〔五九〕『弱』字伯二七一七A作『若』,音誤字。『儜』字右部底卷作『寕』形,俗寫;乙、丁卷及斯五五八四、俄敦二六五四號此字作『㜵』,當是『儜』之换旁俗字。

〔六〇〕『睡眠』乙、丁、壬、癸卷及斯五五八四等十卷作『眠睡』。『睡』字北敦一四六六七號訛作『腄』。『眠』字底卷及丁卷、綴一、伯三四八六號作『眠』,乙、戊、己、壬卷及綴六作『眠』,贅筆字;餘大抵作『眠』或『眠』,則當是避唐諱之改形字,後世承襲之。『寑』爲『寢』的换旁俗字,戊、庚卷正作『寢』(下部的『侵』及底卷注音字『侵』寫卷皆從俗寫作『㑴』形);乙、丁卷及伯三一四七號作『寑』,爲『寢』的换旁俗字,伯二七一七A、伯三〇二九、綴二正作『寢』,『寝』『寑』爲古異體字;斯五五八四號作『𡪢』,構件『日』蓋『爿』之訛。『寐』字左下部底卷作『十』形,乙卷作『禾』,丙、辛、壬卷及伯三〇二九等七卷作『忄』;癸卷及伯三一四七號左下部作『爿』,右下部作『木』,皆爲『寐』字俗訛,『寐』又爲『寐』的换旁俗字;庚卷作『寐』,伯二七一七A、綴二作『寐』,即『寐』的訛俗字,丁卷正作『寐』形。又『睡』字《廣韻》音是僞切,禪紐寘韻,注音字『遂』《廣韻》音徐醉切,邪紐至韻,寘、至二韻《廣韻》同用,禪、邪二紐唐五代西北方音可以互注。『眠』字《廣韻》音莫賢切,明紐先韻,注音字『綿』《廣韻》音武延切,明紐仙韻,《廣韻》先、仙二韻同用,故二字同音。『寢』字《廣韻》上聲寢韻音七稔切,注音字『侵』《廣韻》平聲侵韻音七林切,底卷以平注上,羅常培歸之爲『由聲符直接類推的讀音』。『寐』字《廣韻》去聲至韻音彌二切，注音字『美』《廣韻》上聲旨韻音無鄙切，二字皆明紐濁音，此亦濁上變去之例。

〔六一〕『憒』字庚卷及伯二七一七A、綴二、伯三一四七號等作『闠』，蓋涉下『閟』字類化換旁；壬卷作『僓』，與『憒』形音俱近；此字汪泛舟校改作『憒』，不可從。『情』字壬卷脱（《郝録》將下句首字『愇（帷）』識作『憐』，校作『情』，屬上讀，誤），斯五五八四號作『倩』，形誤字；伯二七一七A、綴二、伯三一四七號作『精』，音誤字。又『憒』字《廣韻・隊韻》音古對切，注音字『會』《廣韻・泰韻》音古外切，二字紐同韻近（同屬蟹攝）。

〔六二〕『帷』字乙、丁、壬卷及斯五五八四、伯三四八六、綴一、俄敦二六五四號作『幃』，古異體字；伯二七一七A、綴二作『爲』，音誤字；伯三一四七號作『氈』，涉下句『氈』字而誤。『床』字綴七作『休』，辛卷作『𣏟』，當皆是『床』正字『牀』之俗訛（『爿』旁俗書與『忄』旁形近易誤，如『寐』字左下部俗書有作『忄』形者，參上文校記〔六〇〕。又『帷帳』俗寫常作『惟悵』，故『休』亦有涉上二字類化致誤之可能）。『蹋』字右上部辛卷作『罒』，俗寫，『蹋』文中當校讀作『榻』，戊卷及斯五五八四、伯三一〇二號正作『榻』；壬、癸卷及綴一、伯三四八六、北敦一四六六七號作『榻』，綴五作『榻』，乙、丁、庚卷及伯三一四七、俄敦二六五四號作『搨』，伯二七一七A、綴二作『搨』，皆爲『榻』的訛俗字；綴六作『塔』，音誤字；吉田雅子録作『踏』，并稱其爲俗字，未確。又『帳』字《廣韻・漾韻》音知亮切，知紐清音，注音字『長』《廣韻・漾韻》音直亮切，澄紐濁音，唐五代西北方音濁音清化，故『長』『帳』二字同音，羅常培歸之於『以澄注知例』，可參。

〔六三〕『氈』字底卷作『氊』，俗寫；丁卷及斯五五八四、伯三一四七、俄敦二六五四號作『𣯶』，偏旁易位字。『儀』字乙、丙、丁、己、庚、辛、壬、癸卷及伯二七一七A等十三卷從『亻』旁，換旁俗字。

〔六四〕『屏』字丁卷作『屛』（原卷『毛』旁筆迹甚淡，似爲朱筆補字），蓋『屏』贅加形旁之俗字；伯二七一七A、綴二作『併』，『屏』字音訛。又『屏』字《廣韻》音薄經切（羅常培讀『卑盈切』），幫紐清韻，注音字

『平』《廣韻・庚韻》音符兵切，並紐庚韻，此亦『庚青互注例』（參看上文校記〔一二〕）。『倚』字《廣韻・寘韻》音於義切，注音字『意』《廣韻・志韻》音於記切，寘、志二韻《廣韻》同用，此爲『支之互注例』。『障』字《廣韻・漾韻》音之亮切，章紐，注音字『長』《廣韻・漾韻》音直亮切，澄紐，唐五代西北方音舌上音、正齒音相混，故『長』『障』可以互注，羅常培歸入『照澄互注例』。

〔六五〕『幔』字底卷作『⿰糹⿱日男』，俗寫；庚、癸卷及伯二七一七A、綴二作『⿰糹⿱日男』，伯三一四七號作『繩』，則爲『縵』的訛俗字，『縵』『幔』古通用；乙、丁卷及斯五五八四、俄敦二六五四號大抵作『⿱日男』，乃『曼』字音訛，『曼』爲『幔』的省借字。『幕』字綴七作『暮』，音誤字；伯二七一七A、伯三一四七、北敦一四六六七號『幕』下部的『巾』訛作『小』；綴二『幕』左側贅『口』旁。『垂』字伯二七一七A作『衰』，音訛字。

〔六六〕『⿺毛翟』爲『氍』字俗寫，乙、丁、辛、壬卷及伯三〇二九號正作『氍』，庚卷作『⿺毛⿱罒隹』，爲一字異寫。『⿺毛㐬』字底卷無右上部的點，庚卷作『⿰㐬毛』而無左上部的點，皆俗省，『⿰㐬毛』爲『⿺毛㐬』的偏旁易位字；戊、辛卷及綴六、綴七作『毹』，『⿺毛㐬』即『毹（⿰俞毛）』的古異體字。『毾』字壬卷及綴一、伯三四八六、北敦一四六六七號右上部作『罒』，俗寫；伯二七一七A、綴二右部作『罪』，俗訛；『毾』爲『⿰镸毛』字異寫，庚卷正作『⿰镸毛』。『㲪』爲『⿰登毛』的俗字。『氍』字《廣韻・虞韻》音其俱切，群紐遇攝，注音字『鬼』《廣韻・尾韻》音居偉切，見紐止攝，止攝、遇攝互注爲唐五代西北方音通例；見群互注，則屬濁音清化之例。『⿺毛㐬（毹）』字《廣韻・虞韻》音山芻切，生紐遇攝，注音字『師』《廣韻・止韻》音疏夷切，生紐止攝，此亦魚韻讀同止攝諸韻例（參看上文校記〔五〇〕）。『⿰镸毛』字《廣韻》音吐盍切，透紐盍韻，注音字『荅』《廣韻》音都合切，端紐合韻，端、透紐近，盍、合《廣韻》同用，故二字可以互注。『⿰登毛』字《廣韻・登韻》音都滕切，注音字『等』《廣韻・等韻》音都肯切，二字僅聲調平、上之異。

〔六七〕『孟闐』同『于闐』，譯音用字之異；乙、丁卷及斯五五八四、俄敦二六五四號作『閈闐』（『閈』字後一卷有殘泐，此據殘形推知），『閈』蓋涉『闐』字類化增旁。又『闐』字伯三四八六號訛省作『闐』。又俄敦一〇七四

○A始於此句『闐』字，俄敦二六五四號止於此句『弥』字。又『盂』字《廣韻·虞韻》音羽俱切，云紐遇攝，注音字『爲』《廣韻·支韻》音薳支切，云紐止攝，此亦止攝、遇攝互注之例（參看上文校記〔六六〕）。

〔六八〕『茀』字乙、丁、壬、癸卷及斯五五八四、伯三一〇二等九卷作『節』，庚卷作『梛』，伯二七一七A、綴二作『耶』，伯三四八六號作『茀』；按此字疑以作『簛』爲典正（吉田雅子即録作『簛』），『節』『茀』爲其俗寫，『梛』『耶（邪）』則爲其音誤字。《集韻·麻韻》余遮切：『簛，竹名。或从耶。』『簛篿蘸藺』前二字爲竹名，後二字爲草名，皆可作編織『薦蓆（席）』之用。『篿』字下部『早』底卷及戊、壬卷作『畁』形，庚卷及綴六、俄敦一〇七四〇A作『卑』形，伯三一四七號作『果』，皆訛俗形，兹徑録正；綴一及伯三四八六號作『闐』，爲『篿』字音訛。『蘸』字丙、辛、壬、癸卷及伯三四八六號大抵作『蔗』，戊卷作『蔗』，綴一、北敦一四六六七號作『蔗』，伯三〇二九號作『蓏』，伯三一〇二號作『蔗』，伯三一四七號作『遮』，皆『蘸』的訛俗字；乙、丁卷及斯五五八四號作『薄』，庚卷及伯二七一七A、綴二作『蒲』，『薄』蓋『蒲』字之誤，『蘸』『蒲』則義皆可通（蘸草、蒲草皆可作編織草席之用）。又此字《郝録》録作『蔗』，校作『蒲』，不可從。『藺』字伯三一〇二號同，辛卷作『藺』，伯二七一七A作『蘭』，伯三一四七號作『蘭』，蓋皆『藺』字之誤（草名有『馬藺』，作『藺』者蓋涉『馬藺』之『馬』而誤）；癸卷作『閵』，『藺』字省誤。又『蘸』字《廣韻·小韻》音平表切（羅常培誤作『麃』，以『普遼切』讀之），並紐效攝，注音字『蒲』《廣韻·模韻》音薄胡切，並紐遇攝，效、遇二攝敦煌文獻有通押的情況。『藺』字《廣韻·震韻》音良刃切，臻攝來紐，注音字『練』《廣韻·霰韻》音郎甸切，山攝來紐，臻攝、山攝元音相近，唐代以前多有通押之例，羅常培認爲二字互注『雖然還遺留著上古音的蛻形，不過在當時的方音也祇能算是一個特殊的例外』。

〔六九〕『蓆』字乙、丙、丁、辛卷及斯五五八四、伯三一〇二等八卷作『蔣』，庚、壬、癸卷及伯二七一七A等九卷作『蔣』，綴一作『席』；按『蔣』爲『席』字俗寫（即《顔氏家訓》謂六朝俗字『席中加帶』者），『蔣』則爲『蓆』字俗寫，『蓆』又『席』之增旁俗字。『施』字伯二七一七A及綴五音誤作『絁』。『薦』字《廣韻·霰韻》音作甸切，注音字『箭』《廣韻・線韻》音子賤切，《廣韻》霰、線二韻同用。『鋪』字《廣韻・模韻》音普胡切，遇攝滂紐，注音字『補』《廣韻・姥韻》音博古切，遇攝幫紐，二字聲母有送氣不送氣之别，羅常培歸之於『誤讀半邊字所致』。

〔七〇〕『絛』爲『繰』之俗字（《王一・豪韻》蘇遭反：『絛，絡繭取絲。』其中的『絛』亦『繰』的俗字），伯三一〇二號作『絳』，爲『繅』字俗寫（斯六一七號《俗務要名林・虫部》『蚤』作『蚉』，可參），『繅』即『繰』字異體；庚卷作『搔』，爲『繰』字音誤。『撫』字伯三〇二九（略殘）、伯三一〇二、綴六同，餘大抵作『撫』，『撫』即『撫』字異體。『蠒』字庚卷作『蝁』，辛卷作『蠒』，北敦一四六六七號作『蠒』，皆『蠒』字形訛。又『撫』字《廣韻・麌韻》音芳武切，敷紐清音，注音字『武』《廣韻・麌韻》音文甫切，微紐濁音，此亦濁音清化之例。『蠒』字《廣韻・銑韻》音古典切，注音字『見』《廣韻・霰韻》音古電切，二字異調。

〔七一〕『繂』字戊卷及綴五作『綷』，『綷』爲『緤』之諱改字，文中或爲『繂』字形訛（『牽』字俗書或作『𤛓』，與『綷』字右部形稍近）；庚卷及伯二七一七A作『絜』，後者字書不載，存疑；《蒙書》録此字作『纤』，無據。『𦃒』字己、辛卷及綴一、綴六作『絺』，俗寫；『𦃒』爲『𦃒』字俗省；庚卷及伯二七一七A作『縭』，古通用字。《集韻・支韻》：『𦃒，繂𦃒，惡絮。通作縭。』『𦃒』字《集韻・支韻》音鄰知切（《廣韻》郎奚切），注音字『驢』《廣韻・魚韻》音力居切，此亦魚韻讀同止攝諸韻例（參看上文校記〔五〇〕）。

〔七二〕『紡褐』乙、丁卷及斯五五八四、伯三一四七、綴一作『毼紡』。『紡』字丙、戊、己、辛等七卷同，壬、癸卷及伯三四八六、北敦一四六六七號及前揭諸卷作『縍』，即『紡』字異體；庚卷及伯二七一七A作『毰』，『毰』字字書以爲『毲』的俗字，文中則應爲『紡』字音誤。『褐』字伯三〇二九號同，乙、丙、丁、戊等卷作『毼』，爲『褐』的後起換旁字；庚卷及伯二七一七A作『毴』，爲『毼』的偏旁易位字；壬卷作『緆』，右部的『乚』蓋抄手誤贅（或涉『毼』右部的『毛』影響），而『緆』即『褐』的換旁俗字（文中或涉上『紡』字類化）；癸卷作『昌』，蓋『曷』字形誤，『曷』則即『毼』字省誤。『裘』字伯二七一七A作『求』，『求』『裘』古今字。『裝』字庚卷及伯二七一七A誤作『壯』。又『紡』字《廣韻》音妃兩切，敷紐養韻，注音字『方』《廣韻》音府良切，非紐陽韻，二字紐近調異。

〔七三〕『葛』字壬、癸卷及伯三一〇二、伯三一四七、北敦一四六六七號誤作竹字頭。『𦸗』字壬、癸卷及伯二七一七A、伯三四八六、綴一、北敦一四六六七號作『蒻』，俗寫；吉田雅子録此字作『𥳍』，不確。『𢂑』字綴一及伯三四八六號作『□』形，蓋『𢂑』字手寫之變；丙、辛卷及伯二七一七A作『紫』，庚卷作『貲』，伯三一四七號作『絲』，蓋皆『𢂑』字音誤。又『𦸗』字《廣韻》音吐盍切，透紐盍韻，注音字『荅』《廣韻》音都合切，端紐合韻，盍、合二韻《廣韻》同用，透、端紐近。『𢂑』字《廣韻》平聲支韻音即移切，注音字『子』《廣韻》上聲止韻音即里切，支、之二韻《廣韻》同用，故在不計聲調的情况下可以互注。

〔七四〕『紵』字底卷右部訛作『宇』，兹據丁、壬卷及斯五五八四、伯三一〇二等八卷録正；俄敦一〇七四〇A作『紓』，俗字。『練』字伯二七一七A、伯三一四七、綴一、伯三四八六、北敦一四六六七號作『綀』，形誤字；伯三一〇二號作『揔』，音誤字；壬卷右部作『單』，蓋涉下『單』字而誤。『紃』字庚卷作『□』，該字傳世字書未見收載，俟考。又『紵』字《廣韻·語韻》音直吕切，澄紐遇攝，注音字『志』《廣韻·志韻》音職吏切，章紐止攝，此亦章紐澄紐互注、魚韻讀同止攝諸韻例。『紃』字《廣韻·諄韻》有『詳尊切』『食倫切』二讀，與『川』之『昌緣切』音異，底卷以『川』注『紃』，或係據聲符類推的俗讀。

〔七五〕『絹』字右半綴一作『負』，訛俗字。『絁』字己卷誤作『絶』；伯三一〇二號右半作『施』，『絁』字改換聲旁之異體，《龍龕·金部》載『鉈』字或體作『鍦』、『鉇』，可參。

〔七六〕『綾』字底卷及乙、丙、丁、戊等十七卷右部作『麦』，俗寫，兹據斯五五八四及伯三一四七號録正。『紗』字伯三一〇二號誤作『沙』。『綵』字右半乙卷作『菜』，贅旁繁化字。又底卷『綵』之注音字『深』字書未見，《匯考》以爲『採』字之訛，近是，兹據校。

〔七七〕『縠』字壬卷及綴一作『𦃃』，俗寫；乙、丙、丁、庚、辛卷及斯五五八四、伯二七一七A等十卷作『縠』，形訛字。又『縠』字《廣韻・屋韻》音胡谷切，注音字『或』《廣韻・德韻》音胡國切，羅常培據《千字文》藏音推斷德韻合口與屋韻合口一等混同，因有『以德注屋例』。『繡』字《廣韻・宥韻》音息救切，心紐，注音字『守』《廣韻・宥韻》音舒救切，書紐，唐五代西北方音精系、照系混而不分，故二字可以互注。

〔七八〕『鮮』字伯三一四七及俄敦一〇七四〇A同，庚、壬卷及綴一、伯三四八六號作『𥿡』，乙、丙、丁、戊等十一卷作『仙』，按此字或以『仙』字爲是，『𥿡』蓋『仙』的類化換旁俗字（涉下『紋』字影響），『鮮』則『仙』的音誤字。『紋』字綴六誤作『文』。又『仙紋』二字辛卷誤倒。『𥿄』字庚卷作『緤』，當皆是『距』的換旁俗字（因『雙距』與『糸』相關，又涉前『紋』字影響），汪泛舟、《郝録》校『𥿄』爲『距』，可從；吉田雅子録作『緤』，而於注釋中云寫本作『𥿄』，未當。『仙紋』『雙距』皆爲綾名。《新唐書・地理志》青州北海郡：『土貢：仙紋綾、絲、棗、紅藍、紫草。』又蔡州汝南郡：『土貢：珉玉棋子，四窠、雲花、龜甲、雙距、溪鷘等綾。』可參。

〔七九〕『紕』字乙、丁卷及斯五五八四、伯三一四七號作『紕』，形訛字。『縵』字右部各寫卷多作『昘』形，俗寫。『緊』字綴七誤作『賢』，此字下部劉復録作『木』，失真。『緆』字底卷作『緝』，斯五五八四號作『緆』，皆『緆』字俗訛，參看《敦煌俗字研究》下編『緆』字條考釋。又『紕』字《廣韻》音匹夷切，滂紐脂韻，注音字『披』《廣韻》音敷羈切，滂紐支韻，脂、支二韻《廣韻》同用。

〔八〇〕『針』字伯三四八六號從『纟(糸)』，蓋涉下『縷』字類化換旁。又伯三〇二九號止於此句『綻』字。又『縷』字《廣韻・麌韻》音力主切，注音字『吕』《廣韻・語韻》音力舉切，二字同屬遇攝，音近可以互注。『綻』字《廣韻・襇韻》音丈莧切，澄紐山攝，注音字『定』《廣韻・徑韻》音徒徑切，定紐梗攝，二字紐韻均所不同，羅常培歸之於『由聲符類推而保存的古讀』。

〔八一〕『補』字伯二七一七A音誤作『布』。『袟』字右部伯三一四七號作『疾』，伯二七一七A及綴二作『朱』，綴一作『夫』，蓋皆形訛字；汪泛舟以『袪』爲是，并稱『袟』字『亦通』，非是。『陋』字庚卷作『編』，按『編』字他書未見，蓋『漏』字俗訛，汪泛舟録文作『漏』，《郝録》校『陋』爲『漏』，近是。『補』《廣韻》上聲姥韻音博古切，注音字『布』《廣韻》去聲暮韻音博故切，底卷以去注上，蓋出於對聲調的忽略。

〔八二〕『接』字庚卷及伯二七一七Ａ、綴二作『緌』；餘大抵作『緀』，爲『緁』之俗字；按伯二〇一五號《大唐刊謬補闕切韻·葉韻》子妾反：『緌：緌續。』『緌』蓋『接』的後起分化字，『緁』又爲『緌』的改換聲旁俗字。『縫』字乙卷作『絳』、丁卷作『絳』，皆訛俗字；『絳』則『縫』字異體，丁、戊、己等九卷正作『縫』，壬卷及綴一、伯三一〇二號作『縫』，則是『縫』字俗寫（猶注文『逢』爲『逢』字俗寫）。『繐』字辛卷及斯五五八四號同，乙、丙、丁等十餘卷作『繐』形（伯二七一七Ａ又訛省作『悪』），壬卷、伯三四八六號及綴一作『總』形，皆『繐』字俗省。《廣韻·隱韻》於謹切：『繐，縫衣相著。』

〔八三〕『絡』字乙、丁、戊等七卷同，丙、己、辛、壬、癸卷及斯五五八四、伯三一〇二等十一卷作『綹』，按《廣雅·釋詁》：『縏，絣也。』《玉篇·糸部》：『縏，力若切，紩衣也。』『綹』或即『縏』的偏旁移位字。但『縏』字《説文》未見，或又爲『絡』的繁化俗字（『絡』『畧』皆從各得聲）。『襖』字乙卷及斯五五八四、伯二七一七Ａ、綴六作『襖』，壬卷作『襦』，蓋皆『襖』的訛俗字；『襖』文中似又爲『緛』的異體字（見《集韻·獮韻》），庚卷及綴一、伯三四八六號作『繻』，正是『緛』字的俗寫（内部構件類化）；伯三一〇二號作『襖』，恐誤。『就』字左側庚卷贅加『衤』旁，俄敦一〇七四〇Ａ贅加『糹』旁，蓋涉上下文類化增旁。按《廣韻·志韻》渠記切：『綛，連針。』斯六一一七號《俗務要名林·女工部》：『綛，對縫也。渠記反。』又《玉篇·糸部》：『絡，力各切，繞也，縛也，所以轉篗絡車也。』斯六一一七號《俗務要名林·女工部》：『繻、緛（緛），閨（？）縫。二專反。』《集韻·綫韻》儒轉切：『緛，織也。』『綛』『絡』『緛』似指不同的縫織方法。又『綛』字《廣韻》在去聲志韻，群紐止攝，注音字『巨』《廣韻》在上聲語韻，音其呂切，群紐遇攝，唐五代西北方音濁上變去、魚韻與止攝諸韻同用（參看上文校記〔五〇〕），故二字同音。

〔八四〕『襤』字己卷作『襤』，癸卷作『襤』，『襤』『襤』一字異寫，『襤』古書或作『襤』，又爲『襤』的後起俗字。『襌』

字伯三一〇二號誤作『襌』。『袴』字底卷及丁、庚卷、斯五五八四號等六卷大抵作『袴』形，贅點俗字，乙、丙、戊等十卷即作『袴』。『袷』字《廣韻》音苦盍切，溪紐盍韻，注音字『迨（匼）』《廣韻》音侯閤切，匣紐合韻，溪、匣紐近，盍、合二韻《廣韻》同用。

〔八五〕『襦』字底卷及戊、庚卷、俄敦一〇七四〇A作『襦』，『襦』之類化俗字，兹徑録正（注音字『儒』底卷原作俗字『僑』，亦徑録正）；乙、丙、丁等十一卷大抵作『禠』，亦『襦』的俗字（《干禄字書》：『禠襦：上通下正。』）；綴六作『禠』，辛卷右半作『亶』，蓋又『禠』字訛變。『褾』字右下部丁卷訛作『未』，辛卷又訛作『木』；壬卷此字作『縹』，此處當爲『褾』的换旁俗字；《廣韻·小韻》方小切：『褾，袖端。』『褾袖』蓋近義連文。『褾』字《廣韻》音方小切，幫紐清音，注音字『摽』《廣韻》音符少切，並紐濁音，此亦唐五代西北方音濁音清化之例。

〔八六〕『襟』字伯二七一七A、綴二作『[?]』形，蓋『襟』字形訛。『襴』字伯三一〇二號同；伯二七一七A、綴二作『蘭』，『襴』字省借；乙、丙、丁、戊等十三卷作『襴』，『襴』字之省；《集韻·寒韻》郎干切：『衣與裳連曰襴。或省（作襴）。』『領』字庚卷左側贅加『衤』旁；伯三一〇二號作『領』，形誤字。『紐』字庚卷左側從『衤』，蓋涉上下文從『衤』之字類化換旁；斯五五八四、伯三一四七號分別作『紐』『紐』，蓋形訛字；伯三一〇二號作『袖』，蓋涉上句『袖』字而誤。又『襟』字《廣韻》平聲侵韻音居吟切，注音字『錦』《廣韻》上聲寢韻音居飲切，異調。『領』字《廣韻》上聲静韻音良郢切，注音字『令』《廣韻》去聲勁韻音力政切，二字並屬來紐濁聲，濁上變去，故二字同音；然二字聲符同，抑或由聲符類推而致。『紐』字《廣韻·有韻》女久切，泥紐，注音字『丑』音敕九切，徹紐，二字韻同紐異，以誤讀半邊字的可能性爲大。

〔八七〕『褭』字綴七同，即今之『腰』字，文中則爲『褄』之借字，乙、丙、丁等十五卷即作『褄』；伯二七一七A及伯三一〇二號作『襶』，『褄』之繁化俗字。

〔八八〕『幞』字伯三一〇二號大抵同；乙、丁卷及斯五五八四號作『幞』，丙、庚、壬、癸等八卷大抵作『幞』形，辛卷作『幙』，皆爲『幞』的訛俗字；《郝録》録作『襆』，非原形。《廣雅·釋器》：『帊，幞也。』『帊幞』蓋近義連文（宋趙彦衛《雲麓漫鈔》卷三：『幞頭之制，本曰巾，古亦曰折，以三尺皂絹向後裹髮。晉宋曰幕，後周武帝遂裁出四脚，名曰幞頭。』『幙』爲『幕』的偏旁易位字，據此，或作『幙』者亦不誤）。又『帊』字《廣韻》音普駕切，滂紐禡韻，注音字『把』《廣韻》音博下切，幫紐馬韻，二字紐近調異。『幞』字《廣韻·燭韻》音房玉切，注音字『縛』《廣韻·藥韻》音符钁切，二字紐同韻異，羅常培據《千字文》藏音推定『鐸』『覺』『藥』的合口唐五代西北方音與『燭』同音，故可互注。

〔八九〕『究』字《廣韻》去聲宥韻音居祐切，注音字『九』《廣韻》上聲有韻音舉有切，底卷以上注去，或出於對聲調的忽略；然二字聲符相同，抑或因誤讀半邊字而致。

〔九〇〕『緝』字各寫卷略同，乃『緝』之俗字（參看《敦煌俗字研究》下編口部『咠』字條考釋），劉復録作『緝』，汪泛舟復云『緝』通『緝』，非是。『續』字丙、戊、庚等十一卷同，乙、丁、癸卷及伯三一〇二號、綴六作『績』，伯二七一七A、綴二誤作『續』，綴七據殘形判斷似爲『續』字；按『續』『續』皆爲『績』的訛字，《郝録》校『續』作『績』，是也。『績』猶『緝』也，『緝績』爲同義連文。《詩·陳風·東門之池》『可以漚麻』漢鄭玄箋：『於池中柔麻，使可緝績作衣服。』亦『緝績』連文。『纑』字俄敦一〇七四〇A僅存右上角，該號第一片止於此。『縈』字丁卷及伯二七一七A、綴六誤作『縈』；癸卷作『縈』，訛俗字；辛、壬卷作『縈』，贅旁字；庚卷及綴一、伯三四八六號作『緤』，又爲『縈』字訛變。

〔九一〕『傭』字底卷及乙、丙、丁等十卷大抵作『傭』形，壬、癸卷及伯二七一七A等九卷大體作『庸』，分別爲『傭』『庸』的俗寫；庚卷作『肩』，『庸』字形訛。《郝録》録『庸』爲『膚』，非是。

〔九二〕『梭』字乙卷作『梭』，壬卷及伯二七一七A、綴二、伯三一四七等七卷作『梭』，皆俗字。『筬』字綴二省誤作『成』。『竽』字底卷及丙卷、伯三一四七號作『筭』，庚卷作『等』，皆『竽』的訛俗字，乙、丁、壬、癸卷及斯五五八四、伯三一〇二等十卷正作『竽』，兹據録正；戊、辛卷作『筐』。按《廣韻·清韻》是征切：『筬，筬筐，織具。』又《集韻・語韻》丈吕切：『杼，《説文》：機之持緯者。或从竹（作筡）。』斯六一七號《俗務要名林・養蠶及機杼部》：『筬，杼之别名。』《篆隸萬象名義・竹部》：『筬，竹杼也。』則作『筬竽』者同義連文，作『筬筐』者偏正複詞，作『竽』作『筐』義皆可通。汪泛舟、《蒙書》録作『筬筆』，《郝録》校作『筬筆』，皆誤。又『機』字《廣韻・微韻》音居依切，注音字『居』《廣韻・魚韻》音九魚切，此亦魚韻讀同止攝諸韻例（參看上文校記〔五〇〕）。『竽（杼）』字《廣韻・語韻》音直吕切，澄紐遇攝，注音字『志』《廣韻・志韻》音職吏切，章紐止攝，二字紐韻皆通（參看上文校記〔七四〕）。

〔九三〕『踕』字底卷及丙、戊、辛等十卷作『蹥』形，乃『踕』字俗寫，但『踕』字字書指『足疾』或『行皃』，義不合，乙、丁卷及斯五五八四、綴六此字作『躡』，『躡』可指織布機上用脚踩的踏板，義長，當據校讀；庚卷作『䐑』，蓋『躡』字形訛。『縢』字底卷先書作『勝』，後復改作『縢』；乙卷右半作『秦』，形誤字；丁卷右下部作『禾』，戊卷右下部作『巾』，壬卷右下部作『氺』，癸卷右下部作『小』，伯三一四七號右下部作『示』，蓋皆『木』旁之訛；丙、庚卷及伯三一〇二號作『勝』，乃『縢』的音誤字；辛卷作左『貝』右『劵』形，蓋又『勝』字形訛；『縢』乃織布機上用來確定經紗密度、保持經紗位置的『筘』；汪泛舟、《蒙書》、吉田雅子録作『勝』，《郝録》校『縢』作『勝』，均誤。『𨍏』字乙、丁卷及斯五五八四、伯三一四七號作『軠』，伯二七一七A作『軠』，蓋皆『軖』字俗訛，壬、癸卷及綴一、綴六、伯三四八六號正作『軖』；庚卷作『輊』形，伯三一〇二號作『軠』，則爲『軠』字俗訛；『軖』爲『軠』的後起繁化字。『軠』指繅絲車，文義可通。而『𨍏』字字書不載，疑即『軖』字之訛。又此字吉田雅子録作『紝』，《郝録》以庚卷之字爲『輕』字，均不確。『籰』字壬卷及伯三一〇二、伯三四八六、綴一同；丙卷作『篧』，庚卷作『籗』，綴六作『藋』，蓋皆『篧』字俗訛，乙、丁、辛等七卷即作『篧』形；『篧』則即『籰』字俗省（《龍龕・手部》『攫』又作『擢』可資比勘）；癸卷作『櫂』，蓋『篧（籰）』改換義符之異體。『籰』爲古代紡織收絲用的器具，切合文意。汪泛舟校定此字作『篧（藿）』，云『藿』同『霍』，并串解文意稱『脚踏織機上下（原注：勝，通『伸』，伸縮，代上下），發出霍霍聲音』，可謂風馬牛不相及；《蒙書》録作『霍』，亦不可從。又『踕』字《廣韻・葉韻》音疾葉切，『躡』字音尼輒切，注音字『囁』音而攝切，三字韻同紐異。『軖』字《廣韻・陽韻》音巨王切，底卷直音『侯』，蓋據『鯸』字誤讀。『籰』字《廣韻》音王縛切，云紐藥韻，注音字『霍』《廣韻》音虚郭切，曉紐鐸韻，二字紐近，鐸、藥二韻《廣韻》同用。

〔九四〕『箏』字乙、丙、辛等十二卷同；綴一及伯三四八六號作『竽』，形訛字；庚卷作『絣』，《郝録》録作『緝』，似不確，存疑；汪泛舟録作『苧』，《郝録》校作『苧』，不可從。『箏』字《玉篇・竹部》音滴佞切，釋『器』，《集韻・徑韻》釋『竹器』，語焉不詳。『箏』實爲『筳』的改换聲旁俗字。《説文・竹部》：『筳，維絲筦也。从竹，廷聲。』『筳』字《廣韻・青韻》音特丁切，與『亭』字在同一小韻，故可改换聲旁作『箏』。『幅』字庚卷左側從『系』，蓋受上下文『織』『經』等字類化换旁；伯二七一七A、綴二作『福』，蓋『福』字俗省，『福』『幅』古異體字。

〔九五〕『經』字乙、丁卷作『経』，庚、辛卷及伯三一〇二號作『経』，綴一、伯三四八六號作『経』，皆俗訛，斯三八八號《正名要録》以後者爲『經』的『稍訛』字。『引』字伯二七一七A作『悥』，『悥』的俗寫，『悥』文中當爲『引』的音誤字。『絡』字伯二七一七A誤作『落』。

〔九六〕『絳』字庚、辛卷及綴七、伯三一四七號大抵同，乃『絳』字俗訛，乙、丙、丁、壬等九卷即作『絳』形；伯二七一七A音誤作『江』。『枋』字乙、丁卷及斯五五八四、伯三一四七號、綴六作『芳』，庚卷作『方』，壬卷及綴一、綴五、伯三四八六號作『紡』；按『蘇枋』源自馬來語的『supang』，常緑小喬木，心材浸液可作紅色染料，根可作黄色染料。作爲記音詞『芳』『方』『紡』『枋』均可，傳世文獻通常用『枋』字。

〔九七〕『緑』字丙、辛卷音誤作『録』，餘同底卷。

〔九八〕『緗縹』二字伯二七一七A、綴二作『縹相』；『相』爲音誤字。『綺』字庚卷誤作『紵』。又『縹』字《廣韻》音敷沼切，小韻滂紐，注音字『摽』（劉復録作『標』）《廣韻》音符少切，小韻並紐，二字韻同紐近（李範文《宋代西北方音》論及並母清化爲滂母，可參），可以互注。『紺』字《廣韻》去聲勘韻音古案切，注音字『敢』《廣韻》上聲感韻音古覽切，二字異調。『綺』字《廣韻·紙韻》音墟彼切，溪紐止攝，注音字『去』《廣韻·語韻》音羌舉切，溪紐遇攝，此亦魚韻讀同止攝諸韻例（參看上文校記〔五〇〕）。

〔九九〕『班』字各卷大抵同，當讀作『斑』。《説文·文部》：『辬，駁文也。』段玉裁注：『斑者，辬之俗。』『黄』字斯五五八四號脱。

〔一〇〇〕『篋』字壬、癸卷及斯五五八四號、伯二七一七A、綴二作『箧』，俗寫；庚卷『𥫗』下作『夹』，乃『筴』字俗寫，文中當校讀作『篋』。『篦』字壬、癸二卷作『篦』，蓋涉上字類化增旁；乙卷及斯五五八四、伯三一四七號、綴六作『簾』，俗書形近之誤；丁卷作『簾』，又『簾』字訛省。『箱』字伯二七一七A音誤作『相』；伯三一四七號作『箱』，蓋『箱』或借作『廂』，『箱』又『箱』『廂』交互影響的產物；綴六作『遺』，蓋涉下字『遺（匱）』類化增旁。『櫃』字丙、辛卷右半從『遺』，俗書；壬卷作『遺』，乙、丁、癸卷及斯五五八四號等七卷作『遺』，皆『匱』字俗書，綴一及伯三四八六號即作『匱』；庚卷及綴二作『簣』，蓋涉上字類化換旁，與指『盛土的竹器』的『簣』同形異字，也有可能即『匱（櫃）』的音誤字；伯二七一七A作『簣』，蓋從竹從匱（俗寫作『遺』），則確爲『櫃』的換旁字。又『篋』字《廣韻》音苦協切，溪紐帖韻，注音字『刦』《廣韻》音居怯切，見紐葉韻，二字紐近，而帖、葉二韻《廣韻》同用。『櫃』字《廣韻·至韻》音求位切，群紐止攝，注音字『具』《廣韻·遇韻》音其遇切，群紐遇攝，此亦止攝、遇攝互注例（參看上文校記〔六七〕）；汪泛舟以『具』爲釋義，未確（斯八四〇號《佛經難字音》『匱』字亦直音『具』，可參證）。

〔一〇一〕『裳』字綴一及伯三四八六號誤作『賞』。『疊』字伯二七一七A音誤作『氎』，其他所見各寫卷與底卷同；汪泛舟誤録作『壘』；《郝録》校『疊』爲『壘』，并云據伯二五七八、二四八七號等本改，不確。『壁』字丁卷及綴二同，當爲『襞』字音誤，乙、丙、戊、庚等十四卷正作『襞』。又斯五五八四號止於『襞』字。

〔一〇二〕『襪靴』二字乙、丁卷及伯三一四七號作『靴襪』（後者『靴』作『靴』）。『襪』字己、辛卷大抵同，伯三一〇二號作『鞋』，乙、丙、戊等十二卷大抵作『韈』；按上揭諸形皆《説文》『韈』字之異體，《王一·月韻》『韈』下云『正作幭，亦作韤、帓、妺、襪、袜』，可參。『靴』字除上揭乙、丁卷外，伯二七一七A、綴二亦作『鞾』，當即『靴』字異體『鞾』之省簡，《干禄字書》：『靴鞾：上通下正。』可參。『粠』字壬卷上部作『劫』，伯二七一七A、綴二作『[illegible]』形（後者有殘泐），伯三一〇二號作『絜』，皆『粠』字形訛；乙、丁、庚卷及伯三一四七號作『脚』，或因底本不同而致。又『粠』字《廣韻·董韻》音邊孔切，注音字『奉』《廣韻·腫韻》音扶隴切，二字韻雖可通，然聲有重唇與輕唇之分，羅常培謂『很有由「封」（府容切）字類推的可能』，再參之以邵榮芬及劉燕文《從敦煌寫本〈字寶〉的注音看晚唐五代西北方音》（《出土文獻研究續集》，文物出版社一九八九）亦均無可靠的輕唇注重唇的例子，洪藝芳《唐五代西北方音研究》（中國文化大學碩士學位論文，一九九五，以下簡稱『洪藝芳』）亦僅有『敷補』『浦浮』同用二例，羅説近是。

〔一〇三〕『屦』字底卷及丙、壬、癸等六卷作『屦』形，己卷及伯三一〇二號『尸』下作『摟』，辛、癸卷及綴一、伯三四八六號『尸』下作『樓』，皆俗訛；乙、丁、庚卷及綴七、伯三一四七號省誤作『屢』。『履』字底卷及乙、丙、丁等十六卷作『履』形，俗寫；癸卷及綴一、伯三四八六號構件『彳』作『木』，訛變形；吉田雅子録作『覆』，誤。『屧』字字書不載，當爲『屧』的繁化俗字，伯三一〇二號正作『屧』；乙、丙、己、壬卷及伯二七一七A等八卷作『屧』形，丁卷作『屧』，癸卷及綴一作『屧』，伯三一四七號作『屧』，則皆爲『屧』的後起異體字『屧』字之俗訛；庚卷作『屧』，蓋從尸、燮聲，爲『屧』的改換聲旁俗字（『屧』字古或借同音的『燮』爲之，庚卷之字大約就是在『燮』這個假借字的基礎上産生的後起形聲字。斯三八八號《正名要録》『字形雖别，音義是同，古而典者居上，今而要者居下』類『屧』下爲『欆』，後者爲『欆』字誤書，亦爲『屧』的後起形聲俗字，可以比勘）。『屐』字底卷及乙、丙、丁等十三卷作『屐』形，庚卷『尸』下作『伎』，癸卷及綴一『尸』下作『枝』，皆『屐』的訛俗字；綴六作『姖』，蓋『姬』字俗訛，『姬』或爲『屐』的音訛字。又『屦』字《廣韻·遇韻》音九遇切，注音字『呂』《廣韻·語韻》力舉切，二字同屬遇攝，然聲紐『見』『來』較遠，底卷之注音或由誤讀所致。『屧』字《廣韻・帖韻》音蘇協切，心紐咸攝，注音字『撻』他書未見，羅常培録作『撻』，近是，『撻』字《廣韻・曷韻》有私曷切一讀，心紐山攝，山攝、咸攝各韻主要元音相同，音近可以互注。『屐』字《廣韻・陌韻》音奇逆切，注音字『巨』《廣韻・語韻》音其吕切，二字紐同韻異，羅常培認爲『「屐」字的讀音，很可表現「屐」的-g收聲，已然有了消失的朕兆』。

〔一〇四〕『粧』字綴一及伯三四八六號作『糚』，皆『妝』之俗字。『奩』丙、戊、庚、辛卷及綴七同，乙、丁、壬、癸卷及綴一、伯三四八六等十一卷作『簽』形，鏡奩字《説文》本作『籢』，後起形聲字作『匳』，『奩』爲『匳』的變體俗字，『簽』則又爲『籢』『奩』交互影響的產物。又綴七止於此句之『粧』字，其下『箏維織幅』至『□▨▨□』（篋篭箱櫃）五殘行爲重抄之文字。又『匣』字《廣韻・狎韻》音胡甲切，注音字『甲』音古狎切，二字韻同紐近；然『匣』字從『甲』得聲，亦有誤讀半邊字之可能。

〔一〇五〕『脂』字戊、辛卷及伯三四八六號左側作『日』，庚卷左側作『目』（該卷『月』旁大抵書作近『目』形，下文一般徑正，不復説明），皆手寫之訛。『粉』字伯二七一七A誤作『分』。『薰』字庚卷音誤作『勳』。『澤』字乙、丁卷左側從『米』，或涉前『粉』字類化換旁。又『脂』字《廣韻・脂韻》音旨夷切，注音字『之』《廣韻・之韻》音止而切，此亦『以之注脂例』（參看上文校記〔四九〕）。『粉』字《廣韻》上聲吻韻音方吻切，注音字『分』《廣韻》平聲文韻音府文切（羅常培讀『扶問切』），底卷以平注上，或出對聲調的忽略；然『粉』從『分』得聲，抑或由聲符類推而致。

〔一〇六〕此句乙、丁卷作『煥臙脂癩』，或因底本不同而致。又『粈』字丙、戊、己等十一卷同，庚卷作『烟』，伯三一四七號同乙、丁卷作『臙』。『粎』字伯三一四七號同，丙、戊、己、辛卷作『枝』，庚、癸卷及伯二七一七A、伯三一〇二、綴一、伯三四八六號作『支』。按『胭脂』古書亦作『臙脂』、『烟（煙）脂』、『烟支』、『烟肢』、『燕脂』、『燕支』等，皆譯音用字之異，此作『粈粎』、『粈枝』等，字書多不見，蓋又『胭脂』、『烟支』等的類化換旁或增旁俗字。『靨』字底卷及己卷作『癧』形，戊卷作『癮』，壬卷作『曆』，伯二七一七A作『壓』形，似皆

「曆」字俗訛，辛卷即作「曆」；乙、丁、庚卷作「癧」，「厤」的俗寫；「曆」「厤」皆「黶」的借音字，丙卷正作「黶」；綴一作「广」，蓋未寫成之字。「黛」字戊卷作「袋」，音誤字；庚卷下部作「里」，俗訛字。吉田雅子録「黛」爲「黑」，誤。又「粨（脂）」字《廣韻·脂韻》旨夷切，注音字「之」《廣韻·之韻》止而切，此亦「以之注脂例」（參看上文校記〔四九〕）。「黛」字《廣韻·代韻》音徒耐切，注音字「大」《廣韻·泰韻》音徒蓋切，二字紐同，羅常培、邵榮芬等均論及唐五代西北方音代、泰二韻不分，此爲「以泰注代例」。

〔一〇七〕「鈚」字丙、戊卷作「枇」，乙、丁、己、辛等七卷作「杦」，壬卷作「朩」，似爲「杦」字形訛；按作爲梳理用具梳篦字通常用「篦」，亦作「枇」，「杦」蓋「枇」字俗省，「鈚」或爲「枇」字涉下「釵」字類化換旁。又「梳」字《廣韻·魚韻》音所葅切，注音字「師」《廣韻·脂韻》音疏夷切，此亦止攝、遇攝互注例（參看上文校記〔六七〕）。「枇」字《廣韻·至韻》音毗至切，並紐止攝，注音字「兵」《廣韻·庚韻》音甫明切，幫紐梗攝，唐五代西北方音濁音清化，鼻音韻尾漸趨消失，故幫紐並紐可以互注，梗攝止攝可以同用。

〔一〇八〕戊卷及綴五此句作「髲髮鬢髾」，字序不同。又「髲」字丙、己、辛卷作左「镸」右「皮」形，從「髟」之字古文字本多從「镸」。「鬢」字伯三一四七號及綴六作左「镸」右「賔」形，異體字；辛卷作「鑌」形（原卷此字與其下句首字互倒），訛變形。又「髲」字《廣韻》去聲寘韻音平義切，注音字「婢」《廣韻》上聲紙韻音便俾切，二字均屬並紐濁聲，濁上變去，故二字同音。「髾」字《廣韻·霽韻》音古詣切，注音字「敬」《廣韻·映韻》音居慶切，此亦「齊韻與梗攝諸韻相通例」（參看上文校記〔三九〕）。

〔一〇九〕「鬢」字乙、丙、庚等八卷略同，綴一、伯三四八六號缺末三筆，丁、戊卷及伯三一〇二、伯三一四七號作「鬚」，「鬢」「鬚」爲古異體字。「髭」字乙卷作「鎡」，俗訛；庚卷作左「镸」右「咨」形，當爲「髭」改換聲符之異體；丙卷「此」旁誤作「比」。「鑯」字戊卷及綴五作左「镸」右「截」形（戊卷字形不甚明晰），辛卷作左「髟」右「截」形，「戴」「截」當皆爲「戢」旁之訛，丙卷作「鬣」，丁、庚、壬、癸等十卷作「鑯」，可證；《蒙書》録此字作「鬣」，誤。《廣韻·陌韻》几劇切：「鬣，鬣髭。」（《鉅宋廣韻》如此，清澤存堂本「鬣髭」作「髭

⿱髟戟』)『髭⿱髟戟』蓋近義連文,『⿱髟戟』猶『髭』也。又注音字『戴』亦當校正作『戟』,『戟』『⿱髟戟』《廣韻》在同一小韻。羅常培據未經校正的以『䶪』『戴』立論,不可從。

〔一一〇〕『額』字綴二左部誤作『容』。『頰』字左部底卷作『夹』,俗寫,兹從乙、丙、丁等十三卷録正;壬卷左部誤作『来』。『頤』字左下部己、庚、壬、癸卷及伯二七一七A、綴一作『止』形,二形皆爲『頤』的訛俗字,丙卷正作『頤』;辛卷左部作『镸』,伯三一〇二號左部作『𦣞』形,亦皆『𦣝』旁之訛。又伯三四八六號止於『頰』字。又『頤』字《廣韻·之韻》音與之切,注音字『餘』《廣韻·魚韻》音以諸切,此亦魚韻讀同止攝諸韻例(參看上文校記〔五〇〕)。

〔一一一〕『脣』字癸卷作『唇』,『唇』爲『脣』的後起換旁字。

〔一一二〕『頸』字戊卷訛作『頭』。『項』字左部伯二七一七A、綴二誤作『土』。又『頸』字《廣韻·勁韻》音居郢切,注音字『敬』《廣韻·映韻》音居慶切,此亦『庚清互注例』(參看上文校記〔二三〕)。『項』字《廣韻》上聲講韻音胡講切,注音字『巷』《廣韻》去聲絳韻音胡絳切,二字並匣紐濁音,濁上變去,故可互注。汪泛舟『巷』既誤認作『卷』,進而謂『卷』同『圈』,并稱『頸項』爲『頸圈』是『内地與邊陲的方音對應遺存現象』,『具有爲敦煌方音補缺之價值』云云,郢書燕説,斷不可從。『臂』字《廣韻》音卑義切,幫紐寘韻,注音字『比』《廣韻》音必至切,幫紐至韻,此亦『脂支互注例』(參看上文校記〔六〇〕)。

〔一一三〕『⿱覀月』字乙、己卷及綴五下部作『月』,一字之異寫,今作『腰』,皆『要』之後起分化字,伯三一四七號即作『要』。『脊』字庚卷作『背』,或義近代换所致。『胷』字癸卷及伯二七一七A、綴二作『𦙄』,伯三一〇二號脱;按『胸』字《説文》作『匈』,其或體作『胷』;『𦙄』是『匈』『胷』交互影響産生的後起俗字,斯三八八號《羣書新定字樣》:『匈,正;𦙄,通用。』可參。『腋』字庚卷及伯三一〇二號脱;吉田雅子録作『液』,誤。

〔一一四〕『腕』字壬卷作『踠』,音誤字。『抓』字庚卷左半作『月』,蓋涉前字類化偏旁;又此字吉田雅子誤作『瓜』,汪泛舟録作『爪』,《匯考》以『抓』與注文『爪』字互誤;按『抓』字不誤,古書多用『抓』爲『爪』字。可洪

《新集藏經音義隨函録》第肆册《大般涅槃經》第四卷下出『髮抓』條，第十一卷下出『抓鏡』條，『抓』字並音『争巧反』，即『爪』的俗字。又第陸册《月燈三昧經》第二卷音義：『指抓，争巧反，爪正。』第玖册《大方便佛報恩經》第四卷音義：『抓押，上争巧反，下古狎反，正作爪甲。』皆可證。又伯二一七二號《大般涅槃經音》第四卷下出『髮抓』二字，脚注『下爪』。又第十二卷下出『抓』字，脚注『爪』。注文『爪』皆用以揭明正字，與此同例。參看伯二一七二號《大般涅槃經音》校記〔九九〕。『拇』字癸卷及綴五、綴六同，壬卷及伯二七一七A、綴二、伯三一〇二號作『栂』，乙、丙、戊等六卷作『挴』，丁卷作『梅』，皆形訛字。又『指』字《廣韻》上聲旨韻音職雉切，注音字『至』《廣韻》去聲至韻音脂利切，底卷以去注上，或出於對聲調的忽略。

〔一二五〕『⿰骨甲』字各卷同，《郝録》作『胛』，非原形；宋新民、《蒙書》、吉田雅子録作『髀』，誤；『⿰骨甲』字古書或作『胛』，實皆爲『甲』的後起分化字。『膊』字其餘所見各卷作『髆』，『膊』爲『髆』的後起换旁字。『胜』字各卷同，『髀』的俗字，斯四八六九號《大般涅槃經》卷一二：『依因膝骨以駐胜骨，依因胜骨以駐寬（髖）骨。』其中的『胜』字俄弗二三〇號玄應《一切經音義》卷二引作『髀』，云『髀』字蒲米反，經文或作胜，俗字，非其体。『膊』字《集韻·鐸韻》音伯各切（《廣韻》匹各切），注音字『博』《廣韻·鐸韻》音補各切，二字同音，故可互注。『腿』字《廣韻·賄韻》音吐猥切，注音字『退』《廣韻·隊韻》音他内切，二字僅調有上去之别，在忽略聲調的情況下可以互注。『髀』字《廣韻·薺韻》音傍禮切（羅常培讀『部比切』），注音字『病』《廣韻·映韻》音皮命切，二字紐同韻通（參看上文校記〔三九〕）。

〔一二六〕『跟』字乙、丁、壬卷左半作『月』，换旁字（《集韻·痕韻》胡恩切載其字）。『踝』字壬卷作『髁』，或涉上下文類化偏旁。又『踝』字《廣韻》上聲馬韻音胡瓦切，匣紐假攝，注音字『誇』《廣韻》平聲麻韻音苦瓜切，溪紐假攝，溪、匣紐近，可以互注（參看上文校記〔八四〕）。

〔一二七〕『腨』字庚卷右上部作『而』，蓋内部類化所致。『膝』字底卷及戊、己、壬等八卷作『𦢊』，乙、丁、辛卷作『膝』，丙、庚卷作『膝』，皆『膝』的訛俗字，兹徑録正。又『腓』字《廣韻·未韻》音扶沸切，奉紐濁音，注音字『沸』音方味切，非紐清音，此亦濁音清化之例。『膳』字《廣韻》上聲獮韻音市兗切，禪紐濁音，注音字『旋』《廣韻》去聲線韻音似宣切，邪紐濁音，唐五代西北方音濁上變去，故禪、邪二紐混用。

〔二八〕『腎』字壬卷左側贅加『月』旁；伯二七一七A、綴二誤作『賢』字；吉田雅子録『腎』爲『賢』，誤。『肚』字壬卷左半誤作『日』。又『腎』字《廣韻》上聲軫韻音時忍切，注音字『慎』《廣韻》去聲震韻音時刃切，二字並禪紐濁音，濁上變去，故二字同音。

〔二九〕『胏』字右部底卷及乙、丙、丁等十二卷大抵作『市』形，庚卷作『韦』，壬卷右半似爲『帀』（上端略有漫漶），皆手書之變，兹徑録正。『部』字《郝録》校作『腹』，似可不必。『胏』字《廣韻·廢韻》音芳廢切，敷紐蟹攝，注音字『匪』《廣韻·尾韻》音敷尾切，非紐止攝，非、敷紐近，唐五代西北方音止攝、蟹攝有合流的趨勢，故二字可以互注；羅常培歸之爲『由聲符類推而混入「止攝」』，可參。

〔三〇〕『髓』字乙、丙、丁等十二卷同，『髓』字俗省；伯三一〇二號作『髓』，蓋『髓』字繁化之形；《龍龕·骨部》以『髓』爲俗體，『髓』爲省體，『髓』爲正體，可參。『腦』爲『腦』的通行俗字，伯二七一七A、綴二右下部作『正』，訛變形；壬卷及綴一左側從『骨』，蓋涉上『髓』字類化改換偏旁。『筋』字癸卷及伯二七一七A、伯三一〇二號、綴五作『筋』，俗字，《干禄字書》載『筋』字俗通體即作『筋』；壬卷作『艹』下『觔』形，又爲『筋』的訛變形。又『髓』字《廣韻·紙韻》音息委切，心紐止攝，注音字『須』《廣韻·虞韻》音相俞切，心紐遇攝，此亦止攝、遇攝互注之例（參看上文校記〔七〕）。

〔三一〕『痟』字乙卷及綴一作『痟』，戊卷『疒』内作『省』，壬卷作『广』内『省』形，伯二七一七A略近『瘖』，皆『痟』的訛俗字。『羸』字癸卷作『羸』，其餘各卷上部與底卷略同，下部多有變化，兹從略，皆『羸』字俗書之變，《干禄字書》：『羸羸：上通下正。』可參。又『羸』字《廣韻·支韻》音力爲切，注音字『驢』《廣韻·魚韻》音力居切，此亦魚韻讀同止攝諸韻例（參看上文校記〔五〇〕）。

〔三二〕『疹』字底卷及乙、丁、戊等十二卷皆作『疒』内『尔』形，己、辛卷作『疒』内『尒』形，皆『疹』之俗字（參看

《敦煌俗字研究》下編疒部『疹』字條考釋），茲徑録正；丙卷作『癘』，或爲『疹』的義近替換字。又『疹』字《集韻》去聲稕韻有丑刃切一讀，知紐，注音字『鎮』《集韻》音陟刃切，徹紐，二字韻同紐近。

〔一二三〕『痛』字綴一作『疟』下『甬』形，形誤字。『癢』字伯二七一七A下部構件『良』訛作『巳』。又『疼』字《廣韻・冬韻》音徒冬切，注音字『同』《廣韻・東韻》音徒紅切，唐五代西北方音東韻一等與冬韻相混（參看羅常培『東、冬互注例』）。

〔一二四〕『癩』字的『賴』旁底卷及乙、丙、丁等十一卷大抵作『頼』，俗寫，茲徑録正；伯三一〇二號此字音誤作『頼（賴）』。『胗』字底卷及乙、丁、辛等九卷右半作『尔』，『胗』之俗字，茲徑録正；戊、庚卷左半誤作『目』；丙卷『疒』内作『尔』，『疹』之俗字；『疹』『胗』爲古異體字。『𤻓』字庚卷作『𤼈』，後者當是『𤻓』字形訛，『𤻓』『𤼈』字書皆未見，既可能是『齆』（字亦作『齆』）的增旁俗字（丙卷正作『齆』），也可能是『癰』的會意俗字（乙、丁、戊、辛卷及綴一作『癕』，正是『癰』〔後起異體亦作『癕』〕的俗字），『齆』『癰』在『鼻疾』一義爲同義詞；據直音字『邕』，似以後一種可能性爲大（『癰』『邕』《廣韻・鍾韻》皆有於容切一讀）。但『癰（癰）』字又見於下文，相鄰的上下文似不當重出，據此，前一種可能性亦不能排除。汪泛舟録此字作『痹』，《蒙書》録作『痺』，則皆不可從。

〔一二五〕『疥』字庚、辛、壬卷『疒』内作『芥』，繁化俗字；綴一作『介』（該字本書作『疥』，後用濃墨將『疒』旁點去，同號『弘』『貧』『箜』『筑』等字上所點去的字可參），音誤字；綴一誤作『疒』内『斤』形。『瘍』字綴一訛從『广』；劉復録作『瘍』，《蒙书》録作『病』，吉田雅子録作『瘍』，皆不確。

〔一二六〕『瘡』字的聲旁『倉』伯二七一七A誤作『食』。『癕』字庚卷作『𤺊』形，綴一作『癕』，皆爲『癰』的異體俗字；戊卷作『齆』，『齆』字異寫，表示『鼻疾』一義時與『癰』同義，但此處『癰』與『癤』連用，係指腫疽之屬，作『齆』非義。『癤』爲『癤』的俗字（猶注文『莭』爲『節』的俗字），己、壬、癸卷及綴一正作『癤』。又『痍』字《廣韻・脂韻》音以脂切，注音字『餘』《廣韻・魚韻》音以諸切，此亦魚韻讀同止攝諸韻例（參看上文校記〔五〇〕。

〔一二七〕『焮』字戊卷作『⿰月欣』；按《集韻·焮韻》香靳切：『脪，《説文》創肉反出。一曰⿸疒賁脪，熱氣箸膚中。或作⿰月欣、⿸疒欣、⿸疒希。』同書問韻『⿸疒賁』下釋『⿸疒賁脪』爲『熱腫也』。據此，此字當據戊卷作『⿰月欣（脪）』爲是，『腫⿰月欣』爲近義連文，而『焮』則爲『⿰月欣』的同音借字（《集韻》『焮』字亦在香靳切小韻）。『肌』字乙、丁卷右半作『己』，蓋與『肌』聲旁音近而誤。『肥』字通常爲『肥』字異寫，文中則當是『膚』字誤書，乙、丙、丁、庚、壬、癸及綴六等十一卷皆作『膚』字之形；戊卷作近似『痛』形，又『膚』字俗訛。又『腫』字《廣韻》上聲腫韻音之隴切，注音字『衆』《廣韻》去聲送韻音之仲切，二字異調。

〔一二八〕『膿』字庚卷誤作『醲』，汪泛舟録作『醲』，非是。『臰』字綴二作『屍』，形誤字。『汚』字丁卷左側從『丫』，俗寫；綴二作『汗』，伯三一〇二號又作『汗』，皆『汙』字之訛，丙、己、庚、辛、壬卷及綴一即作『汙』；『汙』『汚』一字異寫。又注音字『杇』底卷在『臰』字右側，羅常培以『杇』爲『朽』字之訛，而謂正文『臰』借爲訓『腐氣』之『殠』，可備一説。《廣韻·有韻》許久切（與『朽』字同一小韻）：『殠，臭也。』另一種可能是底卷『杇』本應注在『汚』字右側，即『汚』的直音字，『杇』『汚』《廣韻·模韻》同在哀都切小韻，讀音正合。

〔一二九〕『灸』字己、辛卷及綴八同，丙卷作『灸』，餘大抵上部作『夕』形，皆俗寫之訛。『療』字壬卷及綴一作『瘙』，形訛字。『除』字綴八作『治』，或爲同義換用，或諸卷之『除』乃『治』避唐高宗諱之諱改字（參看下文校記〔三六五〕）。又『療』字《廣韻·笑韻》音力照切，注音字『遼』《廣韻·蕭韻》音落蕭切，蕭、宵二韻《廣韻》同用。

〔一三〇〕『⿸疒木』字庚卷及綴二作『痳』，形誤字；戊卷作『⿸疒希』，來源不明。『欸』字庚卷左側贅加『口』旁；辛卷作『頞』，音誤字。『嗽』字庚卷構件『束』訛作『車』，癸卷右部構件『欠』訛作『頁』。又『瘕』字《廣韻·麻韻》音古牙切，注音字『遐』《廣韻·麻韻》音胡加切，見、匣紐近；然二字聲符相同，抑或出於由聲符類推的讀音。『欸』字《廣韻·代韻》音苦蓋切，見紐蟹攝，注音字『阿』《廣韻·歌韻》音烏何切，影紐果攝，見紐與影紐、蟹攝與果攝唐五代西北方音都有混同的現象（參看上文校記〔四七〕）。

〔一三一〕『咈』字底卷本作『啑』，庚卷作『咈』，後一形體《龍龕》、《集韻》均以之爲『嚔』字異體，但文中應爲『涕』的换旁俗字（涉下『唾』字類化），『啑』又爲『咈』字俗書，兹從庚卷録正；壬、癸卷作『洩』，或爲『洩』的换旁俗字，乙、丙、丁等十餘卷即作『洩』形，但『洩』字義不合，文中仍當校讀作『涕』。『嘘』字戊卷及綴五作『呿』，音誤字（《廣韻》『嘘』又音許御切），庚卷右半作『虗』，異寫。又『涕』字《廣韻·霽韻》音他計切，注音字『聽』《廣韻·青韻》音他丁切，此亦『齊韻與梗攝諸韻相通例』（參看上文校記〔三九〕）。『唾』字《廣韻·過韻》湯臥切，注音字『大』（劉復誤作『火』）《廣韻·箇韻》音唐佐切，定、透紐近，箇、過二韻《廣韻》同用。『呵』字《廣韻》音虎何切，曉紐歌韻，注音字『何』《廣韻》音胡歌切，匣紐歌韻，唐五代西北方音『曉』『匣』二紐不分。

〔一三二〕『癃』字乙、丁、戊卷作『瘗』，俗省（《王二·東韻》力中反：『瘗，病。亦作癃。』）；壬卷訛從『广』旁。『孿』字丁卷『疒』内作『戀』，在表示『病體拘曲』意義上二字爲異體字。又『癃』字《廣韻·東韻》音力中切，注音字『龍』《廣韻·鍾韻》音力鍾切，此亦『東三、鍾互注例』（參看上文校記〔一七〕）。『孿』字《廣韻》音吕員切，來紐仙韻，注音字『蓮』《廣韻》音落賢切，來紐先韻，《廣韻》先、仙二韻同用。『跛』字《廣韻》音布火切，幫紐果韻，注音字『婆』《廣韻》音薄波切，並紐戈韻，二字紐近調異。

〔一三三〕『矬』字底卷及其餘所見各卷右部皆作『坐』，俗寫，兹徑録正。『儒』字底卷及乙、丙、丁等十四卷大抵作『傿』，内部類化之俗字（《干禄字書》：『傿儒：上通下正。』可參），兹徑録正。

〔一三四〕『癲』字右下部的構件『頁』底卷及其餘所見各卷皆作『真』，内部類化之形，兹徑録正。『癎』字乙、丁、庚、癸卷作『癎』，一字異體；伯三一〇二號作『癎』，蓋『癎』字之訛。『韸』字乙卷作『聾』，丁卷作『聾』，辛卷作『韸』，壬、癸卷作『韸』，綴一作『韸』，伯三一〇二號近似『韸』，皆『贛』字形訛；庚卷作『戇』，『戇』字俗訛；『贛』『戇』在表示『愚癡』意義上可以通用。『惷』字各寫卷大抵同，宋新民録作『惷』，失真；《蒙書》録作『蠢』，誤。又綴二止於此句之『癲』字。又『贛』字《廣韻·送韻》音古送切，注音字『江』《廣韻·江韻》音古雙切，二字紐同韻近，羅常培歸之於『贛』字『沿襲「古送切」的訛讀所致』。『惷』字《廣韻・江韻》音丑江切，徹紐江攝，注音字『濁』《廣韻・覺韻》音直角切，澄紐江攝，唐五代西北方音濁音清化，則澄紐徹紐可以互注。又『贛惷』二字汪泛舟録作『贑惷』，以其下所注『江濁』二字爲釋義，釋『贑』爲『贛江』，「又通『戇』」，釋『惷』爲『惷濁』，皆臆説無據。

〔一三五〕『頏』字左側庚卷形訛作『光』。『愚』字伯三一〇二號音誤作『遇』。又『癡』字《廣韻》音丑之切，徹紐之韻，注音字『侈』《廣韻》音尺氏切，昌紐紙韻，唐五代西北方音知、照二系趨於混同。『頏』字《廣韻》音五還切，疑紐删韻，注音字『還』《廣韻》音户關切，匣紐删韻，唐五代西北方音疑母讀同喉音，故疑、匣可以互注。『愚』字《廣韻》平聲虞韻音遇俱切，注音字『遇』《廣韻》去聲遇韻音牛具切，底卷以去注平，蓋出於對聲調的忽略。

〔一三六〕『啞』字戊卷作『瘂』，古異體字。又『吃』字《廣韻・迄韻》音居乙切，注音字『吉』《廣韻・質韻》音居質切，二字同屬見紐臻攝，音近可以互注。

〔一三七〕『衢』字癸卷省訛作『瞿』。

〔一三八〕『耻』字乙、丁、庚、辛卷及伯三一〇二號、綴一作『恥』，草書楷定之異；戊卷右半訛作『正』；癸卷作『恥』，正字。『慙』字乙、丁、己卷及綴六作『慚』，構件易位字。『赧』字庚卷作『赧』，二字在表示『慚愧』意義上古通用。『赧』之注音字『赧』爲『赧』之俗字，『赧』『赧』《廣韻・潸韻》同音奴板切。

〔一三九〕『愧』字癸卷誤作『槐』。又『愧』字《廣韻・至韻》音俱位切，注音字『鬼』《廣韻・尾韻》音居偉切，二字紐同韻近。

〔一四〇〕『珎』字各寫卷同，爲『珍』的俗字。『寶貨』二字下部的『貝』庚卷訛作『見』。『賂』字丁卷左半訛作『目』。又『賂』字《廣韻・暮韻》音洛故切，來紐遇攝，注音字『洛』《廣韻・鐸韻》音盧各切，來紐宕攝，二字紐同韻異，底卷以『洛』注『賂』，或由聲符類推而致。

〔四一〕『翳』字各寫卷同，《匯考》校作『瞖』，可從；吉田雅子徑録作『瞖』，欠妥。『璧』字丁、庚、辛、壬、癸卷誤作『壁』，伯三一〇二號音誤作『磚』；《蒙書》録作『壁』，非義。『碑礫』丙卷左半皆作『王』，换旁俗字。『礫』字丁卷作『磔』，伯三一〇二號及綴八右半作『柒』，皆手寫之訛。又『翳』字《廣韻・霽韻》音於計切，『暎』《廣韻・映韻》音於敬切，此亦『齊韻與梗攝諸韻相通例』（參看上文校記〔三九〕）。

〔四二〕『黎』字底卷及乙、丙、丁等八卷作『𥹁』形，戊卷及伯三一〇二號、綴一作『梨』，皆『黎』的俗寫，兹徑録正；庚卷及綴六作『梨』，記音用字之異。『瑪』字丙、己、辛卷及綴六同，乙、丁、戊等七卷作『碼』；『瑙』字乙卷同，其餘所見各卷則左半從『石』，分别爲『瑙』『碯』之俗字；從玉從石亦記音用字之異。

〔四三〕『琥』字底卷及乙、丙、丁等九卷作『琥』，兹據戊、壬、癸卷録正。『珀』字伯三一〇二號右半作『百』，俗字。『珊』字底卷及戊、癸卷作『珊』，其餘所見各卷多作『珊』形，皆『珊』字異寫，兹徑録正。

〔四四〕『瑁』字伯三一〇二號右半誤作『曷』形。又『蝳』字《廣韻・代韻》音徒耐切，注音字『大』《廣韻・泰韻》音徒蓋切，此亦『以泰注代例』（參看上文校記〔一〇六〕）。

〔四五〕『錫』字底卷、戊、己、庚、辛、壬、癸卷及綴一、伯三一〇二號右半誤作『昜』，兹據乙、丙、丁、己卷及綴六、綴八等卷録正。『鑞』字底卷作『鑞』，丙卷作『鑞』，皆『鑞』字俗寫，兹徑録正。又『鉛（鉛）』字《廣韻・仙韻》音與專切，以紐，注音字『員（員）』《廣韻・仙韻》音王權切，云紐，云、以二紐三十六字母中同屬喻母，唐五代西北方音中往往不分。『錫』字《廣韻》音先擊切，心紐錫韻，注音字『惜』《廣韻》音思積切，心紐昔韻，二字紐同韻近。『鍮』字《廣韻・侯韻》音託侯切，注音字『喻』《廣韻・遇韻》音羊戍切，二字聲韻遠隔，底卷之注音當由誤讀而致。『鑞』字《廣韻・盍韻》音盧盍切（羅常培依聲符讀作『良涉切』），注音字『獵』（底卷作『獵』，俗字）《廣韻・葉韻》音良涉切，二字紐同韻近。

〔四六〕『鐵』字各寫卷同，乃『鐵』之俗字，見《干禄字書》。

〔四七〕『錮』字辛卷缺末筆。『鐪』字乙、丙、丁等十卷作『鏴』；『鐪』字古代字書不載（今以爲化學元素 Lu 的譯音字）,當即『鏴』的改換聲旁俗字。舊稱修補銅鐵器的工匠爲『骨路』,亦作『錮路』、『錮露』、『錮漏』。宋陸游《老學庵續筆記》:『市井中有補治故銅鐵器者,謂之「骨路」,莫曉何義。《春秋正義》曰:「《説文》云:『錮,塞也。』鐵器穿穴者,鑄鐵以塞之,使不漏。禁人使不得仕宦,其事亦似之,謂之禁錮。」余案:「骨路」正是「錮」字反語。』宋孟元老《東京夢華録》卷三『諸色雜賣』下有『錮路、釘鉸、菡（鄧之誠〔案〕菡應作箍）桶』之屬。《朱子語類》卷七三《易九・革》:『如鑪鞴相似,補底只是錮露,聖人却是渾淪鑄過。』宋張邦基《墨莊漫録》卷一『厥撒太尉』:『世傳宗室中,昔有昏謬（原注:俗呼爲厥撒太尉）。一日,坐宫門,見釘鉸者,亟呼之,命僕取弊履,令工以革護其首。工笑曰:「非我技也。」公乃悞（孔凡禮校作『悟』）,曰:「我謬也,誤呼汝矣,適欲喚一錮漏（原注:俗呼骨路）者耳。」聞者大笑之。』底卷『錮鏴』即『骨路』的又一記音形式。宋釋普濟《五燈會元》卷二十『護國元禪師法嗣・國清行機禪師』:『若也根性陋劣,要去有滋味處齩嚼,遇著義學阿師,遞相錮鏴,直饒説得雲興雨現,也是蝦蟆化龍,下梢依舊,喫泥喫土,堪作甚麼?』宋董楷《周易傳義附録》卷八上『天地革,而四時成。湯武革命,順乎天而應乎人,革之時大矣哉』句下引朱氏附録:『革是更革之謂,到這裏須盡番轉更變一番,所謂上下與天地同流,豈曰小補之哉! 小補之者,謂扶衰救弊,逐些補緝,如錮鏴家事相似;若是更革,則須徹底重新鑄造一番,非止補苴罅漏而已。』後例『錮鏴』宋朱鑑編《文公易説》卷七引作『錮露』,即一詞異寫。字書釋『鏴』爲金飾之車（實即『輅』的後起形聲字）,汪泛舟據以立意申述,非是。又『鏴』字《玉篇》音力故切,注音字『路』《廣韻・暮韻》音洛故切,二字同音,羅常培讀『鏴』作『郎古切』（蓋讀同『魯』音）,未盡切當。

〔一四八〕『爐』字辛卷誤作『盧』。『冶』字庚卷及伯三一〇二號誤作『治』;吉田雅子録作『治』,誤。『鑵』字伯三一〇二號誤作『鑊』。又『鑄』字《廣韻》去聲遇韻音之戍切,注音字『主』《廣韻》上聲麌韻音之庾切;『鑵』字《廣韻》去聲換韻音古玩切,注音字『管』《廣韻》上聲緩韻音古滿切,底卷俱以上注去,當出於對聲調的忽略。又『冶』之注音字『也』底卷誤抄爲正文大字。

〔一四九〕『釜』字庚卷上部『父』訛作『火』。『鏳』字丙、己、庚、辛、癸卷及伯三一〇二號作『鑈』，『鏳』字字書不載，當即『鑈』的改換聲旁字，『鑈』乃『鬲』字後起形聲字；乙卷作上『雨』下『黽』形，丁卷作『電』，戊卷作『竃』，皆『竈』的訛俗字（《干禄字書》：『竈竈：上通下正。』可參）；壬卷及綴一作『鍋』；『鬲』『竈』『鍋』三字係義近異文。『鼎』字《廣韻・迥韻》音都挺切，『帝』《廣韻・霽韻》音都計切，此亦『齊韻與梗攝諸韻相通例』（參看上文校記〔三九〕）。『鑈』字《廣韻・錫韻》音郎擊切，注音字『力』《廣韻・職韻》音林直切，此曾、梗二攝互注例（參看上文校記〔一四〕）。

〔一五〇〕『銼』字底卷及乙、丙、丁等十卷右部作『坐』形（注文『矬』字的右部底卷亦作此形），俗寫，兹徑録正。

〔一五一〕『鑹』字底卷作『鑼』，俗寫，兹據乙、丙、庚等卷録正；伯三一〇二號作『鏍』，《龍龕・金部》以爲『鑹』字或作；戊卷作『鏁』，形誤字；此字右半汪泛舟、《郝録》作『羸』，《蒙書》作『羸』，均誤。『羸』字乙、癸卷上端從『亠』，丙、己、辛卷作『羸』，丁卷作『羸』，皆『羸』的訛俗字；庚卷作『鑷（鑷）』，『羸』的音誤字。

〔一五二〕『銚』字庚卷誤作『鈚』。又『鍹』字《集韻》音荀緣切，心紐仙韻，注音字『喧』《廣韻》音況袁切，曉紐元韻，仙、元韻近，羅常培有『元仙互注例』；心、曉紐異，此以『喧』注『鍹』，也許與據聲符類推有關。

〔一五三〕『鎗』字丙、辛卷及綴六同，乙、丁、庚等七卷作『鐺』，《王一・庚韻》楚庚反『鎗』下云『通俗作鐺』。『鏉』字丙、己卷及伯三一〇二號、綴六作『鏊』，一字異寫。『堦』字右下部底卷訛作『貝』，兹據乙、丙、丁等九卷録正；壬卷作『揩』，形誤字；庚卷及綴八作『皆』，音誤字。此字吉田雅子録作『揩』，恐誤。然『堦』爲『階』字異體，指階陛、階梯，亦與文義不諧，存疑。『桉』字癸卷及伯三一〇二號作『案』，在『几案』意義上二字爲異體字。

〔一五四〕『鏵』字戊卷及綴六作『鋘』，古異體字。『鍬』字丙、戊、庚卷及伯三一〇二號作『鍫』，一字異寫。『钁』字乙、丙、己、庚、辛卷同，壬、癸卷及伯三一〇二號、綴八作『钁』，戊卷作『鑊』，皆『钁』字之省變，丁卷正作『钁』。

〔二五四〕『鏁』字戊卷同，此字字書不載，蓋『鋷』改換聲符之異體；乙、丙、丁、己等八卷正作『鋷』；庚卷作上『取』下『金』形，乃『鋷』字異寫；此字汪泛舟、《蒙書》録作『鏨』，《郝録》云伯三八七五號作『鏉』，均不確。又『斧』字《廣韻》上聲麌韻音方矩切，注音字『付』《廣韻》去聲遇韻音方遇切，底卷以去注上，羅常培歸之於『或許是由聲符間接類推的讀音』。『鋷』字《玉篇·金部》音祖誨切（羅常培據『鏁』聲符『聚』讀爲『慈庾切』，未必是），精紐蟹攝，注音字『取』《廣韻·遇韻》音七庾切，清紐遇攝，二字紐近韻異，底卷之注音或出於誤讀半邊字。『鍛』字《廣韻》音丁貫切，端紐換韻，注音字『段』《廣韻》音徒玩切，定紐換韻，濁音清化，故二字同音。

〔二五五〕『釤』字伯三一〇二號誤作『欽』。『鈎』字庚卷作『鉤』，正字；乙卷誤作『釣』。又『釤』字《廣韻》去聲鑑韻音所鑑切，注音字『衫』《廣韻》平聲銜韻音所銜切，底卷以平注去，或出於對聲調的忽略，抑或由聲符類推而致。『鋸』字《廣韻·御韻》音居御切，注音字『己』《廣韻·止韻》音居理切，此亦魚韻讀同止攝諸韻例（參看上文校記〔五〇〕）。

〔二五六〕『鑢』字丙卷作『鑪』，古通用字；庚、壬卷及綴一作『鏤』，音誤字。『銖』字丙、己、辛卷及綴六同，當是『錐』字音近之訛，乙、丁、戊等九卷即作『錐』。『鑽』字乙卷右半訛作『替』。又『錐』字《廣韻》音職追切，章紐脂韻，注音字『朱』《廣韻》音章俱切，此亦魚韻讀同止攝諸韻例（參看上文校記〔五〇〕）。

〔二五七〕『耬』字戊、癸卷及伯三一〇二號左半作『禾』，換旁俗字（斯六一一七號《俗務要名林·田農部》『耬』字下云『下種具』，即此字）；乙、丙、丁、己等八卷誤作『樓』。『犂』字辛卷上部作『和』，綴八右上部作『欠』，皆『犂』字俗訛；伯三一〇二號作『梨』，乃『黎』字俗寫，『黎』文中當讀作『犂』。『耕』字丙卷及綴八大抵同；乙、丁、戊等八卷左側從『禾』，俗字。『搆』字底卷作『搆』形，己、辛、壬卷略同，乙、丁卷左側從『木』，丙、戊、庚、癸卷及伯三一〇二號左側從『禾』，而右部略同，前二形分别爲『搆』『構』的俗寫，文中皆當讀作『耩』，而後者即『耩』字的換旁俗字，綴八作『耩』，正是『耩』字的俗寫。又『犂』字《廣韻·齊韻》音郎奚切，注音字『令』《廣韻・勁韻》音力政切，此亦『齊韻與梗攝諸韻相通例』（參看上文校記〔三九〕）。『耕』字《廣韻・耕韻》音古莖切，注音字『更』《廣韻・庚韻》音古行切，耕、庚二韻《廣韻》同用。『耩』字《廣韻》上聲講韻音古項切，注音字『降』《廣韻》去聲絳韻音古巷切，底卷以去注上，當出於對聲調的忽略。

〔一五八〕『刨』字庚卷及伯三一〇二號、綴八作『鉋』，古字。『壟』字癸卷作『聾』，伯三一〇二號作『隴』，音誤字。

〔一五九〕『稙』字庚、壬卷作『植』（壬卷此字與其下字『稚』字位置互倒），誤。『⿱艹稚』字己、辛卷及綴六同，丙卷草頭下作『雉』，文中當爲『⿱艹稚』的改換聲符之異體；『⿱艹稚』字《玉篇・艸部》遲至切，釋『⿱艹稚草也，芽也』（據《四部叢刊》影印元刊本，胡吉宣《玉篇校釋》云『当为草芽也』，以『草』下之『也』字为衍文。），《類篇・艸部》釋『幼禾也』，實皆爲『稚』字的綴旁俗字，乙、丁、戊、癸卷及伯三一〇二號正作『稚』；庚卷作『稙』，誤。《説文・禾部》：『稺，幼禾也。从禾，屖聲。』段玉裁注：『今字作稚。』《説文》同部又云：『稙，早穜也。从禾，直聲。《詩》曰：稙稚尗麥。』今本《詩・魯頌・閟宮》『稙稺菽麥』毛傳：『先種曰稙，後種曰稺。』底卷『稙稚』蓋即取義於此。又『稚』字《廣韻・至韻》音直利切，澄紐，注音字『至』《廣韻・至韻》音脂利切，章紐，此亦『照澄互注例』（參看上文校記〔四〕）。『稀』字《廣韻・微韻》音香衣切，曉紐止攝，注音字『虚』《廣韻・魚韻》音朽居切，曉紐遇攝，此亦魚韻讀同止攝諸韻例（參看上文校記〔五〇〕）。

〔一六〇〕『概』字丙、己、辛卷及綴六左側從『𧾷』，蓋涉上『跌』字而誤。『密』字戊卷作『蔤』，誤綴草頭；己卷作『蜜』，音誤字；綴六下端『山』訛作『出』。『調』字庚卷左半作『礻』，疑爲『稠』字俗訛。『短』字綴八同，乙、丙、戊等十卷作『叚』。《郝録》校定後二字作『調斷』，《匯考》又以『短』爲『叚』之誤，通『暇』，均費解，不可從。按此句或當以作『概密稠短』爲長，『概密稠』三字同義，而『短』與『稠』意義上有關聯，文義庶幾可通。又『概』字《廣韻》去聲至韻音几利切，注音字『己』《廣韻》上聲止韻音居理切，二字紐同韻近。

〔一六一〕『旱』字乙卷訛作『早』。『燋』字各卷同，實即『焦』的增旁繁化俗字。

〔一六二〕『溝』字底卷及壬、癸卷、綴八作『溝』形，乙、丙、戊、己、辛卷及伯三一〇二號右下部作『冊』，庚卷右下部作

『冊』，皆『溝』字的俗寫；丁卷右下部作『冊』，右上部作『廿』，則與『溝』字俗寫避唐諱缺筆有關。『溉』字庚卷作『槩』，後一字形字書未載，或爲從水、槩聲的繁化俗字。又『溉』字《廣韻・代韻》音古代切，注音字『己』《廣韻・止韻》音居理切，羅常培歸之於『由聲符類推而混入「止攝」』（參看上文校記〔一二九〕）；但止攝和蟹攝唐五代西北方音已有合流的傾向，故此二攝字多有通押或互注之例。

〔一六三〕『橿』字乙、丙、己、辛卷及綴六右半作『薑』，贅旁俗字；伯三一〇二號作左『弓』右『薑』形，『彊』的贅旁俗字，文中則爲『橿』字音訛。『柄』字庚卷作『栖』，形誤字。又綴一止於此句之『柌』字。又『柯』字《廣韻》音古俄切，見紐歌韻，注音字『可』《廣韻》音枯我切，溪紐哿韻，二字紐近調異（參看上文校記〔一〇〇〕）。『柌』字《廣韻》平聲之韻音似茲切，注音字『寺』《廣韻》去聲志韻音祥吏切，底卷以去注平，蓋出於對聲調的忽略。『柄』字《廣韻・映韻》音陂病切，注音字『餅』《廣韻・静韻》音必郢切，此亦『庚清互注例』（參看上文校記〔四八〕）。

〔一六四〕『芟』字下部『殳』壬卷訛作『又』。『刈』字底卷及乙、丙、丁等十卷大抵作『刈』，俗寫，茲徑録正；庚、壬卷作『刘』，贅旁俗字。『撩』字壬卷訛作『掩』（此形通常爲『掩』的俗寫），庚卷下端『小』訛作『木』。『乱』字乙、丙、丁等十卷同，『亂』之簡省；癸卷作『亂』，『亂』字俗訛。

〔一六五〕『梢』字丙、戊卷同，庚、壬、癸卷及伯三一〇二號作『稍』，皆『削』字音訛，乙、丁、己、辛卷及綴六正作『削』；吉田雅子録作『肖』，誤。『剉』字左部底卷及乙、丙、丁等九卷作『坐』，俗寫，茲徑録正；綴八左側復增『扌』旁，繁化俗字；癸卷作『坐（坐）』，音誤字；《蒙書》録作『銼』，與寫卷不合。

〔一六六〕『蹂』字十二卷所存大抵同，《蒙書》録作『揉』，誤。『押』爲『壓』的通用字。『按』字乙、庚、辛、壬、癸卷作『桉』，形誤字；伯三一〇二號右部作『案』，傳世字書未見，蓋『按』之繁化俗字；戊卷脱。

〔一六七〕『杷』字辛卷及綴六、伯三一〇二號誤作『把』；吉田雅子、《郝録》録作『把』，不確。『挑』字底卷及乙、丁、戊、庚、辛卷訛作木旁，茲從丙、己卷及綴六、伯三一〇二號録正；又此字右部各卷皆作『㐌』形，俗寫（參看上文校記〔二七〕）；宋新民、《蒙書》録此字作『桃』，不合文意。『撥』字乙、丁、庚、癸卷作『橃』，俗誤；宋新民録作『橃』，亦不妥。按《集韻·麻韻》：『杈，杈杷，農器。』『杈杷』是兩種農具名，『挑撥』則是使用這兩種農具所做的動作。

〔一六八〕『扻』伯三一〇二號同，乙、丙、丁等九卷作『杴』，疑當以『杴』字爲是。《廣韻·嚴韻》虚嚴切：『杴，鍬屬。』『筞』字十一卷所存同，乃『策』之俗字。『聚』字乙、丁、戊等九卷大抵同；癸卷下部作『衣』，俗訛；丙卷誤作『藂』。

〔一六九〕『捶』字丙、己、辛、壬卷及綴六、伯三一〇二號同，丁、癸卷作『棰』，當皆爲『棰』字之訛，乙、戊、庚卷正作『棰』。《廣雅·釋詁》：『棰，積也。』『棰積』乃同義連文。此字劉復、吉田雅子、《蒙書》、《郝録》等皆校録作『捶』，《匯考》云『當從土』，均不確。『持』字乙卷誤作『特』。又『棰』字《廣韻》有是僞切一讀，禪紐寘韻，注音字『遂』《廣韻》音徐醉切，邪紐至韻，二字紐韻皆近，可以互注（參看上文校記〔六〇〕）。

〔一七〇〕『浸』字底卷及丙、己、辛等七卷右部作『㑴』（『侵』旁的俗寫，《干禄字書》載『侵』俗字從亻，可以比勘），原字蓋從水、侵聲，爲『浸』的繁化俗字，乙、丁、戊、庚卷及綴八即作『浸』，兹據録正。『漬』字乙卷右上部作『米』，形誤字；壬卷作『潤』，蓋因『浸潤』習語而誤。『淹』字底卷及己、庚、辛、癸卷、伯三一〇二號作『淹』，贅點俗字，兹據乙、丙、丁等六卷録正。『瀾』字乙、丙、丁等六卷同，《匯考》云『當從火』，近是，己、辛卷正作『爛』；『浸漬淹』三字爲近義連文，指物品在水中浸泡，『爛』則指腐爛，表示浸泡的結果或程度。又『漬』字《廣韻》音疾智切，從紐寘韻，注音字『至』《廣韻》音脂利切，章紐至韻，二字紐韻皆通。

〔一七一〕『券』字各寫卷所見略同，乃『倦』之古字，此處則是『券』字形誤。又『舉質』二字戊、辛卷及綴八同，乙、丙、丁等九卷作『質舉』，異序同義；綴八作『典質』，義近。

〔一七二〕『賞』字丙、戊、己、辛卷及伯三一〇二號同，當讀爲『償』，乙、丁、庚、辛、壬、癸卷及綴八正作『償』。

〔一七三〕『抵』字左部乙、丁、庚、壬、癸卷及伯三一〇二號訛作『木』，右部各寫卷多作『互』或其變體，乃『氐』旁的俗寫，兹徑録正。『捍』字丁、癸卷及伯三一〇二號作『桿』，庚卷作『㭏』（《郝録》云作『礙』，誤），壬卷作

『榀』形，皆『捍』字俗訛。『拒』字底卷及乙、丁、庚、壬、癸卷及伯三一〇二號誤作『柜』，茲據丙、戊、己、辛卷及綴六録正。

〔一七四〕『示』字底卷殘缺，茲據乙、丙、丁等十二卷補。『從』字各寫卷所見略同，劉復録作『縱』，誤。

〔一七五〕『擒』字丙、己、辛等八卷同；乙、丁、戊卷作『摛』（丁卷左部訛作『木』），『擒』字俗省。『拏』字各寫卷所見大抵同，當爲『拏』字形訛；『拏』字古書或作『拏』，後作『拿』，『擒拏』爲近義連文；此字劉復録作上『加』下『于』形，《郝録》作左『扌』右『加』形，均不確。『撮』字丙、戊、己等五卷大抵同，伯三一〇二號作『𢴤』，俗字（《龍龕·手部》載『撮』字或體即作此形）；乙、丁、庚、壬卷作『樶』，形誤字。『搦』字乙、丙、丁等八卷大抵同，庚、癸卷誤作『榒』。

〔一七六〕『踏』字庚、壬、癸卷作『蹋』，『蹋』『踏』古今字；辛卷作『路』，形誤字。『拳』字戊、己、壬卷作『搼』，贅旁俗字；癸卷作左『木』右『拳』形，乙、丁卷作『棒』，伯三一〇二號作左『礻』右『奉』形，又皆『搼』字之訛；此字吉田雅子録作『拳』、《郝録》云底卷作『奉』，均不確。『栔』字上部當爲『巩』的俗書，『栔』則爲『築』字訛省；乙卷作『築』形，丁卷作『等』，皆即『築』字之變，戊卷正作『築』；綴八作『筑』，則爲『築』字音訛；丙、己、辛卷作『𥳑』，壬卷作『𥳑』，當爲『𥳑』字之變，庚、癸卷及伯三一〇二號即作『𥳑』形。《集韻·屋韻》張六切（與『築』字同一小韻）：『𥳑，以手築物。』『𥳑』實即『築』的後起俗字。又此字《蒙書》録作『架』，誤。又『蹴』字《廣韻》音七宿切，清紐屋韻，注音字『畜』《廣韻》音丑六切（羅常培從《集韻》『勅六切』），徹紐屋韻，唐五代西北方音『齒頭音』『舌上音』混而不分，故二字同音。

〔一七七〕『拗』字綴八略似『松』形，蓋『拗』字形訛。『捩』字底卷脱，此據乙、丙、丁等卷補。『搭摑』二字壬卷誤倒作『摑搭』（左側均訛從『木』），『摑』爲韻脚字，與上文『搦』押韻。又底卷『拗』字右下角有一『令』字，但『拗』『令』聲韻遠隔，不應互注，『令』當是抄脱的『捩』的注音字，故改注於『捩』字之下；『捩』字《玉篇·手部》有力計切一讀，來紐蟹攝，注音字『令』字《廣韻·勁韻》音力政切，來紐梗攝，唐五代西北方音齊韻與梗攝諸韻可以通用（參看上文校記〔二九〕）。

〔一七八〕「捒」字己、庚、壬、癸等卷大抵同，乙、丁卷左半作「丬」，辛卷左半作「亻」，丙卷及綴六作「悚」，俗訛或音訛字；然「捒」字字書或以爲「裝捒」字，或以爲「束縛」字，或以爲「竦敬」字，均與文意不合，文中或當校讀作「摟」（《集韻・腫韻》「捒」字有「筍勇切」一讀，與「摟」「悚」在同一小韻）；伯三一〇二號作「[illegible]」，似即「摟」字俗書；戊卷作「托」，「推托」「推摟」同義（《玉篇・手部》：「托，推也。」）。「挽」字伯三一〇二號作「梚」，形誤字；庚、辛卷右半作「勉」，蓋繁化俗字，《碑别字新編》載齊《元賢墓誌》「挽」即作此形，可參。

〔一七九〕「嗔」字戊卷誤作「瞋」。「責」字丙、庚卷作「嘖」，蓋涉「嗔」字類化加旁。

〔一八〇〕「逃」字底卷及丙、己、庚等八卷「兆」旁作「㘳」，俗寫；乙、丁、戊卷及綴八作「迯」，「迯」的會意俗字，斯三八八號《正名要録》「正行者正體，脚注訛俗」類「逃」下脚注「迯」。「竄」字庚卷及伯三一〇二號作「竄」，壬卷作「窣」，皆當「竄」字之變，乙、丙、丁等八卷大抵作「竄」。

〔一八一〕「徹」指徹斂（賦税），汪泛舟讀爲「懲」，非是。又「掣」字《廣韻・薛韻》音昌列切，注音字「切」《廣韻・屑韻》音千結切，二字聲韻皆通，可以互注。「索」字《廣韻・鐸韻》音蘇各切，心紐梗攝，注音字「色」《廣韻・職韻》音所力切，生紐曾攝，二字聲韻皆通（參看上文校記〔一四〕）。

〔一八二〕「辝」字乙、丁、庚卷作「詞」，戊、壬、癸卷及伯三一〇二號作「辤」；按「辤」字《説文・辛部》云「不受也」，籀文作「辝」，乃「推辭」之「辭」；「辭」字《説文》云「訟也」，乃「訟辭」之「辭」；「詞」字《説文・言部》云「意内而言外也」，即「言詞」之「詞」；但後世此三字多混同不分；文中指「訟辭」，依理當用「辭」字。

〔一八三〕「辯」字伯三一〇二號作「辨」，古通用字。「牒」字底卷及丙、戊、己等八卷大抵作「㾾」，乙、壬、癸卷作「牃」，皆「牒」之俗字（右上部變「世」爲「云」與避唐諱有關），兹徑録正；劉復録作「惵」，失真。「曹」字丙、庚卷及伯三一〇二號同；乙、丙、己等七卷作「曺」，「曺」「曹」篆文隸變之異。「府」字丙卷從「疒」，俗訛字；辛卷作「附」，音誤字。「恐」字底卷及乙、丙、丁等八卷右上部作「口」形，俗寫；癸卷作上

「宀」下「躬」形，「窮」字俗寫，庚、壬卷即作「窮」；伯三一〇二號存下端「躬」字殘畫，則原字當亦是「窮」字；「恐」與「窮」未知孰是。「竅」字己、庚、壬、辛卷及伯三一〇二號同，乙、丁卷「穴」下左半作「舟」，俗訛字；羅常培、《匯考》校作「竅」，據底卷之注音字「罊」來看，二家校字近是（「竅」「罊」《廣韻・錫韻》皆有古歷切一讀），然「竅」字《廣韻》釋之爲「揚皃」，費解；丙、戊卷及綴八作「嚇」，則當以「恐嚇」爲詞，汪泛舟以「嚇」字爲是；癸卷作「窮」，蓋涉其上字「窮（窮）」而誤；吉田雅子録此字作「激」，臆改不可從。

〔一八四〕「駈」字丙、丁、戊等十一卷大抵同，「驅」之俗字（《王一・虞韻》：「驅，馳。亦作駈。」）；乙卷右部誤作「兵」形。「馳」字癸卷脱。「馱」字底卷及乙、丙、丁等十一卷作「馱」，乃「馱」的綴點俗字，兹據辛卷録正。又甲一始於「馱」字殘畫。

〔一八五〕「驟」字庚、癸卷右下部訛作「衣」，參看上文校記〔一六八〕。「躑」字丙、己、辛卷作「擲」，古通用字。又「躑」字《廣韻・昔韻》音直炙切，注音字「直」《廣韻・職韻》音除力切，此亦曾、梗二攝互注例（參看上文校記〔一四〕）。

〔一八六〕「鈍」字右部底卷及甲一作「乇」，俗寫；戊卷及綴五作「遁」，「鈍」字音訛；乙、丙、丁等十卷大抵作「馳」（右部從俗寫作「乇」），蓋涉下句從「馬」諸字類化而誤；汪泛舟遂依「馳」字立説，大謬。又「遲」爲「遲」的俗字，後者《廣韻・脂韻》音直泥切，注音字「池」《廣韻・支韻》音直離切，此亦「脂支互注例」（參看上文校記〔六〇〕）。

〔一八七〕「決」字綴六作「怏」，當皆爲「快」字之誤，甲一、戊、壬卷及綴五正作「快」；庚卷作「駃」，則皆爲「駃」字之誤，伯三一〇二號作「駚」，爲「駃」的贅旁字，癸卷正作「駃」；「快」「駃」在「疾馳」意義上古通用。「駛」字甲一、庚卷同，癸卷作「駛」，古異體字；戊、壬卷及綴五作「決」，蓋「駛」字音誤，乙、丙、己、辛卷及綴八即作「駃」，然此「駃」當又爲「駛」字形訛。「快（駃）駛（駛）」爲同義連文。「奔」字乙、庚、壬、癸卷左側增「馬」旁，蓋涉上下文從「馬」諸字類化增旁。「驛」字綴六誤作「蜉」。

〔一八八〕『轅』字右部底卷及丙、丁、戊等十餘卷訛作『表』形，兹據乙卷録正。『轂』字癸卷及綴八左側從『車』，俗省；乙卷音誤作『穀』。『輞』字各寫卷所見略同，乃『輞』的俗字，猶注文『罔』乃『网（異體字亦作『罔』）』的俗字。又『轅』字《廣韻·元韻》音雨元切，注音字『員（員）』《廣韻·仙韻》音王權切，此亦『元仙互注例』（參看上文校記〔一五一〕）。『轂』字《廣韻·屋韻》音古禄切，注音字『國』《廣韻·德韻》音古或切，此亦『以德注屋例』（參看上文校記〔七七〕）。

〔一八九〕『轒』字各寫卷所見同，字書未見，諸家校作『轒』，可從；『轒』字《説文·車部》釋爲『車穹隆』（車篷），與上文諸從車之字皆指車的部件；汪泛舟釋『轒』爲『轒轀』（古代用於攻城的戰車），非是。

〔一九〇〕『釭』字丙、戊、己等七卷同，壬卷作『軖』，當爲『釭』的改換形符之異體，慧琳《音義》卷一二《大寶積經》第十一卷『車釭』條云『釭』或體作『軖』，可證；乙、丁、庚、辛卷作『釧』，蓋『釭』的音變俗字。『車釭』以其用或稱『穿』。《廣雅·釋器》：『鍋、錕，釭也。』王念孫疏證：『車釭空中，故又謂之穿。在内爲大穿，在外爲小穿。』《龍龕·金部》：『鋅，俗，音穿。』《集韻·仙韻》昌緣切（與『穿』『川』同一小韻）：『釧，車釧。』這個『釧』和『鋅』實即『車釭』之『穿』的後起形聲字。伯三三九一號《雜集時用要字》『使用物』下收載『釧鐧』一詞，『釧』和『鐧』爲同類之物（『鐧』字《釋名·釋車》釋爲『間釭軸之間，使不相摩』的車軸鐵），可證；清鈕樹玉《説文新附考》疑『車釧』之『釧』爲『軔』（車廂上用以纏束格欄的物體）的俗字，《漢語大字典》等大型字典從之，非是。『鐧』字壬卷作『輞』，當爲『鐧』字改換形符之異體，斯六一一七號《俗務要名林·車部》『輞』字釋作『軸上鐵』，可參。『枕』字甲一有殘泐，餘十一卷大抵同，汪泛舟、《郝録》録作『轄』（《郝録》并稱『一轄軸』諸本同』），臆改無據。又底卷『枕』字上有一『杭』字，《匯考》以爲『軌』字之訛，并以下『枕』字爲衍文；今驗之他本，此處僅一『枕』字，則『枕』字不衍，而其上的『杭』倒應是抄手誤書而未塗去者，《匯考》之説實不可從。吉田雅子録『杭』作『抗』，并於注釋中云寫本或作『扰』，亦誤。此句戊卷作『釭鐧釧轄』，『釧』『釭』異名同物，自不應重出，然『轄』則與『釭、鐧、軸』關繫緊密，或較『枕』字爲優。又『鐧』

字《廣韻・諫韻》音古晏切，注音字『間』《廣韻・襉韻》音古莧切，諫、襉二韻《廣韻》同用，故可以『間』注『鐧』。

〔一九一〕『⿰革玄』字底卷作『⿰革亥』，癸卷作『[illegible]』，後者右半兼於『玄』『亥』之間，似皆『⿰革玄』字手寫之訛，乙、丙、丁等九卷即大抵作『⿰革玄』，兹據録正；『⿰革玄』字字書以爲『鞙』字或體，指『大車縛軛』的皮帶，與『鞅』（套在牛馬頸上的皮帶）爲同類之物；《匯考》以癸卷之字爲『韄』字，又進而謂底卷之字爲『韄』字之誤，均不確。『韝』字底卷右上部作『廿』（右下部作『冊』），右下部作『冊』，乙、丁、庚、己、壬、癸卷略同（後三卷右下部作『冄』），丙卷右上部作『廿』（右下部作『冊』），皆『韝』字俗寫（後形與避唐諱缺筆有關）。參看上文校記〔一五七〕、〔一六三〕。『韝』字字書以爲同『韝』，指『臂衣』，似與句意不合，存疑。『輻』字《廣韻》音五革切，又音五陌切，釋『履頭』、『補履』，亦與句意不合，此『輻』當爲『楅』的换旁俗字。玄應《音義》卷二《大般涅槃經》第一卷『轅楅』條下云：『（楅）居責反，謂轅端頭曲木也。……經文從車作輻，傳寫誤也。』玄應所見《大般涅槃經》經本的『輻』亦正是『楅』的换旁俗字，可以比勘。

〔一九二〕『籧』字丙、庚、癸卷下部作『處』，『簴』字之異體，見載於《集韻・語韻》。『篨』字乙卷作『⿱竹途』，蓋涉上下字類化增旁；庚卷作『蒢』；己卷存下端似『涂』字部分。按《説文・竹部》云：『籧，籧篨，粗竹席也。』『籧篨』乃疊韻連綿詞，連綿詞重在其音而不論其形，故『籧篨』亦可有『簴蒢』等不同寫法。『篷⿱竹遼』底卷本作『⿱竹遼篷』，二字之間右側有一鈎乙符號，兹據乙正；劉復照録，未當。『篷』字乙、丁卷下部作『途』形，戊、庚卷及綴五、綴六此字作『蓬』形，皆俗訛。『⿱竹遼』字庚卷作『蒿』，蓋涉習語『蓬蒿』而誤（該卷『篷』寫作『蓬』）；『⿱竹遼』字字書不載，蓋『簝』字涉上字類化增旁，丙、丁、己、辛卷及綴六正作『簝』；綴八作『⿱艹遼』形，則又『⿱竹遼』字俗寫；但『簝』字字書指『宗廟盛肉竹器』或『竹名』，與文意不諧，文中當校作『⿱人車』，甲一作『⿱人車』，正是『⿱人車』的俗字（伯二六〇九號《俗務要名林・車部》有『⿱人車』字，異本斯六一一七號作『⿱人車』，與甲一同形；《龍龕・車部》載『⿱人車』或體作『⿱人車』，爲一字異寫），壬、癸卷作『⿱竹⿱人車』形，則又是『⿱人車（⿱人車）』的增旁字，而前揭『簝』實爲『⿱竹䡫』字形近之訛。伯二六〇九號《俗務要名林·車部》：『䡫，蓬（篷）之別名。防遠反。』『䡫』義爲『車篷』，故寫卷與『篷』連文作『篷䡫』，『䡫』字切合文意。

〔一九三〕『𢄼』字乙、丁卷作『崐』，當皆爲『㡔』的訛俗字（『昆』旁俗書與『昆』相亂），庚、癸卷正作『㡔』；甲一殘存右部，殘形略近『篦』字，原字或爲從巾、篦聲，爲『㡔』的繁化俗字。『賺』當爲『㡘』字之誤，乙、丙、丁等其餘各寫卷皆作『㡘』形，可證。《廣雅·釋器》：『㡔，㡘也。』（《説文·巾部》：『㡘，帷也。』）則『㡔㡘』同義連文，切合文意。『嚇』字戊、庚、壬、癸卷及綴五、綴八作『赫』，當據正。又甲一止於與底卷『賺』位置相當的某字的殘畫，因所存筆畫過少無法判知具體字形，此殘字右側有一小字『限』，疑乃爲其下『顯』的注音字（『顯』曉母銑韻字，『限』匣母產韻字，二字紐韻俱近），而誤書於此。又『嚇』或『赫』字《廣韻·陌韻》音呼格切，曉紐梗攝，注音字『黑』《廣韻·德韻》音呼北切，曉紐曾攝，此亦曾、梗二攝互注例（參看上文校記〔一四〕）。

〔一九四〕『雕』字丙、丁、戊等十二卷同，乙卷作『彫』，『彫』『雕』古通用。『鐫』字底卷作『⿱雋金』，丙、戊卷同，乃『鐫』的偏旁易位字；庚、壬、癸卷及伯三一〇二號作『鎸』，一字異寫；乙、丁、己、辛卷作『錐』，爲『鎸』字省訛；綴八脱；此字劉復録作『雋』形，失真。『刻』字壬卷誤作『頦』。又『鐫』字《廣韻》音子泉切，精紐仙韻，注音字『專』《廣韻》音職緣切，章紐仙韻，唐五代西北方音齒頭音混入正齒音，故二字同音。『刻』字《廣韻·德韻》音苦得切，溪紐曾攝，注音字『客』《廣韻·陌韻》音苦格切，溪紐梗攝，此亦曾、梗二攝互注例（參看上文校記〔一四〕）。

〔一九五〕『⿰斯刂削』二字綴五作『削⿰斯刂』。又『磅』字其餘所見各卷均作『鎊』，『鎊』字是。《廣韻·唐韻》普郎切（與『磅』字在同一小韻）：『鎊，鎊削。』『鐁』字壬卷右半訛作『欺』。又伯三一〇二號止於此句的『⿰斯刂』字，上圖一七號始於此句的『鐁』字。又『鐁』字《廣韻·支韻》音息移切，注音字『思』《廣韻·之韻》音息兹切，此亦『支之互注例』（參看上文校記〔六四〕）。

〔一九六〕『㓖』字壬卷誤作『椑』。『捋』字壬卷作『⿰寽刂』，『⿰寽刂』字義長；癸卷作左『木』右『寺』形，蓋『捋』字形訛；又此字右半劉復録作『乎』，失真；《匯考》從癸卷并進而校作『持』，非是。按《玉篇·刀部》：『㓖，匹迷切，削也。』《廣韻·末韻》郎括切（與『捋』字在同一小韻）：『⿰寽刂，削⿰寽刂也。』『㓖⿰寽刂』乃近義連文，與上『鏝刮』皆爲木工之事。

〔一九七〕『杇』字乙、丙、丁等十卷大抵同，乃『朽』字之訛，庚卷及綴八正作『朽』。『腐』字上圖一七號誤作『府』。

〔一九八〕『尖』字乙、丁卷上部作『少』（下部又贅筆作『戈』形），俗字。『偏』字壬卷左半作『口』，蓋涉上『喎』字類化換旁。『戾』字丙卷作『俟』，庚、癸作『唳』，壬卷作『捩』（『戾』字及『戾』旁所從的『犬』寫卷多贅筆作『犮』），皆類化增旁或同音借用。『尖喎』以下八字是描述物體傾斜不正等狀態。汪泛舟校『尖喎』作『尨禍』，《郝録》又校作『庬禍』，皆大謬；汪氏進而釋『尨禍』爲『犬禍』，并與《史記·吕太后本紀》載吕后『過軹道，見物如蒼犬，據高后掖，忽弗復見。……高后遂病掖傷』之事相比附，又釋下句『側傾』爲『戚夫人排斥吕后』、『正攲』爲『吕后殺戚夫人等』，更屬無稽之談。

〔一九九〕『正』字庚卷音誤作『政』。『攲』字己、辛卷同，戊、壬、癸等六卷作『欹』，乙、丁、庚卷作『攲』，『攲』『欹』『攲』三字音同義通，古書皆或用作傾斜不正之義，而以作『攲』者爲典正；丙卷作『欺』，音誤字。又『攲』字《廣韻》有居宜、去奇、居綺等切音，注音字『欺』《廣韻·之韻》音去基切，二字音近。

〔二〇〇〕『壘』字癸卷下部作『土』，綴五此字作『壘』，皆訛俗字；乙、丁、庚卷及上圖一七號下部作『且』，《龍龕·興部》以之爲『釁』字别體，『壘』『釁』形近義同（二字皆有『裂紋』義）。『于』字乙、丙、丁等七卷同，庚卷作『墟』，壬卷作『鑐』，癸卷作『穚』（《郝録》云作『櫨』，不確），後三者當皆爲『罅』字形訛，戊卷及綴五正作『罅』，『罅』字義安；但底卷等何以作『于』，則仍是一個疑問；吉田雅子録『于』爲『宇』，非是。『隟』字所見各寫卷同，乃『隙』的俗字，丙、己卷此字左部作『氵』，綴八作『亻』，蓋皆『阝』旁之誤。又『隙』字《廣韻·陌韻》音綺戟切，注音字『喫』《廣韻·錫韻》音苦擊切，二字紐同韻近，羅常培歸之於『以錫注陌例』。

〔二〇一〕「填」字庚卷右半誤作「直」；汪泛舟録本作「垣」，誤。「拈」字戊卷作「粘」，庚、癸卷作「怗」，壬卷作「拈」，皆「拈」字之誤；《郝録》據壬卷録作「帖」，并云庚、癸卷同，不確；汪泛舟録作「粘」，似未確。「捭」字庚卷省誤作「卑」；戊、己卷作「椑」，癸卷作「埤」，丁卷作「捍」，蓋皆「捭」字形訛；吉田雅子録作「裨」，汪泛舟録作「卑」，均未當。又「拈」字《廣韻・添韻》音奴兼切，泥紐咸攝，注音字「怗」《廣韻・怗韻》音他協切，透紐咸攝，二字紐韻俱近，且聲符相同，故可互注。「捭」字《廣韻・蟹韻》音北買切，注音字「卑」《廣韻・支韻》音府移切，羅常培歸之於「由聲符類推而混入「止攝」」（參看上文校記〔一一九〕）。

〔二〇二〕「罇」字戊、癸卷及綴五作「樽」，皆《説文》「尊」之後起分化字。「壺」字丙、己、辛卷及綴六作「壺」，庚卷作「壺」，癸卷作「壺」（該卷右上角有一小字「胡」，或爲直音字，但該卷旁注者僅此一見，存疑），皆爲「壺」字之變（參看《碑别字新編》所收「壺」字諸體）；乙卷作「壺」，下部訛同「囊」字下部之形。「盔」字乙、丁卷及上圖一七號同，丙、戊、己、壬等六卷作「魁」（壬卷「斗」旁訛作「寸」）；庚、癸卷作「櫆」（構件「斗」皆訛作「寸」）。《集韻・灰韻》以爲指稱羹斗的「魁」字的或體；按「魁」字雖有勺子之義，然以上下文「罇、壺、鉢」等均爲容器之屬推之，此處以「盔」字（盂類器皿）義長，「魁」或爲「盔」的同音通用字。又注音字「壺」亦「壺」字的俗寫，此或本爲以俗字爲正字注音之例。

〔二〇三〕「盃」字戊卷作「杯」，斯三八八號《羣書新定字樣》以「盃」爲「杯」的「相承用」字；乙、丁卷及上圖一七號作「盆」，庚、壬、癸卷作「否」，當皆「盃」字之訛。又「椀盞」二字戊卷作「盞椀」。「巵」字底卷作「它」，庚卷作「厂」内「匕」形，壬卷作「厂」内「巳」形，綴八作「巵」，乙、丙、丁等七卷大抵作「庀」，皆「巵」字俗訛，戊卷即作「巵」，兹據録正。又「巵」字《廣韻・支韻》音章移切，注音字「之」《廣韻・之韻》音止而切，此亦「支之互注例」（參看上文校記〔六四〕）。

〔二〇四〕「盤」字所見各寫卷同，吉田雅子録作「磐」，誤。「擎」字上圖一七號誤作「驚」；汪泛舟校作「檠」，是。「欙」字癸卷同，庚卷作「樏」，綴八作「畢」，乙、丙、丁等八卷作「壘」；按斯二〇七一號《切韻箋注・紙韻》

力委反：『樏，似盤，中有隔。』『欙』蓋『樏』的繁化俗字；『櫐』文中或爲『櫑』的偏旁易位字，後者字書有酒器或食器之義，與『樏』音義皆近；『壘』則爲『樏』的音借字。此字吉田雅子録作『纍』，誤。『棙』爲『楪』避唐諱的改形字，乙、丁、壬、癸卷及上圖一七號、綴八作『疊』，二字在表示『碗碟』意義時爲異體字，伯三三九一號《雜集時用要字》有『椀疊』一詞，可參。又『棙』字底卷本書作另一字，塗去，於塗去之字右下部（下句『瓢』字的右上部）補寫一『棙』字，劉復録作『瓢』之注音字，誤。又『欙棙』癸卷作『疊欙』，綴八作『疊櫐』，語序有别。又『樏』字《廣韻·紙韻》音力委切（羅常培此字作『欙』，『欙』字《廣韻·脂韻》音力追切），注音字『吕』《廣韻·語韻》音力舉切，此亦魚韻讀同止攝諸韻例（參看上文校記〔五〇〕）。

〔二〇五〕『杓』字庚卷作『枸』，形誤字。『筯』字壬卷下部作『着』，當爲『筯』古字『箸』的訛俗字；此字劉復、吉田雅子、宋新民均誤録爲『筋』。

〔二〇六〕『甖』字底卷上部訛作二『日』，兹徑録正；庚卷作『甖』，『甖』的繁化俗字；乙、丁卷及上圖一七號作『甕』，義近代换字；壬卷作『瓨』（寫卷右部訛作『几』），蓋涉下『瓩』字而誤；此字吉田雅子録作『瓹』，《郝録》作『鞏』，均誤。『瓩』字乙、丙、丁等十一卷同，當爲『瓨』之繁化俗字，癸卷作『巩』，正是『瓨』字俗訛；壬卷作『笻』形，蓋『瓨』字俗訛而又誤贅竹頭；此字吉田雅子、《蒙書》録作『瓷』，《郝録》作『築』，均誤。

『榼』字所見各寫卷同，乃『榼』字異體。

〔二〇七〕『盆』字壬卷誤作『監』。『瓫』字戊卷及綴五作『甕』，後起異體字。『炊』字上圖一七號作『吹』，音誤字。

〔二〇八〕『漿』字底卷下部訛作『火』，兹據丙、戊、己等十卷録正；乙、丁卷省誤作『將』。『麽』當爲『糜』字形訛；丙、戊、己卷及綴五作『㳽』，『瀰』的俗字，文中當爲『糜』字音訛；綴八作『瑑』，乙、丁、庚等七卷作『潻』，『瑑』『潻』皆未見字書載録，『瑑』蓋『潻』字異寫，而『潻』又爲『㳽』字形訛；此字吉田雅子録作『糝』，汪泛舟校録爲『嗓』，恐皆未確。『飯』字壬卷誤作『鈑』。

〔二〇九〕『糜』，文中當爲『糜』的繁化俗字，戊、庚、壬卷及綴八、上圖一七號即作『糜』；丙、丁、己、辛卷作『糜』，癸卷及綴八作「縻」（「縻」字或體），則皆爲「縻」的同音借字；乙卷作「麼」，該字位於行末，蓋學童本欲書「縻」字，然因空間不够書至「麼」即止。

〔三〇〕「葅」字所見各寫卷大抵同，《蒙書》録作「薤」，劉復下部録作「殂」，均誤。「薺」字庚卷作「荠」，「薺」之俗字；「薺」文中當爲「齏」之借字，壬、癸卷作「虀」，即「齏」的異體字。「鮓」字戊卷誤作「酢」。「脯」字上圖一七號誤作「輔」。又「齏」字《廣韻·齊韻》音祖稽切，注音字「精」《廣韻·清韻》音子盈切，二字紐韻皆通（參看上文校記〔三九〕、〔三九〕）。

〔三一〕「鱠」字丙、己、庚、辛卷及上圖一七號同，甲二、乙、丁等七卷作「膾」，「鱠」爲「膾」的後起異體字。又甲二始於此句「膾」字左部殘畫。

〔三二〕「飯」字綴八同，乙、丁卷及上圖一七號作「返」，戊、壬卷及綴五作「販」，庚、癸卷左半作「月」，皆「販」字之誤，丙、己、辛卷正作「販」；《蒙書》録作「飯」字，承誤。

〔三三〕「悋」字乙卷及綴五作「悋」，己卷作「怯」，俗寫（參看《敦煌俗字研究》下編口部「吝」字條考釋）；庚卷作「悕」，訛變形。「怙」字丁卷形誤作「怙」；綴五作「悃」，《集韻·姥韻》以之爲「怙」字或體；甲二、庚、壬、癸卷及綴八作「護」；按「悃（怙）」「護」文中當爲「婟」字之誤，戊卷正作「婟」。《説文·女部》：「婟，嫪也。」《廣韻·暮韻》胡誤切：「婟，婟嫪，戀惜也。」「悋婟」「悋護」與下「慳惜」相當，蓋皆近義連文。元魏菩提留支譯《大薩遮尼乾子所説經》卷三王論品第五之一：「而彼衆生於一切物無悋護心，不生彼我自他之心。」後秦鳩摩羅什譯《佛説華手經》卷六驗行品第二十二：「我今亦不悋護身命，但愍惜汝。」又唐釋道宣《四分律删繁補闕行事鈔》卷中隨戒釋相篇第十四：「初犯境之中，謂六塵六大有主之物，他所吝護，非理致損，斯成犯法。」「悋護」「悋護」即「吝護」（「悋」爲「悋」字俗寫，而「悋」又爲「吝」的增旁俗字），「護」猶「吝」也。

〔三四〕「賣」字庚卷下端訛作「見」，上圖一七號此字作「買」；按「買」「賣」二字義皆可通，然從諸多卷號作「賣」來看，疑「買」乃「賣」字之訛。「接」字丁、庚、壬、癸卷誤作「椄」。「侍」字戊卷作「示」，綴八作「市」，似皆

『待』字音誤；劉復録作『待』，誤。又『酤』字《廣韻》平聲模韻音古胡切，注音字『古』《廣韻》上聲姥韻音公户切，底卷以上注平，或出於對聲調的忽略；然『酤』從『古』得聲，抑或由聲符類推而致。

〔三一五〕『饒』字甲二作『鐃』，乙卷作『繞』，皆『饒』字之訛。『添』字乙卷右半作『吞』，形誤字；吉田雅子録作『漆』，誤。『益』字辛卷作『溢』，音誤字。又底卷『添』字上有一『忝』字，或抄手誤書而未塗去者，或『忝』本爲『添』的注音字而誤抄入正文者，未知其審。

〔三一六〕『肉』字壬、癸卷作『宍』而稍變（壬卷中部作『工』形，癸卷作『二』形），『肉』『宍』隸變之異。又『茹』字《廣韻》音人恕切，日紐御韻，注音字『二』《廣韻》音而致切，日紐至韻，此亦魚韻讀同止攝諸韻例（參看上文校記〔五〇〕）。

〔三一七〕『臠』字乙、丙、丁等八卷同，文中當爲『臠』的異體俗字；壬卷右半簡省作『恋』；戊卷作『爚』；甲二此字僅存下端殘畫，但『𤎌』字右上側注有『▨爚電光』四個小字，則正文原字疑是『爚』字。『𦝫』字丙、丁、己等八卷大抵同，甲二及戊卷作『𤎌』，乙卷作『𢋎』，分别爲『𦛱』『煠』『牒』避唐諱的改寫字；甲二『𤎌』右下側注有『𦝫』『煠』二字，可參。『牒』文中應爲形誤字。『𦛱』與上字作『臠』者爲同一系列，皆指切肉或肉塊、肉片；『煠』與上字作『爚』者爲同一系列，皆指用沸水煮（《廣雅·釋詁》：『煠，爚也。』）；據下『煮炙』而言，或當以作『爚煠』者義長。但底卷『臠』字直音『戀』，則確乎應爲『臠』字。又『臠』字《廣韻》上聲獮韻音力兖切，注音字『戀』《廣韻》去聲線韻音力卷切，二字並屬來紐濁音，濁上變去，故二字同音。

〔三一八〕『熬』字丙卷誤作『敖』。『𤈴』字丙、己、辛卷及綴六、綴八同，戊、己卷及綴五作『缹』，『𤈴』乃『缹』字異寫；乙、丁、壬、癸卷及上圖一七號作『炃』，《龍龕·火部》以爲『燌（焚）』的俗字（《廣雅·釋詁》：『焚，乾也。』王念孫疏證：『焚者，灼之乾也。』則『焚』與下『煏』字義近）；庚卷作『脯』，疑爲『缹』字音訛（『缹』字《廣韻·有韻》音方久切，『脯』字《廣韻·麌韻》音方矩切，唐五代西北方音尤韻唇音字讀同虞韻，故二字音近）。『煏』字癸卷作『熆』，蓋涉下『塩』字而誤；綴八作『𤋳』，戊卷及綴五作『炄』（《郝録》謂戊卷作

『烟』，不確），丙卷作『炡』，乃『㷋』或『熓』的訛省字，『㷋』『熓』則皆爲『炒』的異體字，庚卷正作『炒』。作『煼』作『炒』義皆可通。

〔三一九〕『塩』字乙、丁卷作『塩』；戊卷作『塩』，皆『鹽』字俗寫；己、辛卷作『塩』形，丙卷及綴六作『塩』，皆『塩』的訛俗字。『豉』字丁、戊、壬、癸卷及綴六、綴八右半作『皮』，俗字；庚卷作『詖』，形訛字；此字吉田雅子録作『鼓』，誤。伯三一八九號自『適』字起，但此字僅存『辶』旁左側殘迹。

〔三二〇〕『腤』字戊卷及綴五同；庚、壬、癸卷作『腌』；甲二、乙、丙等九卷作『腩』，蓋涉下『腩』字而誤。『䐶』字底卷及綴五右下部誤作『目』；戊卷作『膳』，乃『䐶』字俗書，兹據録正；甲二、乙、己卷作『䰼』，丙、丁、庚、壬等八卷作『烈』。按斯二〇七一號《切韻箋注·覃韻》烏含反：『腤，煮魚肉。』又作含反小韻：『膳，䐶（腤）膳。』（『䐶』字據《王二》、《廣韻》校正）據此，『腤䐶』蓋爲疊韻連綿詞，文義順適。但『腤』異文『腌』《説文·肉部》釋『漬肉也』，似於義亦通。而『䰼』『烈』字書均未見，汪泛舟録作『魝』（《蒙書》從之），釋云同『鮆』，《郝録》校作『鮆』，然『鮆』字字書俱『鮆鰊』爲詞，乃『鮹魚』之别名，與同句皆指稱烹飪方法的『腤、腩、炙』不協，不可從。『鮹』字丙、己、辛卷同，文中蓋『腩』的换旁俗字（或涉上字作『烈』『䰼』者類化偏旁），甲二、乙、丁等卷正作『腩』。『脉』字底卷及乙、丙、丁等八卷同，壬、癸卷右下部訛作『少』；上圖一七號作『臉』，蓋涉下句『臉』字而誤；『脉』字《直音篇》以爲同『炙』，實即『炙』的贅旁俗字。又『脉』字庚卷與下句『臉』字（《郝録》誤作『驗』）誤倒。

〔三二一〕『腻』字甲二、乙、丙等十一卷同，戊、庚卷作『臉』，蓋涉下『臉』字而誤；『腻』字字書未載，汪泛舟校改作『鹹』（《郝録》從之），近是；吉田雅子此字右半録作『臽』形，不確。『臓』字底卷作『臓』，乙、丙、丁、己、辛卷作『臓』，皆『臓』的俗字；庚卷作『臁』，或爲『臓』的音誤字；『臓』文中又當校作『醲』，蓋受上下文諸從月之字類化换旁，戊卷作『醲』，正是『醲』的俗字。『臉』字乙、丙、丁等九卷大抵同，文中當校讀作『醶』，甲二、戊卷正作『醶』；庚卷作『醲（醲）』，蓋涉上字而誤。『酢』字甲二、戊、庚卷及上圖一七號作『醋』，指酒醋義『酢』『醋』古今字；乙、丁、壬、癸卷及伯三一八九號作『腊』，丙、己、辛卷作『䐲』，皆『醋』字之誤；《蒙書》録作『腊』字，承誤。按『鹹』『䤘』（《説文》『酢也』）『醶』（《説文》『酢漿也』）『酢』四字皆指調料而言。

〔三二〕『䭔』字『辶』旁之内劉復録作『巨』，失真。『䬼』字庚、壬、癸卷同，此字字書未見，當是『粔』的换旁字（受上下文類化），甲二、乙、丙等十卷正作『粔』。『籹』字甲二作『粄』，繁化贅旁；壬卷作『飲』，類化换旁。

〔三三〕『餢』字所見各寫卷同，吉田雅子左部録作『米』，不確。『餉』字癸卷誤作『餢』（庚卷右部又誤作『害』）的俗書），蓋因『餢餉』又作『餢餉』而誤。『資』字庚卷同，『餈』字音誤，甲二、乙、丙等十二卷正作『餈』。『料』字甲二左半作『食』，皆『粄』字異體（見《廣韻·旱韻》）；庚卷左右部皆作『半』，蓋内部類化所致。又辛卷止於『料』字。

〔三四〕『饚』字乙卷右半誤作『豊』。『餗』字右部底卷及各寫卷多從俗寫作『夹』，此録正；乙卷右半作『吏』，形訛字。又綴六止於此句之『餺』字。又『饚』字《廣韻·東韻》音盧紅切，注音字『農』《廣韻·冬韻》音奴冬切，二字聲韻皆通（參看上文校記〔三三〕、〔二三三〕）。伯二〇一五號《唐韻·洽韻》古洽反：『餄，餄餅。亦作餗。』注音字『甲』《廣韻·狎韻》音古狎切，《廣韻》洽、狎二韻同用，故『餗』『甲』同音。

〔三五〕『饊』字甲二、乙、丙等十二卷大抵同；壬卷左側誤作金旁。『饡』字戊卷及伯三一八九號同；甲二、乙、丙等十一卷作『餷』，異寫（參看上文校記〔一八三〕）。『饊饡』當是一種餅類食品，上圖一一〇號背面所録習字有『餅』類名目：饊支、飳頭、餬餅、餻餅、餂餂、沙餅、饊饡、饘餛、饚餗餅、餺羅（饠）、餢餉、氣餅、饔飩。又北魏賈思勰《齊民要術·餅法》有『截餅』：『細環餅、截餅（原注：環餅一名「寒具」。截餅一名「蝎子」）：皆須以蜜調水溲麵；若無蜜，煮棗取汁；牛羊脂膏亦得；用牛羊乳亦好，令餅美脆。截餅純用乳溲者，入口即碎，脆如凌雪。』皆可參。『鐶』字庚卷作『饘』，改換聲符俗字；吉田雅子録作『糫』、汪泛舟録作『飦』，皆不確。按宋莊季裕《鷄肋編》卷上：『食物中有饊子，又名環餅。或曰：即古之寒具也。』『鐶』實即『環餅』

之『環』的換旁俗字。

〔三二六〕『飩』字甲二、乙、丁等九卷右部作『乇』形，俗寫；丙、己卷作『飥』，形誤字。『餡』字甲二、丙、戊、己、庚卷作『餡』，俗訛。『餘』字甲二、乙、丙等十卷同，『餜』避唐諱的改寫字，戊卷及綴五正作『餜』形（戊卷字形過小，不甚明晰）；此字吉田雅子録作『粿』，注釋中校作『餜』，枉非周折。

〔三二七〕『散』字庚、癸卷同，當是『糂』字音誤，乙、丙、丁等十卷正作『糂』；甲二作『糝』，乃『糂』字異體（見《説文》），甲二『糝』字右下角注有一小字『糂』，或即揭示其異體關係；此字《郝録》作『餛』，非原形。《説文·米部》：『糂，以米和羹也。一曰粒也。』『糂粒』或爲同義連文。『研』字癸卷及綴五作『斫』，形誤字。『断』字乙卷及上圖一七號左半作『米』，訛省；『断』則『斷』之俗字，甲二、戊卷及綴五即作『斷』。又俄敦五八三九號始於此句『糂』字，又甲二『斷』字右上側注有一小字『断』，或係以俗字爲正字注音之例（參看上文校記〔二〇二〕）。

〔三二八〕『齵』字所見各寫卷略同，乃『齵』之俗字（見《龍龕·齒部》）。『囓』字甲二、乙、丙等十卷作『齧』，『囓』爲『齧』的會意俗字；庚卷誤作『齒』；汪泛舟、《郝録》作『齒』，非是。『齩』字上圖一七號作『咬』，『齩』『咬』古今字。『齚』字甲二書作『嚼』，復於該字右側書一小字『齚』，『齚』或爲改字之例（改原文『嚼』爲『齚』），宋新民以『齚』爲注音字，不可從；此字吉田雅子録作『齰』，注釋中校作『齚』，亦多費周折。

〔三二九〕『喫』字丁卷左半誤從『氵』。

〔三三〇〕『貪』字伯三一八九號誤作『食』；吉田雅子録作『貧』，誤。又『貪』字甲二在行首，上部殘泐，而其右下側注有一小字『貪』，疑旁注者所據寫卷本身已有殘破，故據别本於此殘字下補注一『貪』字。『婪』字乙卷上部作『㑣』，蓋受『樊』字影響而誤；上圖一七號誤作『餧』，訛變之由不詳。『秏』字乙卷右半誤作『乇』。又甲二『婪』字右側注有『愛食』二小字，右下側又注有一『攬』字，前者爲釋義（《楚辭·離騷》『衆皆競進以貪婪兮』王逸注：『愛財曰貪，愛食曰婪。』），後者則爲注音。『婪』字《廣韻·覃韻》音盧含切，『攬』字

《廣韻·敢韻》音盧敢切，二字紐同韻近。

〔三三一〕「勯」字甲二、乙、丁等八卷同（甲二先是漏書，後旁補於「饞」殘字與「㛍」二字右側），丙、戊、己等六卷作「慵」，「慵」字義安，而「勯」字字書未見，其造字理據俟考（伯三三九一號《雜集時用要字》有「讒[illegible]」一詞，當與「饞勯」同）；此字汪泛舟作「傭」，誤。「乖」字壬卷及上圖一七號同，甲二作「㛍」，乙、丙、丁等七卷作「詸」，後二形他書未見，蓋皆「乖」之增旁俗字；丁卷作近「誶」形，則又「詸」字之訛；庚卷作「[illegible]」，似「熱」字俗書，「熱」字非義；綴五作「[illegible]」，爲「譎」字之變，「譎」爲「咼」之俗字（《集韻·佳韻》公蛙切：「咼，惰也，黠也。或作譎。」）；「乖」指乖戾（不順從）、乖巧，「咼」指懶惰、狡黠，二字義均可通。「嬾」字右部底卷及甲二、乙、丁等十卷作「頼」，俗字，茲徑録正；又丙、己、辛、壬卷作「讕」，音誤字。

〔三三二〕「糯」字戊卷及綴五此句作「粳糯秈秫」，與其他卷號不同。又「粳」字上圖一七號作「粮」，涉下字而誤。「糯」字各本同，乃「穤」的俗字。「秫」字底卷及庚卷作「秼」形，乙卷及上圖一七號作「秝」，當皆「秫」字之訛，丙、丁、戊等八卷正作「秫」，茲據録正。又甲二存「糯粘秫」三字，「粘」字各本皆未見，當爲「糯」或「秫」的旁注小字而誤入正文者。

〔三三三〕「粟」字乙、丙、戊、庚卷及綴五同；丁、己、壬等七卷作「栗」，换旁俗字。「稻」字丁、壬、癸卷右半作「皅」，俗訛。

〔三三四〕「糜」字戊卷及綴八同，丙卷下部「禾」訛作「木」，癸卷作「疒」旁，下部又似「示」，皆手寫之訛；戊、辛、壬卷及綴五作「床」，皆「縻」的俗字；乙、丁卷及上圖一七號作「靡」，庚卷作「糜」，皆「縻」的音誤字。「黍」字底卷及乙、丁、戊等十卷大抵作「乘」形，俗字，參《敦煌俗字研究》下編黍部「黎」字條考釋；丙卷作「[illegible]」，蓋又「乘」字訛變。

〔三三五〕「豌」字戊卷作「蓪」（《郝録》云作「籩」，誤），或涉上「麦」字而誤（「蓪麦」習語）；壬卷右半作「完」，俗字。「豆」字壬卷作「荳」，贅旁俗字。「稿」字乙、丁、庚、壬卷及上圖一七號同（此字底卷作「[illegible]」，右部實爲

『烏』旁俗書，《蒙書》録作『焉』，非是），此字未見字書載録，當即『烏』的增旁俗字，綴八正作『烏』；伯三一八九號作『塢』，甲二作『於』（右下角又注一小字『稿』），丙、戊、己卷及俄敦五八三九號作『菸』（後卷左下部的『方』誤作『禾』），則皆爲『烏』的音誤字；壬卷作『茌』，又爲『菸』字形訛；吉田雅子校『槁』（應從『禾』）作『蒚』，義不合。『蕎』字下部各寫卷多作『髙』，俗寫；丁卷作『蒚』，戊卷似『蒿』字，皆形誤字。『烏蕎』蓋指蕎麥。蕎麥『結實纍纍如羊蹄，實有三棱，老則烏黑色』，故又稱『烏麥』（明李時珍《本草綱目》卷二二穀部之『蕎麥』條），『烏蕎』或即『烏麥』『蕎麥』交互影響産生的别稱。

〔三三六〕『破』字乙、丙、丁等十二卷作『碾』（右上部的『尸』各寫卷多作『厂』形），古異體字。

〔三三七〕『杵』字甲二及綴五、上圖一七號左半誤作『扌』。『臼』字丁卷音誤作『舅』。『搗』字戊、庚卷及綴五作『擣』，『搗』爲後起形聲俗字，後起通行字作『搗』；癸卷及伯三一八九號誤作木旁；乙、丙、丁等七卷誤作『禱』。又俄敦一〇七四〇B僅存此句『杵臼舂』三字。又『擣』字《廣韻》上聲晧韻音都晧切，注音字『到』《廣韻》去聲号韻音都導切，底卷以去注平，當出於對聲調的忽略。

〔三三八〕『麨』字《蒙書》録作『麥』，誤。『麪』字丙卷右部訛作『旬』。『篩』字戊、庚、壬卷及綴五、上圖一七號同，乙、丙、丁等八卷作『簏』，『簏』『篩』古今字。又『簏』字《廣韻》音山佳切（羅常培據『篩』讀『疏夷切』），生紐佳韻，注音字『差』《廣韻》音楚佳切，初紐佳韻，二字紐近韻同。

〔三三九〕『奄』字所見各寫卷皆同，《蒙書》録作『鹿』，誤。『澁』字所見各寫卷略同，乃『澀』的俗字。又『澁』字《廣韻・緝韻》音色立切，注音字『參』《廣韻・侵韻》音所今切，羅常培以此爲『「澁」的收聲在五代燉煌方音讀-b而不讀-p』的證明。

〔三四〇〕『簸』字壬卷作『颼』，後一形他書未見，蓋『簸』涉上『颺』字類化之訛；又此字汪泛舟下部録作『欺』，《郝録》作『颰』，均未確。『糠』字乙、丁、戊等九卷同，丙、癸卷及伯三一八九號作『穅』，『糠』爲後起俗字。『檜』字乙、丁、己等七卷同，丙、戊、壬卷及伯三一八九號、綴五作『檜』，『檜』爲後起俗字；吉田雅子『檜』

字右部録作『曾』，誤。

〔二四一〕『麶』字甲二、乙、丙等九卷大抵同，『麸』之俗字，伯三一八九號正作『麸』；丁卷左部訛作『走』，右部訛作『戊』，綴八左部訛作『走』，右部訛作『代』，皆『麸』字俗訛；戊卷左『禾』右『戈』，綴五作『我』形，則皆『麸』的後起換旁字『秇』字俗訛。『萁』字戊卷及綴五同，乙、丙、丁等十卷作『箕』，『萁』字是（《説文・艸部》：『萁，豆莖也。』『萁』與下『蒿—稾』字義近）；吉田雅子、汪泛舟、《蒙書》、《郝録》皆定作『箕』字，非是。『蒿』文中當爲『稾』的換旁俗字（《集韻・晧韻》古老切：『稾，《説文》稈也。或作蒿。』），戊卷即作『稾』；壬卷作『藁』，則爲『稾』的疊加偏旁俗字；綴五存下端『禾』，原字當爲『稾』或『藁』；丙、己卷及綴八誤作『篙』。又本句四字『秕麸』爲一組，指癟穀和麥糠；『萁蒿』爲一組，指豆稈和禾稈。乙、丁、戊卷及綴五『麸』『萁』先後互易，則詞義錯亂，不可從。又甲二『秕』字右下角注一小字『卑』，『秕』字《廣韻・旨韻》音卑履切，『卑』字《廣韻・支韻》音府移切，二字紐同韻通，在不計聲調的情況下可以互注。

〔二四二〕『䅌』字戊卷及綴五同，己卷右半作『屑』，乙、丙、丁等九卷作『稍』，各録文本除劉復作『䅌』外，餘皆作『稍』，按『䅌』字是，詳下。『莢』字底卷及乙、丙、丁等十一卷作『荚』，俗寫，茲録正；庚卷作『荚』，蓋『莢』的繁化字；壬卷作『秾』（『夾』旁原卷從俗作『夹』），文中蓋涉上『稭』字類化換旁；吉田雅子録此字作『秾』，《蒙書》録作『筴』，均不確。按本句四字，前三字爲一組，均指農作物的莖稈（《説文・禾部》：『䅌，麥莖也。』《廣韻・陽韻》：『穰，禾莖也。』《玉篇・禾部》：『稭，稾也。』），而『䅌』異文『稍』指禾的末梢，與句意不合；『莢』指豆莢，單獨爲一組，與前三字意義上有關聯；而其異文『秾』指割禾捆把，於句意不倫。

〔二四三〕『曬』字乙、丁、戊、壬卷左半作『月』，庚卷及綴五左半作『目』；『曝』字甲二、乙、丁、戊、壬卷左半作『月』，綴五左半作『目』，皆形近之誤。『燥』字底卷及乙、丙、丁等十卷大抵作『㷮』形，『燥』之俗字，壬卷及綴五、綴八正作『燥』，茲據録正。又甲二『曝』字右下角有注音字，然字形過小且下端殘泐（所存部分與『薄』

字上端略近），俟再考。

〔三四四〕「菱」字底卷及乙、丙、丁等十一卷下部作「麦」（與「麥」的俗寫同形），俗寫，兹録正；戊卷及綴五作「蔆」，古異體字（《廣韻·蒸韻》：「蔆，芰也。菱、蔆並同。」）；汪泛舟録作「芰」，誤。「藕」字左下部所見各寫卷皆作「禾」，俗字（參《敦煌俗字研究》下編艸部「藕」字條考釋），兹徑録正。

〔三四五〕「芙」字下部丙卷誤作「失」。「蓉」字乙卷及伯三一八九號作「容」，音誤字。「枝」字甲二、乙、丙等十二卷同，綴五作「芝」；「芝」字義長：「芝草」即靈芝，乃草之祥瑞者，「芙蓉」乃草之可人者，二者相協。又「枝」字《廣韻·支韻》音章移切，注音字「之」《廣韻·之韻》音止而切，此亦「支之互注例」（參看上文校記〔六四〕）。又甲二「枝」字右側注小字「支」，二字《廣韻·支韻》同音。

〔三四六〕「谷」字甲二、戊卷及綴五同，乙、丙、丁等九卷作「峪」，「谷」的增旁字（《集韻·燭韻》：谷，或從山作峪。）；壬卷誤作「浴」。「嵠」字右部底卷及乙、丁卷近似「爰」，兹據丙、戊、己等十一卷録正；甲二作「溪」，古異體字。「壑」字丁、戊、癸卷及伯三一八九、上圖一七號大抵同，甲二作「𧮫」，乙卷作「𧯷」，綴五作「𡾊」，俄敦五八三九號作「墪」，皆「壑」的變體俗字；綴八作「豁」，「豁」「壑」音近義通。

〔三四七〕此句甲二、戊卷及壬卷作「崖岸崩倒」，字序不同。又「崩」字所見各寫卷大抵作「岃」，俗寫，兹録正。「倒」字乙、丁卷及上圖一七號「亻」旁誤作「土」，丁卷右部的「刂」又誤作「寸」；綴五作「到」，音誤字。又俄敦五八三九號止於此句之「崩」字。

〔三四八〕「燃」字伯三一八九及上圖一七號作「然」，「燃」爲後起贅旁俗字。「薪」字庚卷同，甲二、乙、丙等十二卷作「碳」，二字義皆可通。

〔三四九〕「擔」字底卷及丙、戊、癸卷大抵作「檐」，俗訛，兹據甲二、庚、壬卷及綴五、綴八、伯三一八九號等卷校正（「詹」旁寫卷從俗書而多有變異，兹從略）；乙、丁、己卷及上圖一七號作「躭」，古通用字。「抱」字庚卷作「枹」，俗訛；甲二此字在行末，僅存上端殘畫，然其上字「負」字右側注有一小字「抱」字，疑屬寫卷本身殘破而後人補字之例（參看上文校記〔三〇〕）。又『負』字《廣韻·有韻》音房久切，奉紐流攝，注音字『父』《廣韻·麌韻》音方矩切，非紐遇攝，唐五代時期非、奉二紐不分，而流攝唇音字往往轉入遇攝各韻（參看羅常培『以虞注尤例』）。

〔三五〇〕『構』字左部底卷及乙、丙、丁、己、壬卷訛從手旁，兹據甲二、戊、庚、綴五及上圖一七、綴八録正；右上部底卷及甲二、乙、己、戊、庚、壬卷及綴五、綴八、上圖一七號皆從俗寫作『丗』形，丁卷作『廿』，丙、癸卷作『厶』，則又『世』避唐諱缺筆或改形；右下部底卷及乙、丙、丁、戊、庚卷及綴五、綴八、上圖一七號作『冊』，己、壬卷及伯三一八九號作『冄』，皆俗寫，癸卷訛作『井』。『構架』蓋近義連文（伯五〇〇一號《俗務要名林·宅舍部》：『構架，並營造之稱。』）。『架』字乙、丁、壬卷左側贅『扌』旁，蓋涉上字『搆』類化贅旁；綴五及上圖一七號作『枷』，易位俗字（與『枷鎖』之『枷』同形異字）。『椽』字底卷及其餘各卷右部大抵作『彖』，俗書，兹徑録正。又俄敦一一〇六六號始於本句『柱』字，然僅存右下部殘畫。又『椽』字《廣韻》音直孿切，澄紐仙韻，注音字『全』《廣韻》音疾緣切，從紐仙韻，唐五代西北方音齒頭音混入正齒音，故二字同音。

〔三五一〕『伏』當爲『栿』字省誤，丙、己卷及伯三一八九號等六卷正作『栿』，兹據校；甲二、乙、丁、壬卷左側作『扌』，戊卷左側作『犭』，又『木』旁之訛。『檩』字底卷及甲二、乙、丁、戊、庚卷右下部訛作『木』（甲二、乙、丁、戊、庚等卷『亠』下又多『吅』）；甲二、壬卷及伯三一八九號左側訛從『扌』，戊卷又訛從『犭』；兹據丙、己、癸卷及俄敦一一〇六六號録正；此字吉田雅子録作左『礻』右『禀』形，不確。『檽』字底卷右上部作『而』，其餘各寫卷略同，内部類化俗字，兹徑録正；乙卷左部訛作『扌』，戊卷又訛作『火』。『梁』字甲二、丙、丁等十二卷大抵作『樑』，繁化俗字；乙卷左半訛作『扌』；壬卷作『柱』，蓋因『檽柱』爲詞相涉而誤。

〔三五二〕『摶』字所見各寫卷左部皆作『木』旁，吉田雅子録作『搏』，義長，兹據録正；綴五右半又作『傅』，蓋繁化俗字；此字汪泛舟録作『榑』，《蒙書》録作『博』，似均不確。『扉』字綴五同；庚卷從『广』，俗訛；壬卷左側多一『木』旁，贅旁俗字；甲二及戊卷作『颩』，乙、丙、丁等九卷作『颲』，字書未見，疑『風』的增旁俗字（《郝録》云『疑爲「翔」之俗寫』，恐誤）；『風』『扉』疑以前者爲是，『搏風』指屋之兩翼（『颲』或即因此贅增羽旁），合於文意。『蚩』字己卷同，綴五音誤作『嗤』，甲二、乙、丙等十二卷作『鴟』；『吻』字甲二、乙、丙等十一卷同（上圖一七號右半訛作『分』），壬卷作『尾』；按『鴟』爲『鴟』的後起異體字，『蚩（鴟）吻』『蚩（鴟）尾』皆指古代宮殿屋脊正脊兩端的一種飾物。唐蘇鶚《蘇氏演義》卷上：『蚩者，海獸也。漢武帝作柏梁殿，有上疏者云：「蚩尾水之精，能辟火災，可置之堂殿。」今人多作鴟字，見其吻如鴟鳶，遂呼之爲鴟吻，顔之推亦作此鴟。』又『吻』字《廣韻》上聲吻韻音武粉切，注音字『問』《廣韻》去聲問韻音亡運切，二字並屬微紐濁聲，濁上變去，故二字同音。

〔二五三〕『雀』字甲二誤作『崔』。『簷』字下部底卷及乙、戊、己卷作『詹』形，甲二、丙、壬等六卷大抵作『詹』形，丁、庚卷及上圖一七號作『廛』，皆俗書之變；俄敦一一〇六六號作『簾』，蓋『簷』字之誤。『廊』字乙、丁卷及綴五、上圖一七號上部贅加『⺮』旁，蓋涉上『簷』字類化而增。

〔二五四〕『廁』字與下文『廠、廂、庌』等義類不協，文中則當爲『庲』字音訛（『廁』字《廣韻・志韻》有初吏切一讀，與寘韻『庲』七賜切音近），甲二、戊、庚卷及綴五、綴八作『庲』，正是『庲』字俗訛；壬卷作『瘯』，則爲『庲』字俗書；乙、丁、己卷及上圖一七號作『廁』，丙、癸卷及伯三一八九號作『广』下『刺』形，則皆爲『庲』異體『廁』的訛俗字。『庲』字《廣韻・寘韻》釋作『偏庲，舍也』，切合文意。『廠』字綴五作『廠』，上圖一七號作『瘊』，當皆『廠』字俗訛（《廣韻・漾韻》尺亮切『廠，露舍。』）。『廂庌』二字甲二、丙、戊等九卷同；綴五作『廂穿』，『穿』蓋『庌』字俗訛；斯六一二八及伯三一八九號作『□庌』，『□』蓋『商』字俗訛；『商』則『廂』字音訛；乙、丁卷及上圖一七號誤作『穿鑿』（乙卷『穿』省誤作『穿』）。又斯六一二八號始於本句『廠』字，但僅存下部殘畫。又『廁』字《廣韻・志韻》音初吏切，初紐止攝（正字『庲』《廣韻・寘韻》音七賜切，清紐止攝），注音字『楚』《廣韻・御韻》音瘡據切，初紐遇攝，此亦魚韻讀同止攝諸韻例（參看上文校記

〔五〇〕）；甲二『庲』右下注小字『剌（刺）』，後者《廣韻・寘韻》亦在七賜切小韻。甲二『廠』字右側注小字『暢』，『廠』字《廣韻》音尺亮切，昌紐漾韻，『暢』《廣韻》音丑亮切，徹紐漾韻，唐五代西北方音舌上音與正齒音混同，故二字同音。『庌』字《廣韻》上聲馬韻音五下切（《集韻・麻韻》音牛加切，與『衙』同音），注音字『衙』《廣韻》平聲麻韻音五加切，底卷以平注上，或出於對聲調的忽略。

〔二五五〕『板』字綴五作『阪』，音誤字；乙卷近似『棧』形，而其下一字爲『板』，二字蓋誤倒；劉復録作『枚』，誤。又甲二『板』字構件『反』略有漫漶，故原卷於其右下方補一小字『板』。『欃』字字書以爲『欃』的俗字，文中當是『棧』字之誤，甲二、丙、丁等十二卷皆作『棧』字；綴八右半作『盞』，文中蓋爲『棧』的繁化俗字。『廳』字所見各卷大抵作『廰』，『廰』字訛省，兹徑録正。『堂』字下部『土』旁庚卷誤作『玉』。

〔二五六〕『菴』字乙、丙、丁等九卷大抵同；甲二、戊、庚卷及綴五大抵作『庵』，古異體字；壬卷『广』下作『菴』形，此字字書不載，蓋前二形交互影響的産物；綴八作『奄』，省誤字。『蘆』字乙、丁、壬卷及上圖一七、俄敦一一〇六六號同，蓋涉上字類化偏旁，甲二、丙、戊等九卷正作『廬』。『屋』字乙、丁、庚卷及上圖一七、俄敦一一〇六六號從『户』，蓋俗訛字。

〔二五七〕『牖』字底卷作『牗』，甲二、乙、丁等十二卷略同，丙卷作『牗』，皆『牖』的俗字，伯五〇〇一號《俗務要名林・宅舍部》『牖』字作『牗』，可參。『窓』字乙、己卷及綴八大抵同，丁卷及上圖一七號下部作『忩』，丙、庚、壬等六卷作『窓』，皆『窗』古異體『窻』字隸變之異；甲二及戊卷作『牕』，則爲『窗』異體『牕』的變體。又『牖』字《廣韻》上聲有韻音與久切，注音字『又』《廣韻》去聲宥韻音于救切，二字並屬喻紐濁聲，唐五代西北方音濁上變去，故二字同音。

〔二五八〕『閞』字甲二、乙、丙等十一卷大抵同，『關』的俗字（《干禄字書》：『閞關：上俗下正。』）；綴八作『開』，伯三一八九號『門』内作『井』，又皆『閞』字訛變；劉復録作『開』，誤。『籥』字中間的三小口底卷訛作一『曰』形；甲二、乙、丙等六卷作『鑰』而小變（右部的三小口原卷省其一），癸卷右部近似『俞』形，丁卷及綴五作『鑰』不誤，『籥』『鑰』古通用；庚卷作『鑰』（右部的三小口原卷省其二），則爲『籥』『鑰』交互影響的産物；壬卷作『鑐』，上圖一七號作『鑰』，又『鑰』訛變；綴八作『鏁』（『鎖』的俗字），則『籥』或『鑰』義近之訛。『栖』蓋『枻』字形訛，乙、丙、丁等九卷正作『枻』；伯三一八九及斯六一二八號作『杝』（後者有殘泐），蓋又『枻』字俗訛；『枻』字字書釋爲船舷、楫、正弓弩之器等義，皆不合文意，文中或爲『楔』字音誤（『枻』《古今韻會舉要·屑韻》有細列切一讀，『楔』字《廣韻·屑韻》音先結切，二字同音），甲二、戊卷及綴五正作『楔』；『楔』爲『門兩旁木』（《爾雅·釋宫》『棖謂之楔』郭璞注），與『樿』（門鍵也）近義連文。又汪泛舟認爲『栖』爲『楔』的同音别字，而以『薛』爲釋義，并與戰國馮諼客孟嘗君之事相牽附，殊謬。又『楔』字《廣韻》音先結切，心紐屑韻，注音字『薛』《廣韻》音私列切，心紐薛韻，屑、薛二韻《廣韻》同用（劉復『栖』字未校，故羅常培以『先稽切』論之，未當）。甲二『楔』字右下角注『屑』，《廣韻·屑韻》二字同音先結切。

〔二五九〕『偹』字底卷及甲二、乙、丙等十二卷同，『備』的俗字；斯六一二八及伯三一八九、俄敦一一〇六六號訛作『俗』形。『禦』字甲二、乙、丙等十卷大抵同，俄敦一一〇六六號作『[?]』，蓋『禦』字之變；壬卷作『[?]』，乃『御』字草書，『御』『禦』古通用；綴五作『鄭』，蓋又『御』字草書形近之訛。『康』字乙、丙、戊等十二卷同；甲二僅存上端，但此殘字右上方注有一小字『康』（下端稍殘）；丁卷作『時』，不入韻，非是。又甲二『禦』右下角注小字『語』，《廣韻·語韻》二字同音魚巨切。

〔二六〇〕『蔵』字所見各卷大抵同，乃『藏』之俗字（《王一·唐韻》『藏』下云『通作蔵』，可參）。『居』字甲二、丁、戊等九卷作『⿰貝居』，當爲『居』表示『存儲、囤積』意義上的後起字；乙、己卷『⿰貝居』右下部作『工』，丙卷左部作『月』，綴八左部作『目』，又皆『⿰貝居』字訛變。『貯』字丙卷左半作『月』，戊、己卷右半作『宇』，綴八作左『目』右『宇』形，庚卷作左『日』右『守』形，皆『貯』字俗訛。又『貯』字《廣韻》音丁吕切，知紐語韻，注音字『至』《廣韻》音脂利切，章紐至韻，二字聲韻皆通，在不計聲調的情況下可以互注。甲二『⿰貝居』字右下側注

『己』，『踞』字《廣韻・魚韻》音九魚切，『己』字《廣韻・止韻》音居理切，唐五代西北方音魚韻讀同止攝諸韻（參看上文校記〔五〇〕），故在忽略聲調的情況下可以互注。

〔三六一〕此句乙、丁卷及伯三一八九、上圖一七號作『窖囤圖倉』（『囤』字構件『屯』丁卷作『长』，餘三卷作『乇』），意亦可通，或因底本不同而致。癸卷此句作『窖篅倉』，『窖』字上下當脱一字。又『窖』字壬卷從『宀』，俗訛。『圖』字甲二、乙、丁等十餘卷同，『篅』字異體，綴五正作『篅』；丙、癸卷作『篅』，則『篅』字俗訛。『倉』字俄敦一一〇六六號作『蒼』，音誤字。又『窨』字《廣韻・沁韻》音於禁切，注音字『奄』《廣韻・琰韻》音衣儉切，羅常培歸之於與韻系分合無關的例外。『窖』字《廣韻・效韻》音古孝切，注音字『告』《廣韻・号韻》音古到切，二字紐同韻近，故可互注。『圖』字《廣韻・仙韻》音市緣切，注音字『船』《廣韻・仙韻》音食川切，船、禪二紐唐五代西北方音混同，故二字同音。

〔三六二〕『涅』字甲二、乙、丙等十二卷大抵同，乃『泥』的增旁俗字（參看《敦煌俗字研究》下編水部『泥』字條考釋），癸卷及綴五正作『泥』。『梯』字壬、癸卷右半作『苐』，一字異寫。『蹬』字己卷同，《龍龕・足部》訓作『階級也，道也』，此義的『蹬』與『隥』爲異體字，甲二、綴五正作『隥』（《廣韻・嶝韻》都鄧切『隥，梯隥。』）；乙、丁、戊等九卷作『橙』（伯三六九四號《切韻箋注》、《廣韻》皆以之爲『几橙』字），丙卷及綴八作『鐙』，蓋皆涉上『梯』或『鏝』字類化偏旁。又甲二『鏝』左下角注小字『曼』，《廣韻・桓韻》二字同音『母官切』；底卷注『漫』，與『鏝』《廣韻・换韻》皆有『莫半切』一讀。『聽』字《廣韻・青韻》音他丁切，注音字『梯』《廣韻・齊韻》音土雞切，此亦『齊韻與梗攝諸韻相通例』（參看上文校記〔三九〕）。『隥』字《廣韻》去聲嶝韻音都鄧切，注音字『等』《廣韻》上聲等韻音都肯切，底卷以上注去，蓋出於對聲調的忽略。

〔三六三〕『塼』字乙、丁卷及上圖一七號作『磚』，綴五作『甎』，皆古異體字。『墼』字底卷及甲二、乙、丙等十四卷左上部作『車』，俗訛字，兹徑録正；己卷誤作『塹』。『壘』字甲二、戊卷作『塛』，《集韻・戈韻》以之爲『蔂』字（盛土籠）或體，不合文意，文中蓋流俗爲『壘』所造的『從土累聲』的俗字。『墻』字所見各寫卷右上部皆從俗作「圭」形，右下部「回」多作「田」形（乙、丁、戊等十卷末横向兩邊略有延伸）；底卷及丙卷「田」下又贅增一「八」形，綴五又贅增一横畫，皆「墻」字俗訛（參看《敦煌俗字研究》下編爿部「牆」字條考釋），兹徑録正。

〔三六四〕「灑」字甲二、乙、丁等十卷同；丙、己卷作「洒」，古異體字；上圖一七號作「麗」，「灑」字省誤。又「掃灑」二字丙、己、癸卷及綴五「掃」字在後，語序與其他卷號有别。「院」字甲二、丙、癸卷及伯三一八九、俄敦一一〇六六號右半作「宛」，俗寫。

〔三六五〕「料」字乙、丁、戊等九卷大抵同；其右部癸卷作「升」，丙卷作「廾」，甲二作「廾」，壬卷作「廾」，皆「斗」旁俗書或其訛變形（參看《敦煌俗字研究》「升」字條、「斗」字條考釋）；綴五作「僚」，音誤字。「理」字甲二、丙、戊等九卷同，俄敦一一〇六六號右半作「黒」，俗訛字；乙、丁卷及綴五、上圖一七號作「治」，作「理」者蓋避唐高宗諱的諱改字。「薗」字所見各卷大抵同（甲二先誤書作「垣」，後於右上側旁改爲「薗」），乃「園」之加旁俗字，斯三八八號《正名要録》「各依脚注」類「園」字下云「上不須草」，可參；劉復徑改作「園」，失真。「塲」字俄敦一一〇六六號作「墻」，音誤字（也有可能涉上文「墻」字而誤）。

〔三六六〕「畦」字甲二左半誤作「里」。「穜」字丙、戊、己、庚、壬卷及綴八同，乃「種」的增旁俗字，甲二、乙、丁等七卷正作「種」。

〔三六七〕「⿰扌栽」字戊、壬卷同，此字字書不載，蓋流俗爲「栽」字所造的形聲俗字（《龍龕·木部》載「栽」的俗字左側加木旁，又或作左「木」右「哉」，可資比勘），甲二、乙、丁等七卷正作「栽」；丙、癸卷作「莪」，亦「栽」的後起形聲俗字（《集韻·咍韻》：「栽，或作莪。」）；庚卷作「栽」，綴八作「哉」，則皆「栽」字之訛。「插」字甲二從「木」，乙卷作「揷」，丁卷作左「木」右「臿」形，斯六一二八及伯三一八九號大抵作「[illegible]」，皆「插」字俗訛。又此句吉田雅子録作「哉□□行」，并於注釋中云「插端」二字其所據之底本伯二四八七號殘缺，不確。

〔三六八〕『槐』字上圖一七號作『樾』，形誤字。『楡』字底卷及庚卷脱，此據甲二、乙、丙等卷補。『楮』字甲二作『槺』，後者乃『梳』的俗字（『梳』字《集韻·豪韻》乎刀切小韻以爲『虠』字異體，『虠』《説文·木部》訓作『木也』，義不甚合），該卷『槺』右下角注一小字『楮』，當爲改字之意，則『槺』字當删。又甲二『槐』字右下側注小字『懷』，《廣韻·皆韻》二字同音『户乖切』。同卷『楡』字右下側注『爲』，『楡』字《廣韻·虞韻》音羊朱切，以紐遇攝，『爲』字《廣韻·支韻》音薳支切，云紐止攝，二字紐韻皆通（參看上文校記〔六七〕）。

〔三六九〕『桐』字甲二、乙、丙等十四卷同，庚卷作『椆』；按『椆』雖亦爲木名，然『椆梓』連用罕覯，而『桐梓』連文習見，故文中『椆』當爲『桐』字之誤；《郝録》校『桐』爲『椆』，恐不可從。『梓』字綴五作『漆』，『漆』字俗訛；乙、丙、丁等十卷作『榤』形，己卷作近『㮿』形，皆爲『漆』字的增旁俗寫；庚卷近似『渠』，又爲『漆』俗字『柒』字形訛；『漆』同『桼』（《山海經·西山經》：『又西百二十里，曰剛山，多柒木。』清畢沅校『柒』字云『當爲桼』，可參）。『梓』『漆』二字義皆可通。『柘』字甲二、乙、丙等十卷同，壬、癸卷及伯三一八九、俄敦一一〇六六號作『楮』，蓋涉上句『楮』字而誤。『桑』字乙、丁、癸卷及伯三一八九、上圖一七號同；甲二、丙、戊等八卷作『桒』，俗字，唐代前後碑刻及寫卷中經見。

〔三七〇〕『榠』字底卷及甲二、乙、丙等十餘卷大抵作『榠』，俗書，己卷及綴五、上圖一七號大抵作『榠』，兹據正。『查』字乙、丙、丁等九卷同，甲二、戊卷及綴五作『樝』（甲二『樝』右下角注小字『查』），古異體字；壬卷作『揸』，蓋『樝』字異體『楂』之訛變。『椑』字底卷及壬卷訛作『捭』，乙、丁、己卷左半作『礻』，皆『椑』字形訛（《廣韻·支韻》：『椑，木名，似柹。』），兹徑録正。『柹』字底卷作『㧡』，甲二、丙、戊卷及伯三一八九號作『㧡』，己卷及綴八左半作『礻』，皆『柹』字形訛，庚、癸卷及綴五正作『柹』，兹據録正；上圖一七號作『柹』，在表示柿子樹、柿子意義時與『柹』爲異體字；乙卷近似『禮』，壬卷作『撥』，致誤之由俟考；丁卷作『⿰衤兹』，此字他書未見，存疑。又底卷及甲二均以『名』注『榠』，『榠』字《廣韻·青韻》音莫經切，注音字『名』《廣韻·清韻》音武并切，二字紐同韻近，故可互注。底卷及甲二以『布（市）』注『㧡（柹）』（羅常培以「㧗」「布」論之，未當），「柿」字《廣韻・止韻》音鉏理切，注音字「市」《廣韻・止韻》音時止切，崇、禪二紐唐五代西北方音混同（參看邵榮芬「崇、常代用例」）。

〔三七一〕「柑」字底卷訛作「拑」，此據其餘所見各卷校改。「橘」字底卷從「扌」，壬卷作「楺」，皆「橘」字俗訛，甲二、乙、丙等十一卷正作「橘」，茲據正。「檳」字所見各卷大抵同，劉復録作「梹」，不確。

〔三七二〕「苽」字底卷、戊卷及上圖一七號下部作「瓜」，乃唐代前後「瓜」字及「瓜」旁的標準寫法，甲二、乙、丁等十卷下部作「爪」，則爲「瓜」旁俗訛，「苽」文中又爲「瓜」的增旁俗字，丙卷及綴五作「瓜」，正是「瓜」字。「桃」字各卷右部大抵作「兆」形，俗字（參看上文校記〔三七〕），茲徑正。「李」字上圖一七號作「梨」，音誤字。

〔三七三〕「棗」字所見各卷大抵作「朿朿」形，俗字（參看《敦煌俗字研究》下編木部「棗」字條考釋），茲徑録正。「梨」字伯三一八九號下部作「尒」，乃「黎」字俗寫，「黎」通作「梨」。「棠」字乙卷誤作「裳」，丙、戊、庚、癸卷及綴八、伯三一八九號又誤作「堂」。又俄敦一一〇六六號止於本句「棗」字殘畫。

〔三七四〕「葱」字所見各卷大抵同，乃「蔥」之俗字。「蒜」字甲二、乙、丙等十三卷略同，乃「蒜」的俗字（《干禄字書》：「䔉蒜：上俗下正。」）；伯三一八九號作「艹」下雙「未」形，又爲「蒜」字訛變。「韭」字庚卷草頭訛作「一」，癸卷、綴八末筆「一」作「灬」，皆俗訛。「薤」字庚、癸卷作「韮」形，壬卷作「韮」形，丙卷作左「糹」右「韭」形，蓋皆「薤」字俗訛；綴八作「韭」，則涉上「韭」字而誤。甲二「薤」字右下角注「解」，「薤」字《廣韻・怪韻》音胡介切，「解」字《廣韻・卦韻》音胡懈切，怪、卦二韻《廣韻》同用，故可以「解」注「薤」。

〔三七五〕「茱」字甲二訛從「𥫗」。「萸」字乙、丁卷及綴五、綴八、伯三一八九、上圖一七號下部大抵作「更」，俗訛字；　癸卷作「莫」，形誤字。「椒」字右部各寫卷多作「廾」形，俗寫；左部甲二、戊、壬卷從「米」，上圖一七號從「禾」，形訛字。「薑」字伯三一八九號末筆作「灬」，俗字（參看上條校記）；壬卷作「壃」，音誤字。又甲二「筞（茱）」字右下角注「朱」，「茱」《廣韻・虞韻》音市朱切，注音字「朱」《廣韻・虞韻》音章俱切，二字韻同紐近，可以互注。同卷「萸」字右下側注「臾」，《廣韻・虞韻》二字同音羊朱切。

〔三七六〕『薺』字綴八下部作『韲』形，省訛字；壬卷作『虀』，音誤字。『蓼』字所見各卷構件『彡』大抵作『小』或『⺌』，俗訛字，兹徑録正。

〔三七七〕『葫』字所見各寫卷同，文中當爲『胡』的增旁俗字（或涉下字類化）。『葰』字乙、丙、丁等十卷同，癸卷左下部作『女』，文中當皆爲『荽』的訛俗字，甲二、戊卷及綴五正作『荽』。『芬』字癸卷及伯三一八九號作『氛』，音誤字；丙卷作『氣』，又『氛』字形誤。『芳』字綴八省誤作『方』。又『荽』字《廣韻・脂韻》音息遺切，心紐止攝，注音字『須』《廣韻・虞韻》音相俞切，心紐遇攝，此亦止攝、遇攝互注例（參看上文校記〔六七〕）。『芬』字《廣韻》音撫文切，敷紐文韻，注音字『分』《廣韻》音府文切，非紐文韻，唐五代西北方音非、敷二紐同用。『芳』字《廣韻》音敷良切，敷紐陽韻，注音字『方』《廣韻》音府良切，非紐陽韻，此亦非、敷同用例。

〔三七八〕『蘿』字所見各寫卷同，吉田雅子録作『羅』，誤。

〔三七九〕『⿱艹斜』爲『斜蒿』之『斜』的後起增旁俗字（涉『蒿』字類化），甲二、丁、庚卷及上圖一七號正作『斜』；乙、戊卷作『斜』，乃『斜』字形訛；丙、癸卷則『⿱艹斜』下部『斜』旁訛作『斜』；此字劉復録作『蔚』，不確。『黎』字底卷及綴八作『棃』，俗寫，兹徑録正；『黎』通『藜』，甲二正作『藜』；丙、癸卷及斯六一二八號等五卷作『棃』，己、壬卷作『䔧』，皆『藜』的俗字；乙、丁卷及上圖一七號作『梨』，庚卷作『莉』，則皆『藜』的音誤字。『藋』字庚卷作『霍』，音誤字；戊卷作『蓼』，蓋涉上文『蓼』字而誤；綴五作『藿』，草名，似『藜』，義亦可通。

〔三八〇〕『筭』字斯六一二八、伯三一八九及上圖一七號從『艹』，俗訛字。『蕨』字底卷及乙、丁、壬等七卷訛從『⺮』，兹據甲二、丙、己、庚等七卷録正。『蓴』字乙、丁、戊等七卷同，當是『蒪』字省借，丙、己、壬卷正作『蒪』；綴五及甲二作『芹』，非是；《蒙書》録作『蒪』，不確；汪泛舟校『蒪』作『蓴』，謬。『攘』字乙、丁、戊等六卷同，丙、己、庚卷作『穰』，甲二似作『囊』（詳下），當皆爲『穰』字之誤，壬卷正作『穰』。按《説文・艸部》：『蕁，叢艸也。從艸，尊聲。』《廣雅·釋詁》：『蕁，聚也。』又云：『穰，豐也。』『蕁穰』蓋近義連文，指『笋』『蕨』及『斜蒿』『藜藿』等叢生簇聚之貌，文義順適。又甲二此句作『笋蕨芹▨』，『芹』下一字存上部，據殘形，可以推斷原字當是『蘘』字。又甲二於『笋』字右下側注小字『舜』，又於『芹』字右上角（『蕨』字右下角）注小字『尊』，右下側注小字『攘』，『舜』當是『笋』的直音字（『笋』『舜』音近）；『尊』『攘』則分別是『芹』字『蘘』字的異文，蓋皆使用者據別本所加。汪泛舟、《郝録》録甲二『芹』字爲『荇』，又進而校改上『攘』或『穰』爲『荇』字，皆謬。又『攘（穰）』字《廣韻》上聲養韻音如兩切，注音字『讓』《廣韻》去聲漾韻音人樣切，二字並日紐濁聲，唐五代西北方音濁上變去，故二字同音；汪泛舟以『讓』爲釋義，而斥羅常培以『讓』爲注音誤，可謂以不狂爲狂矣。

〔三八一〕此句乙卷作『斸坑掘塹』，語序有別。又『斸』字底卷及甲二、乙、丙等十二卷左半大抵作『属』，俗字（《干禄字書》：『属屬：上通下正。』可資比勘），兹徑録正；庚卷左半近似『登』，『斵』字俗書，『斵』文中當校讀作『斸』；此字右部『斤』《蒙書》録作『刂』，不確。『掘』字甲二、乙、丁等九卷同；丙、庚卷及綴五作『堀』，古通用字；壬卷作左『土』右『屋』形，則又『堀』字之訛。『坑』字己卷字形介於『杭』『抗』之間，形誤字；此字劉復、《蒙書》均録作『抗』，不確。『壍』字乙、丙、丁等十卷大抵同，甲二、戊卷及綴五作『塹』，『塹』『壍』正俗字。又『斸』的直音字甲二同，『斸』字《廣韻》音陟玉切，知紐燭韻，『捉』字《廣韻》音側角切，莊紐覺韻，唐五代西北方音舌上音、正齒音不分，覺、燭二韻同用（羅常培『以覺注燭例』即以此爲例），故可互注。

〔三八二〕『竪』字丙卷作『堅』，形誤字；伯三一八九號作『土』，蓋本欲書『堅』字，而誤書作『土』；綴八脱；此字吉田雅子録作『堅』，不確。『蕀』字下部底卷作二『朿』形，壬、癸卷及綴五、斯五四六三、伯三一八九號同，俗訛，兹徑録正；丙卷作『⿱艹⿰來來』，亦『蕀』的俗字；『蕀』文中當爲『棘』的增旁俗字，甲二作『⿱艹⿰来来』，戊卷作『⿱⿰來來⿰來來』，正是『棘』之繁化俗字（參看《敦煌俗字研究》下編木部『棘』字條考釋）；乙、丁、己、庚卷及上圖一七號作

『戟』，則爲『棘』的古通用字。『埋』字丙卷誤作『理』。『槍』字甲二、戊、己卷作『搶』，形誤字；壬卷作『藏（藏）』，蓋涉習語『埋藏』而誤。按『棘』指棘刺，『槍』指削尖的竹木片，皆爲『坑』『塹』（陷阱）中施用之物，《郝録》謂『棘』當作『戟』，不確。又斯五四六三號始於『蕀』字。又甲二『棘』右下角注一小字『墼』，『棘』字《廣韻・職韻》音紀力切，『墼』字《廣韻・錫韻》音古歷切，二字紐同韻近（參看上文校記〔一四〕），可以互注。

〔二八三〕『堡』字斯六一二八及伯三一八九號作『保』，音誤字；《蒙書》定作『保』字，不妥。『籬』字綴五及綴八同，乙、丙、己等九卷作『蘺』，俗訛；甲二及戊卷作『㰚』，後起換旁字；丁卷及斯五四六三號作『離』，音誤字。『柵』字底卷及甲二、乙、丙等十五卷右部大抵作『冊』，俗寫，兹徑録正；斯五四六三號作『冊』，古通用字。又甲二以『筞（策）』注『柵』，《廣韻・麥韻》二字同音楚革切。

〔二八四〕『匝』字底卷作『迊』形，斯五四六三及上圖一七號同，甲二、乙、丙等十二卷大抵作『迊』，皆『匝』字俗書，兹徑録正；此字吉田雅子録作『帀』，注釋中校作『迊』，未盡恰當。又斯六一二八號止於『防』字左上部殘畫。

〔二八五〕『蚰』字甲二、戊卷右半作『遊』，當是『蝣』字俗作，『蝣』文中用同『蚰』。『蜣』字右部底卷及甲二、丙、丁等十三卷大抵作『羗』，俗寫（《干禄字書》：『羗羌：上通下正。』），戊卷即作『蜣』形，兹徑録正；乙卷右半作『差』，形訛字。

〔二八六〕『蚉』字庚、壬、癸等六卷同，『蚊』字異寫，甲二、乙、丁、戊卷及綴五即作『蚊』；丙、己卷上部作『夂』，俗訛。『盲』字丙卷及斯五四六三號同，『蝱』字音誤，庚卷及綴五正作『蝱』；己、壬、癸卷及伯三一八九號作『䖟』，乙、丁卷及上圖一七號作『虻』，則皆爲『蝱』字俗省；甲二、戊卷作『蝖』，『蝱』的後起形聲俗字。『蟣』字壬卷及斯五四六三號同，甲二、戊卷及綴五作『蚤』，在此則爲『蚤』的訛俗字；庚卷作『蝨』，則當爲《説文》『蚤』字正篆『蝨』之訛；己卷訛作『蚉』；乙、丁、癸卷及伯三一八九號作『蝹』；按『蟣』、『蝹』、

「蚤」三字義皆可通。「虱」字甲二、戊卷及上圖一七號同，乙、丙、丁等十卷作「虱」，皆爲「蝨」的簡俗字。又斯五四四九號始於此句之「虱」字。又「蟣」字《廣韻・尾韻》音居狶切，注音字「己」《廣韻・止韻》音居理切，二字紐同韻近。

〔二八七〕「蜂」字乙、丁、庚卷右下部作「未」，壬、癸卷右半作「夆」，皆俗訛。「蝾」字乙、丙、丁等十三卷大抵同，乃「蝶」避唐諱的改形字，綴五正作「蝶」。「螳」字乙、丁、己卷及綴五、上圖一七號同，甲二、丙、戊等十卷作「螗」；按「螳螂」疊韻連綿詞，古書亦或作「螗螂」（《爾雅・釋蟲》「蟷蠰」郭璞注「螗蜋別名」，陸德明釋文引作「螳蜋」，云「螳，音唐，本今作螗」，可參）。又「蜂」字《廣韻・鍾韻》音敷容切，注音字「風」《廣韻・東韻》音方戎切，二字紐韻皆近（參看上文校記〔七三〕、〔一七〕）。「蝾」字甲二存下部殘畫，殘字右下側有注音小字「綵」，「蝶」字《廣韻・帖韻》音徒協切，「綵（緤）」字《廣韻・屑韻》音私列切，紐韻俱異，二字互注或由聲符類推而致。

〔二八八〕「蟆」字癸卷同；綴五作「蟇」（略殘），一字異寫；甲二、乙、丁等十一卷右部作「麻」，丙卷右部作「暮」，蓋皆改換聲符俗字。「蜯」字甲二、乙、丙等十三卷同，「蚌」的後起異體字，綴五即作「蚌」。「蛤」字乙、丁卷右半作「荅」，繁化俗字。

〔二八九〕「龜」字吉田雅子作「鼃」，不確。「鱉」字底卷及斯五四四九、斯五四六三號上部作「敝」，乙、丙、丁等九卷下部作「龜」，上部亦作「敝」，二形分別爲「鱉」「鼈」的訛俗字，已卷即作「鼈」；「鱉」「鼈」則皆「鼈」字異體，綴五正作「鼈」。「鱑」字甲二右半作「棠」，斯五四六三及伯三一八九號作「鱑」，前二形傳世字書皆未載，蓋「鱅」的改換聲符俗字（《廣韻・唐韻》：「鱅，魚名。」）；此字《蒙書》録作「螳」，不確。又甲二「龜鱉」二字殘，然在「龜」字右上角和「鱉」字右下角各注有一小字，前字存上部殘畫（近似「龜」字），後字存下側大部（似「鼈」字）。

〔二九〇〕「鱧」字伯三一八九號作「鯙」，蓋誤讀「鱧」右側「豊」爲「豐」（「豐」俗字與「豊」同形）產生的後起形聲俗字（底卷該字注音『風』，即由誤讀『豊』爲『豐』而然）。『鰤』字壬卷作『鰤』（比較注文『莭』爲『節』的俗字），蓋『鯽』的改换聲符俗字；己卷及綴五作『鰿』，正是『鯽』的古異體字；戊卷作『鰑』；甲二『鱧鰤』二字殘泐，從所缺位置看，似僅能抄一字，而殘字右側注有一小字『鰑』，疑原卷『鯉』下殘缺爲『鱧』字，而『鰑』爲『鱧』下脱字而後人旁注補於行間者。按《廣雅·釋魚》云『鰑，鮦也』，而《玉篇·魚部》又云『鮦，鱧魚也』，則『鰑』與上『鱧』字同類，作『鰑』義亦可通。又『鮎』字《廣韻·添韻》音奴兼切，注音字『沾』《廣韻·添韻》音他兼切，二字韻同紐異，底卷之注音或係由聲符類推的俗讀。『鱧』字《廣韻·薺韻》音盧啓切，注音字『風』《廣韻·東韻》音方戎切，二字紐韻皆遠，底卷之注音蓋由誤讀半邊字所致。

〔三九二〕『鯨』字斯五四四九及斯五四六三號右部作『鮪』，後者通常可推定作『鮨』字的俗寫，《山海經·北山經》諸懷之水有『鮨魚』，清畢沅注以爲『即鯢魚也』，則文中『鮨鯢』或爲同類並稱；但就文意而言，似仍以從衆作『鯨』爲長，而『鮪』爲『鯨』字訛省（『鯨』字右部底卷等各寫本多從俗作『京』，『京』脱略下部即可訛作『鮪』）。『鯨鯢』爲大魚名（『鯢』爲雌鯨），古書每多連文並稱者。『鱒魴』二字壬卷皆誤從『虫』，蓋涉下文『蚖虵』等字類化换旁。又『鯢』字《廣韻·齊韻》音五稽切，注音字『迎』《廣韻·庚韻》音語京切，此亦『齊韻與梗攝諸韻相通例』（參看上文校記〔三九〕）。『鱒』字《廣韻·混韻》音才本切，注音字『遵』《廣韻·諄韻》音將倫切，二字紐近，韻則同隸臻攝。甲二『鯨』字右下角注有一小字『芹』，『鯨』字與底卷直音字『擎』《廣韻·庚韻》同在渠京切小韻，群紐梗攝，『芹』字《廣韻·殷韻》音巨斤切，群紐臻攝，唐五代西北方音臻攝、梗攝可以通用。

〔三九三〕『蚖』字甲二及戊卷右半作『兀』，俗訛。『虵』字甲二、乙、丙等十三卷同，『蛇』的變體俗字，丁卷即作『蛇』。『蝮』字甲二、戊、庚等六卷同；壬、癸卷作『蛍』（乙、丙二卷略同，唯構件『兀』作『元』形；吉田雅子據丙卷録此字與其下字作『蝎虺』，不確），丁卷作『蛍』，上圖一七號作『蛍』，此三字他書皆未見，後二形當爲第一形之變，而『蛍』蓋從『虺』、伏聲，即『蝮』的形聲俗字（『蝮』字《説文》從虫、复聲，复、伏同音，而『虫』即『虺』字古文）；己卷作『虵』，爲『虺』字形訛，綴五即作『虺』形（右半略殘），而『虺』即『蝮』的異稱（《説文·虫部》：『虫，一名蝮。』《玉篇·虫部》：『虫，此古文虺字。』）。《匯考》以此句『蝮』爲衍文，恐未當；伯三一八九號作『蚩』，字書未見，存疑。『蝎』字丙、己、癸卷作『蠍』，古異體字；伯三一八九號此字右部誤作『昜』。

〔二九三〕『蟒』字乙、庚、癸卷及上圖一七號右半作『奔』，皆『蟒』之俗字，《龍龕·虫部》所載『蟒』字俗體即有此二形。『蝮』字乙、丙、丁等十一卷同，甲二、戊卷及綴五作『腹』（綴五右半殘，此據殘存的『月』旁推知），汪泛舟、《郝録》均以『腹』字爲是，可從。『腔』字伯三一八九號作『膪』，蓋『腔』字俗訛。『腹身腔』三字似皆蛇蠍類的身體器官用詞。又『蝮』之注音字『覆』底卷誤書爲大字，此改正（『蝮』『覆』《廣韻·屋韻》皆有方福切一讀，爲同音字）；劉復録入正文，未當。

〔二九四〕『鷰』字甲二及戊卷作『鸗』，皆《説文》『燕』的增旁俗字，《王一·霰韻》『燕』下云『或作鷰』，可參。又甲二『鸗』字略有塗抹，右側有一小字『鸗』，或示改正之意。

〔二九五〕『凰』字綴八誤作『風』。又庚卷止於此句之『鸖』字。又甲二『鸖』字右上角注有一小字，略似『曷』字，『鸖』字《廣韻·鐸韻》音下各切，匣紐宕攝，『曷』字《廣韻·曷韻》音胡葛切，匣紐山攝，唐五代西北方音宕攝、山攝有混同之例。

〔二九六〕『鴈』字乙、丁卷作『鷹』，形誤字；『鴈』同『雁』，爲『鵝』的異稱。又『鴈』字《廣韻·諫韻》音五晏切，注音字『眼』《廣韻·産韻》音五限切，二字紐同韻近。

〔二九七〕『鴛』字《廣韻·元韻》音於袁切，注音字『煙』《廣韻·先韻》音烏前切，唐五代西北方音元、先二韻通用（羅常培有『以先注元例』）。甲二『鵫』字右下角注小字『巡』，『鵫』字《廣韻·諄韻》音詳尊切，『巡』字同韻音常倫切，唐五代西北方音邪、禪二紐不分（參看上文校記〔六〇〕）。

〔二九八〕『鵰』字癸卷左部作『彫』，繁化俗字；丙、己卷此字作『彫』，音誤字。『鷂』字甲二、壬卷及綴五、綴八同，己卷左側訛作『乎』；丙卷及斯五四六三號作『就』，『鷲』字音誤，乙、丁、癸卷及斯五四四九、上圖一七號即作『鶖』；伯三一八九號此字上部不甚明晰，似『就』而稍有訛變；按『鶖』『鷂』二字義皆可通。『鵃』字綴五作『鶡』，蓋古通用字。

〔二九九〕『翅』字斯五四六三號左部訛作『麦』。『翾』字丁卷右部訛作『朋』；壬卷作『鷊』，文中蓋『翾』的换旁俗字，與《説文》『鶂』字或體『鷊』同形異字。『翶』字壬卷及上圖一七號作『鶇』，文中蓋『翶』的换旁俗字。又『翅』字《廣韻·寘韻》音施智切，書紐止攝，注音字『鼠』《廣韻·語韻》音舒吕切，書紐遇攝，此亦魚韻讀同止攝諸韻例（參看上文校記〔五〇〕）。又甲二『翅』字右下側注有小字『之』，又『翾』字右下側注有小字『雨』，『翶』字右下側注有小字『熬』。按『之』字《廣韻·之韻》音時而切，與『翅』紐韻皆近，在忽略聲調的情況下可以互注；『翾』字《廣韻·麥韻》音下革切，『雨』字《廣韻·麌韻》音王矩切，二字聲韻遠隔，當爲由聲符『羽』（《廣韻》與『雨』同一小韻）類推之俗音；『翶』『熬』二字《廣韻·豪韻》同音『五勞切』。

〔三〇〇〕此句甲二作『麔鹿麜麀』，與其他文本不同，然該四字右下角注有小字『射香麞鹿』，蓋使用者旁記別本異文。又『麝』字癸卷及斯五四四九、上圖一七號作『廓』，俗省；丙卷作『廓』，又『廓』字訛變。『香』字戊卷作『麘』，蓋涉上下文類化增旁。『麖』字丙卷同，『麖』字音訛；丁、戊卷及綴八即作『麖』；乙卷及斯五四四九、伯三一八九、上圖一七號大抵作『麖』，皆『麖』字訛省；癸卷作『麖』，壬卷作『麖』，又『麖』字訛變；己卷作『麞』，蓋又『麖』受『麞』字影響而誤。

〔三〇一〕『猿』字底卷及壬、癸等七卷右部訛作『表』形，兹據乙、丙、丁、戊、己卷録正；甲二作『猨』，古異體字。『猴』字乙卷右部訛作『隻』，伯三一八九號右部訛作『伏』。『狍』字乙、丙、丁等十卷作『庖』，音誤字；甲二、戊卷作『麃』（戊卷下部有塗改，《郝録》云此二卷作『麃』，不確），作『狍』作『麃』義皆可通。『麞』字底卷下部訛作『京』（上部的『鹿』又省『比』形構件），兹據甲二、乙、丙等十卷録正；斯五四四九、斯五四六三及上圖一七號『麞』上部無『比』形構件，俗省（參看上條校記）。又丙卷『麞』字右側有一小字『章』，或爲注音字。又『猿』字《廣韻·元韻》音雨元切，注音字『負（員）』《廣韻·仙韻》音王權切，此亦『元仙互注例』（參看上文校記〔二五二〕）。『麞』字《廣韻》音諸良切，章紐陽韻，注音字『張』《廣韻》音陟良切，知紐陽韻，唐五代西北方音舌上音、正齒音混同，故二字同音。又甲二『猨』字右下角注一小字『爰』（不太明晰），『猴』字右下角注一小字『侯』，『麅』字右下角注一小字『庖』，前二字當爲注音（『猨』『爰』《廣韻》同音雨元切，『猴』『侯』《廣韻·侯韻》同音户鉤切），後者則應爲標注別本異文。

〔三〇二〕『罷熊』二字丁卷同，其餘各卷皆先後互乙。『熊』字丙卷作『能』，疑『熊』字誤書（『能』亦爲獸名，似熊，但古書罕用）。『罷』字丙、丁卷及斯五四四九、斯五四六三號、綴八同，『羆』字俗省，甲二、乙、戊等八卷正作『羆』。『兔』字乙、丁卷及斯五四六三號作『兔』，丙卷作『菟』，皆俗書；壬、癸卷作『䖘』，俗訛，《碑別字新編》載唐《司馬興墓誌》『兔』字有作相似形體者；此字劉復、吉田雅子録作『免』，《郝録》云斯五四六三號作『鬼』，均不確。又底卷『熊』字下注『悲』，二字音義均殊，『悲』當是上『罷（羆）』字的直音，『羆』《廣韻》音彼爲切，幫紐支韻，『悲』字《廣韻》音府眉切，幫紐脂韻，二字紐同韻近（斯六一七號《俗務要名林·獸部》：『羆，音悲。』可參）；此蓋底卷所據底本本作『熊羆』，抄手誤倒，而注音却照抄未加調整，遂鑄其謬。又甲二『狐』字右下角亦注有一『胡』字，與底卷直音同。

〔三〇三〕『虎』字底卷及甲二、丙、戊、己、癸卷及伯三一八九號、綴八作『虍』，俗字，玆據乙、丁、壬卷及斯五四六三等七卷録正。又『豹』字《廣韻》去聲效韻音北教切，注音字『鮑』《廣韻》上聲巧韻音博巧切，底卷以上注去，當出於對聲調的忽略。『犲』字《廣韻·皆韻》音士皆切，注音字『柴』《廣韻·佳韻》音士佳切，佳、皆二韻《廣韻》同用。

〔三〇四〕『馳』字綴八同，甲二、戊卷作『狆』，壬卷作『牠』，皆『肫』的換旁俗字（或涉上下文而類化換旁），丙、己、癸卷及斯五四四九、伯三一八九號正作『肫』（以上從『屯』之字寫卷皆從俗作『乇』）；乙、丁卷作『肌』，上圖一七號作『肥』，蓋又『肫』字形誤；此字吉田雅子右半録作『乇』，失真。『猗』字乙、丙、丁等十一卷同，乃『狗』之俗字，甲二正作『狗』。

〔三〇五〕『騾』字乙、丁卷及上圖一七號作『螺』，音誤字。『象』字壬、癸卷及斯五四四九、斯五四六三、伯三一八九號左側贅加『馬』旁，蓋涉上文從『馬』之字類化增旁。

〔三〇六〕『餧』字丙、己、癸卷及伯三一八九號作『唩』，文中蓋即『餧』的換旁俗字。『飼』字壬卷誤從金旁。『肥』字底卷及甲二、乙、丙等十二卷大抵作『肥』，隸變異體（《干禄字書》以爲『肥』的通行體），兹徑録正；戊卷左半作『食』，蓋涉上文從『食』之字類化換旁。

〔三〇七〕『雖』字斯五四六三號右半誤作『住』。又『騟』字《廣韻·虞韻》音羊朱切，以紐遇攝，注音字『爲』《廣韻·支韻》音薳支切，云紐止攝，二字紐近，止攝、遇攝唐五代西北方音同用（參看上文校記〔三六八〕）。『雖』字《廣韻·脂韻》音職追切，章紐止攝，注音字『朱』《廣韻·虞韻》音章俱切，章紐遇攝，此亦止攝、遇攝互注例（參看上文校記〔六七〕）。又甲二『騟』字右下角注小字『爲』，『雖』字右下角注小字『朱』，均與底卷同。又甲二『駮』字右側注小字『教』，『駮』字《廣韻·覺韻》音北角切，『教』字《廣韻·肴韻》音古肴切，二字紐韻較遠，底卷注『教』或據『駮』字聲符類推而致。

〔三〇八〕此句甲二、戊、壬卷作『䯄䮞騐驥』，語序不同。又『騐』字乙、丙、丁等八卷同，乃『驄』之俗字；綴五作『驄』，又『騐』的改換聲符俗字。『䮞』字綴五作『赭』，音誤字。『䯄』字底卷、丙卷及上圖一七號右部作『𤓰』，即『瓜』旁當時的規範寫法，甲二、乙、丁等九卷右部作『爪』，則『瓜』旁俗訛（參看上文校記〔三七三〕），癸卷似作『䯄』形，兹據録正；壬卷右部作『苽』，繁化俗字；『䯄』又爲『騧』的後起形聲字，綴五正作『騧』。

〔三〇九〕『鞍』字壬卷左側從『馬』，蓋涉上文從『馬』之字類化換旁。『韉』字伯三一八九號右半作『席』，形訛字。『轡』字底卷及甲二、丙、戊等十一卷下部作『巨』，乃『轡』之俗字，乙、丁卷即作『轡』，兹徑録正。又底卷以『箭』注『韉』，甲二同，『韉』字《廣韻》平聲仙韻音則前切，注音字『箭』《廣韻》去聲線韻音子賤切，二者以去注平，當出於對聲調的忽略。

〔三一〇〕『靽』字甲二、丙、戊、己、癸卷及伯三一八九號作『絆』，古異體字（《説文》只有『絆』字）。『鞚』字壬卷右半作『孔』，當爲『鞚』字改換聲符之異體。『韁』字乙、丁、戊等八卷大抵同，『韁』的改換聲符俗字，甲二、壬卷及上圖一七號正作『韁』；丙卷作『彊』，乃『韁』字音訛；己卷作左『弓』右『薑』，又爲『彊』的繁化俗字。

〔三一〕『橋』字底卷作『槗』，俗寫，兹徑録正；甲二、乙、丁、戊卷及上圖一七號、綴八作『鞽』（右部亦多作俗書）；『鞽』蓋『橋』的後起分化字，指鞍橋。『鐙』字壬卷及上圖一七號、綴八同，乃『鐙』的後起形聲字，甲二、乙、丙等十卷正作『鐙』。『靻』字甲二、戊、壬卷同，乙、丙、丁等十卷作『靻』。按《廣韻·姥韻》則古切：『靻，靻勒名。』即馬籠頭。『靻』字義較合。但此字底卷直音『折』（甲二同），『靻』字《廣韻·薛韻》有旨熱切一讀，與『折』字在同一小韻，則似又以『靻』字爲是。斯六一七號《俗務要名林·雜畜部》『靻，懸鐙皮。之列反』，『之列反』與『旨熱切』同音，其中的『靻』亦『靻』字之訛，可參。又『鞼』字《王一·灰韻》音素迴反（《廣韻·灰韻》素回切其字作『韉』），注音字『漼』《廣韻·賄韻》音七罪切，羅常培歸之於由聲符類推的讀音。甲二『鞼』字右下角注『碎』，『碎（碎）』字《廣韻·隊韻》音蘇内切，甲二以去注平，當出於對聲調的忽略。

〔三二〕『鞽』字乙、丁、戊等十卷同，此字字書不載，當是『鐍』的換旁俗字（涉上下文從革之字類化），甲二、丙、己卷正作『鐍』；壬卷作『鞽』，上圖一七號似作『鞝』形，當又爲『鞽』字訛變；此字汪泛舟、《蒙書》録作『韉』，《郝録》正文校『鞽』作『鞣』，校記又稱當作『鞽』，均不確。『傍』字乙、丁卷作『鎊』，上圖一七號作『鞤』，皆音誤字（後字亦可能涉上文從『革』之字類化換旁）。又此句乙、丁卷及上圖一七號『鞘』字在『帶』後，語序不同。又甲二『鐍』字右下角注一小字『鞽』，蓋旁記異文。

〔三三〕『鈚』字甲二、乙、丙等十卷大抵同，『錍』字異體（玄應《音義》卷一一《中阿含經》第六十卷『爲錍』條下云：『（錍）又作鈚、鎞二形，同，普迷反……鈚即大箭也。』）；壬卷右部作『人』，伯三一八九號右部作『乇』，上圖一七號右部作『乇』，疑皆『鈚』字形訛；綴五存右部『不』，原字或爲『鈈』字，『鈈』字《龍龕·金部》以爲『鉟』的俗字，符悲、芳悲二反，『刃戈也』，文中或爲『鈚』字音誤。『哮』字丙卷同，當爲『髇』字音訛，甲二、乙、丁等十卷即作『髀』；『髀』又『髇』字異體，綴五即作『髇』（《集韻・爻韻》：『髇，鳴鏑也。或作髀。』）；壬卷作『錍』，字書不見，蓋即『髀』的類化換旁俗字；綴八僅存右半『孝』。『鏃』字伯三一八九號作『鉃』，簡俗字（《龍龕・金部》載『鏃』俗作『鉃』，可以比勘）；丙、戊、癸卷右半誤作『敖』。又『鈚（錍）』字《廣韻・齊韻》音匹迷切，注音字『比』《廣韻・至韻》音毗至切，二字音近互注（參看上文校記〔九八〕）；甲二『鈚』字右下角注小字『丕』，『丕』字《廣韻・脂韻》音敷悲切，與『鈚』音近。

〔三四〕『弰』字丙卷及綴五同，伯二六〇九號《俗務要名林・戎仗部》釋作『弓末也。所交反』；甲二、戊卷作『銷』，音訛字；癸卷作『䏲』，斯五四四九、斯五四六三及伯三一八九號作『頗』，皆形訛字；乙、丁、己卷及上圖一七號作『彈』，『彈』可指彈弓，義亦可通，但此二句皆就弓箭而言，仍以作『弰』義長。『弩』字己卷及斯五四四九、斯五四六三號誤作『努』。『鈍』字甲二、丙、戊、己、壬卷同（原卷右部皆從俗作『乇』），文中疑當校讀作『純』（可能涉下作『鋼』字者類化），乙、丁、癸等八卷正作『純』（原卷右部亦皆從俗作『乇』）。『剛』字底卷及伯三一八九號左部作『罡』，癸卷及上圖一七號左部作『罡』，皆『剛』字俗寫，茲徑録正；『剛』文中當讀作『鋼』，乙、丁卷正作『鋼』（原卷右部從俗作『罡』）；甲二、戊、壬卷及斯五四四九、斯五四六三號作『⿰金剛』，又爲『鋼』的繁化俗字；綴五作『綱』（右半略殘，似本作俗體『罡』），蓋涉上作『純』字者類化偏旁。此句壬卷作『弩⿰金延鈍⿰金剛』與其他各卷不同，『⿰金延』字不識，《郝録》作『鋌』，形近，但意不合，存疑（《郝録》校『弩鋌』爲『彈弩』，不可從）。又『弰』字《廣韻・肴韻》音所交切，注音字『巢』《廣韻・肴韻》音鉏交切，二字韻同，崇、審二紐唐五代西北方音混用（羅常培論及『牀』母混入審、禪二母，可參）。底卷以『脣』注『鈍』，甲二同，『鈍』通『純』，後者《廣韻・諄韻》音常倫切，『脣』《廣韻・諄韻》音食倫切，唐五代西北方音船、禪二紐混同（參看上文校記〔三六二〕）。

〔三五〕『脱』字甲二、戊卷及綴八同，當校讀作『奪』，乙、丙、丁等九卷作『棄』形，正是『奪』的俗字；癸卷作『鴌』，又爲『棄』字之訛。此句壬卷作『劫剥賊棄』，語序不同。

〔二二六〕『怕』字伯三一八九號誤作『伯』。『怖』字底卷及戊卷、綴八誤作『悕』，茲據甲二、乙、丙等十卷録正；伯三一八九號右半作『市』，形訛。『懼』字底卷及丙卷、伯三一八九、上圖一七號右半作『翟』形，俗訛（參看上文校記〔一五三〕），茲據甲二、乙、丙等十卷録正。又『怖』字《廣韻》去聲暮韻音普故切，注音字『普』《廣韻》上聲姥韻音滂古切，底卷以上注去，當出於對聲調的忽略。

〔二二七〕『私』字底卷及甲二、乙、丙等十三卷右部作『么』，俗字，茲録正。『竊』字底卷及甲二、乙、丁等十二卷右下部皆作『禹』，甲二、乙、丁等十卷左下部作『禾』，壬卷左下部作『米』，皆俗寫，茲徑録正。又『盗（盜）』字《廣韻》去聲号韻音徒到切，注音字『道』《廣韻》上聲晧韻音徒晧切，並定紐濁聲，唐五代西北方音濁上變去，故二字同音。

〔二二八〕『越』字甲二、戊卷作『跳』，『跳』『越』義皆可通。『驀』字丙卷作『暮』，後者《説文》以爲『謨』字古文，文中蓋爲『驀』字音訛；戊卷作『騫』，形誤字。又『驀』字《廣韻·陌韻》音莫白切，注音字『麦（麥）』《廣韻·麥韻》音莫獲切，《廣韻》陌、麥二韻同用。

〔二二九〕『蹤』字斯五四四九及上圖一七號作『縱』，『蹤』『縱』在『蹤迹』義上爲古異體字。又丁卷止於此句『追』字。

〔二三〇〕『忖』字丙卷作『寸』，古通用字；伯三一八九號作『村』，音誤字。『愎』蓋『度』涉上『忖』字類化增旁，其餘所見十二卷皆作『度』。又『忖』字《廣韻》上聲混韻音倉本切，注音字『寸』《廣韻》去聲慁韻音倉困切，底卷以去注上，或出於對聲調的忽略；然『忖』由『寸』得聲，抑或由聲符類推而然。

〔二三一〕『謀』字己卷作『諶』，形誤字。『智』字丙卷作『諸』，音訛字。

〔二三二〕『掩』字底卷及乙、戊、己等七卷右部作『奄』形，贅點俗字（參看上文校記〔一七〇〕），甲二、丙卷及綴八、伯三一八九號即作『掩』，茲據正；壬卷作『奄』，『奄』之俗字，文中爲『掩』字音誤；癸卷左部訛從『木』。『捉』字丙卷作『投』，己卷作『没』，壬、癸卷左半從『木』，皆形訛。『搜』字壬卷左半訛作『木』。『贓』字斯五四四九號作『臟』，形誤字。

〔三三〕『僞』字乙卷及斯五四四九、斯五四六三、上圖一七號誤作『爲』。『或』字乙卷及伯三一八九、上圖一七號同，甲二、丙、戊等八卷作『惑』，『或』『惑』古通用。又『僞』字《廣韻・寘韻》音危睡切，疑紐止攝，注音字『遇』《廣韻・遇韻》音牛具切，疑紐遇攝，此亦止攝、遇攝互注例（參看上文校記〔六七〕）。

〔三四〕『詃』字己卷作『詌』，『詃』字改换聲符之異體；斯五四六三號『詃』右下部的『幺』訛省作『ム』形。『誇』字戊卷及斯五四四九、斯五四六三、伯三一八九、上圖一七號作『誇』，贅點俗字。

〔三五〕『摴』字乙、己卷及斯五四六三、上圖一七號同，丙、壬、癸卷及斯五四四九、伯三一八九號作『樗』，戊卷作『攄』，甲二作『櫖』，蓋皆古混用字（斯二〇五五號《切韻箋注・魚韻》：『摴，摴蒱。今作攄。』可參）。『蒲』字丙卷作『蒱』，作『摴蒱』解時二字可混用；甲二、斯五四四九號作『擗』，伯三一八九號作『莆』，皆『蒱』字訛變；戊卷及斯五四六三號及綴五作『捕』，音誤字。『攤』字壬卷作『灘』，音誤字。『賭』字己卷作『貼』，伯三一八九號左半作『月』，皆形訛。

〔三六〕『酬』字乙、丙、己等十卷同；戊卷作『⿰貝烏』，甲二、綴五略同（甲二『貝』旁訛作『月』，綴五右部作『為』，其上又有『𠂉』形構件）；按斯六二〇八號《時要字樣》『⿰貝烏』下釋『賽』，『酬賽』『⿰貝烏賽』義均可通。『賽』字壬卷作『塞』，音誤字。『觴』字己卷及綴五、綴八同；甲二、乙、丙等十卷作『⿰酉昜』，俗字（參看上文校記〔三六〕）。又甲二『⿰貝烏』字右下角注小字『酬』，蓋旁記異文。又甲二『輸』字右下角注小字『須』，『輸』字《廣韻》音式朱切，書紐虞韻，『須』字音相俞切，心紐虞韻，此亦書紐心紐相混之例（參看上文校記〔七七〕）。

〔三七〕『圍』字伯三一八九號誤作『團』。『碁』字斯五四四九及斯五四六三號誤作『基』。『握』字丙、己、癸卷訛從『木』，乙、壬卷及斯五四四九號等六卷訛作『掘』。『槊』字斯五四四九、斯五四六三及上圖一七號誤作『塑』。又甲二『槊』字右下角注一小字『朔』，蓋直音字。

〔三八〕『戲』字底卷左半作『虗』，甲二、乙、丙等十一卷左半大抵作『虚』，皆『戲』的俗字，茲徑録正。『拚』字底卷及丙、癸卷右部作「卡」（癸卷左部似又訛從木旁），皆「拚」字訛變，己卷及伯三一八九號正作「拚」，茲據録正；「拚」同「拼」，又「弄」的增旁俗字，甲二、乙、戊等六卷即作「弄」。「披」字丙、癸卷及伯三一八九號誤作「柀」。「倡」字乙、壬、癸等七卷同，「猖」字之訛，甲二、戊卷正作「猖」；丙卷左部作「木」，己卷作「扌」，皆「犭」旁之訛。

〔二九〕「窂」字甲二、丙、戊等十卷大抵同，「牢」之俗字，乙卷正作「牢」。「囚獄」二字其他各卷均作「獄囚」，義均可通，然以後者義稍長。

〔三〇〕「縛」字乙卷左半作「彳」，蓋涉下字類化換旁。「愢」字乙、丙、戊、己、壬卷從「彳」，皆「惌」的俗字（《干禄字書》：「愢惌：上俗下正。」）；此字右上部汪泛舟録作二「失」，《蒙書》録作二「先」，皆失真。又「繫」字《廣韻・霽韻》音古詣切，注音字「敬」（劉復誤抄於「禁」字右側）《廣韻・映韻》音居慶切，此亦「以庚注齊例」（參看上文校記〔二九〕）。

〔三一〕「撿」字甲二、乙、戊等十卷同；癸卷作「检」，「檢」字簡省，丙卷即作「檢」；「撿」「檢」二字均有「查勘、查驗」之義，皆可通。「驗」字乙卷及斯五四四九、斯五四六三、上圖一七號作「挍」，「挍（校）」字義亦可通。

〔三二〕「匆」字斯五四四九號誤作「匇」。「忘」字乙卷及綴八、斯五四四九、斯五四六三號同，「妄」字音誤，丙、戊、己等七卷正作「妄」；壬卷作「僞」，或因與「妄」字義近而誤。「誣」字乙卷及斯五四四九、斯五四六三號作「誈」，壬卷作「誙」，當皆「誣」字俗訛（《龍龕・言部》載「誣」俗作「誈」「諲」，可參）。「謗」字底卷脱，此據甲二、乙、丙等十二卷補。

〔三三〕「拷」字底卷及丙、壬、癸等八卷訛作木旁，茲據甲二、乙、戊、己卷及斯五四六三號録正。「捽」字底卷及癸卷、斯五四四九、伯三一八九號左部訛從「木」，右部從俗作「卆」，茲據斯五四六三號録正；甲二、戊、己卷亦作「捽」（右部從俗作「卆」）；丙卷作「桒」，綴五作「抇」，乙卷作「持」，上圖一七號作「栫」，亦皆「捽」字之訛；壬卷脱。「棒」字底卷及綴五訛從「扌」旁，茲據甲二、乙、丙等十卷録正；壬卷作「韃」，蓋因「鞭韃」

習語相涉而誤。

〔三三四〕『鏁』字甲二、乙、丙等九卷大抵同，『鎖』的俗字，戊、己卷正作『鎖』；此字《蒙書》録作『錙』，誤。『杻』字斯五四六三號作『抽』，形誤字。『械』字乙、壬卷及伯三一八九、上圖一七號同，甲二、丙、戊等七卷作『桁』；按『械』『桁』二字義皆可通（《集韻·唐韻》：『桁，木在足曰械，大械曰桁。』）。

〔三三五〕『判』字壬卷左半誤作『米』。『無』字乙卷及上圖一七號作『付』，音訛字。『黨』字斯五四四九號誤作『儻』。又甲二『判』字僅存左上角，殘字左上方有一小字『判』，蓋使用者旁補。

〔三三六〕『豈』字壬卷音誤作『欺』。『誑』字綴八同，甲二、丙、戊等七卷作『枉』，『誑』『枉』義皆可通；乙、戊卷及伯三一八九、上圖一七號作『狂』，則爲『誑』或『枉』字之誤。又甲二『賢』字右上側有一小字（略近『王』），字形較小，具體爲何字，有待進一步考察。

〔三三七〕『筆』字斯五四六三號下部作『乇』，『毛』旁訛省，『笔』爲『筆』的後起俗字。『現』字其他各卷均作『硯』，底卷形訛，兹據校正。『紙』字戊卷及斯五四四九、斯五四六三、伯三一八九、上圖一七號、綴八作『帋』，增旁俗字。

〔三三八〕『録』字丙卷作『緑』，音誤字。

〔三三九〕『童』字斯五四四九號作『章』，乃涉上句『章』字而誤。『蒙』字底卷脱，此據甲二、乙、丙等十三卷補。『習』字甲二、戊卷及綴五、綴八同，乙、丙、己等七个卷號作『初』，『習』『初』二字義皆可通；斯五四六三號作『集』，誤。『學』字斯五四四九號作『斈』，俗字。

〔三四〇〕『易』字壬卷僅存下端及右側若干殘迹，《郝録》補作『以』，似不確。『忘』字甲二、丙、戊卷誤作『妄』。

〔三四一〕尾題亦見於甲二、乙、丙、戊、己、壬、癸卷及斯五四四九、斯五四六三、伯三一八九、綴五、綴八等卷，其中『蒙』字乙卷誤作『朦』，甲二左側漫漶；『卷』字甲二殘缺，癸卷下端殘；餘大抵同底卷。又綴五尾題位於卷子下半部分，其上另有『開蒙要』三字，尾題後有僅存右半的殘文一行，且有污損，多不可辨。

〔三四二〕上述寫卷中具卷末題記者有五，分别爲：底卷『天成四年九〔月〕十八日燉煌郡學仕郎張□□書』，戊卷

『維大唐天福叁年歲次已亥九月五日張富郎書』，壬卷『大中五年辛未三月廿三日學生宋文獻誦、安文德寫』，斯五四六三號『顯德伍年十二月十五日大雲寺孝郎(下缺)』，伯三一八九號『三界寺孝士郎張彦宗寫記』。各卷題記除伯三一八九號以略小的文字接書於尾題下外，餘皆抄於尾題之後，單獨一行。又伯三一八九號尾題後抄有『聞道側書［難，側書］是實難，側書須立側，還須側立看』、『聞道側書難，側書實是難。側書須側立，還須側▨▨(立看)』(自右向左逐漸傾斜)打油詩兩行；兩行打油詩之間有『聞道側』『開蒙要訓一卷』等文字，第二行之後又有『開蒙要一卷』等字樣。

(本篇由張涌泉、張新朋合撰)

訓蒙書抄（一）

伯三一四五背

【題解】

本篇底卷編號爲伯三一四五背。正面爲『戊子年潤五月社司轉帖』一道，寧可、郝春文《敦煌社邑文書輯校》（江蘇古籍出版社一九九七）定爲端拱元年（九八八）。卷背抄本篇，凡二十行。無題。《索引》題作『習書雜字』，《寶藏》及《索引新編》同；《法藏》改題作『雜字』。其中前二十四字劉復《敦煌掇瑣》收入，據前六字題作『上大夫丘乙己』；而云以下字迹模糊不可讀，未録入。考本篇主要包括以下四部分内容：第一部分爲三字、四字、五字韻語；第二部分爲人名；第三部分爲敦煌地名；第四部分爲别本百家姓（凡一百零二姓，其中一個重複，一個模糊不清）。楷書不工，時有訛誤，大約是當時的學童據蒙師自編的識字讀物抄寫的，故據以擬題今名。其中部分内容宋元以後訓蒙讀物中尚見留存（參看鄭阿財、朱鳳玉《敦煌蒙書研究》第二章第四節，甘肅教育出版社二〇〇二）。文中的人名多見於十世紀後期的敦煌文書（詳見校記），據此可以推斷本卷當亦爲這一時期的抄本。

全卷尚未見前人校録。兹據《寶藏》等影印本及縮微膠卷校録如下。原本各部分接抄不分，兹按内容分爲若干段。

上大夫〔一〕，丘乙己〔二〕，化三千，七十二〔三〕，女小生〔四〕，八九子〔五〕。

牛羊万口〔六〕，舍宅不售〔七〕。甲子乙丑，六壬亥首〔八〕。之乎者也〔九〕。

上士由山水〔一〇〕，中人坐竹林。天生白有性〔一一〕，平子本留心〔一二〕。立行方迴也〔一三〕，文才比重仁〔一四〕。去年出北地，今日入南陰〔一五〕。未申孔父志〔一六〕，且作丁公吟〔一七〕。户内▨三史〔一八〕，門前出五音。若能求白玉，即此是黄金。黄金十万斤，用盡却還貧。不如懃斈（學）問，大寶自隨身。

翟君使。〔一九〕索指揮。〔二〇〕陳都衙。閻馬步。〔二一〕安校棟。〔二二〕陽孔目。〔二三〕羅鎮使。〔二四〕慕庫官。陳縣令。陰都知。〔二五〕張虞候。〔二六〕𨻶榮田。〔二七〕曹四大口。〔二八〕李將頭。安鄉官。泊知客。〔二九〕吴驛官。米判官。王羊司。高酒司。〔三〇〕郭柴塲。石市令。趙悵使。〔三一〕董平水。氾知馬官。〔三二〕押牙。〔三三〕

鄧大眼。樊安昇。韓保盈。令狐海通。〔三四〕范善興。李存德。斊（齊）法律。〔三五〕唐闍梨。

燉煌。莫高。神沙。龍勒。洪池。洪閏。玉關。赤心。慈惠。穀通。〔三六〕退渾。

張王李趙。〔三七〕陰薛（薛）唐〔三八〕。安康石吉，羅白米史。曹。何。景。梁。胡。竇。宋。蕱（蘇）。黑。穆。彭。程。麴。屈。郝。鄯。就。沈。〔三九〕郭。祝。崔。槗（橋）。申。傳。〔四〇〕任。候。閞（關）。遊。沙。左。龍。袁。院。唐。擲〔四一〕。劉。徐。枦（柳）。姚。黄。馮〔四二〕雷。岳。常。周。樂。譚。令狐。温。孟。盧〔四三〕。蔣。▨〔四四〕。霍。荆。馬。韓。范。氾（氾）。樊。侣〔四五〕。尹。賀。泊。閻。慕容。翟。斊（齊）。金。菜〔四六〕。畵（畫）。吴。田。陽。價〔四七〕孔。孫。索。柴。雙。董。陳。杜。朗。裴。万。通。

【校記】

〔一〕『上大夫』以下一段爲訓蒙識字讀物，敦煌寫本中時有所見，而文字略有不同，如斯七四七號背習字：『上大夫，丘一己，化三千，七十二，女（原卷抄寫至此止）』斯一二三二號背習字：『上大夫，丘乙▨，▨五千，七十工，女小生，八九子。牛羊千口，舍宅不受。』斯一四七二號背習字：『上大夫，丘乙巳（己），化三千，七十二，女心（小）生，八九子。牛羊千口，舍（原卷抄寫至此止）』斯四一〇六號背《訓蒙書抄》：『上大夫，丘乙已（己），化三千，七十工，女小生，八九子。牛羊千口，捨宅不受。大[illegible]于申子乙[illegible]之乎者也。』斯五六三一號背習字：『上大夫，丘乙已（己），化三千，七十二，女小生，八九子。牛羊千口，舍宅不售。大王下手，甲子乙丑，之乎者也。』斯六九六〇號背習字：『上大夫，丘乙己，化三千，「七」十二，女少生。』斯八六六八號背習字：『□□夫，丘乙己，化三千，七十二，女小生，八九子。牛羊（原卷抄寫至此止）』伯二七三八號背雜寫：『上大夫，丘乙已（己），化三千，七十二，▨小生，八九子。牛▨（原卷抄寫至此止）』伯三七〇五號背習字：『上大夫，丘乙已（己），化三千，七十二，女▨▨，八九子。』伯三七九七號背大宋開寶九年（九七六）習字：『上大夫，丘一己，化三千，七十二，女小生，八九子。牛羊千口，宅字（原卷抄寫至此止）』伯三八〇六號背習字：『上大夫，丘乙已（己），化三千，七十士，二小生，八九子，可知其禮也。』伯四九〇〇號咸通十年（八六九）習字：『上大夫，丘乙己，化三千。』北七八〇五號（生五五）背習字：『上大夫，丘［□］己，化三千，▨（生）（下缺）』俄敦八六五五號背習字：『□丘一己，化三千，七十二。』又斯一三一三號《大乘百法明門論義序釋》云：『言演半滿於言派者，且如世小兒上學，初學「上大夫」等爲半字，後聚多字成一字者，令盡識會爲滿字。』其中的『上大夫』，宋元以後傳本多作『上大人』，如宋釋守堅集《雲門匡真禪師廣録》卷上：『問乞師指示。師云：「上大人，丘乙巳（己）。」進云：「學人不會。」師云：「化三千，七十士。」』（《大正藏》卷四七頁五五二）又宋蘊聞編《大慧普覺禪師語録》卷二八《答呂郎中（隆禮）》：『平生所讀底書，一字也使不著，蓋從「上大人，丘乙已（己）」時便錯了也。』（同上頁九三〇）宋釋慧明《五燈會元》卷一九《提刑郭祥正居士》條云：『上大人，丘乙己，化三千，七十士，爾小生，八九子，佳作仁，可知禮也。』朱熹《答潘叔昌書》亦有『上得天了，却旋學「上大人」亦不妨也』語（《晦庵先生朱文公文集》卷四六）。又宋陳郁《藏一話腴》云：『孩提之童才入學，使之徐就規矩，亦必有方，發於書學是也。故「上大人，丘乙己，化三千，七十士，爾小生，八九子，佳作仁，可知禮也」，殊有妙理。予解之曰：「大人」者，聖人之通稱也。在上有大底人，孔子是也。「丘」是孔子之名，以一箇身己，教化三千徒弟，其中有七十二賢士，但言「七十」者，舉成數也。爾是小小學生，八歲九歲底兒子，古人八歲始入小學也。「佳」者，好也；「作」者，爲也；當好爲仁者之人。「可」者，肯也，又當肯如此知禮節。不知禮，無以立也。若能爲人知禮，便做孔子也做得。凡此一段也二十五字，而「爾」字居其中，上截是孔子之聖也，下截是教小兒學做孔子。其字畫從省者，欲易于書寫；其語言叶韻者，欲順口好讀。「己、士、子、禮」四字，是音韻相叶。「也」之一字，乃助語以結上文耳。言雖不文，欲使理到，使小兒易通曉也。』（上海古籍出版社一九八八年版《説郛三種》涵芬樓一百卷本卷六〇）元謝應芳《龜巢藁》卷一八『學書』條云：『字書之學，訓蒙者率以「上大人」二十五字先之，以爲點畫簡而易習也。然所謂「三千」、「七十」，殆若指孔門弟子而言，是則第四字乃聖人名諱，理合迴避，豈宜手之口之，以瀆萬世帝王之師乎？其末兩語之乖剌尤甚。』如果「丘」指孔丘，則疑當據敦煌本作「上大夫」爲是；孔丘曾爲魯司寇，位在上大夫之列。

〔二〕『乙』字斯七四七號背、伯三七九七號、俄敦八六五五號背習字作『一』，宋陳郁把『乙己』解作『一個身己』，則作『一』字亦可；又『己』字底卷本作『已』形，斯四一〇六號背、伯三八〇六號背等卷子同，兹據斯六九六〇號背、伯三七九七號等本改。宋代以後傳本亦有作『己』、『已』、『巳』的不同（參上條引），『己』、『已』、『巳』三字俗書混用不分，似當以作『己』字爲是。

〔三〕『二』字斯六九六〇號背、伯三七九七號本同，伯三八〇六號背作『士』（參下校），斯一二三二號背、斯四一〇六號背作『工』，《五燈會元》等傳本則皆作『士』。按《史記·孔子世家》：『孔子以詩書禮樂教，弟子蓋三千焉，身通六藝者七十有二人。』蓋即『化三千，七十二』句所本，則當以作『二』字義長。伯三八〇六號本及傳本作『士』，陳郁以爲『但言「七十」者，舉成數也』，實恐屬傳抄傳刻者所改。作『工』者則爲『二』或『士』字俗訛。

〔四〕『女』同『汝』；傳本皆作『尔』或『爾』，義同。伯三八〇六號背作『二』，前一句『七十二』作『七十士』，疑此

『二』字實係改正前句『士』字，而本句脱一『女』字耳。或謂『二』通作『爾』，但作『爾小生』者宋代以後傳本始見，而爲敦煌本所未見也。又『小』字斯六九六〇號背作『少』，當以前者爲是。

〔五〕『八九子』句後伯三八〇六號背有『可知其禮也』五字，《五燈會元》等傳本有『佳作仁，可知禮也』七字。明祝允明《猥談》卷二『上父書』條云：『「上大人，丘乙己，化三千，七十士，爾小生，八九子，佳作仁，可知禮也。」右八句，末曳「也」字，不知何起。今小學學書，必首此，天下同然。書坊有解，胡説耳。……向一友謂余此孔子上其父之書也。「上大人」句，上，上書；「大人」，謂叔梁紇。「丘」句，聖人名。「乙己化三千七十士爾」句，乙、一通，言一身所化士如許。「小子八九佳」句，八九七十二，言弟子三千中七十二人更佳。「作仁」句，作猶爲也。「可知禮也」，仁禮相爲用，言七十子善爲仁，其於禮可知也。』清梁章鉅《浪迹續談》卷七則云：『其文特取筆畫簡少，以便童蒙，無取義理，祝氏之説，未免附會無稽矣。』按：以上十八字應作三字一句，其中『己』、『二』（或『士』）、『子』押韻。祝氏所引一説不可從。

〔六〕牛羊万口，『口』字劉復《敦煌掇瑣》録作『曰』，誤。斯一二三二號背、斯一四七二號背、斯五六三一號背、斯四一〇六號背、伯三七九七號背此句作『牛羊千口』。

〔七〕舍宅，劉復《敦煌掇瑣》誤録作『舍屯』，而連上句讀作『牛羊万曰舍屯』，而云以下字迹模糊不可讀，未予刻入。按：『牛羊』以下二十字皆應作四字句，當是與上文無關的另一則訓蒙讀物，其中『售』、『丑』、『首』押韻。『舍宅不售』斯五六三一號背同，斯四一〇六號背《訓蒙書抄》此句作『捨宅不受』，斯一二三二號背習字作『舍宅不受』，『捨』當作『舍』，『售』『受』二字敦煌寫本中通用。

〔八〕『甲子乙丑，六壬亥首』八字斯四一〇六號背《訓蒙書抄》作『大[illegible]于申子乙[illegible]』，『大』下『乙』下二字不可識，有脱誤；斯五六三一號背《習字》作『大王下手，甲子乙丑』；底卷『亥』字不太明晰，兹姑録作『亥』字，俟核定。古代術數式占中六壬式天盤的十二宮以亥爲首。清末葉悔亭《六壬視斯》：『天干凡十，而課獨取乎壬者，蓋壬乃陽水，天一生水，爲數之始。壬寄在亥，亥屬乾宮，亦《易》卦首《乾》之義也。』可參。

〔九〕之乎者也，『乎』字斯四一〇六號背《訓蒙書抄》音誤作『夫』。

〔一〇〕上士由山水，伯二八九六號背于闐文中夾雜有漢文習字，其中亦有此五字；斯四一〇六號背《訓蒙書抄》此句先後二見，皆作『上士油山水』，『油』當是『油』字俗書，『油』又『由』的音誤字，『由』有踐履、遵從等義；或校『由』爲『遊』，似不必。宋釋了悟等編《密菴和尚語録》：『不記月之大小，歲之餘閏，知他是凡耶是聖耶？……喝一喝云：「上士由山水，中人坐竹林。」』（《大正藏》卷四七）元李治《敬齋古今黈·拾遺》卷一云：『小兒初作字，點畫稍多，即難措筆，必簡易則易爲力，故小學有「上士由山水，中人坐竹林」之語。』皆作『由』字可證。宋以後有作『上士遊山水』者，疑出自後人臆改（上引《密菴和尚語録》『上士由山水』的『由』字《卍續藏經》第八十二册《五燈全書》卷四七引作『遊』，是其例）又明葉盛引作『尚士由山水』（參下校記〔一三〕引），『尚』爲古通用字。上士，道德高尚的人。《論語·雍也》：『中人以上，可以語上也；中人以下，不可以語上也。』『上士』即中人以上之人。

〔一一〕天生白有性，此句斯四一〇六號背《訓蒙書抄》先後二見，前作『禾生白有〔□〕』，後作『禾生白有性』，首字疑爲『禾』字，該卷下文有『蕪』字，寫作『蕪』、『蕪』等形，可以比勘；明葉盛引作『王生自有性』。『白有性』相對於下句『本留心』，疑以作『自』字義長。『天』、『禾』、『王』三字則不知何者爲是。劉長東《論中國古代的習字蒙書——以敦煌寫本〈上大夫〉等蒙書爲中心》（《社會科學研究》二〇〇七年第二期，以下簡稱劉長東）謂此句當作『天生自有性』，近是。

〔一二〕平子本留心，此句斯四一〇六號背《訓蒙書抄》先後二見，前作『平字留心本』，後作『平字本留心』（『心』爲韻脚字，作『平字留心本』者誤）。按明葉盛《水東日記》卷一〇云：『「上大人，丘乙已（己），化三千，七十士，尔小生，八九子，佳作仁，可知禮也。」「尚士由山水，中人坐竹林，王生自有性，平子本留心。」「王子去求仙，丹成入九天，山中方七日，世上幾千年。」已上数語，凡鄉學小童，臨仿字書，皆昉於此，謂之描朱。爾傳我習，幾遍海内，皆莫知所謂。或云僅取字畫簡少，無他義。或云義有了了可解者，且有出也。諸暨陳儒士洙今日云：嘗見宋學士晚年以眼明自夸，細書小字，嘗及此。學士其知所自者耶？」（上海古籍出版社影印文淵閣《四庫全書》本）據葉盛所引，或當以底卷作『平子本留心』爲是。劉長東謂『天生自有性，平子本留心』蓋用戰國韓平子之典。《説苑・敬慎》載：『韓平子問於叔向曰：剛與柔孰堅？對曰：「臣年八十矣，齒再墮而舌尚存。老聃有言曰：天下之至柔，馳騁乎天下之至堅。又曰：人之生也柔弱，其死也剛彊；萬物草木之生也柔脆，其死也枯槁。因此觀之，柔弱者生之徒也，剛彊者死之徒也。夫生者毀而必復，死者破而愈亡，吾是以知柔之堅於剛也。」平子曰：「善哉！然則子之行何從？」叔向曰：「臣亦柔耳，何以剛爲！」平子曰：「柔無乃脆乎？」叔向曰：「柔者紐而不折，廉而不缺，何爲脆也！天之道微者勝。是以兩軍相加，而柔者克之；兩仇争利，而弱者得焉。……」平子曰：「善！」』劉長東以爲蒙書此二句蓋謂人天生而有剛柔之性，但韓平子能留心柔弱的正面效用。可備一説。

〔一三〕立行方迴也，此句斯四一〇六號背《訓蒙書抄》先後二見，皆作『立行方迴夜』，『方』與下句『比』對文，似亦爲『比』義，而『迴也』、『迴夜』當以前者爲是。劉長東謂『迴也』指顏回，『也』爲『語助用之稱謂者』（清劉淇《助字辨略》卷三）。

〔一四〕文才比重仁，此句斯四一〇六號背《訓蒙書抄》先後二見，皆作『文財比重人』，『仁』或當讀作『人』，而『財』則當爲『才』的音誤字；或校『重』爲『衆』，似不可取。《嘉泰普燈録》卷一六載兩宋之際明辯禪師語：『今日忽有人問道場：如何是參議見佛燈得力句？只向道：上士由山水，中仁坐竹林。渠若云：曾舉似人麼？只向道：立行方回也，文才比仲壬。』（《卍續藏經》第七十九册）劉長東據以謂『重仁』或『重人』當作『仲壬』，『仲壬』蓋指東漢王充（王充字仲任，亦或作『仲壬』），可備一説。

〔一五〕今日入南陰，此句斯四一〇六號背《訓蒙書抄》先後二見，前作『今人曰南音』，後作『今人曰南音』，似當作『今日入南音』；『今日入南音』與上句『去年出北地』儷偶，『南音』指南方的音樂或口音，詩中代指南方地區。

〔一六〕斯四一〇六號背《訓蒙書抄》無『未申孔父志』以下十句。

〔一七〕且作丁公吟，《景德傳燈録》卷二二前韶州雲門山文偃禪師法嗣：『問：如何是和尚家風？ 師曰：石橋那畔有，遮邊無，會麽？ 僧曰不會。 師曰：且作丁公吟。』

〔一八〕户内▨三史，缺字底卷模糊不清，僅有一『口』形依稀可辨。

〔一九〕翟君使，當作『翟使君』。 漢時稱刺史爲使君，後亦用以尊稱州郡長官。 斯四七〇〇號《宋甲午年（九九四）五月十五日陰家婢子小娘子榮親客》、斯五〇三九號《宋丁丑年至戊寅年（九七七—九七八）報恩寺諸色斛斗破曆》、伯三七二一號《宋己卯年（九七九）十一月廿六日冬至月料官員》、斯四四四三號背乾元寺宋苟兒《諸雜難字一本》皆有『翟使君』，疑皆即一人。

〔二〇〕索指揮，又見伯二九一六號《宋癸巳年（九九三）十一月十二日張馬步女師遷化納贈歷》、斯四七〇〇號《宋甲午年（九九四）五月十五日陰家婢子小娘子榮親客目》、伯三九四二號《宋（九九四年前後）榮親客目》，前二卷與本卷相同的人名又有『羅鎮使』，後一卷又有『翟四大口』、『高酒司』。

〔二一〕閻馬步，馬步，蓋指馬步司長官。《資治通鑑·後唐明宗天成四年》：『是日，大霧，殷謂左右曰：「吾昔從孫儒渡淮，每殺不辜，多致兹異。 馬步院豈有寃死者乎？」』胡三省注：『時諸鎮皆有馬步司，置獄院以鞫囚，今大藩亦有兵馬司。』伯三九四二號《宋（九九四年前後）榮親客目》有『氾馬步』、『鄧馬步』，斯二八六六號《十世紀末沙州報恩寺諸色斛斗算會牒殘卷》又有『陰馬步』，當皆即此官。

〔二二〕安校棟，『校棟』當作『校楝』，即『教練』，官名。 斯六四五二號《宋壬午年（九八二）浄土寺常住庫酒破曆》有『安教練』，當同是一人。 伯二九一六號《宋癸巳年（九九三）十一月十二日張馬步女師遷化納贈歷》有『安校楝』，斯四六五九號背有『索挍楝』三字，『校楝』、『挍楝』亦皆應校讀作『教練』。

〔二三〕陽孔目，下文有『陽』姓，但敦煌卷子中未見『陽孔目』，而有『楊孔目』（斯三四〇五號《社人付親情社色物曆》、斯六四五二號《宋壬午年（九八二）浄土寺常住庫酒破曆》），不知是否爲一人。

〔二四〕羅鎮使，又見伯二九一六號《宋癸巳年（九九三）十一月十二日張馬步女師遷化納贈歷》、斯四七〇〇號《宋甲午年（九九四）五月十五日陰家婢子小娘子榮親客目》、伯三四四〇號《宋丙申年（九九六）三月十六日見納賀天子物色人名目及納綾絹曆》、斯二八六號《沙州諸寺諸色斛斗入曆》。

〔二五〕陰都知，伯五〇三二號《某年六月索押牙妻身亡轉帖》有「社官陰都知」，斯五八五五號《宋雍熙三年（九八六）六月節度都頭陰存禮疏》有「奉爲故慈父都知，就弊居七七追念設供」語，則陰存禮之父曾爲「都知」一職，或即其人。

〔二六〕張虞候，又見斯三三二七號背《己丑年十月七日巷社結案局席文書》，伯二七〇八號《社子名單》有「虞候張留住」，當即其人。

〔二七〕隡榮田，「隡」爲「薛」（或作「薩」）字俗寫，「榮田」當作「營田」，「榮」「營」古字通用。「營田」蓋指掌管屯田事宜的營田使。斯四一二一號《宋甲午年（九九四）五月十五日陰家婢子小娘子榮親客目》有「索營田」，斯四四七二號背《辛酉年（九六一）十一月廿日張友子新婦身故聚贈曆》有「慕容營田」，伯二七三八號背《常年局席轉帖抄》有「令狐營田」，伯三七六四號背《某年十一月十五日秋座筵設轉帖抄》有「齊營田」。

〔二八〕曹四大口，此人夾雜在含帶官銜的人名中間，「四大口」不知是否也表示官銜，斯四六四三號《宋甲午年（九九四）五月十五日陰家婢子小娘子榮親客目》、伯三四四〇號《宋丙申年（九九六）三月十六日見納賀天子物色人名目及納綾絹曆》皆有「翟四大口」，可以比勘。

〔二九〕泊知客，又見斯二八九四號背《宋壬申年（九七二）十二月卅日常年建福轉帖抄》，當爲同一人。

〔三〇〕高酒司，又見伯三四四〇號《宋丙申年（九九六）三月十六日見納賀天子物色人名目及納綾絹曆》，當爲同一人。

〔三一〕趙悵使，「悵」當爲「帳」字俗訛，俗書「巾」「忄」二旁相亂；「帳使」蓋同「帳史」、「帳吏」，係管理户籍財務的官吏。伯三四四〇號《宋丙申年（九九六）三月十六日見納賀天子物色人名目及納綾絹曆》有『陳帳史』。《晉書·汪叔堅傳》：『時廷尉奏殿中帳史邵廣盜官幔三張，合布三十四，有司正刑棄市。』《舊唐書·職官志三》：『京兆、河南、太原所管諸縣，謂之畿縣。……司户，佐四人，史七人，帳史一人。』《金史·世宗本紀中》：『有司奏，夏國進御帳使因邊臣懇求進入，乃許之。』

〔三二〕氾知馬官，『氾』當爲『氾』的俗字，下文『氾』姓同，『氾』爲敦煌著姓；『知馬官』蓋管理馬匹的官員，俄敦一四三九號《丙戌年九月十九日親情社轉帖》有『畫知馬官』，可以比勘。

〔三三〕押牙，亦稱『押衙』。唐李匡乂《資暇集》卷中：『武職令有押衙之名，「衙」宜作「牙」，此職名，非押其衙府也，蓋押牙旗者。』

〔三四〕令狐海通，亦見於斯四四四三號背乾元寺宋苟兒《諸雜難字一本》，該卷與本卷相同的人名又有『翟使君』。

〔三五〕齊法律，亦見於伯三七七九號《乙酉年四月廿七日寺主帖》。

〔三六〕『燉煌』至『慈惠』皆爲敦煌縣鄉名。伯二七三八號有『燉煌鄉、莫高鄉、神沙鄉、龍勒鄉、玉關鄉、洪池鄉、洪閏鄉、效穀鄉、赤心鄉、平康鄉、慈惠鄉』凡十一鄉鄉名。但未見名『穀通』者，俟再考。又『通』下底卷有一字，但已用卜號删去（敦煌另有『通頰鄉』，删去之字左半略近『夾』，但右半不像），故不録。據馮培紅考證，敦煌歸義軍創建後，恢復唐代鄉里制度，敦煌縣設有燉煌、莫高、神沙、龍勒、玉關、洪池、洪閏、效穀、平康、慈惠、赤心等十一鄉。到曹氏執政的十世紀三十年代，通頰部落一度被改編爲鄉；但公元九四四年曹元忠上臺後，改革鄉制，裁撤通頰、玉關二鄉，形成十鄉建制；『退渾』則爲部落而未改編爲鄉（《歸義軍時期敦煌縣諸鄉廢置申論》，載《敦煌歸義軍史專題研究續編》，蘭州大學出版社二〇〇三）。底卷『穀』應即『效穀』之脱誤。而『通』下底卷删去一字，左半略近『夾』，右部似未完成，或即『頰』之壞字；如前所説，本卷大約抄寫於十世紀後期，其時通頰鄉已撤，故抄手發現其誤而徑行删去（其上的『通』字亦應删去）。但本卷又有『玉關』、『退渾』，是其可疑者。

〔三七〕『張王李趙』以下爲《別本百家姓》，連一處缺字在内，凡一百零一姓（『唐』字先後二見，僅統計一次）。參看伯二九九五號《別本百家姓》。《蒙書》論及此卷（題作『姓氏書』），可參看。

〔三八〕『唐』後伯二三三一背、二九九五、三一九七背、三三六九背、斯四五〇四背等別本《百家姓》皆有『鄧』字，底卷或脱。

〔三九〕『沈』字底卷作『沉』，應爲『沈』字俗訛，兹徑正。

〔四〇〕『唐』字上文已見，此又重出，疑衍。

〔四一〕『擲』字非姓，疑爲『鄭』字寫訛。伯二三三一背、二九九五、斯四五〇四背、北八〇四一（李七十三）背等別本《百家姓》皆有『鄭』姓，可證。

〔四二〕『馮』字底卷作『馮』，當爲『馮』俗字『馮』的變體。

〔四三〕『廬』姓罕見，疑爲『盧』字之誤，伯二三三一背、斯四五〇四背、北八〇四一（李七十三）背等別本《百家姓》皆無『廬』，而有『盧』字，可證。

〔四四〕缺字底卷不甚明晰，鄧文寬目驗原卷疑爲『温』字，但『温』姓上文已見，似不當重出，故此仍設空待補。

〔四五〕『侣』字非姓，疑爲『吕』字寫訛。

〔四六〕『菜』姓罕見，但敦煌寫本斯二八九四號《社司轉帖》人名有『菜魄華』，斯六一一三號《渠人轉帖》有『菜敉忠』，可知敦煌當有『菜』姓。

〔四七〕『價』字非姓，疑爲『賈』字寫訛。參看《百家姓》（二）校記〔三〕。

訓蒙書抄(二)

斯四一〇六背

【題解】

本篇底卷編號爲斯四一〇六背。無題。《索引》題作『兒童習字』,《寶藏》及《索引新編》同;《英藏》改題作『習字』。《索引新編》有按語云:『中有「上大夫,丘乙己,化三千,七十工,女小生,八九子」,與一般的三字經不同。』按本篇包括以下内容:『門來善[illegible]』等四字韻語、大寫數字壹至拾、『上士油山水』等五字韻語(上述三部分底卷重出,而文字前後略有不同)、『上大夫』等三字韻語、『牛羊千口』等四字韻語、姓氏或人名,主要内容與伯三一四五號背《訓蒙書抄》相同,大約也是學童據蒙師自編的識字讀物抄寫的,故據以擬題今名。原卷字體較差,有不少字難以辨認(這些字校録時直接據原卷掃描,不一一出校説明);姓氏或人名部分有整行重寫同一字的,也有只在每行行首寫一字而其下空白以備重複抄寫該字之用的,顯示出學童習書的特點。原本各部分接抄不分,茲按内容分爲若干段,據《英藏》等影印本及縮微膠卷校點如下。

門來善[illegible][一],宅[納世祥][二]。千祇(祀)大富[三],万歲延昌。行處[安□],座處無[殃][四]。精懃念仏[五],不共人象[六]。多[illegible][七]。慎火忌光[八]。[illegible]。

壹、貳、叁、肆、伍、陸、柒、拾、捌、玖。

上士油山水[九],中人坐竹林。[illegible]生白有[性][一〇],平字本留心[一一]。立行方迴夜[一二],文財(才)比重人[一三]。去年出[北地][一四],今入曰南音[一五]。

門來善遠，宅納世發。

門來善遠，宅［納］世祥。千［祀］大富，万歲延昌。行處安［□］，座處［無］殃。精懃念仏，不共人象。舍家平善，多足牛羊。雍他土常守本國子國〔一六〕，地玖（久）天長。

上士油（油—由）山水，中人坐竹林。丰生白（自）有性，平字（子）本留心。立行方迴夜，文財（才）比重人。去年出北地，今人曰南音。

上大夫，丘乙已〔一七〕，化三千，七十工〔一八〕，女小生，八九子。

牛羊千口，捨宅不受〔一九〕。大不于申子乙己〔二〇〕。之夫者也〔二一〕。

壹、貳、叁、肆、伍、陸、柒、捌、玖〔二二〕、拾。

索。翟。陳。康。羽。果。張。鄯。〔二三〕君（君？）。盈（盈）。▨。〔二四〕髟。柒。〔二五〕思。信。康。忠。趙。肢（胠？）。衾。迠（途？）。子。令狐。間。德。林。下。佞。曹。斯。秋。目。浮。右。初。脉。吴。惠。旁（旁？）。醜。奴。姬。韓。黄（黄？）。裕。加。羽。

昨日初生。藕。〔二六〕是。〔二七〕翟。〔二八〕懷。〔二九〕夜。〔三〇〕張。〔三一〕留。〔三二〕德。〔三三〕馬。〔三四〕男。〔三五〕赤。〔三六〕夜。〔三七〕宜。〔三八〕負。〔三九〕。梧。〔四〇〕

【校記】

〔一〕門來善遠，此句至『不共（供）人象（像）』八句底卷下文又重出，而字句有所不同，此句底卷下文又二見，『善』下『遠』字下文依次作『遠』、『遠』，均難以辨識。

〔二〕宅〔納世祥〕，此處底卷本只作『宅』一字，下文『門來』句下分別有『宅納世祥』、『宅世祥』句，三句互勘，擬補作『宅納世祥』四字。

〔三〕千祇，『祇』當讀作『祀』（《廣韻》『祇』字在脂韻，旨夷切，章紐止攝；『祀』字在止韻，詳里切，邪紐止攝；二字韻近紐異），『千祀』和下句『万歲』對文同義。

〔四〕『行處〔安□〕，座處無〔殃〕』，此二句底卷本作『行處座處無』五字，下文重出作『行處安座處殃』六字，似皆有脱誤，前後互勘，姑擬補如上，以待高明。

〔五〕精懃，下文又重出，『精』字左旁底卷皆作『耒』形，此形通常爲『耒』或『禾』旁的俗寫，卷中應爲『米』旁俗訛，兹録正。

〔六〕不共人象，此句下文重出，疑當校讀作『不供人像』或『不共人傷』。

〔七〕『多』下一字不可識，下文『不共人象』句下爲『舍家平善，多足牛羊』，此處疑有脱誤。

〔八〕慎火忌光，『慎』字底卷在行首，其右側行間有一『填』字，疑屬誤書而未删去者，兹不録。又『火』字下底卷有一字，似未寫全（略近『宏』字），疑屬誤書而未删去者，兹不録。

〔九〕『上士油山水』以下八句底卷下文重出，『油』字下文同，當是『油』字俗書，『油』又『由』的音誤字。參看《訓蒙書抄》（一）校記〔一〇〕。

〔一〇〕耒生白有〔性〕，此句下文作『耒生白有性』，兹據補『性』字。又『耒』疑爲『禾』字，底卷下文『穐』字寫作『[illegible]』、『[illegible]』等形，可以比勘；『白』疑爲『自』的訛字。此句伯三一四五號背《訓蒙書抄》作『天生白有性』，明葉盛引作『王生自有性』，或當校作『天生自有性』。參看《訓蒙書抄》（一）校記〔一二〕。

〔一一〕平字本留心，底卷本作『平字留心本』，兹據下文重句乙正，『心』爲韻脚字。又『字』字伯三一四五號背《訓蒙書抄》及明葉盛引皆作『子』，疑『子』字是。參看《訓蒙書抄》（一）校記〔一三〕。

〔一二〕立行方迴夜，下文同，伯三一四五號背《訓蒙書抄》作『立行方迴也』，『夜』當校讀作『也』。參看《訓蒙書抄》(一)校記〔一三〕。

〔一三〕文財(才)比重人，伯三一四五號背《訓蒙書抄》作『文才比重仁』。參看《訓蒙書抄》(一)校記〔一四〕。

〔一四〕『北地』二字據下文重句及伯三一四五號背《訓蒙書抄》擬補。

〔一五〕今入曰南音，下文重句作『今人曰南音』，伯三一四五號背《訓蒙書抄》作『今日入南陰』，疑當作『今日入南音』。説詳《訓蒙書抄》(一)校記〔一五〕。

〔一六〕『多足牛羊』句下字多不識，且有脱字，俟再校。

〔一七〕丘乙已，『已』當作『己』，説詳《訓蒙書抄》(一)校記〔三〕。

〔一八〕七十工，『工』當作『二』，説詳《訓蒙書抄》(一)校記〔三〕。

〔一九〕捨宅不受，伯三一四五號背《訓蒙書抄》作『舍宅不售』，當據正。參看《訓蒙書抄》(一)校記〔七〕。

〔二〇〕『大』下『乙』下二字不可識，此七字伯三一四五號背《訓蒙書抄》作『甲子乙丑，六壬亥首』八字，此處當有脱誤。參看《訓蒙書抄》(一)校記〔二〕、〔八〕。

〔二一〕之夫者也，伯三一四五號背《訓蒙書抄》作『之乎者也』，『夫』當爲音誤字。

〔二二〕抆，『玖』的訛俗字，蓋『玖』字涉上下文類化作『扌』旁，『久』旁又訛寫作『攵』形。

〔二三〕『鄁』字以下至『加』字底卷每行只在行首寫了一字，大約預留空白以待重複抄寫該字之用。

〔二四〕缺字底卷有塗改，模糊難辨。

〔二五〕『柒』字底卷左上部作兩點水旁，右上部作『口』形，當爲『柒』字草寫之變。

〔二六〕『蕪』字以下底卷大抵每行重複抄寫同一字，『蕪』字底卷重抄凡六次。

〔二七〕此字底卷抄在同行六個『蕪』字之下，字形與『蕪』字有所不同，疑爲『庾』字。

〔二八〕『翟』字底卷重抄凡九次。

〔二九〕『懷』字底卷重抄凡十五次。

〔三〇〕『夜』字底卷重抄凡十四次。
〔三一〕『張』字底卷重抄凡十次。
〔三二〕『留』字底卷重抄凡十五次。
〔三三〕『德』字底卷重抄凡十三次。
〔三四〕『馬』字底卷重抄凡十三次。
〔三五〕『男』字底卷重抄凡十七次。
〔三六〕『赤』字底卷重抄凡十四次。
〔三七〕『夜』字底卷重抄凡十五次。
〔三八〕『宜』字底卷重抄凡十次。
〔三九〕『負』字底卷重抄凡十次。
〔四〇〕『梧』字底卷重抄凡十三次。

雜集時用要字（一）

斯六一〇

【題解】

本篇底卷編號爲斯六一〇。前爲《啓顔録》，末署『開元十一年捌月五日寫了。劉丘子於二舅▨（家）』。後接抄本篇，字體相同，當出於同一人之手。僅存開頭十二行。標題原有（《索引》録作『新集時用要字』，《匯考》録作『雜集時要用字』，皆誤）。題稱『壹阡叁伯言』，而所存『二儀部』、『衣服部』、『音樂部』凡三部，僅正文一百六十三字及注文二十二字，不足全書之七分之一。除二儀部開頭『乾坤巽艮离兑震坎』八字單出外，其餘大抵爲二字一組的雙音詞，組與組之間有半個字左右的空格（本書校録時改用句號句斷）。前八字有釋義，音樂部『塤箎』條注『池』爲直音，其餘各組俱無音義。

對本篇的校録研究，牛龍菲《敦煌樂史資料概論》（上）（《新疆藝術》一九八四年第五期）曾作過音樂部的録文，但有隨意改字的情況；周祖謨《敦煌唐本字書叙録》（《敦煌語言文學研究》，北京大學出版社一九八八）對本篇的體例内容有簡要的介紹；張金泉、許建平《敦煌音義匯考》（杭州大學出版社一九九六）作過初步的校勘；郝春文主編的《英藏敦煌社會歷史文獻釋録》第三卷有録文及校記（校記中簡稱《郝録》）；鄭阿財、朱鳳玉《敦煌蒙書研究》也作過録文（校記中簡稱《鄭録》）。

兹參酌上述成果，據《英藏》影印本重新校録如下。另附寫卷圖版於首，以資比勘。

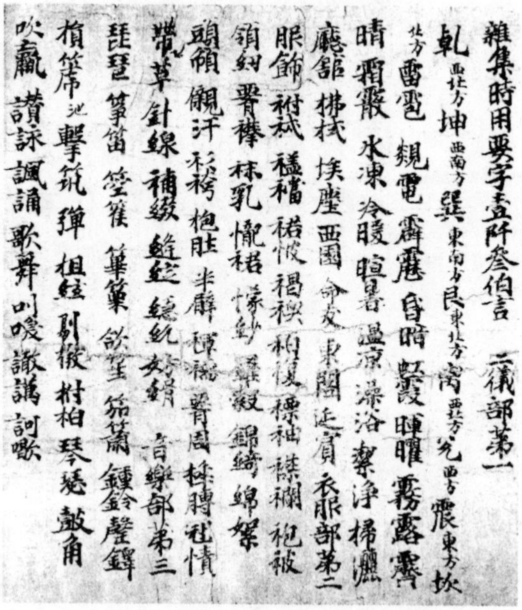
雜集時用要字壹阡叁伯言　二儀部第一
乹西北方 坤西南方 巽東南方 艮東北方 离西北方 兑西方 震東方 坎北方 雷雹 覘電 霹靂 昏暗 虹霞 暉曜 霧露 霽晴 霜霰 氷凍 冷暖 暄暑 温凉 澡浴 潔浄 掃灑 廳舘 拂拭 埃塵 西園 命友 東閣 延賔 衣服部第二
服飾 衵袜 襪襠 袺帔 褐襖 袙複 褾袖 襟襴 袍被

斯六一〇號《雜集時用要字》圖版

雜集時用要字壹阡叁伯言[一]

二儀（儀）部第一

乹（乾）西北方。坤西南方。巽東南方。艮東北方。离西北方。[二]兑西方。震東方。坎北方。雷雹。覘電。霹靂。昏暗。虹霞。暉曜。霧露。霽晴。霜霰。氷（冰）凍。冷暖。暄暑。温凉。澡浴。潔浄。掃灑。廳舘。拂拭。埃塵。西園。命友。東閣。延賔（賓）。[三]

衣服部第二

服飾。衬衭。〔四〕襤襠。裙帔。〔五〕褶襖。袹複。〔六〕褾袖。襟襴。袍被。領紐。〔七〕胥襻。袜乳。〔八〕幟裙。〔九〕幪紗。羅縠。錦綺。綿絮。頭帑。〔一〇〕僦汗。〔一一〕衫袴。抱肚。半辟（臂）。褌襦。〔一二〕胥周。[illegible]膊。〔一三〕冠幘。革帶。針線。補綴。縫綻。繐䌷。〔一四〕妨（紡）緝。〔一五〕

音樂部第三

琵琶。箏笛。箜篌。篳篥。欲笙。〔一六〕笳簫。鍾鈴。〔一七〕磬鐸。〔一八〕損（塤）箎池。〔一九〕擊筑。彈。〔二〇〕扭絃。〔二一〕剔撥。拊柏（拍）。〔二二〕琴瑟。皷角。〔二三〕吹羸。〔二四〕讃（讚）詠。諷誦。歌舞。叫喚。〔二五〕謶講。訶嗽。〔二六〕

【校記】

〔一〕壹阡叁伯言，『阡』同『千』，『伯』同『百』；古人契約等法律經濟文書，爲防竄改，『千百』常繁化作『仟佰』，亦有借用『阡伯』二字的，敦煌吐魯番文書中均所常見。

〔二〕离，『離』的簡俗字。注文『西北方』《匯考》校作『南方』，極是。『離』爲南方之卦，而『西北方』之卦爲乾。《周易·説卦》：『離也者，明也，萬物皆相見，南方之卦也。聖人南面而聽天下，嚮明而治，蓋取諸此也。』

〔三〕『澡浴』以下至此亦可讀作：『澡浴潔浄。掃灑廳舘，拂拭埃塵。西園命友，東閣延賓。』但原卷每二字下留有半字空格，故仍據以每二字用句號句斷。

〔四〕衬衭，『衭』當是『衱』字俗訛（《郝録》徑作『衱』），『衬衱』同『射鞴』。『衬』、『射』《集韻·遇韻》同音符遇切。又《集韻·遇韻》春遇切：『鞴，射鞴，服稱也。或作衱。』

〔五〕裙帔，『帔』字底卷作『怶』，俗訛形，兹録正（本卷『巾』旁多寫作『忄』旁，下文『幪紗』的『幪』、『冠幘』的

「幘」原卷皆作「忄」旁形，兹徑録正）；《説文·巾部》：「帔，弘農謂帬帔也。」「帬」「裙」古今字。

〔六〕袹複，《郝録》校作「袹腹」，是，「複」爲「腹」的類化换旁俗字；《釋名·釋衣服》：「裲襠，其一當胸，其一當背也。帕腹，横帕其腹也。」《廣雅·釋器》：「裲襠謂之袙腹。」「《集韻·陌韻》「袹」字下引《廣雅》作「袹腹」。「袹」、「袙」、「帕」爲一字之異。斯二〇七一號《箋注本切韻·陌韻》莫白切：「袹，袹複。」「袹複」亦同「袹腹」。

〔七〕領紐，「紐」字底卷無末一横，應爲「紐」字俗省（《鄭録》即作「紐」）；《郝録》作「紉」，兹不取。

〔八〕袜乳，「袜」字《廣韻·末韻》音莫撥切，釋「袜肚」，「袜肚」相當於今之肚兜，「袜乳」類似於今之胸罩；「袜」字唐代前後又用作「襪」的俗字，乃别一字；《郝録》「袜乳」録作「襪乳」，誤。

〔九〕⿰巾龍裙，「⿰巾龍」字底卷作「⿰忄龍」，「⿰忄龍」字字書釋「⿰忄龍悏」，義不合，文中應爲「⿰巾龍」字俗訛，兹録正；但字書并無「⿰巾龍」字，「⿰巾龍」又應爲「襱」的换旁俗字（《鄭録》徑作「襱」，非原形）；《集韻·東韻》盧東切：「襱，《方言》：齊魯之間謂之襱，關西謂之袴。一曰裙也。」

〔一〇〕頭⿱須巾，「⿱須巾」字底卷作「⿰礻頁」，乃「⿱須巾」字俗省，兹録正；《廣韻·虞韻》相俞切：「⿱須巾，頭⿱須巾。」

〔一一〕儭汗，《匯考》謂當從衣，引《廣韻·震韻》初覲切：「襯，近身衣。」按：此一用法的「儭」蓋即「襯」的换旁俗字。《廣韻·震韻》初覲切：「儭，裹也。」《集韻·稕韻》初覲切：「儭，藉也。」這類意義的「儭」實皆用同「襯」。

〔一二〕褌襦，「襦」《匯考》以爲「襦」的俗字，是；「需」旁作「需」爲俗書恒例。

〔一三〕[illegible]膊，「膊」前一字筆畫不清，《鄭録》作「⿰木臿」，當是，「⿰木臿」或又可校讀作「插」；《郝録》作「椊」，不可從。

〔一四〕繐綄，前一字乃「繐」的俗字；後一字底卷作「⿰糹允」，應爲「綄」字俗訛（「兑」旁俗書或作「兊」形，如上文「兊」字底卷即作此形，「兊」草書時易進而簡作「允」形），《郝録》作「紇」，形不合；《鄭録》作「綂」，字書無其字。斯六一七號《俗務要名林·女工部》：「綄，補綄也。徒會反。」「綄」即「綄」字俗書，可參。《廣

〔一五〕韻・隱韻》於謹切：『繧，縫衣相著。』『繧統』蓋近義連文。

〔一六〕妨（紡）緝，『妨』字從《匯考》校；『緝』字底卷作『緝』，乃『緝』字俗寫，《郝録》《鄭録》作『絹』，誤。

〔一七〕欲笙，『欲』字字書訓歠、訓嘗，義不合，疑此『欲』爲『歈』之誤，『歈』爲古『吹』字，《周禮・春官宗伯下》：『笙師掌教歈竽、笙、塤、籥、簫、篪、篴、管，舂牘、應、雅。』『吹笙』連用古書經見。

〔一八〕鍾鈴，《郝録》校作『鐘鈴』；按《廣雅・釋器》：『鍾，鈴也。』『鍾』、『鐘』二字古混用不分，『鍾』字不必校。

〔一九〕罄鐸，『罄』字《匯考》以爲同『磬』，是，此二字古同音通用。

〔二〇〕損（塤）箎，『損』字從《匯考》校；『箎』乃『箎』字俗寫，後者又爲『篪』的俗字。

〔二一〕『彈』字單出，與上下文體例不合，疑其下脱一字（疑爲『琴』字）。

〔二二〕担絃，『担』字字書訓挹、訓取，義不合，文中或爲『担』字俗訛（《郝録》作『擔』，蓋又據『担』字而加以繁化，不妥）。《廣雅・釋詁》：『担，擊也。』義略近之。但古書未見『担絃』或『担弦』連用者，仍是疑問。

〔二三〕拊柏，『柏』應爲『拍』字俗訛；《玉篇・手部》：『拍，普格切，拊也。拊，芳武切，拍也。』『拊拍』爲同義連文。

〔二四〕皷角，『皷』爲『鼓』的俗字，蓋『鼓』俗字從皮作『皷』，『皷』又形訛作『皷』。

〔二五〕吹羸，就字形而言，『羸』應爲『羸』字俗寫，但『羸』字義不合，文中疑爲『嬴』字之訛，『嬴』同『螺』。『吹螺』常語。

〔二六〕叫唤，『叫』爲『叫』的訛變俗字。參看張涌泉《敦煌俗字研究》下編『叫』字條。

〔二七〕訶嗷，『嗷』爲『喝』字異體；《玉篇・口部》：『嗷，火曷切，訶也。亦作喝。』

雜集時用要字（二）

斯三二二七背（底一）　斯六二〇八（底二）

【題解】底一編號斯三二二七背。正面爲《下女夫詞》、《韓朋賦》等。背爲本篇，首尾皆殘。存▨（石）器部、靴器部、農器部、車部、冠幘部、鞍轡部、門窓部、舍屋部、屏鄣部、花釵部、綵色部等。缺題。《索引》、《寶藏》定作『類書』；《金目》同，説明云『内容似專門記録詞彙，常見者如「門户」、「牀榻」等』；《索引新編》改擬『俗務要名林』；《敦煌唐本字書敘録》定作『某氏字書殘卷』；《匯考》作爲『雜集時用要字七種』之一（參看斯六一〇號《雜集時用要字》『題解』），《敦煌蒙書研究》略同。

底二編號斯六二〇八。卷背抄有『□西州迴鶻使□□五拾捌碩由▨▨□□▨（置？）▨（領？）廿八口酒壹百□』殘文書、十二月詩、《古賢集》等内容，末有題記『□酉年二月七日張學儒書』。正面首爲本篇，前殘，存□纈部、音響部、飲食部、薑笋部、菓子部、席部、布部、七事部、酒部等，酒部之後另行接抄『新商略古今字搸（樣）撮其時要并引正俗釋下卷第□（三）』，《索引》、《寶藏》、《索引新編》均把前後兩部分一併題作『新商略古今字樣撮其時要并引正俗釋上卷、下卷』。《索引》説明云：『上卷首缺，仍存纈部、音樂部、飲食部、菓子部、席部、布部、七事部、酒部等。下卷爲單字。』《金目》、《英藏》、《敦煌唐本字書敘録》、《匯考》、《敦煌蒙書研究》均以爲前後兩部分非一書，前一部分《金目》以爲『俗務要名林』，云『首尾俱缺』；《英藏》略同，題『俗務要名林（？）』；《敦煌唐本字書敘録》以爲是『某氏字書殘卷』；《匯考》定作『雜集時用要字七種』之一（參看斯六一〇號《雜集時用要字》『題解』），《敦煌蒙書研究》略同。

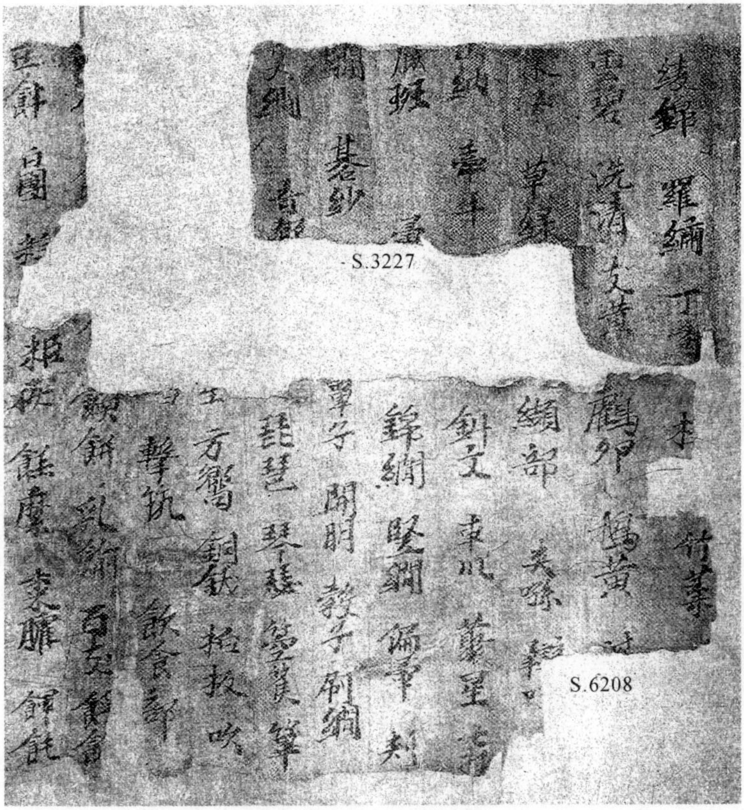

斯三二二七（底一）、斯六二〇八號（底二）綴合圖（局部）

按：底二前後兩部分字體非常接近，應出於同一人之手，但體例完全不同，應非一書（參看《時要字樣》之一題解）。底一、底二內容體例皆與《俗務要名林》不同，亦不應混而爲一（參看《俗務要名林》題解及録文）。《敦煌唐本字書敘録》以底一、底二爲一書分裂爲二（《匯考》、《敦煌蒙書研究》從之），極是。底一末部的七殘行可與底二前端部分綴合，如圖所示。《匯考》、《敦煌蒙書研究》以此二件內容體例與斯六一〇號《雜集時用要字》相近，據以擬定作『雜集時用要字』之一種（參看斯六一〇號《雜集時用要字》『題解』），近是，兹從之。二卷綴合後，凡殘存二十部，五十五行。就所存部分考察，原書係分類抄録各種事物名稱，以雙音詞爲主，偶亦有三字或單字的，無注文；有些部目與《俗務要名林》相同，但後者所收頗多單音詞，且每條下皆有音注，體式與本書異。所載詞語多俚俗日常所用，其中頗有爲他書所不經見者，如靴器部『接勒』、『爪頭』、『繞脚布』，車部『逆鞙』、『鞅子』，門窓部『墩砧』，屏鄣部『机子』，花釵部『旋風花』、『牙梳花』，飲食部『乳腐』，等等，體現了『時用』的特色。

據前人研究，底二卷後部接抄的『新商略古今字摥（樣）』與斯五七三一號同一內容的抄卷實爲同一卷之分裂，可以綴合，而後者卷背有唐僖宗乾符六年（公元八七九）的殘文書；底二卷前後兩部分既然出於同一人之手，則其抄寫時間均應在唐僖宗乾符六年之前，底二卷背『□酉年』題記『酉』前的缺字，亦可據此比定作『丁』字，『丁酉年』應爲唐僖宗乾符四年（參看《時要字樣》之一題解）。原卷『世』旁或改作『曳』（參看校記〔三〕、〔三八〕），或改作『云』形（參看校記〔三六〕、〔五五〕、〔九〇〕），當皆與避唐諱有關，這也從另一角度證明本卷應出於唐人手筆。不過底卷『韝（鞲）』字從俗寫作『鞲』（參看校記〔二四〕），又不改避，蓋當時避諱不嚴之故。另外，斯六一〇號《雜集時用要字》爲開元十一年（七二三）抄本，則可據以大致推斷這一類字書流行時間的上限。

周祖謨《敦煌唐本字書敘録》（《敦煌語言文學研究》，北京大學出版社一九八八）、朱鳳玉《敦煌寫本字樣書研究之一》（《華岡文科學報》第十七期，一九八九）對本書的體例內容有簡要的介紹，并較早指出底一、底二爲同一書之分裂；張金泉、許建平《敦煌音義匯考》（杭州大學出版社一九九六）對本篇作過初步的校勘；陳瑷慧《敦煌寫本〈俗務要名林〉研究》（杭州大學碩士學位論文，一九九七；以下簡稱陳校）亦有校録；鄭阿財、朱鳳玉

《敦煌蒙書研究》分别爲底一、底二作過録文。兹參酌上述成果，據《英藏》影印本重新校録如下。原卷條與條之間空半格至一格，本書校録時統一改用句號句斷。

（前缺）

犁耳。〔一〕 鋤鏵。〔二〕 ▨（鍬）□。〔三〕 針錐。 鑽鎚。 釘▨〔四〕。 □□。

▨（石）器部〔五〕

砺磚。〔六〕 砓礜。〔七〕 碓觜。 碑碣。 銘鋕。〔八〕 師子。 騏驎。〔九〕 石羊。 石人。 石碑。 石砢。 磨石。 舂臼。〔一〇〕 礪石。 温石。

靴器部

鞋韈。 靴履。 接靿。〔一一〕 爪頭。 綿鞋。 氈屣。〔一二〕 繞脚布。

農器部

犁樓。〔一三〕 杴八。〔一四〕 廉▨▨。〔一五〕 槤▨▨▨。〔一六〕 杈杷。 陸軸。〔一七〕 槤枷。〔一八〕 磃碡。 稍繕桐。 稍穀。 朾麥。〔一九〕 鎌鈠。 冶塲。〔二〇〕 洒掃。 簸筐。 栲栳。 攤聚。 散。〔二一〕 拓撲。〔二二〕 斛蚪。 圖囤。〔二三〕 蝅蠒。 緣絲。〔二三〕 曬曝。

車部

車鞦。 鞲索。〔二四〕 領鞍。 ▨（科）子。〔二五〕 鞦鷩。〔二六〕 蓬篷。〔二七〕 牛▨。〔二八〕 逆鞎。〔二九〕 鞅子。

冠幘部

襆頭。 巾子。 帽子。 吴鬃。 髻子。〔三〇〕 釵子。 籫笏。〔三一〕 箆子。〔三二〕

鞍轡部

鞍韉。[三三] 英拂。鞘鞴。[三四] 鐙鉏。[三五] 鞽（轎）瓦。遊韁。銜鞚。杏葉。[三六] 鞦轡。鄣泥。扨塵。[三七] 屜脊。[三八] 馬絆。驢榴。[三九]

門窓部

門户。閑店。[四〇] 窓牖。牀榻。櫝檻。[四一] 槽櫪。剉碓。梯楷。[四二] 楝（棟）籬。橔砧。[四三] 欄楔。[四四] 桔橰。

舍屋部

掾瓦。[四五] 簩籬。[四六] 櫟柱。科栱。檸（榛）栿。槫楓。連櫓。堂屋。房閆。編庫。厨廠。客廳。仏堂。[四七] 愽砌。甃壘。

屏鄣部

屏風。鄣子。鏡臺。鏡匣。梳箱。如意杖。粧篋。楦欞。拂子。机子。[四九]

花釵部

櫳頭花。[五〇] 旋風花。兩支花。鈿掌。月掌。牙梳花。扇。

綵色部

緋紫。麴塵。[五一] 蓼濫。[五二] 絳紫。綾錦。[五三] 羅繡。丁香。▨□。[五四] 竹葉。[五五] ▨□。[五六] 雲碧。[五七] 洗清。支黄。鶴卵。[五八] 鵝黄。▨□。[五九] 深紅。[六〇] 草緑。

□纈部[六一]

夾嗾。▨（辯）▨。[六二] ▨納。牽（牽）牛。□□。[六四] 斜文。[六五] 車川。[六六] 蓑星。七▨。[六七] ▨

（鹿）班○〔六八〕▨（暈）□○〔六九〕錦襉○〔七〇〕竪襉○〔七一〕偏暈。剌（刺）襉○〔七二〕碁紗。□□○〔七三〕▨子○〔七四〕

開明。穀子。刷襉。吴襉○〔七五〕

音▨□（響部）〔七六〕

琵琶。琴瑟。箜篌。篳□▨○〔七七〕方響（響）。銅鈸。拍板。吹□▨○〔七八〕擊築○〔七九〕

飲食部

▨▨。▨□。□▨○〔八〇〕餖餅。乳餉。百支○〔八一〕▨▨○〔八二〕豆餅○〔八三〕白團。▨□○〔八四〕粔籹○〔八五〕餻糜（糜）。黍（黍）臛。饆飩。餺飥。頭蹄。肝肚。白瓜○〔八六〕肉繡腸。灌易○〔八七〕魚膾○〔八八〕菟生○〔八九〕臟腌○〔九〇〕羙（魚）腩。煑[illegible]○〔九一〕鯀鮧○〔九二〕蝦鮓○〔九三〕淅□。粳糅（粱）。粉粥。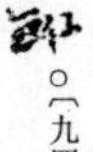○〔九四〕爆剥。鵝鴨。▨▨○〔九五〕□▨○〔九六〕方碁。柳葉（葉）。餲餓。酪漿。乾味▨（子）○〔九七〕▨（砂）磄○〔九八〕石蜜。胡椒。蓽撥○〔九九〕胡擢子。馬芹子○〔一〇〇〕橘皮。石髓。乳腐。條脯。乾酪。麁（鹿）腊○〔一〇一〕獐腊。

薑笋部

木耳。薺苨。紫薑。鹿角。松▨○〔一〇二〕肉醬。醬苽○〔一〇三〕

菓子部

梨柿。桃▨○〔一〇四〕石榴。胡桃。林擒。榲桲○〔一〇五〕梅杏。李柰。榑▨（棗）○〔一〇六〕芙蓉。莰蘸○〔一〇七〕菱角。蒲菊○〔一〇八〕甘蔗（蔗）。荷蓮〔一〇九〕。稠根○〔一一〇〕

席部

龍鬚○〔一一一〕鳳劻○〔一一二〕莅子○〔一一三〕蕑藺○〔一一四〕蒲合。夾怗○〔一一五〕葦簟○〔一一六〕籧篨。

布部

火麻。高機。树皮。單纑。土纑。蕉葛。竹疏。紵布。獇巾。〔一一七〕欝（鬱）林。紫緆。〔一一八〕支江。象簟。白疊。

七事部

▨帶。〔一一九〕鉉子。礪石。火▨（鑽）。〔一二〇〕針▨（筒）。〔一二一〕解錐。揳胜真。〔一二二〕笇（筭）袋。

酒部

春臘。桒（桑）落。〔一二三〕醂醾。〔一二四〕白醪（醪）。胡酒。蒲菊酒。〔一二五〕醞釀。醁酒。清酒。清濁。醔漉。壓醩。〔一二六〕

【校記】

〔一〕底一起『犁耳』二字，部目字缺，陳校擬補作『鐵器部』，近是。

〔二〕鋤鏵，『鏵』上底一另有一字，略近『鏵』字而筆畫不全，蓋誤書而未塗去者，兹從《匯考》删。

〔三〕『鍬』字底一右部略有殘泐，此字之下底一殘缺，按空間，約缺五字。

〔四〕『釘』下一字底一右下部殘泐，陳校録作『鏃』，與殘字形近，但字書并無『鏃』或『鑣』一類的字，俟再考。此殘字下底一殘缺，兹據空間擬補二缺字符。

〔五〕石噐部，『石』字底一存左下部，兹從《索引新編》擬補；『噐』爲『器』的俗字，下同。

〔六〕砾磚，『砾』字字書不載，俟再考；《蒙書》右部録作『辰』，形不合。

〔七〕砇礨，『砇』字右部底一作『夂』形，此形通常爲『殳』或『夋』的俗寫（下文『殳』旁底一多作此形），因據楷正作『砇』；陳校録作『硋』，字書無此字，似不確；但『砇』字字書釋『砇砠貌』（山勢陡峭重疊貌），此與『礨』字連用，疑别爲一字。

〔八〕 銘銡，同「銘誌」，「銡」爲「誌」的換旁俗字或「志」的增旁俗字（涉「銘」字類化）。《集韻·志韻》職吏切：「銡，銘也。」俞樾《茶香室四鈔》卷一四引元陸友仁《研北雜志》，云唐貞元十四年墓甎有「銡」字；俞氏據以謂「此因銘字從金，而志字亦從金，唐時俗字也」。

〔九〕 「騏驎」條底一在行末，下「石羊」條底一在次行之首，此二行之間底一夾抄有「沙州有功將仕郎守左驍衛金吾大夫兼左馬步」小字一行，似屬後抄，與本篇無關。

〔一〇〕 薔臼，「薔」字中部字形不太明晰，兹從《匯考》録文，《匯考》以此字爲「齏」的俗字，可從；「齏」俗字亦作「虀」、「薔」，可以比勘。

〔一一〕 接靿，《匯考》引《吐魯番出土文書·唐咸亨三年新婦爲阿公録在生功德疏》「兩色綾接靿」，而疑「接靿」爲「接[革卯]」之訛，非是；上揭吐魯番出土文書「[革卯]」字原卷作「」，實爲「靿」字草書之變，同一寫卷下文有「墨緑紬綾襪一量錦」，末字亦爲「靿」字草書，可資比勘（此二「靿」字《吐魯番出土文書（叁）》皆録作「[革卯]」，誤）。「接靿」蓋指靴筒或襪筒之屬。唐段成式《酉陽雜俎》卷一忠志：「安禄山恩寵莫比，錫賚無數，其所賜品目有……金花獅子瓶，熟線綾接靿。」正用「接靿」一詞。

〔一二〕 氈[尸电]，「[尸电]」字其他字書不載，應爲「屉」的避唐諱改寫字；「屉」同「屟」。《廣韻·霽韻》他計切：「屜，履中薦也。亦作屟、屜。」「屟」爲《説文》本字，或體作「屜」，又省作「屉」，「屜」、「屉」又避唐諱改寫作「[尸彳电]」、「[尸电]」。

〔一三〕 犁樓，《匯考》校讀作「犁耬」，是；陳校録「樓」作「摟」，與原形不合。《廣韻·侯韻》落侯切：「耬，種具。」《玉篇·耒部》：「耬，力兜切，耬犁也。」

〔一四〕 杴八，「杴」字陳校録作「扻」，似與原形不合；「八」字《匯考》校讀作「朳」，近是。《廣韻·嚴韻》虛嚴切：「杴，鍬屬。」又黠韻博拔切：「朳，無齒杷也。」

〔一五〕 「廉」「槤」二條底一單獨作一行，體例亦與上下文不合，字體似亦有別，或係傳閲者所加。「廉」字注文二小字底一墨迹較淡，前一字左半似作禾旁，後一字似爲『也』字。

〔一六〕本條注文三小字底一墨迹較淡，後二字似爲『木也』。

〔一七〕陸軸，下文又作『磃碡』，並同『碌碡』或『磟碡』。《齊民要術》卷二水稻：『選地欲近上流，三月種者爲上時，四月上旬爲中時，中旬爲下時，先放水，十日後曳陸軸十遍。』

〔一八〕榧枷，同『連枷』，『榧』爲『連』的類化增旁俗字。《玉篇・木部》：『枷，音加，枷鎖；又連枷，打穀具。』

〔一九〕朾麥，同『打麥』，『朾』『打』古今字。

〔二〇〕冶塲，『塲』文中爲『場』的俗字。

〔二一〕散，此字底一在行末，單出，與上下文體例不合，上條『聚』字底一似有塗改，或此『散』字乃抄手寫於行末以改彼字者。《説文新附・手部》：『攤，開也。』『攤』『散』義近連用。

〔二二〕拓撲，『撲』字底一作『摸』形，《匯考》定作『撲』的俗字，是，兹録正。

〔二三〕綟絲，『綟』通常爲『縿』字俗寫，文中則爲『繰（繅）』的訛俗字。

〔二四〕韝索，『韝』爲『鞲（韝）』字俗寫。

〔二五〕科子，『科』子左部底一黯淡不清，兹從陳校擬補。

〔二六〕鞦鼇，『鞦』字陳校、《蒙書》皆録作『獸』，誤。

〔二七〕蓬簺，『蓬』《匯考》以爲同『篷』，當是；『簺』字中部筆順不太明晰，各家録字皆有誤；《集韻・阮韻》父遠切：『簺，車上蓬（篷）。』《篇海類編・花木類・竹部》引作『簺』，與底一字形合。

〔二八〕牛▨，『牛』下一字左部底一不甚明晰，陳校録作『莿』，形略近，但字書無『莿』字，存疑。

〔二九〕逆鞧，『鞧』字底卷本作『鞧』，俗書從旦、從且不分，兹徑録正；斯六一七號《俗務要名林・雜畜部》：『鞧，懸鐙皮，之列反；亦逆鞧。』其中的『鞧』亦爲『鞧』字俗寫（標目字伯二六〇九號正作『鞧』）。《廣韻・曷韻》當割切：『鞧，柔革也。又之列切。』

〔三〇〕髻子，『髻』字下部底卷訛作『古』，兹據《匯考》録正。

〔三一〕簪笏，『簪』字《匯考》以爲『簪』的俗字。按：此應爲二字上部字形相似而誤，作『簪』是。

〔三二〕篦子，『篦』字《匯考》校作『篦』，極是；『毘』旁俗書多有寫作『昆』形的，斯三八八號《正名要録》『正行者楷，脚注稍訛』類『媲』下脚注『娓』，是其例。

〔三三〕鞍韉，『韉』爲『韉』字俗省。

〔三四〕鞘韄，《王一·灰韻》素迴反：『韄，鞘。』『韄』當是『韉』的改換聲旁俗字。《廣雅·釋器》：『韉謂之鞘。』《廣韻·支韻》山垂切：『韉，鞍鞘。』

〔三五〕鐙鉏，『鉏』當是『鉏』字俗訛，而『鉏』又當是『靼』的類化換旁俗字；伯二六〇九號《俗務要名林·雜畜部》：『鐙，丁鄧反。靼，懸鐙皮。之列反。』

〔三六〕杏葉，『葉』爲『葉』避唐諱的改寫字；『杏葉』指形似杏葉的馬鞍。《白氏長慶集》卷五五《出使在途所騎馬死改乘肩轝將歸長安偶詠旅懷寄太原李相公》：『驛路崎嶇泥雪寒，欲登籃轝一長歎。風光不見桃花騎，塵土空留杏葉鞍。』《西崑詶唱集》卷上宋錢惟演詩：『歌翻南國桃根曲，馬過章臺杏葉韉。』

〔三七〕拔塵，就字形而言，『拔』可以推定作『扷』或『拔』的增筆俗字，而尤以後一種可能性爲大（下文『銅鈸』的『鈸』底二右部與上字右部同形），但『拔塵』不知何義。伯三六九七號《捉季布傳文》：『一自結交如管鮑，宿素情深舊拔塵。』亦用『拔塵』一詞，《敦煌變文校注》校後例爲『跋塵』，可備一説。

〔三八〕屜脊，『屜』應爲『屜』的避唐諱改寫字。『屜』《説文》作『屟』，或體作『屧』，又省作『屜』，唐代避諱改寫作『屜』和『屜』。《匯考》謂『屜』爲『屜』之俗字，未盡確。『屜脊』蓋指馬鞍。《字彙·尸部》：『屜，他計切，音替，鞍屜。』《宋史·輿服志一》：『駕六青馬，馬有金面，插鵰羽，鞶纓，攀胸鈴拂，青繡屜，錦包尾。』參看上文校記〔一三〕及《俗務要名林》校記〔五〇五〕。

〔三九〕驢榴，《蒙書》録作『韁榴』，未契原卷；『驢榴』含義不明，存疑。

〔四〇〕開扂，「開」爲「關」的俗字，「扂」字陳校録作「启」，《蒙書》録作「房」，皆誤；《廣韻·删韻》古還切：「關，《説文》曰：以横木持門户也。《聲類》曰：關，所以閉也。」《集韻·忝韻》徒點切：「扂，户牡。」「關」「扂」蓋皆門閂一類之物，「關扂」爲近義連文。

〔四一〕櫃檻，「櫃」字陳校録作「樻」，《蒙書》録作「植」，似皆未契原卷；《廣韻·至韻》求位切：「櫃，櫃篋。」又檻韻胡黤切：「檻，闌也；《説文》……一曰圈。」「櫃檻」蓋亦近義連文。

〔四二〕梯楷，「楷」字《廣韻·合韻》音他合切，釋「柱楷頭」（柱上承接大梁的方木），義不合，此與「梯」字連用，似指踏脚用的矮凳之屬，其字通常作「踏」。

〔四三〕橔砧，「橔」字《集韻·魂韻》音都昆切，「枯也」，《康熙字典》、《中華大字典》、《漢語大字典》等大型字典承之，「枯」疑爲「枮」的訛字（《集韻·忝韻》徒點切：「扂，户牡。」其中「扂」字下部的「占」錢氏述古堂影宋鈔本訛作「古」，是其比）；《集韻·侵韻》知林切：「椹，斫木櫍也。或作枮、鍖。」《龍龕·石部》：「砧，通；碪，正：陟林切，擣衣石也。……又鐵一等。」後一意義的「砧」、「碪」亦「椹」的異體俗字。底一「橔」與「砧」字連用，「橔」亦猶「砧」也，「橔」確然爲砧板之義。

〔四四〕欄［木架］，「［木架］」字其他字書不載，應即「架」的增旁俗字，猶底一下文「梁」字增旁作「樑」之比。

〔四五〕㧻瓦，「㧻」《匯考》以爲「椽」的訛字；按「椽」字俗省作「椓」，再訛寫作「㧻」，敦煌寫本中均頗經見。

〔四六〕篣籬，《蒙書》録作「茅籬」，與原形不合。

〔四七〕仏堂，「仏」爲「佛」的簡俗字。上博一五號西魏大統十一年（五四五）寫本《法華經文外義》：「又問：衆生作仏=續衆生者，涅槃是假以不？」又北周《强獨樂文帝廟造象碑》：「願一切法界衆生，早得作仏。」這是今天可以見到的「仏」字的較早用例。

〔四八〕愽砌，「愽」爲「博」的俗字，《蒙書》録作「慱」，似未契原形；「【砌 variant】」字其他字書未見，《匯考》據《龍龕·石部》「砌」俗字作「㓟」，以「【砌 variant】」「㓟」爲一字之變，可從；然「博砌」未知何意，俟再考。

〔四九〕机子，『机』爲『几』的增旁俗字，『机子』蓋小案桌之屬。

〔五〇〕櫳頭花，『櫳』字《蒙書》録作『襱』，似未契原形；『櫳』疑當讀作『攏』，收束之意。

〔五一〕麴塵，淡黄色；《蒙書》録作『麴塵』，誤。唐釋貫休《禪月集》卷二《苦熱寄赤松道者》：『硐茗園瓜麴塵色，驕冷奢涼合相憶。』

〔五二〕蓼濫，當讀作『蓼藍』；『蓼藍』爲一年生草本植物，葉含藍汁，可製染料。

〔五三〕底一從『綾錦』條起末七行僅存上部，其中前二行存上部三條，下部三條在底二；後五行底一存上部三分之一行，下部半行在底二，二卷之間每行殘泐一二字左右（見題解所附綴合圖）。

〔五四〕底二從殘字起。此下三條見底二。本條殘字底二存左部木旁，右部及下一字殘泐。

〔五五〕竹葉，『葉』爲『葉』避唐諱的改寫字。下同。參看上文校記〔三六〕。

〔五六〕本條僅存上一字的上部殘畫，下至行末缺，按空間，此處約可抄二字，故殘字下暫擬一缺字符。

〔五七〕『雲碧』以下三條在底一。

〔五八〕『鶴卵』以下三條在底二。

〔五九〕本條僅存上一字的上部殘畫，下至行末缺，按空間，此處約可抄二字，故殘字下暫擬一缺字符。

〔六〇〕『深紅』、『草緑』二條在底一。

〔六一〕『緅部』二字及該部前二條在底二，『緅部』前應缺一字。

〔六二〕辯☒，『辯』字右下部底二略有殘泐，其下一字存左部『口』旁。又此殘字下底二殘泐，就空間而言，至行末還可抄一至二字，不知是否另有缺字。

〔六三〕『☒納』、『牽牛』二條在底一。『納』上一字底一存下部『山』形，陳校擬補作『出』字，可備一說。又底一此條以下諸條陳校擬補部目『雜事部』，非是。

〔六四〕底一、底二綴合後此處仍缺可抄二字的空間，故暫擬補二缺字空格。

〔六五〕「釷文」以下四條在底二。「釷」文中疑爲「斜」的訛俗字。《西京雜記》卷一：「宣帝被收繫郡邸獄，臂上猶帶史良娣合采，婉轉絲繩繫身毒國寶鏡一枚，大如八銖錢，舊傳此鏡見妖魅，得佩之者爲天神所福，故宣帝從危獲濟，及即大位，每持此鏡，感咽移辰，常以琥珀笥盛之，緘以戚里織成錦，一曰斜文錦，帝崩不知所在。」「斜文」即指「斜文錦」。

〔六六〕車川，疑同「車釧」，《集韻·僊韻》昌緣切（與「川」字同一小韻）：「釧，車釧。」

〔六七〕「七」下一字底二不太明晰，略近「樓」字，存疑。

〔六八〕「鹿班」及下一條「暈」的殘字在底一。「鹿」字上部底一略有殘泐，《匯考》逕録作「鹿」，玆據擬補；「班」字中部底一作「夕」形，原字應爲「班」字俗寫，「班」通作「斑」，《匯考》以爲原字即「斑」字，《蒙書》逕録作「斑」，似不確。《匯考》引《俗務要名林·綵帛絹布部》錦有名「卧鹿」者，以爲與「鹿斑」當是同類物，可備一説。

〔六九〕「暈」字存上半，作「彐」及其下「車」旁上部的殘畫，應是「暈」俗體的殘字；下文「偏暈」的「暈」字底二作「暈」，可以比勘；「暈」字下應缺一字。

〔七〇〕「錦繝」以下三條及「剌（刺）繝」條的「剌」字在底二。

〔七一〕竪繝，《蒙書》録作「堅繝」，非是。

〔七二〕刺繝，「刺」字在底二行末，「繝」字在次行行首，在底一。下「碁紗」條亦在底一。

〔七三〕底一、底二綴合後此處仍缺可抄二字的空間，故暫擬補二缺字空格。

〔七四〕「▨子」以下四條在底二。「子」上的缺字底二存「覃」，其上殘泐，原字疑爲「簟」字。

〔七五〕「大繝」條及下「音▨（響）」二字在底一。「大繝」陳校録作「□繝」，《蒙書》録作「莫繝」，皆有誤；《集韻·襇韻》居莧切：「繝，錦文也。唐有大繝錦。」《新唐書·代宗紀》：大曆六年「禁大繝、竭鑿六破錦及文紗、吴綾爲龍、鳳、麒麟、天馬、辟邪者」。

〔七六〕音▨，『音』下一字底一存上部『鄉』，陳校擬補作『響』字，近是，此二字或爲部目字，『響』下應缺『部』字；《索引》擬定作『音樂部』，斯六一〇號《雜集時用要字》亦有『音樂部』，但此處殘形與『樂』字上部不合。

〔七七〕『篳』字底二在行末，次行上部殘泐，『篳』下應爲『篥』字，『篥』下另可抄六字左右，其中末字存下部『生』，疑爲『笙』的殘字。

〔七八〕『吹』字底二在行末，次行上部殘泐，約可抄七字，其中末字存下部殘畫。

〔七九〕擊築，斯六一〇號《雜集時用要字·音樂部》作『擊筑』，『築』當讀作『筑』。

〔八〇〕本部前三條四殘字底二存左側殘畫，其中第三字可認出爲『食』旁。

〔八一〕百支，《蒙書》録作『白支』，未契原卷。

〔八二〕二殘字左部皆作食旁，前一字右部可見部分略似『孚』，《蒙書》録此二字作『餡餅』，似不確。

〔八三〕豆餅，《蒙書》録作『□餑』，不確。

〔八四〕上一殘字底二存左部『米』旁及右部殘畫，其下殘泐約一字，因據擬補一缺字符。

〔八五〕粔籹，『粔』字右部底二訛作『臣』，兹從《匯考》校録正。伯二六〇九號《俗務要名林·飲食部》：『粔籹，膏糫之别名也。上音巨，下音女。』

〔八六〕白瓜，『瓜』字底二作『爪』，此形爲唐代前後『瓜』字的通行寫法，《蒙書》録作『爪』，似不確。

〔八七〕灌易，『灌』字《蒙書》録作『濩』，似未契原卷；然『灌易』亦費解，俟再考。

〔八八〕魚膾，《蒙書》録作『魚鮪』，不確。

〔八九〕菟生，《匯考》以『菟』爲『兔』之俗字，當是。

〔九〇〕臟腌，『臟』字《匯考》以爲『膱』字之訛，近是；《集韻·膱韻》楚減切：『膱，臉膱，以豬腸屑椒芥醯鹽爲之。』『腌』爲以鹽浸漬肉等食品，與『膱』有相通之處。

〔九一〕煑燷，『燷』字《匯考》以爲『煠』的俗字，按『葉』『枼』音同義通，『煠』字當可繁化作『燷』，而後者又避唐諱改寫作『煠』，上形即其手寫之變也（下文『葉』字底二亦作此字右部之形）。

〔九二〕鮗鮧，『鮗』字《匯考》以爲『鯅』字之訛，引《廣韻・脂韻》以脂切：『鮧，鯅鮧，鹽藏魚腸。』

〔九三〕蝦鮓，『鮓』字底二本作『鮏』，其右部乃『乍』旁隸變形成的常見寫法；《蒙書》録原字作『魠』，非是。晉張華《博物志》卷三：『東海有物，狀如凝血，從（縱）廣數尺方圓，名曰鮓魚，無頭目處所，内無藏（臟），衆蝦附之，隨其東西。』『鮓』即海蜇，古書中常與『蝦』字連用。

〔九四〕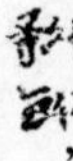，此二字底二模糊不清，前一字近似『斜』字。

〔九五〕本條前一殘字底二存左部『享』及右上部殘畫，原字疑爲『鶉』字，後一字存左上部殘畫。

〔九六〕本條後一殘字底二存右下部殘畫，似『毛』旁之殘。

〔九七〕乾味子，『子』字底二下部殘泐，《蒙書》徑録作『子』，兹據擬補。

〔九八〕砂磄，『砂』字右下部底二略有殘泐，兹據《匯考》擬補；『磄』字《匯考》以爲『糖』字之訛，近是，此字乃涉『砂』字類化换旁。

〔九九〕蓽撥，多年生藤本植物。《重修政和證類本草》卷九：『蓽撥，味辛，大温無毒，主温中下氣，補腰脚，殺腥氣……。生波斯國，此藥叢生，莖葉似蒟醬子，緊細，味辛烈於蒟醬。』又作『蓽茇』。伯二六〇九號《俗務要名林・菜蔬部》：『蓽茇，上卑栗反，下補割反。』北涼曇無讖譯《大般涅槃經》卷三九：『譬如酥、麵、蜜、薑、胡椒、蓽茇、蒲萄、胡桃、石榴、桵子，如是和合名歡喜丸，離是和合無歡喜丸。』『蓽撥』、『蓽茇』蓋譯音之異。《匯考》謂『撥』是『茇』之借，不確。

〔一〇〇〕馬芹子，『芹』字《蒙書》録作『荏』，誤。『馬芹子』爲菜名。《齊民要術》卷三種蘘荷芹藘第二十八：『馬芹子可以調蒜齏。』

〔一〇一〕麄腊，『麄』通常爲『麤』字俗省，文中《匯考》以爲『鹿』字之訛，是；《蒙書》徑録作『鹿』，欠妥。

〔一〇二〕『松』下一字底二存下部，字形不太明晰，俟考。

〔一〇三〕醬苽，「苽」字《説文》以爲「雕苽」，即茭笋，敦煌寫本中則多用作「瓜」的俗字，文中即爲後一用法。

〔一〇四〕「桃」下一字底二存上部，字形不太明晰，俟考。

〔一〇五〕榅⿰木⿰勿力，「⿰木⿰勿力」字其他字書不載，應爲「桲」的繁化俗字。《廣韻·没韻》蒲没切：「桲，榅桲，果似樝。」參看《俗務要名林》校記〔三九〕。

〔一〇六〕「槫」下一字底二存上部殘畫，應爲「棗」字。斯六一七號《俗務要名林·菓子部》：「槫棗，上而兗反。」參看《俗務要名林》校記〔三三〕。

〔一〇七〕茨蘺，字書有「茨」字而無「茨」字，文中「茨」字《匯考》校作「芡」，當是；但「芡」字古書未見有與「蘺」字連用者，「蘺」又與果子無涉，疑「蘺」字有誤。

〔一〇八〕蒲菊，「菊」字《匯考》以爲「萄」字之訛，近是，因此物在果子部也。參下校記〔一二五〕。

〔一〇九〕甘蔍（蔗），「蔍」字從《匯考》校。

〔一一〇〕⿰禾禺根，「⿰禾禺」字《匯考》以爲「藕」的俗字，極是；斯六一一九號《讀史編年詩》廿三歲：「藕花空豔火中枝。」又《改併四聲篇海》卷一三禾部引《奚韻》：「⿰禾禺，五口切。」其中的「藕」、「⿰禾禺」亦皆爲「藕」的俗字（參看張涌泉《漢語俗字叢考·禾部》「⿰禾禺」字條），可以比勘。

〔一一一〕龍鬒，「鬒」字同「鬢」，爲「須」或「鬚」的古異體字，「須」「鬚」古今字。「龍鬚」指龍鬚草編成的席子。《分類補注李太白詩》卷四《白頭吟》：「莫卷龍鬚席，從他生網絲。」

〔一一二〕鳳⿰鬲力，「⿰鬲力」疑爲「翮」字之訛；《匯考》以「⿰鬲力」爲「翺」之借，似不確；「鳳翮」古書常見，如唐王績《東皐子集》卷上《遊北山賦》：「松花栢葉之醇酎，鳳翮龍唇之素琴。」是其例。

〔一一三〕⿱艹⿰耳巳子，「⿱艹⿰耳巳」蓋「⿱艹耶」字俗訛（「耶」字右部敦煌寫本中常有寫作「㔾」、「已」、「巳」等形的），《蒙書》徑録作「⿱艹耶」，當是；「⿱艹耶」字《集韻·麻韻》以爲同「⿱艹斜」，釋「茅穗」，文中則應爲「椰」的換旁俗字；慧琳《音義》卷三五《蘇悉地羯囉經》卷上音義：「椰子果，上野遮反，木果名也，廣州多有，葉堪爲席，甚耎；皮堪爲索，縛舡舶耐爛；其果甚美，兼有漿，甜如蜜，果有皮殼，堪爲酒杓；經從草作蓏，非也。』則此處所謂『蓏子』，即指椰子葉所做之席也。

〔一二四〕蕑藺，『蕑』字《匯考》以爲同『蘭』，是（《干禄字書》：『閑闌：上俗下正。』）；但字書并無『蕑』字，『蕑』疑又爲『莞』的改換聲旁俗字（『莞』字《廣韻・桓韻》音古丸切，與『關』字音近）；《説文・艸部》：『莞，艸也，可以作席。』又云：『藺，莞屬。』『莞』『藺』同類，皆可爲席，故文中二字連用。

〔一二五〕夾怗，古書或作『夾帖』，『怗』『帖』形音皆近，二字古混用無别。唐段成式《酉陽雜俎》卷一忠志稱安禄山恩寵莫比，錫賚無數，其所賜品目有『龍鬚夾帖』，『龍鬚』、『夾帖』應皆爲席名。

〔一二六〕葦簟，《蒙書》録作『蕁蕈』，非是；『葦簟』指用蘆葦編織的席子。《禮記・喪大記》『君以簟席，大夫以蒲席』鄭玄注：『簟，細葦席也。』清彭孫貽《茗齋集・燕遊行橇集・夜卧江干樓》：『今朝移我入層霄，板床葦簟皆柔荏。』

〔一二七〕獫巾，『獫』字其他字書不載，俟再考。

〔一二八〕紫緆，『緆』字《古今韻會舉要・合韻》託合切小韻釋『以索買物也』，乃『䌥』字異構，而文中爲布名，義不合，疑爲『𦽜』的换旁俗字；《廣韻・盍韻》吐盍切（與『㽃』字同一小韻）：『𦽜，𦽜布。』

〔一二九〕『帶』上一字底二存左部殘畫。

〔一三〇〕火鑽，『鑽』字左下部略有殘泐。

〔一三一〕針筒，『筒』字左下部略有殘泐。

〔一三二〕揳䏲真，底二此三字連抄，應連讀，《蒙書》以『揳』單獨爲一條，而以『䏲真』二字連讀，非是。『揳䏲真』史書中多作『契苾真』，爲唐代武官佩戴飾物『七事』之一。《舊唐書・輿服志》：『景雲中又制，令依上元故事，一品已下帶手巾、算袋，其刀子、礪石等許不佩。武官五品已上佩鞊韘七事，七謂佩刀、刀子、磨石、契苾真、噦厥、針筒、火石袋等也。至開元初復罷之。』又《新唐書・車服志》：『初，職事官三品以上賜金裝刀、礪石，一品以下則有手巾、算袋、佩刀、礪石。至睿宗時，罷佩刀、礪石，而武官五品以上佩鞊韘七事，佩刀、刀子、礪石、契苾真、噦厥、針筒、火石是也。』宋郭若虚《圖畫見聞誌》卷一敘論論衣冠異制：『唐高宗朝……一品已下文官帶手巾、算袋、刀子、礪石，武官亦聽。睿宗朝制，武官五品已上帶七事鞊韘（佩刀、刀子、磨石、契苾真、噦厥、針筒、火石袋也），開元初復罷之。』皆可參。

〔一三三〕桒落，『桒』爲『桑』的俗字，『桑落』指桑落酒。《水經注》卷四河水：『民有姓劉名墮者，宿擅工釀，採挹河流，醖成芳酎，懸食同枯枝之年，排于桑落之辰，故酒得其名矣。』伯二五六七號丘爲《答韓丈》詩：『長安桒落酒，或可此時望携手。』『桒』字同。

〔一三四〕酴醾，同『酴醾』，酒名。《廣韻·支韻》靡爲切：『醾，酴醾，酒也。』《集韻·支韻》：醾，酴醾，或作醿。《蒙書》徑録作『酴醾』，不妥。

〔一三五〕蒲菊酒，『菊』字《匯考》校作『萄』（《蒙書》徑録作『萄』，非原形），似未確；斯三八三六背《雜集時用要字》亦有『蒲菊酒』（參看該篇校記〔四〕）；酒古有稱『蒲菊』的，如宋劉克莊《後村先生大全集》卷一九〇《賀新郎·癸亥九日》：『悵誰伴先生情話，樽有蒲菊簪有菊，西凉州不似東籬下，唤醒名利者。』明張光弼《張光弼詩集》卷七《無題》詩：『幾許春魂迷蛺蝶，近來酒量減蒲菊。』皆其例。『蒲菊』蓋菖蒲酒（亦稱『蒲酒』）、菊花酒（亦稱『菊酒』）的合稱。

〔一三六〕壓醩，『醩』同『糟』，《蒙書》録作『醅』，未契原卷。

雜集時用要字(三)

伯三三九一

【題解】

底卷編號伯三三九一。首尾皆缺，存五十八行，其中前五行、末四行上部殘缺。缺題。《索引》題『字書』，并括注云：『按韻排列，無解釋，似爲諸難雜字。』《索引新編》同，又稱『黄永武定名「開蒙要訓」』。按《寶藏》及《黄目》擬題『開蒙要訓』。周祖謨見前二十行照片，定作『某氏字書殘卷』，并稱：『似未照全。像是一雜抄的分類字書。開頭九行屬於刑律語詞……其次則羅舉麥、豆、麻、菜蔬、椀疊等類名詞。』（《敦煌唐本字書敘録》）《英藏》題『字書』。《匯考》定作『雜集時用要字』之一。按：本件與《開蒙要訓》無關，亦非『按韻排列』，而是按内容分類抄録詞語的書，其中原卷第十三行『菜蔬』、二十六行『使用物』、三十四行『衣物』、四十一行『寶物』、四十四行『雜藥』應皆爲類目字；另卷端、卷尾及卷中似尚有缺失類目者，玆據内容酌情分爲若干段。因體式與斯六一〇號《雜集時用要字》相近（參看斯六一〇號《雜集時用要字》『題解』），故據《匯考》擬定今題。所收以雙音詞爲主，偶亦有單音或三音的；無注釋。抄寫較爲雜亂，所抄詞語頗有不易辨認或詞義不明者。

本件卷背有署『丁酉年正月』的《社司轉帖》稿，其中的『丁酉年』《敦煌社邑文書輯校》定作公元九三七年，如果這一比定可信，那麽其正面部分的抄寫時間必應在此年之前。從字體看，本件大抵可定作唐末五代間的寫本。卷中『世』形構件有作『云』或『厺』者（參看校記〔二〇〕、〔九一〕），亦有仍作『世』者，如『鍱構（構）』、『韝（韝）玄』等，避唐諱而又不嚴格，正和唐末五代間的書風相合拍，也許改避者只是承襲前朝舊習而已。

文中詞語頗多俚俗，如了事、搭杆、解結錐、頭牟、墨斗、酒店、手巾、接拗等，往往爲正統文言文中所不見。又名詞後多加『子』作後綴，如麻子、菜子、茄子、筐子、鉢子、釜子、钁子、床子、篸子、鹿子、合子、聶（鑷）子、花

伯三三九一號《雜集時用要字》圖版（一）

伯三三九一號《雜集時用要字》圖版（二）

伯三三九一號《雜集時用要字》圖版（三）

子、斗子、刀子、錯子、錐子、帽子、襖子、衫子、披子、履子、千金子、牽牛子、蒺藜子等，亦反映當時口語的特色。

周祖謨《敦煌唐本字書叙録》（《敦煌語言文學研究》，北京大學出版社一九八八）對本書的體例内容有簡要的介紹；張金泉、許建平《敦煌音義匯考》（杭州大學出版社一九九六）作過初步的校勘。茲參酌上述成果，據《法藏》影印本及縮微膠卷重新校録如下。另附圖版於首，以資比勘。

▭▨。▨▨（藴）。▨▨。□□。〔一〕▭擫壁。搜獲。捉▨（搦）。〔二〕▭▨。〔三〕繫縛。囚禁。窂（牢）獄。▭詰問。研窮。取實。▭▨。〔四〕▨▨。〔五〕不吐。〔六〕本情。漫言。〔七〕誑語。更莫。分踈。多有。錯失。急通。文狀。免行。鞭脊。責罸（罰）。犯罪。並放。偲（愢）過。出入。来（來）去。奔走。遲疾。□▨。〔八〕乖堕（墮）。發遣。讒勧。〔九〕行步。跪拜。駞（馳）驟。〔一〇〕□□。聰明。智慧。情健。樓羅。精（精）神。了事。

▨麥。〔一一〕青麥。床。〔一二〕胡粟。粮粟。酒粟。赤粟。稻穀。乾豆。江豆。菉豆。華豆。〔一三〕黑豆。油麻。尖麻。〔一四〕麻子。▨蓍。〔一五〕黄麻。菜子。紅藍。須麻。野麻。升麻。蕎（蕎）麥。

菜蔬（蔬）〔一六〕　蘿蔔。蔓菁。葱（葱）▨。〔一七〕韮薤。韮。〔一八〕胡葱（葱）。茼蒿。蘭香。萑荥（蓼）子。〔一九〕萵苣。葵芥。細菜。〔二〇〕胡芥。芸薹。薺。苦芥。苦蕒。甜苣。野萵苣。諸軍達。苛薑蓁。〔二一〕茄子。沙葱（葱）。鹿乳。奈冬。水蘺。蔔荷。〔二二〕灰調。駞調。漢苽。▨苽。〔二三〕胡苽。葫蘆。冬苽。椒蒿。阿魏。

椀疊。〔二四〕盤壘。〔二五〕盞杓。匙筋（筯）。〔二六〕箩籬。〔二七〕桉板。榨（搾）杖。筐子。吹盆。〔二八〕瓶瓨。鉢子。瓮甑。銅盆。木盆。熨斗。〔二九〕百師。釜子。鐺鏉。鑊子。銅鍋。毛袋。皮袋。大床。牙床。四尺床子。食床。食單。簸箕。箩筐。箱襆。櫃檻。栲栳。函斗。〔三〇〕食刀

（刀）。〔三一〕鐵（鐵）鏁。胡鏁。木鏁。鑰匙。〔三二〕針線。釵梳。鏡尺。剪刀（刀）。鏡合。枕函。骨箄。牙箄。篸（篸）子。鹿子。〔三三〕針綀（線）袋。針氈。胡粉。燕指。〔三四〕口指（脂）。合子。聶（鑷）子。花子。頭子。〔三五〕頭髮。斗合。〔三六〕▨国。〔三七〕倉窖。

白檉。〔三八〕赤檉。長生。白橃。羊莿（莿）。燋柴。〔三九〕橿子。炭火。

使用物〔四〇〕

鎶鑑。〔四一〕鏉。鍬鑼。〔四二〕鋘構（構）。〔四三〕樓攎。〔四四〕車轂。相轅。輞（輞）輻。軸桄。〔四五〕平隔。丞鈴。〔四六〕釧鐧。鐵（鐵）鎋。韝（韝）玄。〔四七〕車鞦。鞦韀。〔四八〕領鞍。斗子。〔四九〕繩（繩）索（索）。鐶釧。〔五〇〕搭杆。鞭杖。胡祿。〔五一〕弓袋。鉞斧。刃（刀）子。火鐵（鐵）。火石。塩（鹽）袋。䙅（腰）帶。錯子。錐子。刃（刀）劒。解結錐。搭索（索）。馬腸袋。〔五二〕馬▨。〔五三〕鑿洛。〔五四〕槍排。旗幡。〔五五〕胡尾錯。朋光甲。〔五六〕頭牟。〔五七〕覆膊。臂鉤。弩棒。擐甲。着甲。帶甲。帳暮（幕）。蓆薦。〔五八〕葦箔。杴鐮。杈杷。碓磑。剉刃（刀）。鋸鑿（鑿）。斸斤。鎊斧。曲尺。墨斗。磑方。碾（碾）坏。〔五九〕酒痁（店）。掃箒。燈盞。藻豆。〔六〇〕手巾。匹帛。

衣物〔六一〕

羅錦。綾絹。夹（夾）纈。縠子。〔六二〕抽紗。繡綺。絛綢。節暈。氈布。緋絁紫。〔六三〕紅緑。青黃。赤白。皂。黑碧。麴塵。鸖（鶴）卵。褫（褫）氈。錦褥。毽毬。〔六四〕毛錦。毾（毾）毲（毲）。託（託）壁。〔六五〕花氈。▨張。〔六六〕屏風。幃縵。〔六七〕幞頭。帽子。衫袴。靴鞋。▨肚。〔六八〕靴氈。襖子。▨韈。〔六九〕▨（長）袖。〔七〇〕半臂。褐衫。漫福。〔七一〕汗衫。接拗。〔七二〕裙。衫子。褡襠。〔七三〕披子。披氈。披褐。履子。手衣。鵶遐。香袋。皮裘。毛。宛諾。雩羊褐。〔七四〕

寶物〔七五〕

鉶（珊）瑚。〔七六〕琥（琥）珀。琉璃。玳（玳）瑁。真珠。瓔珞。瑟瑟。金銀。銅鐵（鐵）。鍮石。▨（水）銀。〔七七〕馬瑙（瑙）。水精衣。寶珠。頒草珠。〔七八〕賔（賓）鋥（鋼）鍱。〔七九〕鋌

▨鍮。〔八〇〕錫玉。金剄(剛)鑽。

雜藥〔八一〕　桂心。橘皮。〔八二〕當歸(歸)。防風。芎藭。牛膝(膝)。桔梗。大黃。黃連。甘草。通草。白术。□更。貝母。鱉甲。虖(虎)掌。䨩(零)羊角。蓯蓉。訶梨勒。□梨勒。〔八三〕阿磨勒。〔八四〕欝金根。生地黃。勺藥。〔八五〕麥門冬。〔八六〕丹石。▨訥齊。〔八七〕香附子。昌蒲。〔八八〕玄枩(參)。藿蘭。馬芹子。没石子。〔八九〕▨石密(蜜)。〔九〇〕石榴黃。流蜜。砂糖。畢撥。〔九一〕▨礬。〔九二〕黃礬。冈砂。〔九三〕朱砂。人枩(參)。茯苓。千金子。馬▨子。〔九四〕熊膽。〔九五〕蓬俄。〔九六〕獨活淚。阿魏根。蘆▨。〔九七〕只汗。〔九八〕獨活煎。檳榔人。〔九九〕青木香。牽牛子。厚朴。欝香。丁香。▨▨香。〔一〇〇〕安悉香。龍脛(腦)香。高良薑。鼠枯子。〔一〇一〕蒺藜子。〔一〇二〕紫雪。〔一〇三〕石膏。金霜散。延胡索(索)。銅末。青黛。犀(犀)角。千年棗(棗)。苟(枸)杞。邑豆。〔一〇四〕斑苐。〔一〇五〕奴恒子。□□□▨梨。〔一〇六〕葫蘆梨。沙州梨。土梨。□□□▨。〔一〇七〕柰麨。椒薑橘。〔一〇八〕偏桃人。〔一〇九〕□□□▨(食)。〔一一〇〕白麵。粟米。粮米。烙麵。〔一一一〕□□□▨▨(餅)。〔一一二〕餗餅。〔一一三〕棗(棗)餻。餝飥。〔一一四〕

(後缺)

【校記】

〔一〕前四行底卷僅存下部小半,每行上部約缺五條十字左右。其中第一行下部五殘字存左部殘畫,第三字存上部『艹』和左下部『禾』,原字疑爲『穢』字。

〔二〕捉搦,『搦』字下部底卷略有殘泐,兹據殘形擬定作『搦』字;『捉搦』爲捕捉、約束等義,唐代前後古書中經見。斯三二八號《伍子胥變文》:『子胥告令军兵:「大須存心捉搦。」』

〔三〕後一殘字底卷存下部殘畫。

〔四〕殘字底卷存左側木旁，其上約缺二條半五字。

〔五〕底卷前一殘字存左側殘畫，後一殘字缺右上部。

〔六〕以下若干條似據當時常見的實用文書中摘録，多可相連成句，如『不吐本情』、『漫言訡語』、『更莫分踈』、『多有錯失』、『急通文狀』、『免行鞭脊』、『並放僫（愆）過』之類，而有的條目本身并不成詞。

〔七〕漫言，胡説，没有邊際地亂説。《匯考》疑『漫』爲『謾』之借，未必是。斯一三三號《秋胡變文》：『阿婆喚言新婦：「我兒於國不忠，豈得官榮歸舍？若於家不孝，金采亦不合見吾。若無他心，何故漫生言語？」』『漫言』即『漫生言語』之縮略。

〔八〕殘字底卷左上部缺，據殘形，原字疑爲『使』字。

〔九〕讒□，後一字底卷字形不太明晰，伯二五七八號《開蒙要訓》有『貪婪費秏，饞勘乖嬾』句，底卷後一字與『勘』字略近，『饞勘』『讒□』當即一詞（『饞』『讒』當以前者爲是），但『勘』字字書未見，其造字理據不明；伯二四八七號等本《開蒙要訓》『饞勘』作『饞慵』，其義當同，可資比勘。參看《開蒙要訓》校記〔三三二〕。

〔一〇〕驄驟，『驄』字從《匯考》校。

〔一一〕▨麥，『麥』上一字底卷僅存下部殘畫。又本條底卷在行首，而上一行末條『了事』下底卷尚有近二字的空格，其不接抄者，或有分類之意，故另段校録；《匯考》以本段爲『五穀』類，近是。

〔一二〕床，『糜』（或省作『糜』）的簡俗字。斯三八八號《正名要録》『正行者楷脚注稍訛』類『糜』下脚注『床』。

〔一三〕蓽豆，《新唐書·地理志》邠州新平郡下：『土貢：剪刀、火箸、蓽豆、澡豆、白蜜、地膽。』《匯考》以《廣韻·齊韻》有『豍豆』，而疑『蓽』爲『豍』之借字，似不確。

〔一四〕尖麻，『尖』字可疑，待考。

〔一五〕『菪』前一字底卷上部殘缺，殘形近似『五』字。

〔一六〕『菜蔬』二字底卷在行首，應爲部目字。

〔一七〕『葱』下一字上部作『艹』，左下部作『禾』，右下部不太明晰，似作『人』、『夭』、『丈』一類形狀，《匯考》録作『蒜』字，近是，原字疑爲『蒜』俗字『蒜』的訛變形。

〔一八〕前後二『韭』字及『薤』字底卷末横皆訛作『乚』形，蓋俗寫；『薤』字左下部底卷有塗抹，《匯考》亦録作『韭』字，而謂三『韭』字衍其二；按次字當是『薤』字，『韭薤』爲近義連文（『薤』亦爲『韭』類），而後一『韭』字確應係衍文。伯二五七八號《開蒙要訓》有『葱蒜（葱蒜）韭薤』句，可參。

〔一九〕萑蓼子，『萑蓼』二字底卷挨得很近，『萑蓼子』一名古書中别無所見，存疑。

〔二〇〕細葉，『葉』爲『葉』避唐諱的改寫字（下同），《匯考》校定作『莘』字，與原形不合。

〔二一〕『』字底卷字形不太明晰，俟考。

〔二二〕葪荷，《匯考》以爲即『薄荷』，近是。

〔二三〕『茋』上一字底卷字形模糊，俟考。

〔二四〕『椀疊』二字底卷接抄在『阿魏』條之下，似另爲一類（主要爲日用器物），故另行校録；本條至『炭火』一段《匯考》定作『炊具』、『家具』，可參。

〔二五〕盤疊，『疊』疑爲『疊』字之誤。

〔二六〕匙筯，『筯』字從《匯考》校。

〔二七〕簩籬，蓋『笊籬』一類用具，『簩』應同『撈』，『籬』同『籬』。

〔二八〕吹盆，似當讀作『炊盆』。

〔二九〕熨斗，『斗』字底卷作『』，此形通常爲『升』字俗寫（上文『升麻』的『升』字底卷即作此形），但此處則應爲『斗』的訛俗字（『斗』字俗寫多作『升』），兹從《匯考》校録正。

〔三〇〕函斗，『斗』字底卷作『[illegible]』，此處不知爲『升』字抑或『斗』字，兹姑暫定作『斗』字。

〔三一〕食刃，『刃』應爲『刀』字增點之訛，底卷『刀』字皆增點作此形，兹俱據詞義校正。

〔三二〕籥匙，《匯考》以爲即『鑰匙』，是，『籥』當是受『鑰』及其異體『籥』的交互影響産生的訛俗字。

〔三三〕鹿子，《匯考》謂『鹿』是『簏』之借，是。

〔三四〕燕指，即『胭脂』，古亦作『臙支』、『臙脂』等，皆同一詞之異譯。

〔三五〕⿰弟頁子，『⿰弟頁』字《龍龕·髟部》以爲『鬀（髢）』的俗字，『鬀子』蓋指假髮髻。

〔三六〕斗合，『斗』字底卷作『[illegible]』，此處不知爲『升』字抑或『斗』字，《匯考》定作『斗』字，兹姑從之。

〔三七〕『国』前一字底卷字形不夠明晰，略似『周』字，俟再考。

〔三八〕『白檉』以下八條主要爲樹木柴炭之屬，兹單立爲一類。

〔三九〕燋柴，《匯考》引《廣韻·宵韻》『樵，柴也』，謂『燋』當作『樵』，近是。

〔四〇〕『使用物』三字底卷在行首，應爲部目字。

〔四一〕錭鑑，『錭』字其他古代字書不載，俟考。

〔四二〕鍬鑺，當作『鍬钁』，『钁』字敦煌寫卷中常簡省作『鑺』，與指稱兵器的『鑺』相混無別。

〔四三〕鋘構，『構』字《匯考》校讀作『耩』，近是；《廣韻·講韻》古項切：『耩，耕也。』

〔四四〕樓擶，『樓』字《匯考》校讀作『耬』，近是；『擶』字其他字書不載，疑爲『磨』的增旁俗字；《廣韻·侯韻》洛侯切：『耬，種具。』

〔四五〕軸桄，『桄』字底卷作『[illegible]』，《匯考》録作『桄』，謂『桄』同『輄』，近是；玄應《音義》卷二二《瑜伽師地論》第九十五卷『桄梯』條下云：『《聲類》作輄，車下横木也。今車、牀、梯、轝下横木皆曰桄也。』博士生張新朋謂原字亦可能爲『枕』的訛俗字，亦可備一説，伯二五七八號《開蒙要訓》有『釭鐧枕軸』句，可參。

〔四六〕丞鈴，『丞』字底卷作『[illegible]』，字形不太明晰，兹暫定作『丞』字，存疑。

〔四七〕鞲玄，《匯考》以爲『鞲』同『韝』，『玄』爲『鞍（鞘）』之借，近是；《玉篇·革部》：『鞍，户犬切，刀鞍也。』『刀鞍』即刀鞘。

〔四八〕鞦鞦，『鞦』字其他字書不載，俟考。

〔四九〕斗子，『斗』字底卷作『ㄌ』形，下文『墨斗』的『斗』作『ㄌ』，似皆爲『斗』字俗訛；但『斗子』不知何謂。

〔五〇〕鐶釸，《匯考》以爲『釸』當作『鞙』，近是；《詩·秦風·小戎》『游環脅驅』毛傳：『游環，鞙環也。……鞙，所以引也。』

〔五一〕胡禄，當作『胡簶』，《玉篇·竹部》：『簶，音禄，胡簶，箭室。』

〔五二〕馬腸袋，『腸』爲『腸』的俗字，文中疑爲『腹』的訛字。

〔五三〕『馬』下一字底卷作『盉』，疑爲『盆』字俗訛，存疑。

〔五四〕鑿洛，下文又有『鋸鑿』，『鑿』字其他字書不載，《匯考》以爲『鑿』的俗字，近是，但『鑿洛』不知何義。

〔五五〕旗幡，『幡』字左旁底卷作『十』字形，底卷『巾』旁多作此形或『忄』形，俗訛，兹皆據詞義録正。

〔五六〕朋光甲，『朋』應爲『明』字之訛，『明光甲』爲鎧甲名。《隋書·禮儀志》：『第一團，皆青絲連明光甲、鐵具裝、青纓拂，建狻猊旗。第二團，絳絲連朱犀甲、獸文具裝、赤纓拂，建貔貅旗。第三團，白絲連明光甲、鐵具裝、素纓拂，建辟邪旗。』

〔五七〕頭牟，《匯考》以爲即『兜鍪』，是；伯三八六七號《漢將王陵變》：『其夜，西楚霸王四更已來，身穿金〔甲〕，揭上頭牟，返去衙（牙）床如（而）坐，詔鍾離末附近帳前。』其中的『頭牟』亦即『兜鍪』。

〔五八〕蓆薦，『蓆』文中爲『席』的增旁俗字。

〔五九〕碾坏，『坏』字右下部底卷略欠明晰，兹暫定作『坏』字；《集韻》以『坏』爲『坻』字異體。

〔六〇〕澡豆，《匯考》校讀作『澡豆』，是，『澡豆』係古代洗沐用品。《世説新語·紕漏》：『王敦初尚主……婢擎金澡盤盛水，瑠璃盌盛澡豆，因倒著水中而飲之，謂是乾飯，羣婢莫不掩口而笑之。』其中的『澡豆』《四部叢刊》本《酉陽雜俎續集》卷四『貶誤』下引作『藻豆』，是其比。

〔六一〕『衣物』二字底卷空一大格接抄在『匹帛』條之下，應爲部目字，故另行録出。

〔六二〕縠子，《匯考》疑『縠』爲『縠』之訛，近是。

〔六三〕緋絁紫，『絁』字疑爲衍文當删。

〔六四〕氍毹，『氍』爲『氍(氍)』的訛俗字，『毹』爲『毹』字異體。

〔六五〕託壁，『託』字《匯考》疑『託』字之訛，極是，兹據校。

〔六六〕『張』上一字底卷左部作金旁，右上部殘泐，據殘形，近似『錦』字。

〔六七〕幃縵，《匯考》校讀作『帷幔』，似不必。

〔六八〕『肚』上一字底卷左部作月旁，右下部作『小』形，右上部殘泐，據殘形，疑爲『胅』字，《匯考》定作『胞』之殘，形不合。《集韻・末韻》莫葛切：『胅，肚也。』《集韻》注文『肚也』疑當作『胅肚也』，標目字應在注中重出，而所謂『胅肚』即《廣韻》同一讀音的『袜肚』。《廣韻・末韻》莫撥切(與『胅』字同音)：『袜，袜肚。』『袜肚』相當於今之肚兜，其字又作『胅』者，涉『肚』字類化换旁也。

〔六九〕『襪』上一字底卷左部作衤(礻)旁，右部字形不太明晰，全字似略近『褌』。

〔七〇〕長袖，『長』字上部底卷殘泐，兹據殘形擬補；《匯考》引《釋名・釋衣服》有『半袖』，形不合。

〔七一〕漫褔，『褔』字底卷作『福』，本卷『衤』旁與『礻』旁相亂無别，因據録作『褔』；《廣韻・宥韻》敷救切：『褔(福)，衣一褔(福)。今作副。』

〔七二〕接拗，同『接靿』，靴筒或襪筒之屬；《匯考》以爲似『接靹』，不確。説詳《雜集時用要字(二)》校記〔二〕。

〔七三〕䙊襠，同『𧞤襠』；《龍龕・衣部》：『𧞤，正；䙊，今：苦盍反，—襠，前後兩當衣也。』

〔七四〕要羊羯，下文又有『要羊角』，『要』字《匯考》以爲『零』之俗字，借作『羚』，甚是。

〔七五〕『賨物』二字底卷在行末，應爲部目字，故另行録出。

〔七六〕 錋瑚，「錋」字從《匯考》校。
〔七七〕 「水」字上部底卷略有殘泐。
〔七八〕 貸草珠，《玉篇·貝部》：「貸，音協，財也。」「貸」應即「貸」字俗寫；《匯考》校「貸」作「脅」，可備一説。
〔七九〕 賓鋼鏶，「鏶」爲「鏶」避唐諱的改寫字；「賓」字《匯考》以爲「鑌」之借，近是，「鑌」、「鋼」皆爲精煉的鐵。
〔八〇〕 鋌▨鍦，「鍦」上一字底卷上部殘泐，存下部作「曰」形；又「鋌」字底卷在行末，其下二字在次行之首，不知此三字是否應相連作一條。
〔八一〕 「雜藥」二字底卷空二大格接抄在「金剛鑽」條之下，應爲部目字，故另行録出。
〔八二〕 橘皮，「橘」字底卷訛從禾旁，兹從《匯考》校録正。
〔八三〕 「梨勒」上的缺字疑爲「毗」字，「毗梨勒」與「訶梨勒」皆爲樹名，果入藥；《匯考》謂缺字是「訶」字，而以本條爲衍文，不確。宋唐慎微《重修政和證類本草》卷一三：「毗梨勒，味苦寒無毒，功用與菴摩勒同，出西域及嶺南、交愛等州，戎人謂之三果。」原書引唐本注云：「樹似胡桃，子形亦似胡桃，核似訶梨勒而圓短，無稜，用亦同。」
〔八四〕 阿磨勒，同「阿摩勒」，樹名，果入藥。宋釋法雲《翻譯名義集》卷三：「阿摩勒，樹葉似棗，華白而小，果如胡桃，味酸甜，可入藥。」
〔八五〕 勺藥，亦作「芍藥」，「芍」爲後起增旁字。
〔八六〕 蔴門冬，「蔴」字其他古書不載，《匯考》以爲「麥」的俗字，是。
〔八七〕 ▨訥齊，「訥」上一字底卷上部殘泐，下部作「月」形。
〔八八〕 昌蒲，《匯考》校作「菖蒲」，引《廣韻·陽韻》：「菖，菖蒲，藥也。」
〔八九〕 没石子，中藥名，伯二八八二號不知名醫方殘卷：「染髭及髮方法：……阿恩謌譂泥一兩，没石子一分，以上兩味和，於鐺中乾熬。」又伯三九三〇號不知名醫方殘卷：「治脣爛方：胡粉、没石子、黄蘗等分，末帖向脣上即差。」

〔九〇〕▨石密（蜜），「石」上一字底卷僅存左下部殘畫；又「密」字從《匯考》校。

〔九一〕畢撥，同「蓽撥」，藤本植物，果穗入藥。

〔九二〕▨礬，「礬」上一字底卷僅存右下部殘畫，似爲「白」字殘筆。

〔九三〕囟砂，《廣韻·肴韻》女交切作「洶沙」，後世一般作「硇砂」，皆爲一詞異寫。

〔九四〕馬▨子，次字底卷上部作草頭，右下部有殘泐，然下部「門」旁仍可見，原字疑爲「藺」字，「馬藺子」又名馬荔、蠡實等，草名，籽入藥。宋唐慎微《重修政和證類本草》卷八「蠡實」下引圖經云：「馬藺子也。北人音訛，呼爲馬楝子。生河東川谷，今陝西諸郡及鼎澧州亦有之，近京尤多，葉似薤而長厚，三月開紫碧花，五月結實作角子。」

〔九五〕「熊膽」條之上底卷另有「[illegible]膽」二字，前一字似本作「象」字俗書，但已被劃去，蓋抄手欲書「熊膽」而誤書作「象膽」，故劃去「象」字，而重書「熊膽」二字，故前二字不再録出。

〔九六〕蓬俄，似即「蓬莪茂」，藥草名，宋唐慎微《重修政和證類本草》卷九有介紹。

〔九七〕廬▨，「匳」字傳世字書不載，疑爲「盧」的訛俗字（參看《雜集時用要字》（四）校記〔四六〕）；「匳」下一字底卷作「[illegible]」形，上部爲草字頭，下部筆畫不清，俟考。

〔九八〕只汗，當讀作「質汗」，藥名。宋唐慎微《重修政和證類本草》卷一一：「質汗，味甘温，無毒，主金瘡傷，折瘀血内損，補筋肉，消惡血，下血氣，婦人産後諸血結，腹痛内冷，不下食，並酒消服之，亦傅病處，出西蕃，如凝血，蕃人煎甘草、松淚、檉乳、地黄并熱血成之。」

〔九九〕檳榔人，「人」字《匯考》校讀作「仁」，是；伯三五九六號不知名醫方書殘卷「療腎恐生臟冷」，用「檳榔仁十果（顆）」，桔梗六分」等煎服。

〔一〇〇〕「香」上二字前一字下部殘泐，原字似爲「乳」字；後一字右上部殘泐，原字似爲「頭」字。「乳頭香」亦稱

「乳香」，即薰陸，香料名。宋沈括《夢溪筆談》卷二六「藥議」：「薰陸即乳香也，本名薰陸，以其滴下如乳頭者，謂之乳頭香。」伯四〇三八號醫方殘卷「鉛梳子方」：「折搓紫草一斤，細擣爲末；乳頭香一大兩，擣爲末……」

〔一〇二〕鼠粘子，「粘」當爲「粘」字之訛，伯三九三〇號不知名醫方書殘卷「治風頭痛方」：「蒺藜子一勝，鼠粘子半升，莨菪子半升，黑豆一升，以水三升，煎取二升，去滓，淋頭即差。」又伯三五九六號不知名醫方書殘卷：「第廿六療蠱水遍身洪腫方：……驗方，鼠草黏子兩抄，分再服，勿使嚼破。」「鼠粘子」亦即「鼠草黏子」，「粘」「黏」爲古異體字。

〔一〇三〕蒺蘺子，「蒺蘺」同「蒺藜」，植物名，種子可入藥。

〔一〇三〕紫雪，中藥名，伯三九三〇號不知名醫方書殘卷「治喉痺方」：「升麻六升，紫雪十二分，右煎，細燕（嚥）之即差。」

〔一〇四〕邑豆，「邑」字《匯考》校作「巴」，近是；「巴豆」爲果名，出巴蜀，入藥。

〔一〇五〕斑苐，「苐」通常爲「弟」或「第」的俗字，文中疑爲「竹」的訛字。

〔一〇六〕末四行底卷每行上部殘缺九字左右，本行「梨」上一字存下部殘畫，原字疑爲「木」字。

〔一〇七〕殘字底卷存下部作「木」形。

〔一〇八〕椒薑橘，「橘」字底卷左部訛作「予」，右上部訛作「弟」，兹從《匯考》校録正。

〔一〇九〕偏桃人，「人」字似當校讀作「仁」。參看上文校記〔九九〕。

〔一一〇〕「食」字上部底卷略有殘泐。「食」字之上底卷約殘缺八九字，當從其中的某一條開始爲食品類。

〔一一一〕烙麵，「烙」字底卷訛作「十」形，兹據《匯考》校録正。

〔一一二〕「餅」字左部底卷略有殘泐，「餅」上一字底卷存下部殘畫。

〔一一三〕飶餅，「飶」字右部底卷字形在「亟」與「丞」之間，應爲「丞」的俗寫，《匯考》以「飶」爲「蒸」的俗字，是。

〔二四〕 飭飥，此二字其他字書皆不載，後一字疑爲『飥』的訛字（參看上文校記〔六五〕），斯三八三六號《雜集時用要字》正有『飭飥』一詞；『飭』疑爲『飾』字之訛，『飾飥』又作『不托』、『餺飥』，古代一種用麵或米粉製成的食品。參看《雜集時用要字》（四）校記〔五三〕。

雜集時用要字（四）

斯三八三六背

【題解】

底卷編號斯三八三六背。正面爲『佛經戒律問答』，背爲本篇。首尾皆殘，存三十行。有界欄。缺題。《索引》題『類書』，説明云：『殘存鳥、獸、食物三類。』《索引新編》同。《寶藏》、《金目》、《英藏》亦定作『類書』，《寶藏》括注『禽畜、藥草等』，《金目》説明云『含鳥獸、藥草、食物等』，《英藏》括注『禽畜、藥草、酒食等』。《敦煌唐本字書敍録》定作『某氏字書殘卷』，并稱：『這又是一卷雜抄的分類字書。……其中包括鳥類、牲畜類、蟲類、野獸類、藥類、食品類等詞，但無標目。』《匯考》定作『雜集時用要字』之一。按本件大致可分爲禽獸、百草、飲食三大類，其中禽獸類又包括禽鳥、牲畜、蟲豸、野獸等小類，但皆無標目，各類的畛域也不分明，顯得比較雜亂，兹據《匯考》擬定今題。所收以雙音詞爲主，偶亦有單音或三音的，無注釋。字畫拙劣，屬習書性質，所抄詞語頗有不易辨認或詞義不明者。體例與伯三三九一號《雜集時用要字》相當，其中詞語亦有相同者，大約亦爲唐末五代間的寫本。因體式與斯六一〇號《雜集時用要字》相近（參看斯六一〇號《雜集時用要字》『題解』），故內容酌分爲若干段。

文中名詞後或加『兒』、『子』作後綴，如驢駒兒、駱駞兒、馬駒兒、蟻子、狢子、胡敍子等；又或加『老』作前綴，如老鴟、老鼠等，反映了當時口語的特色。

周祖謨《敦煌唐本字書敍録》（《敦煌語言文學研究》，北京大學出版社一九八八）對本書的體例內容有簡要的介紹；張金泉、許建平《敦煌音義匯考》（杭州大學出版社一九九六）作過初步的校勘。兹參酌上述成果，據《英藏》影印本重新校録如下。另附圖版於首，以資比勘。

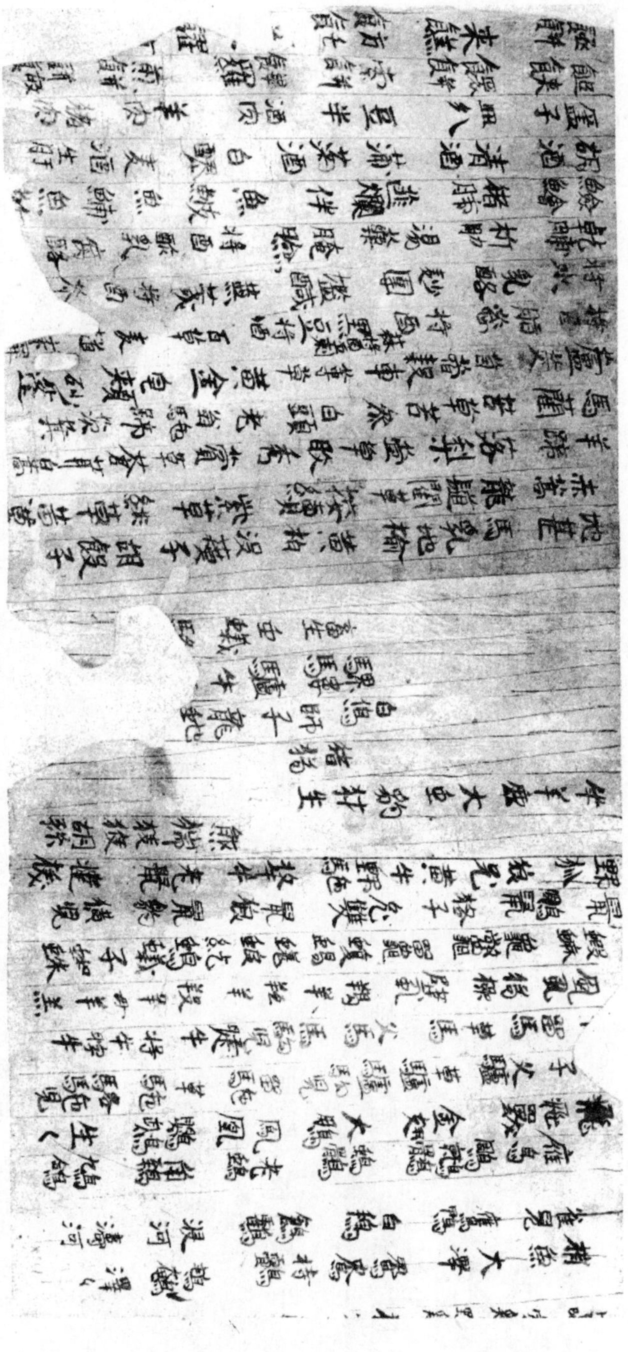

斯三八三六號背《雜集時用要字》圖版

（前缺）

▨▨。〔一〕▨▨（家鷄）。〔二〕▨▨（野鷄）。〔三〕▨▨。〔四〕□□梢魚。〔五〕大澤。鴛鴦。持鸛。鵪鴿。澤く。〔六〕雀兒。鷹鴨。白鴉。〔七〕鴿鸛（鶴）。浸河。〔八〕濤河。雁（雁）鳥。鵰鵝鶻。鳩鶻。老鳩。角鴉。鳩鴿。飛獸。金翅。大鵬。鳳凰。鸚鵡。生生。〔九〕

□子。〔一〇〕父驢。草驢。驢駒（駒）兒。留駞。〔一一〕草駞。駱駞兒。▨。〔一二〕留馬。草馬。父馬。馬駒（駒）兒。犍牛。〔一三〕將牛。〔一四〕牸牛。

風虱。猗操。〔一五〕壁虱。羯羊。羝（羝）羊。羖羊。母羊。羔。蝦蟆。黿鼈。鼉。〔一六〕蝮蝪。〔一七〕蜣蜋。紇鳩。蟻子。蜘蛛。

鼠。鵰鼠。狢子。兔雙。鼠狼。鼠豹。獚兒。野狐。狼兒。〔一八〕黄牛。野駞。㸬（犛）牛。老鼠。▨▨。〔一九〕熊猯。猿猴。〔二〇〕胡孫。

牛。〔二一〕羊。鹿。大虫。豹。豺。生。〔二二〕猪猗。白䳡。〔二三〕師子。龍虵。〔二四〕騾騜。驢牛。▨□□。〔二五〕畜生。虫蟻。▨（駱）□。〔二六〕

地甚。〔二七〕馬乳。地榆。黄柏。没蕪子。〔二八〕胡餖子。赤蒿。龍蹅。〔二九〕閶草。〔三〇〕接續。紫草。緋草。黄草。羊蹄。落梨。萱草。眇秀。〔三一〕蕒（蕒）草。蒼茸。〔三二〕白蒿。馬藺。苦草。苦叅（參）。白頭。老翁。駞蹄。茨萁。蘆茭。苜蓿。轂車。〔三三〕蕁草。黄金。皂頰（頰）。〔三四〕砂蓬。

醬。〔三五〕脂葱（葱）。醬。蒜（蒜）。醬。五剌。黑豆。醬。百草。

麥▨（麨）。〔三六〕▨▨。〔三七〕漿。〔三八〕乳酪。麨團。壏鹹。〔三九〕蕪荑。醬。芥□。〔四〇〕乾脯。析肋。湯藥。腌臉（臉）。醬。酢乳。腐酪。鱠鱠。猪膔。〔四一〕韮爛。〔四二〕伴。魚鮍。魚餔。魚▨。〔四三〕胡酒。清酒。蒲𤄷酒。〔四四〕白醪。麥酒。生肝。〔四五〕匳子。〔四六〕皿分。〔四七〕豆半。〔四八〕酒肉。羊肉。猪肉。䭔餗（餗）。䭃餅。索餅。饆羅。〔四九〕煎餅。餅饊。〔五〇〕𩛟餅。〔五一〕来餻。〔五二〕𩚩飥。〔五三〕▨。〔五四〕▨（鑼）▨□〔五五〕

（後缺）

【校記】

〔一〕缺字底卷存左側殘畫。

〔二〕『家』字底卷存左半，兹據殘形擬定；『鷄』字存左側『奚』，原字應爲『鷄』或『雞』字，兹暫定作『鷄』字。

〔三〕『野鷄』二字底卷存左側『里奚』，兹據殘形暫定。

〔四〕缺字底卷存左側殘畫。其下底卷約缺三條六字。

〔五〕梢魚，『梢』字《匯考》以爲是『鮹』之借，引《廣韻·肴韻》所交切（與『梢』字同一小韻）：『鮹，海魚，形如鞭鞘。』

〔六〕『澤』下的『く』通常可以定作上一字的重文符號（參看下文校記〔九〕），或某一習語下字的省書符號，但此處作『澤澤』講不通，《匯考》校作『雉』，引敦煌寫本《百鳥名》『澤雉沿身百種有，鶴鶉向後一物無』，可備一説。

〔七〕白鳿，『鳿』字其他古書未見，俟考。

〔八〕浸河，『浸』字『氵』『㬰』二旁之間有一竪畫，蓋俗寫增筆，兹録正。

〔九〕生生，後一『生』字底卷作『く』，應即上『生』字的重文符號；『生生』亦作『狌狌』，獸名，亦鳥名。《逸周書·王會》：『生生若黄狗，人面能言。』孔晁注：『生生，獸名。』伯二七一八號《茶酒論》：『君不見生生鳥，爲酒喪其身。』

〔一〇〕「子」條底卷在行端，上部有殘泐，據空間，約缺一字。

〔一一〕留駞，下文又有「留馬」，《匯考》謂「留」通「騮」，當是。

〔一二〕缺字僅存下部殘筆。

〔一三〕犍牛，「犍」字左部底卷字形兼於「日」「耳」二旁之間，下文「犉牛」的「犉」字左部同，乃「牛」旁之訛，此徑録正。

〔一四〕將牛，「將」字疑爲「⿰牛寽」字之訛；《説文·牛部》：「⿰牛寽，牛白脊也。」

〔一五〕⿰犭苟操，「⿰犭苟」爲「狗」的俗字；「操」字《匯考》以爲「蚤」之借，當是。

〔一六〕鼉，《龍龕·黽部》以爲「鼉」的俗字。

〔一七〕蝮蝪，「蝪」應爲「蝎」字之訛，「蝮」「蝎」皆爲劇毒的爬行動物，古書中常連用。

〔一八〕狼兕，「兕」字底卷作「[illegible]」形，疑爲「兕」字俗寫；「狼」「兕」皆爲猛獸，古書可連用，如《晉書·王鑒傳》：「蔓草猶不可長，况狼兕之寇乎！」

〔一九〕缺字底卷作「[illegible][illegible]」，前一字筆畫不清，後一字疑爲「犾」的訛俗字，「犾」敦煌寫卷中或用作「犬」的增旁俗字。

〔二〇〕⿰犭夌猴，「⿰犭夌」字其他字書不載，疑爲「猨」的訛字。

〔二一〕「牛」條以下至「▨（駱）□」條底卷散抄在五行中，每行僅抄二至八字不等，與上下文大抵滿行抄寫者有别，内容亦較爲雜亂，似屬雜抄性質。

〔二二〕生，疑爲「狌」的省借字。參看上文校記〔九〕。

〔二三〕白[illegible]，「[illegible]」爲「象」的俗字，《匯考》以爲「鳫」字，非是。參看斯二八二一號《大般涅槃經音》校記〔三〇〕。

〔二四〕「龍虵」條下底卷殘泐，按空間，約可抄二條四字，但比照上下行，可能原本空白未書。

〔二五〕「驢牛」條下底卷殘泐，其中有一字的殘筆隱約可見，按空間，約可抄五字左右，但比照上下行，可能原本抄有二字。

〔二六〕『駱』字右下部略有殘泐，兹據殘形擬補；其下殘泐，按空間，約可抄一字，故擬補一缺字符。

〔二七〕地甚，『甚』字疑誤。又此條開始底卷滿行抄寫，似别爲一類，故另行校録。

〔二八〕没藕子，『藕』字右下部底卷作『莫』形，兹從《匯考》校録正。

〔二九〕龍鬚，『鬚』字其他字書不載，疑爲『鬚』字俗訛，醫書有『龍鬚菜』，又有『龍鬚草』，皆可入藥。

〔三〇〕閵草，『閵』字《匯考》謂當作『藺』，是；『藺』從『閵』聲（《廣韻·震韻》皆音良刃切），故二字可以通用。

〔三一〕眇秀，『眇』字其他字書不載，俟考。

〔三二〕蒼茸，『茸』字《匯考》校作『耳』，極是，『耳』字涉上『蒼』字類化增草頭。

〔三三〕穀車，『穀』字不識，俟考。

〔三四〕皂頬，『頬』字《匯考》讀作『莢』，是；『皂莢』樹木名，皮、刺及莢果皆入藥。

〔三五〕醤，此字下文多次重出，當係抄手習字闌入，非原書所有；又此字底卷上下部分間有近半字空格，形似『將酉』二字，下重出者多同，皆抄手之誤。

〔三六〕麥䴷，『䴷』字左下部殘泐，兹據殘形擬補；『䴷』字其他字書不載，應爲『麨』字俗訛，『麥麨』指以麥熬磨而成的乾糧，其義可通。

〔三七〕缺字底卷僅存右半，俟考。

〔三八〕『漿』字底卷上下部分間有近半字空格，形似『將水』二字。

〔三九〕壏鹹，《匯考》謂『壏』是『塩（鹽）』之訛，『鹹』是『鹹』之俗字；按《廣韻·檻韻》胡黤切：『壏，堅土。』而『鹹（鹹）』可指鹽鹼地，與『堅土』含義有相通之處，故『壏』字或不煩校改。

〔四〇〕『芥』下底卷殘泐，據空間，至行末約可抄一字，故暫擬定一缺字符。

〔四一〕猪䐐，『䐐』字底卷作『䐐』，《匯考》疑是『蹄』字之訛；按原字疑爲『䐐』字俗寫，而『䐐』又爲『蹏』的換旁俗字，「蹏」「蹄」古今字。

〔四二〕韮爛，「韮」字底卷末横作「乚」形，俗訛，兹據《匯考》校録正。參看《雜集時用要字》（三）校記〔一八〕。

〔四三〕缺字底卷下部殘泐。

〔四四〕蒲⿰氵菊酒，「⿰氵菊」即「菊」字，涉上「蒲」字類化增水旁，《匯考》録作「⿰氵匊」，似未契原卷。宋劉克莊《後村先生大全集》卷一九〇《賀新郎・癸亥九日》：「樽有蒲菊簪有菊，西凉州不似東籬下，喚醒名利者。」亦以「蒲菊」名酒。參看《雜集時用要字》（二）校記〔二五〕。

〔四五〕生肝，「肝」字右部底卷作「于」，疑手書之訛，此徑録正。

〔四六〕⿷匚盧子，「⿷匚盧」字傳世字書不載，疑爲「⿸广盧」的訛俗字（參看伯三三九一號《雜集時用要字》校記〔九七〕），但「⿸广盧子」仍不知何意，存疑。

〔四七〕皿分，「皿」字底卷筆形不太明晰，「皿分」意亦費解，存疑。

〔四八〕豆半，《匯考》引《雜集時用要字》（二）有「豆⿰食半」條，謂「⿰食半」字是，《廣韻・緩韻》博管切：「粄，屑米餅也。料、⿰食半，上同。」

〔四九〕饆羅，《匯考》謂「羅」是「饠」之借；按「饆饠」古蓋本作「畢羅」，本梵文音譯詞，後人因其與食品相涉，遂增食旁繁化作「饆饠」。唐李匡乂《資暇集》卷下：「畢羅者，蕃中畢氏、羅氏好食此味，今字從食，非也。」可參。

〔五〇〕餅饊，「饊」字左部作食旁而略有殘泐，右半作「敋」，左側不明晰，原字疑爲「饊」字省訛；斯二六八三號《切韻・旱韻》蘇旱反：「饊，餅。」伯二〇一四號《大唐刊謬補缺切韻・旱韻》：「饊，餅饊。」兹據録正。

〔五一〕⿰食丞餅，「⿰食丞」字右部底卷字形在「亟」與「丞」之間，應爲「丞」的俗寫，《匯考》以「⿰食丞」爲「蒸」的俗字，是。

〔五二〕来餻，「来」字《匯考》校作「⿱來木（棗）」，極是；《雜集時用要字》（三）「⿰食丞餅」、「⿰食方飥」二條間有「⿱來木（棗）餻」條，字正作「⿱來木（棗）」。

〔五三〕 餢飳，《匯考》校作『餺飳』，近是；『餺飳』又作『餑飳』、『不托』，古代一種用麵或米粉製成的食品。參看《雜集時用要字》（三）校記〔二四〕。

〔五四〕 二缺字前一字存上部『亠』，後一字存右下部殘撇。

〔五五〕 『鑃』字左部底卷略有殘泐，就字形而言，『鑃』有可能爲『鑺』字俗寫，但字書既無『鑃』字，亦無『鑺』字，存疑；其下一字底卷存右上部殘畫；該殘字下至行末底卷約缺三字。

雜集時用要字（五）

伯三七七六

【題解】

本篇底卷編號爲伯三七七六。前有地契草稿二行，首缺，後部未抄完，其中有人名『氾醜奴』、『雷大眼』。次爲本篇，存八十一行，依次爲天部、陰陽部、年載部、地部、郡邑部、丈夫立身部。天部前有無殘缺不可知，丈夫立身部後則明顯有殘泐。原卷缺題，《索引》定作『小類書』，《寶藏》同。王三慶《敦煌類書》把本篇作爲『類語體之類書』之屬，擬題『類辭』，王氏云：『每類下彙集辭條，并有事文，如今日之分類辭典，頗存當日辭語和典章制度。惟書名、作者、時代不詳。』陳璟慧《敦煌寫本〈俗務要名林〉研究》（杭州大學碩士學位論文，一九九七）讚成王說。《匯考》比照斯六一〇號作爲『雜集時用要字』之一種。《索引新編》及《法藏》改題『俗務要名林』，非是。按本篇每部下彙集相關語辭，以單音詞、雙音詞爲主，下有簡要的釋義，部目字或類目字下亦或引經子書爲例證，其後的詞語則皆無書證；不注音。體式與《爾雅》釋詁、釋言、釋訓之後的各篇近似，如年載部之下各條幾乎就全抄自《爾雅・釋天》；亦與斯六一〇號『雜集時用要字』體例相仿，不過有注無注之別而已。故茲從《匯考》擬定今題。原卷書體楷正可觀，卷中『淵』字改避作『泉』（參校記㈢九），『世』旁改避作『云』（參校記㈢三、㈣二），而『豫』字、『昂』字不改避，有可能是中唐之前的抄本，《敦煌類書》稱本卷『諱淵、世，爲中晚唐書跡』，似失之於晚。

對本書的校録研究，王三慶《敦煌類書》（臺灣麗文文化事業股份有限公司一九九三）有録文；張金泉、許建平《敦煌音義匯考》（杭州大學出版社一九九六）作了初步的校勘。茲參酌各家校説，據《法藏》影印本及縮微膠卷重新校録如下。原卷正文大字單行，注文小字雙行，此一併改爲單行，注文用小五號字校録；原卷天部『天』、『星』、『雲』、『雨』、『雪』、『霜露』、『風』各小類前均留有大字三格左右的空白，蓋有分別門類之意，故據以分作若干段。

天部

天清輕爲天。造化万物始。玄穹玄天穹天。旻上旻天上天。日太陽之精。狀(扶)桑日出處。陽谷日[出處]。[一]濛汜日入處。昧谷日入處。陽道日行道。曨日欲明。晲(晚)日西。明平明。[二]晝白日。朝朝日。暾日初光。昇日初上。虧(虧)太陽虧(虧),日蝕也。[三]暈日暈。輪日輪。色日色。曜日曜。光日光。蝕日蝕。晨早朝。曈日晲(晚)。[四]昕日欲出。晷(晷)日影。景光景。影日影。昢向曙色。曙日欲明。陰(陰)兎(兔)月中之兎(兔)。躔(躔)日月行道。魄月初黑。盈月光滿。絃上下絃。[五]望日月相望。朔月初。晦月盡。黄昏初夜。霄夜也。夕夜也。暗月黑。暮日暮。更五更。

星淮南子曰:万物之精,上爲列星。廿八宿東方角亢(亢)互(氐)房心尾箕,南方井鬼柳星張翼軫(軫),西方奎婁胃[昴][六]畢觜条(参),北方斗牛女虚危室壁。流星使星。彖玄彖。[七]連珠五星若連珠。欃槍悪(惡)星。彗孛(孛)妖星。牽牛星名。織女星名。貫索星名。輔貳星名。河皷(鼓)星名。

雲《詩》云:上天同雲,雨雪粉粉。[八]瑞雲五色雲。慶雲瑞雲。綵雲雲有五色。濃雲色厚。凝雲凝結。愁雲愁聚。紫雲紫色。彤雲赤雲。玄白玄雲白雲。青碧青雲碧雲。峯雲雲形如山峯。斷(斷)雲雲斷(斷)。騰雲飛雲。陣雲雲形如行陣。紛紛郁郁雲乱飛皃。蒼芒雲色。[九]靉靆黑雲皃。霄薄雲。霞赤氣。煙霧輕煙重霧。氣色天氣景色。

雨《詩》云:其雨其雨,杲杲出日。[一〇]零雨零,落。霖霪雨經三日已上。霡霂雨注物皃。[一一]霢小雨。浮溦細雨。[一二]暴雨卒雨。膏雨潤如膏。驟雨急雨。霹靂天怒。覞電電光。虹霓雄曰虹,雌曰霓。蝃蝀虹霓别名。虹古巷反,亦虹霓。雷霆霆,疾雷。雹陰陽相衝擊爲雹。旱澇不雨日、雨多日。[一三]晴(晴)霽霽亦清。

雪《詩》云：雨雪瀌瀌，見晛曰消。〔一四〕　瑞雪盈尺曰瑞。　灾雪盈文（丈）曰灾。　飛雪雪飛。　霰雪雨雪相和下曰霰。

霏雪雪霏霏然。

霜露寒霜白露。　湑湑泫泫露濕皃。〔一五〕　皚霜雪白皃。　瀼瀼露濕皃。〔一六〕

風《周易》：風以動物。　八風莭（節）風：立春條風至，春分明庶風至，立夏暑風至，夏至清風至，立秋涼風至，秋分閶闔風至，立冬不周風至，冬至廣漠風至。〔一七〕　颿風南風。〔一八〕　谷風東風。　金風西風。　霾曀風而雨土曰霾，風而陰曰曀。〔一九〕

隂陽部

隂陽地隂天陽。　寒暑寒熱。　氣候候，天氣。　四時春、夏、秋、冬。　八莭（節）立春、春分、立夏、夏至、立秋、秋分、立冬、冬至是八莭（節）。　四氣春曰青陽，夏曰朱明，秋曰白藏，冬曰玄英。〔二〇〕　六律正月太蔟〔二一〕，三月沽洗〔二二〕，五月蕤賔（賓），七月夷則，九月無射，十一月黄鍾。　六吕二月夹（夾）鍾，四月中吕，六月林鍾，八月南吕，十一月應鍾〔二三〕，十二月大吕。

閏臘閏餘、臘月。　暦（曆）數律暦（曆）筭數。　盈縮月之大小。　序伏年序、伏日。　漏刻候天時。

年載部

載唐虞曰載。〔二四〕　嵗（歲）夏曰嵗（歲）。　祀商曰祀。　年周曰年。　齡年也。　稔年也。　太嵗（歲）在子曰因（困）敦；在丑曰赤奞（奮）若；在寅曰攝提格；在卯曰單閼；在辰曰執徐；在巳曰大荒駱〔二五〕；在午曰欃槍〔二六〕；在未曰叶洽〔二七〕；在申曰涒灘；在酉曰作噩；在戌曰掩茂〔二八〕；在亥曰大泉獻〔二九〕。

地部

地重濁爲地。　方輿地方如與（輿）。　厚載地厚載物。　混沌天未分。　坤地也。　四方東西南北。　四維四隅。　從横南北曰從，来（東）西曰横。〔三〇〕　田疇生地曰田，熟地曰疇。　阡陌南北爲阡，東西爲陌。　頃畞（畝）百畞（畝）□頃〔三一〕，二百卌步曰畞（畝）。　壃畔田壃地畔。　隄封隄畔封壃。　塉壟黎塉田壟。〔三二〕　丘陵土高曰丘，大阜曰陵。　墳行平陸曰墳行。　原隰高平曰原，下濕曰隰。山澤山川陂澤。陂泊陂澤水泊。堤塘堤岸陂塘。堨岸水陂河岸。〔三三〕鹹（鹹）鹵（鹵）斥地。坧隥山板隥道。〔三四〕坑坎坎亦坑也。深穽穽亦窟也。町畂小地段。磽确地不平。沃瘠沃，肥地；瘠，瘦地。培塿蟻封堆。堆阜土小起。墳壤土。墝壚墝，硬地；壚，黑土。〔三五〕沙壖壖亦沙也。赤墐墐土。沙漠流沙也。石磧平磧。壃埸邊地。〔三六〕邊陲邊外。閫外邊閫。徼道邊路。徑路小徑道路。康荘（莊）道路。通逵九達爲（謂）之逵。

郡邑部

州《尚書》曰：禹别九州。郡《國語》曰秦置卅六郡。九州青、徐、𡘇（冀）、兊（兖）、梁、益、雍、豫、揚，舜分青。〔三七〕邑邑，今之縣。縣古邑。鄉□。〔三八〕黨古制五百家爲黨。村村署。閭閻邑里家▨。〔三九〕城隍隍，城池。〔四〇〕曲敵城敵。〔四一〕樓堞堞，城墻。〔四二〕闉闍城上下樓。女墻城上墻。弩臺防城臺。櫑櫑木。格戰格。街衢衢，通街。坊巷巷，曲巷。〔四三〕衙府公衙。寺佛寺。觀道觀。開（關）鎮開（關）防鎮守。戍守鎮戍守捉。堡栅戔堡山栅。〔四四〕壕壘湟壕壁壘。〔四五〕烽燧燧火。亭障障塞。郊境郊外境界。

丈夫立身部

束髮惣角。立身行身。▨勤勤勞。〔四六〕脩飾飾己。務學勤學。廣愽（博）多學。探賾探討。古今古往今來。禮樂脩禮辯（辨）樂；射御弓射駕御；書數文書計數：謂之六藝。筭計計筭。詞藻言詞文藻。文章文才。辯晤辯識明晤。秀逸英秀調逸。強幹強明幹了。精神神彩。魁梧昂藏皃。傀偉體皃。豪傑（傑）英豪雄（雄）傑（傑）。英雄（雄）英威雄（雄）豪。猛烈剄（剛）烈。杲（果）敢杲（果）斳（斷）。决斳（斷）斳（斷）决。壯（壯）勇力壯（壯）勇猛。輕㦊㦊捷。〔四七〕容皃顔容。趍謁趍走祗（祗）謁（謁）。〔四八〕俯仰佤（低）屈。徘佪周迴。祗（祗）接敬皃。應對（對）應荅（答）。伏膺佤（低）膏。〔四九〕唯諾唯亦諾。身材材幹。膂力強壯（壯）。弓馬武藝。㘘埒習武。〔五〇〕鬪（鬭）戰戰敵。獵射射獵。擊毬打戲。放鷹飛鷹。奔犬走猗（狗）。𨱗（長）大身才。強壯（壯）力壯（壯）。

矬矩〔五二〕

（後缺）

【校記】

〔一〕陽谷，同『暘谷』。注文『日』下『出處』二字據《匯考》擬補；《敦煌類書》擬補『落處』二字，不確。《淮南子·天文》：『日出于暘谷，浴于咸池，拂于扶桑，是謂晨明。』其中的『暘谷』《太平御覽》卷三天部引作『陽谷』。

〔二〕明，『明』字《說文》篆文『朙』的隸變字，而『明』《說文》以爲古文。

〔三〕虧，《匯考》校作『虧』，是，『虧』《說文》以爲『虧』字或體。注文『虧』字同。

〔四〕曈，此字其他字書不載，《匯考》引《廣韻·東韻》徒紅切『曈，曈曨，日欲明也。又他孔切』，疑『曈』即『曈』；而注文『日晚』當作『日欲明』，方與上『晨』下『昕』合爲一類。可備一說。

〔五〕絃，同『弦』，月亮半圓。注文『絃』字同。

〔六〕『昂』字據《匯考》校補。

〔七〕象，《匯考》定作『象』字，當是；『玄象』指天象，謂日月星辰在天所成之象。

〔八〕注文『同雲』《敦煌類書》録作『彤雲』，誤；又『粉粉』《匯考》校作『紛紛』。按所引詩見《詩·小雅·信南山》，刊本作『上天同雲，雨雪雰雰』，毛傳：『雰雰，雪貌。』《太平御覽》卷八天部『雲』下引《詩》作『紛紛』。《說文·气部》以『雰』爲『氛』字或體，段玉裁『雰』下注：『按此爲《小雅》「雨雪雰雰」之字。《月令》「雰霧冥冥」，《釋名》「氛，粉也。潤氣箸艸木，因凍則凝，色白若粉也」，皆當作此。』『雰雰』蓋狀雪下之貌的專詞；以其『色白若粉』，則或作『粉粉』亦自可通也。

〔九〕蒼芒，同『蒼茫』，『芒』『茫』古今字；《敦煌類書》徑録作『蒼茫』，欠妥。

〔一〇〕注文『其雨其雨』底卷本作『其₌雨₌』，此處當爲ABAB型重文省書，故録作『其雨其雨』。《詩・鄘風・伯兮》：『其雨其雨，杲杲出日。』即引文所本。

〔一一〕霢霂，『⿱雨录』字《匯考》校作『霢』，極是，『⿱雨录』即涉下『霂』字類化換旁俗字；玄應《音義》卷二二《瑜伽師地論》第三十四卷音義：『霢霂，音脉木，《爾雅》小雨謂之霢霂。今流汗似之也。』

〔一二〕浽溦，同『浽溦』，『溦』爲『溦』的異體字（《説文》『溦』從『微』省聲）。《廣韻・脂韻》息遺切：『浽，浽溦，小雨。』

〔一三〕注文『不雨日、雨多日』分指『不雨日』爲『旱』，『雨多日』爲『澇』，其義可通；《匯考》謂『不雨日』下脱『旱』字，『雨多日』下脱『澇』字，《敦煌類書》録作『不雨日多雨日』，皆不確。

〔一四〕注文所引詩見《詩・小雅・角弓》。

〔一五〕滑滑泫泫，『滑』字右部既可能爲『昪』字俗寫，又可能爲『胥』字俗寫，文中『滑』應爲『湑』的俗字。《龍龕・水部》：『湑、滑，相居反，落也，又露皃也。』即以『滑』『湑』爲一字。《詩・小雅・蓼蕭》『蓼彼蕭斯，零露湑兮』毛傳：『蕭，蒿也。湑湑然蕭上露貌』，『湑湑』義合。《匯考》以文中的『湑』爲『湑』的俗字，《敦煌類書》録作『滑滑泫泫』，恐皆不確。

〔一六〕注文『露』字底卷誤作正文大字，兹據《匯考》改作注文小字。

〔一七〕注文『立春條風至』至『冬至廣漠風至』底卷作正文大字，兹按文例改作注文小字。《匯考》謂『暑風』當作『景風』，『清風』當作『清明風』，『景風』與『清明風』的位置應互乙，甚是。《淮南子・天文》：『何謂八風？距日冬至四十五日條風至，條風至四十五日明庶風至，明庶風至四十五日清明風至，清明風至四十五日景風至，景風至四十五日涼風至，涼風至四十五日閶闔風至，閶闔風至四十五日不周風至，不周風至四十五日廣莫風至。』《白虎通德論》卷六八風：『風者何謂也？風之爲言萌也。……距冬至四十五日條風至，條者，王也；四十五日明庶風至，明庶者，迎衆也；四十五日清明風至，清明者，清芒也；四十五日景風至，景，大風，陽氣長養；四十五日涼風至，涼，寒也，行陰氣也；四十五日昌盍風至，戒收藏也；四十五日不周風至，不周者，不交也，陰陽未合化也；四十五日廣莫風［至］，廣莫者，大也，同陽氣也。」《左傳·昭公二十年》「八風」下孔穎達正義引《易緯通卦驗》云：「立春調風至，春分明庶風至，立夏清明風至，夏至景風至，立秋涼風至，秋分閶闔風至，立冬不周風至，冬至廣莫風至。」《太平御覽》卷九天部「風」：「《易緯》曰：八節之風謂之八風。立春條風至東北風，春分明庶風至東方風，立夏清明風至東南方風，夏至景風至南方風，立秋涼風至西南方風，秋分閶闔風至西方風，立冬不周風至西北方風，冬至廣莫風至北方風。」皆可證。又「廣漠風」上引各書皆作「廣莫風」，「漠」「莫」音同義通。

〔一八〕飄風，同「凱風」，「飄」字涉「風」字類化偏旁；《爾雅·釋天》：「南風謂之凱風，東風謂之谷風，北風謂之涼風。」

〔一九〕霾曀，「曀」字底卷訛從目旁，注文「曀」字同，兹據文義録正；《爾雅·釋天》：「風而雨土爲霾，陰而風爲曀。」

〔二〇〕注文四「曰」字《敦煌類書》皆録作「日」（「曰」「日」寫卷字形無別，録寫時當據文義裁定），似不確；「春曰青陽」云云意引自《爾雅·釋天》「春爲青陽，夏爲朱明，秋爲白藏，冬爲玄英」，「曰」猶「爲」也。

〔二一〕太蔟，《匯考》以爲同「太簇」；按「太蔟」古亦作「太簇」，「蔟」「簇」本以前者爲典正，或俚俗據竹頭俗寫作草頭的通例加以楷正，則「太蔟」被誤改成了「太簇」。《白虎通德論》卷三「五行」：「正月律謂之太蔟何？太亦大也，蔟者湊也，言萬物始大湊地而出也。」

〔二二〕沽洗，同「姑洗」。《白虎通德論》卷三「五行」：「三月謂之姑洗何？ 姑者故也，洗者鮮也，言萬物皆去故就其新，莫不鮮明也。」疑作「沽洗」者「沽」字涉下字類化偏旁。

〔二三〕「十一月應鍾」應作「十月應鍾」；古樂的十二律分六律、六呂，陽爲律，陰爲呂，其中十月爲應鍾，十一月爲黃鍾。《白虎通德論》卷三「五行」：「十一月律謂之黃鍾何？ ……鍾者動也，言陽氣動於黄泉之下，動養萬物也。……十月謂之應鍾何？鍾，動也，言萬物應陽而動下藏也。」

〔二四〕本部所釋條目除『齡，年也』、『稔，年也』二條外皆見於《爾雅·釋天》，括號中校改者皆據《爾雅》。

〔二五〕大荒駱，刊本《爾雅》作『大荒落』，《史記·天官書》『大荒駱歲』《索隱》引《爾雅》作『在巳爲大荒駱』。

〔二六〕在午曰檮槍，《爾雅》作『在午曰敦牂』，當據正。《史記·天官書》『敦牂歲』《索隱》引《爾雅》同，又引孫炎曰：『敦，盛；牂，壯也。言萬物盛壯。』

〔二七〕在未曰叶洽，《爾雅》作『在未曰協洽』，《説文》以『叶』爲『協』字或體。

〔二八〕在戌曰掩茂，《爾雅》作『在戌曰閹茂』，《史記·天官書》『閹茂歲』《索隱》：『《爾雅》云：在戌曰閹茂。孫炎云：「万物皆蔽冒，故曰閹茂。閹，蔽；茂，冒也。」《天文志》作「掩茂」也。』《淮南子·天文》：『掩茂之歲』高誘注：『掩，蔽；茂，冒也，言万物皆蔽冒。』據故訓而言，蓋作『掩』者本字，作『閹』者假借字。

〔二九〕在亥曰大泉獻，《爾雅》作『在亥曰大淵獻』，《匯考》謂『泉』字爲避唐高祖諱改。

〔三〇〕從横，同『縱横』，注文『從』字同。《集韻·鍾韻》將容切：『從、縱，東西曰衡，南北曰從。或从糸。』

〔三一〕『頃』前的缺字處底卷本留有約一字空格，因據以擬補一缺字符；《匯考》以缺字爲『曰』字，近是。

〔三二〕埼壟，『埼』應爲『塒』避唐諱的改寫字；『塒』字《漢語大字典》補遺土部引民國《牟平縣志·方言》音講，云『邱陵曰堳，亦曰塒』，當别爲一字；文中的『塒』疑爲『溝』的换旁俗字（《敦煌類書》徑録作『溝』）。注文『黎埼』疑當校讀作『犁溝』。

〔三三〕堁岸，就字形而言，『堁』字可定作『堁』字俗寫，但『堁』或『堁』字其他字書均所不載，《匯考》定作『堰』的俗字，可從。

〔三四〕坘隥，『坘』爲『坻』的俗字。注文『山板』當校讀作『山坂』；《廣韻·薺韻》都禮切：『坂，隴坂。』

〔三五〕𡑞壚，『𡑞』字其他字書不載，其來源俟考。

〔三六〕壃埸，『埸』應爲『場』的俗字（猶『場』字俗書作『塲』之比），『壃場』即『疆場』，邊疆，宋元以後俗字通常作

『疆場』。

〔三七〕『舜分青』下底卷留有近半行空白未書，疑此三字爲衍文當删：《匯考》引《初學記·州郡部》載《尚書》『禹別九州，九州攸同』注『至舜即位，分冀州爲幽州、并州，分青州爲營州，始置十二州。禹受命，復爲九州』，而謂『舜分青』下殘，可備一説。

〔三八〕『鄉』下底卷留有大半行空白未書，應有缺文：《論語·雍也》『以與爾鄰里鄉黨乎』鄭玄注：『五家爲鄰，五鄰爲里，万二千五百家爲鄉，五百家爲黨也。』可參。

〔三九〕注文末字存殘畫。

〔四〇〕城惶，『惶』字《匯考》以爲『隍』字之訛，注文『惶』字同，是。

〔四一〕曲敵，『敵』字底卷右部訛作『支』，茲據《匯考》校録正：《舊唐書·張仁愿傳》：『仁愿初建三城，不置壅門及曲敵、戰格之具。或問曰：「此邊城禦賊之所，不爲守備，何也？」』宋洪适《盤洲文集》卷三一《城廣州記》：『徐而察之，則麗譙曲敵一新于崇墉之顛也。』並用『曲敵』一詞。又注文『城』後的『敵』字底卷作『＝』，應爲標目字『敵』的省書符，此徑録正。

〔四二〕樓𡎺，『𡎺』爲『堞』避唐諱的改寫字。

〔四三〕注文二『巷』字底卷皆作省書符號，應是省代『坊巷』的『巷』字，《敦煌類書》録注文作『坊，曲巷』，不確。

〔四四〕注文『𡏺』字《匯考》校作『城』字，《敦煌類書》徑録作『城』，似不確；此字《龍龕·土部》音『初限反』，無義，疑爲『棧』的換旁字，『棧』字《廣韻·産韻》音士限切，與『𡏺』字韻同紐近。《説文·木部》：『棧，柵也。』朱駿聲通訓定聲：『柵者豎編之，柵者横編之。』『棧』『柵』義近，『𡏺堡』『山柵』殆亦同類之物也。《嘉慶重修一統志》龍安府『人物』下：『明王璽……善撫番民。宣德八年，松潘疊溪寺諸處番猓不靖，剿寇殲魁，功升宣撫司僉事；闢東南棧堡，勸墾，民始富。』正用『棧堡』一詞。

〔四五〕注文『湟』字左側底卷不太明晰，《敦煌類書》録作『邊』，不確；『湟』文中用同『隍』。

〔四六〕詞目『勤』上一字底卷被濃墨沾染，難以辨認。

〔四七〕輕塩，『塩』字《漢語大字典》音piǎn，方言，長條形的低平地，義不合，當别是一字；《匯考》疑爲『蹁』字之訛，義亦不合。此『塩』疑爲『翩』或『便』的俗字，『輕翩』或『輕便』爲近義連文。宋樓鑰《攻媿集》卷一《次韻翁處度同遊北山》詩：『相期更看水流處，步履未倦夸輕翩。』可參。

〔四八〕趍謁，『趍』文中爲『趨』的俗字，注文『趍』字同。注文『褐』應爲『謁』字抄訛，《敦煌類書》録作『倡』，不確。

〔四九〕注文『脊』爲《説文》『脊』的繁化俗字；《龍龕·肉部》：『胷、胸，二今；脊，正。』所謂的『正』字實亦當作『脊』，『脊』、『胸』古今字。

〔五〇〕坳埒，『坳』字其他字書不載，應爲『垜』（字亦作『垛』）的訛字，《龍龕·糸部》載『綵』字俗作『綒』，可以比勘；『垜』『埒』皆可指習射用的矮牆。

〔五一〕矬矩，『矩』應爲『短』的訛俗字（敦煌寫本中『短』字多寫作『矩』形）；《廣韻·戈韻》昨禾切：『矬，短也。』『矬短』爲同義連文。又底卷至此行止，下一行有殘畫隱約可見。

雜集時用要字（六）

斯五五一四

【題解】

底卷編號斯五五一四。首尾皆缺，存二十四行，有界欄。無題。《索引》於斯五五一三『雜字』下云：『殘卷，大抵以偏旁相同者相隸屬。』繼於本件下云：『殘卷，體例略同前卷，惟有切音。』《索引新編》同。《寶藏》擬題『雜字』；《敦煌唐本字書敘録》擬題『某氏字書殘卷』，《金目》題『字書』，《英藏》題『失名字書』；《匯考》定作『雜集時用要字』之一。按斯五五一三號《英藏》定作『開蒙要訓摘抄』，是。而本件是一種分類記載詞語的書，體例與前者迥異。其中原卷第七行『四肢』前後、第十五行『裝』字之上、二十一行『鎗』字之上皆留有一二字的空格，大約有分類之意，茲據以劃分爲四段，第一段爲雷、電等天地氣象之屬，第二段爲四肢身體之屬，第三段爲裝束衣物之屬，第四段爲鎗、鏉等鐵器之屬。其以義類分部，體式與斯六一〇號《雜集時用要字》相近（參看斯六一〇號《雜集時用要字》『題解』），因據《匯考》擬定今題。所收以單音字爲主，也有少數雙音的；大多數條目下注有切音，沒有訓釋，少數條目下沒有注音，但往往留有可寫兩個注文小字的空格，大約有留空待補之意。書中的切音，《敦煌唐本字書敘録》以爲『仍爲《切韻》一系讀音』，《匯考》進而謂『其音與王仁昫《刊謬補缺切韻》略同』。考原書注音完整的凡一二二條，與《王一》或《王二》反切上下字完全相同的有七十四條，與《廣韻》相同的五十七條，其中有四條僅與《廣韻》相同而與《王一》或《王二》不同，但又往往與斯二〇七一號《箋注本切韻》、《裴韻》相同，那些與《王一》、《王二》、《廣韻》皆不相同的切語，或爲傳抄文字有誤，或因音變改讀（參看校記〔二〕、〔一四〕）。由此可見，本書反切與王仁昫《刊謬補缺切韻》相近但又不完全一致，周祖謨先生定作『《切韻》一系讀音』，庶幾近是。另外有少數字爲《切韻》系韻書所未見（參看校記〔三八〕、〔三九〕、〔五五〕），當係作者別有所本。

周祖謨《敦煌唐本字書叙録》(《敦煌語言文學研究》,北京大學出版社一九八八)對本書的體例内容有簡要的介紹;張金泉、許建平《敦煌音義匯考》(杭州大學出版社一九九六)作過初步的校勘。兹參酌上述成果,據《英藏》影印本重新校録如下;另附寫卷圖版於前,以資比勘。

斯五五一四號《雜集時用要字》圖版

雷路回。雹浦角。〔一〕覢電堂見。虹胡籠。霓五嵇。月暈無問。〔二〕氏（昏）呼昆。〔三〕雺莫貢。晶子情。光古皇。
暉許帰。曜戈（弋）嘆。〔四〕霜所良。霰丁見。〔五〕霽子計。晴（晴）疾盈。〔六〕温烏渾。暾地昆。〔七〕旱何滿。澇物寵。〔八〕曝失
乹（乾）古寒。〔九〕熢蕪告。〔一〇〕均居春。匀半（羊）均。〔一一〕風方隆。颺与（与）章。邑（邑）莫（英）及。〔一二〕
入。〔一三〕奟普皂。〔一四〕地徒四。壚落胡。塓□□。〔一五〕垎下白。地堤堰於盡。〔一六〕豁呼活。嶮□□。〔一七〕
四肢（肢）〔一八〕胑比（此）支。〔一九〕骨古忽。骼古核。形户經。鬚（鬚）相俞。髩必忽。〔二〇〕髯頷胡感。〔二一〕
髻古詣。鬢□□。〔二二〕髪方伐。〔二三〕髾山交。頂丁挺。顊奴領。胭項胡講。髮鬣良涉。〔二四〕髭即移。鬚（鬚）。〔二五〕
頰古俠。頤与之。頦古亥。顩古盖。〔二六〕髑徒谷。髏落侯。腟奴晧。〔二七〕頔□□。〔二八〕眼五限。瞼居儉。眉（眉）武
悲。睫紫葉。〔二九〕喉胡溝（溝）。嚨盧紅。齒昌里。〔三〇〕齗半（牛）斤。〔三一〕胷許容。臆於力。肘□□。〔三二〕腋羊益。臂
卑義。腕烏翫。〔三三〕眦薄迷。〔三四〕臍（齊）狙嵇。〔三五〕膀（膀）步光。胱（胱）古皇。肋盧得。脇（脇）虚葉。趺徒結。
腨（腨）時戀。〔三六〕跟古痕。踝胡瓦。
裝側羊。束書蜀。袝苻遇。〔三七〕袜傷遇。〔三八〕襟居音。襴落干。〔三九〕衿□□。〔四〇〕袓□□。〔四一〕帶都盖。系胡計。
褸於霄。襻音慢。〔四二〕頭度侯。〔四三〕縜自拱。竹都了。〔四四〕複方六。裌古押。汗户旦。褌古軍。〔四六〕袴（袴）苦故。
襦日朱。〔四六〕韈（韈）望發。靿一帛。〔四七〕怐君侯。〔四八〕鐃强免。〔四九〕篦普迷。鑷居輒。〔五〇〕鉸古孝。翦子賊。〔五一〕巧
交。〔五二〕判（扨）恪八。喞資悉。呶女交。抨▨。〔五三〕毹山虞。匣胡甲。粧奩力監。〔五四〕褔。〔五五〕
鎗楚庚。鏊五到。刷所劣。剉麁卧。錌（錌）烏倉。〔五六〕鑊胡郭。鍋古和。〔五七〕鈷鏻（鏻）摸朗。又莫補。鎊
普郎。鋸。〔五八〕鏟。鑱□□。〔五九〕乾▨。〔六〇〕鈄步侯。鏂烏侯。鑞鈕女▨。〔六一〕▨（鋉）▨（与）□。〔六二〕
（後缺）

【校記】

〔一〕『雹』字《王二》入聲覺韻音蒲角反，並紐，底卷音浦角反，屬滂紐，唐五代西北方音濁聲母清化，平仄聲的濁聲母都可與全清、次清聲母互注，故並紐可讀同滂紐；《匯考》謂『浦』當作『蒲』，似不必。

〔二〕月暈，『暈』字《王二》去聲問韻音云問反，云紐，底卷音無問反，屬微紐，此二紐敦煌文獻偶有通用之例；不過也有可能『云問反』的『云』形近訛作『亡』，『亡』『無』同紐，故『亡』又寫作『無』。

〔三〕『氏』字從《匯考》校；『昏』字《王二》平聲魂韻正音呼昆反。

〔四〕注文『戈』字從《匯考》校，『咲』爲『笑（笑）』的俗字；『曜』字《王二》去聲笑韻正音弋笑反。

〔五〕『霰』字《王二》去聲霰韻音蕪見反，心紐，底卷音丁見反，屬端紐，《匯考》謂『丁』字誤。

〔六〕『睛』字從《匯考》校；『睛』字《王二》平聲清韻正音疾盈反。

〔七〕『暾』字《王二》平聲魂韻音他昆反，透紐，底卷音地昆反，屬定紐，有清濁之異，《匯考》謂『地』爲『他』字之訛。

〔八〕注文『物』字《匯考》校作『扐』，近是；『竈』爲『竈』的簡俗字；『澇』字《王二》去聲号韻音盧到反，與扐竈反音同，然『扐』非常用字，用作反切上字，可疑。

〔九〕乹，通常用作乾坤之『乾』的俗字，文中則爲乾燥之『乾』的俗字；《干禄字書》：『乹、乹、乾：上俗中通下正。下亦乾燥。』是顏元孫以爲前二形不用作乾燥字；其實俗書乾燥的『乾』亦有寫作前二形的，如斯三八七二號《維摩詰經講經文》：『頭痛口苦，唱死唱生，腹脹喉乹。』亦其例。

〔一〇〕㶩，『燥』的俗字；《王一》上聲晧韻蘇浩反以『㶩』（《王一》又訛作『㦟』）爲正字，非是。參看《敦煌俗字研究》下編『燥』字條。

〔一一〕注文『半』字從《匯考》校；『匀』字《王二》平聲真韻音羊倫反，與羊均反同音。

〔一二〕注文「莫」字從《匯考》校；「邑」字《王二》入聲緝韻正音英及反。

〔一三〕「㬎」字《王二》入聲緝韻音去急反，紐異，《匯考》以「㬎」爲「濕」字之訛，有可能，「濕」字《王二》入聲緝韻正音失入反；不過也有可能「㬎」字不誤而注文反切上字有誤，存疑。

〔一四〕奃，此字其他字書不載，《匯考》以爲「奅」字之訛，近是；「奅」字《王二》去聲效韻音匹皃反，底卷音普皀反，「皀」字在上聲晧韻，從紐濁音，濁上變去，則「普皀反」讀與「匹皃反」同。

〔一五〕堧，「堧」字的俗寫，其下底卷留有可寫二個雙行小字的空格，蓋抄手留空待補，因據擬補二缺字符。這種情況底卷下文尚數見，可互參。《王二》平聲仙韻：「壖，而緣反，又奴亂反。」《廣韻·仙韻》：堧，或从需作「壖」。此字《說文》作「㽭」，指江河邊鬆軟的土地，與下條「垎」（硬土）含義相反。

〔一六〕地堤堰，「地」字蓋與下「堤」字形音並近而誤抄，《匯考》以爲衍文，當是。「堰」字《王二》音於建反，願韻山攝，底卷音於盡反，軫韻臻攝，臻攝、山攝元音相近，敦煌文獻中有通用之例。

〔一七〕「嶮」字在行末，其下有空格約可抄大字二，不知是否缺注音字，茲暫擬二缺字符。次行「四肢」以下應爲另一類。

〔一八〕四吱，「吱」應爲「肢」字俗訛；底卷「月」旁多訛寫作「目」，以下直接括注正字，不一一出校說明。又「四肢」二字應爲本類的部目，其下有一字空格，《匯考》以爲脱注，未必。

〔一九〕胗，此字左旁底卷作「目」，乃「月（肉）」旁的異寫（底卷下文「肉」旁居字形左側時多作此形），《匯考》録作「目」旁，非原形。注文「比」字《匯考》校作「此」，當是。《集韻》上聲紙韻敞尒切：「胗，肉物肥美也。」「此支」與「敞尒」音近。

〔二〇〕「鬒」字俟考。

〔二一〕「髯頷」二字底卷連寫，蓋因「髯」指「頷毛」（斯二〇七一號《箋注本切韻·鹽韻》：「髯，頷毛。」）而然，《匯考》謂「髯」下脱注文，似未必。

〔二二〕「鬢」下底卷留有可寫二個雙行小字的空格，蓋抄手留空待補，因據擬補二缺字符；《王二》去聲至韻丘愧反：「鬢，髻。」

〔二三〕注文「方」字底卷原字有誤，抄手又在原字上改正作「方」；「伐」字《王二》入聲月韻正音方伐反。

〔二四〕髮鬣，「髮」字下部底卷作「反」形，其字其他字書不載，《匯考》録作「髮」，茲姑從之。

〔二五〕鬚，就字形而言，應爲「鬚」字俗省（《王二》平聲虞韻「鬚」字作「鬚」，可以比勘），但此字上文已見，不應重出，或爲衍文當删，故其下無注音（底卷此字下有一字大小空格）；《匯考》謂此當與上「髭」字連讀，亦可備一説。

〔二六〕注文「盖」字《匯考》以爲「盍」字之訛；按「顉」字《王二》入聲盍韻音古盍反，而「盖（蓋）」字同韻有胡鬣反一讀，則「古盖」可與「古盍」同讀，「盖」字或不必改字。

〔二七〕脡，底卷右下部作「止」字草書，茲楷正；「脡」爲「腦」俗字「脳」的訛變形；《王二》上聲晧韻奴浩反：「脳，髓。」

〔二八〕「頔」下底卷留有可寫二個雙行小字的空格，蓋抄手留空待補，因據擬補二缺字符。《龍龕·頁部》：「頔，或作；顪，正：音婆，—|—，勇舞（武）皃也。」《王二》平聲哥韻薄何反：「顪，白頭皃。」《説文》以「顪」爲「皤」字或體，而「頔」則是「顪」「皤」交互影響産生的俗體字。《匯考》引《王二》去聲至韻毗四反「頔，首」（按《廣韻》釋「首子」），以「頔」爲「頔」字之訛，茲不取。

〔二九〕注文「葉」字底卷作「茮」形，下文「脇」字注文「葉」字同，不知是否爲避唐諱改寫；「睫」字《王二》入聲葉韻紫葉反，「茮」字則確爲避唐諱改寫而成的俗字。

〔三〇〕注文「里」字底卷訛作「星」形，《王二》入聲止韻「齒」字音昌里反，茲據録正。

〔三一〕注文「半」字從《匯考》校；「齗」字《王二》平聲殷韻音語斤反，與「牛斤」反同音。

〔三二〕「肘」下底卷留有可寫二個雙行小字的空格，蓋抄手留空待補，因據擬補二缺字符；「肘」字《王二》上聲有韻音陟柳反。

〔三三〕睕，此字《王二》音烏管反，在上聲旱韻，底卷音烏翫反，在去聲，聲調不同；《廣韻》去聲換韻『睕』字有烏貫反一讀，讀音相合，但『睕』釋『睕眏，大目』，與上下文義又不太合；按底卷『月』旁與『目』旁相混（參看上文校記〔一八〕），此『睕』疑爲『腕』字俗訛。《王二》去聲翰韻烏段反（與『烏翫反』同音）：『腕，手腕。』『腕』與上條『臂』同類，音義皆合。

〔三四〕䀝，此字其他字書不載，應爲『肶』的訛俗字，而『肶』又爲『膍』字或體；《王二》平聲齊韻薄迷反：『膍，膍臍。』《廣韻·齊韻》部迷切（與『薄迷反』同音）：『膍，亦作肶。』

〔三五〕『𪗋』爲『臍』字異體，後者《王二》平聲齊韻音徂嵇反，從紐，底卷音俎嵇反，莊紐，紐近，但也有可能『俎』爲『徂』字之訛。

〔三六〕『腨』字《王二》上聲獮韻音視兗反，禪紐濁音，濁上變去，故讀作去聲（底卷音時戀反，在去聲線韻）。

〔三七〕袝，《王二》去聲遇韻符遇反（與『苻遇』反同音，『符』字俗書與『苻』字相混無別）：『袝，祭。』『袝』字音合，但上下文皆指裝束和服飾之名，而『袝』爲祭名，義不合；《集韻》符遇反小韻有『袝』字，釋『盛服』，音義皆合（俗書衤旁與礻旁相混無別，下文礻旁字底卷皆寫從衤旁），但該字《切韻》系韻書及《廣韻》不載，存疑。

〔三八〕裓，《王二》去聲遇韻傷遇反小韻無其字，《唐韻》、《廣韻》該小韻下出『𨉖』字，云『𨉖褕，著衣也。出字書』；《集韻》以『裓』爲『𨉖』字或體。

〔三九〕襴，此字《切韻》系韻書及《廣韻》平聲寒韻落干反小韻未見，《集韻·寒韻》郎干切：『衣與裳相連曰襴。或省（作闌）。』

〔四〇〕『衿』字下底卷留有可寫二個雙行小字的空格，蓋抄手留空待補，因據擬補二缺字符；『衿』字《王二》上聲静韻音李郢反，釋『冕服衣衿』，實爲『領』的換旁字。

〔四一〕『袒』字下底卷留有可寫二個雙行小字的空格，蓋抄手留空待補，因據擬補二缺字符；《切韻》系韻書及

《廣韻》未見『袓』字，而有『紐』字，《匯考》謂『袓』同『紐』，近是，《正字通・衣部》：『袓，衣袓扣，即帶交結之處，與紐通。』可證；但《集韻》上聲有韻女九切云：『袓，衣耎也。』似又別爲一字。

〔四二〕注文『音』應爲『普』字形訛，『慢』字右下部的『又』底卷作『丁』形，俗訛，茲徑録正；『襻』字《王二》去聲諫韻音普患反，與『普慢』反同音。

〔四三〕『縙』字《王二》上聲腫韻音息拱反，心紐，底卷音『自拱』反，從紐，紐有清濁之異；《匯考》録注文作『白拱』，不合原形，又校作『息拱』，則可備一説。

〔四四〕忄勺，《王二》上聲篠韻都了反釋『垂忄勺』，憂心義，與上下文字義不合，『忄勺』文中疑爲『帊』字俗訛（『巾』旁俗書與『忄』旁相混不分），《王二》都了反小韻又有『帊』字，釋『絹帛頭』，音義皆合。

〔四五〕『褌』字《王二》平聲魂韻音古渾反，底卷音『古軍』反，在文韻，文、魂二韻皆屬臻攝，敦煌文獻中多見通用之例；《匯考》謂『軍』爲『渾』之訛，亦可備一説。

〔四六〕襦，『襦』的俗字；《王二》平聲虞韻日朱反：『襦，衣。』

〔四七〕『鞫』字《王二》去聲效韻音乙罩反，底卷音『一帛』反，紐同韻異，《匯考》謂『帛』爲『罩』之訛，近是。

〔四八〕怐，就字形而言，此字可定作『怐』字俗寫，但《王二》去聲候韻苦候反『怐』字釋『怐愗，愚皃』，義不合，《匯考》以爲『㤈』的訛字（參看上文校記〔四四〕），當是。《王二》平聲侯韻恪侯反：『怐（㤈），指怐（㤈）。』

〔四九〕『𩞄』字《王二》去聲線韻音渠卷反，底卷音『强免』反，『免』字在上聲獮韻，明紐濁音，濁上變去，故『强免』反與渠卷反同音。

〔五〇〕注文『居』字《匯考》校作『尼』，是，『輒』爲『輒』的俗字；『鑷』字《王二》入聲葉韻音尼輒反，《廣韻》作『尼輒切』。

〔五一〕注文『賊』應爲『賤』字之訛，『翦』字《王二》上聲獮韻音即踐反，『子賤』反在去聲，調異。

〔五二〕『巧』字底卷作『㓕』形，《匯考》定作『巧』字，近是，茲姑據録正；但『巧』與注文『交』字音異，且上下文注音皆用反切，而無用直音者，疑本條有誤。

〔五三〕注文底卷作『[illegible]』，似有塗改，難以辨認，《匯考》録作『絡』，形不近；又本卷注音字通常作二字，此僅一字，不合文例，該字底卷在行末，不知其下有無殘泐（底卷上下文注文二字者皆作雙行小字，本條注文僅右行作一小字，按理該字下應有缺字）。

〔五四〕注文『監』字《匯考》以爲是『鹽』字之訛，可從；『奩』字《王二》平聲鹽韻正音力鹽反。

〔五五〕⿰衤磊，此字依例可以比定作『⿰衤磊』的訛俗字，但其他字書既無『⿰衤磊』字，亦無『⿰衤磊』字，就字形而言，此字當是從衣、磊聲，或爲『⿰衤畾』的改換聲旁俗字；《集韻》平聲灰韻盧回切：『⿰衤畾，劍飾。』

〔五六〕『錌』字《王二》入聲業韻音於業反，底卷音『烏倉』反，在平聲唐韻，韻大異，《匯考》謂『倉』字有誤。

〔五七〕『鐹』字《王二》等古寫本韻書未見，《王二》平聲哥韻古和反小韻有『鍋』字，釋『温器』，『鐹』或即『鍋』的繁化字；《廣韻》上聲果韻古火反：『鐹，刈鉤。又古臥切。』則當別爲一字。

〔五八〕[illegible]，此字右部筆畫不清，待考。又此字與下『鏟』字底卷接抄，無注，亦無空格，不合文例，不知是否有抄脱。

〔五九〕『鑱』字下底卷留有可寫二個雙行小字的空格，蓋抄手留空待補，因據擬補二缺字符；『鑱』字《王二》平聲銜韻音鋤銜反。

〔六〇〕『乾』下一字底卷在行末，左側有殘泐。

〔六一〕⿰金頰鈕，『⿰金頰』字其他字書不載，疑爲『鋏』的繁化俗字，《廣韻》入聲怗韻古協切（與『頰』字同一小韻）：『鋏，長鋏，劍名。』注文『女』下一字底卷左上部有殘泐，據殘形，原字似爲『友』字，『鈕』字《王二》上聲有韻音女久反，與『女友』反同音。

〔六二〕⿰金⿱云木，此字左半殘泐，《匯考》以爲原字爲『⿰金⿱云木』字，當是，兹據擬補。注文存右行『与』，左行殘泐；《王二》入聲葉韻与涉反：『⿰金⿱云木，鐵⿰金⿱云木。』『⿰金⿱云木』爲『鍱』避唐諱的改寫字，《廣韻》正作『鍱』。

雜集時用要字（七）

俄敦一一三一＋一一三九B＋一一四九背

【題解】

底卷由俄敦一一三一、一一三九B、一一四九背三個寫卷綴合而成，《俄藏》歸併於前一號下。後爲『禮懺文』，前爲本件，凡十一行，其前後是否有殘缺不詳，每行上下部略有殘缺。缺題。《俄藏》擬題『蒙書』。按本件大抵爲按内容分類抄録詞語，但抄寫較爲雜亂，因體式與斯六一〇號《雜集時用要字》相近（參看斯六一〇號《雜集時用要字》『題解』），故據以擬定今題。所收以雙音詞爲主，偶亦有兩個以上音節的詞組。

底卷之首標列敦煌十一鄉之名，其中包括『赤心鄉』和『玉開鄉』。據研究，包括『赤心鄉』在内的敦煌縣十一鄉的建制是唐大中二年（八四八）歸義軍創建以後設置的，一直到十世紀三十年代，曹氏歸義軍政權改通頰部落爲鄉，纔變十一鄉爲十二鄉；公元九四四年曹元忠執政後，裁撤通頰、玉關二鄉，又形成十鄉建制（參看陳國燦《唐五代敦煌縣鄉里制的演變》，《敦煌研究》一九八九年第三期；馮培紅《歸義軍時期敦煌縣諸鄉廢置申論》，《敦煌歸義軍史專題研究續編》，蘭州大學出版社二〇〇三）。據此推斷，底卷應該是九世紀後期至十世紀初期敦煌歸義軍時期的寫本。

本件未見前人校録，兹據《俄藏》影印本校録如下。

敦煌鄉。〔一〕莫高鄉。神沙鄉。龍勒鄉。洪潤鄉。□（平）康鄉。〔二〕洪池鄉。玉開鄉。効穀鄉。赤心鄉。慈惠鄉。

□柴。〔三〕枝夫。〔四〕官布。地子。貸便。麦（麥）粟。黄麻。豌豆。〔五〕稻穀。紅▨（藍）。〔六〕麻子。粳米。官草。粮食。酒醋。鎡醬。乾貨。濕物。斛㪷。鍪鑼。〔七〕尺寸。疋叚（匹段）。鎌鋸。犁▨（鏵）。〔八〕樓秫。驢馬牛羊。家中錢財資産。生死吉凶。善悪（惡）。愚癡。明暗。乳酪。肉脯。天地。日月星宿。四▨（時）五行。〔九〕春夏秋冬。人民。[illegible]會。〔一〇〕東西南北。金▨（銀）銅鐵。〔一一〕▨▨。〔一二〕使用。布毡。〔一三〕紬絁。綾羅。錦繡。▨□。〔一四〕▨襆。〔一五〕床鋪。桉枷。托壁。鞍鐙。▨▨。▨竈。〔一六〕▨（碓）磑。〔一七〕針錐。瓫瓮。木盆。□□□〔一八〕

【校記】

〔一〕「敦煌鄉」三字底卷在第一行行首，此行前寫卷殘泐，不知本篇内容原本是否始於「敦煌鄉」三字。

〔二〕「康」字底卷在第二行行端，其上約殘缺一字，按敦煌縣（或稱鳴沙縣）下轄有「平康鄉」，自六朝已然，歸義軍前期爲敦煌十一鄉之一，故因據於「康」上擬補一「平」字。

〔三〕「柴」字底卷在行首，其上約殘缺一字，故擬補一缺字符。敦煌社會經濟文書中屢見「刺柴」或「茨柴」，可參。

〔四〕枝夫，「夫」字底卷字形不太明晰，「枝夫」亦費解，存疑。

〔五〕蜌豆，「蜌」字字書不載，疑爲「豌」的訛俗字；「豌豆」敦煌社會經濟文書中常見。

〔六〕「藍」字左上部底卷略有殘泐，兹據殘形擬補。「紅藍」爲一年生草本植物，高三四尺，其葉似藍，夏季开紅黄色花，古代以之製胭脂及紅色顔料，屬菊科。伯二五六七號《癸酉年（公元七九三年）正月三日至二月八日沙州蓮台寺諸家散施曆狀》有「黄麻叁碩柒斗，紅藍柒碩叁斗」，即其物。

〔七〕鍪鑼，「鑼」通常可定作「鑺」字俗寫，但俗字「钁」與「鑺」多相亂，「鑺」爲古兵器名，「钁」爲鋤屬，此字文中與「鍪」字連用，當以定作「钁」字爲是。

〔八〕「鏵」字右下部底卷略有殘泐，兹據殘形擬補。

〔九〕『時』字下部底卷殘泐，兹據殘形擬補。
〔一〇〕『會』上一字不識，待考。
〔一一〕『銀』字右下部底卷殘泐，兹據殘形擬補。
〔一二〕二殘字底卷左部作『金』旁，右半中部有殘泐，難以辨識。
〔一三〕布毼，『毼』字《龍龕·毛部》以爲『睫』的俗字，義不合，考《龍龕·毛部》又有『毼』字，正作『毼』，『胡葛反，毛布也』，文中『毼』疑爲『毼』的訛變形，義合。
〔一四〕前一殘字底卷左部作『糸』旁，右上部作『禾』形，右下部殘缺，原字不知是否爲『綉』字（即『繡』的俗字）；其下一字在次行行首，底卷殘缺，兹據所缺空間擬補一缺字符。
〔一五〕『樸』上一字底卷上部略有殘泐，左部似『木』旁，右部近似『月』形，但『枂』字非義，存疑俟考。
〔一六〕『竈』字底卷在行首，前行『鞍鐙』下底卷約有三字的殘畫，其中第一字存上部和右部殘畫，第二字存點下一扁口形，前二字疑爲『門户』二字之殘；後一字僅存上部殘筆，待考。
〔一七〕『碓』字底卷右上部略有殘缺，兹據殘形擬補。
〔一八〕『木盆』下至行末底卷殘缺，據空間推算，約可抄五字。次行起爲『禮懺文』，字體亦與本篇不同，當爲另一人所抄。

雜集時用要字（八）

伯二八八〇

【題解】

本篇底卷編號爲伯二八八〇。小册子。凡十二頁，其中一、二頁和最後兩頁屬習字雜寫，内容與本篇無關；三至十頁爲本篇，每頁抄四至六行，每行抄八至十一字不等，有界欄。《索引》題『小册子爲初學者所襍書』；《寶藏》擬題『飲食名册鈔、綾絹名目鈔』；《索引新編》擬題『飲食名册抄、綾絹名目抄、春坐局席轉帖抄』，説明稱『小册子，爲初學者集書。倒數第二頁有「庚辰年十月廿二日郭願長」』；《法藏》題作『習字雜寫』。按本篇依次有『飯食名目』、『綾絹名目』、『鐺鏉名目』的類目名，底卷大抵以頁爲單位分類抄録詞語（多爲物名或人名、地名），但也有同一『名目』或同一頁下雜抄不同『名目』的詞語，顯得比較雜亂；所收以雙音詞爲主，亦有兩個字以上的短語甚至句子的。因其體式與上列各篇《雜集時用要字》相近，故據以擬定今題。

底卷第一頁有『佛説地藏菩薩經』經名習字，另抄横書的『社司轉帖』一篇，其中有『於永安寺門前取齊』句，最後所署人名爲『社官鄧，社長姚曹，虞後（候）石子君，兵馬使梁万端』；又第十一頁有『張乫受｜庚辰年｜十月廿二日｜郭願長』字樣，大約是『社司轉帖』的後一部分。底卷第二、十一頁抄有《論語》部分篇目，第十二頁有雜寫三十餘字。這四頁内容紛亂，倒書横書交錯，當屬學童塗鴉之作（唯抄録《論語》篇目部分似係碎片另外粘貼上去的），抄寫時間應在其餘八頁之後。

本篇未見前人校録。兹據《法藏》影印本按頁并參酌内容分段校録如下。

鞋靴。〔一〕▨▨。〔二〕煑▨▨。〔三〕

飯食名目　鈔餅。〔四〕饊餅。〔五〕䭔子。餣䭑。〔六〕餅飥。〔七〕䭫餅。餬（胡）餅。

雜耬犁杷。〔八〕[illegible]。〔九〕掃帚。曬。〔一〇〕⿰革登靻。鷊。轟。閦[illegible]。囂嘈。叱呵。叶。

穆憨奴。〔一一〕范來兒。陰殘兒。柴全慶。張山定。楊勝全。索保慶。杜苟苟。宋苟奴。令狐方通。曺（曹）行鷄。徐流住。

踏床。〔一二〕板床。槌。木盆。掃地。灑（灑）水。涅土。壘墙（牆）。刈麦。稍粟。〔一三〕看侍。遲滯。案板。鞍轡。鞴頭。鞦轡。喫酒。酒醉。扶舉。

鋸錯。〔一四〕无窮。〔一五〕掉消。〔一六〕北府。宜秋。東河。瓜州。常樂。懸泉。會稽。壽昌。紫▨。〔一七〕駱駞。駁馬。草馬。白羊。羯羖羊。羯羖羊。羯▨。〔一八〕斉（齊）集。不赴。集。趂（趁）。點▨。〔一九〕

隊頭。〔二〇〕副隊。銀椀。花氊一領。銀盞。漆椀。托壁。正月廿六日。太保東窟上去迎（迎）頓。破酒壹瓮。鐺子。杓子。瓮子。匡。餘餅。〔二一〕胡併（餅）。餺餉。〔二二〕鈔餅。〔二三〕饊併（餅）。䭫併（餅）。耎併（餅）。餣䭑（頭）。餲飥。〔二四〕餻。乾㰮叁束。煑油（油）。薺（薺）菜。乳酪。酥。塩。〔二五〕草豉（豉）子。半升。餳餔。〔二六〕㮋（楪）合。麩䴸。借色。牙盤。敦乾設。〔二七〕

綾絹名目〔二八〕　鬧花樓機綾壹匹。袴段樓機綾壹匹。紫羅兩匹。白綿綾三匹。纐纈三丈。碧綾裙一䙅〔二九〕，紫綿綾襠襠一礼〔三〇〕，黃畫丕子一條〔三一〕，三事共一葑（對）。紬緤（緤）一匹。〔三二〕官布兩匹。土［布］三匹。〔三三〕青繡裙一䙅，紅錦襠襠一礼，兩事共一葑（對）。紬緤（緤）被一[illegible]。〔三四〕紅花氈一領。

鐺鏊名目〔三五〕　大五斗鐺一口。〔三六〕

【校記】

〔一〕『鞋靴』條以下至『叶』字底卷在第三頁，茲按内容分作若干段。此前二頁屬習字雜寫，内容與本篇無關，故不録。

〔二〕二缺字底卷皆從金旁，前一字右部似『旁』形，後一字右側有殘泐，不可識。

〔三〕二缺字底卷皆模糊難辨。

〔四〕『⿰飠少』字底卷似本作『金』旁，後又在原字上改作『食』旁，此録正。《寶藏》本篇擬題『飲食名册鈔』，蓋以此字爲『鈔』字，屬上讀，似不可從（下文『綾絹名目』、『鐺鏉名目』下皆無『鈔』字可證）；『⿰飠少』當與下『餅』字連讀，下文重出的相關條目間正有『⿰飠少餅』一詞；『⿰飠少』字字書以爲同『麨』。然敦煌文獻中未見徑作『麨餅』者，而有稱『沙餅』者，疑『⿰飠少』也許本從『沙』得聲，或即『沙』之類化换旁俗字。參看北八三四七（生二五）背《諸雜字一本》校記（七三）。

〔五〕⿰飠截餅，同『截餅』，『⿰飠截』爲『截』的增旁俗字。北魏賈思勰《齊民要術·餅法》有『截餅』：『細環餅、截餅（原注：環餅一名「寒具」。截餅一名「蝎子」）：皆須以蜜調水溲麵；若無蜜，煮棗取汁；牛羊脂膏亦得；用牛羊乳亦好，令餅美脆。截餅純用乳溲者，入口即碎，脆如凌雪。』下同。

〔六〕⿰飠念⿰飠頭，上圖一一〇號背《雜字抄》所録『餅』類名目有『⿰飠念頭』，『⿰飠頭』即『頭』的類化增旁俗字；『⿰飠念頭』爲餅類食品。參看斯五六七一號《諸雜字》校記（一二）。下同。

〔七〕餅⿰飠支，疑當作『饊枝』（『⿰飠支』爲『枝』的類化换旁俗字），亦即『饊子』，一種用糯米粉和麵抻扭成環形的油炸食品。參看北八三四七（生二五）號背《諸雜字一本》校記（二）。

〔八〕『⿰末侯』字左部似『末』，右部近似『侯』或『集』，存疑。又此四字底卷接抄在『餬餅』條之下，然此下與『飯食名目』無關，故另行録出。

〔九〕此字底卷字形模糊不清，俟再核。以下掃描字同此，不再一一出校説明。
〔一〇〕『矖』字底卷訛從『月』旁，兹徑録正。
〔一一〕此段人名底卷在第四頁，此另段録出。
〔一二〕『踏床』以下至『扶舉』底卷在第五頁，此另段録出。
〔一三〕『稍粟』費解，『稍』字疑誤。
〔一四〕『鋸錯』以下至『點▨』底卷在第六頁，此另段録出。『鋸』字右部底卷略有殘泐，『鋸錯』比照下文應爲敦煌地名，但查檢未獲，存疑。
〔一五〕『无窮』與下『掉消』、『北府』、『宜秋』、『東河』等似皆爲敦煌一帶地名，敦煌縣效穀鄉有『无窮里』（伯二三五〇號《十戒經》卷末題記），另有『无窮渠』、『无窮口』等名目，或即底卷所出。
〔一六〕掉消，敦煌水渠名，亦見伯三三九六號《沙州諸渠諸人瓜園籍》、伯四六三五號《造瓦得麥粟賬》等寫卷。
〔一七〕『紫』下一字左右二側底卷似皆已殘泐，俟考。
〔一八〕『羯』下一字底卷下部殘泐，所存似爲『羊』字上部。底卷『羯羖羊』『羯羊』重出，似屬習字性質。
〔一九〕『點』下一字底卷模糊不清。
〔二〇〕『隊頭』以下至『䬪餅』的『䬪』字底卷在第七頁。
〔二一〕䬣餅，同『蒸餅』，『䬣』當爲『蒸』的後起形聲俗字。『蒸餅』敦煌社會經濟文書中經見。
〔二二〕餢飳，同『餢飳』，『餢』蓋『餢』的後起形聲俗字。參看北八三四七（生二五）背《諸雜字一本》校記〔六九〕。
〔二三〕『䬪餅』的『䬪』字底卷在第七頁，『餅』字在第八頁，此當以『䬪餅』連讀，故相合作一段録文。
〔二四〕餺飥，『餺』字字書不載，疑爲『餺』的繁化俗字，斯五六七一號《諸雜字》有『餺飥』，『餺飥』疑即『餺飥』的方音記字之異。
〔二五〕『塩』通常可定作『塩』字俗寫，但文中與『酪』『酥』等連用，疑爲『鹽』俗字『塩』的形近之訛。參看《開蒙要訓》校記〔三九〕。

〔二六〕 餳，底卷本作「[illegible]」「[illegible]」二字，蓋重書其一，茲暫定作一「餳」字。「餳餔」指用糖漬的乾果。北魏賈思勰《齊民要術·餳餔》：「煮餔法：用黑餳。糵末一斗六升，殺米一石。卧煮如法。」

〔二七〕 敦設，「敦」字字書不載，疑有誤。

〔二八〕 「綾絹名目」以下至「紫綿綾襦襠一礼」底卷在第九頁。

〔二九〕 䙅，文中當爲「腰」的換旁俗字；「腰」，量词，用於計量下裳或圍在腰上的東西。

〔三〇〕 礼，當讀作「領」，「礼（禮）」字《廣韻·薺韻》音盧啓切，來紐蟹攝，「領」字在静韻，音良郢切，來紐梗攝，唐五代西北方音梗攝各韻的鼻音韻尾漸趨消失，而其主要元音與蟹攝的齊、薺、霽、祭相同，故「礼」「領」實際讀音相同。下同。

〔三一〕 黄畫丕子，「丕」當讀作「帔」，伯二六八〇背《納贈曆》有「令狐万昇黄畫帔子一條」的記載，正作「黄畫帔子」。又「黄畫丕子一條」以下至末底卷在第十頁，按内容「黄畫丕子一條」以下至「紅花氈一領」應與第九頁相接，故相合作一段録文。

〔三二〕 紬緤，下文又有「紬緤被」，「紬」爲粗綢，「緤」爲綿布，其他敦煌文獻中未見二字連用者，頗疑「紬」乃「細」字之訛；「細緤」敦煌文獻中經見，如伯三一五六號《庚寅年十月一日已後破緤數》：「東河北頭剥價与孔目細緤一匹，麁緤一匹；帖綾價細緤三匹，麁緤六匹。」又伯二六三八號《後唐清泰三年（九三六）沙州儭司教授福集等狀》：「計又得見布捌伯肆尺，麁緤叁拾匹，細緤柒匹，絹壹伯貳拾捌尺，綿綾貳匹。」是其例。

〔三三〕 「布」字底卷脱，茲據文意擬補。「土布」相對於上句「官布」而言，指麻布。伯二八四二號《己酉年（九四九）正月廿九日孔清兒身故納贈曆》有石社官「土布一疋」、郭席録「白官布二丈四尺」、王再慶「生官布一丈七尺」等記載，可參。

〔三四〕 「[illegible]」字不識，伯二五八三號《申年正月至二月沙州諸人施捨疏》有「檀絁被一張」的記載，可參。

〔三五〕『鐺鏉名目』以下十字底卷在第十頁，接抄在『紅花氈一領』之下，按此下應另爲一類，故另段校録。

〔三六〕『㪷』字左下部底卷似略有殘泐，兹參文意擬定；『㪷』或作『斗』，乃『斛』的俗字。又本篇底卷抄至『大五㪷鐺一口』止，該行下部空白，或抄手抄寫至此止，但按内容，則顯然尚未抄完。此後第十一、十二頁屬習字雜寫（説詳題解），與本篇無關，故不録。

雜集時用要字（九）

俄敦二八二二

【題解】

本篇底卷編號爲俄敦二八二二。首尾皆有殘泐，存三十六頁。缺題。考本篇係分類抄録詞語，所存部分包括番姓名、衣物部、斛斗部、菓子部、農田部、諸匠部、身體部、音樂部、藥物部、器用部、屋舍部、論語部、禽獸部、禮樂部、顏色部、官位部、司分部、地分部、親戚長幼等二十類，其中第一類部目及前部殘缺（參看校記〔一〕），第二十類『親戚長幼』僅存前二行，其後殘泐情況不詳。《俄藏》擬題『蒙學字書』。史金波《西夏漢文本〈雜字〉初探》（載白濱等編《中國民族史研究（二）》，中央民族學院出版社一九八九，以下簡稱《初探》）認爲本篇是以事門分類的詞語集，體例和西夏文《雜字》相同，因據以擬定作漢文本《雜字》。許文芳、韋寶畏《俄藏黑水城 2822 號文書〈雜集時要用字〉研究》（《社科縱横》二〇〇五年第六期，以下簡稱《研究》）、馬德《敦煌新本 Дх02822〈雜集時用要字〉芻議》（《蘭州學刊》二〇〇六年第一期，以下簡稱《芻議》）則認爲本篇體制和内容均與敦煌寫本斯六一〇、斯三二二七、斯三八三六、斯六二〇八號、伯三三九一號等寫本《雜集時用要字》相似，其中斯六一〇號原題『雜集時用要字壹阡叁伯言』，因據以改題作《雜集時用要字》（許文芳、韋寶畏文誤『時用要字』爲『時要用字』，馬德文中亦『時用要字』『時要用字』錯出，兹徑據斯六一〇號原題改正）。按以上三題，後題以存有原題的敦煌字書爲參證，更具説服力，因從之以冠全篇。

本篇文中有西夏黨項族的姓氏（如皇族姓嵬名、后族姓没藏、大臣姓浪訛、吴啄、都囉、如定、妹勒、芭里、並尚、訛啄、骨勒等）、西夏特有的職官（如官階封號『星勒』）和地名（如中興、靈武、堡静、懷遠、定遠、定邊、黑水等），因而《初探》等文一致認定係西夏時期文獻，當無疑問。但本卷的出處及具體撰作時代則仍是一個值得研究的問題。《初探》稱底卷藏於聖彼得堡東方學研究所西夏特藏中，係黑水城文獻。但後來史先生主編《俄藏黑水城文獻》時，却又未把本件編入(《俄藏黑水城文獻》『編例』稱『已被編入該所敦煌文獻序列(Φ、Дх)的黑水城文獻亦予檢出，收入本書』)。《芻議》作者走訪《俄藏黑水城文獻》編輯府憲展、劉景雲二位，稱『收藏地將鄂登堡所劫寫本，黑水城所出編爲TK，將敦煌所出編爲DX，有一些寫本是兩者都編；這件寫本文獻只編了一個DX的號，説明出自敦煌。但這件寫本無論從内容、字體還是裝幀形式上看，都與黑水城文獻接近。不過敦煌莫高窟北區也曾出土與此同的西夏時期寫本』，因而推測本件『可能出自莫高窟北區』。爲此筆者也曾請教過府憲展先生，他説俄羅斯藏品的歸屬編目比較混亂，把黑水城文獻混入敦煌文獻的情況時有發生；他們編輯《俄藏黑水城文獻》時，由於種種原因，并没有來得及把所有混入敦煌文獻序列的黑水城文獻檢出收入。這樣看來，本卷究竟是黑水城文獻還是敦煌文獻其實還有疑問。這也是雖然我們傾向於本卷應是黑水城文獻但仍把它收入本書的原因所在。

至於本篇的具體撰作時代，《初探》稱『因前後皆殘，未知有無序言、跋尾，書中未見年款，故難以遽定其具體編撰的時間。但據其官位、司分、地分部來看，其中有的詞語只是到了西夏後期纔可能出現，所以可以初步確定此書編於西夏後期』，可惜《初探》并未列出究竟那些詞語是『西夏後期纔可能出現』的。又本卷『官位部』有『學士』一詞，《研究》據《宋史》卷四八五西夏大慶三十一年(公元一一七〇)『立翰林學士院，以焦景顔、王僉等爲學士，始修實録』的記載，推斷『此文書應寫於學士稱謂出現之後即公元1170年之後』。(涌泉按：西夏仁宗大慶年號僅用五年，無三十一年，查《宋史》『立翰林學士院』云云見宋紹興三十一年，是爲西夏仁宗天盛十三年，亦即公元一一六一年，當據改。)

今考西夏仁宗即位之初，在平定蕃部起義之後，遂開始了推廣漢學的教育政策，又於一一四三年六月令各州縣設立學校，『國中增弟子員至三千人』(《宋史·外國傳·夏國》)，同時在宮中設立貴族小學。本書作爲蒙學讀本，與仁宗的漢學教育似乎不無關係。本篇地分部中有地名『堡静』，應即『保静』，爲古縣名，其治所在今寧夏永寧縣境，隋稱弘静，唐初改安静，至德元年（七五六）始稱保静縣，宋改爲鎮，宋咸平四年（一〇〇一）被西夏景宗李元昊祖父李繼遷攻佔，改爲静州（參看校記〔一〇七〕）。此後静州之名屢見。然《天盛改舊新定律令》未列静州之名，而其書卷十下等司中却列有保静縣（史金波、聶鴻音、白濱譯注《天盛改舊新定律令》卷十頁三六三，法律出版社二〇〇〇），很可能仁宗天盛初期推行漢學教育時，又恢復了保静縣的建制。本卷中用『堡（保）静』一名，也許正是這次改制的具體反映。上文所引『立翰林學士院』在天盛十三年，時間上亦正吻合，也許底卷就是仁宗天盛（一一四九—一一七〇）中後期的作品。

再從用字用詞方面來考察，底卷雖也呈現出一些與敦煌卷子一致的書寫特點，如表示序數多用『弟』，『廳』作『聽』，『衤』旁皆作『礻』，『㐱』旁『尒』旁作『尔』（衣物部『珎珠』的『珎』、論語部『遐迩』的『迩』所從的『尔』底卷皆本作『尔』），『世』旁作『云』或『厺』（唐代避太宗諱『世』旁改作如此，但五代以後仍亦有沿襲者），删字用『卜』號，乙倒用鈎形符號，等等，都與敦煌寫本的書寫特點吻合。但全卷字體比較規整，與多數敦煌寫本字多俗寫的情況不同。除有不少帶有西夏特色的名物詞外，而且還出現了不少宋代以後的古書纔能見到的字或詞，如雨傘、正宫、襯衣、蒴子、箱子、櫃子、果子、甲匠、針匠、索匠、把色、棹子、交椅、茄瓠（瓠）、爹爹，又如肓（盲）、鵝（同斑鳩的『斑』）、褙（同『背心』的『背』），等等。甚至還有不少古今文獻中未見記載的字或詞，如襊襴（參看校記〔一七〕）、毤袴、毤襖（參看校記〔三二〕）、㧗袋（參看校記〔三三〕）、颸㗅（參看校記〔四四〕）、鑝剪（參看校記〔五四〕）、𣏟栅（參看校記〔七九〕）、一寁（參看校記〔八〇〕）、䳺鵶（參看校記〔九二〕），等等，皆爲載籍所未見。這一事實，和上文推斷底卷應是仁宗天盛中後期作品的結論也是一致的。

《初探》、《芻議》皆曾校録過本篇全文，然時有疏誤，兹據《俄藏》影印本重新校録如下。底卷每行抄五條（每條二字）或四條（每條三字），條與條之間通常留一字的空格，校録時每類下一般接抄不分段，每條下則皆用句號句斷，底卷原有的空格則不再保留。

（前缺）〔一〕

梁陳。〔二〕蘇辛。〔三〕美丁。〔四〕薛謀。曹江。冦（寇）耿。吉許。鍾徐。葛范。柳齊。羅婁。孫旹。〔五〕韋衛。柸裴。唐南。田祝。穆慕。將牛。鄒仲。尹蒙。車梅。同郄。〔六〕温蕭。郇瘫。蔡楚。杜錢。雷枝。度來。〔七〕蓋雙。〔八〕柴祈。魯閔。晁黎。酒戴。漆逯。霍甘。殷邵。字落。秦燕。郗解。翟丸。靳喬。巨薊。重羌。〔九〕焦楊。折蘭。傅慈。〔一〇〕魏瘫。〔一一〕成欒。潘邊。滕筆。謝崔。渾剳。景索。俄巽（冀）。藺聶。夏陶。鮑開。尚彭。狄荀。雲貟（員）。刁艾。甄翼。仵封。吴常。敬刑。晉越。仇家。〔一二〕党門。柔萌。

畨（番）姓名第二

嵬名。没臧。蘗女。浪訛。吴哆。〔一三〕都囉。〔一四〕咩布。細遇。祐税。野貨。季卧。迺來。床囉。趙哆。哆令。磨訛。鋪主。來里。連奴。吃女。恃胡。乩咩。渾貨。毛女。迯訛。雜里。雜咩。如定。吃遲。妹勒。勒瓦。勒囉。路哆。蔡令。光寕（寧）。嵬迎。卧没。麻女。野馬。芭里。妹輕。絅紇。令咩。毛瘫。〔一五〕孰嵬。夜浪。莊浪。瘫静。並尚。迺税。特囉。拽税。骨婢。便哆。訛哆。季哆。輕寕（寧）。卧利。細卧。骨勒。

衣物部第三

綾羅。紗線。疋叚（段）。金線。緊絲。透貝。開機。川紗。縠子。線紬。綿貝。尅絲。絹帛。〔一六〕剉線。絣金。蟠線。京紗。圈紗。隔織。纈羅。線羅。川錦。式樣。公服。披襖。襪襴。〔一七〕襖子。褙心。〔一八〕褙子。〔一九〕裺心。〔二〇〕汗衫。襯衣。毡袴。〔二一〕腰繩。束帶。皂衫。手帕。羅衫。襌衣。綽繡。大袖。枷袋。〔二二〕繡袴。繡袺。寬袴。窄袴。袈裟。韈頭。〔二三〕絲鞋。朝靴。

木履。草履。韈鞠。披氈。睡襖。征袍。〔二四〕三祐。褐衫。氊韈。毡襖。煖帽（帽）。頭巾。掠子。幞頭。帽（帽）子。冠子。合子。束子。釵子。鎞子。〔二五〕釧子。鋌子。鏡子。鐶子。翦子。箱子。籠子。篋子。櫃子。匣子。珎（珍）珠。瓔珞。海蛤。碧珊。瑪瑙（瑙）。珊瑚。珞璭。〔二六〕金銀。琉璃。硨磲。琥珀。玻瓈。鍮石。銅鐵。〔二七〕錫鑞。釵花。火錐。鎞花。〔二八〕篦梳。木梳。假玉。卞玉。無瑕。繍復。被衣。

斛㪷部弟四〔二九〕

粳米。糯米。〔三〇〕糟（糟）米。白米。粮米。糯米。折米。蒸米。炒米。秫米。穮米。〔三一〕黍米。大麥。小麥。小米。青稞。赤穀。赤豆。豌豆。〔三二〕菉豆。大豆。小豆。豇豆。蓽豆。紅豆。蕎麥。稗子。黍稷。麻子。黃麻。麦麲（麬）。麦䴵。麦麨。麦麴。麦麵。粈子。〔三三〕稻穀。黃穀。清水麴。百花麴。

菓子部弟五〔三四〕

梨菓。石榴。柿子。林檎。榛子。橘子。杏仁。李子。榛子。〔三五〕木苽。〔三六〕葫桃。〔三七〕茄瓠。〔三八〕笋蕨。蔓菁。蘿蒲。荊芥。茵蔯。蓼子。薭荷。〔三九〕蘭香。苦苣。葱（葱）蒜。〔四〇〕烏枚。杏梅。桃梅。南棗。蕓薹。錫菓。越苽。春苽。冬苽。南苽。青蒿。桃條。梨梅。杏煎。絧紇苽。〔四一〕大石苽。

農田部弟六

梨樓。〔四二〕羅磨。桔槔。鐵（鐵）鏵。收刈。碡碌。笤箒。掃箒。塗洒。鍬钁。杈杷。簩箕。栲栳。碓磑。前刀。〔四三〕颺瞰。〔四四〕持碾。春擣。倉庫。囤芭。〔四五〕鋊宿。〔四六〕鋤田。踏碓。撥磑。

耕耘。鎚鍊。積貯。耕耨。壤地。芟萡。〔四七〕渠河。漢㵐。〔四八〕澆灌。夫草。子稅。鎌刀。〔四九〕大斧。地軟。梯楸。繩索。幡竿。夾耳。壠培。堤壍。團頭。提轄。溝洫。桑麻。作户。穫蒔。〔五〇〕官渠。作家。

諸匠部弟七

銀匠。鞍匠。花匠。甲匠。石匠。桶匠。木匠。涅匠。索匠。紙匠。金薄。〔五一〕銀條。〔五二〕鐵(鐵)匠。針匠。油漆。〔五三〕鞘鍬。鍬轡。傘蓋。赤白。弓箭。銷金。撚塑。砌壘。扎抓。鑄鎶。結瓦。生鐵(鐵)。針工。彩畫。彫剋。剜刀。鏃剪。〔五四〕結綰。鏇匠。〔五五〕筆匠。結絲匠。

身體部弟八

頂𦡀(腦)。肾前。口唇。牙齒。弼鼻。眉毛。眼眶。咽喉。顋頷。耳墜。髭鬚。指頭。五臟(臟)。心肺。肝肚。腰脥。〔五六〕皮膚。脾胃。腎藏。拳手。顙額。六腑。爪甲。肩臂。脛骨。跨髎。手脘。〔五七〕心腑。

音樂部弟九

龍笛。鳳管。纂筝。琶琵。絃管。聲律。雙韻。嵇琴。箪箕。雲簫。箜篌。七星。影戲。雜劇。傀儡。舞綰。柘枝。宮商。丈皷。水盞。相撲。曲破。把色。笙簧。散唱。遏雲。合格。角徵。欣悅。和衆。雅奏。八佾。拍板。三絃。六絃。勒波。笛子。

藥物部弟十

龍眼。荔枝。〔五八〕荳蔻。檳榔。柴栩。〔五九〕鱉甲。當歸。茱萸。蛇皮。遠志。生薑。地榆。牛脥(膝)。丁香。魚蘇。赤干。硇砂。〔六〇〕阿魏。玄胡。〔六一〕芍藥。硫黃。木香。牛黃。沉香。

檀香。茅香。〔六二〕乳香。馬芹。人參。蓯蓉。縮砂。細辛。葒豆。虎骨。龍腦(腦)。黄蓍。黄芩。〔六三〕枳殼。蟬殼。〔六四〕芭豆。木賊。魚骨。麻黄。甘菊。菊花。茯苓。葫椒。〔六五〕桂枝。川芎。虎睛。蠻薑。茵(茴)草。沙苑。犀角。紫硬。澤蘭。知母。益智。梧桐。天麻。白木。〔六六〕麻仁。九散。乾蠍。蝦蟆。防風。桂心。特丹。〔六七〕烏頭。三楞。鬱金。朴硝。厚朴。官桂。紫苑。蒺藜。獺(獺)肝。黄蓮。甘草。若茛。獨活。地黄。肉桂。苽蔞。蛤蚧。白芷。苦參。石膏。緑伊。蒼术。杜仲。半夏。甘松。烏蛇。黛青。粉刺。虎舟。升麻。本草。貝母。麦門冬。麒麟竭。郁李仁。威靈仙。寒水石。穿山甲。馬朋退。〔六八〕赤石子。没石子。車前子。狗杞子。〔六九〕白花蛇。破故紙。黄盧芭。黑牽牛。陳橘皮。賊魚骨。桑白皮。野丈人。天膠木。禹餘良(粮)。穤實子。孔公孽。馬牙硝。露蜂坊。晚蚕沙。〔七〇〕旋蕾花。〔七一〕五味子。夜明沙。大鵬沙。白頭公。自然銅。白藥子。牛蒡菜。〔七二〕梔子仁。枇杷葉。白芥子。安息香。連翹子。疑冬花。〔七三〕行百步。王不留行。

器用物部弟十一

表紙。大紙。小紙。三抄。連抄。小抄。銀椀。紙馬。折四。折五。匙筯。燈草。金紙。銀紙。钀紙。京瓷。〔七四〕瓷椀。〔七五〕瓷棕。瓶盞。托子。杓子。酒罇。醬檄。熨斗。鉋子。壘子。注椀(椀)。栁(柳)箱。木檻。拂拭。針線。尺秤。度量。鐵(鐵)鐺。篩子。毛連。衣袋。塵設。繳壁。帳薄(簿)。屏風。條床。飦床。〔七六〕棹子。榆柴。茭草。碾草。〔七七〕床穰。馬藺。柴炭。雨傘。扇子。巾子。金觥。王斝。交椅。笊籬。〔七八〕連袋。索子。麻線。燈樹。蒲苫。箪子。

屋舍部弟十二

正堂。桍柵。〔七九〕挾舍。〔八〇〕散舍。房子。〔八一〕厨舍。横廊。基階。門樓。亭子。攝集。草舍。客聽。草庵。園林。磑舍。碓𡉏。城郭。庫舍。檐栿。材植。闊狹。椽檁。柱枊。〔八二〕科栱。欄梔。寸板。〔八三〕框檔。地架。构欄。舍脊。极榻。上樑。裁截。〔八四〕倒塌。崩壞。脩造。壁赤。塈補。大坙。小坙。〔八五〕一片。一課。一粒。一枽。〔八六〕一把。一箇。一束。一軸。一副。一隊。一群。一盞。一瓶。一盤。若干。

論語部第十三

煩惱（惱）。爭論。罵詈。申陳。告狀。干連。勾追。因依。罪衍。取問。分析。公松。〔八七〕受賄。受罰。承受。決断。徒役。投狀。裁詳。入案。文狀。閑定。端的。隱藏。根聒。利害。犯法。疾速。遲延。崔（催）促。鬪打。争競。忿恨。知見。傷損。嶮峻。恊和。煩冗。搔擾。側近。東夷。南蠻。西戎。北狄。堅固。凶虐。謹慎。卒暴。瘡瘇。氣候。測度。省會。鎧弩。疾病。痊瘥。瘖瘂。聾盲。〔八八〕添減。醫治。創制。修合。機関。旌（旌）旗。甲胄。干戈。兵戟。譯語。風俗。叛乱。邂逅。遐迩。

禽獸部第十四

鳳凰。麒麟。騄驥。〔八九〕鴐鴻。白鶴。鷹鷂。翡翠。鴛鴦。梟鴈。鳩鴿。鵪鶉。鴉鶻。〔九〇〕皂鵰。野鵲。鸎雀。鴟蚓。〔九一〕鸚鵡。鷺鷥。鷓鴣。鵜鶘。鸛鴉。〔九二〕鵾鵬。鯨鯢。蚰蜒。螻蛄。蚊蚋。蝦蟆。蚖蛇。蜻蜓。蝸牛。蜘蛛。蜂蝶。蟯（蟯）蜋。猪豕。野豚。走獸。魑魅。魍（魍）魎。馱（馱）畜。驢騾。犢特。鮨（鮨）鯋。驢馬。牛羊。雞犬。騊駼。孔雀。蠅蚋。大虫。獅子。虞豹。犲狼。瑚鳩。〔九三〕鵰鷲。鵝鴨。猫狗。蟣虱。

禮樂部第十五

威儀。進退。禮樂。辭讓。謙下。差悪(惡)。約束。運奔。趨迎。穩便。貢獻。酬酢。循法。防備。難艱。安危。邦國。治乱。邊塞。鄉黨。城寨。器械。論說。講議。感謝。仇讎(讎)。甞賜。饕餮(餮)。齊整。聚會。遊翫。唱喏。

顔色部第十六

紫皂。蘇木。槐子。橡子。皂礬。葒花。青淀。蓞蓬。〔九四〕蒗芭。〔九五〕緋紅。碧緑。淡黃。梅紅。柿紅。銅青。鵝黃。鴨緑。鴉青。銀褐。銀涩。大青。大碌。〔九六〕大硃。石青。沙青。粉碧(碧)。縷金。貼金。新㨾(樣)。雄黃。雌黃。南粉。烟焰。〔九七〕黑緑。夘色。〔九八〕杏黃。銅録。〔九九〕

官位部弟十七

皇帝。陛下。皇后。皇子。皇母。太后。后妃。正宫。監國。太子。太師。太傅。〔一〇〇〕太保。少師。少傅。小(少)保。元帥。國王。尚書。令公。諸侯。太王。三公。大臣。平王。郡王。嗣王。公主。夫人。帝師。國師。法師。禪師。上天。駙馬。大尉。〔一〇一〕皇姪。星勒。相公。宰相。皇女。皇妃。閤使。閤門。典謁。糺彈。光禄。大夫。令尹。少尹。副使。叛使。僧官。僧正。僧副。僧判。僧録。府主。通判。簽判。宗親。座主。儒人。〔一〇二〕僧人。學士。秀才。文人。舉子。

司分部十八

朝廷。中書。密院。經略。中興。御史。殿前。提刑。提點。皇城。三司。宣徽。匭匣。金刀。工院。瞻視。化雍。治源。繡院。巡訪。平准。天監。教坊。恩赦。街市。市賣。商稅。留守。資善。養賢。麴務。巡撿。翰林。功德。道德。道録。〔一〇三〕勘同。磨勘。農田。提振。陳告。審刑。受納。刺吏。酒務。塩(鹽)場。内宿。正廰(廳)。承旨。都案。案頭。司吏。都監。〔一〇四〕獄家。大捧(棒)。小杖。家禁。打栲(拷)。勒抓。駈領。筋縛。〔一〇五〕扃(局)分。〔一〇六〕勾當。點察。

地分部弟十九

靈武。堡静。〔一〇七〕臨河。懷遠。定遠。定邊。西京。山人。大内。新内。火子。新衙。甘泉。甘州。肅州。鳴沙。沙州。塩(鹽)州。污池。龍池。寕(寧)星。峨嵋。威州。左廂。督府。黑水。三角。瓜州。五源。隆州。

卧囉娘。囉稅火。囉瘂領。吃移門。駱駞巷。骨婢井。龍馬川。迺來平。三乍橋。麻藕儺。〔一〇八〕賀蘭軍。光寕(寧)灘。安化郡。東都府。

親戚長幼二十

爹爹。娘娘。〔一〇九〕父母。兄弟。長幼。夫婦。姊妹。妻男。士女。伯□

(後缺)

【校記】

〔一〕底卷首缺,據内容及比照下文『番姓名第二』之例,所缺第一部分類目疑爲『漢姓名第一』之類,此下所列多爲姓氏,但也有極少數字未見用作姓氏者,如『美』、『刳』、『俄』等,存疑;又底卷每頁滿行抄十四行,首頁存八行,除類目占一行外,另應有書名占二行左右,則正文第一部分尚缺三行左右。

〔二〕『梁』字字書不載,疑爲『梁』的訛俗字,《初探》《芻議》均徑録作『梁』。

〔三〕『蘇』字左下部的構件『魚』底卷作『奐』形，下文『蘇』字及其他從『魚』構件者略同，俗寫，兹皆徑予録正，不再出校説明。

〔四〕美，據字形，此字既爲『羔』字異寫，又爲『美』字俗寫，敦煌文獻中多用作後者。斯三八八號《字樣》：『美，從大或火。』所謂從火的『美』實即『美』字俗寫。

〔五〕旹，此字底卷作『旹』形，當爲『旹』字俗訛，『旹』爲『時』的古異體字，《初探》徑録作『時』；《匑議》録作『歲』，似不確。

〔六〕同郄，『郄』字《初探》《匑議》均録作『郗』，下文『郗解』的『郗』《初探》又録作『郄』；按『郄』爲『郤』的俗字（《五經文字》卷中阝部：『郤，去逆反，作郄者訛。』），《廣韻·陌韻》音綺戟切，而『郗』字《廣韻·脂韻》音丑飢切，雖皆可用作姓氏，但二字音讀既異，姓源亦别，不得混而一之。不過後世『郗』『郄』確有混同的情況，參看《正字通·邑部》『郗』字條注，但不可據以爲典要。

〔七〕『雷枝』條底卷在『度來』條之後，但二條間有一小鈎形符號，當指此二條當互乙，故據乙正。《初探》《匑議》仍以『雷枝』條在後，似不確。下文同此者皆徑予乙正，不一一出校説明。

〔八〕『蓋』字右側底卷小字旁注一『盇』字，不知爲改字還是注音，存疑。『蓋』『盇』皆可用作姓氏，二字古通用。

〔九〕重羌，『羌』字通常爲『羌』字俗寫，《龍龕·羊部》又以爲『恙』字俗寫，古有『羌』姓，亦有『恙』姓，均不多見，此處《初探》《匑議》均徑録作『羌』，近是（下文禽獸部有『蜣蜋』，即『蜣蜋』，可證）。

〔一〇〕傅慈，『傅』字底卷作『傳』，此形通常爲『傳』字的俗寫（斯三八八號《字樣》：『傳，相承；傳，正。』），但俗書『傅』字亦有訛作此形者，如底卷下文『官位部弟十七』有『少傳』，應即『少傅』，是其例，此處用作姓氏的『傅』當亦是『傅』字俗訛（『傅』姓常見，而『傳』姓則殊爲罕見），故徑據録正。《初探》《匑議》均徑録作『傳』，似不確。

〔一一〕『㾕』字字書不載，當是『廉』的俗字（『广』旁『疒』旁俗書相亂），古有『廉』姓；《初探》《匑議》均徑録作『廉』。

〔一二〕仇，《龍龕·人部》以爲『仇』的俗字；《初探》《匯議》均徑録作『仇』。

〔一三〕『哆』字《龍龕·口部》云『俗，音移』，蓋譯音用字；本段『哆』字凡七見，《匯議》均録作『移』，不妥。

〔一四〕都囉，同部下文又有『床囉』、『勒囉』、『特囉』，地分部又有『臥囉娘』、『囉稅火』、『囉痝領』，諸『囉』字的口旁底卷皆寫在『羅』旁上部『罒』的左側，易與『罒』相合誤認原字爲『羅』，《初探》唯『勒囉』、『囉稅火』、『囉痝領』的『囉』誤作『羅』，《匯議》則前後七見皆誤作『羅』。

〔一五〕毛痝，下文又有『痝静』，『痝』字《廣韻·江韻》莫江切釋『病困』；又此字與『庬』（俗字亦作『庬』）形近相亂（參看張涌泉《敦煌俗字研究》下編厂部『痝』字條）；《初探》《匯議》皆録作『庞』（『龐』的簡體），誤。

〔一六〕縜帛，『縜』字《説文·糸部》釋『持綱紐也』；『縜帛』費解，《初探》録作『絹帛』，『絹帛』爲古代絲織物的總稱，古書經見，『縜』或爲『絹』的訛字。

〔一七〕襊襴，『襊』疑爲『旋』的增旁俗字。『旋襴』宋代以後古書中多見，如宋王禹偁《小畜集》卷二一《謝衣襖表》：『伏奉聖恩，賜臣敕書一道，紫敧正綿旋襴一領者。』又司馬光《温國文正司馬公文集》卷五七《謝中冬衣襖表》：『伏奉詔書，賜臣翠毛細錦綿旋襴一領者。』皆其例。

〔一八〕褙心，同『背心』，『褙』即『背』的增旁俗字。宋徐夢莘《三朝北盟會編》卷一二〇：『上（宋高宗）問有近上宗室否？　時士㣲爲曹官，或以名對。遂召士㣲同寢。天氣稍暄，脱綿背心以賜㣲。』

〔一九〕褙子，同『背子』。舊題宋高承《事物紀原》卷三衣裘帶服部十五『背子』條引《實録》：『秦二世詔衫子上朝服加背子，其制袖短于衫，身與衫齊而大袖。今又長與裙齊，而袖纔寬于衫。』

〔二〇〕裺心，疑同『掩心』，護胸的鎧甲。《資治通鑑·後唐明宗長興四年》：『從榮大驚，命取鐵掩心擐之，坐調弓矢。』胡三省注：『甲在胸前者謂之掩心。』

〔二一〕毯袴，下文又有『毯襖』，『毯』字字書不載，存疑俟考；《匯議》録作『毰』，臆改不可從。

〔二二〕袈袋，「袈」字字書不載，不知是否爲「袈」的偏旁易位字，但古書又未見稱「袈袋」者，存疑。

〔二三〕韈頭，「韈」字《龍龕·革部》釋「亡發反，足衣也」，當係「韤」的俗字（《初探》録作「袜」，即認作「韤」字而加以簡化）。下同。

〔二四〕征袍，「袍」字字書不載，疑爲「袍」字之訛，蓋涉上字而類化換旁耳；《初探》《芻議》皆徑録作「袍」。

〔二五〕錍子，同「鎞子」，「鎞」蓋「錍」的後起分化字；遼釋希麟《續一切經音義》卷三《新花嚴經》第三十五卷音義：「金錍，下府移反，《切韻》云：錍，鏃之薄者也。又音疋迷反。今按：金錍，合作釵鎞之鎞也。」《集韻·齊韻》邊迷切（與「錍」字同一小韻）：「鎞，釵也。」「錍（鎞）子」和上「釵子」義近。

〔二六〕珞𤩽，「𤩽」字字書不載，存疑俟考；《芻議》録作「琗」，然古書亦未見，臆改無據。

〔二七〕銅鐵，底卷本作「銅銀」，「銀」字右側小字注一「鐵」字，當爲改字之意，兹據改正。

〔二八〕錍花，同「鎞花」（參上校記〔三五〕），蓋與上文「釵花」含義略同，指花狀的釵類首飾。北周庾信《春賦》：「釵朵多而訝重，髻鬟高而畏風。」「釵朵」「釵花」義近，可參。

〔二九〕斛㪷，「㪷」爲「斗」的繁化俗字，蓋因「斗」字與「升」字形近易誤，故俚俗繁化作「㪷」；「斛」「斗」本皆糧食量器名，此指代糧食。

〔三〇〕「糯米」二字底卷小字旁注於「粳米」「糟米」二條間的右側，蓋補字之例，兹補入此處；「糯米」通常與「粳米」相對而言，故二條相連。下文「粮米」下又重出「糯米」條，則疑當刪去。

〔三一〕麄米，「麄」爲「粗」的俗字（「粗」古與「麤」通用，「麤」俗省作「麁」，「麄」則是受「粗」「麁」的交互影響産生的後起俗字）；《初探》録作「糙」，《芻議》録作「簏」，皆不確。

〔三二〕𧯜豆，「𧯜」當是「豌」字之訛（《初探》《芻議》徑録作「豌」），「完」旁「宛」旁形音皆近（參看下文校記〔五七〕）。

〔三三〕𥸨子，約是一種油渣類食品輔料，《初探》録作「糁子」，《芻議》録作「粋子」，皆不確。《舊五代史》卷一一

○周書第一太祖紀一載詔書：「應天下州府舊貢滋味食饌之物，所宜除減：……河東白杜梨、米粉、菉豆粉、玉屑籸子麪，永興御田紅秔米、新大麥麪……今後並不須進奉。」其中的「籸」字百衲本作「⿰米几」，當皆即「籸」的訛俗字，《龍龕·米部》即以「⿰米几」爲「籸」的俗字，云「所臻反，粉滓也」。又明唐之淳《唐愚士詩》卷一《塞上即事》：「酥調籸子麪，酪卧鹿皮囊。」亦其例。

〔三四〕菓子，「菓」爲「果」的繁化俗字，下同；「果子」指草木的果實，乃此詞之早見者。

〔三五〕「榛子」上文已見，此又重出，當有誤。

〔三六〕木苽，「苽」爲「瓜」的繁化俗字，下同。

〔三七〕葫桃，同「胡桃」，「葫」爲「胡」的繁化俗字；「胡桃」即核桃，蓋因其源於胡地而得名。晉张華《博物志》卷六：「張騫使西域還，乃得胡桃種。」

〔三八〕茄⿱艹瓠，「⿱艹瓠」字字書不載，當即「瓠」的類化增旁俗字；「茄瓠」俗名人参果，屬茄子科，果皮紫色，大小如雞蛋，可食用。宋孟元老《東京夢華録》卷八「四月八日」條：「是月茄瓠初出上市，東華門争先供進，一對可直三五十千者。」福建漳浦縣《金浦報》二〇〇三年七月二十日載邱耀斌、王任藝《黨員當示範，農民跟著幹》一文：「（石榴鎮）崎溪村黨支部書記吳德練爲推廣高優蔬菜品種茄瓠，自己率先租地6畝多種植，帶動同村10多户農民種植20多畝茄瓠，每畝增收1000餘元。」蓋即其物。

〔三九〕⿱艹⿰阝孛荷，「⿱艹⿰阝孛」字字書不載，疑爲「⿱艹悖」字俗訛，後者字書亦不載，蓋即「悖」涉下「荷」字類化增旁。宋施德操《北窗炙輠録》卷下「京師有賣勃荷者」原注：「京師呼薄荷爲勃荷也。」「薄荷」本爲外來語詞，其初時記音字不甚確定，故「悖荷」當即「勃荷」，亦即「薄荷」；《初探》《芻議》皆徑録作「薄荷」，欠妥。

〔四〇〕⿱艹忩⿱蒜心，「⿱艹忩」爲「葱」的俗字，「⿱蒜心」字字書不載，乃「蒜」受「⿱艹忩」字影響類化增旁俗字（《初探》《芻議》徑録作「蒜」）。

〔四一〕絗紇，「絗」當是「回」或「迴」的類化俗字，「回紇」或作「迴紇」，亦作「迴鶻」，我國古代西北方少數民族名。

〔四二〕梨樓，當讀作「犁耬」，農具名。《玉篇·耒部》：「耬，力兜切，耬犁也。」可參。

〔四三〕前刀，「前」今字作「前」，本皆爲「歬」的隸變俗字。「歬」字從刀、歬聲，「歬」從止在舟上，漢魏以下俗書「止」旁或訛變作「丷」形，與「艸」旁俗書相混無别，故「歬」字俗書作「前」，亦或作「前」。《顔氏家訓·雜藝》云：「晉、宋以來，多能書者。故其時俗，遞相染尚，所有部帙，楷正可觀，不無俗字，非爲大損。至梁天監之間，斯風未變；大同之末，訛替滋生。蕭子雲改易字體，邵陵王頗行僞字，朝野翕然，以爲楷式，畫虎不成，多所傷敗。」宋淳熙刊本於「邵陵王頗行僞字」句下注：「一本注：前上爲草，能傍作長之類是也。」「前上爲草」即指「歬」字俗作「前」或「前」而言。「歬」本爲古「剪」字（前後的「前」古本作「歬」），故底卷「前刀」當即指剪刀。

〔四四〕颺䁯，「䁯」字字書不載，疑爲「䁯」字之訛，而「䁯」應即「矖」的俗字（字書載「矖」字俗作「𥉷」），「䁯」「𥉷」應爲一字之變，《干禄字書》載「殺」字俗作「煞」，可證）。《初探》把「颺䁯」釋讀作「揚扇」，扇車或風車，恐非是。

〔四五〕囤芭，「芭」疑當讀作「笆」，「囤笆」蓋指用竹子、荊條等編成的盛糧食的器具。

〔四六〕鎔扂，前一字底卷作「鎔」，似爲「鎔」字手寫之變，兹徑録正，但「鎔」「扂」二字字書皆不載，「扂」或爲「扂」的换旁俗字（《初探》《芻議》徑録作「扂」），存疑俟考。

〔四七〕茭萡，「萡」字字書音義不詳，此條與「壤地」「渠河」等連屬，「萡」或爲「泊」的增旁俗字，但「茭泊」仍不甚可解，「茭」字當亦有誤（或爲「交」的增旁之誤），存疑。

〔四八〕漢𣽀，「𣽀」字字書不載，當爲「堰」的换旁俗字（涉上下文類化，《初探》《芻議》徑録作「堰」），「堰」爲擋水的低壩。

〔四九〕鎌刀，「鎌」字右下部底卷似有塗改，此字右部似又有一旁注的小字，但字形不甚明晰，存疑。

〔五〇〕䕭蒔，「䕭」字《篇海》卷九艸部引俗字背篇「音種」，實即「種」的增旁俗字（《初探》徑録作「種」）。參看張涌泉《漢語俗字叢考》「䕭」字條。

〔五一〕金薄，底卷本作『金匠』，『匠』字右下側旁注一小『卜』字形，又注一『薄』字，當係指『匠』字當改作『薄』，因據改。『金薄』亦作『金箔』，黄金捶成的薄片，常用以貼飾器物或佛像等。晉法顯《佛國記》：『其城西七八里有僧伽藍，名王新寺，作來八十年，經三王方成。……塔後作佛堂，莊嚴妙好，梁柱户扇窗牖皆以金薄。』是其例。但原作『金匠』本亦可通。唐義浄譯《根本説一切有部毘奈耶破僧事》卷一八：『爾時提婆達多語未生怨王：「我以教汝今得王位。今須建立，令我作佛。」時王語提婆達多言：「佛身有金色，汝身無金色，若爲建立令作佛耶？」復白王言：「我身作金色，斯亦可得。」其提婆達多即唤金匠，報言：「於我身上令作金色。」金匠答曰：「聖者，若能忍痛即可作得。」答曰：「我能忍痛。」金匠即以熱油塗身，受諸辛苦，著金薄塗身。』即用『金匠』一詞。

〔五二〕銀條，底卷本作『銀匠』，『匠』字右側注一小字『條』，當係指『匠』字當改作『條』（『銀匠』上文已見，此不應重出），因據改。

〔五三〕油漆，底卷本作『漆油』，二字間（右側）有一鈎形乙正符號，兹據乙正；《初探》仍作『漆油』，《芻議》録作『漆匠』，皆誤。

〔五四〕⿰金簇剪，『⿰金簇』字字書不載，疑爲『鏃』的繁化俗字（『鏃』字古亦作『簇』），『⿰金簇』則是『鏃』『簇』交互影響的結果；《初探》《芻議》徑録作『鏃』）；『剪』則或當讀作『箭』。

〔五五〕⿰金⿱⺮旋匠，『⿰金⿱⺮旋』字字書不載，疑爲『鏇』的繁化俗字（《芻議》徑録作『鏇』，《初探》誤作『鏃』）；慧琳《音義》卷三九《不空羂索經》第七卷『治鏇』條下云：『（鏇）旋椽反，張戩《考聲》云：鏇謂工匠轉軸鏇器物也。蓋謂錯磨令光澤者也。《説文》從金、旋聲。』元蘇天爵編《元文類》卷四二工典『木工』條：『木工之名則一，而其藝有大小。如營建宫室，則大木之職也。若舟車以濟不通，几案以適用，此皆小木之爲也。故鏇匠有局，繕工有司，民匠雜造之有府，歲爲定制，以備用焉。』

〔五六〕腰脥，『脥』字字書不載，當是『膝』的俗字（《初探》《芻議》徑録作『膝』）；《干禄字書》：『脥膝：上俗下正。』『脥』『脥』蓋一字之變。下同。

〔五七〕手脘，『脘』字字書釋胃府、胃脯，此與『手』字連文，義不合，疑爲『腕』的訛俗字（《芻議》徑録作『腕』）。《大正藏》本《大佛頂如來放光悉怛多般怛羅大神力都攝一切呪王陀羅尼經大威德最勝金輪三昧呪品》：『以左右二手脘相著，十指相去三寸，如蓮華開，供養菩薩。若人每日仰印供養，滅八萬劫生死之罪。』其中的『脘』當即『腕』的訛俗字，可證。參看上文校記〔三三〕。

〔五八〕荔⿰目支，『⿰目支』字《龍龕・目部》以爲『眵』的俗字，義不合，文中當爲『枝』字之誤（蓋涉上條『龍眼』的『眼』字而類化偏旁；《芻議》徑録作『枝』，《初探》録作『肢』）。

〔五九〕柴楜，當即『柴胡』（《初探》《芻議》徑録作『柴胡』），『楜』蓋『胡』的類化增旁俗字。

〔六〇〕硐砂，『硐』當是『硇』的訛俗字（《初探》徑録作『硇』；《芻議》録作『硐』，不確）；《玉篇・石部》：『硇，女交切，硇沙，藥。』

〔六一〕玄胡，底卷本作『玄黄』，『黄』字右下側小字旁注『胡』字，茲據改（《初探》仍作『玄黄』，《芻議》則校『黄』爲『胡』）；『玄胡』爲中藥名。

〔六二〕茅香，底卷本作『茅麝』，『麝』字右側小字旁注『香』字，茲據改；『茅香』爲中藥名。又本條下底卷另有一『香』字，其前空一格，疑此字亦係『茅香』誤作『茅麝』後改字補注者，茲徑删。《初探》照録『茅麝』、『香』作二條，不妥；《芻議》録作『茅香』『麝香』二條，則可備一説。

〔六三〕『黄芩』上底卷另有『黄苓』條，但『苓』字下部似已被點去，『黄苓』蓋即『黄芩』之誤書，故徑删。《初探》《芻議》皆照録『黄苓』『黄芩』作二條，恐誤。

〔六四〕蟬壳，底卷本作『蟬枳』，『枳』字右部注一『壳』字，蓋改字之意，茲據改。《初探》《芻議》俱仍作『蟬枳』，恐誤。

〔六五〕葫椒，『葫』當爲『胡』的增旁俗字；『胡椒』因源於胡地而得名。

〔六六〕白木，《初探》録作『白术』，非原形，然『白木』入藥未聞，『白术』則爲常見中藥，或底卷『木』爲『术』字形誤。

〔六七〕特丹，下文又有『虎丹』，『丹』字字書不載，似爲『丹』的贅點字（《初探》《蒭議》俱徑録作『丹』），然古無藥名稱『特丹』者，疑『特』爲『牡』字之誤，『牡丹』『虎丹』（古中藥有『白虎丹』、『黑虎丹』、『龍虎丹』、『金虎丹』等）皆可以入藥。

〔六八〕馬朋退，《初探》、《蒭議》録作『馬明退』，可從。馬明退又名馬鳴退、蠶蜕、蠶衣等，爲蠶蛾幼蟲的蜕皮。

〔六九〕狗杞子，即『枸杞子』，枸杞果，中醫入藥。明徐𤊹《徐氏筆精》卷八『枸杞』條：『《續仙傳》：朱孺子見二犬入杞叢下，異之，乃尋，掘得二杞根，形如犬，故名狗杞。杜子美以「狗杞」對「雞栖」。白樂天詩云「不知靈藥根成狗，怪得時聞夜吠聲」。後世方書皆曰枸杞，誤也。』『犬入杞叢』自屬附會，但『枸杞』古亦作『狗杞』却是實情。

〔七〇〕晚蚕沙，底卷本作『蚕晚沙』，『蚕』『晚』二字間有一鈎形乙正符號，《蒭議》録作『晚蚕沙』，甚是，兹從之；《初探》仍作『蚕晚沙』，誤。『晚蚕（蠶）沙』指夏蠶屎，中醫入藥。

〔七一〕旋菖花，《初探》録作『旋覆花』，蓋一物異稱，然後者非原形。

〔七二〕牛蒡**菜**，後字中部筆畫不太明晰，疑爲『葉』字手寫之變（《蒭議》徑録作『葉』字；『牛蒡葉』中醫入藥），但與下文『枇杷菜』的『菜』字筆畫有區別，難以遽定，只得存疑。

〔七三〕疑冬花，古書未見，『疑』疑爲『款』字之誤（《初探》徑録作『款』字，則非原形），『款』字俗作『欵』，與『疑』字形近易誤；『款冬』爲草本植物，葉似葵而大，叢生，至冬開花，中醫入藥。李時珍《本草綱目》卷一六有專條。

〔七四〕京甍，底卷本作『京紙』，『紙』字右側注有一小字『甍』，似有改字之意（作『紙』者蓋涉上文『鑞紙』等『紙』字而誤），姑據改。《初探》《蒭議》仍録作『京紙』，恐不確。『京』蓋指京都，但『京甍』『京紙』古書皆未見，存疑。

〔七五〕甆椀，此『椀』當是『椀』的俗字，下『注椀』的『椀』字同。《匯議》俱徑録作『椀』，《初探》又改録作『椀』的後起通用字『碗』，欠妥。參看上文校記〔三二〕、〔五七〕。

〔七六〕飰床，『飰』字底卷作『飰』，就字形而言，有可能爲『飰』或『飵』字的手寫之變，『飵』字字書釋設麥粥以待客或喫飯，『飰』爲『飯』的俗字，『飰床』或『飵床』似皆可指喫飯的几案之屬，兹姑從《匯議》定作『飰』字（《初探》録作『飵』），以待方家質正。

〔七七〕碾草，《匯議》校作『碾槽』，稱是流傳至今的糧食及中藥材等加工（粉碎）工具；按元王禎《農書》卷一四農器圖譜六：『輥軸，輥碾草禾軸也。其軸木徑可三四寸，長約四五尺，兩端俱作轉簨挽索，用牛拽之。夫江淮之間，凡漫種稻田，其草禾齊生並出，則用此輥碾使草禾俱入泥内，再宿之後，禾乃復出，草則不起。』疑『碾草』即指『輥軸』類農具，『草』字或不必校。

〔七八〕笊籬，『笊』字底卷下部作『爪』，此形通常爲『瓜』旁的異寫，但文中則應爲『爪』旁俗訛，兹從《初探》《匯議》録正。『笊籬』係用竹篾或柳條等編成蛛網狀供撈物瀝水的器具。北魏賈思勰《齊民要術》卷九餅法第八十二『切麵粥䴵䴵粥法』：『揀取均者，熟蒸，曝乾。須即湯煮，笊籬漉出，別作臛澆，甚滑美。』

〔七九〕柨柵，『柨』字字書不載，『柨柵』不知爲何種建築物。

〔八〇〕挾舍，蓋指主要建築兩側的輔舍。元袁桷《清容居士集》卷一九《兩浙轉運鹽使分司記》：『六月闡工，九月告成，聽事崇嚴，夾舍拱揖，門臺有敘，百堵具列。』『挾舍』殆猶『夾舍』。

〔八一〕『房子』底卷重出，一在行末，一在次行之首，蓋因此而衍，兹删其一。

〔八二〕柱枊，『枊』字底卷作『𣏐』，似爲『枊』字俗寫，《干禄字書》載『御』字右部的『卸』與底卷右部同形，可證，但『枊』字字書未見；《初探》録作『脚』，詞義可通，但形不合，只能存疑。

〔八三〕寸板，底卷本作『板寸』，二字間有一『乚』形符號，當係鈎形乙正符號之變，故據乙正；《匯議》照録『板寸」，殆誤；《初探》又連上條録作「欄板」「板寸」，蓋以底卷「ㄟ」爲「板」的重文符號，又無端删去「欄」下「枙」字，不可從。

〔八四〕裁截，底卷本作「截▨」，下字本亦作「截」形而被塗去，而上字右上角小字注一「裁」字，兹從《初探》《芻議》删補如上。

〔八五〕「大巠」「小巠」不知所指，《初探》録「巠」作「圣」，臆改不可從；「巠」古同「經」，唐宋時期經書或依内容或文字多少有大經、小經之異，然作爲經名的稱呼又不應列在「房舍部」，故只能存疑。

〔八六〕一⿱䒑束，「⿱䒑束」字字書不載，《龍龕·束部》有「⿱䒑束」字，爲「⿱丵束」的俗字，後者字書釋「小束也」（《説文》）、「束也」（《廣雅》）、「禾十把也」（《玉篇》），於義可通，則「⿱䒑束」或即「⿱䒑束（⿱丵束）」字之變。

〔八七〕「公松」不辭，疑有誤（「松」或爲「私」的形誤字）。

〔八八〕聾肓，「肓」字《正字通·目部》以爲「俗盲字」，即此字。

〔八九〕騂驥，「騂」字《廣韻·未韻》音許既切，釋「馬走」，底卷此字與「驥」字連文，似指駿馬。按《後漢書·文苑傳下·趙壹》：「君學成師範，縉紳歸慕，仰高希驥，歷年滋多。」李賢注：「《法言》曰：『希驥之馬，亦驥之乘；希顔之士，亦顔之徒。』希，慕也。」「騂」疑即「希」的類化增旁俗字（《芻議》徑録作「希」，不妥）。「希驥」本爲動賓結構，「希」爲仰慕義，但「希」增旁作「騂」後，受「驥」字影響，「騂」亦霑染了「驥」字之義，而可與「驥」字連文合指駿馬了。

〔九〇〕鴉鶻，「鴉」字字書不載，《初探》《芻議》皆録作「鴉」字，未知所據，存疑。

〔九一〕鴖蚓，「鴖」字字書以爲「鴟」的俗字，文中則應爲「蚯」的訛俗字（蓋涉上下文從鳥旁的字類化換旁），《芻議》徑録作「蚯」。

〔九二〕䳓鴉，「䳓」字《字彙補》音力倒切，釋「鵣鷟」，文中則應爲「老」的類化增旁俗字，《初探》《芻議》徑録作「老」字。

〔九三〕　瑚鳩，同「斑鳩」，「瑚」爲「斑鳩」之「斑」的後起形聲字，《初探》徑録作「斑」字；《芻議》録作「班」，亦通。

〔九四〕　蔺蓬，「蔺」字古代其他字書不載，疑爲「苕」的繁化俗字，《芻議》録作「陷」，臆改不足據；北八四三七號（雲二四）《八相變》：「希期（奇）瑞相頭中現，菡蔺蓮花足下開。」其中的「蔺」亦爲「苕」的俗字，可證。「苕蓬」古書未見，蓋「蓮蓬」之類。

〔九五〕　蒗芭，「蒗」蓋「狼」的增旁俗字（《芻議》徑録作「狼」）。《玉篇·艸部》：「蒗，力當切，蒗毒草。」「蒗毒草」古醫書或作「狼毒草」，這一「蒗」實亦「狼」的俗字）；「狼芭」似指狼把草，《本草綱目》卷一六「狼把草」注引陳藏器云：「狼把草生山道旁，與秋穗子並可染皂。」可參。

〔九六〕　大碌，似當讀作「大緑」（《芻議》徑録作「大緑」）。明唐志契《繪事微言》卷下《名人畫圖語録》：「没骨畫創自徐熙之子崇嗣，擅名花卉，不墨勾，逕疊色漬染而成。予謂秖可施之花卉耳。不謂宋人有用大青、大緑、大丹、大粉，遂成山水，命爲没骨山水。」

〔九七〕　烟脂，即「胭脂」，古作「燕支」、「燕脂」、「烟脂」等，蓋匈奴語之音譯，「焰」字字書不載，蓋又「烟脂」之「脂」的類化换旁俗字（《初探》徑録作「烟脂」，《芻議》誤録作「烟旨」）。

〔九八〕　夘色，「夘」字通常爲「卯」字俗書（如第一類「柳齊」的「柳」右部底卷作「夘」形），但「卵」字俗書亦或作此形，此處即應爲後一用法，《芻議》録作「卯」，恐誤；「卵色」指蛋青色，古多用以形容天的顔色。唐沈青箱《過臺城感舊》詩：「夜月琉璃水，春風卵色天。」

〔九九〕　銅録，似當讀作「銅緑」，「銅緑」是銅表面所生成的緑鏽，亦用以指像銅緑一樣的顔色。

〔一〇〇〕　太傳，當作「太傅」（《初探》《芻議》徑録作「太傅」），「傅」字俗書作「傅」，與「傳」字形近相亂，此蓋「傅」字訛寫作「傳」（下文「少傅」的「傅」底卷即訛寫作「傳」），傳抄者以其爲「傳」字俗寫，加以回改，遂致其誤。參看上文校記〔一〇〕。

〔一〇一〕　大尉，似當作「太尉」（「大」「太」古本通用，《初探》徑録作「太尉」），「太尉」爲秦漢官名，三公之一，歷代亦多曾沿置，但漸變爲加官，無實權，宋徽宗時定爲武官官階的最高一級，一般常用作武官的尊稱；而「大尉」則爲現代軍銜，古代未見。

〔一〇二〕「儒人」二字底卷小字旁注於「座主」「僧人」二條間，兹從《匇議》補入「僧人」條之上。

〔一〇三〕道録，底卷本作「道德」，「德」字右下角注有一小字，字形不甚分明，近似「録」字，兹從《初探》改定；「道録」是負責道教事務的官員。舊題宋高承《事物紀原》卷七道釋科教部三十八「道録」：「《續事始》引《仙傳拾遺》曰：『隋文帝始以玄都觀主王延爲威儀，唐置左右兩街。』《宋朝會要》曰：『唐有左右街威儀，周避諱改爲道録，宋朝因之。』」

〔一〇四〕都監，底卷本作「都案」，「案」字右側注有一小字「監」，當爲改字之意（「都案」上文已見，此不應重出），兹從《初探》《匇議》改。「都監」爲古代官名，三國時指内侍官，唐中葉後指監軍太監，宋指兵馬都監，職掌各有不同。

〔一〇五〕筋縛，《初探》録作「箸縛」，蓋誤「筋」爲「筯」而復回改作其古正字「箸」（「筯」爲「箸」的後起形聲字），然此處「筋」字或不誤，「筋縛」似指綑縛犯人的一種方式。

〔一〇六〕局分，「局」當爲「局」的增點俗字，《匇議》録作「扃」，誤，《初探》録作「局」，是也。《夢粱録》卷一九「四司六局筵會假賃」條，謂南宋臨安都城有果子局、蜜煎局、菜蔬局、油燭局、香藥局、排辦局等六局，「如富豪士庶吉筵凶席，合用椅桌，陳設書畫，器皿盤合動事之類，則顧唤局分人員，俱可完備。……盖四司六局等人，祗直慣熟，不致失節，省主者之勞也。欲就名園異館、寺觀亭臺，或湖舫會賓，但指揮局分，立可辦集，皆能如儀。……且如筵會，不拘大小，或衆官筵上喝犒，亦有次第：先茶酒，次厨司，三伎樂，四局分，五本主人從」。所謂「局分」殆即各局僕役人衆也。

〔一〇七〕堡静，似當讀作「保静」（《初探》徑録作「保静」），「保静」爲古縣名，其治所在今寧夏永寧縣境，隋爲弘静縣，唐改安静，至德元載（七五六）又改保静，宋改爲鎮，宋咸平四年（一〇〇一）被西夏景宗李元昊祖父李繼遷攻佔，改爲静州（參看顧祖禹《讀史方輿紀要》卷六二）。但西夏仁宗天盛改制，似乎又恢復了保静縣的建制，隸下等司（參上題解）。

〔一〇八〕麻藷儺，『藷』字亦作『秸』，《集韻·黠韻》以爲『稭』字或體，《玉篇·艸部》云『藷，麻莖也』，《芻議》録作『黠』，誤；又『儺』通常指一種驅逐疫鬼、袚除不祥的儀式，此用於地名，頗感不類，疑『儺』或爲『灘』字之誤，義同下文『光寧灘』之『灘』。

〔一〇九〕娘娘，同『孃孃』；『孃』爲母稱，『娘』爲少女之號，二字義本不同，但從晚唐五代開始，二字開始混同，『孃』亦有借用『娘』字者。伯二一九三號《目連緣起》：『娘娘且是親生母，我是娘娘親福（腹）兒。』亦其例。

（本篇由張涌泉、黄皓合撰）

諸雜字一本(一)

北八三四七(生二五)背

【題解】

本篇底卷編號爲北八三四七(生二五)背。抄於《金光明最勝王經》序品第一、《乙亥年二月三日立契慈惠鄉百姓氾幸深狀》、《龍興寺乙亥年三月五日立契敦煌鄉鄧訥兒録》、《甲戌年五月一日慈惠鄉百姓竇跛蹄雇工契》、《太子讚》一本等内容之後。共二十三行。前九行字體較大,無題,其中第九行有『丙子年二月廿八日索殘子進』字樣。後十四行字體較小,首題『諸雜字一本』。前後部分雖略有重複,然審其字體風格,當係同一人所抄。所抄大抵爲日用雜字之屬,作者往往把同一類的詞抄寫在一起,且多二字或二字以上可連讀成詞者,但各條連抄不分,不易區别,兹姑據内容劃分爲若干段,并加句讀,以清眉目。

本篇後接抄『丙子年二月廿八日立契僧知進書』買賣房舍契約及『大宋開寶八年歲次丙子三月一日莫高百姓鄭醜撻』賣地殘契,開寶『八年』應係『九年』之誤,開寶九年爲丙子年,相當於公元九七六年。本篇當亦係同一時間所抄。本篇《索引》、《寶藏》等未予標出。《索引新編》據後十四行首題(《索引新編》以爲『尾題』,不確)定作今名,兹從之。

本篇前半未見前人校録,後部『諸雜字一本』以下許國霖《敦煌雜録》有録文,但頗有失真疏誤。兹據《寶藏》影印本及縮微膠卷校録如下。因底卷字多俗寫,難以一一照描録出,故另附寫卷圖版於後,以供比勘。

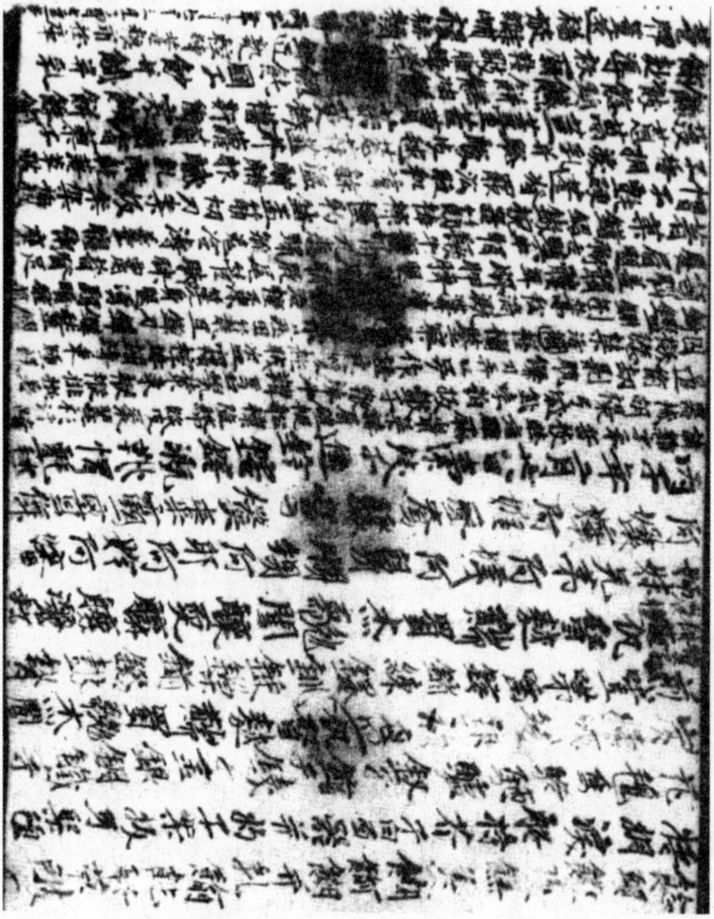

北八三四七（生二五）背《諸雜字一本》圖版

餣頭。鐵枝。〔一〕餸羮。〔二〕餬餉。餬并。〔三〕乳餉。乾酪。草豉(豉)子。〔四〕梧桐淚。〔五〕酪將(醬)。芥子。白面。〔六〕器并。〔七〕

杓子。案板。牙槃。氈花。氈馬。駱駝。驢。釵子。鐺子。錢子。金、銀、銅、鐵(鐵)等。炭。樓機綾。〔八〕銀盞。仉㬰。〔九〕㪷觜。〔一〇〕蜀馳杰闖。〔一一〕煎𠲿。唏唾。〔一二〕鎔銷。練。鐶釧。鋌。鏁。鏥鐳〔一三〕。皷。〔一四〕鞏。〔一五〕犢子。耕(耕)穜農種。〔一六〕仉㬰。㪷觜。蜀杰馳闖。釀。頁(𡗗)。醾(醲)。〔一七〕灑。〔一八〕執。〔一九〕

姊妹。〔二〇〕兄苐(弟)。阿姨。阿舅。㛪㛚。〔二一〕阿耶。阿㚬。阿嬸。阿孃孃。阿婎。〔二二〕鴛鴦。驟駕。爕。〔二三〕來(棗)。鸖(鶴)鸞。儛。

丙子年二月廿八日索殘子進 鈐鍩。鎔。〔二四〕溉。〔二五〕靴。愲。〔二六〕氈毬。

諸雜字一本

岳。枝。畦湽。〔二七〕碓。廳(廳)。觜。筞(策)。誩。〔二八〕屈。磑搥。舩。檡。隨。〔二九〕絺紙。〔三〇〕皮裘。囊衫。汙跨。〔三一〕器械。胡禄。〔三二〕弓袋。釖。〔三三〕哮。拍板。皷子。〔三四〕鞭棒。〔三五〕汁。〔三六〕鞘。〔三七〕馬。虹蜺。

裝束。〔三八〕樅樅。排批。〔三九〕差遣。偷刧(劫)。剥脱。儛刀弄。〔四〇〕口号。作語。急緩。趂(趁)賊。盜竊(竊)。椌。埲。〔四一〕堀。縛束。缠(纏)般。〔四二〕囚獄。徳(愆)。禁。活。掘。〔四三〕楃。楨。〔四四〕鑒(鑒)察。収䓝(收營)。

居菜。莊(莊)田。籠旦。〔四五〕鎌刀。鏵。鐇。〔四六〕鍪鑼。〔四七〕錒鑑。〔四八〕鋤刨。鶯松。〔四九〕滴溉。溝(溝)瀆。亭渠。修治。橷。▨。〔五〇〕笙。

人身。腿。須。鬢。〔五一〕⿰目頁。〔五二〕推折。頷。腦(腦)盖。髑髏。耳⿰月朶。〔五三〕胛膊。腿脞。〔五四〕脇肋。尻尾。管脚。⿰月来(膝)⿱罒禺。背脊。足屧。〔五五〕眉。腿。弼。舌。顛(顛)。

牛。⿰牜百。〔五六〕獗。牛。⿰犭歷。唧。元。悉。野狐。兎(兔)。

冷濤。〔五七〕羹(羮)臛。粥糜。著菜。

鐺鍋。鏉捥(椀)。器。筯。〔五八〕棒。棶(楪)。梩。杓。〔五九〕鉢盂。筋。切刀。案板。案架。拍板。⿰忄冒(帽)子。氈。硬。蓬。脊。罷。⿰氵公(沿)。⿰月之。〔六〇〕和。薄。⿰車余。

塩(鹽)。醋。⿰酉將。〔六一〕酢。⿰酉貳。〔六二〕乳酪。乾落。〔六三〕草⿰豆皮(豉)子。梧桐淚。乳并。〔六四〕聡(聰)。酸。皮毬。

菍菻(葱蒜)。韮芥。〔六五〕蘿蔔。蘭香。葇(蓼)子。菠蒠。萵苣。芸薹(臺)。苦蕒。〔六六〕茱萸。椒欓。〔六七〕姧(姦)。衝突。

餬餅。〔六八〕⿰飠孚⿰飠俞。〔六九〕饊⿰飠支。〔七〇〕⿰飠念頭。⿰飠燕餅。〔七一〕餻。⿰冫由(油)。饞。餻䭔。餛飩。圝子。〔七二〕⿰飠少并。〔七三〕饊并。〔七四〕乳⿰飠俞。麨。

溽。祆廟(廟)。鞍⿰取皮(皺)。脽鏤。〔七五〕浔塑。〔七六〕聯。鉀。匠。埶。⿰米空。〔七七〕糟(糟)。蒼。粮。市。拴。〔七八〕庫。巷。⿰月軍。箽。莛。〔七九〕⿰衤益。〔八〇〕旋。縩。〔八一〕峭。禝(稷)。赫。顏。骸。疇。〔八二〕

【校記】

〔一〕饊枝，下文又有『饊⿰飠支』，同『饊子』，一種用糯米粉和麵扭成環形的油炸食品。明劉侗、于奕正《帝京景物略·春場》：『懸先亡影像，祀以獅仙斗糖，蔴花饊枝。』

〔二〕 餻美，『美』爲『美』的俗字，但此處『美』與『餻』字連用講不通，疑爲『糜』字音誤；『餻糜』指米粉等製成的餻。伯二六〇九號《俗務要名林・飲食部》：『餻糜，粘米糜也。上音高，下音眉。』《太平御覽》卷八二五資産部五蠶下引《齊諧記》曰：『正月半有神降陳氏之宅，云我是蠶神，能見祭，當令蠶百倍。今人正月半作餻糜，像此也。』

〔三〕 餬并，斯五六七一号《諸雜字》作『餬餅』，皆同『胡餅』，『餬』爲『胡』的類化增旁俗字，『并』則爲『餅』字俗省。胡餅，猶今之燒餅。《釋名・釋飲食》：『胡餅，作之大漫沍也，亦言以胡麻著上也。』

〔四〕 草豉子，下文作『落草豉子』，不知『草』和『落草』是否應與『豉子』連讀。

〔五〕 梧桐淚，胡楊樹脂；『梧桐』同『胡桐』，爲胡楊的別名。《漢書・西域傳》卷上鄯善國『多葭葦、檉柳、胡桐、白草』句下顏師古注：『胡桐亦似桐，不類桑也。蟲食其樹而沫出下流者，俗名爲胡桐淚，言似眼淚也，可以汗金銀，工匠皆用之。』西北地區或以胡楊樹脂和麵做餅，稱梧桐餅。

〔六〕 白面，敦煌卷子中『面』字可借用作『麵』，如伯二一三三號《妙法蓮華經講經文》『若説殑伽河裏，沙細人間莫比；恰如粉面一般，和水渾流不止』，其中的『面』即借用作『麵』，所以這裏的『白面』既可能即白面郎的『白面』，也可能爲『白麵』的借用，而從上下文多爲食品名字來看，當以後一種可能性爲大。

〔七〕 『器并』費解，疑當讀作『餼餅』。伯三二三一號《癸酉年至丙子年平康鄉官齋籍》：『餼餅頭張清奴、張安德、索幸德，付麵五斗柒升，着餅一伯(佰)九十六分。』斯二五七五號《天成肆年(九二九)三月都僧統龍晉海晏榜》也有『餼餅一[illegible]』的記載。

〔八〕 樓機綾，底卷本篇之後接抄的莫高百姓鄭醜撻『大宋開寶八年歲次丙子三月一日立契』有『如若先悔者，罰樓機綾壹疋，充入不悔人』句，伯三四四〇號《宋丙申年(九九六)三月十六日見納賀天子物色人名目及納綾絹曆》有『安鎮使白樓綾壹疋』、『羅縣令樓綾壹疋』、『小尚書樓綾壹疋』、『鄧都牙皂樓綾壹疋』等語，『樓綾』即『樓機綾』的省稱。

〔九〕仉眘，「仉」字底卷右部作「凡」，俗書增點之訛。下同。《廣韻·養韻》：「仉，姓，梁公子仉眘後也。」「仉眘」的「眘」古書或作「㫘」、「㬰」、「昚」等形，皆一字之變。

〔一〇〕𢿙黼，「𢿙」字《廣韻·燭韻》右旁作「戈」，神蜀切，《字彙補》以爲作「戊」者誤。

〔一一〕蜀䰟杰闖，下文又作「蜀杰䰟闖」，當作「蜀闖、䰟杰」，「䰟」爲「䰟」字俗寫，「䰟」同「魏」，「蜀闖」、「䰟杰」連上二人爲梁四公子，見《太平廣記》卷八一引《梁四公記》。

〔一二〕咈唾，「咈」字字書以爲同「啼」，卷中則應爲「涕」的换旁俗字。

〔一三〕「鍎鐴」二字字書不載，「鍎」疑爲「剪」的换旁俗字，「鐴」則疑爲「器」的增旁俗字。

〔一四〕「皷」字字書不載，當爲「鼓」（俗字亦作「皷」）的俗字。下文「皷子」同。

〔一五〕䢄，伯二一七二號《大般涅槃經音》（一）有「四䢄」條，「䢄」字音「埵」。《龍龕》謂「䢄」字同「䏙」，「䏙」即「埵」的後起分化字。

〔一六〕「犢子秠穜農種」六字底卷在行首，作三行小字（每行二字），其中的「穜」字有墨漬，其左部爲並列的「種」字，不知是否有以「種」代「穜」之意，「穜」實即「種」的俗字。

〔一七〕「醻醺」二字字書不載，後者疑爲「醺」的繁化俗字。

〔一八〕灑，「灑」字異體，漢印中有相同寫法；又「麗」字上部漢碑及簡牘中多有寫從二「丙」的。

〔一九〕「執」字底卷在行末，下部不知是否有殘泐。

〔二〇〕姉妹，「姉」應爲「姊」字俗訛，「姉」則即「姊」字異寫。

〔二一〕舛甥，即「外甥」。「外甥」古本作「外生」，亦作「外甥」，而「舛」爲「外」的類化增旁俗字。

〔二二〕阿雉，「雉」字字書釋醜或自縱貌，施於此不合，疑爲「誰」字之訛，俟再考。

〔二三〕「㸌」字字書不載，俟再考。

〔二四〕鎔，底卷右半作「客」形，俗書「容」、「客」二旁每多相亂，此處當是「鎔」字，玆録正。

〔二五〕漑，此處與『鎔』字相連，疑當讀作『概』；『漑』『概』古通用。『鎔』爲鑄器的模型，『概』爲古代平斗斛之器，二字義有相通之處。

〔二六〕㥠，字書釋㥠恲，不得志貌，或不安貌，此處與『靴』相連，可疑。此『㥠』疑爲『帽』字俗訛。『靴』同『鞾』『車東也』，又釋鞋，義與『帽』相關。下文有『㥠子』，『㥠』亦應爲『帽』字俗訛，可以互勘。

〔二七〕湎，應爲『畝』字篆文的隸變之訛。

〔二八〕『譸』字字書不載，俟再考。

〔二九〕『隨』字字書不載，疑爲『墮』字俗訛。

〔三〇〕『絺』爲『紙』的俗字。

〔三一〕『跨』疑當作『洿』，『洿』『汙』皆見於《説文》，二字音同義近，古或以爲一字，此以『洿』『汙』相連，猶上條以『絺』『紙』相連。

〔三二〕胡禄，亦作『胡簶』、『胡簏』等，古代藏矢的器具。

〔三三〕鉳，右旁底卷作『乀』形（《敦煌雜録》録作『弋』，非原形），疑爲『匕』旁的俗寫，兹録正。『鉳』同『錍』，箭鏃名。

〔三四〕皷子，應即『鼓子』。參上校記〔一四〕。

〔三五〕鞭埲，『埲』疑爲『棒』字之訛；《敦煌雜録》録作『捧』，非原形。

〔三六〕『汁』字右部底卷似有塗改的痕迹，字形在『十』與『丩』之間，兹姑録作『汁』。

〔三七〕『鞘』字字書不載，疑爲『鞘』字俗訛。

〔三八〕裝束，『裝』字下部底卷訛作『束』，乃涉下『束』字類化而訛，兹徑録正。

〔三九〕排批，當作『排比』，『批』爲『比』的類化增旁俗字。

〔四〇〕儛刀弄，『儛』爲『舞』的俗字，『弄』下疑脱一字。

〔四一〕「壔」字字書不載，俟再考。

〔四二〕纏般，宋人有所謂「盤纏」，和這裏的「纏般」不知是不是一回事。

〔四三〕「掘」字右下側底卷畫有半包圍形的綫條，不知是否表示此字爲誤字當删。

〔四四〕𣘦，疑爲「樻」字俗訛，後者右旁即「貴」字篆文的隸定形。

〔四五〕籠旦，「旦」字底卷字形在「旦」與「且」之間，兹姑録作「旦」（《敦煌雜録》録作「且」）；此以「籠」與「旦」或「且」字相連，不知何意。

〔四六〕鏄，「鏄」字俗寫，《龍龕·金部》載此字，以爲「鍛」的俗字；《集韻·矦韻》又以「鏄」爲「鉤」字或體；以字形而言，以後説較長。下文「溝瀆」的「溝」乃「溝」的俗字，可以比勘。

〔四七〕鍫鑃，「鑃」字底卷在行末，下部不知是否有殘泐。「鑃」古指句鑃（一種樂器），亦用同「銚」，但此處與「鍫」（同「鍬」）字連用，應爲「钁」的俗字。蓋「钁」字俗省作「鑺」，而「鑺」字俗寫又作「鑃」。伯三三五〇號《下女詞》至堆詩：「彼處無瓦礫，何故生此堆？不假用鍬鑃，且即（借）玉琶推。」其中的「鑃」即「钁」的俗字。參看伯三六九八號背《雜字一本》校記〔四〕。

〔四八〕錒鑑，古代字書無「錒」字，疑爲「戈」的形聲俗字，而其後的「鑑」則或當讀作「劍」。

〔四九〕「鶯松」二字字書皆不載，疑爲「營私」二字之訛。

〔五〇〕缺字上部作「不」，下部作「朿」形，不可識；《龍龕·朿部》有「棗」字，形近，後者行均謂「俗，普胡反」，《字彙補·木部》引《集韻》以爲「與鋪設之鋪同」，似别爲一字。

〔五一〕贊，當是「頣」的訛俗字；「頣」字俗書左半有作「阜」、「追」、「止」等形的，可資比勘。

〔五二〕「䀀」字字書不載，俟再考。

〔五三〕耳朶，「朶」當是「朶（朵）」的增旁俗字；《集韻·馬韻》有「朶」字，烏瓦切，肥貌，與此當非一字。

〔五四〕胜，「髀」的俗字，伯三九七一號《藏經音義隨函録》第貳册《大寶積經》第一百二十卷音義出「母胜」條，

『胜』字音步米反，即『髀』字之音，今本《大寶積經》卷一一〇正作『母髀』。

〔五五〕足屣，『屣』字字書不載，疑爲『蹝』的俗字。

〔五六〕⿰牛百，字書不載，疑爲『⿰犭百』的换旁俗字。《廣韻・陌韻》莫白切：『⿰犭百，⿰犭乇⿰犭百，驢父牛母。亦作馲⿰馬百。』

〔五七〕冷濤，同『冷淘』，過水麵及涼麵之屬。杜甫有《槐葉冷淘》詩。

〔五八〕節，疑爲『節』的訛俗字。

〔五九〕杓，底卷左半略似牛旁，俗訛，兹録正。

〔六〇〕⿰月之，字書不載，底卷此字『之』旁中間有一點，不知是否表示此字應删去。

〔六一〕『⿰酉粦』字字書不載，應爲『醬』的换旁俗字。

〔六二〕⿰酉貳，此字右旁乃『貳』的俗寫，然其字字書不載，應爲『膩』的换旁俗字。斯六五三七背《拾伍人結社社條》：『不守嚴條，非理作鬧，大者罰醲⿰酉貳一席，少者决仗（杖）十三。』其中的『⿰酉貳』正是『膩』的换旁俗字。

〔六三〕乾落，當讀作『乾酪』，上文正有『乾酪』；『乾酪』指牛羊乳的乾製品。北魏賈思勰《齊民要術・養羊》：『作乾酪法：七月、八月中作之。日中炙酪，酪上皮成，掠取；更炙之，又掠；肥盡無皮，乃止。得一斗許，於鐺中炒少許時，即出於盤上，日曝。浥浥時作團，大如梨許，又曝使乾，得經數年不壞，以供遠行。』

〔六四〕乳并，當讀作『乳餅』。『乳餅』是乳汁和麵做的餅。斯一二六七號《僧團法事應納諸色斛斗數及職事目歷》：『乳餅麵二斗五升。』

〔六五〕韮芥，『韮』字字書不載，疑爲『韭』字之訛。

〔六六〕苦蕒，『苦』當爲『苦』字之訛；『苦蕒』亦稱『苦菜』，越年生菊科植物，莖葉嫩時均可食，略帶苦味，故名。

〔六七〕椒欓，『欓』字右半底卷無末畫，乃俗寫訛省；『欓』字字書不載，應即『薑』的類化增旁俗字。

〔六八〕餬餅，同『胡餅』，『餬』爲『胡』的類化增旁俗字。胡餅，猶今之燒餅。參見上文校記〔三〕。

〔六九〕⿰食孚⿰食俞，同『餢飳』，亦作『餢⿰食俞』，『⿰食孚』蓋『餢』的後起形聲俗字。伯三四九〇號背《後梁辛巳年（九二一）正月一日已後破曆》：『油貳勝，八日齋時造餢飳用。』伯二六〇九號《俗務要名林·飲食部》：『餢飳，上音浮，下湯苟反。』

〔七〇〕 饊⿰飠支，上文作『饊枝』，『⿰飠支』當是『枝』的類化換旁俗字。參看上文校記〔二〕。

〔七一〕 ⿰飠蒸餅，同『蒸餅』，『⿰飠蒸』爲『蒸』的類化增旁俗字。『蒸餅』敦煌社會經濟文書中經見。

〔七二〕 鬩子，『鬩』字字書不載，俟再考。

〔七三〕 ⿰飠少并，伯二八八〇號《雜集時用要字》有『⿰飠少餅』，斯五六七一號《諸雜字》、伯二七四四號《食物賬》又有『⿰飠沙併』，伯二七四四號《食物賬》云：『看十二行，胡併五十枚，餢飳二十枚，⿰飠沙併十枚，⿰飠蒸併十枚，用麵四斗一升，油一升兩合廿五勺。』『并』、『併』皆當讀作『餅』；『⿰飠少』字字書以爲同『麨』，『⿰飠沙』字字書未載，有可能爲『⿰飠少』的繁化俗字。清桂馥《札樸》卷九鄉里舊聞『麨』條下云：『吾鄉和蜜或鹽作餅，切小方塊，鬻乾，謂之鬻，即麨也。』是『麨』做成餅狀，固當可稱作『麨餅』矣。但敦煌文獻中未見徑作『麨餅』者，而有稱『沙餅』者。伯四九〇六號《九四五年後淨土寺諸色破用曆》：『麵肆㪷、油肆升，造餢飳、沙併（餅）、⿰飠蒸併（餅）。』據『沙併（餅）』的寫法來看，『⿰飠沙』、『⿰飠少』也許本從『沙』得聲，或即『沙』之類化俗字矣。

〔七四〕 ⿰飠截并，斯五六七一號《諸雜字》作『⿰飠截餅』，同『截餅』，『⿰飠截』爲『截』的類化增旁俗字，『并』則爲『餅』字俗省。『截餅』是一種以蜜、乳汁等調水和麵油炸而成的脆餅。伯二七四四號《食物賬》：『祭節細供兩分，有⿰飠截併（餅），用麵四升六合，油二合四勺。』《齊民要術》卷九餅法『細環餅、截餅（環餅一名寒具，截餅一名蝎子）』下云：『皆須以蜜調水溲麵，若無蜜，煑棗取汁、牛羊脂膏亦得，用牛羊乳亦好，令餅美脆。截餅純用乳溲者，入口即碎，脆如淩雪。』

〔七五〕 脽鏤，『脽』疑爲『雕』的訛字。

〔七六〕 淂塑，『淂』字字書未載，應爲『涅』字之訛。

〔七七〕 『⿰米空』字字書未載，俟考。

〔七八〕 ⿰扌金，『撅』的會意俗字。敦煌寫卷又有『⿰木金』字（俗寫多作『栓』形），乃『橛』的會意俗字。俚俗『⿰木金』『⿰扌金』二字常常混用不分。

〔七九〕莛，字書釋爲草名；敦煌卷子則多用作『筵』的俗字。

〔八〇〕䙝，字書未載，應爲『䙝』字俗省。

〔八一〕緤，字書未載，應爲『緤』或『緣』的訛俗字。

〔八二〕底卷『雜字』部分抄寫止此，同行下接抄『丙子年二月廿八日立契僧知進書』買賣房舍契約。

諸雜字一本（二）

斯五四六三

【題解】

本篇底卷編號爲斯五四六三。抄於『顯德伍年（九五八）十二月十五日大雲寺學郎』所書《開蒙要訓》一卷之後。凡五行，第一行題『諸雜字一本』。《索引》及《索引新編》以爲『似仍爲《開蒙要訓》斷片』，不確。《開蒙要訓》全篇採用四字一句、兩句一韻的形式，體例與此不同。

本篇未見前人校録。兹據《英藏》影印本校録如下。

諸雜字一本

樓機一匹。[一]乾濕。纈纈衫子一礼（領）。[二]餕餅。厨舍。借貸。鐺鍋。釜銚子。金銀。弥保之。[三]

【校記】

〔一〕『樓機』二字底卷左側皆作提手旁形，蓋俗寫，兹録正。伯三四四八號《辛卯年（九三一？）百姓董善通張善保雇駞契》有『樓機壹匹』語，可參。

〔二〕纈纈，『纈』字字書不載，乃『夾』的類化增旁俗字。伯三四四〇號《宋丙申年（九九六）三月十六日見納賀天子物色人名目及納綾絹曆》『令狐願德都頭纈纈壹疋』、『韓都衙纈纈壹疋』，斯五六八〇號《納贈曆》『□要纈纈衫子一，紅羅衫子一』，伯四九七五號《辛未年（九七一）三月八日沈家納贈歷》『主人碧絹一匹，綠絹一匹，車影錦一匹，胡錦一匹，非（緋）綾一匹，甲頡一段，黄畫被子兩條」，其中的「纈纈」、「甲頡」亦皆當校讀作「夾纈」。「夾纈」是古代的印染方法，用兩塊木板雕刻成同樣花紋，將絹布對折夾入二板中，經染色印成對稱的花紋。崔致遠《桂苑筆耕集》卷一〇致幽州李可舉太保別紙五首之四所送禮品有「西川羅夾纈二十匹，真紅地絹夾纈八十匹」，即其物。

〔三〕底卷抄寫至此止。「弥保之」三字疑非「諸雜字」的内容，俟再考。

諸雜字

斯五六七一

【題解】

本篇底卷編號爲斯五六七一。凡七行，首題「諸雜字」。《索引》題下説明云：「爲日用工具及食品名稱，共不滿百字。」卷中「楪」旁寫作「枽」，不知是抄者避唐太宗諱還是沿用唐代諱字。

周祖謨《敦煌唐本字書敘録》（《敦煌語言文學研究》，北京大學出版社一九八八）曾對本篇作過簡要的介紹（周文原稱「編號不詳」），説：「所出有用具和食品名稱……如杓斗、筐筯、刷子、木盔、灌頭、瓶兒（泉按：「兒」字底卷實作「⿰氵瓦」，詳校記㈢）、花氈、帽子、手巾……餬餅、木槌、牙盤、鏡子等等。由此可知名詞加「子」、加「兒」起源固早（在南北朝時），到唐代已經比較普遍。另外，食品名物繁多，且多加「食」字偏旁，用意在於表現是食品，而在字形上反多贅肬。」茲據《英藏》影印本校録如下。原卷每字接抄不分，爲清眉目，録文時按詞或詞組句斷。另附圖版於録文之後，以資比勘。

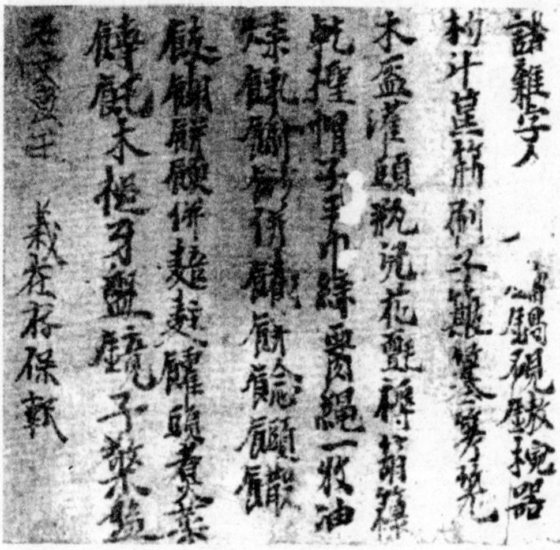

斯五六七一號《諸雜字》圖版

諸雜字

▨▨。〔一〕鐺鍋。硯鐓椀噐(器)。杓斗。筐筋。〔二〕刷子。簸簺。〔三〕筹笓。木盔。灌頭。瓶沅。〔四〕花氈褥。箶簶。〔五〕乾梩。帽子。手巾。⿰糸柰。〔六〕罥繩(繩)一枚。〔七〕油⿰火柰(煠)。⿰飠乳餉。〔八〕⿰飠少併。〔九〕鑯餅。〔一〇〕⿰飠僉餖。〔一一〕鐵⿰飠支。〔一二〕餬餅。〔一三〕餟併。〔一四〕⿰黍咅⿰麥主。饆頭。〔一五〕煑菜。餺飥。木槌。牙盤。鏡子。檠盤。〔一六〕

【校記】

〔一〕前一缺字底卷殘存上部『人』形,疑所缺爲『金』字。後一缺字僅存下部殘畫。

〔二〕筐筋,周祖謨《敦煌唐本字書敘録》録作『筐筯』,似未契原卷;然『筐筯』、『筐筋』古書皆不見,存疑。

〔三〕簺,《玉篇·竹部》以爲竹名,文中當是『箕』的繁化俗字。

〔四〕沅,『浣』的俗字,周祖謨《敦煌唐本字書敘録》録作『皃』,誤;伯二七一八號《茶酒論》:『三文一沅,何年得富?』『沅』亦俗『浣』字。

〔五〕箶簶,同『胡簶』,亦作『箶簏』,『箶』爲『胡』的類化增旁俗字。《玉篇·竹部》:『簶,胡簶,箭室。』《廣韻·模韻》:『箶,箶簏,箭室。』

〔六〕⿰糸柰,同『緤』。唐代避太宗諱,『枼』旁多改避作『柰』,五代以後亦或沿用之。下文『⿰火柰』字同此。

〔七〕『枚』字底卷似『牧』形,當是『枚』字俗訛,兹録正。

〔八〕⿰飠孚餉,同『餢飳』,亦作『餢餉』,『⿰飠孚』蓋『餢』的後起形聲俗字。説詳《諸雜字一本》(一)校記〔六九〕。

〔九〕⿰飠少併,《諸雜字一本》(一)有『⿰飠少并』,敦煌卷子中又有作『沙併(餅)』者,『⿰飠少』、『鈔』或即『沙』之類化俗字。説詳《諸雜字一本》(一)校記〔七三〕。

〔一〇〕鑯餅,同『截餅』。説詳《諸雜字一本》(一)校記〔七四〕。

〔一二〕 餣頭，《諸雜字一本》(一)有「餣頭」，「餖」應即「頭」的類化增旁俗字。「餣頭」爲餅類食品。唐李日新《題仙娥驛》：「商山食品大悠悠，陳鷭餢鑼古餣頭。」

〔一三〕 餓飳，《諸雜字一本》(一)又作「餓枝」，「飳」當是「枝」的類化換旁俗字。參看《諸雜字一本》(一)校記〔一〕、〔七〇〕。

〔一四〕 餬餅，同「胡餅」，「餬」爲「胡」的類化增旁俗字。參看《諸雜字一本》(一)校記〔六八〕。

〔一五〕 餪併，當作「餪餅」，「餪」爲「餪」的俗字。

〔一六〕 饠頭，《龍龕·食部》以「饠」爲「耀」的俗字。

〔一六〕 底卷抄寫止此。下一行有「石文惠王　義在存保報」字樣，筆迹較細，與本篇似非同一人所書，應不屬於本篇的内容。

雜字抄（一）

斯六二五三

【題解】

本篇底卷編號爲斯六二五三，僅存末行四個半字。末署『天復七年丁卯歲（九〇七）十二月十日燉煌郡金光明寺▨□』。《索引》擬題『字書』，《寶藏》、《金目》、《索引新編》同，《英藏》改題『殘片（天復七年二月十日燉煌郡金光明寺牒）』。按底卷題署下部有殘缺，其中『寺』下一字存上部，似『學』字上半，《英藏》定作『牒』字，與殘形不合，不可從；『學』下所缺則有可能爲『士郎某某書』之類。如果這一推斷可信，則本篇當屬學童習字之作，而與『字書』性質不同。從所存條目看，内容與斯五六七一號《諸雜字》類似，故改題今名。

本篇未見各家校録，兹據《英藏》影印本校録如下。

（前缺）

□▨。〔一〕　餬餅。〔二〕　⿰飠甘⿰飠危。〔三〕

天復七年丁卯歲十二月十日燉煌郡金光明寺▨□〔四〕

【校記】

〔一〕殘字底卷存左部『食』旁，此字之上殘泐。

〔二〕『餬』字構件『月』之右側底卷略有殘泐，《索引》定作『餬』字，兹從之。

〔三〕⿰飠甘⿰飠危，『甘脆』二字的俗字。

〔四〕『十二月』《英藏》録作『二月』，不確；『寺』下一字底卷存上部，似『學』字上半，《英藏》定作『牒』字，與殘形不合，不可從，殘缺部分疑爲『學士郎某某某書』之類。

雜字抄(二)

伯三六九一碎二〇

【題解】

本篇底卷爲伯三六九一號殘片之二十，正背面抄，正面四殘行，背面三殘行，每行上下端似皆有殘泐。《索引》、《寶藏》、《索引新編》皆未予標列，《法藏》擬題『習字』。按底卷字體孱弱歪斜，行款錯雜，確屬學童所書，但所抄多難字，且不重複，與一般的『習字』有所不同，故改題今名，歸入雜字一類。

本篇未見各家校録，兹據《法藏》影印本校録於下。另附寫卷圖版於首，以供比勘。

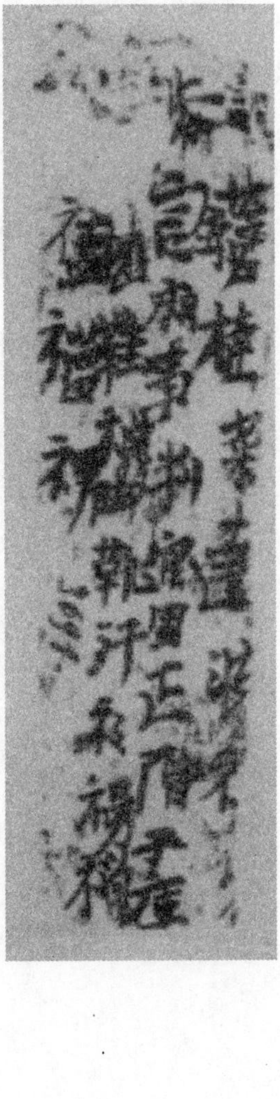

伯三六九一碎二〇《雜字抄》正面圖版

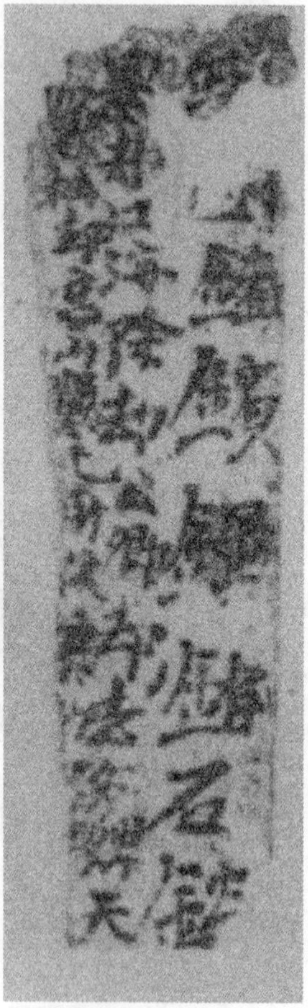

伯三六九一碎二〇《雜字抄》背面圖版

（前缺）

□▨▨▨▨▨▨▨▨▨□。〔一〕□▨言。〔二〕廂事。判官。田正。〔三〕階子。庫□

□▨〔四〕。鞋韈。脚靴。汗衫。⿰衤曼襠。□⿰衤盍襠。褌。〔五〕

□▨（銀）▨〔六〕鐡（鐵）。鑌鋼。鍮石。鈆（鉛）□塞却江海，除却公卿。去却奴

婢〔七〕天□獸。栓却高山。獸▨▨▨▨〔八〕□

（後缺）

【校記】

〔一〕正面首行殘字九個，首字存左部『言』旁，末二字僅存左側殘畫；第二至第七字右側似皆有殘泐，其中第二字左部從『金』旁，右下部略有殘泐，其字待考；第三字似『撻』，第四字左部所見似『菜』，第五字左部所見似『達』，第六字左部所見似『波』，第七字左部作『衤』。

〔二〕殘字左部殘泐，右部略似『睿』字俗寫。

〔三〕『田』字底卷似有塗改（有重筆），兹暫定作『田』字。

〔四〕殘字左部與左行的『祛』筆畫有交叉，略似『扌』旁，右部似『國』。

〔五〕『褌』字底卷似無末横筆，蓋學童脱漏。又底卷本行抄至『褌』字止，其下空白。

〔六〕此二殘字起爲卷背文字。『銀』字底卷右下部略殘，兹據殘形擬補；其下一字左上部殘泐，殘形疑似『銅』字。

〔七〕『去却』二字底卷本作『却去』，二字右側有一鈎形符號，兹據乙正；其下一字底卷筆畫較細，右側略有殘泐，此姑定作『奴』字。

〔八〕『獸』下五殘字底卷左側殘泐，右部筆畫亦不太明晰。

雜字抄（三）

上圖一一〇背

【題解】

本篇底卷編號爲上圖一一〇（八一二五六〇）背。正面所書爲《阿毘曇心論》卷第二。卷背抄有習字多種，包括《千字文》、『咸通六年（八六五）二月廿一日燉煌鄉百姓氾仏奴狀』、《開蒙要訓》、《千字文》。在前一本《千字文》習字中間、『氾仏奴狀』和《開蒙要訓》習字之間分別抄有雜字若干行，茲録出定作本篇。和其他部分習字類似，這部分所抄雜字有重抄者，有附入音近或形近之字者，亦屬學童習字性質。

涼州。〔一〕甘州。寥泉。〔二〕肅州。瓜州。〔三〕新城。〔四〕玉門。〔五〕會稽。〔六〕新城。〔七〕瓜州。常樂。背亭。八角角石衆井坎城。〔八〕大橋。麦粟。〔九〕米黍。丙秉秉柄丙。〔一〇〕壽昌。嶺亭。雙雙㛄洟窟南子亭。〔一一〕馬圈口。陰婆莊。北府。内蒲。外蒲。〔一二〕大烏。伊州。納射。〔一三〕柔遠。〔一四〕北童同。〔一五〕霊（靈）州。潘磻和大闞渾大山揖子家陵陵。古臧縣。〔一六〕白練山。鄯州。略牌排牒牒。綾羅。錦。綿絹。綺纈。夾纈。朝霞。氈褥。氍氀。〔一七〕託壁。横幬。滿幕。〔一八〕幪壁。〔一九〕台盤。餅。饊支。〔二〇〕餘頭。餬餅。餻餅。〔二一〕餂餂。〔二二〕沙餅。饊餺。〔二三〕饠餽。〔二四〕饡餗餅。餺羅。〔二五〕餑餉。〔二六〕氣餅。〔二七〕羹飩。蕪粥。頂盤。〔二八〕壘疊。〔二九〕匙筯。醔（醬）醋。蕭酢。〔三〇〕塩豉。〔三一〕苽菓。樹梨柰杏桃。〔三二〕茲蔥（葱）蒜（蒜）韭（韭）。〔三三〕氍毹。〔三四〕釵。錖塹。垣墻。〔三五〕漂。涼。亢旱。縻風。繳幪壁。〔三六〕横幃。〔三七〕▨▨。〔三八〕堂

幕。鍬钁。〔三九〕鐮鋤。〔四〇〕鏵鋘。〔四一〕鎊鏩。〔四二〕鍋。〔四三〕鐺。鐓。鑄鐓。〔四四〕鐙。〔四五〕

【校記】

〔一〕本段底卷抄在第一本《千字文》習字『好爵自縻』與『都邑華夏』之間。本段之前，底卷另有『鬚髮既墜，法服仍披。五篇妙達，七聚精知。貴族前礼，嬌慢山移。恩愛既斷，背留樹枝』韻文一段，出處不詳，因不屬雜字，故未輯入。又『涼』字底卷本作『涼漂漂漂漂涼掠涼』，除『涼』屬習字重出外，『漂』『掠』蓋屬形近區別字，此不録。

〔二〕『寥泉』底卷本作『寥寥泉泉』，蓋習字重出其一，此不重複録出。

〔三〕『瓜州』底卷本作『苽瓜瓜州』，『瓜』習字重出其一，『苽』古亦用作『瓜』的增旁俗字（如下文『苽菓』之『苽』），故學童附入，此不録。

〔四〕『新城』底卷本作『新成延成城延城』，『成』『延』疑皆『城』字音近或形近之誤，此不録。參下校記〔七〕。

〔五〕『玉門』前底卷另有『獄獄』二字，蓋『玉』的同音誤字，此不録。

〔六〕『會稽』底卷本作『會稽會稽』，蓋習字重出其一，此不重複録出。又此四字下底卷另有『稧契喫嵇嵇詣』諸字，蓋皆『稽』字音近或形近附入者，此不録。

〔七〕『新城』底卷本作『新城城』，『城』習字重出其一，此不録。又『新城』上文已見，此又重出，亦學童習字使然。下仿此。

〔八〕後一『角』字應係習字重出，『[illegible]』似爲『塳』字草書（《集韻·準韻》柱允切：『塳，耕隴也。』）；『八角角石衆井坎[illegible]』諸字不知該如何斷句。以下凡難以讀斷者不再出校説明。

〔九〕『麦粟』前底卷另有二『反』字，或係『麦』的形近區別字，此不録。

〔一〇〕『丙秉秉柄丙』似屬區别同音字性質。

〔一一〕『㚵』字字書不載，或係『浹』字誤書；『浹』字《廣韻·志韻》音疏吏切，『水名，在河南』，但河南的水名不知何以闌入此處，存疑。『窟』上底卷另有『𠂇』，似屬『巖』的壞字，此不録。

〔一二〕『内蔄外蔄』底卷本作『内間蔄外外蔄』，『外』應係習字重出其一，『間』則應係『蔄』的音近或形近區别字；但『内蔄』『外蔄』不知該作如何解釋。

〔一三〕『納射』疑爲『納職』之誤，『納職』爲古縣名，唐置，與上下文『伊州』『柔遠』皆在今新疆哈密一帶。

〔一四〕『柔遠』底卷本作『柔柔柔遠』，『柔』習字重出其二，此不録。

〔一五〕北童同，『童』『同』二字疑有一誤，但所出不詳。

〔一六〕古臧縣，『古』當讀作『姑』，『姑臧縣』在甘肅武威境内（即今武威）。

〔一七〕氍矍，『矍』字於此非義，疑爲『毹』字之誤；『氍毹』係一種毛織或毛與其他材料混織的毯子，正與上下文『氈褥』『託壁』等同類。底卷下文另段抄有『氍毹』一詞，即『氍毹』異寫，可參。

〔一八〕滿幕，似當讀作『幔幕』；『幔幕』指帷幕，古書經見。

〔一九〕幰壁，『幰』文中當爲『繳』的换旁俗字，底卷下文另段抄有『繳幰壁』條，『繳』字後又接書『幰』，屬正字俗字並列之例；『繳壁』蓋掛毯之屬。參看伯三六四四號《詞句摘抄》校記〔八三〕。

〔二〇〕䭅支，同『䭅子』，一種用糯米粉和麵抻扭成環形的油炸食品。參看北八三四七（生二五）號背《諸雜字一本》校記〔二〕。

〔二一〕餸餅，同『蒸餅』，『餸』爲『蒸』異體『烝』的類化增旁俗字。『蒸餅』敦煌社會經濟文書中經見。

〔二二〕餂餂，似爲『甘甜』二字的增旁或换旁俗字。

〔二三〕饊餔，同『饊䭆』，一種餅類食品。參看《開蒙要訓》校記〔三五〕。

〔二四〕饙餛，『饙』字斯五四六四號《開蒙要訓》有『饊餔饙䭅』句，其中的『饙』字伯二五七八號作『鐶』，下注直音『還』，『饙』當即『鐶』的繁化俗字，而『鐶』疑又爲『環餅』之『環』的换旁俗字。參看《開蒙要訓》校記〔三五〕。

又『餖』字字書不載，疑爲『飽』字之誤，『飽』正爲餅類食品。

〔二五〕 餺羅，同『畢羅』『餺饠』，食品名。

〔二六〕 餑餘，同『餢飳』，亦作『餢餘』，『餑』蓋『餢』的後起形聲俗字。參看北八三四七（生二五）背《諸雜字一本》校記〔六九〕。

〔二七〕 氣餅，同『餼餅』。伯三二三一號《癸酉年至丙子年平康鄉官齋籍》：『餼餅頭張清奴、張安德、索幸德，付麵五斗柒升，着餅一伯（佰）九十六分。』

〔二八〕 頂盤，前一字左部作一豎形，原字有可能爲『須』或『頂』字，存疑。

〔二九〕 壘疊，『壘』似當讀作『樏』，字又作『欙』。《廣韻·紙韻》力委切：『樏，似盤，中有隔也。』『樏疊』爲近義連文。

〔三〇〕 蕭酢，『蕭』字有誤，疑爲『齏』異體『虀』字形訛。

〔三一〕 塩豉，『塩』當爲『塩』的訛俗字；伯二五七八號《開蒙要訓》有『塩豉調適』句，其中的『塩』字伯二五八八、三八七五A作『塩』形，亦爲『塩』字俗訛，伯二四八七號、俄敦一二六〇〇＋俄敦一二六〇一號作『塩』，又爲『塩』字訛變，可以比勘。

〔三二〕 『梨』上一字不識。

〔三三〕 『苾』近似『苾』字，『苾』指濃香，與文意大抵契合。又『韮』當是『韭』字俗訛，北八三四七（生二五）背《諸雜字一本》有『葱蒜、韮芥』條，其中的『韮』乃『韭』字之訛（『韭』又爲『韭』的增旁俗字），可以互勘。

〔三四〕 本段底卷抄在『氾仏奴狀』和《開蒙要訓》習字之間，與前『氾仏奴狀』一樣，字迹暗淡，或係淡墨所書。

〔三五〕 『坦墻』條之後，底卷另有『枝到善心，僧中施物〼水，獲福過依於大海量』等字（其中殘字底卷左部作『車』旁，右部不清；『量』字又重書五次），不屬雜字，此不録。

〔三六〕 『㦮』即前『繳』的換旁俗字，此屬正字俗字並列之例。參看上文校記〔一九〕。

〔三七〕橫幃，『幃』字底卷習字重出其一，此不録；『橫幃』應與上文『橫幬』略同，『幃』『幬』皆有牀帳、帷幕之義。

〔三八〕二缺字底卷下部皆作『貝』，上部模糊不清，俟再核。

〔三九〕鍬钁，『鍬』字底卷習字重出其一，此不録。

〔四〇〕鐮鋤，『鐮』字底卷習字重出其一，此不録。

〔四一〕鏵鋘，玄應《音義》卷一八《立世阿毗曇論》第二卷『犁鏵』條下云『鏵』字『古文奇字作鋘，同，下瓜反，犁刃也，《説文》兩刃臿也』，則底卷『鏵鋘』屬異體字並列。

〔四二〕鎊鐁，『鐁』字底卷習字重出其一，此不録。

〔四三〕『鍋』字底卷習字重出其二，此不録。

〔四四〕鑄鏉，『鑄』字底卷習字重出其一，此不録；又『鏉』字上文已見，此又重出，蓋前『鏉』字與『鍋』『鐺』皆指炊具，而此則以『鑄鏉』爲詞，故讀斷如上。

〔四五〕『鐙』字之下底卷另寫有二『金』旁，屬未完之字。次行起則爲《開蒙要訓》習字。

雜字抄（四）

伯二六一八背＋伯二六八一背

【題解】

本篇底卷編號爲伯二六一八背＋伯二六八一背。此二卷係一卷之撕裂，兹加以綴合（參見本書羣經類論語之屬《論語集解》（序、學而、爲政）題解）。正面爲何晏《論語集解》，前後有大唐乾符三年（八七六）敦煌縣歸義軍學士『張喜進』後加的題署；卷背據《法藏》依次爲『節度押衙兼瓜州衙推梁某狀』、『瓜州判官某狀』、『雜寫』、『瓜州衙推梁敬儒等及百姓上司空狀稿』、雜寫。兹把雜寫中與雜字相關者輯爲本篇。『雜寫』中另有『三月二十六日曹光晟書字▨』、『張喜進尚想黄綺意』文字各一行，字體與所抄雜字相同（而與正面《論語集解》、張喜進題署、背面狀文不同），疑皆出於『曹光晟』之手，抄寫時間應在『大唐乾符三年』以後。

本篇未見前人校録。兹據《法藏》影印本校録如下。

裖袖。[一] 衣襴。衫襖。帽子。幞頭。巾子。鞋韈（韤）。靴袴。署▨。[二] 縵襠▨▨▨。[三]

姑姑。[四] 姨姨。妗妗。舅舅。姉妹。嬸嬸。[五]

【校記】

[一] 『裖袖』以下一段底卷抄在『瓜州判官某狀』之後，僅一行又四分之一行。『裖』即『長』字，文中涉『袖』字類化增旁。

[二] 殘字在行末，僅存右部殘畫。

〔三〕『襠』下一字底卷左側作『衤』旁，右部殘泐；第二殘字僅存右上部殘畫，後一字似作重文符號。又此段雜字後空三行左右底卷有『三月二十六日曹光晟書字▨』（後一字左側作『糸』旁，右部似已被塗去）一行，蓋抄雜字者所書。

〔四〕『姑姑』以下十二字接抄在『張喜進尚想黄綺意』一行之後，『瓜州衙推梁敬儒等及百姓上司空狀稿』之前。其中五個疊音詞的後一字底卷皆作重文符號。

〔五〕『瓜州衙推梁敬儒等及百姓上司空狀稿』之後底卷另零散抄有『早、颾、誎、緱、捩』等字，以其零散不成系統，故不録；另抄有『維大唐乾』、『維大唐乾符』字樣，雖屬習字性質，但也可能透露出這些雜字抄寫的時間離這一時期當不會太遠。

諸雜難字一本

斯四四四三背

【題解】

本篇底卷編號爲斯四四四三背。該卷正面抄《阿彌陀經讚》等；背面所抄除本篇外，還有倒書《地藏菩薩十齋日》。凡八行，首題『乾元寺宋苟兒諸雜難字一本』。所抄多爲姓氏（『唐』至『高』一段皆爲姓氏，似出自別本《百家姓》，參看《百家姓》之二題解及校録）、官名、職銜、人名之屬。其中的翟使君又見於斯四七〇〇號《宋甲午年（九九四）五月十五日陰家婢子小娘子榮親客》、斯五〇三九號《宋丁丑年至戊寅年（九七七—九七八）報恩寺諸色斛斗破曆》、伯三七二一號《宋己卯年（九七九）十一月廿六日冬至月料官員》、伯三一四五號《訓蒙書》（同卷又有『令狐海通』）；陰馬步又見於斯二八六號《十世紀末沙州報恩寺諸色斛斗算會牒殘卷》；鄧都頭又見於伯二九一六號《宋癸巳年（九九三）十一月十二日張馬步女師遷化納贈歷》、斯六九八一號背《某寺諸色斛斗破曆》（斯六九八一號背《申年欠麥粟抄》又有人名『羅黑頭』）；長千、鄧都頭又見於伯四九七五號《辛未年（九七一）三月八日沈家納贈歷》；戒行、戒宗、戒初、戒輪、戒果又見於伯三七七九號《乙酉年四月廿七日徒衆轉帖》（有關定年請參看《敦煌史部文獻合集》各篇的『題解』）。上述文書多寫於十世紀後期，則本篇大約亦應爲同一時期的寫本。

本篇未見前人校録。兹據《英藏》影印本校録如下。底卷條目之間多接抄不分，校録時略作分段句逗。

乾元寺宋苟兒諸雜難字一本〔一〕

法師、上坐、沙弥、所由、巖官等。

翟使君。▨▨▨。〔二〕李指撝。陰馬步。鄧都頭。張平水。田知客。曹永田。郭富昌。安得昌。樊員會。令狐海通。

唐。康。趙。陳。鄧。安。桑。梁。馬。王。竇。諏。〔三〕郭。米。石。曹。韓。賀。何。温。孔。孟。劉。栁（柳）。閻。祝。燒。高。

長盈。長千。〔四〕富祜。願保保。〔五〕誡定。〔六〕戒輪。戒行。戒宗。〔七〕戒果。戒初。〔八〕盧富盈。羅黑頭。氾義興。苻押衙。范奴子。裴長得。〔九〕

【校記】

〔一〕『苟』當是『狗』的借音俗字。敦煌卷子中『狗』字常借用『苟』。以狗、虎、牛等動物名用作人名俚俗經見。

〔二〕殘字三，第一字存左半，似『韋』字；二、三字存左側殘畫，第二字似爲『者』旁的殘畫，全字或爲『都』字。

〔三〕『諏』字夾雜於姓氏之間，疑當作『麴』。『麴』爲西北著姓之一。

〔四〕長千，斯四四四五號《己丑年十二月龍家何願德貸褐契》和《己丑年十二月陳佛德貸褐契》有『永安寺僧長千』（其中的『己丑年』唐耕耦《敦煌社會經濟文書真迹釋録》定作公元九二九年，存疑），伯四九七五號《辛未年（九七一）三月八日沈家納贈曆》、俄敦五五三四號《禮佛見到僧俗名目》、斯四六六四號《告諸團僧爲白露道場課念帖》亦有『長千』人名，不知和本卷的『長千』是什麽關係。

〔五〕願保保，伯三七七九號《乙酉年四月廿七日徒衆轉帖》有願思、願保、保堅等人，又有戒行、戒宗、戒初、戒輪、戒果等人，頗有與本篇同名者，『願保』和『願保保』不知是否爲同一人。

〔六〕誡定，據下文『戒輪』、『戒行』等首字皆作『戒』律之，『誡』似當校讀作『戒』。斯二六六九號《大乘寺尼籍》有尼『戒定』，沙州敦煌县洪閏鄉人，姓氾，俗名嚴娘，不知和本篇『誡定』是否爲一人。

〔七〕戒宗，斯二六六九號《大乘寺尼籍》有尼『戒宗』，沙州敦煌縣敦煌鄉人，姓吴，俗名嚴嚴，不知和本篇『戒宗』是否爲同一人。

〔八〕戒初，『初』字底卷字形略似『衻』字，應爲『初』字俗訛，『戒初』又見於伯三七七九號《乙酉年四月廿七日徒衆轉帖》，兹據録正。參看上文校記〔五〕。

〔九〕本篇止此。次行有『妙法蓮華經觀世音菩薩』字様，當無本篇無關。

雜字一本（一）

伯四〇一七

【題解】

本篇底卷編號爲伯四〇一七。有二本。第一本抄於殘契據之後，凡四行，首行、次行皆題『雜字一本』四字，其後署『乙酉年七月廿一日徐僧故（政？）』、『乙酉年七月廿一日安郎君帖』字樣（後者字體較大）。接抄『社司轉帖』、『渠人轉帖』、『行人轉帖』。『行人轉帖』後又抄『雜字一本』，凡二行。二本所鈔似皆爲人名。《索引》及《寶藏》均未標注本篇内容，《索引新編》前一部分擬題『乙酉年殘寫』。兹據《寶藏》影印本略加圈斷，校録於次。

雜字一本

王瘦斤。〔一〕李山。〔二〕

雜字一本

王瘦斤。李頪（頹）預兒。趙擖搔。〔三〕陰物堆。薛（薛）國成。凉南山。〔四〕石勝定。

雜字一本〔五〕

醜子。〔六〕王疢斤。〔七〕。〔八〕

【校記】

〔一〕王瘦斤，又見於斯八六七八號《渠人轉帖》，『斤』蓋『筋』的同音借字。斯一一五三號《諸雜人名一本》有

『閻瘦觔』，『觔』正是『筋』的俗字，可以比勘。

〔二〕，此字底卷字形不清，存疑待考。

〔三〕趙擖𢶍，『擖』爲『擸』的俗字；『𢶍』字右下部的『韭』底卷作『非』，俗省。《廣韻·盍韻》：『𢶍，擸𢶍，和雜。』『擖𢶍』之名蓋即取義於此。敦煌寫卷中又有畫擖𢶍（伯三三九一號背《社司轉帖》）、鄧擖𢶍（斯六六三號背《鄧擖𢶍等貸麵抄》）、李擖𢶍（斯五〇七三號《癸未至乙酉年沙州諸鄉人户納欠官柴歷》）、白擖𢶍（斯二八九四號背《壬申年十二月卅日社司轉帖》、《社邑名單》）、劉擖𢶍（斯三〇四八號《丙辰年東界羊籍》）等，皆取『擖𢶍』爲名。

〔四〕涼南山，『凉』爲『涼』的俗字；伯四九七五號《辛未年（九七一）三月八日沈家納贈歷》有鄧南山，斯四八八四號《壬申年正月二月貸褐歷》有賀南山，皆取南山爲名。

〔五〕第二本始此四字。

〔六〕，此字底卷字形不清，存疑待考。

〔七〕王疫斤，『疫』疑即『瘦』字俗訛。參上校記〔一〕。

〔八〕，此字底卷字形不清，存疑待考。又此字底卷在行首，不知是否仍爲『雜字一本』的内容。下一行又爲《社司轉帖》等内容。

雜字一本(二)

伯三六九八背

【題解】

本篇底卷編號爲伯三六九八背。正面爲《孝經》一卷,末署『己亥年十二月』字樣。卷背爲雜寫習書,有『靈圖寺學郎』、『張員』、《社司轉帖》及倒書『庚子年正月二日書記張富通』、『千符肆年歲次己亥十二月十八日立契龍勒鄉』等字樣,又有『天愁日月無光』六字韻語四句;接寫本篇,凡三行,其中一行(『紅綿』等六字)爲倒書。標題原有。本篇後又有雜寫『孝經一卷』(倒書)、『王梵之(志)一卷』及『鰾餅杅▨』等字,末有倒書『社官陰願』字樣。史無『千符』年號,『千符』疑爲『天福』之訛;『天福』爲後晉高祖石敬瑭年號,『天福肆年』正是農曆己亥年。如果這一推斷可信,則本卷應爲後晉天福年間抄本。《索引》未標注卷背内容,《索引新編》卷背部分總題作『轉帖及雜寫』。

《寶藏》印本不甚明晰,兹參閲縮微膠卷并請鄧文寬先生目驗原卷校録成文。

雜字一本

金銀。珎(珍)寶。白玉。鍮石。赤銅。鋥鍒。〔一〕珎(鐵)鑛。鐺鍋。▨▨。〔二〕釜竈(竈)。甑吹。〔三〕鏵。鍬钁。〔四〕紅綿。〔五〕綾紬。細纈。〔六〕

【校記】

〔一〕『鋥』爲『鋼』的俗字;鋼爲堅鐵,鍒爲軟鐵。

〔二〕所缺二字底卷俱存左側金旁，右側模糊不清，俟再考。

〔三〕『吹』疑當讀作『炊』；『炊』『吹』二字古通用。

〔四〕鍬鑼，『鑼』字此處與『鍬』字連用，應爲『钁』的俗字。説詳北八三四七（生二五）號背《諸雜字一本》（一）校記〔四七〕。又底卷本行右側約隔四行後另有雜寫多行，其中有『鐅（蒸）餅杅▨』等字，不知是否爲『雜字一本』的内容。

〔五〕『紅綿』以下六字底卷倒書，抄於『雜字一本』一行之前。又『紅綿』二字右側旁注一『錦』字，不知爲改字抑或爲補字。

〔六〕『緜』字右部不甚明晰，鄧文寬目驗原卷稱右部作『頁』；『緜』爲蜀錦名，字見漢揚雄《蜀都賦》，不知即其字否？

雜字

斯五七五七

【題解】本篇底卷編號爲斯五七五七。無題，抄在二斷片上，凡六整行，不知前後有無殘缺。《索引》擬題作『雜字』，《寶藏》、《索引新編》、《英藏》同，兹從之。原文字體差劣，似屬習書性質。

本篇未見前人校録。兹據《英藏》影印本校録如下。底卷字與字之間大多留有半格左右的間距，兹除可連讀成詞者外，皆加圈斷，以清眉目。另附圖版於首，以資比勘。

斯五七五七號《雜字》圖版

（前缺）

噎。碁。么（幺）。逑。〔一〕睒。瞗。壺。嚇。𧹞。〔二〕灘。咯。潬。過。淰。泓。焌。炷炖。煻煨。熷（熷）。燼。皃。筈。釚。〔三〕排。礌。砤。〔四〕汗。坧圿。〔五〕捆。粈。覰。饕餮（餮）。詭。〔六〕頣傾。〔七〕捴。〔八〕緊。

矜。〔九〕飼。齝。噍。㕟㕟。躓。蹄。麗。鳩鴿。背。狢。誑。〔一〇〕趌。摑。豳。〔一一〕倅。〔一二〕独（獨）。麀（鹿）。搨。拳。㩴（搋）。町。隙（隙）。瞠䀏。踢。跤。帗。攽。〔一三〕瘃（瘃）。趑趄。舐。〔一四〕瞤。眝。〔一五〕

（後缺）

【校記】

〔一〕『逑』字字書不載，俟再考。

〔二〕『𧹞』字字書不載，疑爲『赭』的偏旁易位字。

〔三〕『釚』字字書不載，俟再考。

〔四〕砤，字書不載，考《廣韻·效韻》匹貌切：『抛，抛車。』『抛』字《集韻》又作『軳』，釋『飛石車』，『砤』疑即『抛』的換旁俗字。這一意義的『抛』古又從石作『礮』、『砲』，可以比勘。

〔五〕坧圿，『坧』爲『垢』的俗字，『后』旁俗書多可作『石』。

〔六〕『詭』字《集韻·支韻》以爲『詑』字或作。

〔七〕頣傾，《玉篇·頁部》：『傾，胡鉤切，傾頣，言不正也。』『頣傾』應即『傾頣』，連綿詞以聲表義，往往不拘字序。

〔八〕「愢」字字書不載，疑爲「憝」字俗訛。

〔九〕「犳」字以下見於第二片，與第一片之間不知有無殘缺。「犳」字《玉篇·牛部》以爲「犳」字或作；《篇海類編·身體類·舌部》又釋爲「噤」，蓋即以爲「噤」字或作。

〔一〇〕詎，應爲「詎」字俗寫，敦煌寫本中「詎」字多有寫作「詎」形者。

〔一一〕「圝」字字書不載，疑爲「圝」字俗省。

〔一二〕「体」爲「体」字俗寫。「体」字古用同「笨」；宋代以後又用作「體」的俗字，但敦煌寫本中未見後一用法。

〔一三〕敍，此字左半爲「夋」的俗寫，但字書無其字，俟再考。

〔一四〕「舐」字《玉篇·舌部》以爲「舓」字的異體。

〔一五〕底卷抄寫至此行止，以下殘泐，不知有無缺文。

詞句摘抄

伯三六四四

【題解】

底卷編號伯三六四四。《索引》擬題『習書殘卷』，云内有一、禮五臺山詩四首，二、當今聖人詩兩首。《寶藏》擬題『俗名要務林』（《索引新編》指出當爲『俗務要名林』排版之誤），《法藏》擬題『類書習字』。《敦煌詩歌導論》引録本卷時稱爲『雜寫』（新文豐出版公司一九九三年版二三二頁；又巴蜀書社二〇〇一年版二二一頁）。李正宇定作『學童習字雜抄』（《叫賣市聲之祖——敦煌遺書兩首店鋪叫賣口號》，載《尋根》一九九七年第四期）。《索引新編》同《索引》，又云『另有詩二首，李正宇定名爲「店鋪招徠叫賣口號二首」，并定爲同光年間抄』。按底卷内容與《俗務要名林》無涉，而屬雜抄性質，包括詩、弔唁文、詞、成句等，其中以後二者爲大宗，故據擬定今名。所抄内容多以類相聚，詞目頗有先後重出的，其中有『器械』、『藥名』、『珍奇』等詞，似均爲所據原本的類目，其體式與伯三三九一號《雜集時用要字》、北八三四七（生二五）號背《諸雜字一本》近似。全卷大約是習字者摘録各種文本的疑難詞句而成，故其内容頗爲蕪雜無序。

卷中有『今當聖人詩』一首，該詩又見於斯三七三號，題『皇帝癸未年膺運滅梁再興□迎太后七言詩』，《索引》考定爲後唐莊宗李存勗詩，李存勗同光元年至四年（九二三—九二六）在位，李正宇據此定底卷爲『後唐同光年代』抄本，當是。文中另有『瓜州刺史慕容歸盈』、『慕容歸盈』曹仁貴重建歸義軍後出任瓜州刺史（約在公元九一四至九一九年間），直至後晉天福五年（九四〇），長達二十餘年（參校記〔七四〕），時段亦大體吻合。

本篇尚未見前人校録，今據《法藏》影印本校録如下。底卷接抄不分，校録時除盡可能按詞、句點斷外，另把可以獨立的詩文部分單獨列出，以清眉目。因底卷字多俗寫，難以一一照描録出，故另附圖版於首，以供比勘。

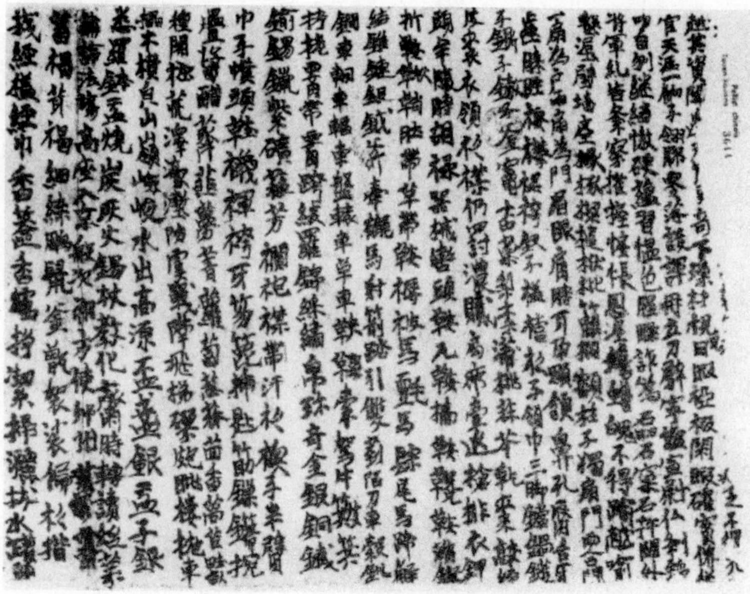

伯三六四四號《詞句摘抄》圖版（一）

伯三六四四號《詞句摘抄》圖版（二）

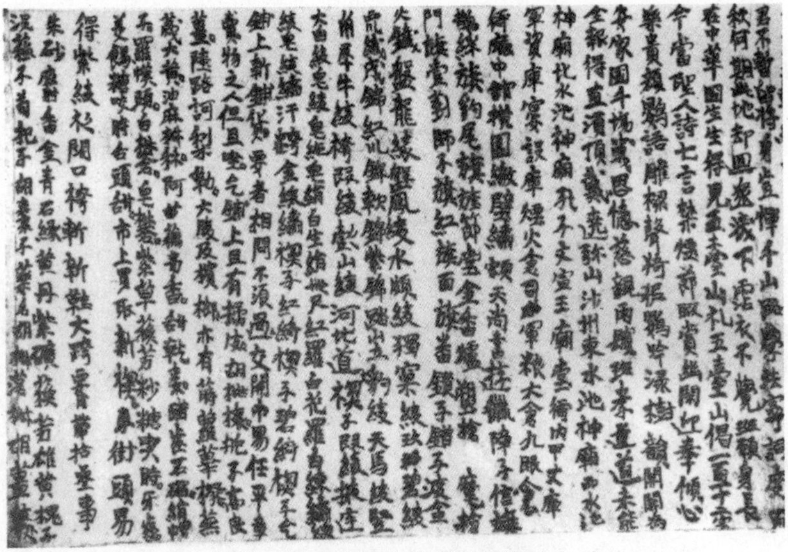

伯三六四四號《詞句摘抄》圖版（三）

伯三六四四號《詞句摘抄》圖版（四）

伯三六四四號《詞句摘抄》圖版（五）

▨（減）乏不栩八越其資。〔一〕開▨（邊）。〔二〕▨▨▨竒（奇）。〔三〕下瓅。材。視見。〔四〕日暇。袸

裈。〔五〕閑暇（暇）。礭實。傔從官。天涯。一餉子。翎膠（膠）。零落。諛（諛）諢。冊（册）立。

刀劈。寧謐。宣尉。仏刹。鵶吻。自刎。継（繼）緒。慠硬。藴習。愠色。腥臊。詐僞。石臼。

石窠。石杵。闔外。將軍。紇告。条察。〔六〕摧握（握）。〔七〕幄悵（幄帳）。恩渥（渥）。蟾魄。不得踰越。喻。壑（壑）涅。壁墻（墻）。屋（屋）。椽（椽）。樑。櫨。〔八〕栿。枇籬。〔九〕欄額。柱子。獨扇門。兩合門。一扇爲户。兩扇爲門。眉眼。肩膊。耳朶。顋頷。鼻孔。脣（脣）舌。牙齒。脥（膝）脛。褸襻。裙袴。釵子。襤襠。衫子。領巾。三脚鐺鍋。鑊子。鍋子。鏊子。釜竈。杏菓。梨。柰。蒲桃。林芩。乾棗（棗）。敲▨。〔一〇〕皮裘。衣領。衫襟。仍罰濃膩（膩）扂（局）席一迠（延—筵）。〔一一〕槍梆。衣鉀。頭牟。〔一二〕腹膊。胡禄。噐（器）械。轡頭。鞍瓦。鞍橋。鞍韉。鞍鞘。鐙折。〔一三〕鞦鞘。肚帶。革帶。鞍褥。被馬。氈馬。踪（鬃）尾。馬蹄。解結錐。鏈。鎚。鉞斧。牽襱馬。射箭。踏引。雙葪。〔一四〕陌刀。車轂（轂）。釧鐧。車輞（輞）。車輻。車盤。轅車。革車。鞅。鞲索（索）。駕牛。簸箕。栲栳。䙅（腰）帶。䙅（腰）跨。〔一五〕綾羅。錦綵。繡帛。珎奇（珍奇）。金。銀。銅。鐵。鍮。錫。鑞。紫礦。藾芳。襴袍。襟帶。汗衫。襖子。半臂。巾子。幞頭。鞋韈。褌袴。牙笏。篦（篦）插。匙筯。鏁鑰。〔一六〕捥（椀）疊。醬醋。薺韮。蔓菁。蘿蔔。葱蒜（葱蒜）。茴香。萵苣。畦畝。種。開栓。〔一七〕荒澤。濠壍（塹）。防虞。戰隔。飛梯。礫（礫）砲。眺樓。拋車。擂（檑）木。欑（欑）皃。山嶺嶮峻。水出高源。盃盞。銀盂（盂）子。銀悉羅鉢盂（盂）。燒炭。灰火。錫杖。教化。齋時。轉讀經葉。講論法塲。高座。入京。般次。朔方使。邠州。蕃褐。茸褐。細綵（緤）。鼲鼠。釜甑。袈裟。偏衫。揩拭。經槛。〔一八〕經巾。香篕。〔一九〕香爐。挣潔（净潔）。掃灑。拔水。罐頭。鳳翔使。霊（靈）州。淮州。犛（犛）牛。野馬。野駞。兔子。野鷄。貉子。兔豹。野狐。老鴟。織機。紡車。絹（緝）麻。戟朔門。内宅門。馬方院。〔二〇〕蹅草。遷（遷）官。拔職。超擢。斑（班）榮。賽神。達捏。〔二一〕迴鶻使。漢使。入城。般次。天使。舘驛。供偹。食料。肥羊。甚好。看待。使命。繁稠。大將。排斑(班)。採候。賊寇(寇)。乾濕。闊狹(狹)。長短。寬(寬)窄。乹(乾)坤。褐袋。袋子。白楊。檁(檁)子。舂米。羹米。箜篌。二絃。弓弦。篳篥(篥)。吹笙。鍾蕢(夔)。白擇。〔二二〕煎者(煮)。湯藥。請召。醫師。别脉。病狀。冷熱。寒暖(暖)。齋襯。布施。瘦。輕慢。厨舍。廡(廡)舍。奴兵。客作。覓衣。覓飯。失脱財物。猜疑。偷將。〔二三〕獄裏。枷項。勘責。口便。秃瞎。跛蹄。緋褐裙。緋緆㲲(㲲)丈五尺。〔二四〕紫綾。裱(長)袖。紫絹。衣襴。呼喚。摘花。五臺(臺)山。瑠璃。珊瑚。枕頭。瞌睡。〔二五〕覺來。葦薄。屎尿一泊。不得遲違。怠慢。尊明篠(條)。稍有不公,便當罪責。圍繞。經槛。涯岸。草豉。鴻恩。特賜。判命。允許。裁下。處分。官告。旌節。旌麾。紫騮。朱踪(鬃)。戴星。赤馺馬。壹疋。裁縫。穿鑿。搿搘。剥脱。摘捋。針線。糟糠。碌磚。

天長地闊杳難分〔二六〕,中國中天不可論〔二七〕。長安帝德誰恩報〔二八〕,万國歸朝拜聖君〔二九〕。漢家法度禮將深〔三〇〕,四方取則慕華欽〔三一〕。文章浩浩如流水〔三二〕,白馬軳經遠自臨〔三三〕。故來發意遠尋求〔三四〕,誰爲明君不暫留〔三五〕。將身豈憚千山路〔三六〕,學法寧詞度百秋〔三七〕。何期此地却迴遝(還)〔三八〕,淚下霑衣不覺斑〔三九〕。願身常在中華國〔四〇〕,生生得見五臺(臺)山。

《礼五臺山偈》一百一十二字。

今當聖人詩,七言。〔四一〕

禁煙莭(節)暇賞幽閑〔四二〕,迎奉傾心樂貴顔。鶡語雕樑聲猗狔〔四三〕,鸚吟渌樹韻開閑〔四四〕。爲安家國千場戰,思憶慈親兩鬢斑。孝道未能全報得,直須頂戴遶弥山。

沙州東水池神廟,西水池神廟,北水池神廟,孔子文宣王廟堂。衙内甲丈庫〔四五〕,軍資庫,宴設庫,煙火倉,司軍粮大倉,九眼倉。衙廳(廳)。中舘。横圍。繳壁。繡額。天尚書遊獵障子。信旗。鵲綵旗。豹尾旗。旌節堂。金香爐。塑槍。麾槍。門旗一葑(對)。師子旗。紅旗。面旗。畨(番)鑚(鑽)子。錯子。渡(鍍)金。火鐵(鐵)。盤龍綾。盤鳳綾。水頗(波)綾。獨窠綾。玖碧綾。西川織成錦。紅川錦。軟錦。紫錦。踏山立豹綾。天馬綾。竪角犀牛綾。袴段綾。〔四六〕彭(彭)山綾。河北道大襖子。段綾。掖庭大白綾。皂綾。皂絁。皂絹。白生絹卌尺。紅羅。白花羅。白練。繡線綾。皂綫繡汗袴。〔四七〕金線繡襖子。紅綺襖子。碧綺襖子。

厶乙鋪上新鋪貨〔四八〕，要者相問不須過。交關市易任平章，賣(買)物之人但且坐。

厶乙鋪上且有：桔皮胡桃瓤〔四九〕，梔子高良薑，陸路訶梨勒，大腹及檳榔。亦有蒔蘿蓽撥，蕪荑大黃，油麻椒秝(蒜)〔五〇〕，阿苗藕弗香〔五一〕。甜乾棗(棗)，醋齒石榴〔五二〕；絹帽子，羅幞頭；白礬皂礬，紫草蘇芳〔五三〕。粆糖喫時牙齒美〔五四〕，餳糖咬時舌頭甜。市上買取新襖子〔五五〕，街頭易得紫綾衫；闊口袴，斬新鞋〔五六〕，大跨䩞帶拾叁(叁)事〔五七〕。

朱砂。〔五八〕麝香。金青。石緑。〔五九〕黄丹。紫礦。蕪芳。雄黄。槐子。没蕪子。苟杞子。胡棗(棗)子。藥名。胡椒。漢椒。胡薑。蓽薆。香附子。粆糖。石蜜。石塩(鹽)。訶梨勒。阿麼勒。勑梨勒。芭豆。〔六〇〕白檳榔。獨活。落桂心。昌蒲根。乾薑。大黄。欝金根。勝君。于闐。胡紇。氈奔。阿磨遮。大夫。勾當。驛官。阿磨遮。灑揚。䁏(腰)短脚長。藏鈎牢把着，牢把多得籌。明劃着，莫欺謾，免鬪諍，擘兩朋。〔六一〕先盈後輸。〔六二〕跪拜。酬賽。大石。羹糕。〔六三〕衙內甲丈庫〔六四〕，軍資庫，宴設庫，煙火倉，司軍粮大倉，九眼倉。衙聽(聽)。〔六五〕中舘。横圍。〔六六〕繳壁。繡額。天尚書遊獵障子。信旗。〔六七〕鵲綵旗。豹尾旗。旌節堂。金香爐。塑旗。〔六八〕麾槍。門旗一葑(對)。槍排。衣鉀。頭牟。腹膊。鏁子。銀花。噐(器)械。胡禄。刀劍。箭。抨繩。

搜索(索)。弗離。曼幕。[六九] 氈悵(帳)。栓(橛)杖。眼。尖新。

兵甲隊伍[七〇],列陣交鋒。兩軍排合,争勝孤虛。發使論和,各覓名利。逡巡不順,輪劍先衝。軍兵雜乱,死活難分。陣戰輸盈,不知箇數。黑風旋繞,飛塵盖天。白氣雲騰,星欑(欑)夜暗。奔迸莫知使望霜劒流揮翻爲畫刻。[七一] 草木枯茾(萃),岳動山移。聲徹青霄,江河頓絶。如斯鬪敵(敵),太半人亡。夢寢(寢)驚飛,寬就膽掃拽。[七二]

桿草。[七三] 磨草。錫草。[七四] 鹿澁。[七五] 細滑。瓜州刺史慕容歸盈。[七六] 懸泉鎮遏使。常樂縣令。壽昌縣令張信盈。[七七] 南紫亭鎮遏使。擽微坡山使。[七八] 剔踏拳頭。玉酒瓊漿,仙仁(人)盃觴。蒲桃九醞。嫌何不肯村税。[七九] 梳頭。洗面。幡干。天旱。幡傘。北箸(簷)南廠。[八〇] 貧窮富(富)貴。街巷。慳貪。悋惜。偷盜。堅牢。社稷(稷)。烽鋪。透報消息。錐(騅)駮。[八一] 弗。柑。扭。瀾。湍波。抽拔。抽減。鹹鹵(鹹鹵)。娑羅樹。莎草泊。喉嚨。白為(象)。佛像。攔悋。鋥鐵(鋼鐵)。瘡痍。疥㾦。影沾霑恩。[八二] 掃箒。褊闕(闕)。飲酒。讌會。設樂。鋪釘。綴。横圍。邀壁。[八三] 繡額。氍毹(毹)。氈毯。倚子[八四] 交床。獨坐子。排衙。判断結案。决配囚徒。流貶外鎮。棒脊。扭(杻)械枷鏁。醫杖十晷(叁)。四街令衆三日,然後申官。飯餐。[八五] 肚脹。䁐(腰)疼。氣脉不通,四支(肢)沉重。濃賦(膩)箆(筵)席(席)。飣餖。盤饌。幼碎(幼碎)。一窠。抝(拗)捩。乳脯(哺)。輔佐。展眉。撮眉。淚落數千行。談論。説話。詞訴(訴)。辛勤。停官罷職。

般車遼乱,商客稠繁。螺(騾)駄(馱)般運,進奉金闕(闕)。撩撥接續。須弥山上得詣天堂,龍花會中溥宣妙法。恩洽春宮,誕(誕)膺勅(敕)命。鴻徽下降,亊(率)土咸歡。覘章法用,私

（礼）樂軍儀，悉（悉）在衙門，取其准則。近來往往不依條（條）式，衩衣專擅入衙。驎麟。[八六] 師子。虎狼。

皇恩遠被，寵袟俄臨[八七]。繞握（握）栖陲[八八]，劬勞頗著。朔方軍先登定難都指揮使金紫光禄大夫撿校尚書左僕射賜紫金魚袋。只合退栖（栖）林藪，空谷藏形。盖緣受國恩深，恐辜（辜）聖造。

桒蚕（桑蠶）。蠒袋。狼。野狐。獸。虵蝎螫人。蜂蠅（蠅）。蚊蛸。[八九] 剃頭。削髮。伽藍。轟。森。矗。晶。品。岑。身無半縷之絲，口乏一飡之食。衣裳襤褸。白楊樑子叁（叁）十。筮。麻滓。

吊問言議[九〇]：事軍牙爪，不休弓馬。要絛（條）自滅，痛當乃（奈）河（何）。深士悲痛，阿耶亡化。玖（久）在床枕，藥如無閑。卒（率）葬与（与）吉[九一]，猶别阿孃[九二]。（底卷抄寫至此止）

【校記】

〔一〕底卷所存首行第一字及中部四五字存有左側殘畫，但筆畫不清，故不標出；『減』字存左半，兹據殘形擬補。又『不』下一字下部、『越』上一字上部底卷略有殘泐，待考。

〔二〕『邊』字存左上部，兹據殘形擬補。

〔三〕『奇』上三缺字底卷存左部殘畫，待考。

〔四〕『見』字底卷小字旁補於『視』字右下角，兹移入正文。

〔五〕袘褪，此二字字書皆未見，伯三三九一號《雜集時用要字》衣物類有『鵶遐』，當同屬一物。

〔六〕条察，『条』當爲『亲』字俗寫，但古書未見『亲察』連用者，存疑。

〔七〕摧握，『握』爲『握』的俗字（猶下文『屋』字换旁作『𡉣』），『摧』則疑爲『權』字俗省；《五經文字》卷上木部：『權，從手者古拳握字，今不行。』則『摧握』即『拳握』。

〔八〕𰙝，此字字書不載，待考。

〔九〕枇籬，同『笓籬』，用竹或荆柳編織的遮隔物。

〔一〇〕『敲』當爲『敲』的訛俗字；其下一字底卷在行末，下部殘缺，所存部分左側似爲『糸』旁上部，右上部作『土』形，全字待考。

〔一一〕濃膩，『膩』當爲『膩』的訛俗字，『濃膩』指厚酒肥肉，『仍罰濃（亦作『膿』或『醲』）膩局席一筵』爲敦煌轉帖文書常見用語。

〔一二〕頭牟，同『兜鍪』，頭盔。伯三六九七號《捉季布傳文》：『憶昔揮鞭罵陣日，頭牟鏁甲氣如雲。』

〔一三〕鐙折，古書未見此二字連用者，『折』字或有誤。

〔一四〕雙葑，『葑』爲『對』的俗字（下文『葑』字同），『雙對』指絲織物上所繡的兩兩相對的鷄鴨等圖案。

〔一五〕腰跨，『跨』當讀作『銙』或『胯』，『腰胯（銙）』是附於腰帶上的扣板。參看下文校記〔五七〕。

〔一六〕『鑰』字右部的三『口』底卷作二『口』在竹頭之下，構件易位，乃抄手訛省，兹徑録正；『鑰』字字書不載，當即『鑰』受其異體『籥』交互影響産生的繁化俗字。

〔一七〕開栓，『栓』爲『橛』的會意俗字，文中蓋又用同『撅』，指挖掘。

〔一八〕經榼，下文此詞重出，『榼』字《龍龕》以爲『榼』的俗字；『經榼』蓋盛放佛經的盒子。

〔一九〕香籢，『籢』可定作『籢』或『籨』字的俗寫（『奩』爲『匳』的後起俗字），但字書既無『籢』字，亦無『籨』字，『籢』或『籨』文中當又爲《説文》『籢』的俗字，今字作『奩』。

〔二〇〕馬方院，『院』字字書不載，疑爲『苑』或『院』的俗字，然『馬方院』不知何意，存疑。

〔二一〕達挰，『挰』當爲『抯』字俗寫，『達抯』疑即『達靼』、『達旦』、『達怛』的異譯，古代部族名。

〔二二〕白擇，『白』字底卷在行末，下部略有殘泐，字形不太明晰，兹姑定作『白』字，存疑。

〔二三〕偷將，『將』字右下部的『寸』底卷作『木』形，蓋俗書之訛，下文『𢭏撦』的『𢭏』字右下部的『寸』底卷亦作『木』形，是其比，兹均徑予録正。

〔二四〕緋緆，『緋』字底卷以小字旁補於『裙』『緆』二字右側，今姑移置此處，存疑；又『緆』字字書有『繒壞』『急』等義，均與文義不合，文中疑爲『毾』或『褐』的換旁俗字，『緋毾』『緋褐』蓋指紅色的毛布。伯三〇四七號《吐蕃佔領敦煌時期康喜奴等施入曆》：『張十二直緋褐五尺爲父，氈履一量爲己身患損。』伯二八四二號《己酉年（九四九）正月廿九日孔清兒身故納贈曆》：『樊虞候非（緋）褐二丈，紫褐七尺，白生褐一丈二尺。』皆用『緋褐』一詞，可證。

〔二五〕瞌睡，『瞌』當爲『瞌』的俗字（蓋『瞌』右部改換聲旁作『蓋』，俗寫又作『盖』）。

〔二六〕此下《礼五臺山偈》四首，標題在後，又見於俄敦二七八號，題《長安詞》；斯五五四〇號，無題。柴劍虹《列寧格勒藏敦煌〈長安詞〉寫卷分析》（《敦煌吐魯番學論稿》，浙江教育出版社二〇〇〇）、徐俊《敦煌詩集殘卷輯考》（八一三頁，中華書局二〇〇〇）有録文。又饒宗頤《敦煌曲》據俄敦二七八號録文（《饒宗頤二十世紀學術文集》卷八頁七五九）。『闊』字甲卷作『闕』；『杳』字俄敦二七八號、斯五五四〇號作『要』，『杳』字義長。

〔二七〕此句俄敦二七八號、斯五五四〇號作『中國衆生不可聞』。

〔二八〕誰，俄敦二七八號、斯五五四〇號作『承』。

〔二九〕朝，斯五五四〇號作『投』，義均可通；俄敦二七八號因『投』而又音誤作『頭』。

〔三〇〕此句俄敦二七八號作『漢家法用礼術心』，斯五五四〇號作『▨家化用令章新』，『心』當爲『深』或『新』字音誤。

〔三一〕慕華欽，俄敦二七八號作『五華吟』（饒宗頤録作『五莖吟』，校作『五更吟』，似不確），斯五五四〇號作『五花吟」。

〔三二〕浩浩，俄敦二七八號作「洛洛」（饒宗頤録作「迻洛」，校作「經絡」，柴劍虹、徐俊徑録作「經絡」，似皆不確），義均可通；斯五五四〇號作「号污」，誤。又「流水」俄敦二七八號作「留水」，饒宗頤校「留」作「流」，是。

〔三三〕軳，俄敦二七八號作「䟂」，斯五五四〇號作「馳」；按「馳」用同「馱」，「䟂」則即「馱」字之訛（饒宗頤已校作「馱」）；底卷「軳」則當爲「軛」字之訛，而「軛」又爲「馳」的換旁俗字。又「遠自臨」斯五五四〇號作「即自林」，「林」當爲音誤字；饒宗頤疑「自林」當作「寺林」，恐不可從。

〔三四〕發意，俄敦二七八號作「行[illegible]」，「行」後一字疑爲「吟」字，饒宗頤定作「嶮」字，亦可備一説；斯五五四〇號作「將朱」，「朱」字當誤。

〔三五〕誰爲，俄敦二七八號作「誰謂」，斯五五四〇號作「隨雨」；「隨雨」疑爲「誰遇」的音誤字。

〔三六〕此句俄敦二七八號作「修身不達關山」，以下殘缺；斯五五四〇號作「張身不達關山苦」；「將」「張」疑皆爲「修」字之誤，「修身」與下句「學法」儷偶。

〔三七〕學法寧詞，斯五五四〇號作「學問何須」。

〔三八〕此句斯五五四〇號作「隨知此地却懷還」，「隨」當爲「誰」字音誤。

〔三九〕淚下霑衣，斯五五四〇號作「雨下沾衣」。

〔四〇〕此句斯五五四〇號作「願身四作終花鬼」，當校讀作「願身死作中華鬼」。

〔四一〕以下七言詩一首，又見於斯三七三號，題「皇帝癸未年膺運滅梁再興□迎太后七言詩」，《索引》斯三七三號下定作後唐莊宗（九二三—九二六）李存勗詩，陳尚君《全唐詩續拾》卷四一從之。底卷「今當」或當乙作「當今」。

〔四二〕暇，斯三七三號作「假」，右側小字注有一直音字「下」，「暇」「假」皆當讀作「暇」。

〔四三〕鷃，斯三七三號作「鷰」，「鷰」爲「燕」的增旁俗字，「鷃語」「燕語」義皆可通，而古書以後者爲經見。

〔四四〕「淥」字《全唐詩續拾》校作「緑」，可從；《索引》徑録作「緑」，則欠妥。又「閑」字斯三七三號作「關」，「閑」即「關」的常見俗字，底卷上文已見。

〔四五〕甲丈，同「甲仗」、「甲杖」，指武器。

〔四六〕袴段綾，「段」字底卷作「叚」，下文「段綾」之「段」字同，俗書「叚」、「段」皆可作此形，此處疑爲「段」字俗書，故徑予録正。

〔四七〕「袴」字底卷本作「跨」，後又在原字上改書作「袴」，兹徑據録正。

〔四八〕此下至「大跨胥帶拾叁事」一段，項楚《敦煌詩歌導論》、徐俊《敦煌詩集殘卷輯考》（八一三頁，中華書局二〇〇〇）有録文；顔廷亮主編《敦煌文學概論》第四章有「厶乙鋪上且有」一段録文，擬題「招徠叫賣詩」（一四七頁，甘肅人民出版社一九九三；該章由李正宇執筆）；後李正宇又發表《叫賣市聲之祖——敦煌遺書兩首店鋪叫賣口號》、《敦煌研究中的突破性發現》二文（後文載《文匯報》二〇〇〇年六月二十一日），校録了下列三段，并定作「店鋪招徠叫賣口號二首」（以下統稱李正宇録文）。

〔四九〕穰，項楚校作「穰」，李正宇及徐俊校作「瓤」，按「穰」「穰」「瓤」並從襄得聲，音同義通；《全唐詩》卷八九三載五代牛希濟《生查子》：「終日劈桃穰，人在心兒裏。」此爲用「穰」字者。

〔五〇〕「秝」字從項楚校；蓋「蒜」俗字作「蒜」（上文有「蒾蒜」，即「蔥蒜」俗字，即其例），復又訛脱草頭也。

〔五一〕阿苗藕弗香，李正宇初録作「荷藕弗香」，後又校録作「荷藕拂香」、「河藕佛香」，皆可備一説。

〔五二〕醋齒，李正宇初録臆删「齒」字，不可從；後又校「醋」作「錯」，以爲「榴米如玉齒錯列」，故稱，可備一説。

〔五三〕蘇芳，即「蘇枋」或「蘇方」異譯，木名，可入藥。下文「蕪芳」同。

〔五四〕粆糖，項楚校作「砂糖」；按《集韻・麻韻》師加切：「粆，蔗飴。通作沙。」「粆」實即「沙」（後起字亦作「砂」）的分化俗字（「砂糖」或「沙糖」習語，「砂」或「沙」字受「糖」字影響類化换旁）。

〔五五〕 褉子，底卷於「褉」字右下側有一表示斷句的圈點，而「子」字似已被點去，但據文意「子」字應有，且當屬上讀，故仍照録此字；李正宇不録「子」字，而於「褉」上擬補一脱字符，亦可備一説。

〔五六〕 斬新，今亦寫作「嶄新」，李正宇、徐俊校録作「嶄新」，不必。

〔五七〕 大跨，李正宇校作「大銙」，近是；《廣韻·馬韻》苦瓦切（與「跨」字同一小韻）：「銙，帶飾。」「銙」亦作「胯」，是附於腰帶上的扣板，作方、橢圓等形，本以受環懸物，後純用作裝飾，其質料、數目隨時代或飾者的身份而異。《唐會要》卷三一載唐高宗上元元年（六七四）八月二十一日敕：「文武三品已上服紫金玉帶，十三銙；四品服深緋金帶，十一銙；五品服淺緋金帶，十銙；六品服深緑，七品服淺緑，並銀帶九銙；八品服緑，九品服深青，並鍮石帶八銙；庶人服黄銅鐵帶六銙。」其中的「銙」字《通典》卷六三引皆作「胯」。又《新唐書·李靖傳》：「靖破蕭銑時，所賜于闐玉帶十三胯，七方六刓，胯各附環，以金固之，所以佩物者。」可見「大跨（銙）腰帶拾叁事」是一種很高地位的象徵。

〔五八〕 「朱砂」以下至「欝金根」一段大抵爲藥名，其中有「藥名」一目，疑即本段的類目字，被抄者竄亂混入藥名之中。

〔五九〕 石緣，疑當作「石緑」，「石緑」指孔雀石，可入藥。《嶺外答問》卷七「銅緑」條云：「緑所在有之，湖南之衡永、廣東之韶、廣西之邕皆有之，蓋銅之苗裔也。有融結於山巖，翠緑可愛玩，質如石者名石緑。」

〔六〇〕 芭豆，當作「巴豆」，「芭」當即「巴」的增旁俗字；「巴豆」爲植物名，産於巴蜀，其形如豆，故名，果入藥。

〔六一〕 朋，底卷作斜書的「用」字形，乃「朋」的常見俗寫（底卷下文「規章法用」的「用」字則不作此形），兹徑録正。「藏鉤」以下至此應是講的古代的一種游戲。唐段成式《酉陽雜俎續集》卷四：「舊言藏鉤起於鉤弋，蓋依辛氏《三秦記》云：漢武鉤弋夫人手拳，時人效之，目爲藏鉤也。……衆人分曹，手藏物，探取之，又令藏鉤，剩一人則來往於兩朋，謂之餓鴟。《風土記》曰：藏鉤之戲分二曹以校勝負，若人耦則敵對，若奇則使一人爲遊附，或屬上曹，或屬下曹，名爲飛鳥。」所謂「兩朋」即「二曹」也。

〔六二〕盈，『贏』的古通用字，下文『陣戰輸盈』的『盈』字同；敦煌文獻中『贏』字常借用『盈』字。

〔六三〕羹糕，『糕』字左下部底卷有『乚』形筆畫，蓋涉右部『甚』而加的贅筆，茲徑删去；《説文·米部》：『糂，以米和羹也。』

〔六四〕『衙内甲丈庫』至『障子』一段上文已見，此重出。『内』下底卷有一『旦』形字樣，但上部『日』上有濃墨，似已塗去（其字或即下『甲』字誤書），故不録。上文『衙内甲丈庫』間無此字，可證。

〔六五〕衙聽，上文有『衙廳』，『聽』『廳』古今字。

〔六六〕横圍，底卷『圍』字在『繳壁』之後，按上下文皆有『横圍』『繳壁』連屬的，此處當屬抄手竄亂，茲徑據乙正。參看下文校記〔八三〕。

〔六七〕『信旗』至『門旗一對』七條、『槍棑』至『腹膊』四條及下『器械』『胡禄』二條底卷上文已見，此重出。

〔六八〕塑旗，上文作『塑槍』，或有一誤。

〔六九〕曼幕，當讀作『幔幕』，帷幕。《墨子·非攻下》：『幔幕帷蓋，三軍之用。』

〔七〇〕『兵甲隊伍』以下一段大抵爲四字格，當抄自某一篇文章的成句，出處待考。

〔七一〕『奔迸』以下十二字不知該如何斷句，疑有脱誤。

〔七二〕寃就膽搰拽，『就』字疑誤，『搰』爲『搊』的俗字，此五字不知該如何斷句。

〔七三〕稈草，疑當作『稈草』，指作飼料的禾莖雜草，大型辭書已載。

〔七四〕蒻草，『蒻』字字書不載，存疑俟考。

〔七五〕鹿澁，『鹿』當爲『麄』字訛省（字書『鹿』有粗、粗劣義，實皆爲『麄』字訛省）；『澁』字右部的『止』底卷皆作『心』形，即『止』的草書，茲徑録正。

〔七六〕慕容帰盈，史書多作『慕容歸盈』（『帰』『歸』爲古異體字），曹仁貴重建歸義軍後出任瓜州刺史（約在公元九一四至九一九年間），直至後晉天福五年（九四〇），長達二十餘年。參看郭鋒《慕容歸盈與瓜沙曹氏》

(《敦煌學輯刊》一九八九年第一期)。

〔七七〕張信盈，其他敦煌文獻未見，向達舊抄敦煌寫本《壽昌縣地鏡》末有「晉天福十年(九四五)乙巳歲六月九日，州學博士翟上壽昌張縣令《地鏡》一本」，伯二〇四九號背《後唐長興二年(九三一年)正月沙州淨土寺直歲願達手下諸色破曆筭會牒》四次提及「張縣令」，時代均相近，這個「張縣令」與「壽昌縣令張信盈」當即一人。

〔七八〕操，《龍龕·手部》以爲「摖」的俗字，「挑取也」，但「摖微坡山使」不知何意，存疑。

〔七九〕「嫌何不肯村税」六字不知該如何斷句，含意亦不明晰，存疑。

〔八〇〕南廠，「廠」當爲「廠」的訛俗字。

〔八一〕錐駮，「錐」似當讀作「騅」，「騅駮」爲近義連文，指馬毛色駁雜。

〔八二〕「影沾霑恩」四字似當於「影」下斷句，而「沾霑」二字爲異體字並列，後三字當作「霑恩」或「沾恩」。斯三八八號《正名要録》「正行者楷脚注稍訛」「霑」下脚注「沾」。《干禄字書》：「沾霑：上通下正。」皆可參。

〔八三〕邀壁，當作「繳壁」，此詞上文已二見，皆作「繳壁」可證。「繳壁」蓋掛毯之屬。朝鮮新羅崔致遠《桂苑筆耕集》卷一〇別紙二十首幽州李太保五首之四：「織成紅錦繳壁兩條、暖子錦三疋、被錦兩疋、西川羅夾纈二十疋，真紅地絹夾纈八十疋。右件繳壁、錦、纈等，龜城傳樣，鳳杼成功，張廣幅而宛見虹舒，疊綵繒而免慚鮫織。雖五千里之誇步障，則難可争光；而四十疋之製戎衣，則或堪入用。」又宋晁説之《嵩山文集》卷七律詩《天寧節後二日集英賜燕輒成長句》：「殿角垂虹天意喜，壁緹交鳳日華新。」原註：「殿上及两廊繳壁皆新繡，龍鳳極華焕。」南宋耐得翁《都城紀勝》「四司六局」：「官府貴家置四司六局，各有所掌。……帳設司專掌仰塵、繳壁、卓幃、搭席、簾幕、罘罳、屏風、繡額、書畫、簇子之類。」

〔八四〕倚子，同「椅子」，在指稱椅子義時「倚」「椅」爲古今字。

〔八五〕飯餈，「餈」字字書不見，構形相當的有「饊」字，《集韻·養韻》以爲同「餉」，不知是否爲一字之異。

〔八六〕 瞵麟，同「麒麟」，「瞵」字因受「麟」字影響失去原字的「鹿」旁而類化得到「瞵」的聲旁。

〔八七〕 寵袟，「袟」字與上句「被」字底卷皆從「衤」旁，乃「衤」旁俗寫通例，兹徑録正；「寵袟」同「寵秩」，謂寵愛而授以官秩。

〔八八〕 掚陻，「掚」爲《説文》古文「遷」字，按俗書通例，亦可定作「栖」字俗寫（如下文「只合退掚林藪」之「掚」），但「遷」或「栖」字皆不合文意，文中疑爲「西」的贅旁俗字（也可能受下文「退掚」的「掚」字影響而誤寫）。

〔八九〕 蚊蛸，「蛸」應爲「蛕」字俗訛，而「蛕」又爲「蝱」的俗字，今字作「虻」。

〔九〇〕 「吊問言議」以下當爲弔唁文抄。

〔九一〕 此句前底卷本有「獼」字和「别」字左半，「獼」字似已被點去，此蓋抄手提前誤書下句「獼别阿孃」，旋即發現其誤，故點去前字，而「别」字僅寫左半即行廢去，故不録。

〔九二〕 獼，此字字書未見，而僅見「㹸」字，然「㹸」字義不可通，存疑待考。

雜字類抄

斯四一九五背(上部)(底一)　斯四六一背(上部)(底二)

【題解】

本篇底一編號爲斯四一九五背，底二編號爲斯四六一背，二卷可以綴合。正面皆爲標有『兑』字(表示廢棄)的《大智度論》卷一九(斯四一九五號後接斯四六一號，經文内容前後銜接)。背面斯四一九五號在前，斯四六一號在後，綴合後密合無間；每頁分上下二部分，雖皆爲難字摘抄，然來源款式均所不同，上面部分每行頂格抄一至四字不等，字體較大，個别條目下注有雙行小字音義；下面部分字體較小，無注釋，有『諸君篇弟二』、『諸王篇弟三』、『公主篇弟四』、『東都篇弟五』的小標題；從款式看，可以推斷上面部分抄寫在前，而下面部分則是後來利用原紙每行下的空白接抄的，爲免混淆，故上下二部分間底卷用曲綫加以區隔。

底一《翟目》稱作世俗著作『諸君篇』等章節的文字摘録，《索引》擬題『字書』，又括注稱『當作籯金』(《索引新編》徑題『籯金』)，《寶藏》擬題『生字新詞録(諸君篇、諸王篇、公主篇)』，《金目》擬題『略出籯金』，《英藏》上面部分擬題『雜字附音義』，下面部分擬題『籯金字書(帝德篇第一—公主篇第四)』。底二《翟目》、《索引》、《寶藏》俱未標出，《金目》稱爲『雜抄文字』，《索引新編》題『雜寫等』，《郝録》定作『字書』。按下面部分係『籯金難字』(參看該篇題解)，而上面部分則把偏旁(形旁或聲旁)相同的字抄在一起，偏旁不同則另行抄録；有些字本身并非難字(如赤、承、麥、水、鹿、身、毛、走之類)，而只是難字的偏旁而已，其體例頗爲特殊。其中兩條下注有音義。兹姑參酌《英藏》把該二卷的上面部分定作『雜字類抄』。除《英藏》外，各家均把上下二部分混而爲一，誤。兹把底一、底二綴合圖附列於下，以資比勘。

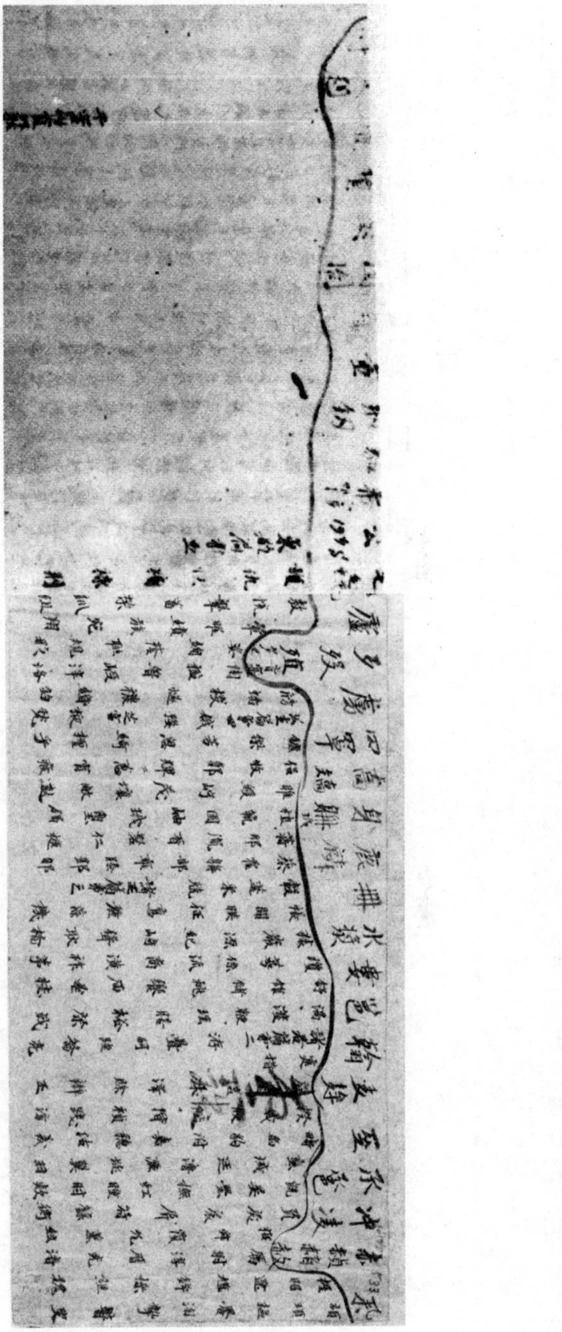

斯四一九五背（右）、斯四六一一背（左）《雜字類抄》（上部）、《籝金難字》（下部）綴合圖

底二注文中與字頭相同的字用一短竪形省代符表示（參看校記〔八〕），這種方法在五代以後刻本韻書字書中較爲流行（如《周韻》七七五頁至七七八頁所載五代北宋初所刻韻書殘葉、遼釋行均著《龍龕手鏡》皆用此法），而唐代以前別無所見（注文中與字頭相同的字唐代以前的通常用『=』『乚』等一類符號來表示，五代以後刻本改作一短竪，大概與刊刻方便有關），據此推斷，底卷也許是五代以後的寫本，其用短竪形省代符，可能是受了當時刻本韻書字書的影響。

底一未見各家校録，底二《郝録》有録文，但把上下部分混而爲一，故録文多有隔閡。今據《英藏》、《寶藏》影印本并參縮微膠卷加以校録。底卷偏旁相同的字抄在同一行，同一行字與字接抄不分，校録時把它們作爲一組，中用分號區隔；原本不同行的字則用句號句斷，而不再分行逐録。

（前缺）

氶。〔一〕赤;赬;赭;赦。沖;凌。承;𠄻。〔二〕巠（巫）。麥;⿰麥弁。翰。⿱山邑。婁。水;漿。冊（册）。

鹿;麟。身;⿰舟冊（⿰身冊）。⿱夭高（喬）;⿰矢⿱夭高（矯）。内;〔三〕罩（罩）。虜。歹;⿰歹殳;殖音寔,多也。〔四〕⿱虍盧。〔五〕

毛;毳。〔六〕公。〔七〕幕音莫,帷幕。〔八〕貂。⿰木刅;〔九〕釰。〔一〇〕壺。〔一一〕春。图;固。爽。鼇。匱。走;

赳。〔一二〕舜。〔一三〕

【校記】

〔一〕氶,《龍龕·乙部》云『古文,音舉』,即『舉』字草書的楷定字。伯二一三三號《金剛般若波羅蜜經講經文》『舉』字即有作此形者。

〔二〕『承』和『𠄻』字的『承』旁底一中部少一横,乃隸變之訛,兹徑録正。又『𠄻』字字書不載,疑爲『卺』的訛俗字。『卺』字《説文》從己、丞,釋作『謹身有所承也』,義與『承』相涉,故其字亦有訛變作『卺』者(《集韻》有此字,刻本『承』旁中部少一横,亦傳刻之變),而『𠄻』當又爲『卺』進一步訛變的産物。

〔三〕内,『网』古異體字『冈』的變體,敦煌文獻『网』旁多作此形,下『罩』字及今『罕』字上部即從此旁。

〔四〕殖,《廣韻·職韻》與『寔』字同在常職切小韻,釋云『多也,生也』,與底卷音義皆合。

〔五〕盧,就字形而言,此字當是從虍、盧,但字書無其字,此疑爲『盧』的訛俗字。

〔六〕『毛』『毳』二字大半在底二,其右下部彎鈎形末筆在底一,二本綴合後則全字完整無缺。

〔七〕『公』字字書不載,存疑。《郝録》録作『六某』二字,恐不可從。

〔八〕注文『幕』字底二作一短竪,當是字頭『幕』字的省代符,兹回改作原字。《郝録》録作『也』字,非是。《廣韻·鐸韻》暮各切(與『莫』字同一小韻),釋云『帷幕,又姓』,可參。

〔九〕扨，當爲「刱」字異體，参看《敦煌俗字研究》下編刀部「創」字條考釋。

〔一〇〕鈏，敦煌文獻通常用作「劒」的俗字。参看《敦煌俗字研究》上編第六章第二節「鈏」字條考釋。《龍龕·金部》：「鈏，音刃，劒刃也。」據其音義，這一「鈏」似即「刃」的增旁俗字，但這一用法的「鈏」未見實際用例，可疑。

〔一一〕壼，此字下部底卷作「亜」形，當是「亞」旁俗寫，《郝録》録作「壺」，恐誤；「壺」「壼」形音義均異。

〔一二〕赳，「赳」的俗字，猶「叫」俗字作「叫」之比。参看《敦煌俗字研究》下編走部「赳」字條考釋。

〔一三〕舜，《龍龕》以爲「斚」字異體，釋云「音賈，玉爵也」，「斚」又「斝」字俗寫；《郝録》録作「舜」，當誤。

籯金難字

斯四一九五背(下部)(底一)　斯四六一背(下部)(底二)

【題解】 本篇底一編號爲斯四一九五背，底二編號爲斯四六一背，二卷可以綴合。正面皆爲標有『兑』字(表示廢棄)的《大智度論》卷一九(斯四一九五號後接斯四六一號，經文内容前後銜接)。背面斯四一九五號在前，斯四六一號在後，綴合後密合無間；每頁分上下二部分，雖皆爲難字摘抄，然字體款式均所不同，上面部分每行頂格抄一至四字不等，字體較大，個别條目下注有雙行小字音義；下面部分字體較小，無注釋，有『諸君篇弟二』、『諸王篇弟三』、『公主篇弟四』、『東都篇弟五』的小標題，由於上面部分每行所抄字數不同，故下面部分所抄亦多少不一；從款式看，可以推斷上面部分抄寫在前，而下面部分則是後來利用原紙每行下的空白接抄的，爲免混淆，故上下二部分間底卷用曲綫加以區隔(參看斯四一九五背、斯四六一背《雜字類抄》題解所附的綴合圖)。

底一《翟目》稱作世俗著作『諸君篇』等章節的文字摘録，《索引》擬題『字書』，又括注稱『當作籯金』(《索引新編》徑題『籯金』)，《寶藏》擬題『生字新詞録(諸君篇、諸王篇、公主篇)』，《金目》擬題『略出籯金』，《英藏》上面部分擬題『雜字附音義』，下面部分擬題『籯金字書(帝德篇第一—公主篇第四)』。底二《翟目》、《索引》、《寶藏》俱未標出，《金目》稱爲『雜抄文字』，《索引新編》題『雜寫等』，《郝録》定作『字書』。按《籯金》五卷，共百篇，唐李若立撰，約成書於武周以後至唐文宗開成年間，世無傳本，唯伯二九六六、三三六三、三六五〇、三九〇七、四八七三號、斯二〇五三背、五六〇四、四一九五背、七〇〇四號及伯二五三七號(張球節抄，題『略出籯金』)有該書的部分抄本(參看王三慶《敦煌類書》九九至一〇七頁)。上揭斯四一九五背、斯四六一背二卷的下面部分即摘録自《籯金》第一卷的前五篇，茲據以定作『籯金難字』，而另參酌《英藏》把該二卷的上面部分定作

『雜字類抄』。除《英藏》外，各家均把上下二部分混而爲一，誤。上面部分可能是五代以後的寫本（參看本書《雜字音義》題解），那麽接抄在其下的部分抄寫時間自然要更晚一些。

完整的《籯金》原本除序文外，每篇應包括事類、敘文兩部分。上揭《籯金》各本中，與底卷相關的部分，斯五六〇四號存序文和帝德、諸君、諸王三篇及公主、東都篇的敘文；伯二五三七號除序文外，前五篇僅留存敘文部分；伯三九〇七號存序文大部和帝德篇敘文後部、諸君篇全部；伯三三六三號僅存序文及部分篇目；其餘各本與底卷相關部分均已殘泐。其中伯三九〇七號所存部分與底卷相應部分文字最爲接近，甚至連錯字俗字也相同或相近（參看校記〔八〕至〔三三〕），很可能底卷就是據伯三九〇七號《籯金》摘録的。可惜伯三九〇七號殘缺過甚，無法一一勘驗，是其憾也。底卷雖僅爲難字摘録，但頗有可據以糾正各本之誤者。如斯五六〇四號《籯金》帝德篇有『神農氏播植種食五穀，遊行天子（下），於上黨牛頭山得嘉禾九穗，其子可食，使人田作話市』等句，『話市』王三慶《敦煌類書》照録，費解，底一相應位置出『沽』字，疑『話』即『沽』字之訛（參看校記〔六〕）。又伯二五三七號《略出籯金》諸王篇有『芳筵頓舞，恳益封而陳機；綺閣温書，想雄才而獨壇（擅）』句，其中的『恳』字斯五六〇四號《籯金》作『恖』，底一相應位置出『忩』字，應爲『怱（思）』字俗省，而『恳』『恖』應皆爲『怱（思）』字俗訛，『思』與下文『想』對文同義，王三慶《敦煌類書》録作『恩』，義不可通（參看校記〔三五〕）。

底一未見各家校録（王三慶《敦煌類書》校録《籯金》各本時以本卷爲參校本之一，但實際上并未取校），底二《郝録》有録文，但把上下部分混而爲一，故録文多有隔閡。今據《英藏》、《寶藏》影印本并參縮微膠卷加以校録，同時以《籯金》相關部分爲參校。另伯二五二四號《語對》與《籯金》事類部分頗有相同者，亦取以爲比勘。

底卷條與條之間留有約一字空格，迻録時一律用句號句斷，原有的空格則不再保留。

（前缺）

顓。〔一〕項。樞。〔二〕磬。淘。摯。瞽（瞽）。叟。握。昭。遼。𨗨。鋒（鋒）。操。潐。魏。厲。

射。淳。〔三〕曆(曆)。〔四〕堯。濬。哲。舜。覆。允。薫。紘。負。戾。扆。屏。符。籙。衡。既。晏。壘。撫。虹。曈。肘。欵(款)。〔五〕蠻。域。廷。〔五〕溥。灑。埏。翼。羽。疇。禹。豹。附。嘉。穗。沽。〔六〕羲。揆。戰。殷。〔七〕陛。階。禎。踐。滂。〔八〕扇。鑿。謳。沐。澤。〔九〕賒。辮。丕。寔。措。

諸君篇弟二〔一〇〕　洊。疊。嗣。踵。〔一一〕籥。亮。〔一二〕渦。滏(溢)。〔一三〕鞭。瑶。膳。裕。桀。戟。〔一四〕舒。〔一五〕舘。〔一六〕儲。祧。饗。庿。〔一七〕岦。〔一八〕桂。瓊。蓴(蓴)。係。〔一九〕泒(派)。〔二〇〕裔。潢。祚。茀(茅)。〔二一〕猿。巖。〔二二〕源。紀。峙。聳。耿。揄。帳。〔二三〕闢。暎。征。鸞。麗。藻。機。轂。蓬。采。〔二四〕兢。〔二五〕

諸王篇弟三〔二六〕　蔡。霍。䑸(䑸)。郜。雍。〔二七〕滕。〔二八〕酆(酆)。郇。蔣。邢。胤。晉。磐。仁。捷。〔二九〕植。範(範)。囿。〔三〇〕岫。玳。〔三一〕璽。碣。睢。綬。峌。〔三二〕茂。壤。敝。〔三三〕邀。侶。牧(枚)。鄗。〔三四〕輝。蕙。宵。疲。鑣。傑(傑)。芳。怱。〔三五〕綺。檀。〔三六〕乎。

公主篇弟四〔三七〕　娥。〔三八〕務。〔三九〕芝宫。掖。甃。〔四〇〕牓。螭。梭。〔四一〕燧。禯。〔四二〕緍。鈞。陶。擥。〔四三〕魯。峌。〔四四〕津。洛。姿。絢。蔭(蔭)。聯。娊。〔四五〕彤(彤)。翬。曜。〔四六〕繢。旌。宛。翔。敖。悦。轝。蓄。桀。紃。組。馥。〔四七〕仇。悋。〔四八〕糟(糟)。糠。荆。

東都篇弟五〔四九〕　(底二抄寫至此止)

【校記】

〔一〕底卷第一部分篇名缺，據斯五六〇四號、伯三三六三號《籯金》、伯二五三七號《略出籯金》，知應出於『帝德篇弟一』。帝德篇斯五六〇四號全，伯二五三七號留敘文部分，伯三九〇七號僅存敘文後部。斯五六〇四號《籯金》「五帝」條下有「顓頊」，即底卷首二字所出。據斯五六〇四號，「三皇」、「五帝」在帝德篇之首，該篇之前爲序文，據此推斷，底一卷端所缺約在一二行（每行約八字）之間。

〔二〕「樞」字以下至「射」字斯五六〇四號《籯金》帝德篇相應位置多不見，蓋底卷抄手所據底本内容有異。

〔三〕「淳」字以下至本段末「措」字除「既、晏、蠻、灑、埏、階、澤」諸字外皆可在斯五六〇四號《籯金》見到，且先後順序亦大抵相合，亦可見底卷所據底本與斯五六〇四號《籯金》有同有異。

〔四〕「曆」，斯五六〇四號《籯金》相應位置有「金渾」條，下注「渾歷」，蓋「歷」字底卷所據底本作「曆」，爲此字所出。

〔五〕「廷」字中的「壬」底一訛作「王」形，兹徑録正；斯五六〇四號《籯金》相應位置有「殊方款塞」、「異域來庭」二條，疑底卷所據底本「異域來庭」或作「蠻域來廷」，爲「蠻」以下三字所出；「異域」「蠻域」義同，「來廷」「來庭」古通用。斯五六〇四號《籯金》同篇敘文：「遂使殊方款塞，玄犀素翟之賝；異域來庭，辯（辮）髮文身之長。」其中的「庭」字伯二五三七號《略出籯金》、伯三九〇七號《籯金》作「廷」，可證。《太平廣記》卷一九〇引宋孫光憲《北夢瑣言》：「是知外國來廷者，安知非奸細乎？」亦用「來廷」一詞。

〔六〕「沽」，斯五六〇四號《籯金》相應位置有「神農氏播植種食五穀，遊行天子（下），於上黨牛頭山得嘉禾九穗，其子可食，使人田作話市」等句，疑「話」即「沽」字之訛。

〔七〕「殷」，斯五六〇四號《籯金》有「殷湯」一條，或即此字所出；但此字斯五六〇四號《籯金》在「義」後「揆」前，字序略有不合。

〔八〕「滂」，斯五六〇四號《籯金》相應位置有「故得欽明文思，暢至化以傍流；濬哲温恭，布淳風而遠扇」句，其中的「傍」字伯二五三七號《略出籯金》同，伯三九〇七號《籯金》作「滂」，即此字所出；據文義，「滂」應爲「傍」字之誤。

〔九〕「澤」，斯五六〇四號《籯金》相應位置有「虞君[曰]舜，道德通於[四]方；唐帝曰堯，光宅遍於天下」句，其中的「宅」字伯二五三七號《略出籯金》同，伯三九〇七號《籯金》作「澤」，即此字所出；據文義，「宅」應爲「澤」字之誤。

〔一〇〕本篇事類部分見於伯三九〇七號、斯五六〇四號《籯金》，敘文部分則見於伯二五三七號《略出籯金》、斯五六〇四號《籯金》，伯三九〇七號《籯金》存敘文的前半部分。

〔一一〕伯三九〇七號《籯金》出「洊雷」條，注云「洊，重也。言其重疊繼嗣皇家之踵也」，即「洊」以下四字所出。斯五六〇四號《籯金》「洊雷」條注文僅作「洊，重，太子也」。

〔一二〕亮，伯三九〇七號《籯金》出「七彩車」、「四望車」、「海車」等條，注云「已上皆太子之異号頭其德亮車服之飾」，即此字所出。斯五六〇四號《籯金》此數條下無注。

〔一三〕渦澨，伯三九〇七號《籯金》出「渦澨」條，注云「魏武帝爲太子時，臨渦水，題馬鞭爲賦」，即此二字及下「鞭」字所出；「澨」字斯五六〇四號《籯金》右部竹下、工上作「从」形，字形略異，皆爲「澨」字的俗寫。

〔一四〕伯三九〇七號《籯金》出「銀桼」條，注云「太子宮門之桼戟也」，即「桼」「戟」二字所出。斯五六〇四號《籯金》「銀桼」條下無注。

〔一五〕舒，此字《籯金》各本原文相應位置下皆未見，疑爲與下「舘」字左部相同誤書而未塗去者，應刪。

〔一六〕舘，伯三九〇七號《籯金》出「崇正」條，注云「太子延士之舘名也」，即此字所出。斯五六〇四號《籯金》「崇正」條下無注。

〔一七〕庿，「廟」的俗字，伯三九〇七號《籯金》出「承祧」條，注云「承家之大饗宗庿（廟），祧亦祭名者也」，即「祧」以下三字所出。斯五六〇四號《籯金》本條僅一「承」字，下有脫文。

〔一八〕𠤎，伯三九〇七號《籯金》出「主𠤎」條，注云「𠤎亦祭名，太子匡（主）持祭拜也」，即此字所出；「𠤎」爲「鬯」的俗字。斯五六〇四號《籯金》「主𠤎」條注文僅「太子」二字。

〔一九〕伯三九〇七號《籯金》出「瑶枝」「瓊蕚（萼）」二條，注云「此譬帝之子孫，比瑶、瓊之貴係」，即「瓊」以下三字所出，其中的『係』字王三慶校讀作『系』，可從。斯五六〇四號《籯金》此二條注文作『言王▨親貴』。

〔二〇〕泒，伯三九〇七號《籯金》出『泒裔』條，『泒』『泒』一字之變，斯五六〇四號《籯金》作『泒』，皆爲『派』字俗寫，即此字及下『裔』字所出。

〔二一〕伯三九〇七號《籯金》出『分苐』條，注云『分苐，亦封王之号』，即此字所出；其中的『苐』字斯五六〇四號《籯金》作『弟』，當皆爲『茅』的訛俗字。

〔二二〕伯三九〇七號《籯金》出『猿巖』條，即『猿』『巖』二字所出；斯五六〇四號《籯金》作『猨巖』，『猿』『猨』爲古異體字。

〔二三〕帳，斯五六〇四號《籯金》有『昇畫堂而佇端士，登甲帳而禮正人』句，伯二五三七號《略出籯金》略同，即此字所出；伯三九〇七號《籯金》諸君篇『佇端士』以下缺。

〔二四〕伯二五三七號《略出籯金》有『七彩飛蓬之轂（轂）』句（斯五六〇四號《籯金》誤作『七彩飛蓬之轂』，伯三〇九七號脱此句），『采』疑即『彩』字異文，即『轂』、『蓬』、『采』三字所出。

〔二五〕兢，斯五六〇四號《籯金》有『四望流水之車，波兢驚少海』句，即此字所出；『兢』應爲下『驚』字誤書而未塗去者，伯二五三七號《略出籯金》正無『兢』字；『四望流水之車，波驚少海』與上句『七彩飛蓬之轂（轂），響膺洊雷』儷偶。

〔二六〕本篇事類部分僅見於斯五六〇四號，敘文部分除斯五六〇四號《籯金》外，又見於伯二五三七號《略出籯金》。

〔二七〕雍，斯五六〇四號《籯金》稱周封諸王於管、蔡、成、霍、毛、聃（耼）、郜、維、縢、酆（酆）、郇等地，王三慶據《左傳・僖公二十四年》校『維』作『雍』，是。

〔二八〕縢，斯五六〇四號《籯金》事類同（引文見上條），其後又有『曹縢畢原酆郇之穆胤，宗社長隆』句，其中的『縢』字伯二五三七號《略出籯金》作『滕』，當皆爲『滕』的訛俗字，《左傳・僖公二十四年》正作『滕』。

〔二九〕捷，斯五六〇四號《籯金》相應位置未見，而有「長沙王：有機辯也」條，疑「機辯」或本有作「捷辯」者，爲底卷所本；「捷」「機」音義皆近。

〔三〇〕「範」「囿」二字斯五六〇四號《籯金》相應位置未見，疑有脱漏。

〔三一〕「玳」字底一右部作「伐」，該行區隔綫之上有一小字「玳」，當係用以改正行中誤字，故徑據録正。

〔三二〕「綬」「岝」二字伯二五三七號《略出籯金》、斯五六〇四號《籯金》相應位置未見，疑有脱誤（伯二五二四號《語對》「王」篇下有「組綬」）；「岝」字字書不載，上揭二卷有「坤氣標儀，嗣天孫之岳峙刑于」句（「刑于」不通，疑爲「于地」誤倒，「峙于地」與上文「耀于天」儷偶），疑「岝」即「峙」字形訛。

〔三三〕敝，伯二五三七號《略出籯金》、斯五六〇四號《籯金》相應位置未見，而有「睢園博敞，斜通修竹之林」句，疑「敝」即「敞」字之誤。

〔三四〕伯二五三七號《略出籯金》有「侶郭樂而友牧鄗」句，即「牧」「鄗」二字所出；「牧」字斯五六〇四號《籯金》同，當爲「枚」字之誤，「鄗」字斯五六〇四號《籯金》作「鄗」，則皆爲「鄒」字俗書，王三慶徑録作「枚鄒」，可從。

〔三五〕恖，應爲「恖（思）」字俗省，伯二五三七號《略出籯金》有「芳筵頓舞，恩益封而陳機；綺閤温書，想雄才而獨壇（擅）」句，其中的「恩」字斯五六〇四號《籯金》作「恖」，應皆爲「恖（思）」字俗訛，即此字所出；「思」與下文「想」對文同義，王三慶録作「恩」，非是。

〔三六〕檀，伯二五三七號《略出籯金》作「壇」（見上條引），斯五六〇四號《籯金》作「擅」，「擅」字義長，兹據校改。

〔三七〕本篇敘文部分見於伯二五三七號《略出籯金》、斯五六〇四號《籯金》，而事類部分該二卷皆無，蓋抄者删略。

〔三八〕「娥」字以下至「魯」字應出於公主篇弟四事類部分，故其中「毲、椶、螭、燧、禯、緡、鈞、擥、魯」諸字該篇敘文部分皆未見，「娥、嫯、芝宫、掖、膀、陶」諸字雖見於敘文部分，但先後順序多不合。伯二五二四號《語對》『公主』篇下依次有『仙娥、嫈女、蘭掖、芝宫、瓊井、金牓、螭綬、玉楥、金燧、穠李、鈞緡』等語匯，可資比勘。

〔三九〕 務，應爲『嫈』字俗訛，伯二五二四號《語對》『公主』篇相應位置有『嫈女』，伯二五三七號《略出籯金》敘文部分有『神嫈』（詳下校記〔四四〕引），皆可參。

〔四〇〕 甃，伯二五二四號《語對》『公主』篇相應位置有『瓊井』，疑底卷所據《籯金》原本有作『甃井』者，爲此字所出。

〔四一〕 梭，此字通常應爲『椶』字俗書，但伯二五二四號《語對》『公主』篇相應位置無此字，而有『玉楥』條，不知『梭』是否爲『楥』字之訛，存疑。

〔四二〕 禯，伯二五二四號《語對》『公主』篇相應位置無此字，而有『穠李』條，此『禯』當即『穠』的訛俗字。

〔四三〕 擥，此字左部底一作『才』形，既可能爲『擥』字俗書，也可能爲『檻』字俗書，但『擥』『檻』伯二五二四號《語對》『公主』篇及伯二五三七號《略出籯金》、斯五六〇四號《籯金》敘文部分皆未見，存疑。

〔四四〕 峌，伯二五三七號《略出籯金》有『峌山降彩，暎神嫈於星津；洛雪呈姿，絢仙娥於月路』句，即此字及下『津、洛、姿、絢』四字所出；『峌』應爲『㠋』字俗書，『㠋』字字書不載，又應爲『巫』的增旁俗字（涉『山』字類化）。

〔四五〕 規，伯二五三七號《略出籯金》相應位置有『蔭瓊葉而聯輝，奉規彤史』句，其中的『規』字斯五六〇四號《籯金》作『䂓』，即此字及下『彤』字所出；『䂓』爲『規』的古字，而『規』又係『䂓』字俗訛。

〔四六〕 耀，伯二五三七號《略出籯金》有『翬翬彩耀，飾彩繢於云旌』句，其中的『耀』字斯五六〇四號《籯金》作『曜』，即此字及上下文『翬、繢、旌』諸字所出；『耀』『曜』皆爲『燿』的後起換旁字。

〔四七〕 底一至『組』字止，『組』字在行末，『馥』字以下另行，見於底二；伯二五三七號《略出籯金》相應位置有『崇紃組而推工，蘭掖共芝宫互馥』句，應即底卷『紃』、『組』、『馥』三字所出；據此推斷，底一、底二綴合後中間應無殘缺。

〔四八〕悭，「愘」字俗書，「愘」又「吝」的增旁俗字，伯二五三七號《略出籯金》有「竟悭糟（糟）糠，不捐荆布」句（「糟」字斯五六〇四號《籯金》作「糟」），「悭」字斯五六〇四號《籯金》同，即此字及下「糟、糠、荆」三字所出。

〔四九〕底二抄寫至此止，未抄完。其後有「千字文勑員外散騎」、「世尊觀世音菩薩世音」等字樣，屬習書性質，故不録。另文末空白處底二有「弟三袟」字樣，底一第一部分（帝德篇）倒數二三行間又有「弟二袟」字樣，字大墨濃，「弟二袟」三字抄寫在《籯金》難字之上，當屬後抄，其所指不詳。

韻書字義抄（一）

斯六三二九

【題解】

本篇底卷編號爲斯六三二九。凡一紙，首缺尾全，上下部略有殘損，末署『戌年七月十日比丘潛均書記』。無題。《索引》題『字書』，説明云：『存盧、齊、犂以下約百字，有簡單訓釋。』《索引新編》依沿之。《寶藏》、《金目》、《英藏》亦均據以題『字書』。《集存》改題『韻字殘葉』，云：『此葉只存十三行，依模齊佳皆灰咍真韻次列字，字次與（引者按：『與』字原書在下『箋注本一』的『一』字後，兹據文意乙至此）「切韻」箋注本一（斯二〇七一）大體相同，不知所據爲何種韻書。由真韻部分「姻、辛、綸、屯、神」數字連寫來看，真諄還没有分成兩韻，此種韻書的時代可能早於「唐韻」。』今按：本卷内容抄自韻書應無可疑，但卷中未見韻目及切音，故改擬今題，歸入字書類。

此卷依模、齊、佳、皆、灰、咍、真韻列字，韻次字次皆與斯二〇七一號《切韻箋注》、《王一》、《王二》及《廣韻》大體相同，歧異主要在於末尾『鶉』以下至『神』七字，此七字斯二〇七一號《切韻箋注》、《王二》皆在平聲真韻，字次爲『綸、屯、鶉、瞤、姻、辛、神』，《廣韻》分而爲二，『姻、辛、神』依次在平聲真韻，『鶉、瞤、綸、屯』依次在平聲諄韻，本篇以『鶉、瞤、姻、辛、綸、屯、神』爲序，周祖謨以爲是『真諄還没有分成兩韻』的本子，誠是。所抄字有現存早期《切韻》系韻書未見者，如『題』字斯二〇七一號《箋注本切韻・齊韻》未見（《王一》、《王二》、伯二〇一五號《大唐刊謬補缺切韻》及《廣韻》有），『頦』字斯二〇七一號《箋注本切韻・咍韻》未見（《王二》及《廣韻》有），『差』字斯二〇七一號《切韻箋注》、《王二》佳韻未見（伯二〇一五號《大唐刊謬補缺切韻》、《裴韻》及《廣韻》有），『洼』字斯二〇七一號《切韻箋注》、《王二》、伯二〇一五號《大唐刊謬補缺切韻》齊韻未見（《廣韻》有），

『槐』字斯二〇七一號《切韻箋注》、《王二》皆韻户乖反小韻未見（伯二〇一五號《大唐刊謬補缺切韻》及《廣韻》有），等等。又每字下的釋義亦有不同於斯二〇七一號《切韻箋注》、《王一》、《王二》等韻書而與成書較晚的伯二〇一五號《大唐刊謬補缺切韻》及《廣韻》相合者，如本篇『街』釋『街巷』、『牌』釋『牌牓』、『咼』釋『咼戾』、『蚍』釋『蚍虫』，皆與伯二〇一五號《大唐刊謬補缺切韻》合；『題』釋『書題』，『槐』釋『木名』，與《廣韻》合。所以從内容上來看，本篇與伯二〇一五號《大唐刊謬補缺切韻》一類晚唐五代本《切韻》及《廣韻》較爲接近，但伯二〇一五號《大唐刊謬補缺切韻》所存齊、佳、皆、灰各韻下每小韻字的先後與斯二〇七一號《切韻箋注》、《王一》、《王二》及《廣韻》頗有不同，而本篇摘字先後則與後四種韻書大體一致，由此可見本篇應是據與伯二〇一五號《大唐刊謬補缺切韻》接近而又不完全相同的一種韻書摘録的。另外本篇釋義有與上揭諸韻書不盡一致者，如『低』釋『高低不平』，『蹄』釋『馬蹄』，『瑿』釋『黑玉』，『閨』釋『小門』，『畦』字釋『隔』，『涯』釋『水岸』，『扠』釋『拳打人』，『魁』釋『盆魁』，皆與現存《切韻》系韻書不盡相同。又『瞤』字斯二〇七一號《切韻箋注》、《王二》及《廣韻》皆釋『目動』，本篇釋『眼動』；『姻』字斯二〇七一號《切韻箋注》、《王二》釋『婚』，《廣韻》釋『婚姻』，本篇釋『婚嫁』；『神』字《王二》釋『精氣』，《廣韻》釋『靈也』，本篇釋『鬼』；『煤』字斯二〇七一號《切韻箋注》釋『炱煤，火（灰）集屋上』，《王一》及《廣韻》略同，《王二》釋『煤炱』，本篇釋『燈』，等等，釋義有別而呈現出更爲通俗的特點（參看各條下校記）。這説明本篇雖摘抄自韻書而又很可能抄者根據自己的理解對注文做過一些改造或調整。

如前所説，本篇末有『戌年』的題記。敦煌吐蕃統治時期（七八六—八四八）習用十二地支紀年，參考以上討論，本篇也許也是吐蕃時期的抄本（參看校記〔九五〕）。

底卷各韻接抄不分，兹按大韻分段録出。注文底卷多作雙行小字，校録時一律改排爲單行小字。兹據《英藏》影印本，并參考《切韻》系韻書及《廣韻》校録如下。

（前缺）

蘆□草。〔一〕▨（顱）□▨。〔二〕▨（艫）□▨（艫）。〔三〕▨（纑）□纑。〔四〕▨（蘸）□（人）姓。〔五〕枯乾。〔六〕刳刳割。〔七〕麁

細麁。〔八〕▨（鋪）設。〔九〕

齊人姓。〔一〇〕犂耕（耕）具。〔一一〕仾（低）高仾（低）不平。〔一二〕瓬（瓶）瓬（瓶）羊。〔一三〕啼哭啼。〔一四〕蹄馬蹄。〔一五〕題

書題。〔一六〕螕螕虱虫。〔一七〕篦梳。〔一八〕鷄鳥。〔一九〕笄冠。〔二〇〕瑿黑玉。〔二一〕。倪人姓。〔二二〕犀牛。〔二三〕批批判。〔二四〕。鞞

鞞箭。〔二五〕鼃（鼈）鼃（鼈）鳥菜。〔二六〕泥泥土。〔二七〕谿山谷曰谿。〔二八〕圭合。〔二九〕閨小門。〔三〇〕洼人姓。〔三一〕携（攜）提覽

物。〔三二〕畦隔。〔三三〕

街街巷。〔三四〕鞋靴鞋。〔三五〕牌牌牓。〔三六〕咼咼戾。〔三七〕柴薪柴。〔三八〕□▨□。〔三九〕𦍋耕。〔四〇〕崖岸。〔四一〕涯水

岸。〔四二〕扠拳打人。〔四三〕

藞麻莖。〔四四〕階▨。〔四五〕骸骨。〔四六〕排推排。〔四七〕槐木名。〔四八〕淮水名。〔四九〕豺狼。〔五〇〕埋藏。〔五一〕揩磨。

灰▨▨。〔五三〕魁盆魁。〔五四〕隈曲。〔五五〕煨熓。〔五六〕囬（回）轉。〔五七〕逥（迴）逥（迴）避。〔五八〕蚘蚘虫。〔五九〕枚箇

數。〔六〇〕煤燈。〔六一〕媒▨。〔六二〕▨（梅）木名。〔六三〕雷雹，亦人姓。〔六四〕崔人姓。〔六五〕催催促。〔六六〕縗喪服，以麻爲之。〔六七〕搥

撲。〔六八〕餅□□。〔六九〕摧折。〔七〇〕鞴鞍皮。〔七一〕裴人姓。〔七二〕陪布，亦淪。〔七三〕杯酒盞。〔七四〕坏瓦未燒。〔七五〕桵□▨。〔七六〕

薹芸薹，菜。〔七七〕裁縫。〔七八〕財錢財。〔七九〕材材軌。〔八〇〕才文。〔八一〕灾恠。〔八二〕栽種。〔八三〕猜猜疑。〔八四〕胎胎孕。〔八五〕

孩小兒。〔八六〕頦頦頤。〔八七〕

鶉鴿。〔八八〕瞤眼動。〔八九〕姻（姻）婚嫁。〔九〇〕辛（辛）人姓，亦▨。〔九一〕綸人姓。〔九二〕屯厄。〔九三〕神鬼。〔九四〕

戊年七月十日比丘濳均書記。〔九五〕

【校記】

〔一〕『蘆』以下至『鋪』字九條《切韻》系韻書在平聲模韻，其中『蘆』以下四字斯二〇七一號《切韻箋注》、《王一》皆在落胡反小韻。『蘆』字斯二〇七一號《切韻箋注》、《王二》均釋『葦』，《王一》釋『蘆葦』，此釋『□草』，與現存《切韻》系韻書釋義不同。《詩·召南·騶虞》『彼茁者葭』毛傳『葭，蘆也』唐陸德明釋文：『蘆，音盧，草也。』可參。

〔二〕標目字底卷存左部『盧』，右部殘泐，兹據殘形定作『顱』字。注文存『骨』旁左半，在左側，原字疑爲『髗』字，『髗』爲『顱』的後起換旁字，『髗』右行應缺一字，斯二〇七一號《切韻箋注》：『顱，頭顱。』《王一》：『顱，頭顱。亦作髗。』『髗』右行所缺疑爲『亦』或『頭』字。

〔三〕標目字底卷存左部『車』，右部殘泐，兹據殘形定作『轤』字。注文存左旁『車』，在左側，原字疑爲『轤』字，『轤』右部應缺一字，或爲『轒』字；斯二〇七一號《切韻箋注》：『轤，轒轤，圓轉木。』《王一》：『轤，轒轤，圓轉大木。』可參。

〔四〕標目字底卷存『糸』旁及一撇筆，右部殘泐，兹據殘形定作『纑』字。注文存左行，作『⺄』形，應即標目字的省書符，其右部應缺一字，斯二〇七一號《切韻箋注》：『纑，希(布)縷。』《王一》：『纑，布縷。』所缺或即『布』字。

〔五〕『穌』字右下側的『魚』旁略有殘泐，兹據殘形擬定，『穌』爲『蘇』的構件易位俗字。注文『人』字存左側殘畫，兹據文義擬補。斯二〇七一號《切韻箋注》：『蘇，思吾反。』《王一》：『蘇，息吾反，荏類。』《王二》標目字作『穌』，餘與《王一》同，均未見釋『人姓』者。《廣韻》『蘇』下始見『又姓，出扶風、武邑二望』義項。

〔六〕注文『乾』字底卷誤作大字，兹據文義改正。『枯』與下『刳』字斯二〇七一號《切韻箋注》、《王一》皆在苦胡反小韻。斯二〇七一號《切韻箋注》『枯』字無釋義，《王一》釋『死木』，《廣韻》釋『枯朽也』，此釋『乾』，現存《切韻》系韻書未見。

〔七〕注文『割』字底卷誤作大字，兹據文義改正；又注文『刳』字底卷作『乚』形，在標目字『刳』與『割』之間，應即標目字的省書符，兹録正。『刳』字斯二〇七一號《切韻箋注》、《王一》皆釋『剖破』，《廣韻》『剖破』下又有『判也，屠也』，此釋『刳割』，現存《切韻》系韻書未見。

〔八〕『麄』注『細麄』，乃指『麄』爲麄細之『麄』。斯二〇七一號《切韻箋注》及《王一》倉胡反小韻並云：『麄，米不精。麤，行路遠。』『麄』實爲『麤』的俗字。

〔九〕『鋪』字底卷下部略有殘泐，此字在行末，不知其下注文是否有缺字（有可能缺一『鋪』字的省書符）。斯二〇七一號《切韻箋注》、《王一》『鋪』字並釋『設』，《廣韻》則釋『鋪設也』，皆可參。

〔一〇〕『齊』以下至『畦』字二十四條《切韻》系韻書在平聲齊韻。『齊』字斯二〇七一號《切韻箋注》無釋義，《王一》釋『中』，《廣韻》始見『又姓』義項。

〔一一〕『犂』字斯二〇七一號《切韻箋注》釋『犂牛，雜毛不純』，《王一》釋『耕具』，後書與本篇合。

〔一二〕『低』與下『羝』字斯二〇七一號《切韻箋注》、《王一》皆在當嵇反小韻。『低』字斯二〇七一號《切韻箋注》、《王一》皆釋『低昂』，《王二》釋『下』，本篇釋『高低不平』，今存《切韻》系韻書未見。

〔一三〕『羝』字斯二〇七一號《切韻箋注》、《王一》皆釋『羊』，《廣韻》釋『羝羊』，後書與本篇合。

〔一四〕『啼』與下『蹄』字斯二〇七一號《切韻箋注》在度嵇反小韻。『啼』字斯二〇七一號《切韻箋注》無釋義，《王二》釋『悲聲』，本篇釋『哭啼』，今存《切韻》系韻書未見。

〔一五〕『蹄』字斯二〇七一號《切韻箋注》釋『足』，《王一》釋『足名』，本篇釋『馬蹄』，今存《切韻》系韻書未見。

〔一六〕『題』字斯二〇七一號《箋注本切韻·齊韻》未見，《王一》、《王二》、伯二〇一五號《大唐刊謬補缺切韻》有，與上『啼』、『蹄』同在度嵇反小韻，但《王一》、《王二》釋『楄頭』，伯二〇一五號《大唐刊謬補缺切韻》釋『頭題；又楄；又頟也；封記也；又棺名』，釋義不同；《廣韻》有『書題』一訓，與本篇相合。

〔一七〕「螕」與下「篦」字《王二》皆在方奚反小韻。「螕」字《王二》及《廣韻》釋「牛蝨」，伯二〇一五號《大唐刊謬補缺切韻》釋「牛虫」，本篇釋「螕虱虫」，今存《切韻》系韻書未見。

〔一八〕「篦」字斯二〇七一號《切韻箋注》、《王二》、伯二〇一五號《大唐刊謬補缺切韻》及《廣韻》皆釋「眉篦」，本篇釋「梳」，今存《切韻》系韻書未見。

〔一九〕「鷄」與下「笄」字《王二》皆在古嵇反小韻。斯二〇七一號《切韻箋注》吉嵇反小韻僅收「雞」字，無釋義。《王二》及伯二〇一五號《大唐刊謬補缺切韻》出「鷄」字，釋「司晨鳥」，本篇徑釋「鳥」，有節略。

〔二〇〕「笄」字《王二》釋「簪」，伯二〇一五號《大唐刊謬補缺切韻》釋「婦人首餝，笄冠」，本篇釋「冠」，當指「笄」即「笄冠」之「笄」。

〔二一〕「⿱殹石」字底卷作「⿱殹石」，應爲「⿱殹石」字俗訛，兹録正。「⿱殹石」字斯二〇七一號《切韻箋注》釋「□色」，《王二》及《廣韻》釋「美石黑色」（伯二〇一五號《大唐刊謬補缺切韻》未收此字），釋義與本篇别。慧琳《音義》卷八三《大唐三藏玄奘法師本傳》第五卷音義：「⿱殹石玉，於雞反，《考聲切韻》黑玉也。正作⿱殹石。傳從玉瑿，俗字非也。」所引《考聲切韻》（唐張戩撰）「⿱殹石」字釋義與本篇合，可參。

〔二二〕「倪」字斯二〇七一號《切韻箋注》無釋義，《王二》釋「孩」，伯二〇一五號《大唐刊謬補缺切韻》釋「孩倪，又姓」，可參。

〔二三〕屖，應爲「犀」的訛俗字。「屖」字斯二〇七一號《切韻箋注》、《王二》釋「牛」，與本篇合；《廣韻》釋「犀牛」云云，可參。

〔二四〕「批」與下「錍」字《王二》皆在普鷄反小韻。「批」字斯二〇七一號《切韻箋注》、《王二》皆釋「擊」，伯二〇一五號《大唐刊謬補缺切韻》釋「批署」，《廣韻》釋「擊也，推也，轉也，示也」，本篇釋「批判」，今存《切韻》系韻書未見。

〔二五〕錍，《王二》普鷄反小韻「批」下出此字，云「錍，斧。又方支反」；斯二〇七一號《切韻箋注》同一切音下

『批』下出『鈚』字，云『鈚箭』；伯二〇一五號《大唐刊謬補缺切韻》匹兮反（與『普鷄反』同音）小韻『批』下出『鈚』字，云『鈚箭，亦作錍』，又出『鎞』，云『斧。鎞箭同』；《廣韻》匹迷切（與『普鷄反』同音）小韻『批』上出『錍』字，云『錍斧。又方支切』，『批』下出『鈚』字，云『鈚箭』；『錍』字見《説文》，指短斧，其用作箭鏃義，蓋借用作『鈚』字（其初文作『匕』），而這一意義的『鈚』、『鎞』蓋又『鈚』之繁化俗字也。

〔二六〕『鼃』字《王二》略同，斯二〇七一號《切韻箋注》作正字『鼃』，釋『擣薑菻（蒜）』，本篇釋『鼃鳥菜』，『鳥』當爲『搗』字省訛。

〔二七〕『泥』字《王二》釋『土』，與本篇釋義相近。

〔二八〕『谿』字斯二〇七一號《切韻箋注》、《王二》無釋義，伯二〇一五號《大唐刊謬補缺切韻》釋『谿谷；又水注川曰谿』，本篇釋『山谷曰谿』，今存《切韻》系韻書未見。

〔二九〕『圭』與下『閨』字斯二〇七一號《切韻箋注》皆在□（古）攜反小韻（『古』字據《王二》、伯二〇一五號《大唐刊謬補缺切韻》補，下『爲』字同）。斯二〇七一號《切韻箋注》『十圭□（爲）一合』，《廣韻》引孟子曰『六十四黍爲一圭，十圭爲一合』，『圭』、『合』容量大小不同，本篇『圭』字釋『合』，蓋謂『圭』即『圭』、『合』之『圭』也。

〔三〇〕『閨』字斯二〇七一號《切韻箋注》釋『内門』，《王二》釋『門』，伯二〇一五號《大唐刊謬補缺切韻》釋『特立之户；又閤，上員下方也』，《廣韻》釋『閨閤』，本篇釋『小門』，今存《切韻》系韻書未見；《荀子·解蔽》『以爲小之閨也』楊倞注：『閨，小門也。』可參。

〔三一〕『洼』字斯二〇七一號《切韻箋注》、《王二》、伯二〇一五號《大唐刊謬補缺切韻》齊韻均未見，《廣韻·齊韻》有此字，與上『圭』、『閨』同在古攜切小韻，云『姓也，漢有大鴻臚洼丹』，義合。

〔三二〕『携（攜）』與下『畦』字斯二〇七一號《切韻箋注》、《王二》、伯二〇一五號《大唐刊謬補缺切韻》皆在户圭反小韻。『携（攜）』字斯二〇七一號《切韻箋注》、《王二》無釋義，伯二〇一五號《大唐刊謬補缺切韻》釋

「攜持；又離貳；丘陵險」，《廣韻》釋「提也，離也，又姓」，本篇釋「提竟（競）物」，他書未見，疑有誤。

〔三三〕「畦」字斯二〇七一號《切韻箋注》、《王二》及《廣韻》釋「菜畦」，伯二〇一五號《大唐刊謬補缺切韻》釋「畦壠」，本篇釋「隔」，他書未見。

〔三四〕「街」以下至「扠」字十條《切韻》系韻書在平聲佳韻，其中斯二〇七一號《切韻箋注》、《王二》、伯二〇一五號《大唐刊謬補缺切韻》及《廣韻》佳韻皆在齊韻後、皆韻前，列平聲第十三，但《裴韻》佳韻皆在歌韻後、麻韻前，列平聲第四十，本篇所抄字序與前者合。「街」字斯二〇七一號《切韻箋注》、《王二》、《裴韻》均釋「道」（《廣韻》釋「道也」云云），伯二〇一五號《大唐刊謬補缺切韻》釋「街巷」，後者與本篇釋義合。

〔三五〕注文「鞋」字底卷作一撇筆，應爲「鞋」字省書符號之變，茲録正。「鞋」字斯二〇七一號《切韻箋注》、《王二》、伯二〇一五號《大唐刊謬補缺切韻》皆作「鞵」，前二書皆釋「屩」，後書釋「革中履」，後二書又皆云「亦作鞋」，「鞵」「鞋」古今字；本篇釋「靴鞋」，他書未見。

〔三六〕「牌」字斯二〇七一號《切韻箋注》、《王二》、《裴韻》皆釋「牓」，伯二〇一五號《大唐刊謬補缺切韻》釋「牌牓」（《廣韻》釋「牌牓也」），後者與本篇釋文同。

〔三七〕「咼」字斯二〇七一號《切韻箋注》、《裴韻》及《廣韻》皆釋「口戾」，伯二〇一五號《大唐刊謬補缺切韻》釋「咼戾」，後者與本篇釋文同；《王二》標目字作「喎」，釋「口戾」，「喎」即「咼」的增旁俗字，《裴韻》「咼」字下注文云「亦喎」，是也。

〔三八〕「柴」字斯二〇七一號《切韻箋注》、《王二》、《裴韻》及《廣韻》皆釋「薪」，伯二〇一五號《大唐刊謬補缺切韻》釋「樵柴」，本篇釋「薪柴」，義略同。

〔三九〕本條僅存注文第一字的下部殘畫，似爲「此」的下部，原字應爲「茈」字，全條當作「茈，茈胡」。「茈」與上條「柴」字斯二〇七一號《切韻箋注》、《王二》、《裴韻》及《廣韻》皆在士佳反小韻（伯二〇一五號《大唐刊謬補缺切韻》音士街反）。「茈」字斯二〇七一號《切韻箋注》、《王二》皆釋「茈，茈胡，藥名」（《裴韻》、伯二〇一五號《大唐刊謬補缺切韻》及《廣韻》『胡』作『葫』，類化增旁俗字），可參。

〔四〇〕 羗，應爲『差』的俗字，注文『𦓤』爲『耕』字俗寫，文中則應爲『科』字之訛；『差』字斯二〇七一號《切韻箋注》、《王二》佳韻無，伯二〇一五號《大唐刊謬補缺切韻》、《裴韻》及《廣韻》有，後二書音楚佳反，在『疵』字條之後，『崖』字條之前，字序相合（伯二〇一五號《大唐刊謬補缺切韻》『差』字音初柴反，在『鞋』後『柴』前），伯二〇一五號《大唐刊謬補缺切韻》、《裴韻》『差』下有『差科』一釋，可證。

〔四一〕 『崖』與下『涯』字斯二〇七一號《切韻箋注》、《王二》、伯二〇一五號《大唐刊謬補缺切韻》、《裴韻》及《廣韻》皆在五佳反小韻。『崖』字斯二〇七一號《切韻箋注》及《裴韻》釋『岸』（後書『岸』後有『也』字），伯二〇一五號《大唐刊謬補缺切韻》釋『崖岸』，與本篇釋文相同或相近；《王二》釋『山崖』，《廣韻》釋『高崖也』，釋義有別。

〔四二〕 『涯』字斯二〇七一號《切韻箋注》、《王二》、伯二〇一五號《大唐刊謬補缺切韻》、《裴韻》及《廣韻》皆釋『水際』（《裴韻》『際』字作『漈』，類化換旁俗字），本篇釋『水岸』，與現存《切韻》系韻書釋義不同；慧琳《音義》卷九一《續高僧傳》第四卷音義：『巖涯，下雅皆反，水岸曰涯。』可參。

〔四三〕 『扠』字斯二〇七一號《切韻箋注》、《王二》、《裴韻》及《廣韻》皆釋『以拳加人』，伯二〇一五號《大唐刊謬補缺切韻》釋『拳扠』，本篇釋『拳打人』，注文略有不同。

〔四四〕 『䴡』字以下至『揩』字九條《切韻》系韻書在平聲皆韻，其中『䴡』與下『階』字斯二〇七一號《切韻箋注》、《王二》及《廣韻》皆在古諧反小韻，伯二〇一五號《大唐刊謬補缺切韻》在革諧反小韻。本條注文『莖』字底卷下部作『巠』，俗訛，茲録正。『䴡』字斯二〇七一號《切韻箋注》、《王二》及《廣韻》皆釋『麻桿』，伯二〇一五號《大唐刊謬補缺切韻》釋『麻䴡』，本篇釋『麻莖』，注文略有不同；《玉篇·艸部》：『䴡，麻莖也。』可參。

〔四五〕 注文缺字底卷僅存左部殘畫，『階』字斯二〇七一號《切韻箋注》、《王二》皆釋『級』，伯二〇一五號《大唐刊謬補缺切韻》釋『階級』，《廣韻》釋『階級也，《説文》曰：階，陛也。《釋名》曰：階，梯也』，底卷殘畫似與木旁左側有近似之處，原字或即『梯』字。

〔四六〕『骸』字斯二〇七一號《切韻箋注》、《王二》皆注『骨』，與本篇同；伯二〇一五號《大唐刊謬補缺切韻》釋『骸，躰骨也』，《廣韻》釋『骸骨』，可參。

〔四七〕『排』字伯二〇一五號《大唐刊謬補缺切韻》及《廣韻》釋『推排』，與本篇同，斯二〇七一號《切韻箋注》、《王二》釋『推』，可參。

〔四八〕『槐』與下『淮』字伯二〇一五號《大唐刊謬補缺切韻》及《廣韻》皆在户乖反小韻，斯二〇七一號《切韻箋注》、《王二》同一小韻無『槐』字。『槐』字《廣韻》釋『木名』，與本篇同；伯二〇一五號《大唐刊謬補缺切韻》釋『槐黑，邑名，在扶風也』，他書未見。

〔四九〕『淮』字《王二》及《廣韻》釋『水名』，與本篇同；斯二〇七一號《切韻箋注》釋『水』，伯二〇一五號《大唐刊謬補缺切韻》釋『江淮，又山名』，可參。

〔五〇〕『豺』字《王二》釋『狼』，與本篇同；斯二〇七一號《切韻箋注》、《王一》及《廣韻》釋『狼屬』，伯二〇一五號《大唐刊謬補缺切韻》釋『豺狼』，可參。

〔五一〕『埋』字《王二》釋『藏』，與本篇同；伯二〇一五號《大唐刊謬補缺切韻》釋『埋藏』，《廣韻》釋『瘞也，埋也』，可參。

〔五二〕注文『磨』字底卷作大字，兹改排爲注文小字。『揩』字斯二〇七一號《切韻箋注》、《王一》、《王二》及《廣韻》釋『揩摒（攦），摩拭』，伯二〇一五號《大唐刊謬補缺切韻》釋『揩攦』，注文皆有別；《廣雅·釋詁》：『揩，磨也。』可參。

〔五三〕『灰（灰）』字以下至『桵（挼？）』字二十四條《切韻》系韻書在平聲灰韻。『灰』爲『灰』的俗字，《王一》：『灰，通俗作灰。』注文二字底卷皆存上部殘畫。『灰』字斯二〇七一號《切韻箋注》、《王二》無釋，《王一》

釋『燼餘』，伯二〇一五號《大唐刊謬補缺切韻》釋『灰燼；又火炭變』，《廣韻》引《説文》云『死火也』，皆可參。

〔五四〕『魁』字斯二〇七一號《切韻箋注》、《王一》、《王二》皆釋『師；一曰北斗星』，《廣韻》『師』作『魁師』，餘同；本篇釋『盆魁』，他書未見。

〔五五〕『隈』與下『煨』字斯二〇七一號《切韻箋注》在烏回反小韻，《王二》及《廣韻》在烏恢反小韻。『隈』字斯二〇七一號《切韻箋注》、《王二》及《廣韻》皆釋『水曲』，本篇釋『曲』，稍別；《文選》卷三一江淹《雜體詩三十首·許徵君》『採藥白雲隈』李善注：『隈，曲也。』可參。

〔五六〕『煨』字斯二〇七一號《切韻箋注》、《王二》及《廣韻》皆釋『煻煨火』，本篇釋『煻』，義同。

〔五七〕『回』至『蚘』四字斯二〇七一號《切韻箋注》、《王一》、《王二》及《廣韻》皆在户恢反小韻，伯二〇一五號《大唐刊謬補缺切韻》在户灰反小韻。『回』字斯二〇七一號《切韻箋注》無釋，《王一》、《王二》釋『旋』，伯二〇一五號《大唐刊謬補缺切韻》釋『回旋；姧回；又邪乱；角姓』，《廣韻》釋『違也；轉也；邪也；又回中，地名；亦姓』，本篇釋『轉』，與《廣韻》義項二合。

〔五八〕『迴』字斯二〇七一號《切韻箋注》釋『還』，《王一》、《王二》釋『覆轉』，伯二〇一五號《大唐刊謬補缺切韻》釋『迴還』，《廣韻》釋『還也』，本篇釋『迴避』，現存《切韻》系韻書未見；《玉篇·辵部》：『迴，胡雷切，轉也，迴避也。』可參。

〔五九〕『蚘』字伯二〇一五號《大唐刊謬補缺切韻》釋『蚘虫』，與本篇同；斯二〇七一號《切韻箋注》及《廣韻》釋『人腹中長蟲』，《王一》釋『人腸中長蟲』，《王二》釋『人腹中虫』，可參；『虫』爲『蟲』的簡俗字。

〔六〇〕『枚』至『梅』四字斯二〇七一號《切韻箋注》及《廣韻》在莫杯反小韻，《王一》、《王二》在莫盃反小韻，但斯二〇七一號《切韻箋注》、《王一》、《王二》字次爲枚、媒、梅、煤，《廣韻》字次爲枚、梅、媒、煤，略有不同。『枚』字斯二〇七一號《切韻箋注》無釋，《王一》、《王二》釋『一箇』，《廣韻》釋『枝也』，本篇釋『箇數』，現存《切韻》系韻書未見。

〔六一〕『煤』字斯二〇七一號《切韻箋注》釋『炱煤，火（灰）集屋上』，《王一》及《廣韻》釋『炱煤，灰集屋』，《王二》釋『煤炱』，本篇釋『燈』，蓋指『煤』爲『燈煤』之『煤』；宋宋祁《景文集》卷二一《寄天休學士》詩：『落蔕燈煤暗，雙盤露蘂和。』可參。

〔六二〕注文底卷存右部殘畫，似作『家』，原字待考。『媒』字斯二〇七一號《切韻箋注》釋『許（？）』，《王一》、《王二》釋『妁』，《廣韻》釋『媒衒。《説文》曰：「謀也，謀合二姓也」』，可參。

〔六三〕『梅』字底卷『木』旁左部略有殘泐。『梅』字斯二〇七一號《切韻箋注》釋『木』，與本篇釋『木名』相近；《王一》、《王二》釋『似杏而酸』，《廣韻》釋『果名』，可參。

〔六四〕『雷』字斯二〇七一號《切韻箋注》無釋，《王一》、《王二》釋『小靁』，《廣韻》注文作『《説文》作靁，云「陰陽薄動，靁雨生物者也」，又姓』，本篇釋『電，亦人姓』，與現存《切韻》系韻書不盡相合。

〔六五〕『崔』與下『催』、『縗』二字斯二〇七一號《切韻箋注》、《王一》、《王二》皆在此回反小韻（《王一》『回』作『迴』），《廣韻》在倉回切小韻。『崔』字斯二〇七一號《切韻箋注》無釋，《王一》、《王二》釋『人姓』，與本篇合；《廣韻》釋『姓也』，可參。

〔六六〕『催』字斯二〇七一號《切韻箋注》無釋，《王一》、《王二》釋『促期』，《廣韻》釋『迫也』；本篇釋『催促』，用語不同。

〔六七〕『縗』字斯二〇七一號《切韻箋注》、《王一》、《王二》皆釋『喪衣』，《廣韻》釋『喪衣，長六寸，博四寸』，本篇釋『喪服，以麻爲之』，與現存《切韻》系韻書不盡相合。

〔六八〕『搥』字斯二〇七一號《箋注本切韻・灰韻》無，《王一》、《王二》有，皆釋『擿』，《廣韻》釋『摘』，本篇釋『撲』，與『擿』義近。

〔六九〕『餅』字底卷下部略有殘泐，據所存部分可以定作『餅』字，但『餅』字《廣韻》音必郢切，在静韻，不應廁列於此，疑本條標目字應爲『鎚』字，『鎚』與上條『搥』字《王一》同在都迴反小韻，《王二》、《廣韻》皆音都回反(但上述各書『鎚』字皆列在『搥』字之前，字序略異，存疑)，而『餅』則應爲『鎚』字注文中語；又『餅』字下底卷殘缺一正文大字位置，兹暫擬定作一注文小字，『鎚』字《王一》、《王二》皆釋『餅』，《廣韻》釋『餅也』，可參。

〔七〇〕『摧』字斯二〇七一號《切韻箋注》、《王一》、《王二》皆釋『折』，與本篇同；《廣韻》釋『折也，阻也』，可參。

〔七一〕『鞲』應爲『韛』的俗體(如『攜』字俗作『擕』之比)，《王一》、《王二》『摧』字後有『鞴』字，素迴反(《王二》『迴』作『回』)，釋『鞘』，『鞴』亦『韛』的俗字；《廣韻》素回切正作『韛』，訓『鞍邊帶也』，與本篇『鞍皮』義近，但《廣韻》『韛』在『摧』字之前，字序略異。

〔七二〕『裴』與下『陪』字斯二〇七一號《切韻箋注》、《王二》皆在薄恢反小韻，《王一》音薄灰反，《廣韻》音薄回切。『裴』字斯二〇七一號《切韻箋注》無釋，《王一》、《王二》釋『人姓』，與本篇同。

〔七三〕『陪』字斯二〇七一號《切韻箋注》、《王一》釋『厠』，《王二》釋『厠陪』，《廣韻》釋『陪厠也』，本篇釋『布，亦淪』，他書未見，疑有誤。

〔七四〕『杯』字斯二〇七一號《切韻箋注》無釋，《王二》注『盞』，與本篇近；《王一》注『似椀而淺。或作盃』，《廣韻》以『杯』爲『桮』字或體，引《説文》曰『𠥺也』，可參。

〔七五〕『坏』字斯二〇七一號《切韻箋注》、《王一》、《王二》皆釋『瓦未燒』，與本篇同；《廣韻》釋『未燒瓦也』，可參。

〔七六〕『桵』字《廣韻》音儒隹切，在脂韻，不應廁列於此，疑『桵』爲『挼』字之訛，斯二〇七一號《切韻箋注》、《王一》、《王二》灰韻乃回反小韻有『捼』字，釋『摩』，『捼』『挼』爲古異體字，此字上揭各書皆列在『坏』字所屬小韻之後，字序相合；又本條注文僅存左行左側殘畫，兹據擬補一缺字符。

〔七七〕『臺』以下至『頦』字十一條《切韻》系韻書在平聲咍韻。『臺』字斯二〇七一號《切韻箋注》、《王一》、《王二》及《廣韻》皆釋「蕓薹」，本篇釋「芸薹，菜」，「芸」爲「蕓」的簡俗字；《玉篇·艸部》：「蕓，蕓薹，菜。」可參。

〔七八〕「裁」至下「才」四字斯二〇七一號《切韻箋注》、《王一》、《王二》皆在昨來反小韻，《廣韻》在昨哉切小韻。
「裁」字斯二〇七一號《切韻箋注》無釋，《王一》、《王二》釋「製」，《廣韻》釋「裁衣」，本篇釋「縫」，應爲「縫」字之訛，「裁」「縫」義近。

〔七九〕「財」字斯二〇七一號《切韻箋注》釋「資」，《王一》、《王二》釋「貨」，《廣韻》釋「貨也，賄也」，本篇釋「錢財」，現存《切韻》系韻書未見。

〔八〇〕「材」字斯二〇七一號《切韻箋注》釋「調」，《王一》、《王二》釋「物好」，《廣韻》釋「木梃也」，本篇釋「材⿰車本」，「⿰車本」字其他字書不載，疑爲「幹」或「榦」字俗訛；《素問·上古天真論》「材力盡邪」唐王冰注：「材謂材幹，可以立身也。」可參。

〔八一〕「才」字斯二〇七一號《切韻箋注》釋「學」，《王一》釋「能」，《王二》釋「能才」，《廣韻》釋「用也，質也，力也，文才也」，本篇釋「文」，與《廣韻》後一義項近。又「材」、「才」二字斯二〇七一號《切韻箋注》、《王一》及《廣韻》「材」字在後，《王二》「材」字在前，本篇字序與《王二》合。

〔八二〕「灾」與下「栽」字斯二〇七一號《切韻箋注》、《王一》、《王二》及《廣韻》皆在祖才反小韻。「灾」字斯二〇七一號《切韻箋注》作「災」，無釋義；《王二》作「灾」，注「禍。正作烖、災」；《廣韻》作「烖」，注「天火曰烖。灾，上同。災，籀文」；本篇釋「恠」，爲「怪」的俗字，現存《切韻》系韻書未見。

〔八三〕「栽」字斯二〇七一號《切韻箋注》、《王二》及《廣韻》皆釋「種」（《廣韻》「種」下有「也」字），與本篇釋義同。

〔八四〕「猜」字斯二〇七一號《切韻箋注》、《王二》皆釋「疑」，《廣韻》釋「疑也，恨也」；本篇釋「猜疑」，用語稍異。

〔八五〕「胎」字斯二〇七一號《切韻箋注》無釋，《王二》釋「孕三月」，《廣韻》釋「始也，《説文》曰婦孕三月也」，本篇釋「胎孕」，用語稍異。

〔八六〕「孩」與下「頦」字《王二》皆在胡來反小韻，《廣韻》在户來切小韻。「孩」字斯二〇七一號《切韻箋注》釋「小兒」，與本篇同；《王二》、《廣韻》釋「始生小兒」，可參。

〔八七〕「頦」字斯二〇七一號《箋注本切韻・咍韻》無，《王二》釋「頰車」，《廣韻》釋「頤下」，本篇釋「頦頤」，用語稍異。

〔八八〕「鶉」以下至「神」七字斯二〇七一號《切韻箋注》、《王二》皆在平聲真韻，字次爲「綸、屯、鶉、瞤、姻、辛、神」，《廣韻》姻、辛、神依次在平聲真韻，鶉、瞤、綸、屯依次在平聲諄韻，本篇以「鶉、瞤、姻、辛、綸、屯、神」爲序，所據當是「真諄還没有分成兩韻」的本子。「鶉」字注文「鶬」應爲「鶬」的訛俗字。「鶉」字斯二〇七一號《切韻箋注》釋「鶬鶉」，《王二》釋「鶬鶉，鳥名」，《廣韻》釋「鶬鶉也」，本篇釋「鶬」，指「鶉」爲「鶬鶉」之「鶉」也。

〔八九〕「瞤」字斯二〇七一號《切韻箋注》、《王二》及《廣韻》皆釋「目動」，本篇釋「眼動」，「目」「眼」爲古今用字之異也。

〔九〇〕「姻」字斯二〇七一號《切韻箋注》釋「婚」，《王二》釋「婚」（「婚」「婚」古異體字），《廣韻》釋「婚姻」；本篇釋「婚嫁」，他書未見。

〔九一〕注文「亦」下缺字底卷存上部殘畫，疑爲「苦」字。「辛」字斯二〇七一號《切韻箋注》釋「苦」，《王二》釋「罪辛」，《廣韻》釋「薑味也，……又姓」；本篇釋「人姓，亦☒（苦？）」，與上揭各書皆有所不同。

〔九二〕「綸」字斯二〇七一號《切韻箋注》、《王二》釋「絲綸」，《廣韻》釋「絲綸，又姓」；本篇釋「人姓」，與《廣韻》後一義項合。

〔九三〕「屯」字斯二〇七一號《切韻箋注》、《王二》無釋，《廣韻》釋「難也，厚也」；本篇釋「厄」，他書未見。

〔九四〕「神」字斯二〇七一號《切韻箋注》無釋，《王二》釋「精氣」，《廣韻》釋「靈也，……亦姓」；本篇釋「鬼」，現存《切韻》系韻書未見。

〔九五〕此行題記底卷接抄在「神」字條之下，其中的「戍」字《翟目》、《索引》及《索引新編》均録作「戌」，誤。敦煌吐蕃統治時期（七八六—八四八）習用十二地支紀年。斯五四二號背有「戌年六月十八日諸寺丁口車牛役部」，亦用「戌」字紀年（此「戌年」唐耕耦《敦煌社會經濟文獻真迹釋録》第二輯定作公元八一八年），可參。

韻書字義抄（二）

伯三〇一六

【題解】

本篇底卷編號爲伯三〇一六。《索引》題作『字書』，云：『有書籤，題字口，可惜下一字不能詳。其韻部組織，如《切韻》，而訓釋則如魏晉以來字書。』《寶藏》、《法藏》據以題作『字書』。《匯考》、《索引新編》同。《集存》則以爲『從内容來看，仍然是一種韻字雜抄』，故改題作『韻字殘卷』。今考此卷前後并無殘缺，其内容抄自韻書則無可疑，但卷中除有若干個直音外，未見韻目及切音，故改擬今題，歸入字書類。所抄韻字以平聲字爲主，另有少數去聲字及個別上聲、入聲字。韻次大體與斯二〇七一號《切韻箋注》及《王韻》相合，如談韻字抄在陽韻字之前，蒸韻、登韻字抄在侵韻、鹽韻、添韻之後，而與《廣韻》不同。但其收字及釋訓一般都比較多，與《廣韻》相仿。如『⿰目縣』、『⿺走昜』、『⿺辶⿱𠂉乃（⿺辶乃）』等字《廣韻》有，而爲現存的《廣韻》之前的韻書所未見；又如本卷『⿱代心，思、悦也』，《廣韻·虞韻》作『⿱代心，思也，悦也』，而《切韻箋注》及《王韻》只作『⿱代心，思』。但也有一些釋訓及少數字爲《廣韻》所未見。如本卷『荂，榮也』，《裴韻·麻韻》苦瓜反作『荂，敷榮』，《集韻》枯瓜切作『荂，榮也』，而《廣韻》苦瓜反小韻無『荂』字。又如本卷『行，適、往、用』，『行』字訓『用』見於《周禮》鄭注，而爲今傳唐宋韻書所未見。文中『葉』字的『世』旁或改寫作『云』形（參校記〔九〕），『愍』字的『民』旁缺一筆（參校記〔三五五〕），『治』字或改作『理』（參校記〔三〇四〕），大約都與避唐諱有關。根據這些迹象推斷，本卷所據應是唐末接近於《廣韻》而又不全同於《廣韻》的一種韻書，對於考索《切韻》系韻書之流變及《廣韻》的來源，都具有一定的參考價值。底卷本件後抄散將牒文一件，卷背又抄有天興七年（九五六）、天興玖年（九五八）、天福十年（九四五）牒文（林聰明《敦煌文書學》第二章《敦煌文書的形態》認爲本卷當係將寫有這幾件牒文的紙連接成一長卷，利用其背面空白處抄寫上揭『字書』，故抄牒文部分實爲正面），本件的抄寫時間或與之相近。

本件底卷凡七十七行，前二十八行字頭與注文字體大小相同，從第二十九行起，注文多抄作小字，茲一律改排爲大字。底卷同一大韻的字往往抄列在一起（偶亦有前後雜出的），不同大韻的字接抄不分，茲按大韻分段録出。注文中每有需添補字頭字義纔能完足的情況，如第一條『區，具也』，依義當作『區，具區也』，注文當補一『區』字義纔完備。類似的例子極多。這種情況是抄手漏抄所據韻書字頭的省書符號呢？還是依用古書『被注字和注字連讀成訓』的通例（參看張涌泉《〈説文〉『連篆讀』發覆》，載《文史》第六十輯）呢？疑不能明。周祖謨《唐五代韻書集存》曾對本件的性質作過簡要的考證，張金泉、許建平《敦煌音義匯考》曾對本篇作過初步校勘，茲據各影印本及縮微膠卷，并參考《廣韻》、《集韻》及古寫本韻書，校録如下。

區，具也。[一] 驅，馳也，奔也。侏，儒也。[二] 絑，繒純色赤也。[三] 硃，研未（朱）砂。[四] 慺，悦也。[五]

颫，風大也。[六] 麩，麥皮。孚，信也。痡，病也。殍，餓死也。忥，思，悦也。[七] 稃，穀也。[八] 擻，張也。

荂，花茱之皃。[九] 著，花盛也。[一〇] 袂，衣前禁（襟）也。[一一] 扜，指麾也。

呱，啼聲。[一二] 瘏，病也。塗，泥也，路也。稌，穗也。

伍，伭昂。[一三] 眐，視。[一四] 隔，防也。[一五]

佳，善也，好也。[一六]

慛，傷懮也。[一七]

厚，薄、醲、遠、重也。[一八] 后，君也。走，往、奎、趍也。[一九]

糺，智（督）、恭、急也。[二〇]

藂，聚也。[二一]

宗，衆、尊也。〔二二〕

鍾，當也。〔二三〕

同，齊、久、俱、輩、開、合也。〔二四〕僮，頑、癡也。瞳，目也。〔二五〕撞（犝），牛，無角。〔二六〕躬，親。融，和、朗也。懜，侊日也。〔二七〕穹，高也。湡，颯（翊。堸），虫室也。〔二八〕幪，覆、盖衣也。蒙。〔二九〕

豟，優、離也。〔三〇〕洪，大也。〔三一〕鴻，應（雁）屬，大蝦也。〔三二〕洚，水道。〔三三〕葒。葱。〔三四〕忩，速也。〔三五〕聰，聞、明也。〔三六〕炦，火皃。〔三七〕

攻，作、伐、治也。〔三八〕

容，儀（儀）、盛、受也。〔三九〕庸，常也，用、功、和、次也。封，大、國、爵也。犎，野牛。㕣，悪也。〔四〇〕匈，奴。〔四一〕雍，和也。〔四二〕廱水決出復入也。〔四三〕濃，厚也。重，複。從，就也。傭，均，直，音容也。〔四四〕逢，值、迎也。縫，紩也。〔四五〕鋒，刃。菶，草牙初生皃。〔四六〕崶，草盛皃。〔四七〕縱，横也。〔四八〕蹤，跡也。〔四九〕𨎮，車也。〔五〇〕供。珙，璧（璧）也。〔五一〕從，逐也。

庬，厚、大也。〔五二〕

只，專問也。〔五三〕禔，福也。移，遷、貴、轉也。〔五四〕酏，酒。〔五五〕迤，逶也。〔五六〕爲，作、行；或施也。〔五七〕縻。磨，散也。炊，爨。披，開、散、分也。〔五八〕皺，張也。詖，辨也。〔五九〕随，從、逐也。〔六〇〕窺，視小。〔六一〕衹。个竹，㕘（參）差也。〔六二〕宜，俗也。〔六三〕儀，来（來）、止也。〔六四〕皮。疲，倦也。犤，牛小子勞也。〔六五〕提，群飛皃。翅，群飛。〔六六〕離，别、散、去也。醨，酒薄也。离，明也。離，接離。漓，林（淋）▨，秋雨。〔六七〕貲（貲），代（貨）、財也。〔六八〕呰，市（布）名。〔六九〕廝，役、養、使也。〔七〇〕摛，舒也。詸，不知也。〔七一〕离，猛獸也。猗，長、倚也。衰，微、細小、減、秏也。〔七二〕

師，衆也。〔七三〕毗，輔、厚、明也。比，和、並也。咨，嗟、諶（謀）也。〔七四〕資，助、機、貨也。姿，儀也。私，公恩也。〔七五〕尸，主、利也。〔七六〕耆，長也。祁，盛。愭，畏、敬也。覩，視也。瞶，目病也。唯，獨力（也）。〔七七〕雖，語助也。聶，龍。〔七八〕逵，隱也。〔七九〕馗，道。〔八〇〕僕，左右視。覺，娙視。〔八一〕誰，就。雎，坐處也。〔八二〕

之，適、往、間也。〔八三〕芝，芝草。怡，和、悅也。疑，不定、恐、惑也。恵息也。〔八四〕緦，麻。〔八五〕其，[illegible]事豈也。〔八六〕騏舜。〔八七〕

除，階。〔八八〕

遠遠田也。〔八九〕菷，草盛皃。〔九〇〕銖，分也。〔九一〕俞，然、荅。〔九二〕

譩，痛聲也。〔九三〕

舒，緩、遲、伸、徐、叙也。〔九四〕初，舒、始，從刀也。〔九五〕徐，緩也。

砆，石次玉也。〔九六〕肩，項上，任、克、作、勝也。〔九七〕賢，善、能、大也。刻，自刎頭也。〔九八〕婁，婦人守志。趑，疾走也。憐，愛也。填，塞、加、滿也。牽（牽），引、連也。〔九九〕堅，固、厚、持也。妍，言净、羛、好也。〔一〇〇〕玄，黑、寂也。〔一〇一〕懸，挂、擊、抗、連也。〔一〇二〕眩，乱也。〔一〇三〕駭，馬一歲也。〔一〇四〕𥌒，目童子是也。〔一〇五〕

仙，遷、化也。〔一〇六〕蹮，舞也。〔一〇七〕遷，高也。〔一〇八〕煎，孰煑也。〔一〇九〕然，語助也。延，稅、遠、進、長、言也。〔一一〇〕䀽，相[illegible]視也。〔一一一〕甄，察也。煽，扇火盛也。〔一一二〕纏，繞也。〔一一三〕宣，布、明也。旋，睘、疾也。〔一一四〕詮，平也。悛，更、止、改也。〔一一五〕專，擅、單、政、誠、獨也。〔一一六〕甎，瓦。〔一一七〕嫥，可愛也。〔一一八〕遄，束（速）、疾也。〔一一九〕虔，敬、欺、惠、小也。〔一二〇〕權，變、宜、平、秉、重也。〔一二一〕拳，屈手

也。焉，何也。焉，語助，安、豈也。〔一二二〕 辿，音先。〔一二三〕

罘，高飛皃。〔一二四〕

宵，夜也。〔一二五〕 消，戚、盡、息也。〔一二六〕 霄，近天氣也。 摇，動、作也。 愮，憂、邪也。 韶，舞也。

佋，庿穆也。〔一二七〕

勞，倦、勤、病也。〔一二八〕 窂，堅也。〔一二九〕

奢，張、侈、勝也。〔一三〇〕 賒，不交也。〔一三一〕 遮，断也。〔一三二〕 嗟，咨也。 誇，大言也。〔一三三〕 荂，榮也。〔一三四〕 嘉，善也。 加，增也。

惔，憂也。〔一三五〕

詳，審、論也。〔一三六〕 商(商)，常、張、度也。 羌，卿、音、強、發語端也。〔一三七〕 畺，田也。〔一三八〕 長，久、遠、常、永、直也。〔一三九〕 塲，道也。 方，且、道、比、類也。〔一四〇〕 坊，村坊。〔一四一〕 亡，去、滅也。〔一四二〕 望，看。忘，不記也。 甞，試也。〔一四三〕 償，報、還也。 強，徤也。〔一四四〕

當，任也。〔一四五〕 湯，温水。〔一四六〕 趨，走皃。〔一四七〕 盪，突也。〔一四八〕

庚，更、償也。〔一四九〕 盲，無目。〔一五〇〕 羹，亲也。〔一五一〕 彭，行、道、盛也。〔一五二〕 栅，閣也。〔一五三〕 驚，懼也。 擎，舉。 勍，強也。〔一五四〕 檠，所以正弓也。 頗。〔一五五〕 行，適、往、用。〔一五六〕 衡，横、平也。 胻，行也。〔一五七〕 膢，孰肉。〔一五八〕

弅，并也。〔一五九〕

甍，屋棟。〔一六〇〕。 篙。〔一六一〕 宏，大也。

情，静。〔一六二〕 睛，賜。 精，明、正、善也。 晶，光也。〔一六三〕 誠，審、敬、信也。 晟，食器也。〔一六四〕 呈，

見、示、平、解也。〔一六五〕程，期、式、限也。酲，酒也。〔一六六〕征，行。眐，獨禎。〔一六七〕屏，盈也。〔一六八〕
刑，法也。〔一六九〕形，容也。侀，成也。停，息、止、定也。丁，當也。寕，俗。〔一七〇〕寘，暗、衣
也。〔一七一〕銘，記：《釋名》曰：銘，名也，述其功美使可禎名也。〔一七二〕頞，眉目間也。〔一七三〕覢，離
也。〔一七四〕榮，光、明也。〔一七五〕
猶，言、是。〔一七六〕浟，水流息（皃）也。〔一七七〕逌由，氣行也。〔一七八〕郵，亭名，在庿。〔一七九〕
尋，長也。〔一八〇〕
陵，崇言也。〔一八一〕
添，益也。〔一八二〕
夌，緣也。〔一八三〕欸，欺也。〔一八四〕膺，親也。徵，召、明、承、成、虛也。〔一八五〕
控，引、造（告）也。〔一八六〕悾，誠心也。恫，愡也。〔一八七〕瞷，轉目也。詷，謥詷，至。〔一八八〕
眥，目眥也。〔一八九〕餧，飦也。〔一九〇〕稑，積，羊群。〔一九一〕委小亞示也。〔一九二〕僞，欺、假、詭也。〔一九三〕
瑞，祥、信、應也。〔一九四〕
至。〔一九五〕贄，賫也。〔一九六〕帤，礼巾。祕，密、神、視、勞也。備，具、防、辦、慎也。〔一九七〕鬼。〔一九八〕瑰，
大視。〔一九九〕寐，寢、卧也。志，皇、念、慕、知、意也。〔二〇〇〕
遺，贈也。〔二〇一〕
思，念也。〔二〇二〕侍，近、從、水（承）也。〔二〇三〕
御，理；馭，駕也；待、進、使也。〔二〇四〕
豝，果也。豰，俗也。〔二〇五〕。豪。〔二〇六〕既，已、盡也。慮（慮），思也。〔二〇七〕鑢，錯也。〔二〇八〕署，書

也。曙，曉也。著，立、成、處也。〔二〇九〕遽，急、疾也。与。〔二一〇〕豫，辨、叙、安、猒、早也。〔二一一〕譽，美也。〔二一二〕念（悆），悅也。〔二一三〕龔与，大鹿也。〔二一四〕忬，安也。歟，歎也。舉，言（高）平也。〔二一五〕

　　佁，倚。〔二一六〕

　　酉，飽。〔二一七〕誘，導、引、教、進也。受，容納、承、盛也。

　　覎笛，見也。〔二一八〕

　　昔，往、始也。〔二一九〕益，增、進也。

　　猶，尚、詐也，言也。〔二二〇〕滺，水流皃。尤、訧，過、怨、甚、多也。〔二二一〕憂。〔二二二〕紭，微小也。〔二二三〕

慦，含怒不言也。〔二二四〕遊，逗遛也。〔二二五〕憀，悲恨也。〔二二六〕膠，高風也。〔二二七〕由，用、從、經、行也。醜

酬，悪也，弃也。〔二二八〕丘，聚、大、空也。休，美、善、息（息）也。〔二二九〕

　　徵，召、明、成也。〔二三〇〕恒，常、久也。一。〔二三一〕

　　嚴，威、敬、顏也。一。〔二三二〕

　　霑，顯（濕）也；儒（濡）也；債（漬）也。〔二三三〕殲，盡、滅也。〔二三四〕潛，深、沉、藏也。〔二三五〕。

至▨。〔二三六〕蒸，衆、羣、進也。〔二三七〕澄，清也，瀓也，疑也。〔二三八〕瞪，直視也。〔二三九〕憕，年（平）

也。〔二四〇〕

　　淹，債（漬）也。一。〔二四一〕

　　㪷，的、益。〔二四二〕

　　趍，往也。〔二四三〕扔，引也。徵，召、明、承、成也。〔二四四〕稱，紀輕重也。〔二四五〕偁，言、揚、好、譽、舉、

詮、足也。〔二四六〕興，起、善、盛、歆也。〔二四七〕

登，進、衆也。〔二四八〕
休，美、善、息、慶也。〔二四九〕 眸，甘(目)童子也。〔二五〇〕 羊(牟)，牛聲。〔二五一〕 求。仇，讎也。
抆，鍬。〔二五二〕
侵，漸進。〔二五三〕
忍，強也。〔二五四〕 悤、閔，病也。〔二五五〕
惲，謀、議也。〔二五六〕 藴，崇、藏也。〔二五七〕 轀，轀轖。〔二五八〕
隈，水由(曲)也。〔二五九〕 偎，愛。〔二六〇〕
會。〔二六一〕
賄，財、贈送也。〔二六二〕 侮，貪也。〔二六三〕
暮，日晚。〔二六四〕 募，召也。 莫、慔，勊(勉)也。〔二六五〕 度，法。〔二六六〕 蒦，香草也。〔二六七〕 鍍，金也。〔二六八〕
露，潤也。〔二六九〕 顧，眷也；頋，俗也。〔二七〇〕 痁，小兒口瘡也。 涸，凝、閇也。〔二七一〕 誤，錯也。〔二七二〕 寤，覺。〔二七三〕 晤，朋(明)、朗也。〔二七四〕 悟，心了也。 牾，斜柱狀也。〔二七五〕 聕，聽也。〔二七六〕 護，治、助也。〔二七七〕
枑，門外馬行也。〔二七八〕 訝，志、認也。〔二七九〕 訴，吉(告)、悪也。〔二八〇〕 愬，行、譖也。〔二八一〕 素，治、空、帛也。〔二八二〕 塑，像。〔二八三〕 祚。〔二八四〕 飵，相謁食也。 齟，往也。〔二八五〕

【校記】

〔一〕『區，具也』條以下至『扜，指麾也』條爲平聲虞韻。《廣韻》豈俱切：『區，具區，吴藪名。』底卷『具』下疑抄脱字頭的省書符號。

〔二〕『侏』字下疑抄脱一省書符號。斯二〇七一號《切韻箋注》止俱反：『侏ㄇ儒。』其中的『ㄇ』即『侏』字的省書符號。《廣韻》章俱切：『侏，侏儒，短人。』

〔三〕『色赤』當爲『赤色』之倒。《廣韻》章俱切：『絑，繒純赤色。』可證。

〔四〕『硃』下疑抄脱一省書符號。《廣韻》章俱切：『硃，硃研，朱沙。』

〔五〕『慺』爲『慺』字俗寫。《廣韻》力朱切：『慺，悦也。』

〔六〕斯二〇七一號《切韻箋注》附夫反：『颰，風。』《廣韻》防無切：『颰，颰風，大風。』據《廣韻》，底卷『風大』或爲『大風』誤倒。

〔七〕《廣韻》芳無切：『怤，思也，悦也。』一字有數訓的，底卷往往只在訓釋最後加一『也』字，體式和伯二〇一四、二〇一六號五代刻本韻書相同。

〔八〕『穀』下疑脱一『皮』字。《廣韻》芳無切：『稃，穀皮。』可證。

〔九〕『茉』爲『葉』的俗字，文中則應爲『榮』字之訛。《廣韻》芳無切：『荂，花榮之皃。』可證。

〔一〇〕『花』字底卷在『也』字下，兹據文義乙正。《王一》撫夫反：『荂，花盛。』

〔一一〕《廣韻》甫無切：『衭，衣前襟。』

〔一二〕『呱，啼聲』以下至『稃，穗也』爲平聲模韻。

〔一三〕『佤』『伭』皆爲『低』的俗字。『低，低昂』以下至『隲（隄），防也』爲平聲齊韻。《王一》當兮反：『佤，佤昂。』《廣韻》都奚切：『低，低昂也，俛也，垂也。俗作伭。』『佤』『伭』『伭』爲一字之變。

〔一四〕『眡』字左半底卷訛作『甘』形，兹録正。『眡』爲『眂』的俗字。《廣韻》都奚切：『眂，視也。』

〔一五〕就字形而言，『隲』爲『隔』字俗寫，但底卷中則應是『隄』字之訛。《王一》當兮反：『隄，防。』《廣韻》『隄』字緊接在『眡』字之下，字序相合。

〔一六〕《廣韻》平聲佳韻古膎切：『佳，善也，大也，好也。』

〔一七〕『㥨』應爲『憂』的增旁俗字。《廣韻》平聲灰韻昨回切：『慛，傷也，憂也。』

〔一八〕「厚……重也」以下至「走……趍也」爲上聲厚韻。「厚」字下疑抄脱一省書符號。《廣韻》胡口切：「厚，厚薄，又重也，廣也。」《王一》：「厚，不薄。」《禮記・坊記》「取妻不取同姓，以厚别也」鄭注：「厚猶遠也。」

〔一九〕「𡔈」爲「臺」的俗字，但古無訓「走」爲「臺」者，此處「𡔈」疑爲「去」「至」二字之誤合（底卷「𡔈」中間的「冖」筆畫較粗，似屬後加）。《玉篇・走部》：「走，子后切，去也，奔也，僕也。」《莊子・達生》「有張毅者，高門縣薄，無不走也」郭象注：「司馬云：走，至也。」又《廣韻》子苟切：「走，趨也。」底卷「趍」爲「趨」的俗字。

〔二〇〕「糺」爲「糾」的俗字，「智」應爲「督」字之訛。《廣韻》上聲黝韻居黝切：「糾，督也，恭也，急也，戾也。俗作糺。」

〔二一〕「藂」爲「叢」的俗字。《廣韻》平聲東韻徂紅切：「叢，聚也。藂，俗。」

〔二二〕《廣韻》平聲冬韻作冬切：「宗，衆也，本也，尊也。」

〔二三〕《廣韻》平聲鍾韻職容切：「鍾，當也。」

〔二四〕「同……合也」以下至「烡（烘），火皃」爲平聲東韻。《廣韻》徒紅切：「同，齊也，共也，輩也，合也。」「久」「開」之訓未聞，疑有誤。

〔二五〕底卷「瞳」字與下「撞」字互倒，兹據字義乙正。又「目」下疑脱字頭的省書符號。《王一》徒紅反：「瞳，目マ。」其中的「マ」即「瞳」的省書符號。

〔二六〕「撞」應爲「犝」字俗訛，其下疑抄脱一省書符號。斯二〇五五號《切韻箋注》徒紅反：「犝，牛，無角。」似亦脱。《廣韻》：「犝，犝牛，無角。」是也。

〔二七〕「日」字下底卷有一「合」字，但似已用卜號删去，故不録。又「侙日」二字有誤。《廣韻》莫中切：「懜，慙也。」可參。

〔二八〕「渢」爲「馮」的俗字，其下疑抄脱一省書符號；「颯」當是「翊」「堸」二字之誤合。《廣韻》房戎切：「馮，馮翊，郡名。其下接云：「堸，蟲室。」底卷「虫」即「蟲」的俗字。

〔二九〕《廣韻》莫紅切：「蒙，覆也，奄也。」其下有「濛」、「幪」等字。底卷「蒙」字在「幪」字之後，又無釋訓，疑或有誤。

〔三〇〕「髳」爲「髳」的俗字。《龍龕·髟部》：「髳，莫紅反，僂也，毛之離也。」

〔三一〕「洪」字右下部底卷略欠清晰。按《王一》胡籠反：「洪，大。」兹據録定。

〔三二〕「應」應爲「雁」字之訛。《廣韻》户公切：「鴻，《詩傳》云：大曰鴻，小曰雁。」「鴻」字訓「大蝦」辭書未載，疑爲「大雁」之誤。

〔三三〕「洚」同「洚」。《王一》胡籠反：「洚，水不遵其道。」底卷釋「水道」，或係指洚水而言。

〔三四〕「葱」爲「蔥」的俗字。《王一》倉紅反：「葱，辛菜。」「葱」字《廣韻》作「蔥」。

〔三五〕「忩」爲「怱」的俗字。《廣韻》倉紅切：「怱，速也。忩，俗。」

〔三六〕「聡」爲「聰(聰)」的俗字。《廣韻》倉紅切：「聰，聞也，明也。」

〔三七〕「炦」應爲「烘」字之訛。《廣韻》呼東切：「烘，火皃。」

〔三八〕《廣韻》平聲冬韻古冬切：「攻，治也，作也，擊也，伐也。」

〔三九〕「容……受也」以下至「從，逐也」條爲平聲鍾韻。《廣韻》餘封切：「容，盛也，儀也，受也。」底卷「儀」爲「儀」的俗字。

〔四〇〕「㐫」應爲「兇」字之訛，「恶」爲「惡」的俗字。《王二》許容反：「兇，恶。」

〔四一〕「匈」下疑抄脱省書符號。《王二》許容反：「匈ㄑ奴。」其中的「ㄑ」即「匈」的省書符號。

〔四二〕「維」爲「雍」的俗字。《廣韻》於容切：「雍，和也。」

〔四三〕「廱」應爲「廱(廱)」的俗字，其下應有脱誤。「水决出復入也」所釋應爲「灉」字。《爾雅·釋水》：「灉，反入。」郭璞注：「即河水決出又還入者。」底卷「决」爲「決」的俗字。

〔四四〕《廣韻》餘封切：「傭，傭賃。又丑凶切。」又丑凶切下云：「傭，均也，直也。又音容。」本卷以訓「均」「直」的「傭」音容，與《廣韻》不同。

〔四五〕「絳」爲「縫」字省體。《王二》符容反：「縫，紩。」

〔四六〕「牙」字底卷似本作「充」，又在原字上改作「牙」；「牙」後起字作「芽」。《廣韻》敷容切：「莑，草牙始生。出《音譜》。」

〔四七〕「⿱山⿸厂丰」當爲「丰」的訛俗字。「丰」字《説文》篆文作「丯」，隸變或作「⿱丷丰」、「⿱山丰」（《廣韻・鍾韻》）、「⿱山⿱𠂉丰」（《字彙補・中部》）等形，可參。《裴韻》敷容反：「丰，丰茸；又伏風反，草木盛皃。」

〔四八〕「横」字底卷似本作「獚」字形，兹據字義録正。又「縱」下似抄脱一省書符號。《廣韻》即容切：「縱，縱横也。」

〔四九〕《王二》即容反：「蹤，迹。」《裴韻》及《廣韻》「蹤」字皆訓「蹤迹」或「蹤跡」（「跡」「迹」古異體字），疑底卷及《王二》「蹤」下抄脱一省書符號。

〔五〇〕「⿰車從」同「⿰車⿱从疋」，「車」下當脱一「迹」字。《王二》即容反：「⿰車⿱从疋，車迹。亦⿰車從。」《裴韻》：「⿰車從，車迹。」

〔五一〕「壁」爲「璧」字之訛。《廣韻》九容切：「珙，璧也。」

〔五二〕「庞」爲「厐」字俗書。《王二》平聲江韻莫江反：「庬，厚、大。」「庬」字《廣韻》作「厖」。

〔五三〕「只，專問也」以下至「衰……秏也」條爲平聲支韻。「專問」當作「專詞」（「言」旁草書作「讠」，與「門」旁草書左部形近）。《廣韻》章移切：「只，專辭。」「詞」「辭」音同義近，古多混用不分。

〔五四〕「貴」當是「遺」字訛省。《廣韻》弋支切：「移，遷也，遺也，延也，徙也，易也。」

〔五五〕「⿰酉㐌」同「酏」。《王二》弋支反：「⿰酉㐌，酒。」《廣韻》同一小韻：「酏，酒也。」

〔五六〕「逶」下疑抄脱字頭的省書符號。斯二〇七一號《切韻箋注》弋支反：「迤，逶マ。」其中的「マ」即字頭「迤」的省書符號。

〔五七〕《國語・晉語七》「諸侯之爲，日在君側，以其善行，以其惡戒」韋昭注：「爲，行也。」《廣雅・釋詁》：「爲，施也。」

〔五八〕「㪚」爲「散」的俗字。《廣韻》敷羈切：「披，開也，分也，散也。」

〔五九〕「辨」當作「辯」。斯二〇七一號《切韻箋注》彼爲反：「詖，辯辭。」

〔六〇〕「随」爲「隨」字俗省。《裴韻》旬爲反：「隨，逐也。俗作随。」《王二》同一小韻：「隨，從。」

〔六一〕「窺」爲「窺」的古異體字，「視小」當作「小視」。《廣韻》去隨切：「闚，小視。窺，上同。」

〔六二〕「衹」字底卷誤在「个」字之後，茲乙正。「个竹」則當是「𠆲」字之誤分。《廣韻》巨支切：「衹，地衹，神也。」又云：「𠆲，參差也。」

〔六三〕「冝」爲「宜」的俗字；此處「俗也」係指「冝」爲俗體而非釋義。《廣韻》魚羈切：「宜，俗作冝。」

〔六四〕「儀」爲「儀」的俗字，「止」當爲「正」字之訛。《廣韻》魚羈切：「儀，儀容，又義也，正也。」《方言》卷二：「儀，來也。陳潁之間曰儀。」

〔六五〕「勞也」二字疑當乙至上文「倦也」之後，爲「疲」字的訓釋。《裴韻》符羈反：「疲，倦。」《廣韻》同一小韻：「疲，勞也，乏也。」可參。又「牛小子」三字疑有誤。《爾雅・釋畜》「犤牛」下郭璞注：「犤牛庳小，……又呼果下牛。」《廣韻》符羈切：「犤，下小牛也。」(「下」上疑脱「果」字)可參。

〔六六〕《裴韻》是支反：「提，飛也。又作翨字。」《廣韻》同一小韻：「提，羣飛皃。翨，上同。」「翨」蓋「提」的後起本字。

〔六七〕缺字底卷旁注於「林」「秋」二字右側，模糊難辨，據字義應爲「漓」或「灕」字。《廣韻》吕支切：「漓，水滲入地。灕，淋灕，秋雨也。」《裴韻》亦「漓」「灕」分訓。考「淋灕」古亦作「淋漓」，《集韻》以「漓」爲「灕」字省體，與本卷釋訓相合。

〔六八〕「貲」爲「貲」字俗訛，「代」應爲「貨」字訛省。《廣韻》即移切：「貲，貨也，財也。」

〔六九〕「市」應爲「布」字之訛。《廣韻》即移切：「帀，布名。」

〔七〇〕「役」同「役」。《王二》息移反：「廝，養。」《廣韻》同一小韻：「廝，廝養也，役也，使也。」按《公羊傳·宣公十二年》：「廝役扈養死者數百人。」何休注：「艾草爲防者曰廝，汲水漿者曰役，養馬者曰扈，炊亨者曰養。」本卷徑以「役」「養」訓「廝」，蓋混言則同也。

〔七一〕「誺」爲「誺」字俗寫。《王二》丑知反：「誺，不知。」

〔七二〕《裴韻》楚危反：「衰，煞也，降也，減也，姓也。」又脂韻所追反：「衰，微也，秏。」《廣韻》楚危切：「衰，小也，減也，殺也。」又所追切：「衰，微也。」底卷「衰」字所注，似合支、脂二韻訓釋爲一。

〔七三〕「師，衆也」以下至「脽，坐處也」爲平聲脂韻。

〔七四〕「諶」爲「謀」字形訛。《廣韻》即夷切：「咨，嗟也，謀也。」

〔七五〕「私」爲「私」的俗字；「公」下疑抄脱字頭「私」的省書符號，原文當校讀作：私，公私、恩也。前一義謂「私」即「公私」之「私」。《王二》息脂反：「私，不公。」《廣韻》息夷切：「私，不公也。」據此，也可能底卷「公」前脱一「不」字。

〔七六〕「尸主」二字底卷作「㞏」形，當是「尸」「主」二字之誤合。《裴韻》式脂反：「尸，主、陳也。」兹據録正。

〔七七〕「力」當是「也」字之訛。斯二〇五五號《切韻箋注》以隹反：「唯，獨也。」

〔七八〕「夔」爲「夔」的俗字，其下疑抄脱一省書符號；「龍」字底卷與下「逵」字誤倒，兹據字義乙正。斯二〇七一號《切韻箋注》渠追反：「夔＝龍。俗作夔。」其中的「＝」係字頭「夔」的省書符號，可證。「夔」是古代傳説的一種山怪名，似龍，但并不等於龍。

〔七九〕《廣韻》渠追切：「逵，隱也。」參上校。

〔八〇〕《廣韻》渠追切：「馗，《説文》曰：『九達道也。與逵同。』」《裴韻》同一小韻：「馗，首。」其中的「馗」爲「馗」的訛俗字，「首」則爲「道」字訛省，可參。

〔八一〕『⿱𠂤見』字下部底卷訛作『貝』形，兹録正；『婬』字右半底卷作『缶』形，俗訛。《王二》渠追反：『⿱𠂤見，淫視。』又底卷『⿱𠂤見』與下『誰』字間右旁注一小字『朱』，不知何意。

〔八二〕斯二〇五五號《切韻箋注》視隹反：『脽，坐處。』《廣韻》同一小韻：『脽，《説文》屋(尻)也，亦汾脽巨靈所坐也。』

〔八三〕『之……問也』以下至『⿰車其舜』爲平聲之韻。《廣韻》止而切：『之，適也，往也，間也。』

〔八四〕『恵』通常爲『惠』的俗寫，但『恵』字《廣韻》爲去聲霽韻字，而此段上下文皆爲之韻字，韻不合。考《廣韻・之韻》：『思，思念也。息兹切，又息吏切。』疑『恵』爲『思』字之訛，而其下又誤抄反切上字。

〔八五〕『緦』下疑抄脱一省書符號。斯二〇五五號《切韻箋注》息兹反：『緦マ麻。』其中的『マ』即『緦』字的省書符號。

〔八六〕《廣韻》渠之切：『其，辝也。』底卷『』疑爲『辝』字之訛。又『事豈』二字有誤。

〔八七〕『⿰車其』字字書不載，疑爲『棋』(《説文》作『棊』)字俗訛；『舜』字上下或有脱文。《廣韻》渠之切：『棊，《博物志》曰：舜造圍棊，丹朱害之。』

〔八八〕《廣韻・魚韻》直魚切：『除，階也，又去也。』

〔八九〕就字形而言，『』應爲『遥』的訛俗字；但此條以下四條所釋似皆虞韻字，則『』疑爲『迂』字抄訛(也可能其上脱『迂』字)；又『田』疑爲『曲』字之訛。《廣韻・虞韻》羽俱切：『迂，遠也，曲也。』

〔九〇〕『䒭』通常爲『等』的俗字，但文中應爲『芋』字抄訛。《廣韻・虞韻》羽俱切：『芋，草盛皃。』

〔九一〕《王二・虞韻》市朱反：『銖，十分。』古常以『分銖』連用，此以『分』字釋『銖』，當係指『銖』即『分銖』之『銖』。

〔九二〕『俞』字底卷作『愈』，其下的『心』旁似本已塗去，故不録。《廣韻・虞韻》羊朱切：『俞，然也，荅也。』『荅』後起字作『答』。

〔九三〕斯二〇五五號《切韻箋注》平聲微韻於機反：「譩，痛聲。」

〔九四〕「舒……叙也」條以下至「徐，緩也」條爲平聲魚韻。《廣韻》傷魚切：「舒，緩也，遅也，伸也，徐也，敘也，亦州名。」「遅」「叙」分别爲「遲」「敘」的俗字；「遅」「遲」古異體字。又底卷「緩」下有「辛」字，蓋涉下「遅」字誤書而未塗去者，今删。

〔九五〕「初」爲「初」的俗字。《廣韻》楚居切：「初，舒也，始也，從刀、衣，蓋裁衣之初。」

〔九六〕「硫，石次玉也」條以下至「𥌮，目童子是也」條爲平聲先韻。

〔九七〕《廣韻》古賢切：「肩，項下，又任也，克也，作也，勝也。」底卷「項上」當是「項下」抄誤。

〔九八〕《廣韻》胡田切：「刭，自刎頸也。」《龍龕·刀部》：「刭，音賢，自刎頭也。」底卷訓釋與後者合。

〔九九〕「牵」爲「牽」的俗字。《廣韻》苦堅切：「牽，引也，挽也，連也。」

〔一〇〇〕「言浄」疑爲「妍浄」抄誤，斯二〇七一號《切韻箋注》五賢反：「妍マ浄。」其中的「マ」爲「妍」字省書，可證。又《廣韻》五堅切：「妍，浄也，美也，好也。」底卷「羗」當爲「美」字俗訛。

〔一〇一〕「寐」爲「寂」的俗字。《廣韻》胡涓切：「玄，黑也，寂也。」

〔一〇二〕「擊」當爲「繫」字之誤。《廣韻》胡涓切：「縣，《説文》云繫也，相承借爲州縣字。懸，俗，今通用。」又《廣雅·釋言》：「縣，抗也。」《方言》卷七：「佻、抗，縣也。趙魏之間曰佻，自山之東西曰抗。」「縣」「懸」古今字。

〔一〇三〕「乱」爲「亂」的俗字。斯二〇七一號《切韻箋注》胡涓反：「眩，眩亂。」《廣韻》同一小韻：「眩，亂也。」

〔一〇四〕斯二〇七一號《切韻箋注》胡涓切：「駭，馬一歲。」《廣韻》作「馬二歲」，蓋誤。

〔一〇五〕《廣韻》胡涓切：「𥌮，目童子也。」「童」同「瞳」。

〔一〇六〕「𨗈」爲「遷」的俗字。「仙，遷、化也」條以下至「屾，音先」條爲平聲仙韻。《廣韻》相然切：「仙，神仙。《釋名》曰：老而不死曰仙；仙，遷也，遷入山也。」《廣雅·釋詁》：「仙，匕也。」「匕」「化」古今字。

〔一〇七〕『蹮』爲『躚』的俗字。斯二〇七一號《切韻箋注》相然反：『蹮，舞皃。』『蹮（躚）』《廣韻》作『躚』，『躚』蓋『躚』的繁化字。

〔一〇八〕『遷』爲『遷』的俗字。《廣韻》七然切：『遷，去下之高也。』底卷徑釋爲『高』，疑有脱誤。

〔一〇九〕斯二〇七一號《切韻箋注》子仙反：『煎，熟煮。』『孰』『熟』古今字，『煑』『煮』隷定之異。

〔一一〇〕《廣韻》以然切：『延，税也，遠也，進也，長也，陳也，言也，亦州。』

〔一一一〕『頋』爲『顧』的俗字。《廣韻》以然切：『眡，相顧視也。』

〔一一二〕《王一》式連反：『煽，火盛皃。』

〔一一三〕『緾』爲『纏』的俗字。《王二》直連反：『纏，繞。通俗作緾。』

〔一一四〕『睘』同『還』。《集韻·僊韻》旬宣切：『還，亦作睘。』《蔣韻》似宣切：『旋，還也，疾也。』底卷『旋』字左側、下行『遄束疾也』條右側有『旋音』二小字，蓋擬爲『旋』字注音而未成者，兹删。

〔一一五〕『悛』爲『悛』的俗字。《廣韻》此緣切：『悛，改也，止也。』又《廣雅·釋詁》：『悛，更也。』

〔一一六〕『専』爲『專』字俗寫。《王二》職緣反：『專，精。俗作専字。』《廣韻》同一小韻：『專，擅也，單也，政也，誠也，獨也。』

〔一一七〕『甎』爲『甎』字俗寫，其下疑抄脱一省書符號。《廣韻》職緣切：『甎，甎瓦。』此言『甎』即『甎瓦』之『甎』，但『甎』本身并不等於『瓦』。

〔一一八〕『嫥』爲『嫥』字俗寫。《廣韻》職緣切：『嫥，可愛之皃。』

〔一一九〕『束』應爲『速』字之誤。《廣韻》市緣切：『遄，速也，疾也。』

〔一二〇〕《王二》渠焉反：『虔，敬。』又《方言》卷一二：『虔，謾也。』（《廣雅·釋詁》：『謾，欺也。』）又卷一：『虔，慧也。』郭璞注：『謂慧了。』『惠』與『慧』古字通用。又《廣雅·釋詁》：『虔，少也。』王念孫疏證：『虔與騫聲近而義同。』據此，底卷『小』或當讀作『少』。

〔二一〕《廣韻》巨員切：『權，權變也，反常合道；又冝也，秉也，平也，稱錘也。』『冝』爲『宜』的俗字。又《廣雅・釋詁》：『權，重也。』

〔二二〕《王一》：『焉，於乾反，何；又矣乾反，語已聲。』《廣韻》於乾切：『焉，何也。』又有乾切：『焉，語助也。』

〔二三〕斯二〇七一號《箋注本切韻・仙韻》：『辿，緩步。丑連反。』《王一・仙韻》丑延反：『辿，緩步。又丑連反。』『辿』爲『㢟』的俗字，底卷音『先』，似欠切當。

〔二四〕『翏』爲『翏』的俗字。《廣韻》平聲蕭韻落蕭切：『翏，高飛皃。』（『高飛』原作『飛高』，茲據同書宥韻力救切小韻所釋乙正）

〔二五〕『宵，夜也』條以下至『佋，庿［佋］穆也』條爲平聲宵韻。

〔二六〕《廣韻》相邀切：『消，滅也，盡也，息也。』底卷注文『威』同『滅』。

〔二七〕注文『庿』爲『庿』的俗字，『庿』爲『廟』的古異體字；『庿』下應抄脱一字頭的省書符號。斯二〇七一號《切韻箋注》市招反：『佋，廟佋穆。』

〔二八〕『勞』字以下二條爲平聲豪韻。

〔二九〕『窂』爲『牢』的俗字。《廣韻》魯刀切：『牢，養牛馬圈，亦堅也，固也。……窂，上同。』

〔三〇〕『奢……勝也』條以下至『加，增也』條爲平聲麻韻。

〔三一〕斯二〇七一號《切韻箋注》式車反：『賒，不交。』今多從俗作『賖』。

〔三二〕『断』爲『斷』的俗字。斯二〇七一號《切韻箋注》止奢反：『遮，断。』『断』字《王二》作『斷』。

〔三三〕『誇』爲『誇』的俗字。斯二〇七一號《切韻箋注》苦瓜反：『誇，大言。』

〔三四〕《裴韻》苦瓜反：『夸，敷榮。』《集韻》枯瓜切：『夸，榮也。』『夸』同『夸』。

〔三五〕『惔，憂也』條爲平聲談韻。

〔三六〕『詳，審、論也』條以下至『強，徤也』條爲平聲陽韻。

〔一三七〕《廣雅·釋詁》：「羗，卿也。卿，章也。」《廣韻》去羊切：「羗，章也，強也，發語端也。」底卷「音」疑爲「章」字之訛。

〔一三八〕《廣韻》居良切：「畺，《説文》：界也。疆，同上。壃，俗。畕，《説文》曰：比田也。」據此，釋「田」義本當爲「畕」字。但「畕」蓋本「畺」字初文，後世多用「畺」或「疆」字爲之。

〔一三九〕「長」字古書無訓「直」者。考《廣韻·陽韻》：「長，久也，遠也，常也，永也。直良切。又直向、丁丈二切。」疑「直」字係涉所抄韻書反切上字而衍。

〔一四〇〕《廣韻》府良切：「方，四方也，正也，道也，比也，類也，法術也。」又《集韻》分房切：「方，《説文》併船也。……一曰矩也，道也，類也，且也。」

〔一四一〕注文「坊」字底卷本作一鉤形符號，疑爲字頭「坊」字省書，兹姑録作「坊」。《廣韻》府良切：「坊，坊巷。」「村坊」「坊巷」皆古代習語。

〔一四二〕《廣韻》武方切：「亡，無也，滅也，逃也。」《玉篇·亾部》：「亾，武方切，死也，去也，逃也，無也。作亡同。」

〔一四三〕「甞」爲「嘗」的俗字。《廣韻》市羊切：「甞，試也，曾也。《説文》本作甞（嘗），口味之也。」

〔一四四〕「徤」爲「健」的俗字。《廣韻》巨良切：「強，健也。」

〔一四五〕「當，任也」條以下至「盪，突也」條爲平聲唐韻。《玉篇·田部》：「當，都郎切，任也，直也，敵也。」「任也」之訓今傳唐宋韻書未見。

〔一四六〕《王一》吐郎反：「湯，沸水。」《廣韻》同一小韻：「湯，熱水。」此釋「温水」，義略異。

〔一四七〕《廣韻》吐郎切：「趨，趨走皃。」《集韻》他郎切：「趨，走皃。」

〔一四八〕《廣韻》吐郎切：「盪，盪突。」

〔一四九〕「庚，更、償也」條以下至「膜，孰肉」條爲平聲庚韻。

〔一五〇〕《王一》武庚反：「盲，無目。」《廣韻》同一小韻作「目無童子」。

〔五一〕『斈』爲『學』的俗字。斯二〇七一號《切韻箋注》胡盲反：『黌，學。』

〔五二〕『彭』爲『彭』的俗字（《晉溪州桐柱記》『彭』字亦寫作『彭』）。《廣韻》薄庚切：『彭，行也，道也，盛也。』

〔五三〕『棚』字右部的二『用』底卷稍帶斜體，此字爲『棚』的俗字，『閣』同『閣』。斯二〇七一號《切韻箋注》薄庚反：『棚，棚閣。』

〔五四〕《集韻》渠京切：『勍，《説文》彊也。』『彊』爲強盛之『強』的古本字。斯二〇七一號《切韻箋注》、《王二》、《廣韻》『勍』字均訓『強力』。

〔五五〕『顱』字斯二〇七一號《切韻箋注》渠京反訓『頸』，《王二》訓『頸顱』。

〔五六〕《廣韻》户庚切：『行，行步也，適也，往也，去也。』《周禮·夏官·司爟》『司爟掌行火之政令』鄭注：『行猶用也。』後一釋訓今傳唐宋韻書未見。

〔五七〕《廣韻》户庚切：『䯒，牛脊後骨。胻，牛勢胻也。』『䯒』字古書亦有用同『胻』（脛骨上部）者，底卷『行』疑爲『胻』字抄誤。

〔五八〕斯二〇七一號《切韻箋注》户庚反：『𦞦，熟肉。』『孰』『熟』古今字。

〔五九〕『幷』爲『并』字《説文》篆文的隸定字。『幷，并也』爲同字相訓。『并』字《廣韻》有『府盈切』一讀，爲平聲清韻字。

〔六〇〕『甍』爲『甍』的訛俗字。『甍，屋棟』以下三條爲平聲耕韻。斯二〇七一號《切韻箋注》莫耕切：『甍，屋棟。』『甍』亦爲『甍』的訛俗字，《廣韻》正作『甍』。

〔六一〕『笎』爲『篾』的訛俗字。斯二〇七一號《切韻箋注》莫耕反：『笎，竹。』『笎』亦爲『篾』字俗訛，《廣韻》正作『篾』。

〔六二〕『情，静』條以下至『屏，盈也』條爲平聲清韻。

〔六三〕『晶』爲『晶』的俗字。斯二〇七一號《切韻箋注》子情反：『晶，光。』

〔一六四〕《集韻》時征切：“晟，明也。”隔三字後又云：“晟，飯匱也。从曰。”據此，訓“食器”的“晟”當爲“晟”字小變，其字蓋從“冃”旁（表示覆蓋之意）。《廣韻·清韻》未見“晟”和“晟”字，但去聲勁韻云：“晟，明也，熾也，器也。”後一義應是“晟”字，與訓“明”、“熾”的“晟”異字。

〔一六五〕《廣韻》直貞切：“呈，示也，平也，見也。”《玉篇·口部》：“呈，馳京切，解也，平也。”“呈”字訓“解”今存唐宋韻書未見，王念孫《廣雅疏證》以爲“與逞通”。

〔一六六〕《王二》直貞反：“酲，病酒。”《廣韻》同一小韻：“酲，酒病。”底卷“酒”字上或下疑脱一“病”字。

〔一六七〕“眐”當爲“眐”字之訛，“禎”當爲“視”字之訛。《廣韻》諸盈切：“眐，獨視皃。”

〔一六八〕《廣韻》府盈切：“屏，屏盈，徬徨。”底卷“屏”下疑抄脱一省書符號。

〔一六九〕“刑，法也”條以下至“榮（熒），光、明也”條爲平聲青韻。

〔一七〇〕“寍”爲“寧”的俗字。《裴韻》奴丁反：“寍，靖。”“寍”亦俗“寧”字。

〔一七一〕“寘”爲“冥”的俗字；“衣”字誤，疑當作“夜”或“幽”。《干禄字書》：“寘冥：上通下正。”《廣韻》莫經切：“冥，暗也，幽也。”《詩·小雅·斯干》“噦噦其冥”鄭玄箋：“冥，夜也。”

〔一七二〕就字形而言，“禎”疑爲“視”字俗訛（參校記〔一六七〕、〔一三九〕）。但《釋名·釋典藝》云：“銘，名也，述其功美使可稱名也。”據此，此“禎”亦可能爲“稱”字之訛。

〔一七三〕“顛”爲“顛”字俗書。《王二》莫經反：“顛，眉目間。”

〔一七四〕“覭”爲“覭”字俗書。《集韻》忙經切：“覭，《説文》小見也。引《爾雅》：覭髳，弗離。”底卷注文疑有脱誤。

〔一七五〕“榮”當爲“熒”字之訛。《廣韻》户扃切：“熒，光也，明也。”

〔一七六〕“猶，言、是”條以下至“邮，亭名”條爲平聲尤韻。《玉篇·犬部》：“猶，以周切，……詐也，言也。”《廣韻》以周切：“猶，尚也，似也。”底卷“是”疑爲“似”字音誤。

〔一七七〕「滧」同「浟」，「息」爲「皃」字抄訛。斯二〇七一號《切韻箋注》以周反：「滧，水流皃。」「滧」字《王一》、《王二》、《廣韻》皆作「浟」。

〔一七八〕《王一》以周反：「逌，氣行。」《廣韻》同一小韻：「卣，氣行皃也。或作逌。」底卷「逌」下小字注「由」，蓋直音字。

〔一七九〕「庿」字字書不載，蓋誤。《王一》以周反：「邮，亭名，在高陵。」《廣韻》同一小韻「邮」下又有「廇」字，「久屋木」，疑底卷「庿」爲「廇」字之訛，而其上下又有脱文。

〔一八〇〕「镸」爲「長」字俗書。《廣韻》平聲侵韻徐林切：「尋，長也。」

〔一八一〕「亩」通常爲「旨」字俗書，但文中疑爲「高」字之訛。《廣韻》平聲蒸韻力膺切：「陵，大阜曰陵。《釋名》曰：陵，崇也，體崇高也。」可參。又按今本《釋名·釋山》：「大阜曰陵。陵，隆也，體隆高也。」清畢沅《釋名疏證》謂「隆」作「崇」爲唐時避明皇帝諱改。本卷「陵」訓「崇高」，當與《廣韻》所據韻書同源。此條依韻當與隔一字後的「夌」等五字爲一組。

〔一八二〕「㴌」爲「添」的俗字。《裴韻》平聲添韻：「添，他兼反，益也。俗㴌。」

〔一八三〕「夌」字條以下至「徵，虚也」條爲平聲蒸韻。「緣」字誤。《王一》力膺反：「夌，越。」可參。

〔一八四〕「欶」爲「陵」的俗字。《王二》六應反：「陵，曲阜，又欺。亦作𢻹。」《廣韻》力膺切：「欶，欺欶，俗。」「欶」是受「欺」字影響而類化偏旁的结果。

〔一八五〕古書未見「徵」訓「承」者，「承」疑爲「求」字形訛。《史記·貨殖列傳》「物賤之徵貴」司馬貞索隱：「徵者，求也。」

〔一八六〕「控」字條以下至「詷，謥詷」條爲去聲送韻。「造」疑爲「告」字抄誤。《裴韻》苦貢反：「控，引也，告也。」

〔一八七〕「恷」同「惚（憁）」，其下疑抄脱一字頭「恫」的省書符號。《廣韻》徒弄切：「恫，憁恫，不得志。」

〔一八八〕「謥」同「謥（謥）」，「至」字有誤。《王二》千弄反：「謥，謥詷，言急。」

〔一八九〕「眥，目眥也」條以下至「瑞……應也」條爲去聲寘韻。

〔一九〇〕「飵」爲「飯」的俗字，其上疑抄脱標目字「餧」的省書符號。《廣韻》於僞切：「餧，餧飯也。」

〔一九一〕《龍龕·禾部》：「稯，思累反，禾四把也；又於僞反，積也。」又《廣韻》於僞切：「羠，羊相羠積。」底卷「稯」字釋「積」，又釋「羊群」，疑誤抄「稯」「羠」二字之義爲一。

〔一九二〕「委小恶示也」五字有誤，俟再考。

〔一九三〕《廣韻》危睡切：「僞，假也，欺也，詐也。」「詭」「詐」同義。

〔一九四〕《王二》是僞反：「瑞，祥。」《廣韻》同一小韻：「瑞，祥瑞也，符也，應也，《説文》曰以玉爲信。」

〔一九五〕「至」字以下至「寐，寢、卧也」條爲去聲至韻。「至」字底卷字體較小而偏於行右，蓋爲下「贄」、「幣」二字注音。「至」、「贄」、「幣」三字《廣韻》皆有脂利切一讀，而「至」爲小韻代表字。底卷同一小韻的一組字連抄，每有首字無釋義而字體較小偏於行右的情況，似屬該組字的直音字性質。參看下文校記〔二一〇〕、〔二三三〕。

〔一九六〕《裴韻》旨利反：「贄，礼所執。」又《説文·貝部》：「賫，會禮也。」「贄」「賫」義近。

〔一九七〕《裴韻》平秘反：「備，辦也，具也。」《廣韻》同一小韻：「備，備具也，防也，咸也，皆也，副也，慎也，成也。」

〔一九八〕「鬼」爲上聲尾韻字，與上下文所釋各字聲調不合，蓋涉下字誤書而未塗去者，當删。

〔一九九〕「⿰貝鬼」當作「䁛」。《廣韻》俱位切：「䁛，大視。」

〔二〇〇〕「志……意也」條爲去聲志韻。「皇」當係「望」字俗訛。《左傳·哀公十七年》「過於其志」杜注：「志，望也。」

〔二〇一〕「遺，贈也」條爲去聲至韻。按韻次，此條當在「志……意也」條之前。

〔二〇二〕「思，念也」以下二條爲去聲志韻。

〔二〇三〕注文「水」當爲「承」字形訛。《廣韻》時吏切：「侍，近也，從也，承也。」

〔二〇四〕「御……使也」條爲去聲御韻。《説文》以「馭」爲「御」字古文，但後世二字分化，「馭」字一般只用於駕馭車馬一義。《蔣韻》牛據反：「御，理也，待也，進也。」接云：「馭，駕。」《廣韻》牛倨切：「御，理也，侍也，進也，使也。」「馭，使馬也。」底卷「馭，駕也」穿插於「御」字義項之中，或屬抄誤。又《玉篇・彳部》：「御，魚據切，治也，侍也。」底卷及《蔣韻》等書「御」訓「理」，疑係避唐諱而然。 又本卷「待」字一訓與《蔣韻》合，《廣韻》、《玉篇》訓「侍」，義皆可通。

〔三〇五〕「豛」、「敎」皆爲「毅」字俗書。「毅，果也」條已下至「既，已、盡也」爲去聲未韻。《蔣韻》魚既反：「敎，果敢也。 俗作豛。」其中的「敎」、「豛」亦皆爲「毅」的訛俗字，可參。

〔三〇六〕「𧰨」當係「家（豙）」的訛俗字。《王一》魚既反：「家，怒毛。」《廣韻》同一小韻：「家，豕怒毛豎也。」

〔三〇七〕「慮，思也」條以下至「舉，高平也」條爲去聲御韻。《蔣韻》良據反：「慮，思也。」

〔三〇八〕《蔣韻》良據反：「鑢，錯。」

〔三〇九〕底卷「處也」二字互例，兹據文義乙正。《廣韻》陟慮切：「著，明也，處也，立也，補也，成也，定也。」

〔三一〇〕「与」字底卷抄於上條「也」和下條「豫」之間右側，字形較小，蓋爲下「豫」、「譽」二字注音。《廣韻》羊洳切：「與，參與也。」「与」「與」爲古異體字。「豫」、「譽」二字《廣韻》與「與」字同一小韻。參看上文校記〔一九五〕。

〔三一一〕《廣韻》羊洳切：「豫，逸也，備先也，辨也，早也，安也，猒也，敘也。」「叙」爲「敘」的俗字，「辨」「辦」古本一字之分化。

〔三一二〕《廣韻》羊洳切：「譽，稱美也。」

〔三一三〕「念」蓋「悆」字抄訛。《王一》余據反：「悆，悅。」

〔三一四〕「与」字底卷旁記於「龔」字右下側，蓋注音字；「与」爲「与」字俗寫，「与」同「與」，後者《廣韻》有羊洳切一讀，與「龔」字同音。

〔三一五〕「言」文中應爲「高」字抄訛。《王一》余據反：「舉，高平。」

〔三二六〕『附』當爲『附』字俗訛。《王一》去聲過韻符遇反：『附，依。』『依』『倚』義近。

〔三二七〕『西，飽』條以下至『受……盛也』條爲上聲有韻。

〔三二八〕『笛』字底卷注於『覴』字右下側，字體較小，蓋『覴』的直音字。《廣韻》入聲錫韻徒歷切（與『笛』字同一小韻）：『覿，見也。覴，上同。』

〔三二九〕『昔，往、始也』以下二條爲入聲昔韻。

〔三三〇〕『猶……言也』條以下至『休……息也』條爲平聲尤韻。其中『猶』『潵』二條本卷上文已見，但訓釋不盡相同。

〔三三一〕《廣韻》羽求切：『尤，過也，甚也，怨也，多也。』又云：『訧，過也，《博雅》曰惡也。』《集韻》于求切：『訧，通作尤。』『訧』『尤』在過失、罪惡等意義上古書可以通用，但表示甚、多等義則一般用『尤』而不用『訧』，底卷合『尤』『訧』爲一條，似未妥。

〔三三二〕『憂』字底卷旁記於上條『也』字右下側，字體較小而偏於行右，蓋爲下『紭（幽）』、『幽（怮）』二字注音。『憂』、『幽』、『怮』三字斯二〇七一號《切韻箋注》皆有於求反一讀，而『憂』爲小韻代表字。參看上文校記〔二九五〕、〔三三三〕。

〔三三三〕『紭』爲『幽』的俗字。斯二〇七一號《切韻箋注》於求反：『幽，微小。』

〔三三四〕『幽』應爲『怮』的改換聲旁俗字。斯二〇七一號《切韻箋注》於求反：『怮，含怒不言。』

〔三三五〕『遡』應爲『遛』字俗訛（注文『逗』下的『遛』字底卷本作省書符號）。《廣韻》力求切：『遛，逗遛。』

〔三三六〕『㥕』爲『憀』的訛俗字。《王一》力求反：『㥕，賴。』『㥕』即『㥕（憀）』字訛變。《廣韻》同一小韻：『憀，悲恨也。』

〔三三七〕『膠』應爲『飂』字俗訛。斯二〇七一號《切韻箋注》力求反：『飂，高風。』

〔三三八〕『酬』字底卷旁記於『醜』字右下側，當係注音字。《廣韻》市流切（與『酬』字同一小韻）：『醜，惡也，棄也。」「悪」爲「惡」的俗字，「弃」爲「棄」字古體。

〔三二九〕「㥯」當係「息」字抄誤。《廣韻》許尤切：「休，美也，善也，慶也，息也。」

〔三三〇〕《廣韻》平聲蒸韻陟陵切：「徵，召也，明也，成也，證也。」

〔三三一〕《廣韻》平聲登韻胡登切：「恒，常也，久也，亦州名。」底卷的「一」蓋所據韻書與「恒」同一小韻所屬的字數。下同。

〔三三二〕《裴韻》平聲嚴韻語轗反：「嚴，毅也。」《廣韻》同一小韻：「嚴，嚴毅也，威也，敬也。」古無釋「嚴」爲「顏」者，「顏」疑爲「毅」字之訛。

〔三三三〕「霑……漬也」以下三條爲平聲鹽韻。「顯」、「儒（儒）」、「僨」應分别爲「濕」、「濡」、「漬」之訛。《廣韻》張廉切：「霑，霑濕也，又濡也，漬也。」

〔三三四〕「殲」應爲「殲」字俗訛。《廣韻》子廉切：「殲，盡也，滅也。」

〔三三五〕「濳」爲「潛」字俗書，「沉」爲「沈」的俗字。《廣韻》昨鹽切：「潛，水伏流，又藏也。」《方言》卷一〇：「潛，涵、沈也。」

〔三三六〕「至▨」二字底卷作雙行小字（「▨」左「至」右），缺字不甚明晰，近似「仍」字，但其意不明。

〔三三七〕「蒸」爲「蒸」字俗書。「蒸……進也」以下四條爲平聲蒸韻。

〔三三八〕注文「澂」當爲「澂」的俗字，「澂」「澄」古今字。《廣韻》直陵切：「澂，清也。澄，上同。」又「疑也」似當爲「凝也」之誤。遼釋希麟《續一切經音義》卷七《大聖文殊師利佛刹功德莊嚴經》卷上音義：「澄晬，上直陵反，《切韻》水清也；《考聲》云澄定也；《説文》云凝也；亦作徵（澂）字。」可證。

〔三三九〕「禎」爲「視」字俗訛。《廣韻》直陵切：「瞪，直視也。」

〔三四〇〕「年」爲「平」字抄訛。斯二〇七一號《切韻箋注》直陵反：「憕，平。」

〔三四一〕「淹」爲「淹」的俗字，「僨」爲「漬」字抄誤。《裴韻》平聲鹽韻英廉反：「淹，漬也。」

〔二四二〕『㪷』字《龍龕》以爲『斟』的俗字，『的』當爲『酌』字抄訛。《廣韻》平聲侵韻職深切：『斟，斟酌也，益也。』

〔二四三〕『趂』應爲『迈』的繁化俗字。『迈，往也』條以下至『興……歆也』條爲平聲蒸韻。《廣韻》如乘切：『迈，往也。』

〔二四四〕此條上文已二見，『承』疑爲『求』字抄訛。參看上文校記〔一八五〕。

〔二四五〕『紅』應爲『知』字之訛。斯二〇七一號《切韻箋注》處陵切：『稱，知輕重。』

〔二四六〕《廣韻》處陵切：『稱，知輕重也，《説文》曰銓也。』又云：『偁，宣揚美事，又言也，好也，揚也，舉也，足也。』《裴韻》同一小韻：『偁，宣揚美事。亦稱。』『偁』『稱』二字古字通用，底卷『偁』字又訓『詮』，『詮』與『銓』音近義通。

〔二四七〕《廣韻》虚陵切：『興，盛也，舉也，善也，《説文》曰起也。』《禮記·學記》『不興其藝』鄭玄注：『興之言喜也，歆也。』

〔二四八〕《廣韻》平聲登韻都滕切：『登，成也，升也，進也，衆也。』

〔二四九〕『休……慶也』條以下至『仇，讎也』條爲平聲尤韻。『休』字條上文已見，參看校記〔二三九〕。

〔二五〇〕『眸』爲『眸』字俗寫，『甘』應爲『目』字抄訛。斯二〇七一號《切韻箋注》莫侯反（《王一》作『莫浮反』）：『眸，目瞳子。』《裴韻》莫浮反：『眸，目童子。』『眸』、『眸』亦皆爲『眸』字俗寫，『童子』同『瞳子』。

〔二五一〕『羊』爲『牟』字抄訛。《王一》莫浮反：『牟（牟），牛聲。』

〔二五二〕『扙』應爲『杴』字俗訛，『鍬』字底卷旁注於『扙』字右上側，兹據字義移置此處。《廣韻》平聲嚴韻語𩐱切：『杴，鍬屬。』

〔二五三〕『㑴』爲『侵』的增筆俗字。斯二〇七一號《切韻箋注》平聲侵韻七林反：『侵，漸進。』

〔二五四〕『忍，强也』以下二條爲上聲軫韻。

〔二五五〕『愍』爲『愍』的俗字（可能與避唐諱有關）。『愍閔病也』既可讀作『愍。閔，病也』（『愍』下未抄注文），也可讀作「愍，閔，病也」，還可讀作「愍、閔，病也」（「愍」「閔」二字皆訓「病也」）。「愍」「閔」二字音同義通。《廣韻》眉殞切：「愍，悲也，憐也。」又云：「閔，傷也，病也。」可參。

〔二五六〕「惲，謀、議也」以下三條爲上聲吻韻。

〔二五七〕斯二〇七一號《切韻箋注》於粉切：「藴，藏。」《方言》卷一二：「藴，崇也。」《廣韻》以「藴」爲「薀」的俗字。

〔二五八〕注文「犢」應爲「韇」的訛字。斯二〇七一號《切韻箋注》於粉切：「韞，韞韇。」

〔二五九〕「隈」爲「隈」字俗寫，注文「由」爲「曲」字抄訛。「隈，水曲也」以下二條爲平聲灰韻。斯二〇七一號《切韻箋注》烏回反：「隈，水曲。」

〔二六〇〕「偎」爲「偎」字俗寫。《廣韻》烏恢切：「偎，愛也。」

〔二六一〕「會」字《廣韻》有黄外、古外二讀，爲去聲泰韻字。

〔二六二〕「賄」上底卷有一「領」字，當是「賄」字誤書而未塗去者，此删去。「賄，財、贈送也」以下二條爲上聲賄韻。

〔二六三〕「侮」當是「悔」字抄訛。《廣韻》武罪切：「悔，貪也。」

〔二六四〕「暮，日晚」條下至末爲去聲暮韻。

〔二六五〕「勉」爲「勉」字抄訛。《廣韻》莫故切：「慔，勉也。」又《淮南子・繆稱》「其謝之也，猶未之莫與」高誘注：「莫，勉之也。」底卷「莫」「慔」連書，似有指此二字皆可訓「勉」之意。但韻書未見「莫」字訓「勉」者，疑底卷的「莫」爲「慔」字誤書而未删去者。

〔二六六〕《蔣韻》徒故反：「度，法度。」《王一》：「度，法。」

〔二六七〕「廋」字《切韻》系韻書及《蔣韻》、《廣韻》皆未見。《集韻》徒故切：「廋，香艸。」

〔二六八〕《王二》徒故反：「鍍，金鍍物。」《廣韻》同一小韻：「鍍，金飾物也。」底卷「鍍」下疑抄脱一省書符號。

〔二六九〕《廣韻》洛故切：「露，《説文》曰：露，潤澤也。」

〔二七〇〕「領」爲「顧」字抄訛。《廣韻》古暮切：「顧，迴視也，眷也。……頋，俗。」《王二》載「顧」俗作「頋」，《干禄字書》載『顧』通俗字作『頋』。『頋』『頋』『頋』爲一字之變。

〔二七一〕《廣韻》古暮切：『涸，凝也，閉也。』『閅』爲『閉』的俗字。『涸』『涸』當爲一字之變，字當以作『涸』爲典正。《史記·封禪書》『春以脯酒爲歲祠，因泮凍，秋涸凍』索隱：『小顔云：涸，讀與沍同。沍，凝也，下故反。』

〔二七二〕《王二》吾故反：『誤，錯。』

〔二七三〕『寤』爲『寤』的俗字。《蔣韻》五故反：『寤，覺。』

〔二七四〕『朋』應爲『明』字俗訛（『晤』字左側的『日』旁底卷亦近似於『月』旁）。《廣韻》五故切：『晤，明也，朗也。』

〔二七五〕『牾』，《説文》作『啎』。《廣韻》五故切：『捂，斜柱也，又枝梧也。』『牾』『捂』音同義近，蓋本一字之分化。又『狀』字底卷作『犾』形，蓋『狀』字俗寫，玆録正。

〔二七六〕『聴』爲『聽』字俗省。《廣韻》五故切：『聤，聽也。』

〔二七七〕《廣韻》胡誤切：『護，救也，助也。』古書中未見『護』訓『治』者，但有『護治』連用者，底卷『護』釋『治』，或即指『護』爲『護治』之『護』。

〔二七八〕『枑』爲『梐』字之變，『梐』則又爲『枑』的俗字。《王二》胡故反：『梐，門外行馬。』（原卷字頭誤作『扌』旁）《廣韻》胡誤切：『枑，門外行馬。』底卷『馬行』似當據此乙正作『行馬』。

〔二七九〕『訝』爲『訝（誈）』字俗訛。《廣韻》胡誤切：『誈，誌也，認也。』『志』『誌』古今字。

〔二八〇〕『訴』爲『訴』的訛俗字，『吉』爲『告』字抄訛，『悪』爲『惡』的俗字。《廣韻》桑故切：『訴，訟也，毁也，……告也。』『惡』『毁』義近。

〔二八一〕『愬』爲『愬』的俗字，『譖』爲『譖』的俗字。《蔣韻》桑故反：『愬，行也，譖也。』

〔二八二〕《廣韻》桑故切：『素，《列子》曰：太素者質之始也。又空也，故也，帛也。』底卷注文『治』當係『始』字抄訛。

〔三八三〕『塑』爲『塑』字俗書，其下疑抄脱一省書符號。《廣韻》桑故切：『塑，塑像也，出周公《夢書》。』

〔三八四〕《王二》昨故反：『祚，福祚。』

〔三八五〕《廣韻》昨誤切：『䶢，往也。』原文抄寫至此條止，下接抄散將牒文一件。

百行字

斯四二四三背

【題解】

底卷編號爲斯四二四三背。正面爲《念珠歌》，背面接抄《念珠歌》的最後一句，其後另行爲本篇，但字體不同，當出自另一人之手。凡六行，每行抄生僻字九至十字。《寶藏》題『生字五行』（實爲六行，其中第六行僅抄了上部四字）。《索引新編》『念珠歌』後附記：『另有五行，可能是朱書，看不清。』按本篇底卷第一行行首題『百行字』，三字連書（其下難字則每字下留有近一字的空格），《英藏》據以擬題，今從之。但題意不明，也許當時有一難字彙之類的文本，凡一百行，故稱，而底卷抄手可能僅抄了前幾行而已。就内容而言，確屬難字摘抄之類，其來源可能爲《楚辭》一類的傳統典籍，而非出於佛經。至於其具體出處，則有待進一步查實。原本字迹暗淡，頗有難以辨認者。

本篇未見前人校録。兹據《英藏》影印本校録如下。校録時每字下用句號句斷，底卷原有的空格則不再保留。

百行字 奥。粗。諮。丞。〔一〕否。靡。〔二〕綫。〔三〕隅。泄。拓。卒。韜。匱。竚。蹈。▨。〔四〕
輒。廉。駿。賑。恤。啜。醪（醪）。迯。賄。謬（謬）。戮（戮）。誅。紂。暴（暴）。虐。〔五〕苟。
綦。俑。緩。邕。紉。體。忤。嗽。牀。瑕。退（退）。〔六〕訣。鉞。〔七〕炰。〔八〕洪。〔九〕穹。（底卷抄寫至此止）

【校記】

〔一〕丞，此字中部底卷似有二短横，俗寫贅筆，茲徑録正。

〔二〕廱，《龍龕・广部》云「於容反，和也，又一奴，縣名也」；按《玉篇・广部》：「廱，於容切，和也。廱，同上。」「廱」當即「廱」的變體。

〔三〕綉，此字字書不載，疑爲「綉」字俗訛；「乃」字敦煌寫本中多有訛寫作形近的「及」字的，如伯三四八五號《目連變文》：「目連言訖，大王便喚上殿，及乃見地藏菩薩，便即禮拜。」「及」字即「乃」字形近而誤書者，故原卷右旁注三點表示廢去，而其下接書正字「乃」，可以比勘。

〔四〕缺字底卷略似「將」字，但該字上有濃墨，較難確認，不知是否已被點去。

〔五〕虐，底卷作「」形，字迹不太明晰，茲暫定作「虐」字，「虐」或可與上「暴」字連讀。

〔六〕退，《集韻・隊韻》以爲「退」的古字。

〔七〕鉞，此字字書不載，疑爲「鉞」字俗訛。

〔八〕煦，此字字書不載，疑爲「煦」的俗字；「火」旁「日」旁意義上有相通之處。

〔九〕茻，明章黼《直音篇》有「茻」字，爲「焚」字異寫，「茻」則又爲「茻」字俗寫。